"十四五"中国产业经济发展展望

——中国工业经济学会2020年年会优秀论文集

主　编/史　丹　白永秀

经济管理出版社
ECONOMY & MANAGEMENT PUBLISHING HOUSE

图书在版编目（CIP）数据

“十四五”中国产业经济发展展望——中国工业经济学会2020年年会优秀论文集/史丹，白永秀主编.
—北京：经济管理出版社，2021.3
ISBN 978-7-5096-7811-4

Ⅰ.①十…　Ⅱ.①史…　②白…　Ⅲ.①产业经济—中国—文集—2020　Ⅳ.①F269.2-53

中国版本图书馆CIP数据核字（2021）第038431号

组稿编辑：高　娅
责任编辑：高　娅　杨　娜
责任印制：赵亚荣
责任校对：陈晓霞

出版发行：经济管理出版社
（北京市海淀区北蜂窝8号中雅大厦A座11层　100038）
网　　址：www.E-mp.com.cn
电　　话：（010）51915602
印　　刷：唐山玺诚印务有限公司
经　　销：新华书店
开　　本：880mm×1230mm/16
印　　张：27.25
字　　数：788千字
版　　次：2021年4月第1版　　2021年4月第1次印刷
书　　号：ISBN 978-7-5096-7811-4
定　　价：198.00元

目 录

产业规制与产业政策

技术创新

绿色发展

开放与区域经济

产业规制与产业政策

标准必要专利搭售的反竞争效应与竞争政策

于　左　田润霖　王昊哲

［摘　要］本文构建了标准必要专利持有人博弈决策模型，分析了其在不同专利收费模式下，标准必要专利搭售的经济影响。研究发现：①专利费收费模式对搭售动机有不同的影响，在按最终产品售价比例收取专利许可费模式下，标准必要专利搭售的动机远高于收取固定专利许可费模式下搭售的动机。②在按比例收取专利许可费模式下，将标准必要专利与中间产品搭售，会扭曲中间产品市场竞争，排挤中间产品市场中的竞争对手，增加生产最终产品的企业成本，损害消费者福利。③在按比例收取专利许可费模式下，生产中间产品的竞争企业之间会产生较强的合谋动机。最后提出，反垄断执法机构对搭售的反竞争效应进行分析时，应重点关注按最终产品售价比例收取许可费的标准必要专利搭售行为，关注其是否增加竞争对手及最终产品生产企业的成本，还应关注中间产品生产企业间是否存在合谋行为。

［关键词］标准必要专利；搭售；专利收费模式；反竞争效应；反垄断

一、问题提出

标准中经常会应用到受专利保护的技术。拥有对标准至关重要技术的专利被称为标准必要专利（Standard-Essential Patent，SEP）。[①] 制造商在生产时如果不使用一个或多个标准必要专利所覆盖的技术，就不可能制造出符合标准的产品，如智能手机或平板电脑。标准必要专利与普通专利不同，因为在后者上企业可以寻找到替代方案。例如，“滑动解锁”技术是由非标准必要专利所覆盖的。大多数智能手机制造商都能够开发不同的技术来解锁智能手机屏幕，而不侵犯“滑动解锁”专利。但如果涉及标准必要专利，企业一般难以找到类似的替代方案。一旦标准实施，在此过程中如果没有替代性专利与之竞争，此时标准赋予了必要专利持有人一定的市场势力。在这种情况下，标准必要专利持有人有动机通过标准赋予的市场势力来获得更高的利润，搭售是其常用的一种手段。一些企业将标准必要专利与无效专利及过期专利、非标准必要专利或产品进行搭售。

针对标准必要专利搭售或专利搭售的经济效应，已有研究主要有三种学术观点。第一种观点认为专利搭售有利于促进研发创新，防止专利侵权。Wong-Ervin 等（2017）认为专利搭售可以降低研发风险，进而促进创新。Lener 和 Tirole（2004）指出，在 FRAND[②] 原则约束下的标准必要专利搭售，不会产生收取高额许可费的专利劫持行为，只要专利持有人的许可费遵守 FRAND 承诺，搭

［基金项目］教育部人文社科重点研究基地重大项目“标准必要专利滥用：知识产权与反垄断政策”（14JJD790002）。

［作者简介］于左，东北财经大学产业与企业组织研究中心，产业经济学博士，研究员，博士生导师；田润霖（通讯作者），东北财经大学产业与企业组织研究中心，博士研究生，邮箱：tianrunlin@126.com；王昊哲，东北财经大学产业与企业组织研究中心，博士研究生。

① 引自《欧盟委员会竞争政策标准必要专利概要》。

② FRAND（Fair，Reasonable，And Non-Discriminatory Terms）原则是 SSOs（国际标准组织）对标准必要专利权利限制中，公平、合理、不带歧视性的条款，要求标准必要专利人在公平、合理、无歧视的条件下授权相关专利。

售的行为就不会造成市场封锁，对竞争无害。Gilbert 和 Katz（2006）认为专利搭售在长期合约的条件下会降低专利劫持的可能性，相反禁止专利搭售则会降低社会总福利。Blair 和 Walsh（2020）指出，专利与产品搭售可以有效地防止专利侵权，购买产品的企业并不会被收取过高的许可费，同时销售相同产品的竞争企业也不会因搭售被排挤出市场。第二种观点认为专利搭售会损害市场竞争或阻碍创新。Whinston（1990）指出，当搭售出现在寡头市场时，搭售行为可以作为一种排挤竞争对手的机制来降低竞争对手的市场势力。Carlton 和 Waldman（1998）基于传统的市场封锁理论，认为搭售行为既可以降低市场内竞争者的利润，也可以降低潜在竞争者的预期收益。Hovenkamp（2017）指出，搭售行为的本质在于通过搭售造成市场封锁，其重点在于对竞争造成损害。唐要家和李恒（2019）在这一观点基础上做了进一步分析，指出若标准必要专利搭售时总价不大于分别销售时的价格之和，则不违背 FRAND 原则，也不违反反垄断法，反之则会损害竞争。Lampe 和 Moser（2016）认为，专利搭售会损害创新，因为这种行为减少了专利之间的竞争。第三种观点认为搭售行为对消费者福利及社会总福利的影响需要根据具体案例分析，不同的搭售行为造成的影响不同。Quint（2014）认为，标准必要专利与同一标准内的必要专利搭售时，社会福利是增加的，若搭售非标准必要专利，则会导致社会总福利下降。Papandrea 等（2003）提出，每个搭售案例都可能会产生不同的结果，并不是在所有情况下消费者福利都会受到损害。标准必要专利搭售的行为在特定情况下，如固定成本过高、边际生产成本较低时，可能会带来消费者福利的改善。

现有对标准必要专利搭售行为经济效应的研究仅限于专利市场及产品市场，较少通盘考虑搭售行为对中间产品市场和最终产品市场的影响，未考虑不同程度的搭售行为对不同市场内竞争的影响，未考虑不同收费模式对标准必要专利搭售动机的影响。本文研究在专利不同收费模式下，标准必要专利搭售对中间产品和最终产品市场的影响，以及不同程度搭售行为对市场竞争的影响，尝试为相关反垄断立法和执法提供支撑。

二、理论模型

标准必要专利搭售一般指，标准必要专利持有人要求被许可人，以购买其他产品或专利授权为前提条件，才可获得标准必要专利许可。标准必要专利搭售是否会产生反竞争影响，取决于标准必要专利搭售行为实施前后企业利润水平的对比。本文通过构建标准必要专利持有企业/中间产品生产企业/最终产品生产企业的博弈决策模型，分别讨论标准必要专利企业在收取固定专利许可费、按比例收取专利许可费情况下，企业在未实施标准必要专利搭售、对部分最终产品生产企业实施搭售、对全部最终产品生产企业实施搭售三种情形下的市场均衡，研究企业实施标准必要专利搭售行为的动机，分析标准必要专利搭售的行为反竞争效应。

（一）模型假设

假设标准必要专利持有人搭售行为涉及三个市场：标准必要专利市场、中间产品市场和最终产品市场。在标准必要专利市场有 1 家垄断企业 A_1；中间产品市场有 2 家企业 A_2 和 B_1，企业 A_2 为价格领导者，企业 B_1 为跟随者；最终产品生产市场有 3 家企业 B_2、C 和 D，三家企业进行古诺竞争。企业 A_1 和企业 A_2 同为企业 A 的全资子公司，企业 B_1 和企业 B_2 同为企业 B 的全资子公司。为简化分析，假设企业 A_1 和企业 A_2、企业 B_1 和企业 B_2 分别进行独立核算，各自进行利润最大化决策。

在此基础上，本文为模型构建做出以下假设。

假设 1：企业 A_1 分别向企业 A_2、企业 B_1、企业 B_2、企业 C 和企业 D 收取专利许可费。专利费收取模式分为两种：一是对中间产品生产企业和最终产品生产企业（企业 B_1、企业 B_2、企业 C 和企业 D）生产的每一单位产品收取固定专利许可费 w；二是按比例收取专利许可费，收取的专利许可费为中间产品生产企业和最终产品生产企业销售收入的 α（0<α<1）。为简化分析，不考虑企业 A_1 已经投入的研发成本，企业 A_1 对外许可标准必要专利的成本为 0。

假设 2：企业 A_2 和企业 B_1 分别生产并向最终产品市场企业销售数量为 q_{a_2} 和 q_{b_1} 的中间产品，销售价格分别为 p_{a_2} 和 p_{b_1}，中间产品总数量 $q_2=q_{a_2}+q_{b_1}$。企业 A_2 和企业 B_1 存在技术差异。除专利费用外，价格领导者 A_2 的成本函数为 $m_1q_{a_2}$，跟随者 B_1 的成本函数为 $m_1\ q_{b_1}$。

假设 3：企业 B_2、企业 C 和企业 D 每生产一单位最终产品需要消耗一单位中间产品。除专利费用外，企业 B_2、企业 C 和企业 D 每生产一单位最终产品的成本为 c_3。企业 B_2、企业 C 和企业 D 生产并销售的最终产品数量分别为 q_{b_2}、q_c 和 q_d，最终产品总数量 $q_3=q_{b_2}+q_c+q_d$。

假设 4：消费者对最终产品的需求是线性的，反需求函数为：$p_3=a-bq_3$。

假设 5：中间产品、最终产品均满足产品同质假设。

本文在上述假设的基础上分别探讨标准必要专利企业（企业 A）在未实施搭售、对部分最终产品生产企业实施搭售、对全部最终产品生产企业实施搭售三种情形。标准必要专利企业是否实施搭售，取决于以上三种情形下标准必要专利企业的利润水平。本文分别讨论标准必要专利企业在三种情形下的均衡利润，在此基础上分析标准必要专利企业搭售行为的激励与影响。

在标准必要专利企业未实施搭售的情况下，标准必要专利企业 A_1 并未对最终产品市场企业 B_2、企业 C 和企业 D 提出额外要求。价格领导企业 A_2 和跟随企业 B_1 以销售价格 p_2（$p_2=p_{a_2}=p_{b_1}$）分别向最终产品市场企业销售数量为 q_{a_2} 和 q_{b_1} 的中间产品（见图 1）。

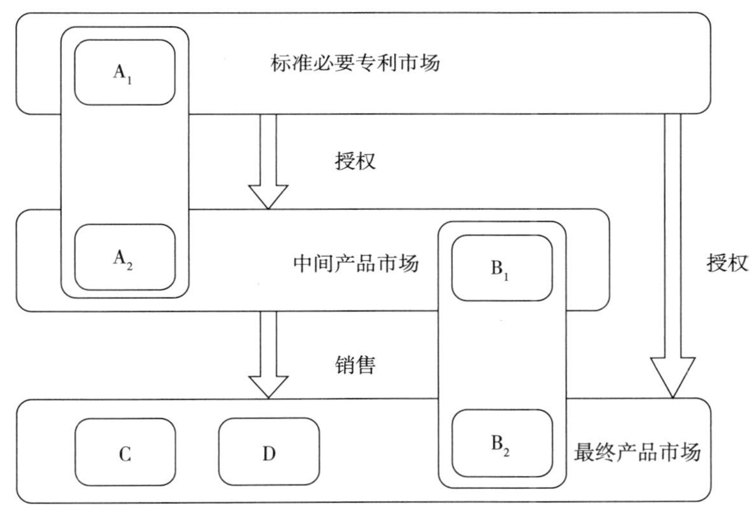

图 1　标准必要专利企业未实施搭售

在标准必要专利企业对部分最终产品市场企业实施搭售的情况下，标准必要专利企业 A_1 要求最终产品市场企业 C 和企业 D 必须以从企业 A_2 购买中间产品为前提才可获得专利许可，企业 B_2 无须从企业 A_2 购买中间产品。最终产品市场企业 C 和企业 D 以价格 p_{a_2} 从企业 B_2 购买数量为 q_{a_2} 的中间产品，最终产品生产企业 B_2 以价格 p_{b_1} 从企业 B_1 购买数量为 q_{b_1} 的中间产品（见图 2）。

在标准必要专利企业对全部最终产品市场企业实施搭售的情况下，标准必要专利企业 A_1 要求最终产品市场企业 B_2、企业 C 和企业 D 必须以从企业 A_2 购买中间产品为前提才可获得专利许可。最终产品市场企业 B_2、企业 C 和企业 D 以价格 p_2（$p_2=p_{a_2}$）向中间产品企业 A_2 购买数量为 q_2（$q_2=q_{a_2}$）的中间产品。受搭售行为影响，中间产品市场企业 B_1 实际上退出了中间产品市场（见图 3）。

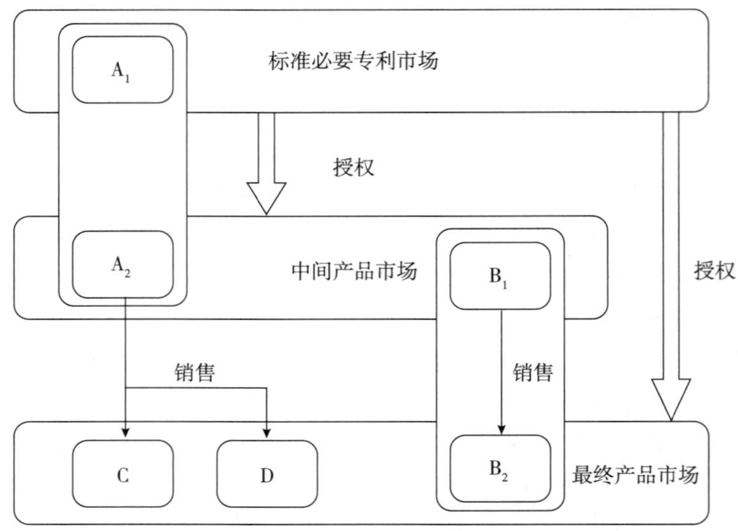

图 2　标准必要专利企业对部分最终产品企业实施搭售

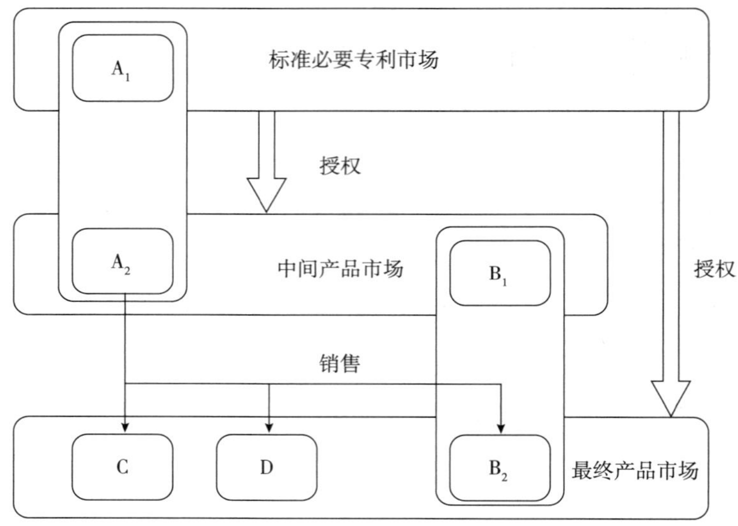

图 3　标准必要专利企业对全部最终产品企业实施搭售

（二）固定专利许可费模式下的均衡分析

上述模型的博弈分为三个阶段：第一阶段，标准必要专利企业根据利润最大化原则最终确定固定专利许可费 w；第二阶段，价格领导企业 A_2 和跟随企业 B_1 根据利润最大化原则确定中间产品价格 p_{a_2} 和 p_{b_1}，以及产量 q_{a_2} 和 q_{b_1}；第三阶段，最终产品生产企业 B_2、企业 C 和企业 D 根据利润最大化原则确定最终产品价格 p_3，以及产量 q_{b_2}、q_c 和 q_d。根据逆向归纳法，首先分析最终产品定价 p_3 以及产量 q_3，其次分析中间产品定价 p_2 以及产量 q_2，最后计算出标准必要专利企业收取的固定专利许可费 w。

1. **标准必要专利企业未实施搭售**

如果标准必要专利企业 A_1 并未要求最终产品企业 B_2、企业 C 和企业 D 必须购买中间产品企业 A_2 的中间产品，则中间产品企业 B_1（跟随者）跟随中间产品企业 A_2（价格领导者）定价。

首先，分析博弈第三阶段。最终产品企业根据利润最大化原则确定销售价格和产品数量，以企业 B_2 为例，其利润函数为：

$$\pi_{b_2}^1=(a-bq_3^1-p_2^1-c_3-w_1)q_{b_2}^1 \tag{1}$$

根据一阶条件可以求得均衡产量的表达式为：

$$q_{b_2}^1=\frac{a-p_2^1-c_3-w_1}{4b} \tag{2}$$

其次，分析博弈第二阶段。假设中间产品生产企业面临的需求函数为 $D(p_2^1)=q_2^1=c-dp_2^1$，跟随者企业 B_1 的需求曲线为 $S(p_2^1)$，价格领导者企业 A_2 面临的剩余需求曲线为 $R(p_2^1)$。追随者的成本函数为 $TC_{b_1}^1=m_1q_{b_1}^1+w_1q_{b_1}^1$，则追随者边际成本为 $MC_{b_1}^1=2m_1q_{b_1}^1+w_1$。令价格 (p_2^1) 等于追随者边际成本，可得追随者的需求曲线 $S(p_2^1)=q_{b_1}^1=\frac{p_2^1-w_1}{2m_1}$。领导者面临的剩余需求曲线 $R(p_2^1)=D(p_2^1)-S(p_2^1)=c-dp_2^1-\frac{p_2^1-w_1}{2m_1}$，求得价格 $p_2^1=\frac{1}{d+\frac{1}{2m_1}}(c+\frac{w_1}{2m_1}-q_{a_2}^1)$。领导者根据 $MR_{a_2}^1=MC_{a_2}^1$ 决定产量，$MR_{a_2}^1=\frac{1}{d+\frac{1}{2m_1}}(c+\frac{w_1}{2m_1}-2q_{a_2}^1)$，$MC_{a_2}^1=m_1+w_1$，求得价格领导者产量 $q_{a_2}^1=\frac{2c-1-2(m_1+w_1)d}{4}$，将结果代入 $p_2^1=\frac{1}{d+\frac{1}{2m_1}}(c+\frac{w_1}{2m_1}-q_{a_2}^1)$ 和 $q_{b_1}^1=\frac{p_2^1-w_1}{2m_1}$，求得中间产品市场价格 $p_2^1=\frac{2dm_1^2+2w_1+(2dw_1+2c+1)m_1}{4dm_1+2}$ 和跟随者产量 $q_{b_1}^1=\frac{(-2w_1+2m_1)d+2c+1}{8dm_1+4}$。

因为最终产品企业每生产一单位产品需要消耗一单位中间产品（假设5），所以 $q_2^1=q_3^1=3q_{b_2}^1=c-dp_2^1$。根据式（2），可得 $c=\frac{3(a-c_3-w_1)}{4b}$，$d=\frac{3}{4b}$。将 c、d 式代入 $q_{a_2}^1$、$q_{b_1}^1$ 和 p_2^1，可求得价格领导者、跟随者的均衡产品和中间产品的均衡价格分别为：

$$q_{a_2}^1=\frac{-3m_1-6w_1+3a-3c_3-2b}{8b} \tag{3}$$

$$q_{b_1}^1=\frac{-6w_1+3m_1+3a-3c_3+2b}{12m_1+8b} \tag{4}$$

$$p_2^1=\frac{3m_1^2+(3a-2b-3c_3)m_1+4bw_1}{6m_1+4b} \tag{5}$$

最后，分析博弈第一阶段。标准必要专利企业 A_1 根据利润最大化原则确定专利许可费 w，企业 A_1 的利润函数为：

$$\pi_{a_1}^1=2\times w_1\times(q_{a_2}^1+q_{b_1}^1) \tag{6}$$

根据一阶条件求得专利许可费 w 的表达式为：

$$w_1=\frac{-3m_1^2+(3a-2b-3c_3)m_1+4b(a-c_3)}{12m_1+16b} \tag{7}$$

为简化表达式，在下文中采用如下符号：$\gamma=2b$，$\theta=3m_1$，$\delta=3(a-c_3)$，则可以简化得到：

$$w_1=\frac{-\theta^2+\theta(\delta-\gamma)+2\gamma\delta}{24\gamma+12\theta} \tag{8}$$

将式（8）代入式（3）、式（4）、式（5），再将式（5）代入式（2），最后将式（2）代入 $p_3^1=a-bq_3^1=a-3bq_{b_2}^1$，可以求得中间产品市场和最终产品市场的均衡结果。

中间产品市场的均衡产量和均衡价格分别为：

$$q_2^1=q_{a_2}^1+q_{b_1}^1=\frac{(2\delta-\theta)\gamma+\theta(\delta-\theta)}{8\gamma(\theta+\gamma)} \tag{9}$$

$$p_2^1=\frac{2\theta^3+(2\delta+5\gamma)\theta^2+(3\gamma^2+5\gamma\delta)\theta+2\gamma^2\delta}{12(2\gamma+\theta)(\theta+\gamma)} \tag{10}$$

最终产品市场的均衡产量和均衡价格分别为：

$$q_3^1=q_2^1=\frac{(2\delta-\theta)\gamma+\theta(\delta-\theta)}{8\gamma(\theta+\gamma)} \tag{11}$$

$$p_3^1=\frac{\theta^2+(16a-\delta+\gamma)\theta+16\left(a-\frac{\delta}{8}\right)\gamma}{16\theta+16\gamma} \tag{12}$$

2. 标准必要专利企业对部分最终产品企业实施搭售

如果标准必要专利企业 A_1 要求最终产品企业 C 和企业 D 必须以购买中间产品企业 A_2 的中间产品为前提才可获得标准必要专利许可，则企业 C 和企业 D 不得不放弃购买企业 B_1 的中间产品，选择购买企业 A_2 的中间产品。企业 B 在这种情况下通常要求企业 B_2 全部购买企业 B_1 的中间产品，避免企业 B_1 在与企业 A_2 竞争的过程中处于更加不利地位。

首先，分析博弈第三阶段。最终产品企业根据利润最大化原则确定销售价格和产品数量，企业 B_2、企业 C 和企业 D 的利润函数分别为：$\pi_{b_2}^2=(a-bq_{b_2}^2-bq_c^2-bq_d^2)q_{b_2}^2-(c_3+p_{b_1}^2+w_1)q_{b_2}^2$，$\pi_c^2=(a-bq_{b_2}^2-bq_c^2-bq_d^2)q_c^2-(c_3+p_{a_2}^2+w_1)q_c^2$，$\pi_d^2=(a-bq_{b_2}^2-bq_c^2-bq_d^2)q_d^2-(c_3+p_{a_2}^2+w_1)q_d^2$。根据一阶条件可以求得均衡产量的表达式：$q_{b_2}^2=\frac{-b(\alpha-1)(q_c^2+q_d^2)+\alpha a-a+c_3+p_{b_1}^2}{2b(1-\alpha)}$，$q_c^2=\frac{-b(\alpha-1)(q_{b_2}^2+q_d^2)}{2b(1-\alpha)}+\frac{\alpha a-a+c_3+p_{a_2}^2}{2b(1-\alpha)}$，$q_d^2=\frac{-b(\alpha-1)(q_{b_2}^2+q_c^2)+\alpha a-a+c_3+p_{a_2}^2}{2b(1-\alpha)}$。联立 $q_{b_2}^2$、q_c^2 和 q_d^2，最终求得：

$$q_{b_2}^2=\frac{a-c_3+2p_{a_2}^2-3p_{b_1}^2-w_2}{4b} \tag{13}$$

$$q_c^2=\frac{a-c_3-2p_{a_2}^2+p_{b_1}^2-w_2}{4b} \tag{14}$$

$$q_d^2=\frac{a-c_3-2p_{a_2}^2+p_{b_1}^2-w_2}{4b} \tag{15}$$

其次，分析博弈第二阶段。企业 A_2 面对企业 C 和企业 D 的需求，企业 B_1 面临企业 B_2 的需求。企业 A_2 和企业 B_1 的利润函数分别为：$\pi_{a_2}^2=(p_{a_2}^2-m_1-w_2)(q_c^2+q_d^2)$，$\pi_{b_1}^2=(p_{b_1}^2-w_2)q_{b_2}^2-m_1q_{b_2}^2$。根据利润最大化原则，求得 $p_{a_2}^2=\frac{a-c_3+p_{b_1}^2+w_2+2m_1}{4}$，$p_{b_1}^2=\frac{2ab+3am_1-2bc_3+4bp_{a_2}^2+4bw_2-3m_1c_3}{3(3m_1+4b)}+\frac{6m_1p_{a_2}^2-3m_1w_2}{3(3m_1+4b)}$。联立 $p_{a_2}^2$ 和 $p_{b_1}^2$，求得企业 A_2 和企业 B_1 的均衡价格分别为：

$$p_{a_2}^2=\frac{7ab+6am_1-7bc_3+12bm_1+8bw_2-6m_1c_3+9m_1^{\ 2}-3m_1w_2}{22b+15m_1} \tag{16}$$

$$p_{b_1}^2=\frac{6ab+9am_1-6bc_3+4bm_1+10bw_2-9m_1c_3+6m_1^2-3m_1w_2}{22b+15m_1} \tag{17}$$

最后，分析博弈第一阶段。标准必要专利企业 A_1 根据利润最大化原则确定专利许可费 w，企业 A_1 的利润函数为：

$$\pi_{a_1}^2=2\times w_2\times(q_{a_2}^2+q_{b_1}^2)=2\times w\times(q_{b_2}^2+q_c^2+q_d^2) \tag{18}$$

根据一阶条件求得专利许可费 w 的表达式为：

$$w_2=\frac{-12m_1^2+12m_1(a-c_3)-23bc_3-14bm_1+23ab}{4(12m_1+23b)} \tag{19}$$

为简化表达式，在下文中采用如下符号：$\gamma=2b$，$\theta=3m_1$，$\delta=3(a-c_3)$，则可以简化得到：

$$w_2=\frac{-8\theta^2+\theta(8\delta-14\gamma)+23\gamma\delta}{276\gamma+96\theta} \tag{20}$$

将式（20）代入式（16）、式（17），再将式（16）、式（17）、式（20）代入式（13）、式（14）、式（15），最后将式（13）、式（14）、式（15）代入 $p_3^2=a-bq_3^2=a-b(q_{b_2}^2+q_c^2+q_d^2)$，可以求得中间产品市场和最终产品市场的均衡结果。

中间产品市场的均衡产量和均衡价格分别为：

$$q_2^2=q_{b_2}^2+q_c^2+q_d^2=\frac{(23\delta-14\theta)\gamma+8\theta(\delta-\theta)}{\gamma(60\theta+132\gamma)} \tag{21}$$

$$p_{a_2}^2=\frac{88\theta^3+(72\delta+422\gamma)\theta^2+(496\gamma^2+351\gamma\delta)\theta+414\gamma^2\delta}{12(23\gamma+8\theta)(5\theta+11\gamma)} \tag{22}$$

$$p_{b_1}^2=\frac{72\theta^3+(88\delta+222\gamma)\theta^2+(114\gamma^2+389\gamma\delta)\theta+391\gamma^2\delta}{12(23\gamma+8\theta)(5\theta+11\gamma)} \tag{23}$$

最终产品市场的均衡产量和均衡价格分别为：

$$q_3^2=q_2^2=\frac{(23\delta-14\theta)\gamma+8\theta(\delta-\theta)}{\gamma(60\theta+132\gamma)} \tag{24}$$

$$p_3^2=\frac{8\theta^2+(120a-8\delta+14\gamma)\theta+264\left(a-\frac{23\delta}{264}\right)\gamma}{120\theta+264\gamma} \tag{25}$$

标准必要专利企业 A_1，中间产品企业 A_2 和企业 B_1，最终产品企业 B_2、企业 C 和企业 D 的利润表达式见下文对比部分。

3. 标准必要专利企业对全部最终产品企业实施搭售

如果标准必要专利企业 A_1 要求最终产品企业 B_2、企业 C 和企业 D 必须以购买中间产品企业 A_2 的中间产品为前提才可获得标准必要专利许可，则企业 B_2、企业 C 和企业 D 不得不放弃购买企业 B_1 的中间产品，选择购买企业 A_2 的中间产品。在这种情况下，企业 B_1 实际上退出中间产品市场，企业 A_2 垄断中间产品市场。

首先，分析博弈第三阶段。最终产品企业 B_2、企业 C 和企业 D 进行古诺竞争，最终产品市场最终均衡产量为：

$$q_3^3=q_{b_2}^3+q_c^3+q_d^3=\frac{3(a-p_2^3-c_3-w_3)}{4b} \tag{26}$$

其次，分析博弈第二阶段。面对最终产品企业 B_2、企业 C 和企业 D 产品需求的中间产品企业 A_2，根据利润最大化原则制定垄断价格，企业 A_2 的利润函数为：

$$\pi_{a_2}^3=q_3^3(p_2^3-m_1-w_3) \tag{27}$$

根据一阶条件求得企业 A_2 垄断价格 p_2^3 的表达式为：

$$p_2^3=\frac{a+m_1-c_3}{2} \tag{28}$$

最后，分析博弈第一阶段，标准必要专利企业 A_1 根据利润最大化原则确定专利许可费 w，企业 A_1 的利润函数为：

$$\pi_{a_1}^3=2\times w_3\times(q_{b_2}^2+q_c^2+q_d^2) \tag{29}$$

根据一阶条件求得专利许可费 w 的表达式：

$$w_3=\frac{a-c_3-m_1}{4} \tag{30}$$

为简化表达式，在下文中采用如下符号：$\gamma=2b$，$\theta=3m_1$，$\delta=3\ (a-c_3)$，则可以简化得到：

$$w_3=\frac{\delta-\theta}{12} \tag{31}$$

将式（31）代入式（28），再将式（31）、式（28）代入式（26），最后将式（26）代入 $p_3^3=a-bq_3^3=a-b\ (q_{b_2}^3+q_c^3+q_d^3)$，可以求得中间产品市场和最终产品市场的均衡结果。

中间产品市场的均衡产量和均衡价格分别为：

$$q_2^3=q_3^3=q_{b_2}^3+q_c^3+q_d^3=\frac{\delta-\theta}{8\gamma} \tag{32}$$

$$p_2^3=\frac{\theta+\delta}{6} \tag{33}$$

最终产品市场的均衡产量和均衡价格分别为：

$$q_3^3=q_{b_2}^3+q_c^3+q_d^3=\frac{\delta-\theta}{8\gamma} \tag{34}$$

$$p_3^3=a+\frac{\theta-\delta}{16} \tag{35}$$

（三）固定专利许可费模式下标准必要专利企业实施搭售的动机及反竞争效应

在上述分析的基础上，通过对比标准必要专利企业 A_1 和中间产品企业 A_2，在标准必要专利企业未实施搭售、对部分最终产品企业实施搭售、对全部最终产品企业实施搭售三种情形下的利润水平，分析标准必要专利企业实施搭售的动机。通过对比三种情形下中间产品企业 B_1、最终产品企业 B_2、企业 C 和企业 D 的利润水平、产品总数量、中间产品价格以及最终产品的价格，分析标准必要专利企业实施搭售的反竞争效应。

1. 标准必要专利企业实施搭售的动机

为对比三种情形下企业 A_1、企业 A_2 的利润，需要对简化符号 γ、δ、θ 进行合理假设。假设 $\gamma=2b\geqslant2$；$0<\theta=3m_1<1$，$\delta=3\ (a-c_3)\ \gg\gamma$。企业 A_1、企业 A_2 利润如表 1 所示。

表 1　三种情形下企业 A_1、企业 A_2 的利润

	企业 A_1 利润	企业 A_2 利润
情形 1	$\frac{[-\theta^2+\theta\ (\delta-\gamma)\ +2\gamma\delta]^2}{48\gamma\ (\theta+\gamma)\ (2\gamma+\theta)}$	$\frac{[-4\gamma^2+\ (2\delta-5\theta)\ \gamma+\theta\ (\delta-\theta)\ ]^2\theta}{96\gamma\ (\theta+\gamma)\ (2\gamma+\theta)}$
情形 2	$\frac{(23\gamma\delta-14\gamma\theta+8\theta\delta-8\theta^2)^2}{72(11\gamma+5\theta)^2(23\gamma+8\theta)^2}$	$\frac{(161\gamma^2\delta-362\gamma^2\theta+148\gamma\delta\theta-232\gamma\theta^2+32\delta\theta^2-32\theta^3)^2}{72(11\gamma+5\theta)^2(23\gamma+8\theta)^2}$

续表

	企业A_1利润	企业A_2利润
情形3	$\frac{(\delta-\theta)^2}{48\gamma}$	$\frac{(\delta-\theta)^2}{96\gamma}$

首先，对比三种情形下企业A_1的利润。对比标准必要专利企业对全部最终产品企业实施搭售和未实施搭售两种情况下企业A_1的利润，有$\pi_{a_1}^3-\pi_{a_1}^1=\frac{\gamma(\theta^2-2\delta^2)+\theta(\theta^2-\delta^2)}{48(2\gamma+\theta)(\theta+\gamma)}$。因为$\delta\gg\gamma\gg\theta$，所以$\gamma(\theta^2-2\delta^2)+\theta(\theta^2-\delta^2)\ll 0$，$\frac{\gamma(\theta^2-2\delta^2)+\theta(\theta^2-\delta^2)}{48(2\gamma+\theta)(\theta+\gamma)}\ll 0$。从企业$A_1$利润角度出发，标准必要专利企业缺少实施搭售的动机。对比标准必要专利企业对部分最终产品企业实施搭售和未实施搭售两种情况下企业A_1的利润，因$\pi_{a_1}^2-\pi_{a_1}^1$结果相对复杂，难以判断$\pi_{a_1}^2-\pi_{a_1}^1$大于0还是小于0，于是通过数值模拟的方法进行判断。假设$\gamma=2b=2$，$\theta=3m_1=3/10$，在$\delta\gg\gamma=2$的情况下，$\pi_{a_1}^2$总是小于$\pi_{a_1}^1$（见图4），即$\pi_{a_1}^2-\pi_{a_1}^1$小于0恒成立。从企业A_1利润角度出发，标准必要专利企业缺少对部分最终产品企业实施搭售的动机。

其次，对比三种情形下企业A_2的利润。对比标准必要专利企业对全部最终产品企业实施搭售和未实施搭售两种情况下企业A_2的利润，有$\pi_{a_2}^3-\pi_{a_2}^1=\frac{\theta^3(4\delta-25\gamma-5\theta)+\theta^2(\delta^2+12\gamma\delta-36\gamma^2)}{96(\theta+\gamma)(2\gamma+\theta)}+\frac{(4\gamma\delta^2+8\gamma^2\delta-16\gamma^3)\theta+4\gamma^2\delta^2}{96(\theta+\gamma)(2\gamma+\theta)}$。当$4\delta-25\gamma-5\theta\gg 0$，即$4\delta\gg 25\gamma$时，$\pi_{a_2}^3-\pi_{a_2}^1$大于0恒成立。所以当$4\delta\gg 25\gamma$时，从企业$A_2$利润角度出发，标准必要专利企业有动机实施搭售。对比标准必要专利企业对部分最终产品企业实施搭售和未实施搭售两种情况下企业A_2的利润，因$\pi_{a_2}^2-\pi_{a_2}^1$结果相对复杂，难以判断$\pi_{a_2}^2-\pi_{a_2}^1$大于0还是小于0，于是通过数值模拟的方法进行判断。假设$\gamma=2b=2$，$\theta=3m_1=3/10$，在$\delta\gg\gamma=2$的情况下，$\pi_{a_2}^2$总是大于$\pi_{a_2}^1$（见图5），即$\pi_{a_2}^2-\pi_{a_2}^1$大于0恒成立。从企业A_2利润角度出发，标准必要专利企业有动机对部分最终产品企业实施搭售。

从企业A_1利润角度出发，标准必要专利企业缺少对全部最终产品企业实施搭售和对部分最终产品企业实施搭售的动机；而从企业A_2利润角度出发，标准必要专利企业具有对全部最终产品企业实施搭售和对部分最终产品企业实施搭售的动机。因此，需要根据三种情形下企业A总利润水平判定标准必要专利企业是否具有对全部最终产品企业和对部分最终产品企业实施搭售行为的动机。

最后，对比三种情形下企业A的整体利润。对比标准必要专利企业对全部最终产品企业实施搭售和未实施搭售两种情况下企业A的利润，有$\pi_a^3-\pi_a^1=\frac{-3\theta^4-(\delta-4\gamma)(\delta-8\gamma)\theta^2}{96(\theta+\gamma)(2\gamma+\theta)^2}+\frac{(-16\gamma^3+8\gamma^2\delta-4\gamma^2\delta+4\delta\theta^2-19\gamma\theta^2)\theta-4\gamma^2\delta^2}{96(\theta+\gamma)(2\gamma+\theta)^2}$。当$\delta-8\gamma\gg 0$，即$\delta\gg 8\gamma$时，$-(\delta-4\gamma)(\delta-8\gamma)\theta^2$恒小于0，$\pi_a^3-\pi_a^1$小于0恒成立。所以当$\delta\gg 8\gamma$时，从整个标准必要专利企业A利润角度出发，标准必要专利企业缺少实施搭售行为的动机。对比标准必要专利企业对部分最终产品企业实施搭售和未实施搭售两种情况下企业A的利润，因$\pi_a^2-\pi_a^1$结果相对复杂，难以判断$\pi_a^2-\pi_a^1$大于0还是小于0，于是通过数值模拟的方法进行判断。假设$\gamma=2b=2$，$\theta=3m_1=3/10$，在$\delta\gg\gamma=2$的情况下，π_a^1总是大于π_a^2（见图5），即$\pi_a^2-\pi_a^1$小于0恒成立。从整个标准必要专利企业A利润角度出发，标准必要专利企业缺少对部分最终产品企业实施搭售行为的动机。

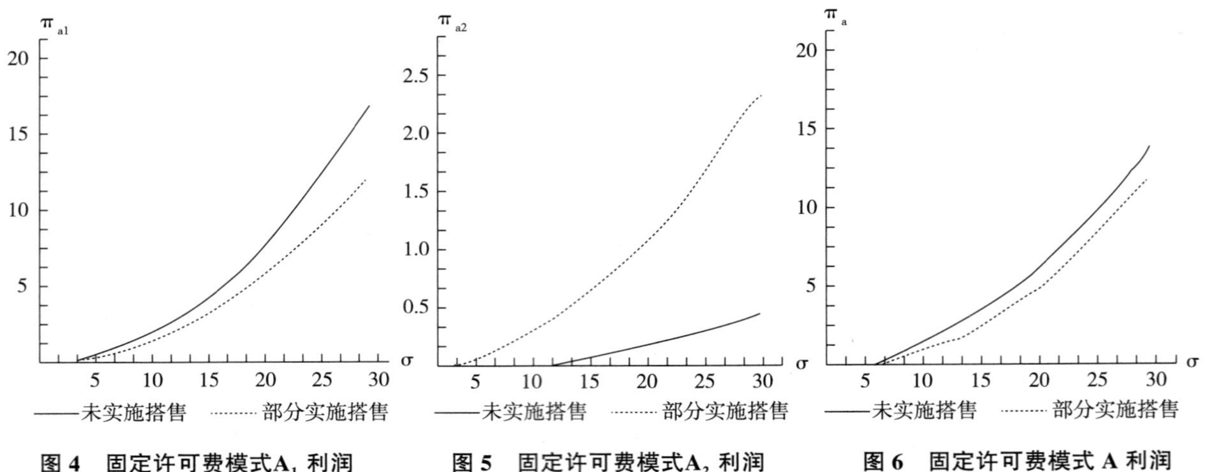

图 4 固定许可费模式 A_1 利润　　**图 5 固定许可费模式 A_2 利润**　　**图 6 固定许可费模式 A 利润**

在 $\delta-8\gamma\gg0$，即 $\delta\gg8\gamma$ 的情况下，无论是企业 A_1、企业 A_2 还是标准必要专利企业 A 都缺少对全部最终产品企业实施搭售的动机。在 $\gamma=2b=2$，$\theta=3m_1=3/10$，$\delta\gg\gamma=2$ 的情况下，无论是企业 A_1、企业 A_2 还是标准必要专利企业 A 都缺少对部分最终产品企业实施搭售的动机。在 $\gamma=2b$，$\theta=3m_1$ 和 c_3 不变的情况下，$\delta=3(a-c_3)$ 越大，a 越大，最终产品的需求价格弹性 $\varepsilon=-\frac{dq_3}{dp_3}\times\frac{p_3}{q_3}=-\frac{dq_3}{dp_3}\times\frac{a-bq_3}{q_3}$ 越大。而 δ 越大，$\pi_a^1-\pi_a^2$ 和 $\pi_a^1-\pi_a^3$ 越大（见图 7、图 8），标准必要专利企业 A 越缺少对部分最终产品企业以及对全部最终产品企业实施搭售的动机。

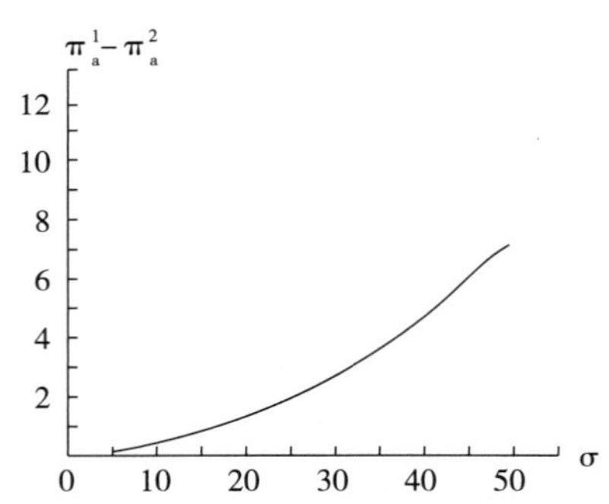

图 7 产品价格弹性对部分搭售动机影响

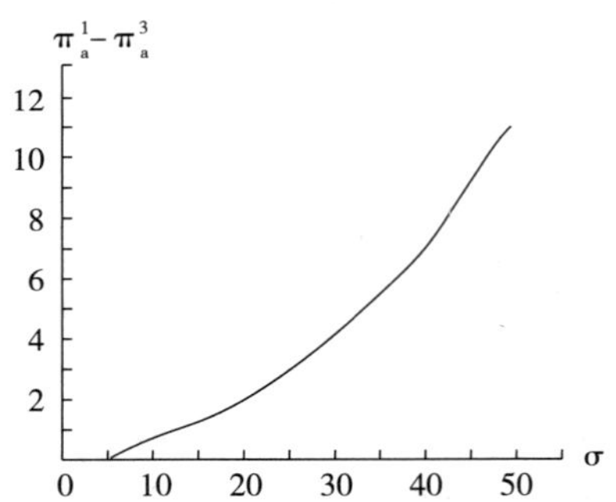

图 8 产品价格弹性对全部搭售动机影响

由此，本文提出命题 1。

命题 1：在标准必要专利企业收取固定专利许可费，最终产品弹性足够大的情况下，标准必要专利企业中间产品生产企业具有对全部最终产品企业以及对部分最终产品企业实施搭售的动机，而标准必要专利企业专利授权部门、整个标准必要专利企业均缺少对全部最终产品企业以及对部分最终产品企业实施搭售的动机。最终产品需求价格弹性越大，整个标准必要专利企业越缺少对部分最终产品企业以及对全部最终产品企业实施搭售的动机。

2. 标准必要专利企业实施搭售的反竞争效应

为分析标准必要专利企业实施搭售的反竞争效应，本文对三种情形下企业 A_1 收取的专利费、中间产品（最终产品）的产量、中间产品价格、最终产品价格、企业 B_1 利润、企业 B_2 利润以及企业 B 总利润进行对比，各项数据如表 2 所示。为合理进行对比，继续沿用上述对简化符号 γ、δ、θ 的假设。

表 2　三种情形专利费用、产量、价格、企业 B（B_1、B_2）利润

	情形 1	情形 2	情形 3
专利费	$\frac{-\theta^2+\theta(\delta-\gamma)+2\gamma\delta}{24\gamma+12\theta}$	$\frac{-8\theta^2+(8\delta-14\gamma)\theta+23\gamma\delta}{276\gamma+96\theta}$	$\frac{\delta-\theta}{12}$
产量	$\frac{(2\delta-\theta)\gamma+\theta(\delta-\theta)}{8\gamma(\theta+\gamma)}$	$\frac{(23\delta-14\theta)\gamma+8\theta(\delta-\theta)}{132\gamma^2+60\gamma\theta}$	$\frac{\delta-\theta}{8\gamma}$
中间产品价格（A_2/B_1）	$\frac{2\theta^3+(2\delta+5\gamma)\theta^2+(3\gamma^2+5\gamma\delta)\theta+2\gamma^2\delta}{12(2\gamma+\theta)(\theta+\gamma)}$	$\frac{88\theta^3+(72\delta+422\gamma)\theta^2+(496\gamma^2+351\gamma\delta)\theta+414\gamma^2\delta}{12(23\gamma+8\theta)(5\theta+11\gamma)}$ $\frac{72\theta^3+(88\delta+222\gamma)\theta^2+(114\gamma^2+389\gamma\delta)\theta+391\gamma^2\delta}{12(23\gamma+8\theta)(5\theta+11\gamma)}$	$\frac{\delta+\theta}{6}$
最终产品价格	$\frac{\theta^2+(16a-\delta+\gamma)\theta+16(a-\delta/8)\gamma}{16\theta+16\gamma}$	$\frac{\left[8\theta^2+(120a-8\delta+14\gamma)\theta+264\left(a-\frac{23\delta}{264}\right)\gamma\right]}{120\theta+264\gamma}$	$a-\frac{\delta-\theta}{16}$
B_1 利润	$\frac{\theta[3\theta^2+(\delta+7\gamma)\theta+2\gamma(\delta+2\gamma)]^2}{192(2\gamma+\theta)^2(\theta+\gamma)^2}$	$\frac{(69\gamma\delta+134\theta\gamma+24\theta\delta+56\theta^2)^2(2\gamma+\theta)}{48(5\theta+11\gamma)^2(23\gamma+8\theta)^2}$	—
B_2/C/D 利润	$\frac{[-\theta^2+\theta(\delta-\gamma)+2\gamma\delta]^2}{1152\gamma(\theta+\gamma)^2}$	$\frac{(69\gamma\delta+134\theta\gamma+24\theta\delta+56\theta^2)^2\gamma}{32(5\theta+11\gamma)^2(23\gamma+8\theta)^2}$ $\frac{(161\gamma^2\delta-362\gamma^2\theta+148\gamma\theta\delta-232\gamma\theta^2-32\delta\theta^2-32\theta^3)^2}{288(5\theta+11\gamma)^2\gamma(23\gamma+8\theta)^2}$	$\frac{(\delta-\theta)^2}{1152\gamma}$

首先，对比三种情形下企业 A_1 收取的专利费以及中间产品（最终产品）数量。

对比三种情形下企业 A_1 收取的专利费。一是对比标准必要专利企业对部分最终产品企业实施搭售以及未实施搭售两种情形下企业 A_1 收取的专利费。$w_2-w_1=\frac{\theta\gamma(\theta-5\gamma)}{552\gamma^2+468\theta\gamma+96\theta^2}$，因为 $552\gamma^2+468\theta\gamma+96\theta^2>0$ 和 $\theta-5\gamma<0$ 恒成立，所以 w_2-w_1 小于 0 成立。二是对比标准必要专利企业对全部最终产品企业实施搭售以及对部分最终产品企业实施搭售两种情形下企业 A_1 收取的专利费。$w_3-w_2=-\frac{3\theta\gamma}{92\gamma+32\theta}$，因为$\frac{3\theta\gamma}{92\gamma+32\theta}>0$ 恒成立，所以 $w_3-w_2<0$ 恒成立。

对比三种情形下中间产品（最终产品）数量。一是对比标准必要专利企业对部分最终产品企业实施搭售以及未实施搭售两种情形下产品数量。$q_2-q_1=\frac{((4\delta-\theta)\gamma+\theta(\delta-\theta))(\theta-5\gamma)}{264\gamma^3+384\gamma^2\theta+120\gamma\theta^2}$，因为 $\frac{(4\delta-\theta)\gamma+\theta(\delta-\theta)}{264\gamma^3+384\gamma^2\theta+120\gamma\theta^2}>0$ 和 $\theta-5\gamma<0$ 恒成立，所以 $q_2-q_1<0$ 恒成立。二是对比标准必要专利企业对全部最终产品企业实施搭售以及对部分最终产品企业实施搭售两种情形下产品数量。$q_3-q_2=\frac{(-13\delta-5\theta)\gamma-\theta(\delta-\theta)}{264\gamma^2+120\gamma\theta}$，因为 $264\gamma^2+120\gamma\theta>0$ 和 $(-13\delta-5\theta)\gamma-\theta(\delta-\theta)<0$ 恒成立，所以 $q_3-q_2<0$ 恒成立。

综上可得命题 2。

命题 2：在标准必要专利企业收取固定专利许可费的情况下，标准必要专利企业未实施搭售时收取的单位专利费用最高，对部分最终产品企业实施搭售时收取的专利费用次高，对全部最终产品企业实施搭售时收取的专利费用最低。

其次，对比三种情形下中间产品以及最终产品的价格。

对比三种情形下中间产品价格。因对比结果相对复杂，于是通过数值模拟的方法进行判断。假设 $\gamma=2b=2$，$\theta=3m_1=3/10$，在 $\delta\gg\gamma=2$ 的情况下，$p_2^3>p_{a_2}^2>p_{b_1}^2>p_2^1$（见图 9）。

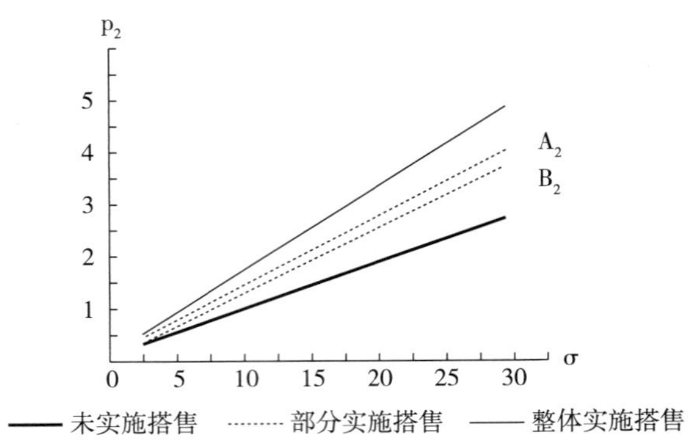

图 9　三种情形下中间产品价格

对比三种情形下最终产品价格。一是对比标准必要专利企业对部分最终产品企业实施搭售以及未实施搭售两种情形下最终产品价格。$p_3^2-p_3^1=-\frac{(-\theta^2+(\delta-\gamma)\theta+4\gamma\delta)(\theta-5\gamma)}{48(5\theta+11\gamma)(\theta+\gamma)}$，因为 $\frac{(-\theta^2+(\delta-\gamma)\theta+4\gamma\delta)}{48(5\theta+11\gamma)(\theta+\gamma)}>0$ 和 $(\theta-5\gamma)<0$ 恒成立，所以 $p_3^2-p_3^1>0$ 恒成立。二是对比标准必要专利企业对全部最终产品企业实施搭售以及对部分最终产品企业实施搭售两种情形下最终产品价格。$p_3^3-p_3^2=\frac{-\theta^2+(\delta+5\gamma)\theta+13\gamma\delta}{240\theta+528\gamma}$，因为 $240\theta+528\gamma>0$ 和 $-\theta^2+(\delta+5\gamma)\theta+13\gamma\delta>0$ 恒成立，所以 $p_3^3-p_3^2>0$ 恒成立。

综上可得命题 3。

命题 3：在标准必要专利企业收取固定专利许可费的前提下，标准必要专利企业对全部最终产品企业实施搭售时，中间产品/最终产品价格最高；标准必要专利企业对部分最终产品企业实施搭售时，中间产品/最终产品价格次高；标准必要专利企业未实施搭售时，中间产品/最终产品价格最低。

最后，对比三种情形下企业 B_1、企业 B_2 以及企业 B 利润。因对比结果相对复杂，于是通过数值模拟的方法进行判断。假设 $\gamma=2b=2$，$\theta=3m_1=3/10$，在 $\delta\gg\gamma=2$ 的情况下，$\pi_{b_1}^2>\pi_{b_1}^1$，$\pi_{b_2}^1>\pi_{b_2}^2>\pi_c^2=\pi_d^2>\pi_{b_2}^1$，$\pi_b^2>\pi_b^1>\pi_b^3$（见图 10 至图 12）。

综上可得命题 4。

命题 4：在标准必要专利企业收取固定专利许可费的前提下。相对于未实施搭售，标准必要专利企业对部分最终产品企业实施搭售时，企业 B_1 和企业 B 总利润更高，而企业 B_2 利润更低；标准必要专利企业对全部最终产品实施搭售时，企业 B_2 利润更高，而企业 B 利润更低。

以上分析了标准必要专利企业在收取固定专利费用时实施搭售的反竞争效应。一方面，标准必要专利企业实施搭售，无论是针对部分最终产品企业还是针对全部最终产品企业产品，都会导致最终产品价格上升、产量下降，消费者福利受损。另一方面，标准必要专利企业对全部最终产品企业实施搭售，虽然最终产品企业支付的固定专利费降低了，但标准必要专利企业中间产品部门 A_2 的竞争对手企业 B_1 以及最终产品企业 B_2、企业 C 和企业 D 的利润均随之降低，排除、限制中间产品市场竞争的同时损害了最终产品企业的利益。

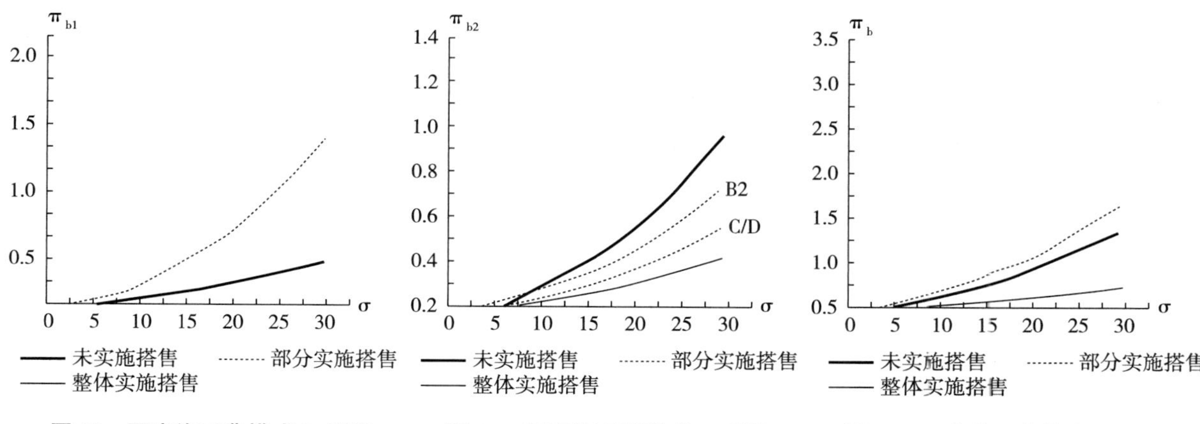

图 10 固定许可费模式B_1 利润　　**图 11 固定许可费模式B_2 利润**　　**图 12 固定许可费模式 B 利润**

（四）比例专利许可费模式下的均衡分析

因企业 A_1 根据利润最大化原则确定的收费比例 α 计算式过于复杂，本部分通过数值模拟方法对比例专利许可费均衡结果进行分析。上述模型的博弈可简化为两个阶段：第一阶段，价格领导企业 A_2 和跟随企业 B_1 根据利润最大化原则确定中间产品价格 p_{a_2} 和 p_{b_1}，以及产量 q_{a_2} 和 q_{b_1}；第二阶段，最终产品生产企业 B_2、企业 C 和企业 D 根据利润最大化原则确定最终产品价格 p_3，以及产量 q_{b_2}、q_c 和 q_d。根据逆向归纳法，首先分析最终产品定价 p_3 以及产量 q_3，然后再分析中间产品定价 p_2 以及产量 q_2。

1. 标准必要专利企业未实施搭售

如果标准必要专利企业 A_1 并未要求最终产品企业 B_2、企业 C 和企业 D 必须购买中间产品企业 A_2 的中间产品，则中间产品企业 B_1（跟随者）跟随中间产品企业 A_2（价格领导者）定价。

首先，分析博弈第二阶段。最终产品企业根据利润最大化原则确定销售价格和产品数量，以企业 B_2 为例，其利润函数为：

$$\pi_{b_2}^1=(a-bq_3^1-p_2^1-c_3)\,q_{b_2}^1-\alpha\,(a-bq_3^1)\,q_{b_2}^1 \tag{36}$$

根据一阶条件可以求得均衡产量的表达式为：

$$q_{b_2}^1=\frac{a-\dfrac{(p_2^1+c_3)}{1-\alpha}}{4b} \tag{37}$$

其次，分析博弈第一阶段。假设中间产品市场面临的需求函数为 $D(p_2^1)=q_2^1=c-dp_2^1$，跟随者企业 B_1 的需求曲线为 $S(p_2^1)$，价格领导者企业 A_2 面临的剩余需求曲线为 $R(p_2^1)$。追随者的成本函数为 $TC_{b_1}^1=m_1q_{b_1}^1+\alpha q_{b_1}^1p_2^1$，则追随者边际成本为 $MC_{b_1}^1=2m_1q_{b_1}^1+\alpha p_2^1$。令价格（$p_2^1$）等于追随者边际成本，可得追随者的需求曲线 $S(p_2^1)=q_{b_1}^1=\dfrac{(1-\alpha)\ p_2^1}{2m_1}$。领导者面临的剩余需求曲线 $R(p_2^1)=D(p_2^1)-S(p_2^1)=c-dp_2^1-\dfrac{(1-\alpha)\ p_2^1}{2m_1}$，求得价格 $p_2^1=\dfrac{1}{d+\dfrac{1-\alpha}{2m_1}}(c-q_{a_2}^1)$。领导者根据 $MR_{a_2}^1=MC_{a_2}^1$ 决定产量，$MR_{a_2}^1=\dfrac{1}{d+\dfrac{1-\alpha}{2m_1}}(c-2q_{a_2}^1)$，$MC_{a_2}^1=m_1+\alpha p_2^1$，求得价格领导者产量 $q_{a_2}^1=\dfrac{2\alpha c+2dm_1-\alpha-2c+1}{2\alpha-4}$，将结

果代入 $p_2^1=\frac{1}{d+\frac{1}{2m_1}}(c+\frac{w_1}{2m_1}-q_{a_2}^1)$ 和 $q_{b_1}^1=\frac{(1-\alpha)p_2^1}{2m_1}$，求得中间产品市场价格 $p_2^1=\frac{m_1(-2dm_1+\alpha-2c-1)}{(2dm_1-\alpha+1)(\alpha-2)}$ 和跟随者产量 $q_{b_1}^1=\frac{(\alpha-1)(-2dm_1+\alpha-2c-1)}{2(\alpha-2)(-2dm_1+\alpha-1)}$。

因为最终产品企业每生产一单位产品需要消耗一单位中间产品（假设5），所以 $q_2^1=q_3^1=3q_{b_2}^1=c-dp_2^1$。根据式（37），可得 $c=\frac{3(a-\frac{c_3}{1-\alpha})}{4b}$，$d=\frac{3(\frac{1}{1-\alpha})}{4b}$。将 c、d 式代入 $q_{a_2}^1$、$q_{b_1}^1$ 和 p_2^1，可求得价格领导者、跟随者的均衡产品和中间产品的均衡价格。为简化表达式，在下文中采用如下符号：$\gamma=4b$，$\theta=3a-4b$，$\eta=3c_3$，$\delta=3m_1$，则可以简化得到：

$$q_{a_2}^1=\frac{\alpha^2\theta+(\eta-2\theta)\alpha-\eta-\delta+\theta}{(\alpha^2-3\alpha+2)\gamma} \tag{38}$$

$$q_{b_1}^1=-\frac{(-1+\alpha)(-1/2\alpha^2\gamma+(3/2\gamma+\theta)\alpha+\eta-\delta-\gamma-\theta)}{(\alpha-2)(\alpha^2\gamma-2\alpha\gamma+2\delta+\gamma)} \tag{39}$$

$$p_2^1=\frac{2\delta((-1/2\alpha^2+3/2\alpha-1)\gamma+\alpha\theta+\eta-\delta-\theta)}{3(\alpha-2)((-1+\alpha)^2\gamma+2\delta)} \tag{40}$$

将式（38）、式（39）代入 $p_3^1=a-bq_3^1=a-b(q_{a_2}^1+q_{b_1}^1)$，可以求得中间产品市场和最终产品市场的均衡结果。

2. 标准必要专利企业对部分最终产品企业实施搭售

如果标准必要专利企业 A_1 要求最终产品企业 C 和企业 D 必须以购买中间产品企业 A_2 的中间产品为前提获得标准必要专利许可，则企业 C 和企业 D 不得不放弃购买企业 B_1 的中间产品，选择购买企业 A_2 的中间产品。企业 B 在这种情况下通常要求企业 B_2 全部购买企业 B_1 的中间产品，避免企业 B_1 在与企业 A_2 竞争的过程中处于更加不利地位。

首先，分析博弈第二阶段。最终产品企业根据利润最大化原则确定销售价格和产品数量，企业 B_2、企业 C 和企业 D 的利润函数分别为：$\pi_{b_2}^2=(a-bq_{b_2}^2-bq_c^2-bq_d^2)q_{b_2}^2(1-\alpha)-(c_3+p_{b_1}^2)q_{b_2}^2$，$\pi_c^2=(a-bq_{b_2}^2-bq_c^2-bq_d^2)q_c^2(1-\alpha)-(c_3+p_{a_2}^2)q_c^2$，$\pi_d^2=(a-bq_{b_2}^2-bq_c^2-bq_d^2)q_d^2(1-\alpha)-(c_3+p_{a_2}^2)q_d^2$。根据一阶条件可以求得均衡产量的表达式：$q_{b_2}^2=\frac{-\alpha bp_c^2-\alpha bp_d^2+a\alpha-c_3-p_{b_1}^2-w_2}{2b(1-\alpha)}$，$q_c^2=\frac{-bq_{b_2}^2-bp_d^2+a-c_3-p_{a_2}^2-w_2}{2b}$，$q_d^2=\frac{-bq_{b_2}^2-bp_c^2+a-c_3-p_{a_2}^2-w_2}{2b}$。联立表达式 $q_{b_2}^2$、q_c^2 和 q_d^2，最终求得：

$$q_{b_2}^2=\frac{a(\alpha-1)+c_3-2p_{a_2}^2+3p_{b_1}^2}{4b(\alpha-1)} \tag{41}$$

$$q_c^2=\frac{a(\alpha-1)+c_3-2p_{a_2}^2-p_{b_1}^2}{4b(\alpha-1)} \tag{42}$$

$$q_d^2=\frac{a(\alpha-1)+c_3-2p_{a_2}^2-p_{b_1}^2}{4b(\alpha-1)} \tag{43}$$

其次，分析博弈第一阶段。企业 A_2 面对企业 C 和企业 D 的需求，企业 B_1 面临企业 B_2 的需求。企业 A_2 和企业 B_1 的利润函数分别为：$\pi_{a_2}^2=p_{a_2}^2(q_c^2+q_d^2)(1-\alpha)-m_1(q_c^2+q_d^2)$，$\pi_{b_1}^2=q_{b_2}^2q_{b_2}^2$

$(1-\alpha)$ $-m_1q_{b_2}^2$。根据利润最大化原则，求得 $p_{a_2}^2=-\frac{a\alpha^2-\alpha p_{b_1}^2-2a\alpha+\alpha c_3+p_{b_1}^2+a-c_3+2m_1}{4\alpha-4}$，$p_{b_1}^2=-\frac{(a\alpha-2p_{a_2}^2-a+c3)(2\alpha^2b-4\alpha b+2b+3m_1)}{12\alpha^2b-24\alpha b+12b+9m_1}$。联立 $p_{a_2}^2$ 和 $p_{b_1}^2$，求得企业 A_2 和企业 B_1 的均衡价格。为简化表达式，在下文中采用如下符号：$\gamma=4b$，$\theta=3a-4b$，$\eta=3c_3$，$\delta=3m_1$，则可以简化得到：

$$p_{a_2}^2=\frac{\{-7(\alpha-1)^4\gamma^2-14[\alpha^2\theta+(\eta-2\theta)\alpha-\eta+\frac{16\delta}{7}+\theta](\alpha-1)^2\gamma}{132\alpha-132}-\frac{16\delta[\alpha^2\theta+(\eta-2\theta)\alpha-\eta+3/2\delta+\theta]\}\left[(\alpha-1)^2\gamma+\frac{10\delta}{11}\right]^{-1}}{132\alpha-132} \tag{44}$$

$$p_{b_1}^2=\frac{\{-7(\alpha-1)^4\gamma^2-14[\alpha^2\theta+(\eta-2\theta)\alpha-\eta+\frac{16\delta}{7}+\theta](\alpha-1)^2\gamma}{132\alpha-132}-\frac{16\delta[\alpha^2\theta+(\eta-2\theta)\alpha-\eta+3/2\delta+\theta]\}\left[(\alpha-1)^2\gamma+\frac{10\delta}{11}\right]^{-1}}{132\alpha-132} \tag{45}$$

将式（44）、式（45）代入式（41）、式（42）、式（43），再将式（41）、式（42）、式（43）代入 $p_3^2=a-bq_3^2=a-b(q_{b_2}^2+q_c^2+q_d^2)$，可以求得中间产品市场和最终产品市场的均衡结果。

3. 标准必要专利企业对全部最终产品企业实施搭售

如果标准必要专利企业 A_1 要求最终产品企业 B_2、企业 C 和企业 D 必须以购买中间产品企业 A_2 的中间产品为前提获得标准必要专利许可，则企业 B_2、企业 C 和企业 D 不得不放弃购买企业 B_1 的中间产品，选择购买企业 A_2 的中间产品。在这种情况下，企业 B_1 实际上退出中间产品市场，企业 A_2 垄断中间产品市场。

首先，分析博弈第二阶段。最终产品企业 B_2、企业 C 和企业 D 进行古诺竞争，最终产品市场均衡产量为：

$$q_3^3=q_{b_2}^3+q_c^3+q_d^3=\frac{3\left(a-\frac{(p_2^3+c_3)}{1-\alpha}\right)}{4b} \tag{46}$$

其次，分析博弈第一阶段。面对最终产品企业 B_2、企业 C 和企业 D 产品需求的中间产品企业 A_2，根据利润最大化原则制定垄断价格，企业 A_2 的利润函数为：

$$\pi_{a_2}^3=q_3^3p_2^3(1-\alpha)-m_1q_3^3 \tag{47}$$

根据一阶条件求得企业 A_2 垄断价格 p_2^3 的表达式为：

$$p_2^3=-\frac{a\alpha^2-2a\alpha+\alpha c_3+a-c_3+m_1}{-2+2\alpha} \tag{48}$$

为简化表达式，在下文中采用如下符号：$\gamma=4b$，$\theta=3a-4b$，$\eta=3c_3$，$\delta=3m_1$，则可以简化得到：

$$p_2^3=\frac{(-\gamma-2\theta)\alpha^2+(-2\eta+2\gamma+4\theta)\alpha+2\eta-2\delta-\gamma-2\theta}{-12+12\alpha} \tag{49}$$

将式（49）代入式（46），再将式（46）代入 $p_3^3=a-bq_3^3$，可以求得均衡产品数量以及最终产品均衡价格为：

$$q_2^3=q_3^3=\frac{(\gamma+2\theta)\alpha^2+(2\eta-2\gamma-4\theta)\alpha-2\eta-2\delta+\gamma+2\theta}{4(-1+\alpha)^2\gamma} \tag{50}$$

$$p_3^3=\frac{(5\gamma+10\theta)\ \alpha^2+(-6\eta-10\gamma-20\theta)\ \alpha+6\eta+6\delta+5\gamma+10\theta}{48\ (-1+\alpha)^2} \tag{51}$$

（五）比例专利许可费模式下标准必要专利企业实施搭售的动机及反竞争效应

在上述分析的基础上，通过对比标准必要专利企业 A_1 和中间产品企业 A_2，在标准必要专利企业未实施搭售、对部分最终产品企业实施搭售、对全部最终产品企业实施搭售三种情形下的利润水平，分析标准必要专利企业实施搭售的动机。通过对比三种情形下中间产品企业 B_1、最终产品企业 B_2、企业 C 和企业 D 的利润水平、产品总数量、中间产品价格以及最终产品的价格，分析标准必要专利企业实施搭售的反竞争效应。

1. 标准必要专利企业实施搭售的动机

为对比三种情形下企业 A_1、企业 A_2 的利润，需要对简化符号 γ、δ、η、θ 进行合理假设。假设 $\gamma=4b=4$，$\theta=3a-2b=3\times10-2\times1=28$，$\eta=3c_3=\frac{3}{10}$，$\delta=3m_1=\frac{3}{10}$。此外，因为标准必要专利企业抽取比例专利费用普遍低于 10%（如高通向下游企业收取 3%～5%专利费用），于是通过数值模拟方法对比三种情形下企业 A_1、企业 A_2 的利润。在比例专利费用 $0<\alpha<0.1$ 时，$\pi_{a_1}^1<\pi_{a_1}^2<\pi_{a_1}^3$，$\pi_{a_2}^1<\pi_{a_2}^2<\pi_{a_2}^3$（见图 13、图 14）。由此可得命题 5。

命题 5：在标准必要专利企业收取比例专利许可费的情况下，标准必要专利企业专利许可部门和中间产品生产部门均具有对最终产品生产企业实施搭售的动机。标准必要专利企业对全部最终产品企业实施搭售的动机高于对部分最终产品企业实施搭售的动机。

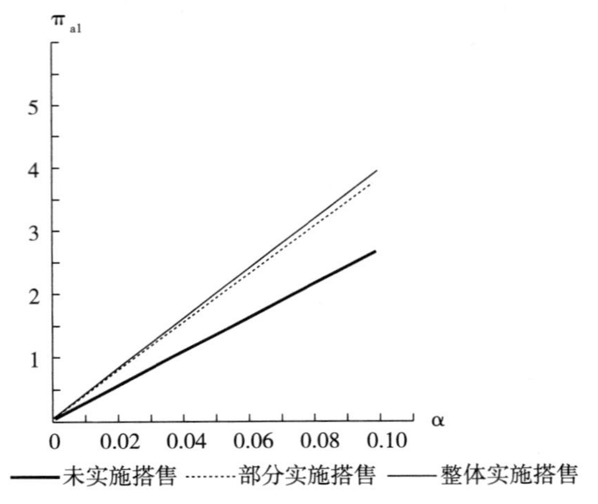

图 13　比例专利许可费模式 A_1 利润

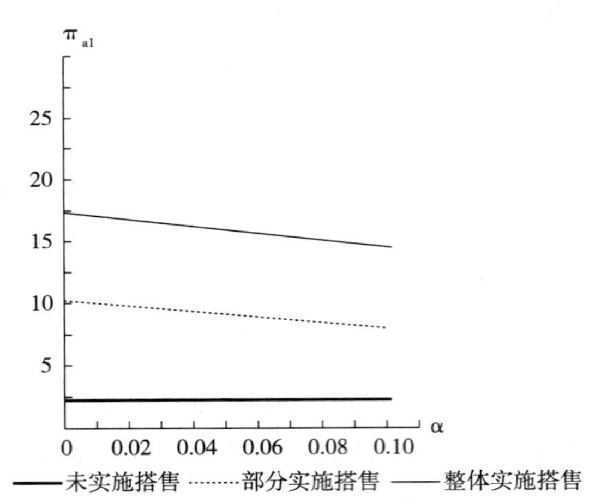

图 14　比例专利许可费模式 A_2 利润

2. 标准必要专利企业实施搭售的反竞争效应

为分析标准必要专利企业实施搭售的反竞争效应，本文对三种情形下中间产品（最终产品）的产量、中间产品价格、最终产品价格、企业 B_1 利润、企业 B_2 利润以及企业 B 利润进行对比。为合理进行对比，继续沿用上述对简化符号 γ、δ、η、θ 的假设。

在比例专利费用 $0<\alpha<0.1$ 时，$q_2^1>q_2^2>q_2^3$，$p_2^1<p_{b_1}^2<p_{a_2}^2<p_2^3$，$p_3^1<p_3^2<p_3^3$（见图 15、图 16、图 17）。由此可得命题 6。

命题 6：在标准必要专利企业收取比例专利许可费的情况下，随着标准必要专利企业实施搭售的范围逐渐增加，中间产品/最终产品的数量逐渐减少，中间产品/最终产品的价格逐渐增加。

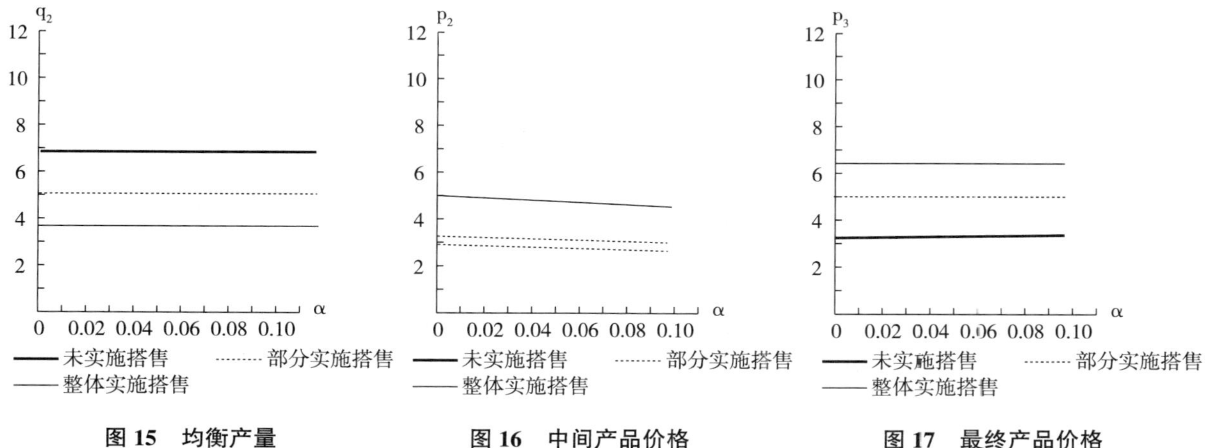

图 15　均衡产量　　图 16　中间产品价格　　图 17　最终产品价格

在比例专利费用0<α<0. 1 时（见图 18、图 19、图 20），可得命题 7。

命题 7：在标准必要专利企业收取比例专利许可费的情况下，随着标准必要专利企业实施搭售的范围逐渐增加，中间产品/最终产品的数量逐渐减少，中间产品/最终产品的价格逐渐增加。

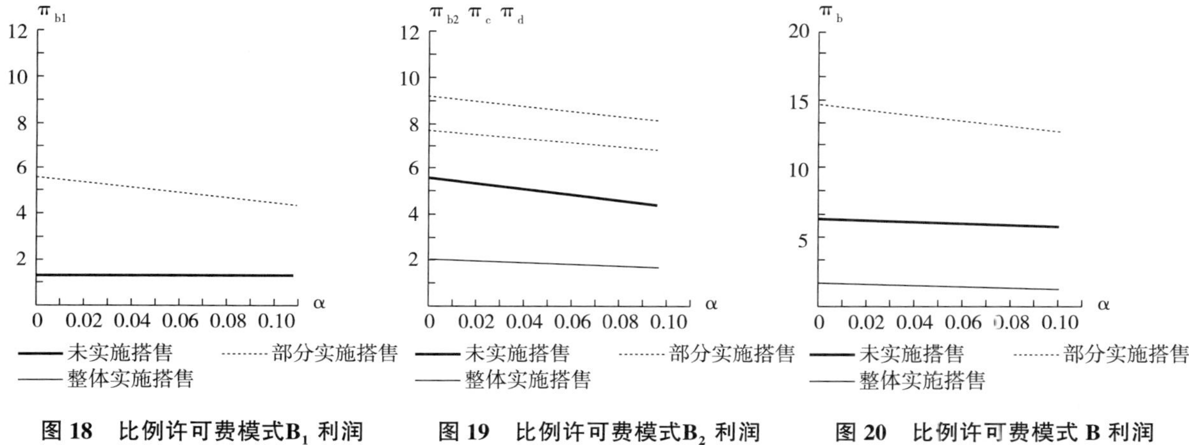

图 18　比例许可费模式B_1利润　　图 19　比例许可费模式B_2利润　　图 20　比例许可费模式 B 利润

命题 8：在标准必要专利企业收取比例专利许可费的情况下，实施部分搭售行为时，标准必要专利企业与生产中间产品的企业有较强的合谋动机。

在部分搭售时企业 A 的总利润大于未搭售时的总利润，企业 B 的总利润大于未搭售时的总利润。在企业 A 因市场势力不足或其他原因导致无法实施整体搭售的情况下，实施部分搭售会使企业 A_1、企业 A_2、企业 B 的总利润同时上升（见图 13、图 14、图 20），因此导致企业 A 与企业 B 之间存在一定的合谋动机。

以上分析了标准必要专利企业在收取比例专利费用时实施搭售的反竞争效应。一方面，标准必要专利企业实施搭售，无论是针对部分最终产品生产企业还是针对全部最终产品生产企业产品，都会导致最终产品价格上升、产量下降，消费者福利受损。另一方面，标准必要专利企业对部分最终产品企业实施搭售，会导致企业 B_1 利润下降，企业 B_2 利润上升，企业 B 总利润上升，企业 C、企业 D 的利润下降。企业 B 与企业 A 之间产生较强的合谋动机。

三、实证检验：以 2017 年美国 FTC 诉高通案为例

（一）案例概述

高通是调制解调器芯片的垄断供应商，它允许手机通过 CDMA① 和 LTE② 等行业标准来与蜂窝网络设备进行通信。从 2006 年到 2012 年（CDMA），从 2012 年到 2015 年（高端 LTE），高通在全球的 CDMA 和高端 LTE 调制解调器芯片的销售份额超过 80%。手机制造商依赖于高通的调制解调器芯片，从而在 CDMA 网络（如 Verizon 和 Sprint③）上覆盖客户，并生产手机。

高通还拥有对行业标准制定至关重要的专利，并将这些标准必要专利授权给手机制造厂商（以下用 OEM 代替）。包括专利技术在内的标准排除了替代技术，并产生了专利劫持风险，即标准必要专利持有人可能会提高许可费用，但其许可费用体现出的并非是专利价值，而是被授权人放弃使用标准的成本。为了防止专利劫持，标准制定组织要求标准必要专利持有人承诺在公平、合理和非歧视（FRAND 原则）的前提下授权标准必要专利。

在本案例中，高通利用其在标准必要专利市场及芯片上的市场势力，诱导客户签订不利于竞争对手的条款，这一条款要求客户在使用高通竞争对手的芯片时，需要向高通支付标准必要专利许可费。尽管高通对这些支付专利许可费进行了标注，但高通与手机制造商谈判的方式与标注不符。制造商之所以支付高额的专利许可费，并不是因为制造商认可了高通的专利价值，而是因为高通的"无芯片无授权"政策，这种搭售行为使手机制造商处于进退两难境地：要么接受高通的高额专利许可费和芯片，要么就无法获得高通的芯片及专利授权。

（二）相关市场界定

CDMA 和 LTE 市场根据原始技术的持有者形成各自的通信系统。拥有这种原始技术的公司将其技术授权给其他技术持有者、调制解调器芯片制造商和移动手机制造商来收取专利费。有时技术的拥有者通过不收取或者降低专利使用费的方式交叉授权他们的技术。手机部件制造商，例如调制解调器芯片制造商，从持有技术的公司获得必要技术的许可，从而生产手机部件，并将这些部件出售给手机制造商。有时，技术持有者也会自己制造手机部件。手机制造商随后将产品卖给手机运营商或消费者，同时手机运营商为消费者提供移动通信服务。

移动通信业务的相关市场可划分为：①关于移动通信原始技术的标准专利技术许可市场；②移动手机硬件组件市场（CDMA 芯片市场及 LTE 芯片市场）；③移动手机市场。在此，技术许可市场和技术组件市场可以基于各自的技术和组件划分为多方面的市场（见图 21）。

1. *移动通信技术市场*

蜂窝通信依赖于广泛分布的实现标准化协议的网络。Verizon、AT&T④、T-Mobile⑤ 和 Sprint 等网络运营商都投入了大量资金来建设符合这些标准协议的网络。自从商业移动电话问世以来，已经出现了四代的蜂窝通信标准。第一代（1G）1980 年引入的标准支持模拟，语音通话的传输。第二代（2G）标准在 1990 年初首次部署，支持语音通话的数字传输。领先的 2G 标准系列是全球移动

---

① CDMA（Code Division Multiple Access，码分多址），是在扩频通信技术上发展起来的一种 2G 的无线通信技术，是 2G 网络的全球标准。

② LTE（Long Term Evolution，长期演进）是 3G 的演进，是 3G 与 4G 技术之间的一个过渡，是 4G 的全球标准。

③ Verizon 和 Sprint 为美国两家电信运营商。

④ AT&T 为美国最大移动电话服务供应商。

⑤ T-Mobile 是世界上最大的移动电话公司之一，在美国运营 GSM 网络。

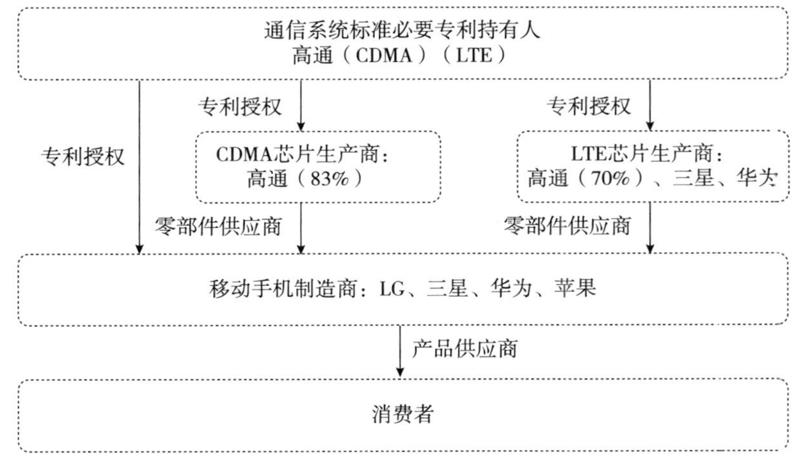

图 21　相关市场结构

通信系统（GSM）和第二代码分多址（2G-CDMA）。在美国，AT&T 和 T-Mobile 运营传统的 GSM 网络，而 Verizon 和 Sprint 运营传统的 2G-CDMA 网络。第三代（3G）标准，在 20 世纪 90 年代末和 21 世纪初首次部署，支持更快的数据传输速度。领先的 3G 标准是通用移动通信系统（UMTS）和第三代 CDMA（3G-CDMA）。UMTS 允许 GSM 网络运营商过渡到 3G 标准。3G-CDMA 对 2G-CDMA 网络运营商也是如此。第四代（4G）标准，在 2009 年底和 2010 年初首次部署，支持比 3G 标准快得多的数据传输速度。领先的 4G 标准是长期演进（LTE）。全球大多数主要网络运营商都部署了 LTE。

CDMA 通信系统相关的绝大部分专利都由高通持有，高通持有在 CDMA 技术市场中拥有绝对市场支配地位的专利，LTE 通信系统中，高通所持有的专利数量在企业中名列前茅（见图 22、图 23）。

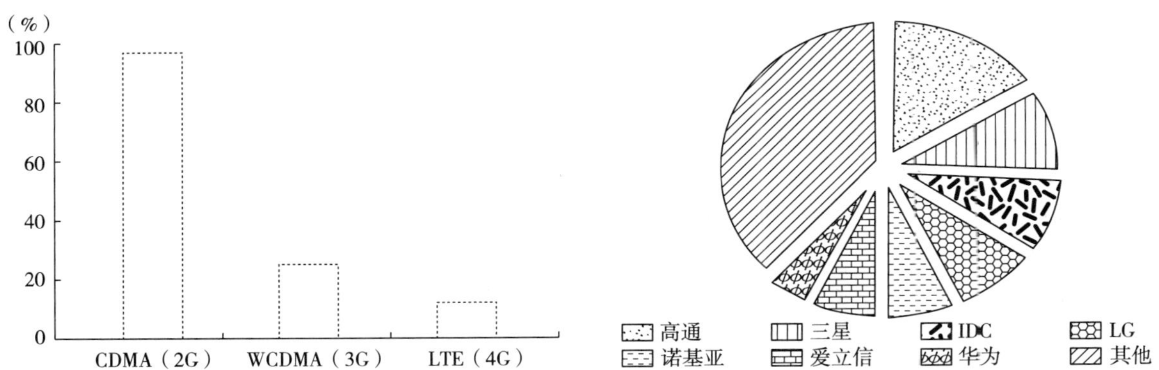

图 22　高通持有 SEP 数量在不同标准中所占比例

图 23　LTE 标准中各公司 SEP 占比

资料来源：ETIS2015。

2. *基带处理器市场*[①]

基带处理器是手机内的半导体设备（有时被称为芯片、芯片组或调制解调器）。基带处理器允许手机通过执行信号产生、调制和编码等功能与运营商的蜂窝网络进行通信。为了与运营商的网络进行通信，手机必须包含一个基带处理器，该处理器符合网络支持的蜂窝通信标准。只符合 UMTS 标准的包含基带处理器的手机不能与 3G-CDMA 网络通信。符合一个以上标准的基带处理器称为多

① CDMA 处理器、LET 处理器均属于基带处理器。

模式处理器。包含多模式基带处理器的手机能够与部署多个标准的网络或部署不同标准的多个网络进行通信。要在部署 LTE 的网络上使用，手机通常必须包含一个符合 LTE 和较早的 2G 和 3G 标准的多模式基带处理器，原因有两方面。首先，LTE 网络基础设施通常支持数据流量，而不是语音流量。因此，要传输语音通话，基带处理器必须符合 2G 和 3G 标准。其次，由于升级和更换网络基础设施的过程需要数年时间，基带处理器必须符合 2G 和 3G 标准，才能在运营商尚未更换或升级基础设施设备的地区与网络通信。因此，多模式处理器要在特定运营商的网络上销售，就必须符合该网络部署的 2G 和 3G 标准。包含符合 GSM、UMTS 和 LTE 标准但不符合 CDMA 标准的基带处理器的手机，不能在像 Verizon 这样的 CDMA 网络上销售。

3. CDMA 芯片市场

世界上许多主要的运营商已经部署了 CDMA 网络，包括美国的 Verizon 和 Sprint。对于大多数主要的 IEM 厂商来说，将与 CDMA 兼容的手机排除在产品线之外并不是现实的选择。因此，为了制造和销售在这些网络上运行的手机，原始设备制造者（Original Equipment Manufacturer，OEM）不得不使用符合 CDMA 标准的基带处理器。高通长期以来一直是 CDMA 处理器的主要供应商。至少从 2008 年到 2015 年 9 月（高通的财政年度结束），高通的 CDMA 基带处理器的全球销售份额都超过了 83%（见表 3）。

表 3　2008~2015 年高通 CDMA 基带处理器全球销售份额　　单位：%

年份	2008	2009	2010	2011	2012	2013	2014	2015
CDMA（2G）	98.4	97.6	96.4	94.3	92.4	93.1	91.6	83.1

资料来源：韩国公平交易委员会（KFTC）2016 年年报。

高通在 CDMA 处理器市场面临的竞争有限。在过去 10 年的大部分时间里，除了高通，CDMA 处理器的唯一供应商是我国台湾半导体公司台湾威盛电子。威盛 CDMA 处理器的销售主要集中在低端手机上。这在一定程度上是因为威盛还没有提供将 CDMA 功能与 UMTS 或 LTE 功能结合起来的多模式处理器。2015 年，英特尔公司收购了威盛的 CDMA 业务。英特尔还没有将威盛的 CDMA 技术与英特尔自己的多模式处理器技术相结合的基带处理器产品商业化。

在 CDMA 处理器的供应方面，OEM 只有有限的选择来替代高通。高通利用自己的主导地位，从 OEM 那里获得了反竞争的供应和搭售条款。

4. LET 芯片市场

全球大多数主要网络运营商都部署了 LTE 网络，包括美国运营商 Verizon、AT&T、T-Mobile 和 Sprint。OEM 通常要求高端手机使用具有先进 LTE 功能的基带处理器。对于设计和制造高端手机的 OEM 来说，只支持早期 LTE 功能的基带处理器并不能合理地替代支持先进 LTE 标准和功能的基带处理器。因此，LTE 基带处理器制造商之间的竞争出现在各个层面，包括高端、中端和低端层。一个高级 LTE 基带处理器支持先进的 LTE 功能。高通一直是高端 LTE 处理器的主要供应商。至少从 2012 年到 2015 年 9 月，高通在全球高端 LTE 基带处理器的年销量份额超过了 69%（见表 4）。

表 4　2012~2015 年高通 LTE 基带处理器全球销售份额　　单位：%

年份	2012	2013	2014	2015
LTE（4G）	94.5	96.0	84.8	69.4

资料来源：韩国公平交易委员会（KFTC）2016 年年报。

高通在高端 LTE 处理器供应方面面临的竞争有限。其他制造商也提供了支持 LTE 功能的基带处理器，但在高端产品方面与高通的竞争有限。例如，联发科技在 LTE 基带处理器的销售上一直落后于高通，也没有为旗舰手机提供高端 LTE 处理器。英特尔的 LTE 基带处理器销售更为有限，直到最近才在高端 LTE 基带处理器供应方面取得了一定的成功，当时它开始为 iPhone 7 提供部分所需的基带处理器。三星和华为最近分别为三星和华为手机自行供应了一些高端 LTE 基带处理器，但这并没有给高通在商户市场带来真正的竞争。在高端 LTE 处理器的供应方面，OEM 厂商只有有限的可替代高通的实际产品。高通利用自己的市场支配地位，从 OEM 那里获得了反竞争的供应并制定了搭售条款。

（三）搭售的反竞争效应

高通长期以来一直是全球基带处理器的领先供应商，也是 CDMA、LTE 标准专利授权的主要专利持有人。高通利用其在标准必要专利市场及 CDMA 和高端 LTE 芯片市场的主导地位，扭曲了许可费谈判，并确保获得更高的专利许可费（许可费收取比例占产品最终售价的 3%～5%）。一般来说，标准必要专利许可费是在 FRAND 承诺的约束下进行的，而芯片的价格则是由市场竞争得出的。然而，由于高通将其芯片的使用权与专利许可搭售，导致 OEM 支付更高的费用，以避免供应中断带来的巨大商业成本。在本案例中，OEM 虽然接受了高额的许可费，但其专利许可费所体现出的价值并非专利本身的价值，而是 OEM 退出市场的成本。

同时，在本案例中高通的行为已经在实质上提高了其拥有的标准必要专利许可费。其许可费用的增加也反映了高通在标准必要专利市场及芯片市场的垄断能力。高通承认，其做法将许可费提升到了高于 FRAND 原则的费率。在一份关于 5G 许可的报告中，高通提出“通过向没有授权的客户搭售产品，来寻求高于 FRAND 承诺费率的授权”，高通在本案例采用了这一策略（无芯片无授权）。由于高通所采用的搭售模式为整体搭售模式，因此通过上文理论分析（模型）得出，在许可费占最终产品 3%～5%时，高通专利授权公司及高通芯片产品公司的利润均高于未搭售时利润。同时其他芯片生产企业、手机生产企业的利润均低于未搭售时利润，芯片产品、手机产品的价格升高。通过将标准必要专利与芯片搭售，在 2010～2015 年，高通在 CDMA 芯片市场上一直保持着 80%以上的占有率，在 LET 芯片市场上，占有率从 34%增加至 69%，其公司净利润也从 32.47 亿美元增加到了 52.71 亿美元①。

四、结论及政策启示

本文研究在不同专利收费模式下，专利持有人搭售标准必要专利与中间产品的动机及搭售行为的反竞争效应，得出以下结论：①在遵守 FRAND 原则的前提下，标准必要持有人按最终产品售价比例收取专利费时的搭售动机比收取固定专利费时要高。这是因为标准必要持有人在实施搭售后，中间产品和最终产品数量下降。在收取固定专利费的情况下，中间产品企业/最终产品企业生产产品的数量减少，中间产品企业和最终产品企业支付专利许可费的意愿随之降低，标准必要专利持有企业 A_1 收取的专利许可费也随之下降，标准必要专利持有企业 A_1 专利许可费损失大于中间产品生产企业 A_2 通过搭售获得的收益，企业 A 总体利润受损。反之，在按最终产品售价比例收取专利费的情况下，因中间产品和最终产品销售价格上升，企业 A_1 反而收取更多的专利许可费，企业 A_2 通过搭售获得额外收益，企业 A 总体利润上升。②按比例收取专利费部分实施搭售时，企业 A、企业 B 的总利润均高于未实施搭售时。因此在企业 A 实施部分搭售时，企业 A 与企业 B 之间存在一定的

① https：//www.marketwatch.com/investing/stock/qcom/financials。

合谋动机。③按比例收取专利费未实施搭售时，最终产品企业 C、企业 D 的利润高于部分实施搭售及整体实施搭售。因此无论何种搭售形式，都会对最终产品企业的利润造成挤压。④按比例收取专利费未实施搭售时，市场上产品的数量高于部分实施搭售数量及整体实施搭售数量；按比例收取专利费未实施搭售时，中间产品价格要低于整体实施搭售价格、部分实施搭售 A_2 价格及部分实施搭售 B_1 价格；按售价比例收取专利费未实施搭售时，最终产品市场价格低于整体实施搭售价格及部分实施搭售价格。因此搭售行为会导致中间产品及最终产品价格上升，数量降低，损害市场竞争。

以上研究结论对相关反垄断立法和执法的启示是：①针对标准必要专利搭售产品的行为，应考虑搭售所涉及的所有相关市场，不应将其单纯定义为专利市场及最终产品市场，还应考虑中间产品市场。②对于标准必要专利搭售的关注重点应在于搭售行为是否排除、限制或扭曲了市场竞争，搭售行为产生的积极影响是否能抵消其反竞争效应。③重点关注标准必要专利持有人的专利收费模式。按最终产品售价比例收取许可费的搭售动机要高于固定许可费下的搭售动机，按比例收取专利许可费的专利持有人的搭售行为应引起反垄断执法机构的重点关注。④对竞争损害进行分析时可以将搭售程度作为考量因素，相对于对部分最终产品生产企业实施搭售，对全部最终产品生产企业实施搭售造成的竞争损害更大。⑤在按比例收取许可费且为部分搭售的情况下，还应关注标准必要专利持有企业与具有一定市场势力的中间产品和最终产品生产企业之间是否存在合谋。

参考文献

[1] 唐要家，李恒 . FRAND 承诺下标准必要专利搭售许可的动机及其竞争效应 [J]. 产经评论，2019，10（4）：21-32.

[2] Blair R. D.，Walsh A. N. Method-of-Use Patents，Appropriability，and Antitrust Policy [J]. Review of Industrial Organization，2020，56（1）：651-666.

[3] Carlton D. W.，Waldman M. The Strategic Use of Tying to Preserve and Create Market Power in Evolving Industries [R]. National Bureau of Economic Research，1998.

[4] Gilbert R. J.，Katz M. L. Should Good Patents Come in Small Packages? A Welfare Analysis of Intellectual Property Bundling [J]. International Journal of Industrial Organization，2006，24（5）：931-952.

[5] Hovenkamp E. Tying，Exclusivity，and Standard-essential Patents [J]. The Columbia Science and Technology Law Review，2017（19）：79-135.

[6] Lampe R.，Moser P. Patent Pools，Competition，and Innovation-Evidence From 20 US Industries under the New Deal [J]. The Journal of Law，Economics，and Organization，2016，32（1）：1-36.

[7] Lerner J.，Tirole J. Efficient Patent Pools [J]. American Economic Review，2004，94（3）：691-711.

[8] Papandrea F.，Stoeckl N.，Daly A. Bundling in the Australian Telecommunications Industry [J]. Australian Economic Review，2003，36（1）：41-54.

[9] Quint D. Pooling With Essential and Non-essential Patents [J]. American Economic Journal：Microeconomics，2014，6（1）：23-57.

[10] Whinston M. D. Tying，Foreclosure，and Exclusion [J]. The American Economic Review，1990，80（4）：837-859.

[11] Wong-Ervin K.，Hicks E.，Slonim A. Tying and Bundling Involving Standard-essential Patents [J]. George Mason Law Review，2017（24）：1091-1116.

互联网平台中的多重竞争

——基于电商平台的经验证据

曲　创　孙鸿飞

［摘　要］本文基于双边市场的本质特征，考察互联网平台中的多重竞争及其相互作用机制。首先，平台之间的竞争与平台内部用户的竞争相互交织在一起，导致互联网平台的复杂性和隐蔽性。本文从用户规模效应、平台黏性效应与平台竞争效应三个方面，分析了平台内用户竞争对平台间竞争的作用机制。其次，本文应用两大电商平台的大样本微观数据进行了实证研究。在最具现实意义的寡头市场结构中，平台竞争效应起主导作用，平台内商家之间的竞争会加剧平台间竞争。再次，由于排序竞争是互联网平台中特有的竞争方式，本文进一步考察了排序位置对平台多重竞争的作用。排序在前的商家由于流量和销量具有很强的平台竞争效应，对平台间竞争为正向作用，该作用随排序位置后移而减弱，最终导致整体作用转为负向。最后，对不同平台模式的异质性分析表明，自营式电商内部市场集中度明显更为集中，商家竞争对平台竞争的作用弱于平台式电商。本研究在理论上厘清了互联网平台中多重竞争之间的作用机制，为准确理解互联网平台领域竞争的特殊性，以及相应的反垄断执法和行业监管提供了依据。

［关键词］平台竞争；电商平台；用户规模效应；平台黏性效应；平台竞争效应

一、引言

借助于互联网的信息技术和双边平台的商业模式，以搜索引擎、社交、电商、网约车等为典型代表的互联网平台成长迅速，基本已经从根本上颠覆了很多行业。互联网平台自身也发展成为拥有庞大资产规模和市场势力的行业巨头，引起了各界的广泛关注，源自技术和平台模式的独特竞争行为和滥用市场势力的垄断行为交织在一起，给各国的反垄断执法机构和行业监管部门带来了新的挑战。双边平台的本质特征决定了用户竞争已经取代价格竞争成为互联网平台领域最常用、最重要的平台竞争方式，足够的用户基础是平台跨越“最低网络规模”（critical mass），维持生存的必备条件。国内已出现多起电商平台、外卖平台领域的“二选一”纠纷，美国和欧盟反垄断机构正在对亚马逊、苹果 App Store 进行的反垄断调查，均涉及平台的单归属用户策略，以及是否针对用户实施滥用平台势力、妨碍平台内市场竞争的违法行为。①

这些现实案例反映了互联网平台领域中存在的多重竞争关系，首先是不同平台之间的竞争，包

［基金项目］教育部人文社科重点研究基地重大项目“标准必要专利滥用：知识产权与反垄断政策”（14JJD790002）。

［作者简介］曲创，山东大学经济学院教授，博士生导师，邮箱：qc@ sdu. edu. cn；孙鸿飞，山东大学经济学院硕士研究生。

① 2019 年 10 月 28 日，格兰仕起诉天猫滥用市场势力，因格兰仕与其他平台合作而将其店铺限流。2020 年 2 月，神州电脑控诉京东逼迫其进行“二选一”，擅自降价销售神州品牌商品并对其产品搜索降权。2019 年，欧盟和美国的反垄断执法机构开始对亚马逊进行反垄断调查，亚马逊涉嫌针对第三方商家采取了不正当竞争行为，例如将用户流量引导至自营商品页面，以第三方商品为基准实行动态调价等。2019 年 3 月，Spotify 对苹果公司提起反垄断诉讼。2020 年 6 月，美国反垄断机构针对苹果在 App Store 中的 30%强制性抽成进行调查。

括用户竞争和价格竞争；其次是同一个平台内部用户之间的竞争，相当于在平台内部存在一个或多个子市场；最后是平台和用户之间也存在竞争关系。平台相对于用户并非天然强势，两者之间的谈判力量取决于消费者用户的可替代性相对大小。互联网平台领域的多重竞争之间存在相互影响，以电商平台为例，当商家之间竞争加剧时，有可能因为吸引更多消费者加入而提高了平台的市场势力，但也有可能导致商家整体利润减少，从而转移到其他竞争性平台；而当平台间竞争加剧时，商家有可能因为市场规模整体扩大导致竞争压力减弱，也有可能因为平台要求参与降价促销而导致竞争加剧。除了传统的价格和产品差异外，排序位置是互联网平台中特有的用户竞争方式，消费者“顺序浏览”的行为特征造成互联网平台市场中的流量高度集中于“头部商家”，因而上述诸多竞争效应又会受到排序位置的影响。平台市场需要形成内生型、整体性与可持续的治理范式（肖红军、李平，2019），如何在理论上准确剖析互联网平台中多重竞争之间的作用机制，准确判定平台和用户的竞争行为对市场竞争和参与者福利的影响，是一个极具现实应用价值的问题。

在有关平台竞争的研究中，有两种平台市场势力的来源受到了广泛关注，一种是通过平台内商家之间的竞争为消费者提供低价、高质、创新型产品及服务（Evans，2003），以满足更多的消费者需求，提高消费者效用水平。另一种是通过与商家的排他性协议确保在平台内部独家经营其产品（Armstrong and Wright，2007），以此来吸引消费者，也就是单归属策略。这两种方式本质上都是通过影响商家竞争以获得平台市场势力的手段，吸引线下及其他竞争对手平台内的消费者，扩大平台消费者规模，提高平台市场势力。通过交叉网络外部性的作用快速拓展平台两边的用户群体，提高平台内消费者的黏性，商家对平台的单归属也可将竞争对手限制在商家独有消费群体之外。平台可以通过多种方式影响平台内部商家之间竞争，例如补贴与激励（Liu，2010）、技术支持（Shankar and Bayus，2003）、匹配程度（Dinerstein et al.，2018）等，平台通过对商家的补贴激励以及竞价排名的方式增加其平台内商家之间的竞争，以此吸引更多消费者进入平台。产品差异会影响消费者归属性（Roson，2005），进而平台可以通过内部商家竞争扩大商品经营范围并增加消费者黏性。Kim 等（2009）认为平台内商家数量的增加可以改善产品质量，提高平台发展潜能。

但是平台内商家竞争的效果往往存在不确定性。第一，消费者偏好的差异会限制消费者在平台之间的流动，影响平台内消费者规模的扩大（Armstrong and Wright，2007），平台内商家竞争的效果也会有所差异。例如，对偏好于京东物流而在京东购物的消费群体，难以被其他平台的商品所吸引。第二，互联网平台的技术特点之一是价格信息透明，获取成本极低，竞争行为一定会被对手知情并引发策略性反应。商家竞争所引起的竞争对手平台的超额补贴、价格战等都会影响平台内商家竞争对平台间竞争的作用效果，最终结果有可能使消费者被竞争对手平台所吸引。Farhi 和 Hagiu（2008）认为，补贴可能带来平台内成本的增加，以补贴的方式加剧平台内商家竞争的行为并不一定使平台获益更多。此外，Armstrong（2006）认为，在平台对消费者免费、对商家收费的情况下，平台有动机限制商家竞争并对高份额商家收取更多费用，此时加剧平台内商家之间的竞争可能会减少平台利润。Van den Bulte 和 Stremersch（2004）也认为商家的竞争可能会起到分割市场并削弱网络效应的作用，因此会减弱用户对平台的黏性，不利于平台吸引用户。

平台内商家竞争通过吸引线下及竞争对手平台内的用户，进而使平台获得市场势力，商家竞争是平台间用户竞争的具体实施途径之一。在双边市场的开创性研究中，Rochet 和 Tirole（2003）将平台两边用户需求函数引入到平台竞争模型，Armstrong（2006）在此基础上总结了影响双边平台竞争结构的三个因素，将一边用户效用与另一边用户数量相结合，构造平台利润函数。平台根据自身利润最大化条件，选择对两边用户收取费用并吸引用户加入，进而展开平台之间的竞争。而平台内商家通过低价格、高质量等方面竞争也为平台吸引用户创造条件。Roson（2005）认为，平台倾向于对于需求价格弹性大的一方（消费者）收取较低费用或予以补贴，以此吸引消费者加入平台。Parker 等（2016）认为，平台也可以通过对商家的补贴，使商家产品以低于边际成本的价格销售，吸引消费者并扩大平台市场份额。关于平台内产品服务的开发和提供，Dou 等（2016）认为，平台可为两边用户提供增值服务，以拓展平台单归属用户群体。针对产品的差异化和替代性，平台可选择对其内部商家增加或减少创新激励（Boudreau，2012），以开发具有替代性或互补性的“种子”产品（Hagiu and Spulber，2013；Boudreau and Jeppesen，2014；McIntyre and Srinivasan，2016），满足不同用户的需求，扩大消费人群。另外，平台通过提高消费者与商家的匹配程度（Dinerstein et al.，2018），进行广告推广（Tucker and Zhang，2010），降低潜在用户成本（Ackerberg and Gowrisankaran，2006）也都可以作用于平台之间的用户竞争。

综上所述，平台内商家竞争可能有利于平台吸引平台外的消费者并提高平台黏性，使平台在竞争中更具优势，并获得市场势力，而竞争对手策略变动的影响会造成平台内商家竞争的不确定性，加剧了平台间竞争。本文将基于电商平台的特点，探讨两种竞争之间的作用机制，从平台黏性、消费者规模和竞争对手平台策略调整三方面进行理论分析并提出研究假设，并进一步分析排序位置对多种竞争效应的作用。实证方面通过国内两大电商平台 142 万条微观数据，分别构建平台平均价格相对变动率和商家竞争的 HHI（Herfindahl-Hirschman Index，赫芬达尔—赫希曼指数）反映平台间及平台内商家间的竞争，对理论假设进行验证。

本文的工作和贡献在于：①不同于以往文献研究中探讨市场结构对绩效的作用，本文将分析平台内商家竞争与平台竞争之间的关系，以电商平台为研究对象，为平台竞争领域的研究提供新的视角。②通过考察不同排序位置下的商家行为特征，研究排序位置在商家竞争与平台竞争关系中的作用。③应用电商平台的大样本数据验证平台内商家竞争对平台竞争的作用，为准确理解互联网平台领域竞争的特殊性，以及相应的反垄断执法和行业监管提供依据。

文章结构如下，第二部分分析平台内商家竞争的作用机制并提出研究假设；第三部分介绍数据来源、变量构建与模型设定；第四部分对实证结果进行分析；第五部分为稳健性分析，通过替换变量的方法证明模型设计的合理性与稳健性；第六部分为结论和启示。

二、平台间竞争与平台内用户竞争：作用机制与研究假设

本部分将论证平台内商家竞争对平台间竞争的作用机制，并在此基础上加入排序位置的作用，探讨不同排序位置的商家竞争对平台竞争的影响。

（一）用户竞争对平台间竞争的三种效应

平台内商家竞争可为消费者提供低价、高质、创新和差异化的产品及服务，更多地满足消费者的需求并吸引更多消费者进入平台。但由于消费者在不同平台之间的转换成本很低①，绝大部分消费者都是“多归属”，同时使用多个竞争性平台，竞争行为会引发对手的策略反应。

如图 1 所示，平台内商家竞争通过三种效应作用于平台之间的竞争。

1. 用户规模效应

平台内商家竞争可以带来消费者用户群体的扩张，吸引其他消费者进入平台消费，而消费者在平台内部的集聚是平台获得市场势力的关键。第一，对线下消费者的吸引。电子商务发展无疑会减少不同商铺之间的差异，进而使线上商家之间存在激烈的竞争，为争夺消费者而提供比线下门店更低价的产品和服务，加之越来越便捷的物流运输和较低的搜索成本，更多线下消费者群体加入平台并使得其消费者规模逐步扩大，平台内商品销量增加。第二，对竞争对手平台消费者的吸引。相较于竞争对手平台，平台内部的商家竞争使平台提供的商品更具多元化与差异性，使更广泛的消费者

---

① 在安装注册后，平台间的转换成本就是在不同 App 或是网页之间切换的成本。

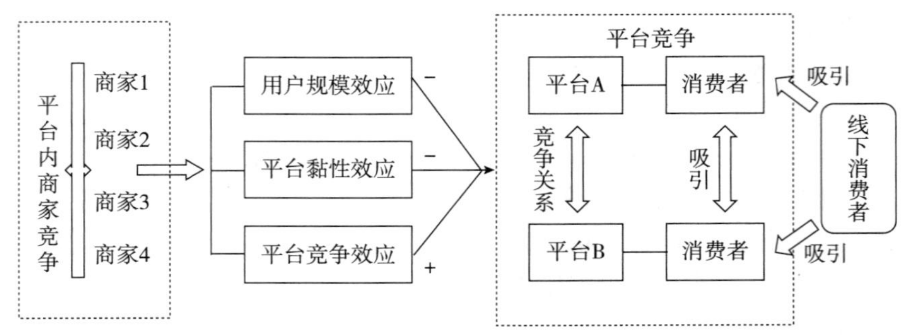

图 1 商家竞争对平台竞争的影响

需求得到满足，也使得竞争对手平台内消费者群体转移到本平台中，扩大平台内的消费者规模。总之，商家竞争带来了消费者群体的扩张，使线下实体店和竞争对手平台中的消费者被吸引到本平台中，分化的消费者得到整合，扩大了本平台内的用户规模，并进一步发挥网络效应的作用，扩大商家和消费者规模，平台市场势力得到提高，称为商家竞争的用户规模效应。

2. **平台黏性效应**

平台内商家竞争可以增加消费者效用，使消费者对现有平台的黏性增加，消费者需求的扩大使得平台内商品销量激增，并减少消费者的流失概率，进而增强平台市场势力。补贴作为一种商家激励策略被平台广泛使用，例如在网约车平台中，平台根据订单数与好评率对网约车车主进行补贴，进而使网约车车主争相抢单，加剧车主之间的竞争，激励其改善用户乘车环境，为消费者带来更高质量的服务，为平台带来大量的订单交易和出众口碑。在电商平台中降低价格和上架新产品更是商家之间竞争的常态，产品种类的扩大也是电商平台在竞争中取得市场势力的关键之一。商家竞争带来的商品和服务的改善使消费者更青睐于在本平台内消费，使得平台黏性提高、平台市场势力增强，称为商家竞争的平台黏性效应。

3. **平台竞争效应**

平台内商家竞争带来的用户规模效应和平台黏性效应会扩大平台市场势力，导致平台之间的相对市场势力发生变化，其后竞争对手平台会进行策略调整，以改变相对市场势力之间的差距，例如，对平台商家的补贴、为消费者提供满减券、加大对其平台内商品的推广等。此外"二选一"等用户竞争行为也是平台常采用的策略。平台之间展开激烈的竞争以防止用户被其他平台吸引，平台内商家竞争加剧平台之间的竞争。平台的竞争对手市场势力越强，平台内商家竞争引发的反应越大，竞争对手平台内商品及服务的价格等优势使得用户被吸引到竞争对手平台中，因此平台内商家竞争加剧了平台之间的竞争，减弱平台的市场势力，称为商家竞争的平台竞争效应。

平台内商家竞争会通过以上三种效应影响平台之间的竞争。寡头竞争是现实中常见的互联网平台市场结构。在寡头平台竞争的市场结构中，少数大平台拥有很大的用户规模，并且平台之间的转换成本很低，故平台内商家竞争带来的平台黏性效应较小。而在线上与线下的竞争中，线下市场因线上平台的挤压更加薄弱，线上与线下的消费者市场被分割（寇宗来、李三希，2018），线下消费者难以被吸引进入平台。网络外部性与注意力经济等特征使用户聚集在大型电商平台内（苏治等，2018），从而形成高度集中的寡头平台市场结构，平台市场内存在激烈的平台间竞争，且竞争对手平台具有很强的市场势力，平台内商家竞争会产生强大的平台竞争效应，商家竞争使得对竞争对手平台消费者的吸引也存在困难，用户规模效应也随之减弱，商家竞争带来的平台竞争效应会超过用户规模效应和平台黏性效应之和。通过以上分析提出假设 1。

假设 1：在寡头平台竞争的市场结构中，平台内商家竞争具有很强的平台竞争效应，超过了商家竞争带来的用户规模效应和平台黏性效应，平台内商家竞争会加剧平台间的竞争。

（二）排序位置对互联网平台多重竞争的作用

在线上平台中，由于语言阅读习惯，消费者在平台给出的搜索结果中浏览商品会按照从左到右、从上到下的顺序进行，即“顺序搜索”（Arbatskaya，2007；Armstrong，2017；Zhou，2011）。这导致互联网平台中的流量明显集中于排序在前的“头部商家”，因而排序位置对于商家竞争至关重要①。在不同的排序位置商家及用户规模存在明显差异，如图 2 所示，平台内商家竞争带来的用户规模效应、平台黏性效应和平台竞争效应会随着商家及用户规模的差异发生变化，因此本部分引入平台排序，探讨不同排序位置的商家竞争与平台竞争之间的关系。

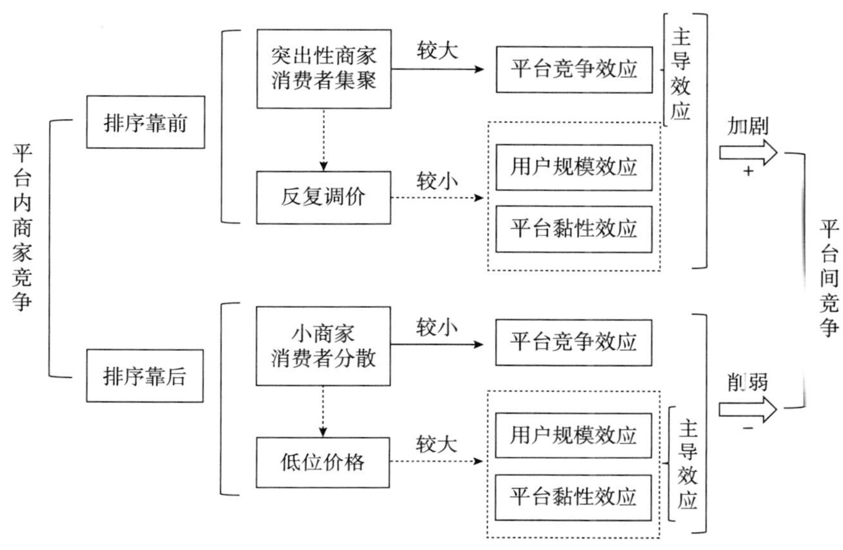

图 2　排序位置在平台两种竞争间的作用

首先，排序在前的商家由于获得了大部分流量和销量②，商家竞争具有很强的平台竞争效应。从消费者搜索的角度看，因为消费者搜索成本与预期收益的存在，存在最优搜索停止点，消费者首先会对排序在前的“头部商家”进行选择，之后再继续搜索以对比其他商品。“头部商家”的存在也使消费者能够快速搜到所需商品，并减少平均搜索强度。因此，“头部商家”竞争可能造成的平台相对市场势力差异更大，更容易引起竞争对手平台的策略性反应，具有很强的平台竞争效应。此外，线上竞争的重复博弈特征明显（张昊，2018），商家线上调价的成本很低，可以在短时间内反复多次调价，商品价格的下降仅仅表现为相对于上期价格的折扣或满减，而相对于前期整体均价下降幅度可能并不大。平台内商家竞争带来的并非是商品价格的持续下降，因此并不具备很强的吸引力。相对理性的消费者会预测到平台内商品价格变化的大致规律，从而使得商家提价后再对商品进行折扣的行为并不会带来太多消费者的购买，不会导致消费者规模迅速扩大及平台黏性的提升。相对于强大的平台竞争效应，排序靠前位置的商家竞争带来的用户规模效应和平台黏性效应较小。因此，排序靠前位置的商家竞争带来的平台竞争效应会超过其他两种效应之和，平台内商家竞争会加剧平台之间的竞争。

---

① 本文理论分析和实证中的“排序”均指平台没有给出明确标准的排序规则，如“综合排序”“默认排序”等，这是平台首先展示给消费者的默认排序结果，其他排序标准都需要再次手动点击，同时也是商家唯一可以通过竞价排名等方式直接竞争位置的排序方式。

② 通过天猫、京东平台 2017 年 11 月 7 日至 25 日数据对此进行佐证，计算两个平台排序位置前 10%的各品类商品的销量占比，除衬衫、鞋子等少数非耐用品外，排序前 10%商品的销量占比大多集中在 70%以上，具体数据如附表 1 所示。

其次，在平台排序靠后的位置，由于商家规模、消费者搜索群体数量等的限制，排序靠后的商家欠缺店铺规模和声誉等优势，商家竞争带来的平台竞争效应较小。能够搜索到后面的消费者数量较少，降价对增加利润的作用有限，因此商家希望以低价位吸引消费者购买①，相对于此位置商家竞争较弱的平台竞争效应，排序靠后位置的商家竞争仍存在较强的平台黏性效应和用户规模效应。另外，互联网平台中的长尾效应明显（黄浩，2014），能够浏览到后面的消费者虽然数量较少，但其偏独特且集中。商家之间的竞争仍可吸引更多的消费者购买。因此，在排序靠后的位置平台黏性效应与用户规模效应的作用会超过平台竞争作用的效果，商家竞争会使平台市场势力得到提升。因而提出假设 2。

假设 2：在平台商品搜索结果排序中，存在三种效应相抵的平衡点，在其平衡点两端的商家竞争对平台竞争的作用方向相反。在平衡点左侧排序靠前的位置，平台内商家竞争会加剧平台间竞争，而在排序靠后的位置，平台内商家竞争会使平台市场势力得到加强。

三、实证策略：数据、变量构建和模型设定

本文使用天猫、京东平台 142 万条数据进行实证分析，本部分介绍数据的来源、样本类型以及数据的处理，在此基础上构建竞争程度代理变量，并对其进行描述性统计和分析。

（一）数据来源

本文数据来源于国内两大电商平台天猫与京东，采集时间为 2017 年 11 月 7 日至 25 日，共 18 个品类商品的原始数据，包括商品名称、品类、价格、销量、店铺名称等。对数据进行清洗、筛选、匹配和量化处理后，剔除价格变量上下 1%的数据值以消除极端值对样本的影响，最终得到有效样本 142 万条，原始数据概况如表 1 所示。

表 1　原始数据概况

变量名称	变量符号	描述说明
商品名称	Name	搜索结果页面商品名称
店铺名称	Shop	商品对应的店铺名称
价格	P	商品价格
销量	Q	时段内累计销量
排序	Rank	搜索结果页面商品排序
评价数	Review	时段内累计评论
时间	Time	爬取时间点
品类	Category	商品类别
平台	Platform	平台类型

（二）变量构建

本文旨在探究平台竞争与商家竞争之间的关系，商家竞争关系的存在首先需要对市场范围进

① 通过筛选部分同型号商品，对比前 10%排序位置的商品均价与其后位置的商品均价，发现排序靠后位置的商品均价较低，具体数据如附表 2 所示。

行界定。本文为构建商家之间的竞争关系，将不同平台、不同品类的商品按其价格划为十等分，使不同店铺的商品在每一级价格区间内竞争，并进一步根据价格等级区间构造及处理以下变量（见表 2）。

1. **平台之间竞争程度变量：平均价格相对变动率**（meanp_rel）

在电商平台的搜索结果页面中，至多显示 100 页搜索结果，而这些搜索结果不能全部涵盖平台内此品类的所有商品，使用销量数据构建平台竞争代理变量存在一定的误差，因此本文使用价格变量进行平台间竞争分析并构建代理变量。首先，计算平台每一品类同价格区间内商品的日平均价格（$\frac{1}{n}\sum_{i=1}^{n}p_{icmgt}$）。其次，计算平台每一品类同级价格区间内的总平均价格（$\frac{1}{n'}\sum_{i=1(m\neq\hat{m})}^{n'}p_{ic\hat{m}g}$），并以此作为基准价格，且在基准价格计算时排除“双十一”及后两天的价格，以消除节日促销对基准价格的影响（Einav et al.，2015），“双十一”促销期间的价格变动如图 3 所示。最后，将平台全时段不同价格等级区间的品类均价与其竞争对手平台的基准价格相匹配，最终计算出平均价格相对变动率。以 i、c、m、g、t 分别表示商品个体、品类、平台、价格等级区间、时间，计算公式如下：

$$meanp\_rel_{cmgt}=\frac{\frac{1}{n}\sum_{i=1}^{n}p_{icmgt}-\frac{1}{n'}\sum_{i=1(m\neq\hat{m})}^{n'}p_{ic\hat{m}g}}{\frac{1}{n'}\sum_{i=1(m\neq\hat{m})}^{n'}p_{ic\hat{m}g}} \quad (1)$$

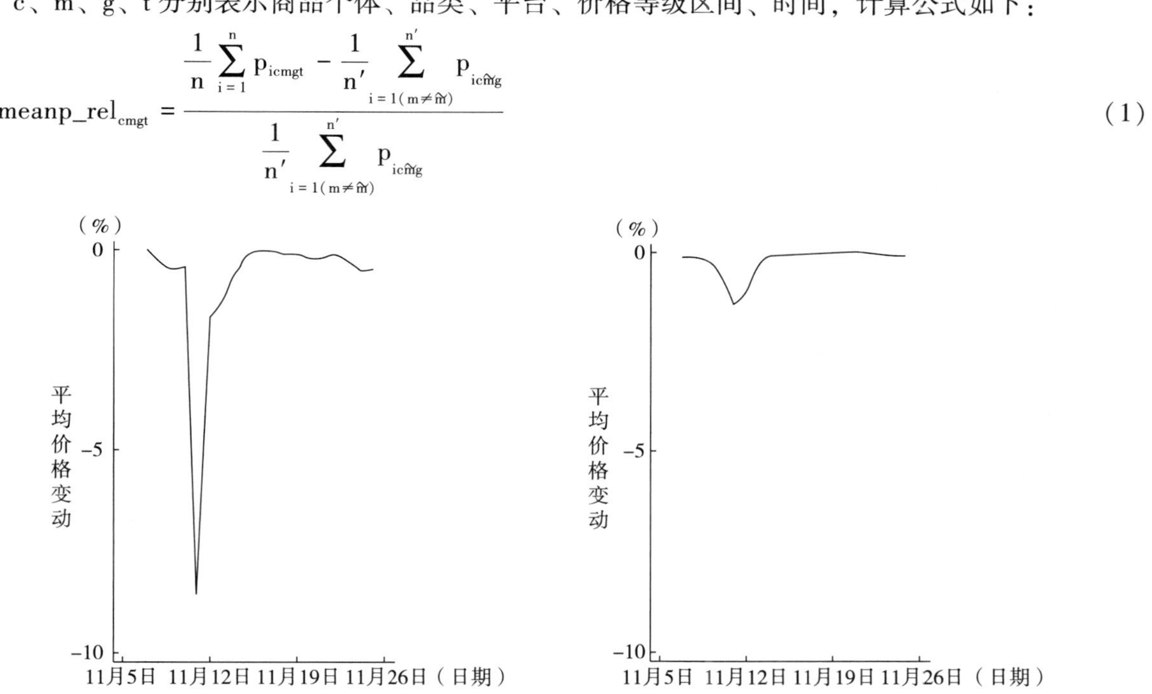

图 3 “双十一”促销期间平均价格变动趋势

资料来源：笔者绘制。

平均价格相对变动率代表平台各品类商品在不同价格等级区间内的均价相对于竞争对手平台基准价格的变化。相对竞争对手平台基准价格，平台平均价格的下降幅度越大则平台之间的竞争越激烈，即平台价格相对变动率指标越小，平台之间的竞争越激烈。根据图 4 与描述性统计可知，平均价格相对变动率均值为-0.12 且正负值分布比例相近，大致可以说明“双十一”期间平台间存在激烈竞争，并在“双十一”前后的时间段内，竞争程度趋于缓和。

2. **商家之间竞争变量：销量集中度**（HHI）

使用销量数据，在每一品类价格等级区间内构造 HHI，并作为核心解释变量，代表商品销售集中度，集中度越高表示销量越集中于少数商家，说明商家之间竞争越弱，如果将平台品类价格等级

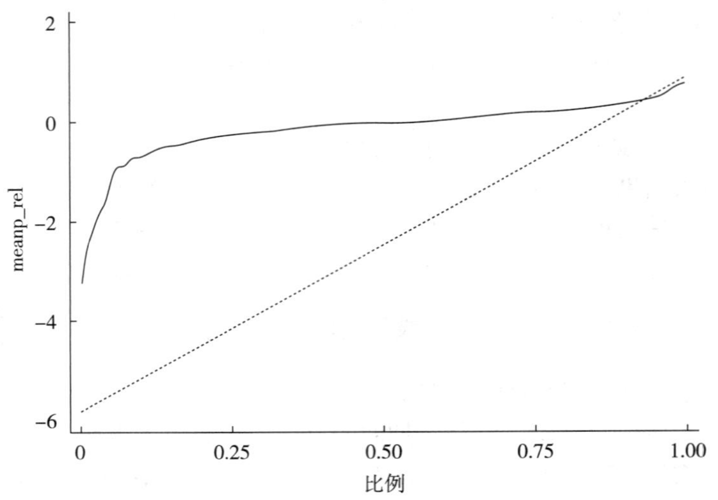

图 4　meanp_rel 分位数分布

资料来源：笔者绘制。

区间视为一个具有直接竞争关系的相关市场，则市场结构趋于寡头竞争。集中度越低，平台中商家之间竞争程度越高，计算公式如下：

$$HHI_{cmgt} = \sum_{i}^{n} \left(\frac{q_{icmgt}}{Q_{cmgt}}\right)^2 \tag{2}$$

根据图 5 可知，由于平台内部存在众多商家，并且销量集中度 HHI 值多集中在 0~0. 2，表示平台内部存在“竞争型”商家分布，大多数同类商品的销量并非集中在少部分商家手中，平台内商家间存在激烈的竞争。而京东平台中销量集中度 HHI 值在 0. 2~0. 4 的密度比例大于天猫平台，原因在于在京东平台中自营商品占比较高，导致销量更加集中，HHI 值更大。在京东平台约 73 万条数据中，共有 40660 条自营商品观测值，特别在笔记本商品数据中，自营商品观测值可达 10%，京东平台内部销量集中度 HHI 值与天猫平台的分布差异可能来源于两家平台经营模式的差异。

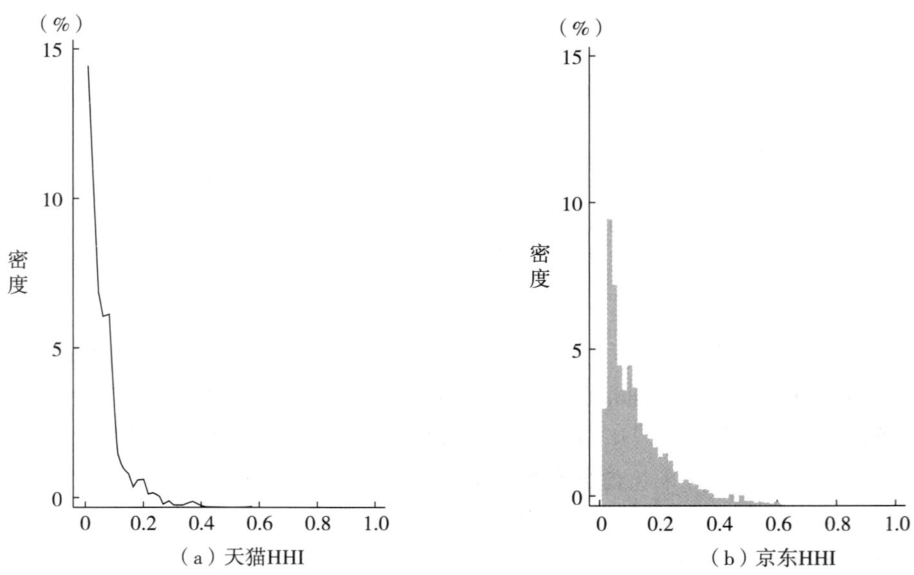

图 5　平台内商家 HHI 密度

资料来源：笔者绘制。

3. **调节变量：排序位置**（rank）

本文采用商品在平台搜索结果中的排序位置作为调节变量，rank 值越大代表商品在平台中的排序位置越靠后，排序位置不同的商家竞争可能对平台竞争造成不同的影响。

4. **其他控制变量**

（1）价格特征变量。价格等级区间变量 g，通过等分法将商品价格分为十个等级，用以控制由商品价格改变带来的竞争区间变化对平台竞争的影响，g 越小，则所在价格竞手区间越高；价格水平变量 p_level，控制在每一竞争区间内价格水平变化对平台竞争的影响，为商品价格与其商品所在价格区间内价格极差的比值，计算公式如下：

$$p\_level_{icmgt}=\frac{p_{icmgt}}{\max\limits_{i\in g}p_i-\min\limits_{i\in g}p_i} \tag{3}$$

（2）商品特征变量。耐用性变量 dur，根据 18 种商品品类之间的特征，将商品类型分为耐用品和非耐用品，耐用品变量值为 1，非耐用品变量值为 0。由变量均值与标准差可知，平台中耐用品数量略多于非耐用品，作用在于控制两种商品品类对平台竞争的影响，以提高模型的合理性与稳健性。

（3）店铺类型变量。旗舰店虚拟变量 flagship、自营虚拟变量 selfrun，在两个平台中都存在品牌直营旗舰店，并且京东独有各类自营店铺，旗舰店和自营店的存在使得商家和平台的品牌效应相较于其他类型店铺更加突出，平台对商品和消费者的匹配导致此类店铺更容易被其商品需求者搜索到，商家势力和消费者集聚会造成平台黏性效应、用户规模效应和平台竞争效应的变化，进而造成模型估计的偏差，所以需要对店铺类型进行控制。

表 2 为描述性统计。

表 2 描述性统计

变量名称	变量符号	观测量	均值	标准差	最小值	最大值
平均价格相对变动率	meanp_rel	1424228	-0.12	0.61	-5.81	0.86
赫芬达尔指数	HHI	1424228	0.10	0.11	0.003	1
结果排名	rank	1424228	1618.87	1112.32	1	6000
价格水平	p_level	1424228	0.35	0.22	0.00001	1.08
区间变量	g	1424228	5.42	2.86	1	10
旗舰店	flagship	1424228	0.02	0.17	0	1
自营（店）	selfrun	1424228	0.43	0.50	0	1
耐用品	dur	1424228	0.69	0.47	0	1

（三）模型设定

1. **基础回归**

基础回归部分采用双向固定效应模型对非平衡面板数据进行分析，对个体效应、时间效应与品类特征加以控制，并使用稳健标准误，避免异方差问题与普通标准误可能造成的估计误差。回归中发现稳健标准误与普通标准误相差不大，认为模型并不存在明显的异方差问题，故进一步使用传统 Hausman 检验，P 值为 0，强烈拒绝原假设，使用固定效应模型进行分析：

$$meanp\_rel_{it}=\alpha_0+\alpha_1 HHI_{it}+\beta_i\delta+\gamma_t+\mu_i+\varepsilon_{it} \tag{4}$$

此模型主要分析商家竞争与平台竞争之间的直接关系，被解释变量 $meanp\_rel_{it}$ 表示平台之间的竞争程度，核心解释变量 HHI_{it} 代表平台内的商家结构，δ 为控制变量，包含排序位置、价格特征变量和店铺类型变量等，γ_t 为时间效应，μ_i 代表不随时间改变的个体效应和品类特征，ε_{it} 为随机扰动项。

2. 调节变量回归

根据理论分析，由于消费者搜索成本、搜索顺序以及"头部商家"的存在等，平台不同排序位置上的商家及消费者分布也不同。数据显示，在总体上商家销量呈现递减趋势，因此排序位置的变化会造成平台黏性效应、用户规模效应和平台竞争效应的差异性变动，从而使商家竞争对平台竞争的影响具有不确定性。因此，在基准回归的基础上引入排名 rank 作为调节变量，与 HHI 交乘形成交互项，以此构建非线性双向固定效应模型，并进一步分析不同排序位置下商家竞争对平台竞争作用的差异。

$$meanp\_rel_{it}=\alpha_0+\alpha_1 HHI_{it}+\alpha_2 rank_{it}+\alpha_3 HHI_{it}\times rank_{it}+\beta_i\delta+\gamma_t+\mu_i+\varepsilon_{it} \quad (5)$$

引入交互项的非线性模型表示，商家竞争（HHI_{it}）对平台竞争（$meanp\_rel_{it}$）的作用，随排序位置（$rank_{it}$）的改变而受到影响，即 $\frac{\partial\ meanp\_rel_{it}}{\partial\ HHI_{it}}=\alpha_1+\alpha_3 rank_{it}$。

四、实证结果分析

（一）基础回归

基础回归结果如表 3 所示，使用逐步添加控制变量的方法，模型中解释变量的方向不变，R^2 逐渐上升，说明模型具有一定的稳健性。当控制价格竞争区间 g 和区间内价格水平 p_level 后，HHI 系数为 0.008531，显著为正，说明商家竞争会促进平台之间的竞争，在寡头平台市场结构中，平台商家竞争导致强大的外部平台竞争效应，竞争对手及时有效的竞争反应使平台竞争更加激烈，假设 1 得到验证。rank 系数为 0.000000361，显著为正，排序位置对平台竞争带来显著的影响。在排序靠前的位置，rank 值越小，被解释变量 meanp_rel 越小，说明商品排序位置越靠前，会有更多的消费者浏览到此商品，也意味着外部平台及其商家有更多的策略性行为，消费者流动性以及竞争对手的反应进一步加剧了平台竞争。

表 3 基础回归

变量	(1)	(2)	(3)	(4)
	meanp_rel	meanp_rel	meanp_rel	meanp_rel
HHI	0.0067766*** (0.000)	0.0085276*** (0.000)	0.008531*** (0.000)	0.008531*** (0.000)
rank	0.000000322*** (0.000)	0.000000365*** (0.000)	0.000000361*** (0.000)	0.000000361*** (0.000)
g		0.0275764*** (0.000)	0.0330053*** (0.000)	0.0330053*** (0.000)
p_level			0.1325663*** (0.000)	0.1325663*** (0.000)

续表

变量	(1)	(2)	(3)	(4)
	meanp_rel	meanp_rel	meanp_rel	meanp_rel
selfrun				0.0009286 (0.665)
flagship				-0.0011019 (0.604)
个体固定效应	Yes	Yes	Yes	Yes
时间固定效应	Yes	Yes	Yes	Yes
品类特征	Yes	Yes	Yes	Yes
Constant	-0.1267218*** (0.000)	-0.2761204*** (0.000)	-0.3514572*** (0.000)	-0.3510058*** (0.000)
Observation	1424228	1424228	1424228	1424228
R^2	0.0100	0.0514	0.0531	0.0531

注：括号内为 P 值，***、** 和 * 分别表示在 1%、5%和 10%的置信水平上显著。

在第（2）列中，加入区间控制变量 g，对被解释变量 meanp_rel 的影响显著为正，表示 g 越小，商品所在的价格竞争区间越高，则被解释变量 meanp_rel 越小，平台之间竞争越激烈。原因在于价格区间通常与商品品牌和质量水平正相关，价格区间越高的商品往往具有更高的产品质量和品牌效应，更容易引起外部平台策略变动，加剧平台竞争。在第（3）列中，进一步控制区间内价格水平 p_level，价格竞争区间 g 的作用效果仍然显著为正。在第（4）列中，商家店铺类型的差异并不能对平台竞争造成显著影响，原因在于，在搜索结果中不同类型的店铺相互混杂，导致了店铺类型对平台竞争影响的非显著性。

（二）调节变量回归

如表 4 所示，在引入调节变量 rank 之后，第（4）列中，HHI 系数为 0.0214264，交乘项系数为-0.0018952，说明在排序靠前的位置，商家竞争会显著促进平台竞争，在排序靠后的位置，商家竞争对平台竞争存在负向抑制作用，与理论分析结果一致。排序在前的“头部商家”竞争具有很强的平台竞争效应。价格的反复回调也使平台内商家竞争带来的平台黏性效应和用户规模效应较小。在平台排序靠后的位置，商家规模与消费者群体受限，平台竞争效应并不明显。而排序靠后位置商家调价策略的稳定性，使得商家竞争仍存在较强的平台黏性效应和用户规模效应，商家竞争会带来平台市场势力的增强，削弱平台之间的竞争。在表 4 中，引入交乘项后，其他解释变量的系数不存在正负方向的变化且结果仍然显著，从而对模型的稳健性提供了佐证。

表 4 调节变量回归

变量	(1)	(2)	(3)	(4)
	meanp_rel	meanp_rel	meanp_rel	meanp_rel
HHI	0.0165687*** (0.004)	0.0218768*** (0.000)	0.0214267*** (0.000)	0.0214264*** (0.000)

续表

变量	（1）	（2）	（3）	（4）
	meanp_rel	meanp_rel	meanp_rel	meanp_rel
rank	0.000000392*** （0.000）	0.00000046*** （0.000）	0.0214267*** （0.000）	0.000000453*** （0.000）
HHI×rank	−0.0014392** （0.068）	−0.0019619** （0.013）	−0.0018952** （0.016）	−0.0018952*** （0.016）
g		0.0275803*** （0.000）	0.0330069*** （0.000）	0.0330069*** （0.000）
p_level			0.1325112*** （0.000）	0.1325112*** （0.000）
selfrun				0.001215 （0.565）
flagship				−0.000872 （0.676）
个体固定效应	Yes	Yes	Yes	Yes
时间固定效应	Yes	Yes	Yes	Yes
品类特征	Yes	Yes	Yes	Yes
Constant	−0.1268158*** （0.000）	−0.2762699*** （0.000）	−0.3515703*** （0.000）	−0.3512268*** （0.000）
Observation	1424228	1424228	1424228	1424228
R^2	0.0100	0.0514	0.0532	0.0532

注：括号内为P值，***、**和*分别表示在1%、5%和10%的置信水平上显著。

根据第（4）列HHI与HHI×rank系数，令 $\alpha_1+\alpha_3 rank_{it}=0$，在约11位的排序位置，发现了三种效应的平衡点，平台竞争效应与其他两种效应相互抵消。在平衡点左侧，平台竞争效应作用明显，商家竞争加剧会显著促进平台竞争；在平衡点右侧，竞争效应逐渐减弱，商家竞争仍具有较强的平台黏性效应和用户规模效应，商家竞争加剧会使平台获得市场势力。假设2得到验证。

（三）异质性分析

根据理论分析，商家竞争对平台竞争存在三种效应，而平台与商品品类的差异可能会改变三种效应的强弱对比。本部分讨论不同平台和商品品类对两种竞争作用产生的异质性影响。

1. 平台异质性分析

表5显示，HHI系数显著为正，交乘项系数显著为负。总体上商家竞争仍具有较强的平台竞争效应，平台内商家竞争会加剧平台之间的竞争。京东平台的三种效应平衡点排序位置约在第8位，天猫平台平衡点排序位置约在第19位。京东平台中商家HHI差异更加明显，销量更集中在排序位置靠前的平台自营商家中，这部分商家竞争相比后面的商家竞争具有更强的平台竞争效应，因此，平衡点排序位置更加靠前；而在天猫平台中，具有品牌效应的商家更多，内部商家HHI分布更加均匀，随着平台排序位置的靠后，平台竞争效应的下降幅度并不明显，因此平衡点位置较之京东更加

靠后。实证结果发现，在相同排序位置，天猫平台中商家竞争对平台竞争的促进作用比京东更强，原因在于天猫平台内商家更具品牌效应，使得商家竞争所导致的外部平台竞争效应更强。

表 5　平台异质性回归

变量	(1)	(2)
	JD	TM
HHI	0.0076005** (0.026)	0.0534279*** (0.000)
rank	0.000000797*** (0.000)	0.000000336*** (0.000)
HHI×rank	-0.0009128* (0.064)	-0.0027695*** (0.000)
g	-0.0127356*** (0.000)	0.0455507*** (0.000)
p_level	-0.097167*** (0.000)	0.2534041*** (0.000)
flagship	-0.0091674 (0.634)	omitted
selfrun	-0.0073341 (0.877)	omitted
个体固定效应	Yes	Yes
时间固定效应	Yes	Yes
Constant	-0.0233422*** (0.000)	-0.4580296*** (0.000)
Observation	733286	690942
R^2	0.0285	0.1389

注：括号内为 P 值，***、** 和 * 分别表示在 1%、5%和 10%的置信水平上显著。

2. 品类异质性分析

在表 6 中，将不同平台内的商品品类区分为耐用品与非耐用品进行实证分析，在全部四列中核心解释变量 HHI 与 HHI×rank 正负方向均与前文一致，说明品类异质性分析结果具有良好的稳健性。同商品品类下，京东平台中的平衡点均比天猫平台靠前，也对上文平台异质的稳健性提供了佐证。

结果发现，京东平台耐用品平衡点在搜索结果序列中位于第 11 位，非耐用品为第 5 位，天猫平台耐用品为第 29 位，非耐用品为第 6 位，两平台中耐用品的平衡点均比非耐用品靠后。由于耐用品单价高、使用周期长、购买频率低等特点，消费者针对两类商品进行搜索时，其搜索范围更广，可接受的搜索成本更高，从而导致了排序靠前位置上的耐用品消费者集聚范围更广，“头部厂商”更多，排序靠前位置的平台竞争效应更强，因此耐用品相较于非耐用品的三种效应平衡点更加靠后。

表 6　品类异质性回归

变量	JD		TM	
	Dur	Non-Dur	Dur	Non-Dur
HHI	0.0098205*** (0.000)	0.0070988 (0.380)	0.0628974*** (0.000)	0.0343428*** (0.000)
rank	0.000000722*** (0.000)	0.00000131*** (0.001)	0.000000138 (0.207)	0.000000437*** (0.000)
HHI×rank	−0.0008217** (0.036)	−0.0013661 (0.238)	−0.0021389*** (0.006)	−0.0054006*** (0.000)
g	0.0043434*** (0.000)	−0.0363771*** (0.000)	0.0360293*** (0.000)	0.0529827*** (0.000)
p_level	−0.168321*** (0.000)	−0.2109689*** (0.000)	0.5394086*** (0.000)	0.1403801*** (0.000)
店铺特征	Yes	Yes	Yes	Yes
品类特征	Yes	Yes	Yes	Yes
个体固定效应	Yes	Yes	Yes	Yes
时间固定效应	Yes	Yes	Yes	Yes
Constant	0.0070807 (0.182)	−0.0803348*** (0.000)	−0.6263904*** (0.000)	−0.1978119*** (0.000)
Observation	503570	229716	462764	228178
R^2	0.0775	0.1016	0.3728	0.4405

注：括号内为 P 值，***、** 和 * 分别表示在 1%、5%和 10%的置信水平上显著。

另外，京东非耐用品 HHI 与 HHI×rank 系数并不显著，说明在非耐用品竞争中京东平台整体市场势力较弱，平台内的商家竞争不足以对平台竞争产生足够的影响效果。

五、稳健性分析

商家竞争和平台竞争之间可能因互相影响而存在双向因果的内生性问题，遗漏变量偏差导致的内生性问题也需要避免。本部分将分析并阐释模型的内生性问题，并通过使用替换被解释变量的方法验证模型的稳健性。

（一）内生性问题

在竞争层次的角度，与平台竞争相关的扰动项 ε_{it} 中并不包括商家因素，因此核心解释变量 HHI 中并不存在与扰动项相关的部分。从变量构建角度，本文通过等分法将具有直接竞争关系的相关市场范围限定在一个价格区间内，构建平台竞争代理变量时加入竞争对手价格变动因素，并包含更长时段的价格信息，而在商家竞争变量 HHI 中仅包含本平台内商家一定时点的销量信息。因此可以认为，实证部分并不需要过多考虑双向因果带来的内生性问题。

为了避免遗漏变量偏差带来的内生性问题，本文在通过 Hausman 检验的基础上使用双向固定效应模型，对个体固定效应与时间固定效应进行控制，并进一步构建店铺类型与商品类型虚拟变量控制店铺特征以及品类特征，进一步通过逐步添加控制变量的方法进行回归，提高模型稳健性。

在拓展分析中，本文对不同平台样本进行异质性分析，并进一步划分商品特征异质性，其结果均与加入调节变量 rank 的回归一致，能够证明本文模型的稳健性。

（二）其他稳健性分析

1. 使用替代被解释变量 p_change

$$p\_change_{icmgt} = \frac{p_{icmgt} - \frac{1}{n'}\sum_{i=1}^{n'} p_{icmgt}}{\frac{1}{n'}\sum_{i=1}^{n'} p_{icmgt}} \tag{6}$$

在替代变量构建中，放宽了对平台间竞争代理变量竞争区间的限制，并构建商品个体价格相对本平台基准价格的变动率指标。回归结果如表 7 所示，在使用替代被解释变量的基础回归中，HHI 系数仍然在 1%的置信水平下显著为正，整体上商家竞争仍然对平台间竞争具有促进作用，说明基础回归结果的稳健性。进一步区分平台异质性并使用调节变量进行回归，结果如表 8 所示，HHI 的系数仍然能显著为正，整个搜索结果序列中的平台外部竞争效应十分明显，平衡点位置在整体排序位置上并不明显，可能的原因在于平台间竞争变量的构建中，更多地考虑个体因素而放松了市场整体结构对其变量构建的限制，没有达到平台竞争变量所要求信息量的高度。两次回归中店铺类型变量与商品特征变量均因共线性而被剔除。模型中的 R^2 明显提升，因为被解释变量中包含更多个体信息，与解释变量维度更契合。随后将逐步收紧对变量构建的限制，以得到更合理的结果。

表 7　稳健性检验（1）

变量		(1)	(2)	(3)
		p_change	p_change	p_change
HHI		0.0107955*** (0.000)	0.0044852*** (0.000)	0.0035817*** (0.000)
rank		0.000001*** (0.000)	0.000000344*** (0.000)	0.000000155*** (0.000)
HHI×rank		-0.00000188*** (0.001)	-0.00000098*** (0.007)	-0.000000508** (0.040)
g			-0.10253*** (0.000)	-0.0414418*** (0.000)
p_level				1.554086*** (0.000)
Dum	个体固定效应	yes	yes	yes
	时间固定效应	yes	yes	yes
Constant		-0.0043131*** (0.000)	0.5522587*** (0.000)	-0.3069777*** (0.000)

续表

变量	(1)	(2)	(3)
	p_change	p_change	p_change
Observation	2413460	2413460	2413460
R^2	0.1370	0.6228	0.8285

注：括号内为 P 值，*** 、** 和 * 分别表示在 1%、5%和 10%的置信水平上显著。

表 8　平台异质性检验

变量	(1)	(2)
	JD	TM
HHI	0.001555*** (0.001)	0.0125039*** (0.000)
rank	-0.000000532*** (0.000)	0.0000000571 (0.204)
HHI×rank	-0.000000676** (0.012)	-0.00000205*** (0.003)
g	-0.0287337*** (0.000)	-0.0478708*** (0.000)
p_level	1.763104*** (0.000)	1.426891*** (0.000)
个体固定效应	Yes	Yes
时间固定效应	Yes	Yes
Constant	-0.4589487*** (0.000)	-0.2378928*** (0.000)
Observation	733286	690942
R^2	0.7903	0.8469

注：括号内为 P 值，*** 、** 和 * 分别表示在 1%、5%和 10%的置信水平上显著。

2. 使用替代被解释变量 p_rel

实证部分使用平均价格相对变动率（meanp_rel）作为平台竞争的代理变量，本部分基于前文分析，使用商品价格相对变动率（p_rel）作为平台竞争的新代理变量，相比平均价格相对变动率包含商品个体价格信息，在上节被解释变量 p_change 基础上引入竞争区间与竞争对手平台基准价格，变量构建公式如下：

$$p\_rel_{icmgt} = \frac{p_{icmgt} - \frac{1}{n'}\sum_{i=1(m\neq \hat{m})}^{n'} p_{ic\hat{m}gt}}{\frac{1}{n'}\sum_{i=1(m\neq \hat{m})}^{n'} p_{ic\hat{m}gt}} \tag{7}$$

沿用上文模型设定，使用加入调节变量的双向固定效应模型进行回归，并继续使用逐步增加控制变量的方法提升模型的稳健性，回归结果如表 9 所示：HHI 系数为正，HHI×rank 系数为负，且

HHI 与 HHI×rank 系数都在 1%的置信水平上显著，说明在搜索结果序列中存在三种效应的平衡点，使在排序靠前的位置的商家竞争促进平台竞争，在排序靠后的位置，商家竞争会使平台形成市场势力。回归结果得到的平衡点位置在搜索结果中处于第 6 位，与之前回归得到的平衡点位置接近一致。价格区间变量 g 仍显著为正，说明在高价格区间的商品竞争会使平台竞争加剧。以上验证了本文实证分析结果的稳健性。

表 9 稳健性检验（2）

变量	(1)	(2)	(3)	(4)
	p_rel	p_rel	p_rel	p_rel
HHI	0.0340527*** (0.000)	0.0874796*** (0.000)	0.0643578*** (0.000)	0.0643697*** (0.000)
rank	0.00000314*** (0.000)	0.00000362*** (0.000)	0.00000351*** (0.000)	0.00000351*** (0.000)
HHI×rank	−0.0088397*** (0.000)	−0.0125242*** (0.000)	−0.0114717*** (0.000)	−0.0114734*** (0.000)
g		0.1943888*** (0.000)	0.2800586*** (0.000)	0.2800588*** (0.000)
p_level			2.091976*** (0.000)	2.091973*** (0.000)
selfrun				0.032253 (0.201)
flagship				0.0347819 (0.168)
个体固定效应	Yes	Yes	Yes	Yes
时间固定效应	Yes	Yes	Yes	Yes
Constant	0.0874796*** (0.000)	−0.9658875*** (0.000)	−2.154668*** (0.000)	−2.170676*** (0.000)
Observation	1424228	1424228	1424228	1424228
R^2	0.0110	0.1701	0.2039	0.2039

注：括号内为 P 值，***、** 和 * 分别表示在 1%、5%和 10%的置信水平上显著。

六、结论和启示

本文探讨了互联网平台中多重竞争之间的作用机制，从用户规模效应、平台黏性效应、平台竞争效应三个角度具体分析了平台内的用户竞争对平台间竞争的作用，并应用国内两大电商平台的大样本数据进行了验证，可得到以下基本结论。

第一，在寡头平台市场结构中，用户竞争的重点已经从吸引行业外的新用户转变为争夺竞争对手的老用户。平台内商家竞争的平台竞争效应占据主导地位。平台内的商家竞争加剧，会提高平台之间的竞争程度。

第二，基于顺序搜索的行为特征，排序位置竞争是互联网平台领域特有的竞争方式，对用户竞争和平台竞争均有重要作用。排序在前的“头部商家”由于流量和销量集中，具有很强的平台竞争效应，“头部商家”间的竞争会促进平台间竞争。随着排序位置的后移，平台竞争效应逐渐减弱，商家竞争最终会减弱平台间竞争。实证结果验证并发现了用户规模效应、平台黏性效应和平台竞争效应三者作用的平衡点。鉴于排序竞争在互联网平台中的重要作用，平台排序规则的合理与否对线上市场的竞争和绩效会产生重要影响。

第三，进一步针对平台异质性与商品异质性的拓展分析表明，自营式电商平台（京东）内部的市场集中度明显更高，流量和销量集中的“头部商家”同时也是平台自营商家，排序在后的第三方商家竞争对平台间竞争的作用不明显，整体上弱于平台式电商（天猫）。

基于本文研究结论可以给出如下政策建议：首先，双边市场的本质特征决定了互联网平台领域存在平台间、平台内、平台与用户间多重相互影响的竞争关系。对平台和商家具体竞争行为的后果考察不应仅限于单一市场，应依据其发挥作用的市场范围进行全面考察。其次，补贴、“二选一”等均为平台必要的用户竞争策略，本身并没有问题，平台和商家之间的谈判力量是相对的，最终取决于对消费者的可替代性。对这类竞争行为的正当性，应综合考察所涉及的多个竞争环节，通过是否减少了消费者的可选择性、提高了产品价格、提高了行业进入壁垒等方面来判断。再次，排序规则在互联网平台的竞争中居于基础性地位，平台应提供多种排序规则，特别是没有明确标准的“默认”“综合”“推荐”等排序规则的具体指标和算法应公开，同时将付费排序结果明确区分。最后，不同的平台模式对互联网平台的竞争会产生很大影响。自营式平台由于身兼两职，导致平台内市场高度集中，降低了平台内商家之间的竞争，同时不利于提高平台间的竞争程度，对此应予以高度关注。

附录

附表 1　18 品类排序前 10%的商品销量占比

	天猫	京东		天猫	京东
笔记本	0.80	0.43	平板电视	0.87	0.93
衬衫男	0.31	0.55	台灯	0.81	0.90
衬衫女	0.46	0.52	剃须刀	0.73	0.85
电饭锅	0.99	0.88	吸尘器	0.53	0.75
空调	0.88	0.94	洗发水	0.76	0.91
面膜	0.65	0.80	洗衣机	0.91	0.91
奶粉	0.43	0.97	眼霜	0.45	0.86
女鞋	0.15	0.56	纸尿裤	0.58	0.96
男鞋	0.19	0.63	智能手机	0.89	0.89

资料来源：笔者整理。

附表 2　部分品牌商品排序前 10%的商品均价　　单位：元

	排序前 10%	其他		排序前 10%	其他
格力空调（JD）	5222	5114	美的洗衣机（TB）	1178	1153

续表

	排序前 10%	其他		排序前 10%	其他
海尔空调（JD）	6587	5689	海尔洗衣机（JD）	3917	2438
海尔空调（TB）	5151	4612	海尔洗衣机（TM）	3253	3150
海尔空调（TM）	5457	5184	海信平板电视（TB）	4504	4159
三星平板电视（TB）	9629	9436	海信平板电视（TM）	4781	4055

注：JD 表示京东、TB 表示淘宝、TM 表示天猫。

资料来源：笔者整理。

参考文献

[1] 黄浩．匹配能力、市场规模与电子市场的效率——长尾与搜索的均衡［J］．经济研究，2014（7）：165-175.

[2] 寇宗来，李三希．线上线下厂商竞争：理论和政策分析［J］．世界经济，2018，41（6）：173-192.

[3] 苏治，荆文君，孙宝文．分层式垄断竞争：互联网行业市场结构特征研究——基于互联网平台类企业的分析［J］．管理世界，2018，34（4）：80-100.

[4] 肖红军，李平．平台型企业社会责任的生态化治理［J］．管理世界，2019，35（4）：120-144.

[5] 张昊．“电商造节”中的微观价格行为及用户替代效应［J］．财贸经济，2018，39（11）：130-146.

[6] Armstrong M.，Wright J. Two-sided Markets，Competitive Bottlenecks and Exclusive Contracts［J］. Economic Theory，2007，32（2）：353-380.

[7] Armstrong M. Competition in Two-sided Markets［J］. The RAND Journal of Economics，2006，37（3）：668-691.

[8] Ackerberg D. A.，Gowrisankaran G. Quantifying Equilibrium Network Externalities in the ACH Banking Industry［J］. The RAND Journal of Economics，2006，37（3）：738-761.

[9] Arbatskaya M. Ordered Search［J］. The RAND Journal of Economics，2007，38（1）：119-126.

[10] Armstrong M. Ordered Consumer Search［J］. Journal of the European Economic Association，2017，15（5）：989-1024.

[11] Boudreau K. J.，Jeppesen L. B. Unpaid Crowd Complementors：The Platform Network Effect Mirage［J］. Strategic Management Journal，2014，36（12）：1761-1777.

[12] Boudreau K. J. Let a Thousand Flowers Bloom? An Early Look at Large Numbers of Software App Developers and Patterns of Innovation［J］. Organization Science，2012，23（5）：1409-1427.

[13] Dinerstein M.，Einav L.，Levin J.，et al. Consumer Price Search and Platform Design in Internet Commerce［J］. American Economic Review，2018，108（7）：1820-1859.

[14] Dou G.，He P.，Xu X. One-side Value-added Service Investment and Pricing Strategies for a Two-sided Platform［J］. International Journal of Production Research，2016，54（13）：3808-3821.

[15] Evans D. S. Some Empirical Aspects of Multi-sided Platform Industries［J］. Review of Network Economics，2003，2（3）：191-209.

[16] Farhi E., Hagiu A. Strategic Interactions in Two-sided Market Oligopolies [J]. SSRN Electronic Journal, 2008: 1-35.

[17] Kim J. B., Albuquerque P., Bronnenberg B. J. Online Demand Under Limited Consumer Search [J]. Marketing Science, 2010, 29 (6): 1001-1023.

[18] Liu H. Dynamics of Pricing in the Video Gameconsole Market: Skimming or Penetration? [J]. Journal of Marketing Research, 2010, 47 (3): 428-443.

[19] Parker G., Van Alstyne M. W., Jiang X. Platform Ecosystems: How Developers Invert the Firm [R]. Boston University Questrom School of Business Research Paper, 2016.

[20] Rochet J. C., Tirole J. Platform Competition in Two-sided Markets [J]. Journal of the European Economic Association, 2003, 1 (4): 990-1029.

[21] Roson R. Two-sided Markets: A Tentative Survey [J]. Review of Network Economics, 2005, 4 (2): 142-160.

[22] Shankar V., Bayus B. L. Network Effects and Competition: An Empirical Analysis of the Home Video Game Industry [J]. Strategic Management Journal, 2003, 24 (4): 375-384.

[23] Tucker C., Zhang J. J. Growing Two-sided Networks by Advertising the User Base: A Field Experiment [J]. Marketing Science, 2010, 29 (5): 805-814.

[24] Van den Bulte C., Stremersch S. Social Contagion and Income Heterogeneity in New Product Diffusion: A Meta-analytic Test [J]. Marketing Science, 2004, 23 (4): 530-544.

[25] Zhou J. Ordered Search in Differentiated Markets [J]. International Journal of Industrial Organization, 2011, 29 (2): 253-262.

比较优势与企业存活：基于新结构经济学视角

吴清扬　姜　磊

［摘　要］要素资源的错配是理解企业存续时间差异的重要视角。本文构建了一个将企业技术选择纳入目标函数的随机规划模型，用以寻求企业停止生产的最佳时机，在理论分析的基础上，发现比较优势理论可以解释企业存活的差异。本文还利用1998~2013年中国工业企业数据库详细描述了企业存活的特征、分布以及动态演进趋势，并进行了生存分析。实证结果表明，违背比较优势的企业存活时间更短，该结论通过了离散时间模型的稳健性检验，分地区、所有制、出口和补贴情况的异质性分析以及经倾向得分匹配后的生存时间模型的回归。这一研究有助于加深理解微观要素资源错配对于企业存续时间的影响，为进一步推进市场化改革的政策讨论提供了理论支持。

［关键词］比较优势；企业存活；自生能力；新结构经济学；生存分析

一、引言

企业作为市场经济运行的基本单元，在经济社会的发展方面扮演着重要角色。研究表明，除因市场的优胜劣汰所带来的“毁灭式创新”外（Schumpeter，1937），新企业的成长也是经济转型和高质量发展的重要推动力（Acemoglu and Cao，2015），如企业的外来技术引进、管理模式变革等，都是市场总体效率和盈利水平得以改善的主要源泉，这在众多的跨国经验中得到印证（Bartelsman and Doms，2000；Baldwin and Gu，2003）。毫无疑问，企业作为追求永续发展的组织，其可持续成长过程至关重要，此外，企业个体的长久生存也是中观产业结构转型升级以及宏观中长期经济政策目标得以实现的必要前提。

然而，伴随着我国由计划向市场“并轨”的不断深入，我国企业如今面临着一些生存困难，中小企业的倒闭状况备受关注，“生存难、存活短”成为企业个体乃至社会经济发展的难题。根据本文的测算，在1998~2013年，我国企业的平均存活时间仅为3.896年，中位数为3年，与样本近15年的考察期相比，半数企业的存活寿命不到5年，只有25.49%的企业存续在10年以上，这与中国经济体量排名最为接近的日本（52年）、美国（23年）相比，差距可见一斑①。

鉴于企业的生存对于经济结构调整、转型升级以及居民工作保障、稳定增收有着至关重要的作用，研究诸如“何种因素制约着企业的成长？如何才能延长企业的生存时间？”等的话题得到了国内外学术界的密切关注。企业的生存离不开“内环境”与“外环境”，前者强调个体的异质特点，后者较为关注企业所处地区以及产业区段的分布情况。早期的学者大多从企业规模的角度对企业生

［基金项目］本文受天津社科规划项目“二元经济条件下的要素收入分配、经济增长对外贸易失衡研究”（TJLJ16-001）、中央高校基本科研业务费专项资金资助项目“新结构经济学的微观实证分析”（63192403）资助，本文曾在第二届新结构经济学学术研讨会宣讲，感谢匿名评审专家和编辑部的宝贵意见，文责自负。

［作者简介］吴清扬，南开大学经济学院，邮箱：qingyang_w@ sina. com；姜磊，南开大学经济学院、中国特色社会主义经济建设协同创新中心，邮箱：nkthreestone@ 126. com，研究方向：新结构经济学。

①　来源于《继承者：日本长寿企业基因》（后藤俊夫、王筱卉著）。

存加以分析，发现企业的存续时间一般会随着企业规模的扩大而延长（Acs and Audretsch，1989；Acs et al.，1991），但也有不少经验研究表明企业存在着"最适规模"，即两者呈非线性的相关趋势（Scherer，1991；张维迎等，2003；周黎安、罗凯，2005）。对企业年龄的探讨也有相类似的结论（Roberts and Tybout，1997；Aga and Francis，2017）。随后大量研究转向了对于企业一系列绩效指标的关注，如利润率（张维迎等，2003）、生产率（Buddelmeyer et al.，2006；Landini et al.，2015）、负债率（Rajan and Zingales，1998）、融资约束（Winker，1999）、人力资本（Simón et al.，1997）、创新行为（Gilbert and Newbery，1982）、补贴情况（许家云、毛其淋，2016）以及出口情况（Wagner，2013；逯宇铎等，2014）等。然而，企业的生存不仅取决于自身的异质属性，还取决于其所处的整体市场环境与产业区段，即"外环境"学界对于"外环境"的考察主要包括行业和地区层面。就行业而言，行业的景气与否显著地影响着不同区段行业企业的存活情况（Audretsch and Agarwal，2001；朱松等，2013），与之类似的是对行业集中程度的讨论（Audretsch and Mahmood，1994a）。就地区而言，Wang（2013）认为 FDI（Foreign Direct Investment）加剧了行业内竞争，进而使得内资企业生存面临更大的退出风险，但同时也有学者认为外资的溢出效应将增进企业的存活可能（吴小康、于津平，2014）。此外，不少学者认为企业之所以出现退出转换问题，正是由于产业结构的持续演化（干春晖等，2011）。当然，地区人力资本存量、交通便利程度、市场化程度也常被作为影响企业存活的系统性因素而被广泛研究。

不置可否，企业的销售利润率、资产负债率、融资情况等是影响企业存活时间差异的直接原因，而产业结构、地区发展水平、市场化程度等同样会通过区分企业对于外部环境的敏感度而使得经营时间存在差异。总结前人的研究特点发现，研究思路主要是用现象解释现象，较少触及企业存续时间差异的深层次原因，我们不禁发问：退出前夕企业的一系列绩效指标为何出现反常？所处环境相仿企业的存续时间又为何出现显著差异？本文尝试从新结构经济学的视角去分析企业的存活问题。首先，面临生存风险的企业往往是缺乏自生能力的（Viability），换言之，企业作为追逐利润的经济主体，之所以寻求停止生产，正是因为所选择的产业区段或所进行的技术配置不能够遵循由经济要素禀赋结构所决定的比较优势，由此带来在一个"自由、开放、竞争"的市场中虽正常管理却无法取得预期利润的结果；其次，企业只有遵循由经济要素禀赋所决定的比较优势时，才能够维持最低的经济成本，具备良好的经济绩效，进而获取社会可接受的正常利润，最大化自身的存续时间。而事实上，在从计划经济到市场经济的转型阶段，市场中往往存在不少因违背自身比较优势而不具备自生能力的企业。由此我们推测，不具备自生能力是我国一些企业目前面临严峻生存难题的根本原因，并进而提出假说：违背比较优势的企业往往具备较短的存续时间。

传统的比较优势理论认为生产成本的相对差别源于生产技术的相对差别，在绝对贸易理论的基础上解释了贸易产生和贸易利得，是古典国际贸易理论的基石，而不少学者考虑到我国的特殊国情，也有将比较优势理论应用于对我国地区之间的分析。这是因为，一方面，我国各地要素禀赋结构独特，地区之间差异巨大；另一方面，同许多发达国家在其工业化进程中采取的措施类似，我国政府曾在经济发展中扮演着非常活跃的角色，长期确立以赶超战略这一不平衡增长理论为基础的发展模式，即采取扭曲产品和要素价格的办法和以计划替代市场的制度安排，各种广泛并且持续的产业促进与指导政策强化了各个地区本身的地域特色，进一步加剧了我国地区之间的市场分割现象（Lin and Tan，1999；Young，2000；林毅夫、刘培林，2001；银温泉、才婉茹，2001；林毅夫，2002b）。而不同研究对于比较优势的测度问题更是莫衷一是。早在 1965 年，Balassa 提出了显示性比较优势指数（RCA 指数），即通过计算一国某类商品的出口额占比与世界范围内同商品占比之比来确定一国在该类产品上的比较优势，后经 Harrigan（1997）推广得以应用于企业之间比较优势的探讨。徐志刚等（2000）构造国内资源成本系数并辅之以综合比较优势指标验证了中国粮食生产区域比较优势存在较大差异，夏清华、谭力文（2003）用周平均工资作为制造业企业比较优势的度量，Hausmann 等（2007）构造了以产品技术含量和人均 GDP 为基础的技术复杂度指数衡量比较优势，陈钊、熊瑞祥（2015）用某行业就业份额占全国的比值来衡量违背比较优势程度。此外，企业的相对要素密集度往往是其比较优势的重要来源（Crozet and Trionfetti，2013），月企业全要素生产率（Total Factor Productivity，TFP）除以地区平均 TFP 来构造比较优势的偏离程度也常被应用于实践（吴敏、黄玖立，2014）。而林毅夫及其团队则侧重考察企业的技术选择指数（Techndogy Choice Index，TCI）对潜在的最优技术选择系数 TCI^* 的偏离来衡量相对比较优势程度，利用跨国面板或省份样本，深入研究城乡收入差距、国有企业效率改革以及发展中国家经济收敛等一系列问题（林毅夫，2002c；林毅夫、刘明兴，2003；陈斌开、林毅夫，2013）。

本文的研究虽建立在上述文献的基础之上，但区别于已有思路和方法。一是本文从新结构经济学的视角出发，认为是否遵循比较优势是企业存续时间差异的深层次原因，所提出的假说不但在理论上可以证明，在实证中也发现了较为有利的证据，这为新结构经济学微观基础提供经验研究的同时，也丰富了我国关于企业生存的研究文献。二是构建了一个将企业技术选择纳入目标函数的随机规划模型，用以寻求企业停止生产的最佳时机，在此基础上，发现比较优势与企业生存时间之间存在显著的倒“U”形关系，在最优水平的两侧，企业的生存时间随违背程度的增强而缩短，这为新结构经济学的微观理论，以及企业生存时间的数理模型均提供了较新的方法。三是在研究方法上，为了克服可能出现的遗漏变量偏误、样本选择偏误和自选择偏误问题，本文先行使用倾向得分匹配法（Propensity Score Matching，PSM）匹配样本，而后进一步采取对数正态（log-normal）生存分析模型验证假说，增强了结论的稳健性。四是在详细分析了比较优势对企业存活的平均影响效应的同时，还考察了行业的多样性对于企业存续的影响，在此基础上进一步通过引入调节效应模型进行影响机制检验，从而深化了对于比较优势与企业生存之间关系的理解。本文的研究结论亦具有明晰的政策含义，即解决我国部分企业“生存难、存活短”问题的根本，在于继续深入推进市场化改革，做好观念的转变、政策的调整、法制的完善等基础性工作，构建适应市场资源配置机制的体制环境，对于给定资本和劳动的相对价格，企业能够进入到合适的生产区段并且做出科学的技术选择，如此一来，遵循比较优势的企业能够获得更多的经济剩余，健康快速地成长。唯有如此，才能持续推动我国企业转变发展方式、优化经济结构、转换增长动力，形成优质、高效、多样的供给体系，在更高的水平上实现动态均衡。

本文第二部分进行理论分析并提出假说，第三部分对我国企业生存分布情况进行了描述分析，第四部分导出计量方程并对模型变量数据予以介绍，第五部分考察比较优势对企业生存的影响，第六部分进一步使用基于 PSM 配对样本的生存分析模型进行估计，并给出政策启示。

二、理论框架与机制分析

在主流经济学的理论分析框架中，市场机制被认为始终发挥着无可替代的作用，这尤为反映在面对要素的相对价格上，微观企业能够自发地做出分配有限资源的行动，从而达到技术上的最优配置（Marshall，1890）。但回归现实，特别是对于类似我国这样的转型经济体而言，不仅存在着要素市场发育不全、产品市场结构垄断等引起的市场失灵问题，而且企业管理者要想理性地做出最优技术配置安排也是非常困难的（林毅夫，2002a）。也就是说，对于一个“自由，开放和竞争”的经济，除市场失灵现象外，企业所处的产业区段和所用的技术选择是否遵循由经济要素禀赋结构所决定的比较优势，也是是否引起资源错配的重要方面，而这正是本文研究的重点。

如图 1 所示，在既定的产出水平下，曲线 Q 表示在保持产出恒定时的各种要素配置的技术组合（K，L），其斜率的绝对值体现了资本与劳动相互替代的比例关系（MRTS）。显然，A 点的技术更偏向于劳动，B 点的技术更偏向于资本。对于一个劳动相对丰裕、资本相对稀缺的经济体，其等成

本线为 D_1 或 D_2，若要素的相对价格能够反映这个经济体的要素相对丰裕度，那么代表性企业将会选择点 A 以 D_1 的成本进行生产，反之将面临 D_2 的等成本线。由于 D_1 较 D_2 更接近原点 O，所以 D_2 的生产成本无法最小化。事实上，采取任何偏离 A 点技术选择的企业，都将面临较高的生产成本，从而在一个“自由，开放和竞争”的市场中无法取得社会可接受的预期正常利润水平，而作为市场优胜劣汰的结果，这些不具备自生能力的企业往往“昙花一现”。同理，由于资本要素的积累速度要远高于劳动要素，随着该经济体的资本丰裕程度逐渐提升，要素禀赋结构将不断发生变化，当要素的相对价格变化为 C_1 或 C_2 时，企业根据 B 点进行技术选择是具备自生能力的充要条件。

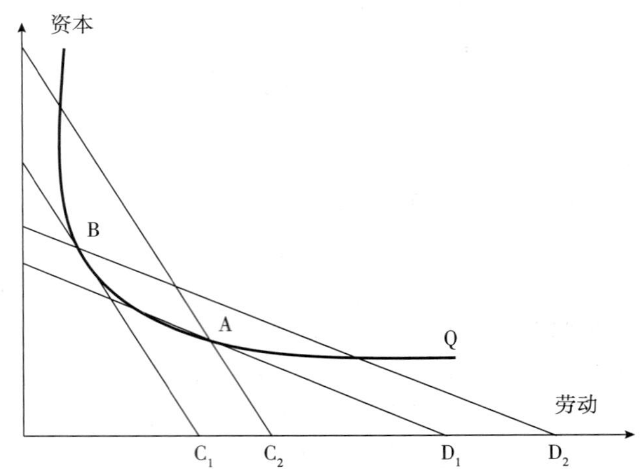

图 1 要素相对价格与企业技术选择

我们假定产品市场上不存在错配问题，资源错配问题仅存在于要素市场，并直接由要素的真实相对价格所反映。考虑一个禀赋结构仅包括资本和劳动力的经济体 j，代表性企业 i 的投入产出满足如下恒常规模报酬的 Cobb-Douglas 型生产函数：

$$Y_{ij} = AK_{ij}^{\alpha}L_{ij}^{(1-\alpha)} \tag{1}$$

我们在这里将其进一步表示为单位劳动产出的形式：

$$\frac{Y_{ij}}{L_{ij}} = A\left(\frac{K_{ij}}{L_{ij}}\right)^{\alpha} \tag{2}$$

和林毅夫（2002c）的做法类似，我们用某企业 i 的人均资本与所在经济体 j 的劳动力平均资本存量之比构造技术选择指数 TCI，以衡量企业相对于经济的技术选择。

$$TCI = \frac{K_{ij}/L_{ij}}{K_j/L_j} \tag{3}$$

企业的技术选择指数 TCI 相对于最优技术选择指数 TCI^* 的偏离程度，就是企业违背由所在经济要素禀赋结构所决定比较优势的程度，由于最优技术选择指数 TCI^* 在实际中无法观测，常视作不可观测的异质性，因在短期内无法改变，也可作为常数处理（陈斌开、林毅夫，2013）：

$$DS = TCI/TCI^* = TCI/w \tag{4}$$

假定企业面临的成本全部来自于生产要素：

$$TC_{ij} = rK_{ij} + \omega L_{ij} \tag{5}$$

其中，r 和 ω 分别表示竞争条件下的要素市场资本和劳动力的价格。

假定该经济中存在许多竞争者以至于每个企业只是价格接受者，这使企业面临的产品价格 P_t 服从连续时间随机过程（Fischer，1975）：

$$\frac{dP}{P}=\alpha_p dt+\sigma_p dz_p \tag{6}$$

其中，α_p 是价格的预期变动速度，σ_p 是单位时间预期变动速度波动的标准差，而 dz_p 是维纳过程（Weiner process）z_p 的随机独立增量①。

企业 i 在 t 时期的利润 φ_t 是市场价格 P_t 的函数，由伊藤引理（Ito's Lemma）可以证明，该过程仍具有连续时间上的随机性②：

$$\frac{d\varphi}{\varphi}=\left(\alpha_p\gamma+\frac{1}{2}\sigma_p^2\gamma\ [\gamma-1]\ dz_p\right)dt+\gamma\sigma_p dz_p$$
$$\equiv\alpha_\varphi dt+\sigma_\varphi dz_p \tag{7}$$

由微分方程的性质可将上式进一步整合为：

$$\frac{\varphi_t}{\varphi_0}=\exp\left[\left(\alpha-\frac{1}{2}\sigma^2\right)t+\sigma\int_0^t dz_s\right]\Rightarrow\ln(\varphi_t)=\left(\alpha-\frac{1}{2}\sigma^2\right)t+\sigma\int_0^t dz_s+\ln(\varphi_0) \tag{8}$$

其中，$dz\sim N(0,1)$，$\left(\alpha-\frac{1}{2}\sigma^2\right)t+\ln(\varphi_0)=\mu$，$\sigma^2 t=s^2$。

根据对数正态分布的函数特征，我们在此直接得出 φ_t 的期望与概率密度函数：

$$E_0[\varphi_t]=\varphi_0 e^{\alpha t} \tag{9}$$

$$G(\varphi)=\left(\varphi s\sqrt{2\pi}\right)^{-1}\exp\left[-\frac{(\ln\varphi-\mu)^2}{2s^2}\right] \tag{10}$$

其中，$0<\varphi$。

若企业 i 在 t 期获得利润 φ_t，伴随的生存成本为 TC_t，那么企业是否继续运营取决于该期净利润的多少：

$$\pi_t=\max[\varphi_t-TC_t,0] \tag{11}$$

接下来，我们希望得知企业 i 在存活时间 t 内的期望净利润：

$$E_0[\max(\varphi_t-TC_t,0)]=\int_{TC}(\varphi_t-TC_t)G(\varphi)d\varphi \tag{12}$$

利用换元法，式（12）可转化为如下的无穷积分：

$$\int_{\frac{\ln\varphi-\mu}{s}}(e^{ys+\mu}-TC)(e^{ys+\mu}s\sqrt{2\pi})^{-1}e^{-\frac{1}{2}y^2}se^{ys+\mu}dy \tag{13}$$

其中，$y=\frac{\ln\varphi-\mu}{s}$。

经过推导，我们得出式（13）的结果是③：

$$E_0[\max(\varphi_t-TC_t,0)]=\varphi_0 e^{\alpha t}\lambda(r_1)-TC\times\lambda(r_2) \tag{14}$$

其中，$\lambda(x)=\int^x\frac{1}{\sqrt{2\pi}}e^{-\frac{1}{2}z^2}dz$ 是在推导过程中使用的中间函数，r_1 和 r_2 是式（14）特征方程的两个解。

式（12）表明，企业 i 在位时净利润的变化情况遵循维纳过程（Siegel，1985），即由式（2）

① 这意味着除起始状态外，我们不知道该过程随后的增长路径。

② 伊藤引理(Ito's Lemma)：若 $Y=\varphi(P,t)$，而 P 遵循式（），则 Y 的随机差分方程为：$dY=\frac{\partial\varphi}{\partial t}dt+\frac{\partial\varphi}{\partial P}dP+\frac{1}{2}\sigma_p^2P^2\frac{\partial^2\varphi}{\partial P^2}dt$。

③ 限于篇幅，此处省略掉了中间的推导过程，若有所需请联系笔者。

至式（5）联立得到净利润方程 Ψ 是一个关于时间 t 的对数正态分布函数①：

$$\Psi=1-\frac{rtciK_j/L_j+\omega}{PAtci^{\alpha}}\cong\varphi_0 e\left[\left(\mu-\frac{1}{2}\sigma^2\right)t+\sigma\sqrt{t}N\ (0,\ 1)\right] \tag{15}$$

其中，φ_0 表示企业的初始利润额。通过对式（15）取对数及期望，我们得到如下关于企业期望存续时间 E［t］的表达式：

$$E\ [t]\ \cong\frac{2}{2\mu-\sigma^2}\left[\ln\left(\frac{PAtci^{\alpha}-\ (rtciK_j/L_j+\omega)}{PAtci^{\alpha}\varphi_0}\right)\right] \tag{16}$$

正如前文的分析，企业的技术选择指数 TCI 和 E［t］的关系并非线性，这使得我们进一步研究关于 E［t］的一阶最优条件：

$$\begin{aligned}\frac{\partial E\ [t]}{\partial tci}&\cong\frac{2}{2\mu-\sigma^2}\times\frac{PAtci^{\alpha}}{PAtci^{\alpha}-\ (rtciK_j/L_j+\omega)}\times\frac{[\alpha PAtci^{\alpha-1}\ (rtciK_j/L_j+\omega)\ -rPAtci^{\alpha}K_j/L_j]}{(PAtci^{\alpha})^2}\\&=\frac{r\ (\alpha-1)\ K_j/L_j+\alpha\omega\times tci}{PAtci^{\alpha}-\ (rtciK_j/L_j+\omega)}\end{aligned} \tag{17}$$

由式（16）得 $\sigma<\sqrt{2\mu}$，令上式等于 0，我们可以得到关于该方程的唯一驻点 TCI*，并且最优技术选择指数（TCI*）取决于资本和劳动力的产出弹性，要素相对价格以及所在经济体的禀赋结构：

$$tci^*=\frac{\alpha\omega}{(1-\alpha)\ rK_j/L_j} \tag{18}$$

为了进一步判定两者的关系，我们对式（17）求关于 TCI 的二阶导数：

$$\left.\frac{\partial^2E[t]}{\partial tci^2}\right|_{tci=tci^*}=\frac{\alpha^2PAtci^{\alpha}(rtciK_j/L_j+\omega)-2\alpha PArtci^{\alpha+1}K_j/L_j+rtci(PAtci^{\alpha}-\omega)K_j/L_j}{tci\times(PAtci^{\alpha}-(rtciK_j/L_j+\omega))^2}<0 \tag{19}$$

当 tci = tci* 时，企业 i 的期望存续时间 E［t］关于 TCI 的二阶偏导数为负，表明 TCI* 是一个极大值点，换言之，比较优势与企业生存时间呈倒“U”形关系，企业在最优技术选择指数 TCI* 处实现了期望生存时间 E［t］的最大值 E［t］*，向上（劳动相对密集）或者向下（资本相对密集）的偏离（最优技术选择指数 TCI*）都将导致企业缺乏自生能力，被迫面临较理想水平更为短暂的生存时间。基于以上分析，本文提出假说：违背比较优势的企业生存时间往往较短。

三、中国工业企业生存状况的特征事实

（一）我国企业生存分布与动态演进趋势

企业的生存过程是本文的核心研究对象，所谓生存过程，是指研究的这批企业从初创到死亡所经历的整个时间区段。事实上，企业作为市场组织，其年龄与生物一样可作为对各自生命周期中所处位置和状态上的测度，因此，此处借鉴人口学中的“生命表”方法，绘制了 1998~2013 年我国工业企业寿命表（见表 1），展现了样本的年龄、数量以及比重等一系列总体特征。

① 我们使用了企业的单位产出净所得代理企业所获净利润，原因是前者具有齐次性而更为直观，两者对于理论分析的推导结果没有影响。

表 1 1998~2013 年我国工业企业寿命

年龄区间	尚存企业总数（家）	退出企业（家）	删失企业（家）	存活概率	标准差
1 年以内	782594	204947	39559	0.7313	0.0005
1~2 年	538088	58669	38783	0.6486	0.0006
2~3 年	440636	36346	93644	0.5887	0.0006
3~4 年	310646	36926	2978	0.5184	0.0006
4~5 年	270742	27670	5333	0.4649	0.0006
5~6 年	237739	27168	6434	0.4111	0.0006
6~7 年	204137	26731	19934	0.3545	0.0006
7~8 年	157472	11737	15740	0.3267	0.0006
8~9 年	129995	10101	14393	0.2998	0.0006
9~10 年	105501	9313	24317	0.2699	0.0006
10~11 年	71871	3735	9343	0.2549	0.0007
11~12 年	58793	5194	7437	0.2308	0.0007
12~13 年	46162	8613	7729	0.1838	0.0007
13~14 年	29820	506	4103	0.1805	0.0007
14~15 年	25211	1227	5653	0.1706	0.0007
15 年以上	18331	0	18331	0.1706	0.0007

注：企业存活时间 15 年以上数据做“左删失”处理，此处仅供参考比较。

如表 1 所示，我国工业企业寿命表展现了以企业寿命为组距的企业存活概率情况，可以看出我国企业生存具备如下 3 个特征：①生存期较短，企业进入市场第一年的存活概率仅为 73.13%，这意味着有超过 1/4 的企业“夭折于胚胎”之中，只有 51.84%的企业寿命超过 3 年，25.49%的企业寿命超过 10 年，且随着企业成立时间延长，企业累计存活率进一步降低，到第 15 年仅为 17.06%；②存在负向时间依存性（Negative Duration Dependence），企业的存活率函数呈现凸向原点，风险概率大体随生存的时间延长而降低，第 5 年存活率较第 1 年减少 0.27，第 10 年存活率较第 5 年减少 0.20，而第 15 年存活率较第 10 年仅减少 0.10；③存在企业年龄的“瓶颈期”，通过构造“退出量/存活量”这一指标以衡量企业的当期相对死亡率，发现企业成立 2 年后该指标从 26.19%降至 8.25%，但在第 3~7 年又跃至 10.22%~13.09%波动，一旦度过了“七年之痒”，死亡情况便再度趋于稳定，可认为该时期是企业发展的一段关键时期①。

与此同时，我们还考察不同行业企业的寿命情况（见附表 1），其特征可归结为三点：①“长寿”企业所处行业相对集中。在所统计的 40 个行业中，非金属矿物制品业、纺织业、化学原料及化学制品制造业 3 个行业内寿命 10 年以上企业共占比 26.38%，是全部行业平均情况的 10.55 倍。②行业间企业平均寿命呈现分化。不同企业由于所处行业特点不同，存在存活、退出比率方向上的一致变动。具体而言，能源供应、机械制造等重工业部门存活比例较高，食品加工、纺织制品等轻工业部门存活比例较低，且该特征随组别年龄的增加，分化的程度更加凸显。③存在危险期，行业生存危险期多在第 3 年，从不同行业寿命众数（退出市场的企业的寿命在某一年龄区间出现次数最

① 限于篇幅，企业的当期死亡率并未报告，若有所需可联系笔者。

多的数值）来看，大部分行业企业的寿命众数为 3 年，其中，通用设备制造业、纺织业和非金属矿物制品业均有超过 80%的企业生存危险期在 1 年以内，建筑材料及其他非金属矿采选业，废弃资源和废旧材料回收加工业等行业的生存危险期为企业成立后的第 5 年。

总的来说，分行业企业寿命的高低排列与行业代码频谱相仿，即低存活率的行业往往位于行业频谱的左侧，高存活率的行业往往位于行业频谱的右侧。

（二）比较优势与企业生存情况的事件史分析

下面进一步考察企业的存活特征。生存率和风险率因具备能够描述个体生存状况的良好性能，其函数形式被广泛地应用于"事件史"的分析研究当中，用以说明企业存活时间与其面临存活率、风险率之间的函数关系（Prentice and Zhao，2018）。

一方面，我们利用 K-M 估计量（Kaplan and Meier，1958）对生存函数进行非参数估计：式（20）中括号内的部分表示给定 j（j=1，2，…，λ）时期处于存活状态的企业数 n_j-d_j 与当期风险事件发生企业数 n_j 之比。式（21）将期初风险水平调整为期初除删截以外的观测值的平均值。以上程序完成后，再将每一期的存活概率逐个相乘，获得相应时段的生存率（Kalbfleisch and Prentice，2011），然后以生存时间 t 为横轴，生存率 S（t）为纵轴，绘制出连续状阶梯形的生存函数图像（见图 2（a））。

$$\hat{S}(t) = \prod_{j<t}\left(\frac{n_j - d_j}{n_j}\right) \tag{20}$$

$$n_j = \frac{N_j - m_j}{2} \tag{21}$$

另一方面，利用 Nelson-Aalen 估计量（Nelson，1972；Aalen，1978），我们可以绘制企业每期所面临的风险函数：

$$\hat{R}(t) = \sum_{j<t}\left(\frac{d_j}{n_j}\right) \tag{22}$$

此外，采取核密度方法绘制了光滑的局部风险函数图像（见图 2（b））。

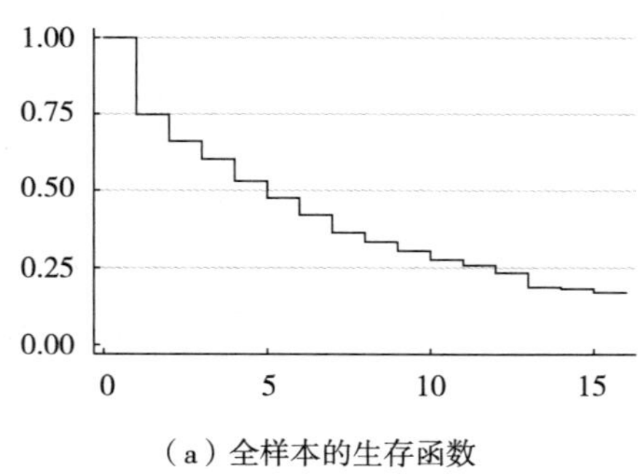

（a）全样本的生存函数

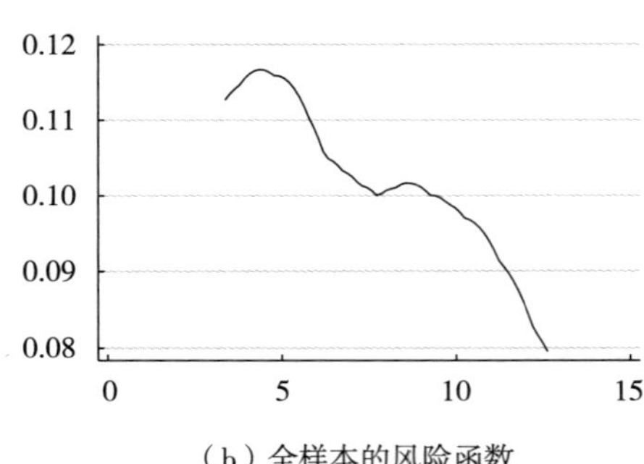

（b）全样本的风险函数

图 2 全样本的生存函数与风险函数

从图 2 中能够得到和企业"生命表"分析相似的结论，即我国制造业企业的生存期较短，企业的存活率函数凸向原点，存在明显的存活"瓶颈期"等。同时，在图 2（b）中也再次得到了印证，即局部风险函数先上升，再下降，经历筑台期后，再继续下降，这表明了我国企业所面临的生存风险并非企业年龄的线性函数，这也启发我们在实证环节中从整体上把握企业存活期的特征，即选择连续的生存分析模型去分析比较优势对于企业存活期的影响效应。

为进一步观察不同程度违背自身比较优势的企业与其生存时间差异的联系，我们构造了比较优势偏离度 rel_dev_{it} 指标，以便对企业 i 在第 t 年时以所处行业 j 在地区 k 的技术底蕴为参照的比较优势违背程度进行刻画①：

$$rel\_dev_{it}=\frac{|TCI_{it}-TCI_{jkt}|}{|TCI_{jkt}|} \tag{23}$$

同时，本文将比较优势偏离程度 rel_dev_{it} 的数值由小到大排列生成四分位数②，并将全样本划分为4种类型（轻度—严重），用以测度企业违背自身比较优势的程度，图3便是以该指标的高低为分组所绘制的生存率和风险率函数图像，横坐标为企业生存时间。

按照偏离比较优势程度高低分组绘制的生存曲线簇如图3所示，可以看出，若企业违背比较优势的程度越轻，企业在市场存活面临的生存曲线所处的位置也就相对较低，同理，若企业违背比较优势的程度越严重，企业在市场中所面临的风险水平也就越高，风险函数的位置就相对较高。进一步观察得知，图3（a）说明，尽管不同企业的生存概率均随着生存时间的延长而逐渐降低，但具备自生能力的企业生存概率下降幅度往往更小，且不同组别之间企业的生存概率的差值随之增大，这意味着相较于具备自生能力的企业，随着时间的延长不具备自生能力的企业越发不利于自身的存活。图3（b）显示，企业的风险函数曲线大致呈现倒“U”形，企业的退出风险率在第3~5年时比较高，并且在退出风险率递增阶段，不具备比较优势企业的退出风险率增加得更快，且两者生存风险差值也在逐渐增大，具备比较优势的企业更易适应其所面临的生存风险。除此之外，表2从量化的角度计算了在依据 rel_dev_{it} 数值高低的分组下，当企业寿命为1年、5年、10年时分别面临的生存概率，以及当企业所面临的生存概率为25%、50%、75%时分别对应的寿命长短，表2与图3相互印证，限于篇幅，此处便不做赘述。以上分析表明，企业违背自身比较优势的程度越大，其存活时间也就相对较短，即初步证实了违背比较优势的企业更不易存活的假说③④。

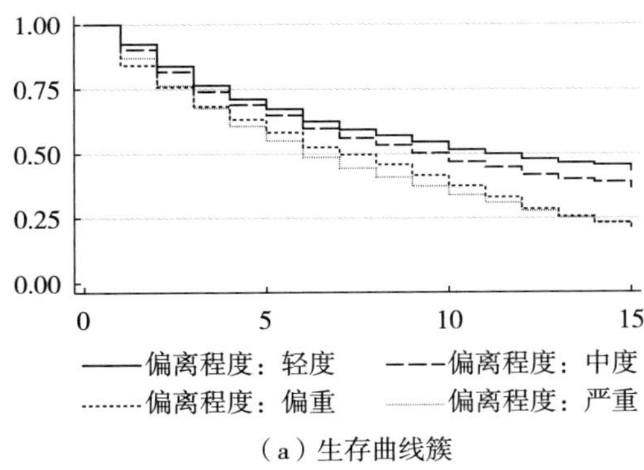

（a）生存曲线簇

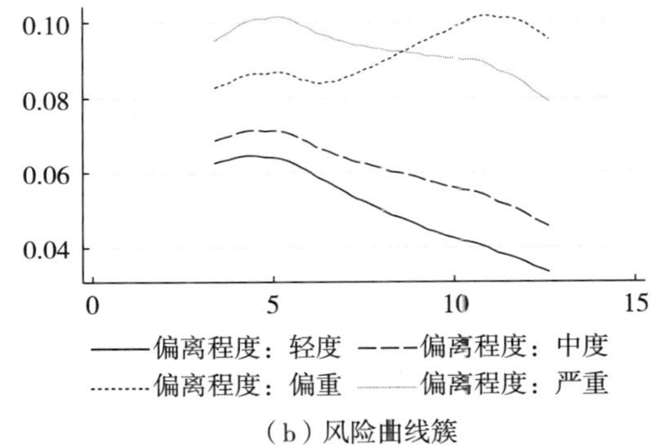

（b）风险曲线簇

图3　不同偏离比较优势程度下企业在市场上的生存曲线簇与风险曲线簇

表2　企业存活期分布的描述性统计

样本	风险发生概率	总体寿命		生存概率			生存时间		
		平均数	中位数	1年	5年	10年	25%	50%	75%
总体	0.0921	3.8960	3	0.7313	0.4649	0.2699	3	5	12

① 企业是否违背比较优势的过程是动态变化的，为了稳健起见，我们对剔除状态不一致的企业进行生存分析，仍发现本文的核心结论成立。

② 本文还绘制了以10分位、20分位等为标的进行分组的函数图像，得到相同的结论，此处仅报告了4分位组。

③ 以上曲线拒绝了 log-rank test 和 Wilcoxon test 的无效假设，得到样本之间生存时间、风险概率相差显著的结论。

④ 本文对不同地区、不同性质的企业生存函数曲线进行估计描绘，同样发现样本间存在显著差异，这为后文的异质性检验提供了依据，限于篇幅图表备索，若有所需请联系笔者。

续表

样本	风险发生概率	总体寿命		生存概率			生存时间		
		平均数	中位数	1年	5年	10年	25%	50%	75%
违背比较优势程度									
轻度	0.0728	4.2341	3	0.9239	0.6938	0.5362	4	12	>15
中度	0.0845	4.1270	3	0.9232	0.6671	0.4737	3	9	>15
偏重	0.1147	3.7564	3	0.8088	0.6097	0.3766	2	7	13
严重	0.1156	3.3360	3	0.8223	0.5552	0.3413	2	6	13

注：此处总体寿命与生存时间的单位均为"年"。

四、计量模型、变量与数据

（一）计量模型的设定

企业的存活是其正常经营活动所持续的时间，而对该事件的分析必然涉及过程的结果与经历的时间（José and Pedro，1994；Mahmood，2000）。事件历史分析或久期分析方法被证明是用于研究生存现象和响应时间数据及其统计规律的利器。然而，对于模型的进一步选择，尽管可以将企业的生存、退出视为状态变量建立离散模型，并进行相应分析，但这种做法机械地拆分企业的生存时间无益于考察研究对象的整体特征，忽视了企业已存活时间所产生的影响①。换言之，我们更关心给定企业在已存活一段时间的前提下，在未来某一时点退出市场的风险概率，因此，本文的计量模型建立在连续时间的基础之上，以克服离散模型在解决企业生存问题上面临的严重抽样偏差（Kimura and Kiyota，2006；Singer and Willett，1988）。

假设企业的存活时间 T 为连续性随机变量，且记企业在［0，T］中的任意一个时间节点 t 的概率密度函数，累积分布函数（也称失败函数，Failure Function）分别为 f（t）、F（t），则企业的存活期超过 t 的概率为②：

$$S(t)=P(T>t)=1-F(t) \tag{24}$$

其中，t≥0。风险发生是继续生存的对立事件，因前者是时间的单调增函数，所以后者是时间的单调减函数：

$$\frac{dF(t)}{dt}>0\Rightarrow\frac{dS(t)}{dt}<0 \tag{25}$$

那么已存活至 t 时刻的企业在将来 Δt 长度的时间微元里退出的风险为：

$$P(t\leqslant T<t+\Delta t\mid T\geqslant t) \tag{26}$$

进一步地，定义风险函数（Hazard Function）为企业在 t 时刻的瞬时退出概率，结合 $f(t)=\frac{dS(t)}{dt}$，不难得到：

$$r(t)=\lim_{\Delta t\to 0^{+}}\frac{P(t\leqslant T<t+\Delta t\mid T\geqslant t)}{\Delta t}$$

① 事实上，我国工业企业的平均生存年龄仅 3.157 年，而只有连续模型能充分考察样本信息，供我们更好地去理解我国工业企业生存时间较短之谜。

② 为了简化推导符号，函数 $f_T(t)$、$F_T(t)$、$S_T(t)$、$r_T(t)$ 均省去企业生存时间 T 的下标。

$$=\lim_{\Delta t\to 0^+}\frac{F(t+\Delta t)-F(t)}{\Delta t S(t)}$$

$$=\frac{1}{S(t)}\lim_{\Delta t\to 0^+}\frac{F(t+\Delta t)-F(t)}{\Delta t}$$

$$=-\frac{d\ln[S(t)]}{dt} \tag{27}$$

从 0 到 t 对上式做积分可得该企业的累积风险率函数：

$$R(t)=\int_0^t r(t)dt=-\ln[S(t)] \tag{28}$$

同时我们得到企业的生存函数：

$$S(t)=e^{-R(t)}=e^{-\int_0^t r(t)dt} \tag{29}$$

本文分析的重点是企业的存活时间 T，考虑直接对其进行建模：

$$\ln T=x'\beta+u\quad T\geqslant 0 \tag{30}$$

其中，x′为协变量矩阵，u 理论上可取值任意连续分布。

$$T=e^{x'\beta}v \tag{31}$$

联立以上方程，得到：

$$S_T(t)=P(T>t)=P(e^{x'\beta}v>t)=S_v(e^{-x'\beta}t) \tag{32}$$

$$f_T(t)=[1-S_T(t)]'=\frac{\partial S_v(e^{-x'\beta}t)}{\partial t}=f_v(e^{-x'\beta}t)e^{-x'\beta} \tag{33}$$

$$r_T(t|x)=\frac{f_T(t)}{S_T(t)}=r_v(e^{-x'\beta}t)e^{-x'\beta} \tag{34}$$

结合已有研究，扰动项 u 的设定决定了企业存活时间 T 的分布状态，一般 u 不呈正态分布，但可通过对风险函数的观察将其设定为 exponent 分布、Weibull 分布、Gompertz 分布等形式。本文模型的设定如下：一方面，考虑到企业存活风险函数的负向久期依赖性，我们使用了形状参数 p<1 的 Weibull 分布（逯宇铎等，2014）；如若将曲线形状视为“驼峰状”，那么其先增后降的特征符合 log-normal 分布及其应用条件。此外，本文还使用更为灵活的三参数 Gamma 模型进行回归①（Howell，2015；Ratbek，2016）。另一方面，在比例风险（Proportional Hazards，PH）模型的框架下，事实上，我们无须对基准风险函数的分布形式做任何预判即可进行半参数估计，该模型被称为 Cox 比例风险模型（Cox，1972，1975），但其对协变量均非时变的假定在经济研究中往往被认为过于苛刻。因此，本文构造了可引入时变解释变量（Time Varying Covariates）的扩展 Cox 比例风险模型，结合式（34），假定风险函数②可分解为：

$$r(t;x(t))=r_0(t)e^{x'(t)\beta} \tag{35}$$

此处，$r_0(t)=r_v(e^{-x'\beta}t)$是基准风险累积函数，根据式（34），个体 i、j 之间的风险函数之比可写作：

$$\frac{r(t;x_i(t))}{r(t;x_j(t))}=\frac{r_0(t)e^{x'_i(t)\beta}}{r_0(t)e^{x'_j(t)\beta}}=e^{[x'_i(t)-x'_j(t)]} \tag{36}$$

---

① 设想如果对象是一批灯泡，我们可以结合历史为其设定分布，但对于企业而言，我们在有限的样本期间无法确定其整体的分布形态。

② 传统的 Cox 比例模型为 $r(t;x)=r_0(t)^{x'\beta}$。

值得注意的是，企业生存与企业退出如同一枚硬币的两面，式（30）和式（35）回归系数的解释恰好相反，两者虽同用 MLE 方法估计，但前者关注协变量对于平均寿命的解释，后者的系数描述了解释变量对生存风险率的贡献情况。以往研究往往仅从单一角度展开，本文将从企业存活时间、生存风险两方面对企业关于违背比较优势的程度与企业生存现象进行分析。与 Görg 和 Strobl（2003）、Cleves 等（2010）的做法类似，本文建立连续时间的生存分析模型进行估计：

$$\ln t_{it} = \beta_0 + \beta_1 TCI_{it} + \beta_2 TCI_{it}^2 + X'\beta_{ijkt} + r_0 + v_t + v_j + v_k + \varepsilon_{ijkt} \tag{37}$$

其中，t_{it} 为某企业 i 在 t 时点的存活时间，v_t、v_j、v_k 表示年份、行业、地区特定效应；ε_{ijkt} 为随机扰动项，r_0 为基准风险率。另外，本文还讨论了年份、企业特定效应的面板数据模型。

$$\ln r_{it}(t \mid x) = \ln r_0 + \beta_1 TCI_{it} + \beta_2 TCI_{it}^2 + X'\beta_{ijkt} + v_t + v_j + v_k + \varepsilon_{ijkt} \tag{38}$$

其中，r_{it} 为某企业 i 在 t 时点的存活风险率，其余同上。

（二）数据来源与处理

本文使用国家统计局的中国工业企业数据库，时间跨度为 1998~2013 年，其统计调查对象为全体国有以及非国有规模以上（主营业务收入不少于 500 万元，2011 年以后标准为 2000 万元及以上）的工业企业，覆盖了我国 6~46 个工业行业大类，包含了上百个微观信息指标，能够很好地概括经济运行情况，从客观上保证文章结论的科学性。数据的清洗与整理主要包括以下几个方面。

为提高数据的可靠性，本文借鉴 Brandt 等（2012）的做法，根据企业法人信息、公司地址、通信邮编等指标，对来自不同年份的企业识别后进行整理合并。而考虑到我国在 2003 年正式实施新的《国民经济行业分类》（GB/T 4754-2002），我们依据此口径对 1998~2002 年的行业代码进行梳理。

针对原始数据库存在的指标大小异常、统计口径不一等问题，本文做了如下处理：①剔除了企业开工年份早于 1949 年及晚于 2014 年的部分数据；②剔除了企业累计折旧小于当期折旧，总资产小于固定资产净值或流动资产的部分数据；③剔除了企业利润率小于 0.1%或者大于 99%的部分数据；④由一般会计准则（Generally Accepted Accounting Principles，GAAP）剔除了企业职工人数小于或等于 8 人，实收资本、中间投入、固定资产原值以及固定资产净值小于或等于 0 及缺失的部分数据；⑤剔除了 2011 年以前主营业务收入少于 500 万元，2011 年以后主营业务收入少于 2000 万元的部分数据。

对于数据库存在的重要指标缺失的现象，我们依照会计准则：工业增加值=产品销售额-期初存货+期末存货-工业中间投入+增值税，和式“工业增加值=工业总产值-工业中间投入+增值税”分别估算 2004 年、2011 年和 2012 年企业的工业增加值。

由于本文考察的是比较优势对企业存活时间的影响，如何界定企业进入、存活和退出显得尤为重要，考虑到一个企业在数据库中消失不仅因为破产或重组，还可能因为企业规模变动等因素所导致的“跳跃性退出”，本文将同一企业在存活期跳跃现象视为相同的存活、退出行为。此外，考虑到久期数据的特征，我们将 2013 年情况不明的数据进行截尾处理以解决“右删失”问题①，并通过在模型中加入企业初创年龄指标，用以缓解可能出现的“左删失”问题②。

（三）变量的具体说明及基准回归设定

本文所研究的被解释变量为企业的存活时长，用 Term 表示。如果企业 i 在第 t-1 期存在，而在

① “右删失”问题源于无法得知样本期最后一年仍存活的企业在次年的存活状态。

② “左删失”问题意味着我们能够获取的样本晚于企业的初创时间，以至于这段时期无法对企业行为做出考察。本文采取在模型中加入企业的实际年龄排除该问题所造成的影响，相较于部分学者剔除成立时间早于 1998 年企业，这种做法能够避免由人工选择企业进入年龄所带来的样本选择问题，在尽可能地保留样本信息的同时给出更为合理的估计。

第 t 期消失并且之后再也没出现过，那么将企业在数据库中存在的时间段视为存活时长。此外，我们还关注企业在不同寿命时点所面临的生存风险率 Haz，该数值由 Kaplan-Meier 方法对样本进行非参数估计得出，在［0，1］上取值。

借鉴 Lin 和 Liu（2004）的做法，文章构造技术选择指数来表征某企业要素配置偏离自身比较优势的程度：

$$TCI_{it}=\frac{IAV_{it}/L_{it}}{GDP_{ict}/N_{ict}} \tag{39}$$

其中，GDP_{ict} 是企业 i 的所在地区 c 在第 t 年的生产总值，N_{ict} 是企业 i 的所在地区 c 在第 t 年的参与劳动人口；IAV_{it} 是企业 i 在第 t 年的工业增加值，L_{it} 是企业 i 在第 t 年的雇佣劳动人数；TCI_{it} 的分母为企业 i 的所在地区 c 在第 t 年的劳动力平均 GDP，分子为企业 i 在第 t 年的劳动力平均工业增加值。两者共同构成了本文的核心解释变量。

理论上讲，如果企业能够进入符合自身比较优势的行业并依据当地要素禀赋做出正确的技术选择，企业是具备自生能力的，换言之，在市场竞争中的运行状态最佳，由此便拥有更长存活时间的可能。一方面，从企业存活时长的角度来看，我们预期 Term 是 TCI 的倒“U”形函数，也就是说，存在着一个最优的技术选择，企业选择除此之外的技术配置将削弱企业的存活时间，并且这个时间的长度与违背比较优势程度呈负向关系；另一方面，从企业生存风险率的角度来看，我们预期 Haz 是 TCI 的正“U”形函数，换言之，作为违背比较优势的结果，企业将增大其自身生存风险事件发生的概率，反馈在系数上便是 $\beta_1<0$，$\beta_2>0$，TCI 和 TCI^2 的估计系数共同描述了这种程度。

为排除 TCI 之外的对于实证结果产生影响的因素或条件，本文尽可能地参考已有文献，所建立的控制变量集合拟从企业层面、行业层面和地区层面三个维度加以控制，其中，企业层面包括用企业资产衡量的规模变量对数值的一次项和二次项（SIZE，$SIZE^2$）、企业年龄（AGE）、企业总利润与总资产的比值（ROS）、企业总负债与资产总额的比值（ROD）、企业是否接受政府补贴虚拟变量（SUB）、企业固定资产与职工人数的比值（KINT）以及企业出口情况虚拟变量（EXPO），用以排除企业规模、企业生命周期、企业盈利能力、企业负债程度、政府补贴情况、资本密集度以及出口情况对研究带来的影响。行业层面包括行业年销售额增长率（GRIS）、赫芬达尔指数（HHI）①，用以排除行业周期、产业集中度给研究带来的效应。省份层面包括非农人口占总人口比例、人均 GDP、平均受教育年限、每万人医疗机构床位数（张）、交通便利程度、社会消费品零售额/GDP、第一与第二产业所占比重、金融增加值/GDP、财政支出/GDP、财政赤字率、外商直接投资/GDP、贸易总额/GDP、国有与外资工业企业占本地区总数的比例、国有工业企业占本地区总资产的比重以及市场化指数，用以分离各地区的城市化水平、经济发展程度、受教育程度、医疗卫生状况、交通便利程度、居民消费水平、产业结构、金融发展程度、政府财政情况、外商投资程度、贸易开放度、国有与外资市场份额以及市场化程度对企业生存的影响。附表 2 是各变量的描述性统计。

五、实证回归结果

（一）基准回归结果

表 3 是利用式（37）和式（39）对全样本数据估计得到的基准回归结果，实证检验企业进行符合自身比较优势的技术安排，是否更有助于促进企业生存时间的延长。模型（1）和模型（2）是基于 Weibull 分布（形状参数 p<1）的参数回归，模型（3）和模型（4）是基于 log-normal 分布的

① 本文的赫芬达尔指数由某一地区行业中排名前 5 的企业在市场上占有份额的平方和计算得出。

参数回归，模型（5）和模型（6）使用了半参数扩展的Cox比例模型。此外，表3已将原报告所输出的风险比率转化为回归系数，以便更为直观地理解输出结果。其中，（2）列、（4）列和（6）列控制了行业、地区层面上的控制变量。所有模型均加入了年份、行业和省份的特定效应，以避免由遗漏变量所造成的结果偏差。以（1）列回归结果为例，变量TCI和TCI^2在1%的水平上显著，并且TCI^2的符号为负，这说明TCI与企业存活时间之间呈倒"U"形关系。换言之，遵循比较优势发展的企业有着更大的生存概率，而违背比较优势的企业则易遭受存活风险。根据二次函数性质得出了方程的最优技术选择指数$TCI^*=2.89$，这意味着从长期来看，企业在进行自身资源的技术选择时，应进行劳动力平均产出约为当地人均GDP 2.89倍的要素投入组合。此外，在其他条件不变的情况下，从最优技术选择点TCI^*向上或者向下偏离1个单位时，（1）列中企业存活时间将平均缩短2.97%，在偏离2个单位的情况下，存活时间将平均下降11.89%。（2）~（6）列在加入控制变量以及改变模型假定后，各回归系数依然在1%的水平上显著，最优技术选择指数在2.22~2.82，这说明我们的回归结果具有一般性：符合比较优势的企业更易在市场中存活，违背比较优势的企业被淘汰的可能性更高。

表3 企业违背比较优势对生存时间影响的基准回归结果

	（1）	（2）	（3）	（4）	（5）	（6）
TCI	0.1716*** （0.0118）	0.1671*** （0.0125）	0.1105*** （0.0125）	0.1063*** （0.0072）	0.1056*** （0.0110）	0.0960*** （0.0114）
TCI^2	-0.0297*** （0.0018）	-0.0296*** （0.0020）	-0.0204*** （0.0010）	-0.0201*** （0.0011）	-0.0221*** （0.0017）	-0.0216*** （0.0017）
SIZE	1.2075*** （0.0352）	1.1937*** （0.0365）	0.7117*** （0.0228）	0.7038*** （0.0236）	0.8587*** （0.0304）	0.8414*** （0.0315）
$SIZE^2$	-0.0383*** （0.0017）	-0.0375*** （0.0018）	-0.0226*** （0.0011）	-0.0221*** （0.0012）	-0.0257*** （0.0015）	-0.0247*** （0.0016）
AGE	0.1887*** （0.0053）	0.1877*** （0.0056）	0.0973*** （0.0030）	0.0957*** （0.0032）	0.1136*** （0.0049）	0.1192*** （0.0051）
ROS	0.2363*** （0.0139）	0.2528*** （0.0139）	0.1907*** （0.0101）	0.1994*** （0.0102）	0.1312*** （0.0134）	0.1430*** （0.0136）
ROD	-0.3355*** （0.0121）	-0.3374*** （0.0125）	-0.1891*** （0.0079）	-0.1914*** （0.0081）	-0.3120*** （0.0114）	-0.3084*** （0.0118）
KINT	-0.1329*** （0.0042）	-0.1299*** （0.0043）	-0.0633*** （0.0024）	-0.0615*** （0.0025）	-0.1060*** （0.0038）	-0.1035*** （0.0039）
SUB	0.1794*** （0.0097）	0.1735*** （0.0101）	0.1186*** （0.0069）	0.1142*** （0.0073）	0.1570*** （0.0093）	0.1501*** （0.0096）
EXPO	0.2652*** （0.0116）	0.2559*** （0.0118）	0.1957*** （0.0080）	0.1923*** （0.0081）	0.2037*** （0.0110）	0.1962*** （0.0112）
其他控制变量	否	是	否	是	否	是
年份固定效应	是	是	是	是	是	是

续表

	(1)	(2)	(3)	(4)	(5)	(6)
省份固定效应	是	是	是	是	是	是
行业固定效应	是	是	是	是	是	是
LPL	-440896.97	-419936.23	-432886.19	-412339.69	-2513449.8	-2384599.4
Obs.	2200403	2113148	2200403	2113148	2200403	2113148

注：①括号内的数值为以行业—城市份聚类的稳健标准误。* 表示 p<0.10，** 表示 p<0.05，*** 表示 p<0.01。②各变量前的系数为由风险比率转化的回归系数。③LPL 是 Log Pseudo Likelihood 的简写。④PH 模型与 AFT 模型下回归参数符号相反，而绝对值相等（陈强，2010），此处统一了符号含义。

考察主要控制变量的回归系数有益于加强我们对于影响存活因素的理解。

1. **企业存活时间与企业规模呈倒“U”形关系**

回归结果中企业规模 SIZE 的一次项为正，二次项为负，该结果在所有回归中显著，也就是说，企业规模对其生存能力的增加有显著的正效应，但是该效应是逐渐递减的，即企业规模和创新之间存在倒“U”形关系，这符合我们的直觉。一方面，著名的熊彼特假说认为大型企业因规模经济、风险分担、垄断定价等，在产品生产和市场营销等方面就越能有效降低销售成本，提升市场综合竞争力，将具备更强的生存能力（Schumpeter，1997）；另一方面，小企业在拥有经营方式灵活、管理层级扁平等优势的同时（Arrow，1962），还可以根据贝叶斯学习过程，通过观察学习以往历史经验，做出合适的生产决策，减少自身面临的不确定性，逐渐获得自生能力。显然，两种方向相反的力量相互作用便促成了非线性关系。“最优规模”这一发现与已有研究相一致（Yasuda，2005；聂辉华，2008）。此外，单独考察发现，Term（SIZE，$SIZE^2$）的函数图像呈现出右偏特征，这与我国中小企业倒闭概率更高的现实情况吻合。

2. **企业存活时间与利润率成正比**

回归结果中企业利润率 ROS 显著为正，且每提高 1 单位时，企业存活率将提高 23.63%。企业作为追逐利润的主体，利润率是综合反映企业整个生产经营活动的经济指标。利润持续稳定增长的企业将更容易在竞争激烈的市场中存活。

3. **企业存活时间与负债率成反比**

企业负债率越高，意味着企业向银行借入资金越多，在资本项目中的利息支出也就越高，这使得高负债率（ROD）的企业财务风险往往较高，而这又将带来投资者信心不足，资金链断裂风险增大等隐患。因此，负债率低的企业具有更长的存活时间。

4. **企业存活时间与资本密集度成反比**

企业资本密集度是能够体现生产过程的重要特征之一。企业资本密集度（KINT）越高，表明以固定资产为抵押获得外部融资的资本成本越高，在为更高劳动生产率创造条件的同时，企业经营风险也在逐步加大。KINT 每增加 1 单位，企业存活率将提高 13.29%。

5. **企业存活时间与补贴情况成正比**

政府补贴作为财政调节经济活动的特殊分配形式，以实物、贴息等形式实现企业投入成本的降低，将直接刺激企业的生产活动，缓解企业特别是中小企业的“融资难”问题。与接受政府补贴的企业相比，未接受补贴的企业存活时间至少减少 11.42%。

6. **企业存活时间与出口情况成正比**

从事出口业务（EXPO）有助于延长企业的存活时间，这与国内外的经验研究相一致（Görg and Spaliara，2014；于娇等，2015）。一方面，出口企业存在“学习效应”（Export-Learning

Effect)，企业可以通过国际市场向国外学习先进技术和管理经验，获得贸易溢出，提高生产效率，并进一步扩大销售市场与生存空间（Lileeva and Trefler，2007）。另一方面，出口企业存在"自选择效应"（Self-Selection Effect），由于出口存在冰山成本（运费、关税等），因此只有业绩优良的企业才能够承担这些成本，进而主动选择进入出口市场，这势必又将推动企业的"学习效应"。出口企业在资本投入相对较少的情况下，通过进口更高技术水平的产品，有利于企业取得技术外溢，实现区位优势和规模经济优势（张杰等，2015）。与此同时，企业的进口也是个体获取外部信息，取得成长经验的有效途径，对于其全球资源的有效配置，改善自身生存状态具有积极作用（余淼杰，2010）。与非出口企业相比，出口企业的存活时间至少增加 19.23%。

三种生存模型的回归结果与前文推断一致：违背比较优势企业的生存时间更短，与此同时，Cox 比例风险模型通过了基于 Sehoenfeld 残差的 PH 检验，Weibull 回归和 log-normal 回归的分布参数均拒绝了原假设，所绘制的实际风险曲线也能够得到类似的结论①，这表明我们的模型和回归结果具有良好的解释力。另外，为保持数据的完整性，基准回归仅采用规模以上的企业进行分析，但考虑到 2011 年"规模以上"的定义已扩大到 2000 万元，我们将样本规模限定为主营业务收入 2000 万元重复操作，发现结果仍符合预期，限于篇幅未做报告。

（二）稳健性检验

企业的生存过程由许多个时段组成，而每一时点的状态（生存或退出）又可用 0-1 变量予以表示，因此，因变量为企业是否存活虚拟变量的二元离散时间模型同样适用于对"事件史"的分析（Hess and Persson，2011），参考 Silviano 等（2013）的做法，本文建立年度离散的概率模型用于对生存效果的稳健性检验，以 clglg 模型为例：

$$\text{clglg}(1-s_{it}) = \beta_0+\beta_1\times TCI_{it}+\beta_1\times TCI_{it}^2+X'\beta_{ijkt}+\gamma_t+v_t+v_j+v_k+\varepsilon_{ijkt} \quad (40)$$

被解释变量为企业存活虚拟变量 Survive，该变量表示企业 i 在 t 时点退出，记为 0，反之记为 1，s_{it} 是存活事件发生的响应概率，其他控制变量的选取与前文相同。此外，还讨论了根据面板数据所设定的年份、企业特定效应模型：

$$\text{clglg}(1-s_{it}) = \beta_0+\beta_1\times TCI_{it}+\beta_1\times TCI_{it}^2+X'\beta_{ijkt}+\gamma_t+v_t+v_i+\varepsilon_{ijkt} \quad (41)$$

其中，v_t、v_i 分别表示年份、企业特定效应。

表 4 报告了该回归结果。明显看出，三类概率模型的估计系数及边际效应②高度一致：核心解释变量 TCI^2 显著为负，TCI 显著为正，说明对企业生存过程的不同时段而言，于 t 期的技术配置，将直接决定 t+1 期的存活状态。以模型（1）为例，方程的最优技术选择系数 $TCI^*=2.89$，这意味着，在其他条件不变的情况下，企业的实际 TCI 每远离最优技术选择指数一个单位，它的生存风险情况将平均上升不低于 2.54%，远离两个单位时，生存风险将平均上升不低于 10.17%，这与企业层面上的结果非常类似。离散时间模型和连续生存模型的实证结果互相印证，证明了违背比较优势的确是影响企业存活的重要因素。

此外，为减少模型设定对回归结果的影响，我们还使用了 MLR（多元线性回归）、Poisson 回归、ZIP 回归以及 Tobit 模型，基本结论都符合预期，进一步体现出本文实证结果的稳健性，限于篇幅不做一一列示。

---

① 限于篇幅，图表留存备索，若有所需请联系笔者。

② 此处限于篇幅，概率模型的边际效应留存备索，若有所需请联系笔者。

表 4　企业违背比较优势对生存时间影响的稳健性检验结果

	Logit 模型		Probit 模型		clglg 模型	
	(1)	(2)	(3)	(4)	(5)	(6)
TCI	0. 1135*** (0. 0126)	0. 1042*** (0. 0077)	0. 0492*** (0. 0058)	0. 0452*** (0. 0039)	0. 0304*** (0. 0041)	0. 0286*** (0. 0029)
TCI^2	-0. 0246*** (0. 0018)	-0. 0256*** (0. 0012)	-0. 0111*** (0. 0008)	-0. 0117*** (0. 0006)	-0. 0073*** (0. 0006)	-0. 0080*** (0. 0005)
SIZE	1. 1111*** (0. 0405)	1. 1349*** (0. 0207)	0. 6077*** (0. 0215)	0. 6217*** (0. 0106)	0. 4867*** (0. 0170)	0. 5045*** (0. 0083)
$SIZE^2$	-0. 0351*** (0. 0020)	-0. 0358*** (0. 0010)	-0. 0201*** (0. 0010)	-0. 0205*** (0. 0005)	-0. 0167*** (0. 0008)	-0. 0172*** (0. 0004)
AGE①	-0. 1033*** (0. 0053)	-0. 1278*** (0. 0039)	-0. 0525*** (0. 0027)	-0. 0659*** (0. 0020)	-0. 0390*** (0. 0020)	-0. 0516*** (0. 0016)
ROS	0. 1831*** (0. 0165)	0. 1757*** (0. 0099)	0. 0949*** (0. 0086)	0. 0903*** (0. 0052)	0. 0727*** (0. 0066)	0. 0692*** (0. 0041)
ROD	-0. 3613*** (0. 0139)	-0. 3759*** (0. 0095)	-0. 1831*** (0. 0071)	-0. 1909*** (0. 0049)	-0. 1357*** (0. 0053)	-0. 1443*** (0. 0038)
KINT	-0. 1214*** (0. 0046)	-0. 1078*** (0. 0025)	-0. 0581*** (0. 0022)	-0. 0524*** (0. 0013)	-0. 0406*** (0. 0016)	-0. 0378*** (0. 0010)
SUB	0. 1685*** (0. 0107)	0. 1724*** (0. 0090)	0. 0828*** (0. 0053)	0. 0871*** (0. 0045)	0. 0595*** (0. 0039)	0. 0655*** (0. 0034)
EXPO	0. 2228*** (0. 0127)	0. 1960*** (0. 0071)	0. 1145*** (0. 0064)	0. 1017*** (0. 0036)	0. 0861*** (0. 0047)	0. 0780*** (0. 0027)
其他控制变量	是	是	是	是	是	是
年份固定效应	是	是	是	是	是	是
省份固定效应	是	否	是	否	是	否
行业固定效应	是	否	是	否	是	否
企业特定效应	否	是	否	是	否	是
LPL	-601044. 82	-603621. 79	-601254. 71	-603840. 23	-601709. 67	-604231. 95
Obs.	2113159	2113159	2113159	2113159	2113159	2113159

注：①括号内的数值为以行业—城市份聚类的稳健标准误。* 表示 p<0. 10，** 表示 p<0. 05，*** 表示 p<0. 01。②各变量前的系数为由风险比率转化的回归系数。③由于数据中包含非时变变量，因此第（2）、第（4）、第（6）列采用随机效应来处理企业个体异质性。④LPL 是 Log Pseudo Likelihood 的简写。

（三）异质性分析

我们在前面得出结论：遵循比较优势发展的企业更容易生存，而违背比较优势的企业更易面临

① 注意到企业年龄控制变量 AGE 的符号有所变化，这是因为企业风险函数具有累积风险增加和局部风险递减的性质。

生存风险。但前文的分析均基于全样本回归，忽视了不同企业之间的共享异质性（Shared Frailty），事实上，若通过依据某变量的取值对个体进行分类处理，我们可以发现生存、风险函数依据组别表现出较大差异，这说明有必要在模型设定和选择上尽可能地放宽同质性总体假定，以便得到更合理的认识。我们以 log-normal 生存分析模型为基础，从东、中、西部地区、企业所有制、出口情况以及补贴情况四个方面进行了异质性分析，结果反馈于表 5。

首先，考察分地区的异质性情况。核心解释变量均在 1%水平上显著，但具体数值存在明显差异，反映了我国区域要素禀赋存在差异的事实。具体来看，东、中、西部的企业要想具有更长的存活时间，则应按照使得自身劳动力平均产出分别为当地人均收入的 2. 343 倍、3. 307 倍和 3. 296 倍的比例进行技术选择。当要素禀赋偏离 TCI* 一个单位时，其存活的概率分别减少 2. 13%、1. 68%和 1. 79%，偏离两个单位时，则分别下降 8. 52%、6. 72%和 7. 16%。与逯宇铎等（2014）、申广军（2016）的发现类似，东部地区市场发育水平高，市场导向格局已基本形成，地区以再分配的方式获取资源（行政级别的影响）的情况较弱（蔡昉、都阳，2003），同时市场竞争较非东部地区更加激烈，经营环境更为复杂，这使得企业的生存空间相对受限，错误生产决策可弥补的余地缩窄，企业一旦不能根据自身比较优势制定正确的技术配置，将更容易在生产活动中遭遇阻力以至于完全失败。

其次，按照企业所有制分组的异质性分析结果表明，国有企业，私营企业和外资企业的 TCI* 分别为 2. 626、1. 967 和 2. 997。私有企业的最优 TCI* 明显低于国有企业，这意味着在按收入法衡量的 GDP 构成中，有相当一部分是资本的贡献。事实上，中国作为一个资本相对稀缺的国家，国有企业在推动经济增长的过程中承担了大量的政策性负担，特别是 20 世纪 50 年代推崇的赶超战略，建立了一大批资本密集的工业企业，以至于可能违背中国经济的要素禀赋。正如当要素禀赋偏离最优 TCI* 一个单位时，国有企业存活风险上升 11. 88%，远高于私企的 4. 88%，以及外企的 6. 80%，这使得前者在逐渐开放、竞争自由的我国市场中没有自生能力，对于国家不希望转产或者破产的重要企业，则需要国家一系列的优惠措施和政策补贴。这反映在回归系数上，国有企业对于补贴的敏感程度为 0. 1581，高于私企的 0. 1224 和外企的 0. 1380。此外，观察国有企业和非国有企业的存活函数可以发现，前者的生存时间要短于后者，这在国家统计局的历年“按控股情况分企业法人单位数”的变化中得到了印证。一方面，与国有企业本身的经营效率低下，普遍缺乏自生能力有关；另一方面，在考察期内，国有企业经历了“抓大放小”、股权分置改革，以及鼓励兼并、规范破产等几轮“大换血”，大量的国有企业由于政策推动转制或直接退出。事实上，无论是适者生存的市场选择还是被“看得见的手”淘汰，这部分国有企业自身大都盈利能力低下，债台持续高筑，归根结底是违背了由所在经济要素禀赋结构所决定的比较优势，使得它们的存活时间大大短于非国有企业。

再次，在针对出口情况的异质性分析中我们发现，出口企业与非出口企业的 TCI* 分别为 2. 986 和 2. 595，究其原因是，从事出口业务的企业大多采取资本密集型或技术密集型的要素配置，这导致国际市场上的竞争要比国内市场更加激烈，需求波动也更大，而资本作为对冲生存风险的载体，强化了企业自我选择更加偏重资本的技术选择（Ratbek，2016）。当实际技术选择偏离最优 TCI* 一个单位时，进口企业受到的影响（2. 48%）高于非进口企业（1. 90%）约 0. 58%，说明出口企业对于市场环境的公平、透明与否更为敏感。而如今逆全球化趋势明显，各国在市场准入、提高关税、限制投资等方面争相“以邻为壑”，到头来损人不利己，因此，能否给予外贸企业良好可预期的环境，应成为以市场化为主体政策的核心关键。

最后，考察企业间的补贴差异对存活造成的影响。政府补贴是企业存活更久的重要途径，特别是对于一些关乎国民经济命脉行业的企业，这些企业往往由于向上违背比较优势（偏资本密集型）而缺乏自生能力，因此，国家往往会运用各种政策工具给予倾斜补贴，长此以往，正如棘轮效应

（Ratchet Effects）所要表达的，因仅仅面临“盈利软约束”（Kornai，1986），这部分企业将朝着资本更为密集的形态发展，体现在补贴企业与非补贴企业的 TCI^* 分别为 2.764 和 2.661。当实际技术选择要素禀赋偏离最优 TCI^* 一个单位时，进口企业受到的影响（2.88%）高于非进口企业（1.96%）约 0.92%，反映了在无任何外在扶持、保护的情况下，补贴企业的自身抗风险能力相对较低，非补贴企业较补贴企业有更长的存活时间。因此，企业尽管在短期需要获得政府的补贴和政策支持，但最终还是要遵循自身比较优势，从而获得长期的自生能力。

表 5　企业违背比较优势对生存时间影响的异质性分析结果（1）

	所处地区			企业所有制			出口情况		补贴情况	
	东部	中部	西部	国有	私营	外资	出口	非出口	补贴	非补贴
	(1)	(2)	(3)	(4)	(5)	(6)	(7)	(8)	(9)	(10)
TCI	0.0998*** (0.0091)	0.1111*** (0.0128)	0.1180*** (0.0190)	0.1560*** (0.0222)	0.0480*** (0.0094)	0.1019*** (0.0248)	0.1481*** (0.0163)	0.0986*** (0.0076)	0.1592*** (0.0214)	0.1043*** (0.0070)
TCI^2	-0.0213*** (0.0013)	-0.0168*** (0.0020)	-0.0179*** (0.0031)	-0.0297*** (0.0036)	-0.0122*** (0.0015)	-0.0170*** (0.0039)	-0.0248*** (0.0023)	-0.0190*** (0.0011)	-0.0288*** (0.0035)	-0.0196*** (0.0010)
SIZE	0.7176*** (0.0292)	0.5266*** (0.0390)	0.7943*** (0.0501)	0.7073*** (0.0575)	0.6559*** (0.0321)	0.8938*** (0.0653)	0.9343*** (0.0391)	0.6928*** (0.0245)	1.2196*** (0.0530)	0.6530*** (0.0226)
$SIZE^2$	-0.0223*** (0.0015)	-0.0150*** (0.0019)	-0.0266*** (0.0024)	-0.0245*** (0.0026)	-0.0185*** (0.0016)	-0.0251*** (0.0032)	-0.0313*** (0.0019)	-0.0223*** (0.0012)	-0.0466*** (0.0025)	-0.0197*** (0.0011)
AGE	0.0940*** (0.0037)	0.1103*** (0.0077)	0.1080*** (0.0087)	0.1114*** (0.0072)	0.1535*** (0.0041)	0.0989*** (0.0147)	0.0811*** (0.0071)	0.0988*** (0.0032)	0.0680*** (0.0080)	0.1018*** (0.0032)
ROS	0.2229*** (0.0116)	0.1607*** (0.0216)	0.1298*** (0.0247)	0.3608*** (0.0474)	0.1937*** (0.0114)	0.3178*** (0.0353)	0.2028*** (0.0205)	0.1989*** (0.0104)	0.1227*** (0.0246)	0.2091*** (0.0103)
ROD	-0.1736*** (0.0096)	-0.2203*** (0.0170)	-0.2441*** (0.0226)	-0.3841*** (0.0239)	-0.0915*** (0.0118)	-0.2950*** (0.0266)	-0.3128*** (0.0184)	-0.1619*** (0.0083)	-0.2782*** (0.0239)	-0.1854*** (0.0079)
KINT	-0.0568*** (0.0029)	-0.0676*** (0.0049)	-0.0929*** (0.0064)	-0.0619*** (0.0066)	-0.0594*** (0.0033)	-0.0920*** (0.0076)	-0.0829*** (0.0044)	-0.0576*** (0.0025)	-0.0565*** (0.0067)	-0.0632*** (0.0024)
SUB	0.1101*** (0.0085)	0.0969*** (0.0163)	0.1251*** (0.0190)	0.1581*** (0.0183)	0.1224*** (0.0099)	0.1380*** (0.0246)	0.1169*** (0.0117)	0.1132*** (0.0083)		
EXPO	0.2024*** (0.0087)	0.0927*** (0.0223)	0.1037*** (0.0266)	0.1143*** (0.0179)	0.1712*** (0.0107)	0.2786*** (0.0181)			0.2293*** (0.0177)	0.1863*** (0.0079)
Obs.	1618144	328556	166448	118228	1093831	160510	524076	1589072	271635	1928450
LPL	-311383.54	-66263.59	-32496.795	-23330.829	-208274.6	-23081.014	-77177.449	-333785.91	-42259.684	-388218.43

注：①括号内的数值为以行业—城市份聚类的稳健标准误。* 表示 $p<0.10$，** 表示 $p<0.05$，*** 表示 $p<0.01$。②以上回归均控制了其他变量和相应的特定效应。③LPL 是 Log Pseudo Likelihood 的简写。

此外，我们将基准模型中的技术选择指数 TCI 替换为相对技术偏离度 rel_dev，这一改动将二次关系线性化，并不影响对基本的估计，同时借鉴 Wright（1976）的思路，构造如下模型进行检验：

$$\ln t_{it} = \beta_0 + \beta_1 \times rel\_dev \times \sum_{m=1}^{M} group\_dummy_m + \beta_2 \times \sum_{m=1}^{M-1} group\_dummy_m + X'\beta_{ijkt} + v_t + v_j + v_k + \varepsilon_{ijkt} \tag{42}$$

其中，β_1 是我们感兴趣的系数向量，$group\_dummy_m$ 是第 m 组的区分变量，M 代表分组个数，其他变量不变。利用式（41）除重做以上回归加以检验外，还发现区分市场集中程度和企业生产效率情况下的组间差异同样显著（见表 6）。

表 6　企业违背比较优势对生存时间影响的异质性分析结果（2）

	市场集中程度			企业生产效率情况		
	高度	中度	轻度	较高	一般	较低
β_1	-0.0030***	-0.0046***	-0.0047***	-0.0036***	-0.0087***	-0.0020***
	(0.0002)	(0.0003)	(0.0004)	(0.0002)	(0.0010)	(0.0007)

注：①括号内的数值为以行业—城市份聚类的稳健标准误。* 表示 p<0.10，** 表示 p<0.05，*** 表示 p<0.01。②以上回归均控制了其他变量和相应的特定效应。

（四）基于倾向得分匹配方法的生存分析模型

内生性始终是实证研究中难以避免的难题，而本文的内生性问题可能主要源自遗漏变量偏误、样本选择偏误和自选择偏误（Wooldridge，2002）。首先，虽然我们尽可能参考已有文献，在模型中纳入较多的控制变量，以降低由遗漏变量所造成的内生性偏误，但企业存活和其技术选择可能是某些不可观测因素的结果。其次，为在统一口径下研究企业存活，本文将规模以下的企业样本予以剔除，这将低估非国有企业在样本中的份额，高估企业总体的存活水平（聂辉华等，2012）。最后，企业生存风险上升可能是采取了违背比较优势技术选择，这是因为当企业在意识到自身绩效指标出现异常时，大概率将通过债务融资、政策补贴等方式调整自身资本结构进而影响技术选择，意味着 TCI 并非随机而是选择的结果，并且选择的过程会对企业的生存结果产生偏差。因此，为了克服由混杂因素对估计结果产生的内生性影响，本文首先采取倾向得分匹配方法进行样本配对，然后在此基础上构造生存分析模型进行经验研究。

通过式（23），先计算出单个企业的相对技术偏离度 rel_dev，然后将数值由小到大排列生成分位数，中位数以前的数值标记为采用违背比较优势的技术选择（Dummy_tci=1）[①]，反之记为 Dummy_tci=0。与许家云、毛其淋（2016）的做法类似，我们将首次出现 Dummy_tci=1 的企业视为处理组，对照组为从未出现过 Dummy_tci=1 的企业，这样做可以在面板的状态下避免错误匹配[②]（包群等，2011）。

PSM 匹配的思路是：首先，我们构建一个两类企业主要特征尽可能相似的协变量集合 X_k[③]，集合变量选取企业层面上的控制变量，保证可忽略性假设得到满足。其次，估计倾向得分，一般采用 Logit 模型估计：

$$P = Pr\{Dummy\_tci = 1\} = f(X_k) \tag{43}$$

最后，我们计算不同企业间的得分相似度，以最近邻匹配为例，其表达式为：

① 此处选取 60% 的节点主要是考虑到数据特征。

② PSM 匹配后台程序使得个体重新编号，而后将整体作为截面考虑，不同时期的同一企业被视为异质个体，从而出现自身匹配的问题。

③ 协变量集合包括企业规模的一次项及二次项、企业年龄、利润率、负债率、资本密集度、出口及补贴情况。

$$\zeta(i) = \min \|\hat{p}_i - \hat{p}_j\| \tag{44}$$

其中，$j \in \{Dummy\_tci = 0\}$。

等式左端为与处理组相匹配的对照组集合，本文最终用于经验研究的样本包含所有处理组企业 i 和进入匹配集合的对照组企业 j，那么处理平均效应为：

$$\widehat{ATT} = \frac{\sum_{i, D_i = 1} (y_i - \hat{y}_{0i})}{\sum_i D_i} \tag{45}$$

其中，D_i 为处理组企业个体，y_i 表示处理组企业存活时间，y_{0i} 是与处理组相匹配的个体的存活时间。表 7 展示了部分直接利用 PSM 回归的结果。

表 7 倾向得分匹配法的回归结果

	最近邻匹配			卡尺匹配		
	处理组	对照组	差值	处理组	对照组	差值
ATT	1.0000	3.0576	-2.0576*** (0.0026)	1.0000	3.0565	-2.0565*** (0.0030)
ATU	4.2660	1.0000	-3.2660*** (0.0019)	4.2660	1.0000	-3.2660*** (0.0019)
ATE			-3.1335*** (0.0019)			-3.1334*** (0.0019)

注：①括号内的数值为以行业—城市份聚类的稳健标准误。* 表示 p<0.10，** 表示 p<0.05，*** 表示 p<0.01。②各变量前的系数为由风险比率转化的回归系数。③LPL 是 Log Pseudo Likelihood 的简写。

在 PSM 构造样本的基础上，我们使用式（37）定义的 log-normal 生存分析模型考察比较优势与企业存活时间。

为了确保结果的可靠性，我们对各年度样本依次进行得分匹配①。一方面，我们考察结果是否满足平衡性假设（Balancing Assumption），表 8 是 2003 年处理组与对照组 1∶5 最近邻匹配的平衡性检验结果，发现匹配后大多数变量的标准化偏差均不到 3%，且 t 检验结果不拒绝处理组和对照组无系统差异的结果，满足 $Dummy\_tci \perp X_k \mid P(X_k)$，可以认为本文对匹配变量和匹配方法的选取是恰当的（Rosenbaum and Rubin，1985）。另一方面，图 4 绘制了匹配前后处理组、对照组的得分分布情况②。可以看到，匹配后两组样本的重合度得到加强，表明匹配结果较为理想，即本文的匹配同样也满足共同支撑假设。下文将利用匹配后的样本进行生存分析，以考察比较优势对企业存活时间的微观影响。

表 8 处理组、对照组匹配变量的平衡性检验结果

变量	处理	均值		标准偏差（%）	标准偏差减少幅度（%）	t 统计量	t 检验相伴概率
		处理组	对照组				
SIZE	匹配前	9.226	9.872	-47.800	96.6	-45.690	0.000
	匹配后	9.228	9.206	1.6		1.250	0.213

① 按年度进行匹配可以规避 PSM 将不同时期的同一企业视为同一个体，从而出现自身匹配的问题。

② 限于篇幅，这里只给出 2003 年匹配前后的得分分布情况，其余备索。

续表

变量	处理	均值		标准偏差（%）	标准偏差减少幅度（%）	t 统计量	t 检验相伴概率
		处理组	对照组				
$SIZE^2$	匹配前	86.764	99.477	-46.700	96.9	-43.570	0.000
	匹配后	86.790	86.393	1.5		1.160	0.245
AGE	匹配前	1.251	2.083	-98.600	99.5	-98.510	0.000
	匹配后	1.252	1.256	-0.500		-0.380	0.701
ROS	匹配前	0.079	0.076	2.1	92.2	2.350	0.019
	匹配后	0.079	0.079	-0.200		-0.120	0.902
ROD	匹配前	0.553	0.576	-8.200	89.4	-8.380	0.000
	匹配后	0.553	0.550	0.9		0.630	0.527
KINT	匹配前	3.077	3.496	-28.200	99.2	-31.640	0.000
	匹配后	3.079	3.082	-0.200		-0.170	0.867
SUB	匹配前	0.097	0.145	-14.800	97.2	-13.770	0.000
	匹配后	0.097	0.095	0.4		0.330	0.742
EXPO	匹配前	0.238	0.308	-15.800	96.8	-15.220	0.000
	匹配后	0.238	0.236	0.5		0.380	0.703

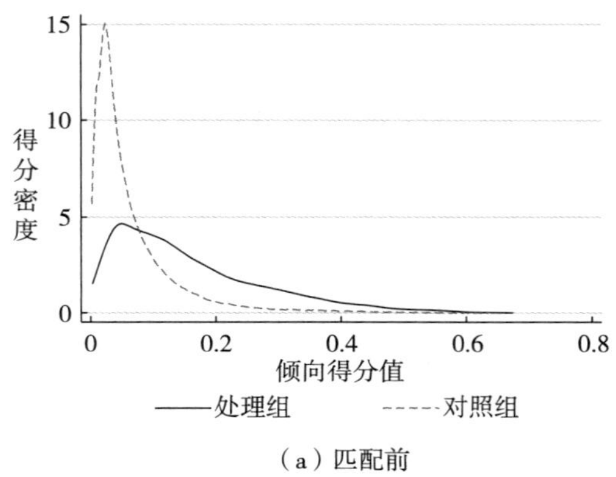

（a）匹配前

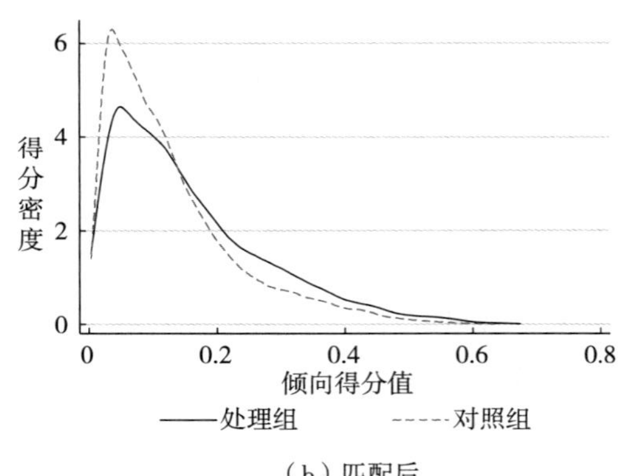

（b）匹配后

图 4　匹配前、匹配后处理组和对照组样本倾向得分分布核密度曲线

考虑到因不同的偏离情况引起的“折寿程度”有所区别，我们进一步将标记为 Dummy_tci = 1 的企业以偏离强度的四分位数为临界点，细化为四种类型（$Dummy\_rel_g$，g = 1，2，3，4），其中，$Dummy\_tci \times Dummy\_rel_1$ 是相对遵循比较优势的企业。为了检验不同比较优势程度对企业存活的差异影响，对式（37）的基于 log-normal 分布的生存模型进行扩展，得到：

$$\ln t_{it} = \beta_0 + \sum_{g=1}^{4} \beta_g \times Dummy\_tci_{it} \times Dummy\_rel_{gi} + X'\beta_{ijkt} + v_t + v_j + v_k + \varepsilon_{ijkt} \tag{46}$$

我们通过比较系数 β_g 的大小来识别不同比较优势程度对企业存活的负向作用，回归结果反映在表 9 的(4)～(6)列，(1)～(3)列是考察模型是否稳健的进一步检验。其中，(2)列、(5)列控制了行业变量，(3)列、(6)列在此基础上控制了地区变量。我们发现交叉项 $Dummy\_tci \times Dummy\_rel_g$ 的估计系数均显著为负，但它们系数的绝对值存在显著差异①，Dummy_tci×Dummy_ rel_4 的系数绝对值最小，这意味着在前三组的基础上，若企业采取更加违背比较优势的技术选择，反而倾向于增加企业的经营持续时间。结合前文分析，我们判断可能导致该结果的原因在于：第一，国有企业的战略性负担。在传统赶超战略的影响下，国有企业承担着投资资本密集型产业的任务，因此技术选择往往高出一般企业的扭曲程度，不但如此，由于这些国有企业多处于关系国家安全、国民经济命脉的重要行业和关键领域，按照制度租金论的说法，按照市场出清的结果是直接削弱我国国有经济的主导作用和严重冲击基本经济制度。此外，国有企业在新时期的制造业转型升级中仍然起到至关重要的引领作用，由此看来技术选择扭曲所带来的负面影响与政策性任务所带来的收益相冲抵，这使它们的存活时间似乎无关于自身的技术选择。第二，“僵尸企业”出清困难。由于我国历史遗留的市场监管缺失、立法不严等问题，催生了大量虽已丧失自生能力，无望恢复生气，但又无法退出市场的问题企业。因为地方政府出于政绩需求或保持“优良信用”记录，而对“僵尸企业”采取非市场因素救治措施，财政输血，“借新还旧”，甚至以政府信用帮助它们从银行续贷，这使得它们可以继续依赖外界的持续输血来维持生存，这在年龄较大企业群体中尤为明显。据相关统计，在年龄超过 30 年的企业中，“僵尸企业”约占 23%，而相较成立 1~5 年的大多数企业，“僵尸企业”占比仅不到 3%②。由于“僵尸企业”无法合理出清，所处组别企业的存活时间自然也将提高。于是，我们利用“FN-CHK 识别方法”③ 剔除“僵尸企业”后再次进行回归④，发现正如预期，Dummy_tci×Dummy_ rel_4 的系数绝对值显著提高（列（7）），且资本密集度变量的符号得到了很好的纠正。以上分析表明，违背比较优势显著提高了企业退出市场的风险率，缩短了企业的经营持续时间。此外，存活时间与违背比较优势程度呈负相关。

除此以外，本文采用 4 种方式对 PSM 配对后的生存分析模型予以检验。一是更换匹配方式，采用半径匹配（卡尺为 0.01 和 0.005）、核匹配（带宽为 0.06）、局部线性匹配（带宽为 0.08）、样条匹配以及马氏匹配等方法为处理组寻找对照。二是改变配对比例，采用最近邻匹配的方法将匹配比例调整为 1∶1、1∶3 和 1∶10。三是替换核心变量，我们使用中国国民经济和社会发展计划在“八五”时期（1991~1995 年）于各地方行业规划的重大工业项目情况作为 PSM 的处理变量⑤，并生成交互项。四是采取安慰剂检验（Placebo Test），将企业采取违背比较优势技术选择的时间提早 1~2 年和滞后 1~2 年，得到 false_D，然后再将两者交互项 $false\_D_1$×Dummy_tci 加入模型重新回归。所有结果均支持违背比较优势企业往往存活时间较短的结论，且在安慰剂检验的结果中，交互项系数并不显著，这同样证实了结果的稳健性。

表 9　企业违背比较优势对生存时间影响的基准回归结果⑥

	(1)	(2)	(3)	(4)	(5)	(6)	(7)
TCI	0.0970*** (0.0123)	0.0999*** (0.0123)	0.1006*** (0.0125)				

---

① 标准化的数据使得在同一方程内部的估计系数可以进行比较。

② 参见《中国僵尸企业研究报告——现状、原因和对策》。

③ Fukuda 和 Nakamura（2011）两位学者在“CHK”识别方法（Caballer et al.，2008）的基础上引入了“常青借贷指标”和“持续盈利指标”，提出了“FN-CHK 识别方法”。

④ 《中国僵尸企业研究报告——现状、原因和对策》称国有企业占“僵尸企业”比例非常高，因此将缺乏自生能力的国企列入“僵尸企业”的考察范围。

⑤ 企业技术选择扭曲源自地区扭曲的市场制度结构，而较多研究已表明制度具有很强的持续性（Acemoglu et al.，2001），故历史上的制度特征可用作企业技术选择偏离程度的代理变量。

⑥ 用 Weibull 分布和 Cox 比例分布重复以上的结果与之类似，限于篇幅，不再详列。

续表

	(1)	(2)	(3)	(4)	(5)	(6)	(7)
TCI^2	-0.0203*** (0.0023)	-0.0207*** (0.0023)	-0.0208*** (0.0023)				
Dummy_tci× Dummy_ rel_1				-0.1325*** (0.0018)	-0.1330*** (0.0019)	-0.1332*** (0.0018)	-0.1617*** (0.0014)
Dummy_tci× Dummy_ rel_2				-0.1278*** (0.0019)	-0.1288*** (0.0020)	-0.1286*** (0.0020)	-0.1591*** (0.0015)
Dummy_tci× Dummy_ rel_3				-0.1288*** (0.0017)	-0.1291*** (0.0018)	-0.1290*** (0.0017)	-0.1675*** (0.0013)
Dummy_tci× Dummy_ rel_4				-0.0308*** (0.0029)	-0.0308*** (0.0031)	-0.0302*** (0.0030)	-0.9280*** (0.0077)
SIZE	0.3007*** (0.0247)	0.3026*** (0.0246)	0.2908*** (0.0253)	0.3297*** (0.0190)	0.3199*** (0.0193)	0.3120*** (0.0193)	0.1924*** (0.0145)
$SIZE^2$	-0.0094*** (0.0013)	-0.0094*** (0.0013)	-0.0089*** (0.0013)	-0.0118*** (0.0010)	-0.0114*** (0.0010)	-0.0110*** (0.0010)	-0.0063*** (0.0007)
AGE	0.0743*** (0.0036)	0.0744*** (0.0036)	0.0707*** (0.0037)	0.0748*** (0.0028)	0.0743*** (0.0029)	0.0720*** (0.0029)	0.0486*** (0.0022)
ROS	0.0536*** (0.0133)	0.0516*** (0.0132)	0.0532*** (0.0135)	-0.0236* (0.0123)	-0.0213* (0.0127)	-0.0206* (0.0125)	0.0742*** (0.0079)
ROD	-0.0736*** (0.0101)	-0.0759*** (0.0100)	-0.0792*** (0.0101)	-0.0550*** (0.0076)	-0.0584*** (0.0078)	-0.0608*** (0.0076)	-0.0677*** (0.0055)
KINT	-0.0194*** (0.0027)	-0.0197*** (0.0027)	-0.0158*** (0.0028)	0.0257*** (0.0021)	0.0283*** (0.0022)	0.0295*** (0.0022)	-0.0071*** (0.0014)
SUB	0.0523*** (0.0111)	0.0516*** (0.0110)	0.0467*** (0.0110)	0.0369*** (0.0081)	0.0329*** (0.0083)	0.0338*** (0.0080)	0.0193*** (0.0057)
EXPO	0.1175*** (0.0106)	0.1194*** (0.0106)	0.1244*** (0.0107)	0.1132*** (0.0076)	0.1186*** (0.0078)	0.1189*** (0.0077)	0.0857*** (0.0055)
行业控制变量	否	是	是	否	是	是	是
地区控制变量	否	否	是	否	否	是	是
年份固定效应	是	是	是	是	是	是	是
省份固定效应	是	是	是	是	是	是	是
行业固定效应	是	是	是	是	是	是	是
LPL	-620150.38	-619569.76	-583349.01	-558610.55	-527380.45	-525894.89	-395626.66
Obs.	1555701	1496647	1496634	1555701	1496647	1496634	1229200

注：①括号内的数值为以行业—城市份聚类的稳健标准误。* 表示 p<0.10，** 表示 p<0.05，*** 表示 p<0.01。②各变量前的系数为由风险比率转化的回归系数。③LPL 是 Log Pseudo Likelihood 的简写。

六、总结性评论

企业的生存始终是发展的前提。伴随着市场化的改革已迈入深水区和攻坚期，产业结构加快转型，要素禀赋不断升级，同时历史上由于经济结构不合理所引起的诸多矛盾凸显，我国一些企业出现了“高成长，短寿命”的特征，平均寿命仅为3.89年，全考察期存活仅占比17.06%。本文以微观数据库为研究样本，探讨比较优势与企业存活时间的关系。在制作“企业寿命表”的基础上，对我国企业生存分布与动态演进趋势进行分析，发现我国企业生存期较短，存在负向时间依存性，存在企业年龄的“瓶颈期”等特征；不同行业企业的寿命特征不同，行业间企业平均寿命呈现分化，存在“危险期”等特点，并且因所有制和所在地区的差异而有所不同。具有退出行为的企业往往是缺乏自生能力的企业，这是我们得以引入新结构经济学分析框架，探究企业退出的深层次原因。通过绘制不同比较优势偏离程度的企业的生存、风险函数图像，同样能够直观地体现“违背比较优势的企业不易存活”这一可能的因果关系。我们分析，违背比较优势的企业所选择的技术和所在行业，不符合由要素禀赋结构所决定的比较优势，无法有效利用比较优势来最大限度地压低生产成本、提高生产效率，如此一来，企业将丧失自生能力，有更大的概率会退出市场。

本文利用技术选择指数（TCI）构建了衡量企业比较优势的指标，利用1998~2013年中国工业企业数据库进行实证检验。结论通过了基于Weibull分布和log-normal分布的参数回归以及Cox比例风险的基准模型，离散生存时间层面上的稳健性检验，分东中西部地区、企业所有制、出口情况以及补贴情况的异质性分析以及先采用PSM将企业配对后在此基础上构造的生存分析模型的经验估计。实证研究表明，违背企业比较优势显著提高了生存风险，并且存活时间与违背比较优势的程度呈负相关。

本文从研究视角和方法上丰富和拓展了新结构经济学的理论基础，以及与企业生存问题方面的研究。企业不能正常、平稳地出清，可能已经成为影响当前我国新旧动能转换以及市场化改革进一步推进的重要因素。分地区、行业来看，凡是经济转型迟缓的地方，往往也都是企业生存艰难的地方。本文所发现的企业违背比较优势对其存活的负面效应，为这个观察提供了间接证据。当还未形成竞争力的企业过早退出市场，新的产业就很难形成、发展，要素禀赋难以进一步优化，产业结构难以进一步变迁。

因此，我们建议政府将引导企业遵循自身比较优势作为推动市场化改革的重要抓手，下一步的改革应该尽可能地落实“市场机制在资源配置中发挥决定性作用”的方针，让市场在资源配置中起决定性作用，使价格机制作用得到充分发挥，消除阻碍资源最佳利用的现象。同时，政府提供良好的地区治理环境，面对难以避免的阻碍时，根据“次佳原理”（Second Best Theory），以人为的“扭曲”抵消原来的“扭曲”产生的不良影响。理想的结果是，企业能够根据由所处环境的要素禀赋结构所决定的比较优势做出科学、合理的生产决策，具备并提高自生能力，在正常管理的情况下，不需任何外在扶持、保护就可以持续盈利，拥有可能的最长存活时间。此外，对于那些企业生存艰难的行业与地区，可能需要政府等出手打破准静态的发展局面，比如设立新兴企业生存基金、中小企业发展银行等，帮助企业平稳成长，同时通过因势利导的产业政策，帮助新进入的企业准确定位，或协助缺乏自生能力的企业转移至匹配部门，使其从比较劣势的行业进入到具备优势的产业，进而顺势形成竞争优势。

附录

附表 1　1998~2012 年分行业企业存活情况　　单位：%

存活年限 \ 行业	1	2	3	4	5	6	7	8	9	10	11	12	13	14	15+
煤炭开采和洗选业	58.95	14.30	10.22	6.66	3.09	2.55	1.11	0.99	0.64	1.05	0.38	0.00	0.00	0.08	0.00
石油和天然气开采业	67.87	7.23	10.84	4.82	1.20	0.80	1.61	3.61	1.61	0.00	0.40	0.00	0.00	0.00	0.00
黑色金属矿采选业	61.78	11.92	10.00	6.68	3.68	2.40	1.48	0.84	0.44	0.64	0.12	0.00	0.00	0.00	0.00
有色金属矿采选业	39.29	16.81	13.65	8.77	4.99	5.49	2.66	1.00	0.94	6.16	0.00	0.00	0.22	0.00	0.00
非金属矿采选业	40.79	17.43	11.83	7.80	8.31	4.66	2.35	2.06	1.17	1.08	2.04	0.08	0.08	0.15	0.17
其他采矿业	30.30	36.36	12.12	0.00	3.03	6.06	3.03	6.06	0.00	3.03	0.00	0.00	0.00	0.00	0.00
建筑材料及其他非金属矿采选业	21.43	17.62	7.14	6.19	47.62	0.00	0.00	0.00	0.00	0.00	0.00	0.00	0.00	0.00	0.00
农副食品加工业	38.88	14.17	9.58	8.37	6.79	6.43	5.26	2.64	2.34	1.83	0.73	0.92	1.70	0.13	0.24
食品制造业	41.00	14.39	8.62	7.89	5.98	5.56	5.17	2.65	2.20	1.82	0.92	1.42	1.98	0.15	0.26
饮料制造业	40.84	14.01	10.31	7.26	6.37	5.68	4.39	2.67	1.89	1.72	1.00	1.08	2.34	0.05	0.39
烟草制品业	26.60	8.42	9.76	9.43	6.73	11.11	9.76	6.73	4.04	1.68	0.67	1.01	3.03	0.00	1.01
纺织业	39.98	11.88	7.95	7.92	6.68	6.26	6.60	3.06	2.71	2.38	0.95	1.32	1.85	0.12	0.34
纺织服装、鞋、帽制造业	43.70	12.40	8.24	7.89	5.55	5.35	5.59	2.54	2.37	1.99	0.87	1.28	1.86	0.09	0.26
皮革、毛皮、羽毛（绒）及其制品业	40.94	12.19	7.78	8.41	6.42	5.65	6.33	2.90	2.49	2.20	0.78	1.31	2.07	0.12	0.40
木材加工及木、竹、藤、棕、草制品业	41.83	13.89	9.33	8.67	7.27	5.92	5.22	2.33	1.82	1.32	0.50	0.71	0.98	0.09	0.13
家具制造业	42.18	14.36	8.04	8.04	6.43	5.82	5.49	2.79	1.93	1.59	0.79	0.90	1.30	0.13	0.19
造纸及纸制品业	35.51	12.49	8.40	7.68	5.83	7.15	6.97	3.89	3.03	2.96	1.18	1.38	2.82	0.20	0.50
印刷业和记录媒介的复制	37.47	14.59	7.07	7.60	5.59	5.98	7.28	3.18	2.86	2.31	1.17	1.45	3.00	0.14	0.31
文教体育用品制造业	39.70	11.69	7.21	8.40	6.24	5.87	6.73	3.13	3.06	2.71	1.04	1.29	2.36	0.07	0.50
石油加工、炼焦及核燃料加工业	44.20	13.04	9.82	7.88	5.64	4.96	4.94	2.69	2.01	1.54	0.60	1.08	1.31	0.13	0.15
化学原料及化学制品制造业	38.46	13.86	8.37	7.82	5.89	6.32	5.97	2.93	2.78	2.34	1.03	1.36	2.24	0.21	0.44
医药制造业	42.54	12.28	7.51	6.50	6.53	6.22	5.69	2.73	2.32	2.23	0.96	1.13	2.61	0.24	0.50
化学纤维制造业	43.39	12.57	6.33	7.18	5.22	6.49	5.84	2.98	3.31	2.04	0.86	1.31	1.84	0.20	0.45
橡胶制品业	41.79	12.33	7.41	8.06	6.04	5.67	5.67	2.81	2.40	2.40	0.98	1.46	2.42	0.26	0.30
塑料制品业	39.87	13.26	7.91	8.09	6.32	6.32	6.95	2.71	2.38	2.09	0.92	0.96	1.87	0.13	0.23
非金属矿物制品业	40.01	13.49	8.60	6.90	5.97	6.02	5.27	2.77	2.42	2.48	0.97	1.47	3.02	0.20	0.42
黑色金属冶炼及压延加工业	43.23	13.17	8.91	7.16	5.85	5.74	5.96	2.68	2.26	1.76	0.67	0.93	1.29	0.12	0.27
有色金属冶炼及压延加工业	39.35	16.19	8.44	7.14	5.78	5.86	4.88	2.81	2.49	2.16	0.98	1.34	1.20	0.77	0.61

续表

行业 存活年限	1	2	3	4	5	6	7	8	9	10	11	12	13	14	15+
金属制品业	42. 63	13. 75	7. 56	8. 06	6. 09	5. 74	6. 21	2. 47	2. 06	1. 79	0. 78	0. 96	1. 61	0. 13	0. 17
通用设备制造业	44. 16	13. 63	6. 86	7. 86	5. 66	5. 54	6. 36	2. 28	2. 02	1. 61	0. 84	0. 97	1. 74	0. 14	0. 33
专用设备制造业	46. 40	13. 34	6. 70	7. 83	5. 20	5. 37	5. 57	2. 13	2. 14	1. 68	0. 61	0. 94	1. 62	0. 18	0. 30
交通运输设备制造业	46. 47	13. 11	7. 17	7. 30	4. 97	5. 15	5. 30	2. 36	1. 83	1. 97	0. 70	1. 15	1. 98	0. 14	0. 39
电气机械及器材制造业	43. 46	13. 31	7. 29	7. 57	5. 25	5. 59	6. 30	2. 53	2. 41	1. 96	0. 87	1. 14	1. 88	0. 15	0. 28
通信设备、计算机及其他电子设备制造业	47. 74	12. 11	7. 16	7. 36	4. 91	5. 32	5. 21	2. 35	2. 14	1. 82	0. 60	1. 17	1. 53	0. 18	0. 40
仪器仪表及文化、办公用机械制造业	42. 34	11. 67	7. 17	7. 90	4. 97	6. 22	6. 87	2. 66	2. 29	2. 19	1. 03	1. 63	2. 36	0. 14	0. 55
工艺品及其他制造业	38. 92	13. 18	8. 73	8. 71	5. 96	6. 25	5. 81	2. 83	2. 32	2. 31	1. 03	1. 38	2. 12	0. 22	0. 21
电力、热力的生产和供应业	50. 04	15. 73	5. 38	6. 64	5. 89	5. 30	5. 13	1. 60	1. 93	0. 67	0. 17	0. 25	0. 93	0. 08	0. 25
废弃资源和废旧材料回收加工业	32. 45	12. 37	11. 28	6. 74	8. 15	6. 65	2. 70	3. 46	2. 32	3. 64	8. 42	0. 13	0. 09	0. 54	1. 05
燃气生产和供应业	55. 87	13. 70	6. 58	4. 63	5. 69	3. 20	1. 42	1. 25	1. 07	1. 60	4. 45	0. 00	0. 18	0. 36	0. 00
水的生产和供应业	45. 88	9. 61	6. 57	4. 80	7. 55	3. 92	2. 45	3. 33	1. 57	2. 35	9. 90	0. 10	0. 10	0. 29	1. 57

附表 2　主要变量描述性统计

变量名	平均值	标准差	最小值	最大值
企业退出	0. 125	0. 331	0. 000	1. 000
分城市分行业企业退出率	0. 125	0. 116	0. 000	1. 000
分城市企业退出率	0. 125	0. 077	0. 000	1. 000
一阶技术选择系数	0. 545	0. 953	−0. 074	11. 349
二阶技术选择系数	1. 206	5. 837	0. 000	128. 791
企业规模	9. 788	1. 446	6. 886	14. 062
一阶企业年龄	2. 059	0. 864	0. 000	3. 932
二阶企业年龄	4. 987	3. 687	0. 000	15. 459
销售利润率	0. 024	0. 121	−0. 634	0. 335
资产负债率	0. 572	0. 291	0. 009	1. 412
资本密集度	3. 497	1. 357	−0. 297	6. 994
行业销售额增长率	0. 136	0. 269	−0. 966	6. 466
人均 GDP（对数）	2. 064	1. 272	0. 236	7. 326
平均受教育年限	8. 247	0. 882	4. 906	11. 836
铁路营业里程	0. 237	0. 134	0. 020	0. 950
公路里程	9. 272	6. 291	0. 410	29. 350

续表

变量名	平均值	标准差	最小值	最大值
航空运输业就业人员数	8582.718	10780.510	41.000	62527.000
交通便利程度（前三个变量主成分）	0.000	1.247	-2.195	4.293
城市人口占总人口比重	0.445	0.138	0.140	0.893
第一产业 GDP 份额	0.109	0.059	0.006	0.379
第二产业 GDP 份额	0.499	0.057	0.196	0.596
金融增加值/GDP	0.035	0.020	0.006	0.142
外商直接投资/GDP	0.087	0.121	0.007	0.750
贸易总额/GDP	0.578	0.510	0.032	1.765
财政支出/GDP	0.126	0.049	0.058	0.630
财政赤字率	0.071	0.053	0.008	0.514
国有资产比重	0.255	0.201	0.003	1.000
外国工业企业数量占比	0.066	0.047	0.002	0.303
国有工业企业数量占比	0.110	0.138	0.008	1.000
市场化指数	7.849	2.417	1.490	13.420

参考文献

[1] 包群，邵敏，侯维忠．出口改善了员工收入吗？[J]．经济研究，2011（9）：41-54.

[2] 蔡昉，都阳．转型中的中国城市发展——城市级层结构、融资能力与迁移政策［J］．经济研究，2003（6）：64-71+95.

[3] 陈斌开，林毅夫．发展战略、城市化与中国城乡收入差距［J］．中国社会科学，2013（4）：81-102.

[4] 陈钊，熊瑞祥．比较优势与产业政策效果——来自出口加工区准实验的证据［J］．管理世界，2015（8）：67-80.

[5] 伏玉林，张玉洁．技术创新能改善初创企业的生存吗？一个理论与经验研究［J］．上海财经大学学报，2019，21（4）：54-69+89.

[6] 干春晖，郑若谷，余典范．中国产业结构变迁对经济增长和波动的影响［J］．经济研究，2011（5）：4-16.

[7] 何帆，朱鹤．僵尸企业的处置策略［J］．中国金融，2016（13）：25-27.

[8] 林毅夫，陈斌开．发展战略、产业结构与收入分配［J］．经济学（季刊），2013（3）：1109-1140.

[9] 林毅夫，刘明兴．中国的经济增长收敛与收入分配［J］．世界经济，2003（8）：3-14.

[10] 林毅夫，刘培林．自生能力和国企改革［J］．经济研究，2001（9）：60-70.

[11] 林毅夫．发展战略、自生能力和经济收敛［J］．经济学（季刊），2002c（2）：269-300.

[12] 林毅夫．自生能力、经济转型与新古典经济学的反思［J］．经济研究，2002a（12）：15-24.

[13] 林毅夫．自生能力与改革的深层次问题［J］．经济社会体制比较，2002b（2）：32-37.

[14] 逯宇铎，戴美虹，刘海洋．延长企业生存时间：单向贸易还是“双向国际化”？[J]．数量经济技术经济研究，2014（2）：68-85.

[15] 聂辉华，江艇，杨汝岱．中国工业企业数据库的使用现状和潜在问题 [J]．世界经济，2012（5）：142-158.

[16] 聂辉华，谭松涛，王宇锋．创新、企业规模和市场竞争：基于中国企业层面的面板数据分析 [J]．世界经济，2008（7）：59-68.

[17] 申广军．比较优势与僵尸企业：基于新结构经济学视角的研究 [J]．管理世界，2016（12）：13-24.

[18] 吴利学，叶素云，傅晓霞．中国制造业生产率提升的来源：企业成长还是市场更替？[J]．管理世界，2016（6）：22-39.

[19] 吴敏，黄玖立．相对要素密度、生产率与企业比较优势 [J]．产业经济研究，2014（6）：1-8.

[20] 吴小康，于津平．外商直接参与、间接溢出与工业企业生存 [J]．国际贸易问题，2014（4）：128-137.

[21] 夏清华，谭力文．中国制造企业的比较优势与竞争劣势 [J]．中国软科学，2003（3）：84-88.

[22] 徐志刚，钟甫宁，傅龙波．中国农产品的国内资源成本及比较优势 [J]．农业技术经济，2000（4）：1-6.

[23] 许家云，毛其淋．政府补贴、治理环境与中国企业生存 [J]．世界经济，2016，39（2）：75-99.

[24] 银温泉，才婉茹．我国地方市场分割的成因和治理 [J]．经济研究，2001（6）：3-12.

[25] 于娇，逯宇铎，刘海洋．出口行为与企业生存概率：一个经验研究 [J]．世界经济，2015（4）：27-51.

[26] 余淼杰．中国的贸易自由化与制造业企业生产率 [J]．经济研究，2010（12）：99-112.

[27] 张杰，陈志远，杨连星等．中国创新补贴政策的绩效评估：理论与证据 [J]．经济研究，2015（10）：4-17.

[28] 张维迎，周黎安，顾全林．经济转型中的企业退出机制——关于北京市中关村科技园区的一项经验研究 [J]．经济研究，2003（10）：3-14.

[29] 周黎安，罗凯．企业规模与创新：来自中国省级水平的经验证据 [J]．经济学（季刊），2005（2）：63-78.

[30] 朱松，杜雯翠，高明华．行业景气程度、政府支持力度与企业扩张决策——基于中小企业调查问卷的分析 [J]．财经研究，2013（10）：133-144.

[31] Aalen O. Nonparametric Inference for a Family of Counting Processes [J]. The Annals of Statistics, 1978, 6（4）：701-726.

[32] Acemoglu D., Cao D. V. Innovation by Entrants and Incumbents [J]. Journal of Economic Theory, 2015, 157（c）：255-294.

[33] Acemoglu D., Johnsons., Robinson J. A. The Colonial Origins of Comparative Development: An Empirical Investigation [J]. The American Economic Review, 2001, 91（5）：1369-1401.

[34] Acs Z. J., Audretsch D. B. Patents as a Measure of Innovative Activity [J]. Kyklos, 1989, 42（2）：171-180.

[35] Acs Z. J., Audretsch D. B., Feldman M. P. Real Effects of Academic Research [J]. 1991, 82（1）：363-367.

[36] Aga G., Francis D. As the Market Churns: Productivity and Firm Exit in Developing Countries [J]. Small Business Economics, 2017, 49 (2): 379-403.

[37] Agarwal R., Audretsch D. B. Does Entry Size Matter? The Impact of the Life Cycle and Technology on Firm Survival [J]. Journal of Industrial Economics, 2001, 49 (1): 21-43.

[38] Arrow K. Economic Welfare and the Allocation of Resources for Invention [J]. Journal of Law & Economics, 1962 (12): 609-626.

[39] Balassa B. Trade Liberalisation and "Revealed" Comparative Advantage1 [J]. Manchester School, 2008, 33 (2): 99-123.

[40] Baldwin J., Gu W. Export-market Participation and Productivity Performance in Canadian Manufacturing [J]. Canadian Journal of Economics, 2003, 36 (2): 634-657.

[41] Bartelsman E. J., Doms M. Understanding Productivity: Lessons for Longitudinal Microdata [J]. 2000, 38 (3): 569-594.

[42] Brandt L., Van Biesebroeck J., Zhang Y. Creative Accounting or Creative Destruction? Firm-level Productivity Growth in Chinese Manufacturing [J]. Journal of Development Economics, 2012, 97 (2): 339-351.

[43] Buddelmeyer H., Jensen P. H., Webster E. Innovation and the Determinants of Firm Survival [J]. Oxford Economic Papers, 2006, 1254 (2): 157-162.

[44] Caballero R. J., Hoshi T., Kashyap A. Zombie Lending and Depressed Restructuring in Japan [J]. American Economic Review, 2008, 98 (5): 1943-1977.

[45] Cleves M., William W. G., Roberto G., et al. An Introduction to Survival Analysis Using Stata [M]. Stata Press, 2010.

[46] Cox D. R. Partial likelihood [J]. Biometrika, 1975, 62 (2): 269-276.

[47] Cox D. R. Regression Models and Life-Tables [J]. Journal of the Royal Statistical Society, 1972, 34 (2).

[48] Crozet M., Trionfetti F. Firm-level comparative advantage [J]. Journal of International Economics, 2013, 91 (2): 321-328.

[49] David B. A., Talat M. New Firm Survival: New Results Using a Hazard Function [J]. Review of Economics & Statistics, 1995, 77 (1): 97-103.

[50] Fischer S. The Demand for Index Bonds [J]. Journal of Political Economy, 1975, 83 (3): 509-534.

[51] Fischer S. The Demand for Index Bonds [J]. Journal of Political Economy, 1975, 83 (3): 509-534.

[52] Fukuda S. I., Nakamura J. I. Why Did 'Zombie' Firms Recover in Japan? [J]. World Economy, 2011, 34 (7): 1124-1137.

[53] Gilbert R. J., Newbery D. M. G. Preemptive Patenting and the Persistence of Monopoly [J]. American Economic Review, 1982, 72 (3): 514-526.

[54] Görg H., Spaliara M. Financial Health, Exports and Firm Survival: Evidence from UK and French Firms [J]. Economica, 2014 (81).

[55] Görg H., Strobl E. The Incidence of Visible Underemployment: Evidence for Trinidad and Tobago [J]. Journal of Development Studies, 2003, 39 (3): 81-100.

[56] Harrigan J. Technology, Factor Supplies, and International Specialization: Estimating the Neoclassical Model [J]. Staff Reports, 1997, 87 (4): 475-494.

［57］ Hassler U. Ito' s Lemma. Stochastic Processes and Calculus ［M］. Berlin：Springer International Publishing，2016.

［58］ Hausmann R. Hwang. Rodrik D. What You Export Matters ［J］. Journal of Economic Growth，2007，12（1）：1-25.

［59］ Hess W.，Persson M. Exploring the Duration of EU Imports ［J］. Review of World Economics，2011，147（4）：665-692.

［60］ Howell G. The Conflicts of Capital and Labour：Historically and Economically Considered ［M］. London：Macmillan and Co.，2015.

［61］ JoséM.，Pedro P. Life Duration of New Firms ［J］. The Journal of Industrial Economics，1994，42（3）：227-245.

［62］ Kalbfleisch J. D.，Prentice R. L. The Statistical Analysis of Failure Time Data，Second Edition ［M］. Wiley，2011.

［63］ Kaplan E. L.，Meier P. Nonparametric Estimation From Incomplete Observations ［J］. Journal of the American Statistical Association，1958，53（282）：457-481.

［64］ Kimura F.，Kiyota K. Exports，FDI，and Productivity：Dynamic Evidence from Japanese Firms ［J］. 2006，142（4）：695-719.

［65］ Kornai J. S. Contradictions and Dilemmas ［M］. Cambridge：MIT Press，1986.

［66］ Landini F.，Arrighetti A.，Caricati L.，et al. Entrepreneurial Intention in the Time of Crisis：A Field Study ［C］. Elsinore：DRUID Conference，2015.

［67］ Lileeva A.，Trefler D. Improved Access to Foreign Markets Raises Plant-Level Productivity. For Some Plants ［R］. Nber Working Papers，2007.

［68］ Lin J. Y.，Liu M. Development Trategy，Transition and Challenges of Development in Lagging Egions ［R］. China Center for Economic Research Working Paper Series，2004.

［69］ Lin J. Y.，Tan G.，Policy Burdens，Accountability，and the Soft Budget Constraints ［J］. American Economic Review，1999，89（2）：426-431

［70］ Mahmood T. Survival of Newly Founded Businesses：A Log-Logistic Model Approach ［J］. Small Business Economics，2000，14（3）：223-237.

［71］ Nelson W. A Short Life Test for Comparing a Sample with Previous Accelerated Test Results ［J］. Technometrics，1972，14（1）：175-185.

［72］ Prentice R. L.，Zhao S. S. Nonparametric Estimation of the Multivariate Survivor Function：The Multivariate Kaplan-Meier Estimator ［J］. Lifetime Data Analysis，2018，24（2）：3-27.

［73］ Rajan R. G.，Zingales L. Financial Dependence and Growth ［J］. The American Economic Revier，1998，88（3）：559-586.

［74］ Rajan R. G.，Zingales L. Which Capitalism? Lessons From The East Asian Crisis ［J］. Journal of Applied Corporate Finance，1998，11（3）：40-48.

［75］ Ratbek D. The Role of Income Uncertainty in the Corruption-Growth Nexus ［J］. The B. E. Journal of Economic Analysis & Policy，2016，16（2）：1169-1201.

［76］ Roberts M. J.，Tybout J. R. The Decision to Export in Colombia：An Empirical Model of Entry with Sunk Costs ［J］. American Economic Review，1997，87（4）：545-564.

［77］ Rosenbaum P. R.，Rubin D. B. Constructing a Control Group Using Multivariate Matched Sampling Methods That Incorporate the Propensity Score ［J］. The American Statistician，1985，39（1）：33-38.

[78] Rousselière D. A Flexible Approach to Age Dependence in Organizational Mortality: Comparing the Life Duration for Cooperative and Non-Cooperative Enterprises Using a Bayesian Generalized Additive Discrete Time Survival Model [J]. Journal of Quantitative Economics, 2019 (17): 829-855.

[79] Scherer F. M. Changing Perspectives on the Firm Size Problem [M] //Acs Z. J., Audretsch D. B. Innovation and Technological Change: An International Comparison, Ann Arbor: University of Michigan Press, 1991.

[80] Schumpeter J. Theorie Der Wirtschaftlichen Entwicklung [M]. 1997.

[81] Shanmugam K. R., Bhaduri S. N., Size, Age and Firm Growth in the Indian Manufacturing Sector [J]. Applied Economics Letters, 2002, 9 (9): 607-613.

[82] Siegel M. D. R. Investment and the Valuation of Firms When There is an Option to Shut Down [J]. International Economic Review, 1985, 26 (2): 331-349.

[83] Silviano E. P., Francisco R. S., Vicente J. P. L. The Duration Of Firm-Destination Export Relationships: Evidence From Spain, 1997-2006 [J]. Economic Inquiry, 2013, 51 (1): 159-180.

[84] Simón C., Mercader A., Gimeno M. J., et al. The Interleukin-1 System and Human Implantation [J]. American Journal of Reproductive Immunology, 1997, 37 (1): 64-72.

[85] Singer J. D, Willett J. B. Detecting Involuntary Layoffs in Teacher Survival Data: The Year of Leaving Dangerously [J]. Educational Evaluation & Policy Analysis, 1988, 10 (3): 212-224.

[86] Wagner J. Exports, Imports and Firm Survival: First Evidence for Manufacturing Enterprises in Germany [J]. Review of World Economics, 2013, 149 (1): 113-130.

[87] Wang Y. L. Exposure to FDI and New Plant Survival: Evidence in Canada [J]. Canadian Journal of Economics, 2013, 46 (1): 46-77.

[88] Winker P. Causes and Effects of Financing Constraints at the Firm Level [J]. Small Business Economics, 1999, 12 (2): 169-181.

[89] Wooldridge J. M. Inverse Probability Weighted M-estimators for Sample Selection, Attrition, and Stratification [J]. Portuguese Economic Journal, 2002, 1 (2): 117-139.

[90] Wright G. C. Jr. Linear Models for Evaluating Conditional Relationships [J]. American Journal of Political Science, 1976, 20 (2): 349-373.

[91] Yang C. H., Huang C. H. R&D, Size and Firm Growth in Taiwan's Electronics Industry [J]. Small Business Economics, 2005, 25 (5): 477-487.

[92] Yang R., He C. The Productivity Puzzle of Chinese Exporters: Perspectives of Local Protection and Spillover Effects [J]. Papers in Regional Science, 2014, 93 (2): 367-384.

[93] Yasuda T. Firm Growth, Size, Age and Behavior in Japanese Manufacturing [J]. Small Business Economics, 2005, 24 (1): 1.

产业政策、融资脆性与公司拖欠

——基于贸易信贷和新冠肺炎疫情的证据

张小茜　黄　彬

［摘　要］基于2006~2019年上市公司年度数据，运用中介效应、2SLS、DDD模型研究不同时期的产业政策对公司融资脆性的影响，发现受产业政策支持的公司融资脆性平均高出1%，特别是“十二五”期间（高出1.7%），“十三五”期间融资扭曲得到有效缓解。不同于银行贷款角度的研究，“十二五”受产业政策支持的企业确实存在更高的公司拖欠，应收账款是这一扭曲的中介渠道，而且这种拖欠具有行业传染效应。本文也提供了产业政策起积极作用的证据，如促进研发、投资、就业，降低破产风险，揭示了行业选择是产业政策下企业的自主行为，观察到产业政策有显著的引领企业离开落后产能的积极作用，否则将面临很大的融资脆性困难。进一步考察政商关系的影响，分别考察省区市党委书记和省长（自治区主席、市长）任期、政商关系，结果显示官员任期没有显著影响，不存在国外文献担心的政商关系负作用。另外，基于新型冠状病毒肺炎疫情（COVID-19）的数据，考察政府进取性治理和防御性治理：引入疫情死亡人数和医疗卫生财政支出的交乘项为工具变量，结果显示进取性治理导致更高的融资脆性；医疗卫生支出的宏观环境防御性治理和低融资脆性的公司微观层面防御性治理，能够有效提高就业、增加破产风险，但在“十三五”时期有所缓解。

［关键词］产业政策；政商关系；政府干预；融资脆性

一、引言

高质量发展表现为经济结构的协调升级、社会结构中知识中产群体的扩大再生产，以及制度在创新激励和社会保护方面的积极作用，高培勇等（2020）分析了高质量发展的动力在于治理结构现代化，并进一步提出治理现代化的两个要点：防御性治理和进取性治理。国外文献主要关注政府干预（Government Intervention）的负面作用，认为是市场失灵的反应。例如，Hao 和 Lu（2018）发现政府干预导致公司增加固定资产投资、R&D 投资降低，Ru（2018）用国家开发银行数据研究认为，政府干预导致资源错配，国有企业挤出同一行业里的民营企业①。Cong 等（2019）基于贷款数据发

［基金项目］教育部重点研究基地重大项目（14JJD790010）；国家自然科学基金项目（71472167）。

［作者简介］张小茜，博士，浙江大学经济学院金融系副教授、博士生导师，浙江大学证券期货研究所副所长、浙江大学新结构经济学研究中心副主任。荷兰蒂尔堡大学金融系博士后，美国芝加哥大学法与经济研究所、哥伦比亚大学商学院访问学者。主要研究领域为公司治理和风险管理等，部分研究成果已在《经济研究》《世界经济》《金融研究》《中国工业经济》《系统工程理论与实践》以及 *China Economic Review*、*Pacific-Basin Finance Journal*、*International Review of Economics and Finance* 等期刊发表，相关研究被著名杂志 *The Economist* 引用，曾获 2018 年中国金融学术年会最佳论文。邮箱：develop21cn@ zju. edu. cn，电话：13116788320。黄彬，浙江大学经济学院研究生。

① Ru（2018）其实也得到了政府干预的一个正作用，即国有企业也使其下游民营企业受益。

现，2009~2010 年的经济刺激计划推动了信贷扩张，使国有企业受益。这些文献基于我国的一些数据对政府作用进行了观察，但是忽略了我国现代治理带来的高质量发展这一强大的正作用。

2020 年全球面临困境，前所未有的公共卫生突发事件导致经济下行，世界银行 6 月的《全球经济展望》估计全球经济将收缩 5.2%，是 1900 年以来的第四大衰退、“二战”以来最严重的衰退，8 月 15 日国际著名杂志 *The Economist* 总结了此次大困境下中国经济依然稳定发展的三个有效因素：对经济周期和债务机器的严格控制、高效的国家行政、国企和民企的融合。这三点都是政府有效治理的正作用，特别是面对疫情立即做出“六稳”“六保”推动经济高质量发展，稳就业、稳金融、稳外贸、稳外资、稳投资、稳预期，促进我国有效控制疫情，经济实现稳中求进。

我国有 34 个省级行政区域，各省份构成了一个高度密集的区域宏观经济系统，刘世锦等（2020）从区域间、经济部门间传导视角分析疫情的经济冲击路径，杨子晖等（2020）考察重大突发公共卫生事件对我国宏观经济与金融市场 16 个部门的冲击。这两篇文章揭示了新冠肺炎疫情对中国经济的冲击，即所谓“今生”，还亟待追问的是“前世”，即为何产业和区域会受到这样的影响。从国际比较来看，产业政策并不是中国独有的，发达国家的发展历程中也贯穿政府制定的产业政策。中国进入“十二五”以后整体上步入工业化后期，黄群慧、贺俊（2015a，2015b）认为，“十三五”期间及更长的未来需要改变工业增长方式，他们基于对工业发达国家产业政策的历史经验及对我国的启示，提出了我国工业发展建议，表 1 总结了其中政策汇编、分析以及对我国的启示。可以看到产业政策中的诸多共性特点：政府补助、减税、重点产业的支持、处理产能过剩或衰退产业①。

表 1　发达国家产业政策经验及对我国的启示

国家	历史经验	对我国的启示
美国	在工业化初期，延续基础设施建设和关税保护等手段，培育有国际竞争力的产业。在工业化中后期，抓住技术创新，综合采用研发资助、低息贷款、贷款担保、政府采购等技术政策。2009 年以后，实行“制造业伙伴计划”等政府专项计划，设立政府专项扶持性基金，完善制造业基础设施建设，构建制造业创新体系，着力提高劳动力技能，加大制造业培训力度	设立制造业专项扶持基金，加大财政预算与政府采购支持力度，重视支撑制造业创新的通用技术发展，整合大中小企业力量，加大对中小企业的投资和扶植
日本	在工业化中后期，通过推进合并重组，实现大企业的规模化；促进中小企业的组织化。强调技术立国，通过推进“产学官”合作创新环境，以减税、补助、租赁等财政政策和货币政策，培育未来产业，替代石油的新能源技术开发，发展信息技术产业。当前，支持战略性新兴产业的研发、投资和产业化，经济产业省选定机器人、新一代汽车、飞机、碳纤维、iPS 再生医疗、生化医药和新化学产业 7 个重点领域	积极引导企业技术升级，运用减税、补贴等多种手段支持企业自主开发，达成多方共识以提高产业政策效果，支持合作型技术开发以加快技术应用推广，提高国家资源的配置效率，完善产业人才培训补助办法

① 当然还有一个重要的共性特征，是对中小企业的扶持。由于本文使用上市公司数据，因此把重点放在正文中考虑的这几个共性特征上，虽然用工业企业数据可以看到中小企业的问题，但是数据的时间仅到 2013 年，我们利用上市公司数据可以跟踪最新的企业数据，而且指标比工业企业数据更完整。

续表

国家	历史经验	对我国的启示
德国	在工业化中后期，对部分产业保护，对一些创造大量就业但出现衰退的产业（煤炭、铁路、建筑）进行价格补贴；保护农业；促进技术进步，政府制定科学技术开发计划，给予研究开发部门资助；保障竞争公平，缩小地区发展差距，扶持引导航空航天、交通等产业。 当前推出《国家高技术战略》，政府资助气候和能源、健康和营养、交通、安全及信息通信五大重点领域，全流程优化创新环境，引导社会资源流向创新活动，实施中小企业创新核心项目和中小企业创新项目，促进风险投资发展，加强标准建设，促进创新成果产业化。德国“工业4.0”强调以制造业智能化引领智能社会	以产业创新驱动发展、解决发展中的问题，拓展新型工业化道路，推进两化融合，转变中小企业政策思路，为其营造更好的营商环境，重视企业管理能力提升
韩国	在工业化中后期，恰当处理政府与市场边界，应对之前重机、重化工业导致的产能过剩、财务危机，从政府主导型转向市场主导型；坚持出口导向型，推行产业结构高级化；立足韩国特色，合理选择重点发展的高技术产业；多方位投入，大力支持产业技术的研发创新；设立多种专项基金，全方位扶持中小企业。 当前实施新增长动力战略，由大力发展传统的电子信息产业，转向专项扶持新兴产业；以高附加值进一步提升支柱产业的国际竞争力，针对汽车、机械、造船和纺织等传统支柱产业，选定一批信息融合型技术项目；以低碳绿色增长战略，加快产业转型升级；由过去扶持大企业转向重视中小企业；以政府扶持性基金引导产业发展方向和路径	协同推进新兴产业的优先发展与传统支柱产业的改造升级，新兴产业政策应注重阶段性、统筹性、导向性和协调性，为中小企业创造良好发展环境，提供公共服务

市场的有效以政府的有为作为前提，没有政府干预，市场的许多外部性也难以自我纠正。在《产业政策：总结、反思与展望》一书中：林毅夫定义产业政策是中央或地方政府为促进某种产业在该国或该地发展而有意识地采取的政策措施；许成刚认为产业政策需要合适的制度才能有效，而且在中国存在地区差异；寇宗来也支持存在区域差异的说法，并且提出中央层面和地区层面的思考，认为地方层面产业政策会影响每个地区内部经济和企业家的产业选择。2017 年 12 月，上海交通大学也进行了一场关于产业政策的学术讨论，各学者也总结了各国产业政策经验、中国特点及未来道路，其中，白雪洁总结日本产业政策失败的一个原因是官民关系导致的资金分配错误，文章中主要强调了银行对资金分配的关键作用（黄少卿等，2020）。《新工业革命背景下的中国产业升级》跟踪总结了产业政策中新的问题和面临的挑战，产业政策会导致产能过剩和僵尸企业出现，地方政府不断给僵尸企业输血或者给非僵尸企业施加就业压力和产量扩张压力，然后再通过补贴和贷款来维持局面。不同于以往集中于宏观层面的产业政策研究，本文尝试从包含更丰富信息的微观企业数据着手，以考察微观企业的融资脆性。

产业政策主要通过投资机会和融资能力两种途径对微观企业产生影响。举债和信贷有助于缓解融资约束，Bolton（2016）用公司金融的新证据和新研究，揭示了举债和信贷对企业融资甚至主权融资的重要性。产业政策是影响公司融资的重要因素，产业政策支持的公司有更高股价和更多贷款（Chen et al.，2017、陈冬华和姚振晔，2018），可以获得更多政府补助和长期负债，从而导致过度投资（王克敏等，2017）。从“十一五”到“十二五”，产业政策主要通过债务融资方式影响资本结构调整速度（巫岑等，2019），资本结构仅限于一般的债务和权益两种途径。以上基于上市公司样本的研究大多考察国家级产业政策的影响，基于中国工业企业数据库的研究又进一步考察各省份五年规划的影响，但是由于样本的限制，只能观察2013年以前的结构性差异，如张莉等（2019）发现重点产业政策对企业生产率有负面影响，省级"九五""十五""十一五"重点产业政策导致企业过度投资、全要素生产率（Total Factor Productivity，TFP）下降。较少有文献从贸易信贷的视角分析产业政策与公司融资的关系。

受新冠肺炎疫情影响，不少企业面临货款回笼期限延长的难题，资金周转压力骤增，缓解制造业企业经常性贷款周转问题、稳定企业融资预期、降低企业转贷成本迫在眉睫。2020年《政府工作报告》指出，要强化对企业的金融支持，中小微企业贷款延期还本付息政策再延长至2021年3月底。在政策推动下，多家银行的制造业中长期贷款余额、增量均创新高。截至2020年6月末，中国工商银行制造业中长期贷款余额超过了5500亿元，比年初增加952亿元，增幅21%；中国光大银行制造业中长期贷款余额增长23.63%，增速远高于上年同期。银行贷款特别是中长期贷款一直以来均受到学术界和业界的广泛关注，产业链上存在着更值得研究的问题：大企业凭借其在供应链中的市场优势地位，对为其配套的中小企业往往施加不合理的交易条件，并且常在合同履行期结束后拖欠货款，甚至存在无理由拖欠账款的现象。国家统计局数据显示[①]，截至2020年5月末，规模以上工业企业应收账款15.13万亿元，同比增长13%；应收账款平均回收期为58.8天，同比增加10.4天。盘活应收账款用于融资，对于减轻中小企业贷款对房产抵押的依赖、降低中小企业融资门槛、提高融资可获得性具有重要作用。近年来，防止大企业长期拖欠小型微型企业资金的政策措施已开始受到重视，2018年实施的《中华人民共和国中小企业促进法》增设第八章"权益保护"，2020年7月李克强总理签署国务院令公布《保障中小企业款项支付条例》，党中央、国务院高度重视，要求建立长效机制解决拖欠中小企业款项问题。

本文从融资脆性角度探索产业政策对公司贸易信贷的影响，基于2006~2019年A股非金融类上市公司样本，我们发现"十二五"期间省级产业政策显著放大了公司的融资脆性，但是这种金融摩擦在"十三五"期间已消失。本文进一步考察产业政策的多种影响渠道，发现产业政策通过应收账款和应付账款[②]影响公司融资脆性，而不是政府补助和实际税率的直接路径。为了考察政府和市场的作用，我们首次尝试考察公司的行业选择是否受到"十二五"至"十三五"产业政策调整的影响，发现公司从不受产业政策支持的行业进入产业政策支持行业会显著降低融资脆性，但是进入不受产业政策支持的行业会增加融资脆性。

本文尝试做出以下几点贡献：第一，尝试从产业政策对融资脆性这个企业风险角度的考察，已有文献主要从现金持有、生产率等角度分析产业政策与公司决策的关系（张莉等，2019；钱雪松等，2015），以及产业政策对公司投资行为的影响（黎文靖和李耀陶，2014；王克敏等，2017），本文尝试在Duval等（2020）与刘海明、李明明（2020）的基础上，进一步分析产业政策对公司融资脆性的影响。第二，本文在考察产业政策与公司融资脆性的传导机制上，基于卞泽阳等（2019）、Gyimah等（2020）的产业链视角，以及外部环境干预对公司拖欠的影响这两个间接渠道，考察产业政策对公司融资脆性的影响，而不是以往的政府补助、税收的直接途径。第三，本文发现"十三五"产业政策有效缓解了"十二五"期间扭曲企业融资的负面作用，虽然存在有些企业依然停留在不受产业政策支持的行业，但是顺应"十三五"政策积极转入受支持行业的公司融资脆性大大降低，我们的结论有力支持了产业政策"因势利导"、企业"顺势而为"的积极作用。

---

① 引用自工业和信息化部网站《有关专家解读〈保障中小企业款项支付条例〉》。

② 根据会计核算准则，短期负债也叫流动负债，是指将在1年（含1年）或者超过1年的一个营业周期内偿还的债务，包括短期借款、应付票据、应付账款、预收账款、应付工资、应付福利费、应付股利、应交税金、其他暂收应付款项、预提费用和一年内到期的长期借款等。故应付账款和短期借款之间不存在包含关系。

二、文献综述

（一）产业政策的影响

近年来，我国公司杠杆率高企，债务风险上升。推进供给侧结构性改革、重点做好“三去一降一补”工作，要求建立和完善现代公司制度，增强经济中长期发展韧性、降低公司杠杆率是其中重要一环。Faulkender 和 Petersen（2006）指出，公司的杠杆率受到资本需求和供给两方面因素共同作用。而产业政策作为资本供给方的因素，在中国的实施历来积极主动。在“积极”的政策背景下，这种意愿容易转化为地方政府对公司甚至银行经营行为的影响，推动信贷规模上升（谭之博和周黎安，2015），间接提高公司的资产负债率。张小茜、孙璐佳（2017）与钱雪松、方胜（2017）就考察了担保物权法律导致的企业杠杆率高企。

本文进一步观察企业融资脆性这一微观企业风险如何受到产业政策影响。干春晖等（2011）研究经济增长和结构变化对经济活动的作用，结果显示产业结构对经济增长具有阶段性影响。总体来说，产业结构的合理化对经济的影响更加稳定，但是高级化的影响并不稳定，并且对我国而言前者的贡献要比后者大。研究认为，在制定政策时，可以在维持现有合理化的基础上，促进高级化的发展，这样才能更加释放产业政策的功效。陈冬华、姚振晔（2018）发现，产业政策支持的行业，其 IPO（Initial Publ Offerings，首次公开募股）融资额和企业数量增长率显著超过未受支持的行业，其股权再融资（SEO）机会显著高于其他行业。产业政策支持的行业，其长期银行借款显著高于其他行业，而短期银行借款则呈现相反趋势。Ru（2018）利用国家发展银行的数据，检验了政府信贷对微观公司的影响，通过对不同层次的供应链对政府信贷的影响进行追踪发现，国家发展银行发放给国有企业的产业贷款有助于其挤出同一行业的私有企业，但是会对上游行业中的私有企业产生有益影响。Cong 等（2019）研究了存在金融摩擦的动态经济下的不同公司信贷配给情况。金融摩擦会阻碍资源从低效率公司向高效率公司重分配，属于金融摩擦之一的隐形的政府保护伞，使得资源总是向盈利能力差的国有企业倾斜，信贷扩张更是放大了这种现象。

近来的研究主要是从政府干预的角度观察产业政策。新结构经济学对“有为政府”进行了定义，即在不同的发展阶段，政府能够根据不同的时间、地点和经济结构，有效地对市场进行培育和调节，最终能够增进全社会的长期福利。林毅夫等（2018）的研究发现，大多数情况下，经济开发区的设立对公司全要素生产率起着正向作用。经济开发区内的公司存在生产率溢价的情况，这不是因为政府挑选了高生产率公司进入开发区，而是由于经济开发区内的公司有着更优惠的条件，比如更低的税率，从而能将更多的精力投入到提高生产率上。王勇（2018）的研究主要是基于建立模型的方法，通过对两个大国的经济结构进行建模，研究了贸易方面的政策是如何影响产业的生命周期以及促进经济增长的。白让让（2016）利用多家公司的数据，对公司产能扩张的动机进行实证研究。实证结果表明，公司的投资行为受到竞争者扩张行为的影响，且两者之间呈现正相关关系，但是新增投资、需求增长率以及产能利用的情况之间并没有清晰的关系。王勇、沈仲凯（2018）则从收入不平等这个角度来研究产业的升级，通过构建模型，研究收入不平等和产业升级两者之间的相关性。研究结果表明，收入越不平等，实现产业升级需要的最低资本劳动比越低，这两者之间是倒“U”形关系。

已有文献开始关注宏观政策或者经济周期对企业投融资行为的影响。Almeida 等（2012）发现，在信贷紧缩时期，那些拥有大量到期贷款的企业更可能面临续借冻结和流动性危机，这会干扰企业的投融资活动。刘海明、李明明（2020）发现，较短的贷款期限会放大货币政策冲击对实体经济投融资的影响，会促进企业的绩效增长。Duval 等（2020）研究表明，在金融危机期间到期的企业短期借款占比越高（即融资脆性越大），在恶化的信贷状况的叠加影响下，企业在金融危机后的生产率增长会越慢。

本文试图从产业政策与贸易融资这一新视角进行观察，当然产业政策还有其他影响企业融资脆性的途径，比如银行贷款，张小茜和唐梦泽（2019）考察发现，产业政策对银行贷款结构与系统性金融风险存在显著影响，本文从贸易信贷角度进行补充，这是因为推动贸易信贷发展是解决中小企业融资难、融资贵的一条有效途径（刘志平等，2019）。贸易信贷基本上是基于该产业链中各企业的应收应付账款、购销合同等权益类或存量的固定资产作为银行承贷风险的还款“后盾”。当贸易信贷发生在上下游企业之间时，就形成了产业链金融。卞泽阳等（2019）认为，产业链金融的外部性，是指企业可以从下游企业获得应收账款融资或者从上游企业获得应付账款融资。开发区产业政策促进了地区主导产业的发展，这有利于降低当地上游企业的应收账款比例和提高当地下游企业的应付账款比例，当地的上下游企业得到供应链融资，从而实现信贷约束的缓和。作为一种非正式融资渠道，贸易信贷有利于修正信贷资源配置的不平衡和实现社会信贷资金的再分配。贸易信贷是美国企业最重要的短期融资来源（Petersen and Rajan，1997；Barrot，2016），非金融公司是最大的贸易信贷提供者，可以成为中小企业的自然资本来源（Cosh et al.，2009）。

本研究还需考虑的是，企业融资脆性是来自于产业政策还是来自于政商关系。徐现祥等（2007）认为地方官员对于一个地区的经济增长起着很大作用。通过对省区市与省区市党委书记匹配的数据，系统地研究了省际间党委书记的交流，发现省区市党委书记的流动能促进经济增长，而这种经济增长通常是通过大力扶持第二产业实现的。王文甫等（2014）建立一个动态随机均衡模型，发现为了追求GDP和税收的最大化，地方政府干预（如政府购买和政府补贴）进一步加强，并向大公司、重点公司倾斜，但在促使其产量增加的同时，也出现了投资过度，从而导致了非周期性的产能过剩。为此，要破解产能过剩难题，有必要设计出有效的约束和激励机制，规范地方政府行为，防止地方政府干预过多和对大公司投资过度。干春晖等（2011）通过对地方官员任期和产能利用率进行实证检验发现，任期的4~5年地方官员晋升的概率较高，更加追求经济绩效，官员会为公司提供更多的土地资源和融资优惠。Ru（2018）发现，官员的任期年份也是政治家影响当地经济的渠道之一。

（二）问题提出

上市公司往往在行业内具有较高地位，占有一定的规模和资源优势。长期以来，大企业往往能通过保持较高的应付账款从上游企业获得融资，较低的应收账款从下游企业获得融资。长久以来，大企业能通过贸易信贷减少融资约束，但却极大约束了为数众多的中小企业的正常资金运作，损害了它们的发展。产业政策是以国家大政方针为出发点制定的，获得产业政策支持的行业内的公司，往往会获得更多优惠的发展条件，这可能会使得公司通过贸易信贷剥削中小企业的倾向下降，表现为公司的应收账款增加和应付账款减少。但应收账款和应付账款实际上是公司资金运作的重要一环，缺失贸易信贷的融资作用会导致公司的资产负债表结构更为脆弱，公司不得不更加依赖于短期借款维持运作，表现为公司的融资脆性上升。

通过上述对国内外有关产业政策对公司指标影响的文献进行梳理发现，政府作为有形的手，运用产业政策对国家产业发展进行引导，对传统产业进行转型升级，对战略性新兴产业进行大力扶持。我国目前主要的政府补助形式有降低税率、支持银行放贷、政策性补贴等，上述文献也多以政府信贷作为重要变量，例如，Ru（2018）利用了政府信贷的相关数据，杨洋等（2015）运用了政府补贴的相关数据，主要目的是研究产业政策对公司的影响，因此现有的文献多集中在研究产业政策对公司绩效指标的影响，比如资产、负债以及ROA等。也有文献考察公司投资，如王克敏等（2017）以公司投资为重要的被解释变量，发现受产业政策支持的公司，政府补助、长期负债较多，这使得公司投资水平提高，但投资效率下降。

已有文献发现产业政策会使得民营企业投资增加（黎文靖、李耀陶，2014），但投资效率会下降（黎文靖、李耀陶，2014；王克敏等，2017），重点产业政策会抑制企业 TFP 的提升（张莉等，2019），且鼓励类产业政策会导致产能过剩（寇宗来等，2017）。但从融资角度看，产业政策支持行业的融资能力较高（陈冬华，2010）；陆正飞、韩非池（2013）指出，产业政策鼓励发展的公司，其现金持有能够发挥产品市场竞争效应。

在现有研究的基础上，本文拟进一步回答产业政策是否对企业融资脆性产生影响这一问题，与以往银行贷款角度的研究不同，我们从应收账款、应付账款角度考察上下游企业间的融资渠道。同时，本文也考察政府补助、实际税率这些直接的政府干预。

三、数据来源与变量定义

（一）数据来源

以 2006~2019 年 A 股非金融上市公司作为样本，分析产业政策和公司融资脆性之间的关系。剔除金融、保险类公司后得到 3282 个公司共计 45948 个年度观测值。主要财务数据来源于 Wind 数据库，公司实际税率数据来源于 CSMAR 数据库，产业政策数据来自中国研究数据服务平台（CNRDS），省级医疗卫生公共财政支出来自国家统计局官网。

由于本文考察的是“十一五”“十二五”“十三五”期间产业政策的影响，故研究样本区间为 2006~2019 年。由于要考察产业政策对公司破产风险的影响，本文保留了 ST 及＊ST 公司、所有者权益为负的公司。为了控制极端值的影响，对宏观变量以外的连续型解释变量在 1%和 99%分位数上按年份进行缩尾（Winsorize）处理。

（二）变量定义

1. *被解释变量*

（1）融资脆性。参考 Duval 等（2020），定义 Vulnerabilities 为公司的短期债务与总负债之比，衡量公司资产负债表结构的脆弱程度。参考 Brown 和 Earle（2017），取公司上两年融资脆性均值与后两年融资脆性均值之差来表示融资脆性变动额。

（2）贸易融资（拖欠）。考察两个方向的贸易信贷，参考 Gyimah 等（2020），取应收账款/总资产、应付账款/总资产。

（3）行业选择。若公司所属行业上一年不受产业政策支持，当年进入受到产业政策支持的行业，则 ToSupport 取 1，否则取 0。若公司所属行业上一年受产业政策支持，当年进入不受到产业政策支持的行业，则 ToUnSupport 取 1，否则取 0。

（4）落后产能行业虚拟变量。根据工业和信息化部公告 2014 年工业行业淘汰落后产能企业名单第一批和第二批中列出的 18 个落后产能行业，将 18 个行业与其所属的证监会三位数行业代码匹配。若公司属于这些行业，则公司属于存在落后产能的行业，EliminaInd 取 1，否则为 0。若公司当年离开落后产能行业，LeaveEliminaInd 取 1，两个时期都是落后产能行业则取 0。若公司当年仍然在落后产能行业，StayInEliminaInd 取 1，两个时期都是落后产能行业则取 0。

（5）其他公司绩效指标：

研发支出：为公司研发支出的对数值。

投资：参考张会丽、陆正飞（2012），本文将投资水平定义为（购建固定资产、无形资产和其他长期资产支付的现金+取得子公司及其他营业单位支付的现金净额-处置固定资产、无形资产和其他长期资产收回的现金净额-处置子公司及其他营业单位收到的现金净额）/上年总资产。

员工人数：取员工人数的对数值表示。

公司破产风险：参考张小茜、孙璐佳（2017），使用 Altman-Z 值测度公司破产风险。

2. 关键解释变量

（1）产业政策变量。本文使用的产业政策数据来源于中国研究数据服务平台①。若该省份该产业是重点支持产业，IndPolicy 取 1；若该产业不是重点支持产业，则 IndPolicy 取 0。同时，笔者参照张莉等（2019）与刘毓芸、程宇玮（2020）的方法，手工整理五年规划中的产业政策数据加以对照，确保数据的准确性。若公司在"十一五"规划中受到支持，$IndPolicy^{11}$ 取 1，否则取 0，同理构建 $IndPolicy^{12}$、$IndPolicy^{13}$。详细的指标定义如表 2 所示。

表 2　变量定义

变量	变量定义
被解释变量	
Receivables	应收账款/总资产，参考 Gyimah 等（2020）
Payables	应付账款/总资产，参考 Gyimah 等（2020）
Vulnerabilities	参考 Duval 等（2020），定义为公司的短期债务与总负债之比，衡量公司资产负债表结构的脆弱程度
ΔVulnerabilities	参考 Brown 和 Earle（2017），取公司上两年融资脆性均值与后两年融资脆性均值之差来表示融资脆性变动额
ToSupport	若公司所属行业上一年不受产业政策支持，当年进入受到产业政策支持的行业，则取 1，否则为 0
ToUnSupport	若公司所属行业上一年受产业政策支持，当年进入不受到产业政策支持的行业，则 ToSupport 取 1，否则取 0
LeaveEliminInd	若公司当年离开落后产能行业，则取 1，两个时期都是落后产能行业则为 0
StayInEliminInd	若公司当年仍然在落后产能行业，则取 1，两个时期都是落后产能行业则为 0
R&D	公司研发支出的对数值/期初总资产
Invest	参考张会丽、陆正飞（2012），定义为（购建固定资产、无形资产和其他长期资产支付的现金+取得子公司及其他营业单位支付的现金净额-处置固定资产、无形资产和其他长期资产收回的现金净额-处置子公司及其他营业单位收到的现金净额）/期初总资产
lnEmployee	员工人数的对数值
Z	Altman-Z 值，衡量公司破产风险，参考张小茜、孙璐佳（2017）与 Huang 等（2020）
解释变量	
IndPolicy	若公司所在行业受省级产业政策规划鼓励，则取值为 1，否则为 0。若公司受"十一五"产业政策支持，$IndPolicy^{11}$ 取 1，否则取 0。同理构建 $IndPolicy^{12}$、$IndPolicy^{13}$
IndPolicyMilitary	以军工类企业为新的控制组，赋值为 0，受产业政策支持的行业为 1
Year_j	若该年为该省区市党委书记任期的第 j 年，则取 1，否则为 0，参考 Ru（2018）
GovernBusi	参考聂辉华的政商关系健康指数（2018 版），以及包含的两个维度：亲近指数、清白指数
HealthExpense	各省份人均医疗卫生支出对数值

① 我们使用了公用数据库，保证了数据的可信性和可复制。

续表

变量	变量定义
Pandemic	根据 2020 年 4 月 8 日武汉解封日数据，如果该省份的新冠肺炎疫情死亡人数高于所有省份新冠肺炎疫情死亡人数的中位数取 1，否则为 0
BelowMedianVul	若该公司的融资脆性水平为所属行业的下二分位数，则取 1，否则取 0
HighHealth Expense	若该省份医疗卫生水平为当年所有样本的上三分位数，则取 1，否则取 0
控制变量	
BM	公司所有者权益/市值
ROA	当年税后净利润/总资产
CashFlow	经营性活动现金净流量/总资产
Subsidy	政府补助/销售收入，参考王克敏等（2017）
Tax	公司应交所得税额/利润总额，参考郭杰等（2019）
SOE	若该公司属于国有企业，则 SOE 取 1，否则为 0
Size	公司资产的对数值
Age	当年年份-公司上市年份
lnperGDP	所在省份单位人口 GDP 的对数值
PrivateCredit	贷款余额，省份内金融机构贷款余额总量/该省份 GDP

（2）较低的融资脆性水平虚拟变量。若该公司的融资脆性水平为所属行业的下二分位数，则 BelowMedian 取 1，否则取 0。

（3）高的应收账款行业虚拟变量。参考 Carvalho（2015），构造变量 HighFirmReceiv，若公司当年的应收账款处于当年所有样本的上 1/3 分位数，则取 1，否则为 0。然后构建行业指标 HighReceivInd，表征在给定行业年度中高应收账款周转率公司的比例。参考 Carvalho（2015），本文也构造了两个指标 HighReceivInd1、HighReceivInd2，前者为该行业年度平均 FirmHighReceiv 在 50%上取 1，后者为该行业年度平均 FirmHighReceiv2 在 33%上取 1。

（4）省区市党委书记或省长（自治区主席、市长）任期。若该年为该省区市党委书记或省长（自治区主席、市长）任期的第 j 年，则 Year_j 取 1，否则为 0。同理构建省长（自治区主席、市长）任期变量。

（5）医疗卫生支出。参考 Zhang 和 Wang（2020），本文将医疗卫生水平定义为各省份人均医疗卫生支出对数值。

（6）疫情严重程度。根据 2020 年 4 月 8 日武汉解封日数据，如果该省的新冠肺炎疫情死亡人数高于所有省份新冠肺炎疫情死亡人数的中位数，则 Pandemic 取 1，否则为 0。

（7）高医疗支出水平。若该省份医疗卫生水平为当年所有样本的上三分位数，则 HighHealthExpense 取 1，否则取 0。

（8）产业政策施行年份虚拟变量。若当年属于“十二五”规划，即在 2011～2015 年，则 Year125 取 1，否则取 0。同理构造 Year135。

3. 控制变量

（1）公司层面控制变量。包括公司盈利能力、账面市值比、现金流量、政府补助、实际税率、公司规模、上市年限、是否国有企业。

（2）区域层面控制变量。省份人均GDP、贷款余额。

（三）描述性统计

表3显示了上市公司是否受产业政策支持，三个时期受到产业政策支持的公司融资脆性均值和中位数，均大于未受产业政策支持的公司，且两者的均值差异是显著的。

表3 描述性统计

	受产业政策支持				未受产业政策支持				均值差异	中位数差异
	均值（1）	中位数（2）	标准差（3）	观测值（4）	均值（5）	中位数（6）	标准差（7）	观测值（8）	（9）	（10）
Panel A："十一五"期间										
Receivables	0.134	0.112	0.111	5004	0.104	0.076	0.106	0.104	0.029***	0.36***
Payables	0.109	0.089	0.091	5004	0.079	0.101	0.087	0.079	0.003***	−0.012***
Vulnerabilities	0.316	0.303	0.191	4095	0.292	0.312	0.195	0.292	0.004*	−0.009***
R&D	0.044	0.031	0.053	2557	0.028	0.019	0.034	0.028	0.016***	0.012***
Invest	0.555	0.073	5.018	4465	0.521	0.049	10.221	5413	0.034	0.024***
lnEmployee	7.101	7.131	1.357	4410	7.293	7.290	1.471	5300	−0.192***	−0.159***
Z	21.729	3.404	1056.852	4462	3.096	2.990	1157.296	5401	18.633	0.414***
Subsidy	0.006	0.001	0.062	5004	0.003	0.001	0.008	5877	0.002**	0.0001***
Tax	0.212	0.145	3.952	3143	0.175	0.160	0.582	4247	0.037	−0.105***
CashFlow	0.076	0.067	0.206	5004	0.073	0.065	0.114	5877	0.003	0.002**
	受产业政策支持				未受产业政策支持				均值差异（9）	中位数差异（10）
	均值（1）	中位数（2）	标准差（3）	观测值（4）	均值（5）	中位数（6）	标准差（7）	观测值（8）		
Panel B："十二五"期间										
Receivables	0.148	0.111	0.114	8962	0.124	0.087	0.122	8363	0.024***	0.024***
Payables	0.102	0.089	0.080	8962	0.102	0.080	0.076	8363	0.001***	0.009***
Vulnerabilities	0.287	0.303	0.196	6925	0.269	0.242	0.172	6331	0.018*	0.005***
R&D	0.037	0.027	0.050	6344	0.033	0.022	0.052	5815	0.003	0.005***
Invest	4.265	0.073	294.183	8261	12.085	0.052	888.985	7849	7.820	0.021***
lnEmployee	7.452	7.385	1.229	6791	7.330	3.305	27.026	8318	0.122**	4.080***
Z	9.622	3.404	180.461	8276	7.150	3.305	10.882	8289	2.472	0.009***
Subsidy	0.006	0.001	0.017	8962	0.005	0.002	0.008	8363	0.001***	−0.001***
Tax	0.135	0.145	1.906	6207	0.137	0.168	0.532	6057	−0.002	−0.016***
CashFlow	0.060	0.067	0.153	8962	0.052	0.056	0.107	8363	0.008*	0.011***

续表

	受产业政策支持				未受产业政策支持				均值差异	中位数差异
	均值 (1)	中位数 (2)	标准差 (3)	观测值 (4)	均值 (5)	中位数 (6)	标准差 (7)	观测值 (8)	(9)	(10)
Panel C：“十三五”期间										
Receivables	0.149	0.127	1.106	6793	0.126	0.096	0.122	8319	0.022***	0.005***
Payables	0.096	0.085	0.071	6793	0.099	0.077	0.076	5815	-0.003**	0.008**
Vulnerabilities	0.248	0.265	0.173	5108	0.207	0.232	0.172	6331	0.041***	0.012***
R&D	0.037	0.026	0.050	7180	0.030	0.021	0.052	5815	0.007	0.005***
Invest	4.289	0.837	286.595	6727	12.085	0.052	888.985	7849	-6.308	0.785***
lnEmployee	7.452	7.385	1.229	8699	7.586	7.522	1.379	8318	-0.134***	-0.137***
Z	7.664	3.801	14.666	6740	3.377	6.187	10.882	8289	1.477***	-2.186***
Subsidy	0.006	0.003	0.008	6793	0.005	0.003	0.008	8319	0.001***	0.001***
Tax	0.025	0.151	6.591	5995	0.141	0.154	0.532	7585	-0.177	-0.032***
CashFlow	0.054	0.055	0.082	6793	0.051	0.050	0.109	8319	0.003**	0.004***

注：* 表示 p<0.10，** 表示 p<0.05，*** 表示 p<0.01。

图 1 为公司融资脆性均值逐年变化的趋势，对比了受产业政策支持的公司融资脆性均值和未受到产业政策的公司融资脆性均值和中位数。如图 1（a）所示，融资脆性均值最高点出现在 2008 年，分别为 0.334 和 0.329，而后逐年下降，到 2019 年降至 0.23 左右，且受到产业政策支持的公司，融资脆性均值都大于未受支持的公司。图 1（b）部分比较了两者的中位数，与均值类似，公司融资脆性的中位数逐年递减，且受到产业政策支持的公司，融资脆性中位数都相对较大。虽然上市公司的融资脆性均值和中位数在“十一五”至“十三五”期间呈现逐渐下降的趋势，但并未在五年规划交替的年份出现明显的规律，因此本文将进一步探究政商关系是否会影响这一趋势。

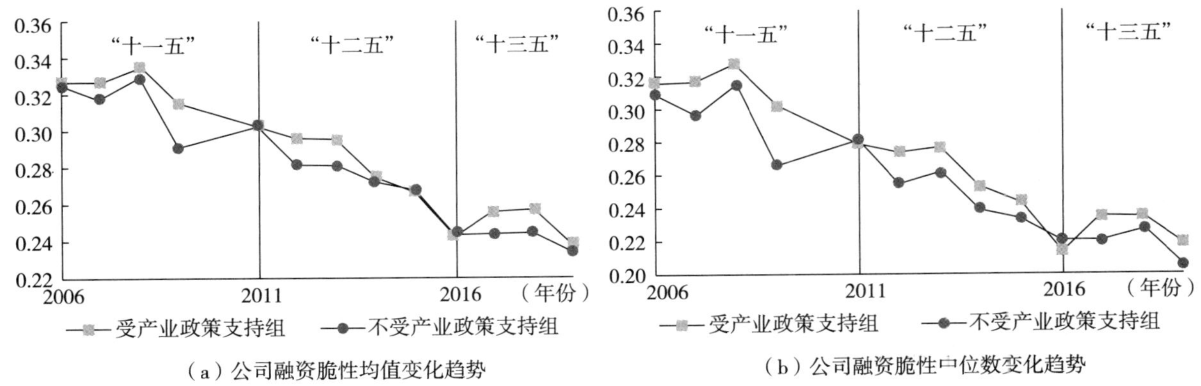

（a）公司融资脆性均值变化趋势

（b）公司融资脆性中位数变化趋势

图 1　公司融资脆性逐年变化趋势

图 2 为各省份上市公司融资脆性均值在“十二五”和“十三五”期间的变化趋势。从总体上看，各省份上市公司的融资脆性普遍呈现下降趋势。选取北京、上海、广东和浙江作为典型样本进行考察，我们发现，北京市上市公司融资脆性水平最低，上海与广东大致相近，而作为民营经济强省的浙江融资脆性相对较高。

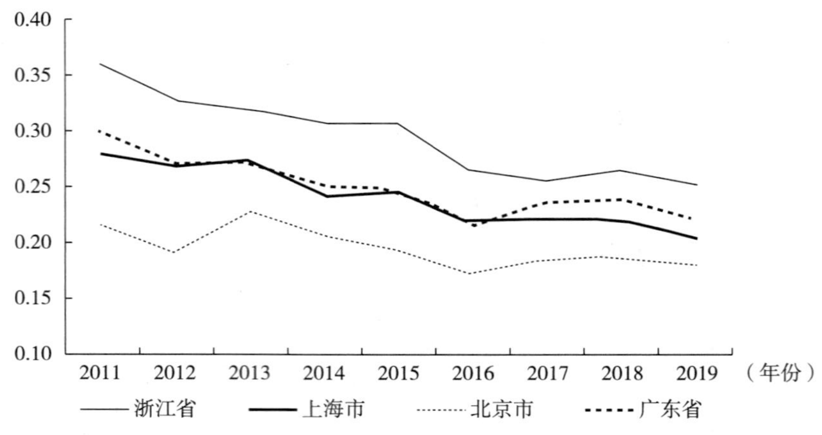

图 2　各省份上市公司融资脆性

根据三位数行业代码的划分，求出行业的融资脆性均值和中位数，如表 4 所示。融资脆性最低的行业为房地产业，均值为 0.105，中位数仅为 0.064，这是由于房地产企业更多地依赖长期借款；科技推广和应用服务业的融资脆性均值达到了 0.479；脆性均值最高的行业为渔业，达到 0.497，表明该行业将近一半的负债是短期借款。

表 4　各行业融资脆性均值

行业名称	行业代码	融资脆性均值	融资脆性中位数
渔业	A04	0.497	0.539
科技推广和应用服务业	M75	0.479	0.325
农、林、牧、渔服务业	A05	0.442	0.496
非金属矿采选业	B10	0.430	0.428
有色金属冶炼和压延加工业	C32	0.427	0.439
……	……	……	……
水的生产和供应业	D46	0.162	0.122
邮政业	G60	0.155	0.158
建筑安装业	E49	0.122	0.095
房屋建筑业	E47	0.118	0.145
房地产业	K70	0.105	0.064

四、产业政策与融资脆性

（一）结构性模型

国民经济和社会发展五年规划是我国国民经济计划的重要部分，为国民经济发展远景规定目标和方向，按行政层级分为国家级规划、省（区、市）级规划、市县级规划，共三级。本文首先考察“十一五”“十二五”“十三五”三个时期的省级产业政策是否影响公司融资脆性。参考王克敏等

(2017)，构建如下方程：

$$Vulnerabilities_{it}=\beta_1 IndPolicy_{ipt}+\gamma_1 Control_{i,t-1}+\alpha_p+\alpha_t+\varepsilon_{it} \quad (1)$$

其中，IndPolicy 为产业政策虚拟变量，受产业政策支持的行业为 1，否则为 0。本文还进一步分别考察是否受各省份“十一五”“十二五”“十三五”期间产业政策的支持，分别记作 $IndPolicy^{11}$、$IndPolicy^{12}$、$IndPolicy^{13}$。Control 为基于王克敏等（2017）的一系列控制变量，为降低内生性取期初值，按年度做缩尾处理。控制省份固定效应 α_p、年度固定效应 α_t，标准差采取省级聚类。

由表 5 可知，IndPolicy 对 Vulnerabilities 的回归系数在 1%的统计水平上显著为正，故对产业政策对公司融资脆性的影响以中介效应立论。进一步考察各个时期的不同影响可以发现，在“十一五”时期，产业政策降低了公司的融资脆性，但仅在 10%的统计水平上显著；“十二五”产业政策对公司融资脆性的回归系数在 1%的统计水平上显著为正；在“十三五”时期，产业政策对公司融资脆性并没有显著影响。由此可见，不同时期的产业政策对融资脆性的影响是不同的。“十三五”是产业结构调整的重要阶段（郭克莎，2019），本文发现产业政策对公司融资脆性的负面影响在“十三五”阶段消失，可以印证上述观点。

表 5 产业政策对公司融资脆性的影响

	全样本	“十一五”时期	“十二五”时期	“十三五”时期
	Vulnerabilities	Vulnerabilities	Vulnerabilities	Vulnerabilities
	(1)	(2)	(3)	(4)
IndPolicy	0.0099**	−0.0029	0.0169**	0.0115*
	(0.004)	(0.009)	(0.006)	(0.006)
BM_{t-1}	−0.0007	−0.0008	−0.0014	0.0002
	(0.001)	(0.001)	(0.001)	(0.001)
ROA_{t-1}	−0.1446***	−0.1700***	−0.1938***	−0.1088***
	(0.033)	(0.037)	(0.064)	(0.031)
$CashFlow_{t-1}$	−0.2606***	−0.2857***	−0.2326***	−0.2668***
	(0.026)	(0.029)	(0.040)	(0.037)
$Size_{t-1}$	−0.0167***	−0.0190***	−0.0168***	−0.0156***
	(0.003)	(0.005)	(0.004)	(0.002)
Age_t	−0.0004	−0.0016	−0.0009	−0.0002
	(0.001)	(0.001)	(0.001)	(0.000)
SOE	−0.0372***	−0.0417***	−0.0454***	−0.0230**
	(0.010)	(0.012)	(0.010)	(0.010)
Year FE	Yes	Yes	Yes	Yes
Province FE	Yes	Yes	Yes	Yes
观测值	26801	6354	9794	10653
调整R^2	0.101	0.099	0.081	0.072

注：回归结果控制省份、年度固定效应，标准差按照省级聚类，括号内为标准差。* 表示 $p<0.10$，** 表示 $p<0.05$，*** 表示 $p<0.01$。

（二）替换控制组

军工企业是相对稳定的组，本文进一步使用军工类企业作为控制组，令军工类企业对应的 IndPolicy 为 0，构建新的产业政策指标 IndPolicyMilitary，以检查模型的结果稳健性。根据 Wind 数据库申银万国行业分类，共有 73 家上市公司属于国防军工行业，在本文样本中有 1067 条观测值属于此类。表 6 的结果显示，产业政策对公司融资脆性的影响在 1%的统计水平上为正，且该影响主要存在于“十二五”时期。该结果印证了基准回归结果的稳健性。

表 6　以军工企业为控制组

	全样本	“十一五”时期	“十二五”时期	“十三五”时期
	Vulnerabilities (1)	Vulnerabilities (2)	Vulnerabilities (3)	Vulnerabilities (4)
IndPolicyMilitary	0.0466*** (0.013)	0.0428* (0.024)	0.0439** (0.021)	0.0506*** (0.012)
BM_{t-1}	−0.0004 (0.001)	0.0009 (0.002)	−0.0012 (0.001)	0.0003 (0.001)
ROA_{t-1}	−0.1628*** (0.035)	−0.1991*** (0.045)	−0.1925** (0.076)	−0.1391*** (0.031)
$CashFlow_{t-1}$	−0.3301*** (0.041)	−0.3271*** (0.036)	−0.3522*** (0.061)	−0.3116*** (0.059)
$Size_{t-1}$	−0.0129** (0.005)	−0.0208** (0.008)	−0.0132** (0.005)	−0.0076 (0.005)
Age_t	0.0001 (0.001)	−0.0011 (0.001)	0.0004 (0.001)	−0.0003 (0.001)
SOE	−0.0457*** (0.013)	−0.0360** (0.017)	−0.0574*** (0.014)	−0.0357** (0.015)
Year FE	Yes	Yes	Yes	Yes
Province FE	Yes	Yes	Yes	Yes
观测值	12561	2719	5025	4817
调整 R^2	0.098	0.105	0.093	0.072

注：* 表示 $p<0.10$，** 表示 $p<0.05$，*** 表示 $p<0.01$。

（三）反向因果

考虑到政府在拟定五年规划时，有可能选取公司业绩表现不佳的产业予以扶持，故以上观察到的产业政策的影响，有可能与产业政策的影响无关，而可能是产业本身的特性问题。为了解决这一内生性问题，本文考虑公司绩效对产业政策的反向因果问题，即上一阶段的公司融资脆性是否会影响到下一阶段的产业政策制定。

$$Logit\ (IndPolicy_{ipt}) = \beta_1 Vulnerabilities_{it-1} + \beta_2 Vulnerabilities_{it-2} + \beta_3 Vulnerabilities_{it-3} + \gamma_1 Control_{i,t-1} + \alpha_p + \alpha_t + \varepsilon_{it} \quad (2)$$

由表 7 可知，将公司融资脆性分别滞后 1～3 期后代入 Logit 回归模型，系数均不显著。这表明制定产业政策时，并不会特意选取具有较高融资脆性的行业予以扶持，说明不存在反向因果。

表 7　反向因果检验

	IndPolicy (1)	IndPolicy^{11} (2)	IndPolicy^{12} (3)	IndPolicy^{13} (4)	EliminInd (5)
$\text{Vulnerabilities}_{t-1}$	-0.108 (0.210)	-0.391 (2.593)	-0.901 (0.673)	-0.574 (1.208)	0.384 (0.480)
$\text{Vulnerabilities}_{t-2}$	-0.125 (0.230)	-2.369 (2.360)	-0.181 (0.686)	-0.0588 (1.168)	-0.480 (0.546)
$\text{Vulnerabilities}_{t-3}$	0.309 (0.200)	0.411 (3.167)	0.287 (0.639)	0.725 (1.093)	0.499 (0.484)
Controls	Yes	Yes	Yes	Yes	Yes
Year FE	Yes	Yes	Yes	Yes	Yes
Province FE	Yes	Yes	Yes	Yes	Yes
观测值	10234	77	1196	414	1566

五、机制检验

（一）政府补助、实际税率的直接渠道

首先考察产业政策通过政府补助（王克敏等，2017）、实际税率（郭杰等，2019）对公司融资脆性的影响，引入这两个变量作为中介渠道进行考察，如表 8 所示。

表 8　政府补助和实际税率作为产业政策与公司融资脆性的中介渠道

Panel A：政府补助作为产业政策与融资脆性的中介变量								
	全样本				“十二五”时期			
	OLS		中介效应模型		OLS		中介效应模型	
	Subsidy (1)	Vul (2)	Subsidy (3)	Vul (4)	Subsidy (5)	Vul (6)	Vul (7)	Vul (8)
IndPolicy	0.0091** (0.004)	0.0087** (0.004)	0.0011*** (0.000)	0.0098** (0.004)	0.0148** (0.006)	0.0118* (0.006)	0.0013*** (0.000)	0.0169** (0.006)
Subsidy_t				0.0684 (0.183)	-0.0016* (0.001)	-0.0018** (0.001)	-0.0016* (0.001)	-0.0018** (0.001)
Subsidy_{t-1}	-0.0137 (0.028)				-0.0124 (0.021)		-0.0124 (0.021)	

续表

Panel A：政府补助作为产业政策与融资脆性的中介变量								
	全样本				"十二五"时期			
	OLS		中介效应模型		OLS		中介效应模型	
	Subsidy (1)	Vul (2)	Subsidy (3)	Vul (4)	Subsidy (5)	Vul (6)	Vul (7)	Vul (8)
$Subsidy_{t-3}$		-0.0312 (0.028)				-0.0307 (0.026)		-0.0307 (0.026)
BM_{t-1}	-0.0007 (0.001)	-0.0007 (0.001)	-0.0000 (0.000)	-0.0007 (0.001)	-0.0016* (0.001)	-0.0018** (0.001)	-0.0001 (0.000)	-0.0014 (0.001)
ROA_{t-1}	-0.1425*** (0.033)	-0.1389*** (0.039)	-0.0075*** (0.002)	-0.1441*** (0.033)	-0.1900*** (0.065)	-0.1747** (0.068)	-0.0142*** (0.004)	-0.1942*** (0.064)
$CashFlow_{t-1}$	-0.2685*** (0.026)	-0.2760*** (0.031)	0.0027** (0.001)	-0.2609*** (0.026)	-0.2519*** (0.040)	-0.2767*** (0.044)	0.0016 (0.002)	-0.2325*** (0.041)
$Size_{t-1}$	-0.0165*** (0.003)	-0.0153*** (0.003)	-0.0010*** (0.000)	-0.0166*** (0.003)	-0.0161*** (0.004)	-0.0137*** (0.004)	-0.0013*** (0.000)	-0.0168*** (0.004)
Age_t	-0.0004 (0.001)	-0.0003 (0.000)	-0.0001*** (0.000)	-0.0004 (0.001)	-0.0007 (0.001)	-0.0003 (0.001)	-0.0000 (0.000)	-0.0009 (0.001)
SOE	-0.0380*** (0.009)	-0.0393*** (0.010)	0.0005 (0.000)	-0.0372*** (0.009)	-0.0479*** (0.010)	-0.0528*** (0.011)	0.0008 (0.000)	-0.0453*** (0.010)
Year FE	Yes	Yes	Yes	Yes	Yes	Yes	Yes	Yes
Province FE	Yes	Yes	Yes	Yes	Yes	Yes	Yes	Yes
观测值	26687	24065	33531	26801	9682	9404	12348	9794
Adj. R^2	0.102	0.093	0.024	0.101	0.086	0.086	0.086	0.086
Sobel			Z=0.37<0.97				Z=0.10<0.97	

Panel B：实际税率作为产业政策与融资脆性的中介变量								
	全样本				"十二五"时期			
	OLS		中介效应模型		OLS		中介效应模型	
	Tax (1)	Vul (2)	Vul (3)	Vul (4)	Tax (5)	Vul (6)	Vul (7)	Vul (8)
IndPolicy	0.0086* (0.005)	0.0085* (0.005)	-0.0354 (0.041)	0.0105** (0.005)	0.0110* (0.006)	0.0111* (0.006)	-0.0089 (0.039)	0.0193*** (0.006)
Tax_t				0.00004 (0.0002)				0.0005 (0.0004)
Tax_{t-1}	0.0002 (0.000)				0.0005*** (0.000)			

续表

Panel B：实际税率作为产业政策与融资脆性的中介变量								
	全样本				“十二五”时期			
	OLS		中介效应模型		OLS		中介效应模型	
	Tax	Vul	Vul	Vul	Tax	Vul	Vul	Vul
	(1)	(2)	(3)	(4)	(5)	(6)	(7)	(8)
Tax_{t-3}		0.0010** (0.000)				0.0008*** (0.000)		
BM_{t-1}	-0.0011* (0.001)	-0.0011 (0.001)	0.0033 (0.003)	-0.0007 (0.001)	-0.0017 (0.001)	-0.0020* (0.001)	-0.0017 (0.003)	-0.0012 (0.001)
ROA_{t-1}	-0.1273*** (0.030)	-0.11*** (0.033)	0.4924* (0.260)	-0.1471*** (0.033)	-0.1951*** (0.062)	-0.1795*** (0.065)	0.2555 (0.164)	-0.2047*** (0.062)
$CashFlow_{t-1}$	-0.2636*** (0.028)	-0.23*** (0.033)	-0.2672 (0.160)	-0.2686*** (0.027)	-0.2291*** (0.040)	-0.2022*** (0.045)	-0.0624 (0.127)	-0.2345*** (0.039)
$Size_{t-1}$	-0.0166*** (0.003)	-0.017*** (0.003)	0.0130* (0.007)	-0.0162*** (0.003)	-0.0155*** (0.004)	-0.0145*** (0.004)	0.0123** (0.005)	-0.0153*** (0.004)
Age_t	-0.0007 (0.001)	-0.0012** (0.001)	0.0024 (0.002)	-0.0005 (0.001)	-0.0008 (0.001)	-0.0012 (0.001)	0.0024 (0.002)	-0.0010 (0.001)
SOE	-0.0358*** (0.009)	-0.0335*** (0.010)	0.0031 (0.040)	-0.0368*** (0.009)	-0.0471*** (0.010)	-0.0508*** (0.011)	-0.0036 (0.053)	-0.0451*** (0.010)
Year FE	Yes	Yes	Yes	Yes	Yes	Yes	Yes	Yes
Province FE	Yes	Yes	Yes	Yes	Yes	Yes	Yes	Yes
观测值	24772	19610	32798	26269	9089	7726	12106	9611
Adj. R^2	0.102	0.090	0.000	0.102	0.082	0.081	0.001	0.081
Sobel			Z=0.19<0.97				Z=0.22<0.97	

注：*表示 p<0.10，**表示 p<0.05，***表示 p<0.01。

表8Panel A 显示①，在各个时期 IndPolicy 对 Subsidy 的系数、Subsidy 分别对 Vulnerabilities 的系数均不显著，且没有通过 Sobel 检验。同样地，Panel B 中，当实际税率作为中介变量时，也未通过 Sobel 检验。因此，政府补助和实际税率都不是产业政策影响公司融资脆性的中介渠道。考虑到政府补助和实际税率可能会对公司融资脆性产生滞后的影响，参考 Carvalho（2015），在（3）列、（6）列中考察将政府补助和实际税率分别滞后三期进行考察，发现并没有对公司融资脆性产生显著影响。这进一步证明了政府补助与实际税率不是产业政策影响公司融资脆性的中介渠道这一结论的稳健性。

① 根据钱雪松等（2015）、郭晔等（2020）的研究，在进行中介效应回归时，都使用了当期的中介变量进行回归。

（二）贸易信贷的间接渠道

由于总体上“十二五”期间的产业政策对公司融资脆性的影响显著，因此对这三个时期按中介效应立论。这里引入应收账款和应付账款作为体现贸易信贷的指标。根据卞泽阳等（2019）的研究，一个地区主导产业的发展会有利于降低当地上游公司的应收账款比例和提高当地下游企业的应付账款比例，当地的上下游公司得到供应链融资，从而实现信贷约束的缓和。同样地，产业政策的扶持有利于提高公司的地位，从而发挥贸易信贷的作用，影响公司资产负债表。本文引入应收账款占比和应付账款占比来体现贸易信贷的作用。本文的中介效应回归参照钱雪松等（2015）、郭晔等（2020）的方法，采用当期的中介变量。表 9 的 Panel A 为应收账款作为中介渠道的回归结果。Panel A 前 4 列为全样本回归，此时应收账款作为中介变量时，β 和 c′都有一个不显著，且应收账款通过了 Sobel 检验。表明在总的三个时期，产业政策通过影响公司的应收账款而使公司的融资脆性上升。

表 9 的 Panel B 为应付账款作为中介渠道的回归结果。由 Panel B（1）列、（2）列可知，β 和 c′都在 1%的统计水平上显著，这说明从总体上看，应付账款作为中介渠道是显著的。受产业政策支持的行业内的公司，应付账款比例会减少，这加大了公司的资金运转压力，使得公司更依赖于短期借款，融资脆性上升。而只有在“十二五”时期，应付账款的中介渠道是显著的，这表明应付账款的中介作用主要是在“十二五”时期发挥。

表 9　贸易信贷作为产业政策与公司融资脆性的中介渠道

Panel A：应收账款作为产业政策与融资脆性的中介变量

	全样本				“十二五”时期			
	OLS		中介效应模型		OLS		中介效应模型	
	Receivables	Vul	Receivables	Vul	Receivable	Vul	Receivables	Vul
	（1）	（2）	（3）	（4）	（5）	（6）	（7）	（8）
IndPolicy	0.0096*** （0.002）	0.0095*** （0.002）	0.0173*** （0.001）	0.0105*** （0.002）	0.0153*** （0.004）	0.0131*** （0.004）	0.0244*** （0.002）	0.0176*** （0.004）
$Receivables_t$				−0.036*** （0.011）				−0.0255 （0.020）
$Receivables_{t-1}$	−0.034*** （0.011）				−0.0188 （0.020）			
$Receivables_{t-3}$		−0.0476*** （0.012）				−0.0597*** （0.021）		
BM_{t-1}	−0.0007** （0.000）	−0.0007* （0.000）	0.0005*** （0.000）	−0.0006* （0.000）	−0.0016** （0.001）	−0.0018** （0.001）	0.0015*** （0.000）	−0.0014* （0.001）
ROA_{t-1}	−0.139*** （0.017）	−0.1352*** （0.018）	0.0347*** （0.008）	−0.143*** （0.017）	−0.1875*** （0.033）	−0.1690*** （0.033）	0.0725*** （0.014）	−0.1913*** （0.033）

续表

Panel A：应收账款作为产业政策与融资脆性的中介变量								
	全样本				“十二五”时期			
	OLS		中介效应模型		OLS		中介效应模型	
	Receivables	Vul	Receivables	Vul	Receivable	Vul	Receivables	Vul
	(1)	(2)	(3)	(4)	(5)	(6)	(7)	(8)
$CashFlow_{t-1}$	-0.278***	-0.2874***	-0.299***	-0.271***	-0.2573***	-0.2903***	-0.2897***	-0.2392***
	(0.016)	(0.017)	(0.007)	(0.016)	(0.028)	(0.028)	(0.012)	(0.028)
$Size_{t-1}$	-0.017***	-0.016***	-0.009***	-0.017***	-0.0163***	-0.0145***	-0.0082***	-0.0171***
	(0.001)	(0.001)	(0.000)	(0.001)	(0.002)	(0.002)	(0.001)	(0.002)
Age_t	-0.0005**	-0.0005**	-0.003***	-0.001***	-0.0008**	-0.0005	-0.0035***	-0.0010***
	(0.000)	(0.000)	(0.000)	(0.000)	(0.000)	(0.000)	(0.000)	(0.000)
SOE	-0.038***	-0.0398***	-0.008***	-0.037***	-0.0479***	-0.0534***	-0.0026	-0.0454***
	(0.003)	(0.003)	(0.001)	(0.003)	(0.005)	(0.005)	(0.002)	(0.005)
Year FE	Yes	Yes	Yes	Yes	Yes	Yes	Yes	Yes
Province FE	Yes	Yes	Yes	Yes	Yes	Yes	Yes	Yes
观测值	33531	26801	26687	24065	12348	9794	9682	9404
Adj. R^2	0.184	0.101	0.102	0.094	0.178	0.082	0.082	0.083
Sobel			Z=1.09>0.97				Z=1.26>0.97	

Panel B：应付账款作为产业政策与融资脆性的中介变量								
	全样本				“十二五”时期			
	OLS		中介效应模型		OLS		中介效应模型	
	Payables	Vul	Payables	Vul	Payables	Vul	Payables	Vul
	(1)	(2)	(3)	(4)	(5)	(6)	(7)	(8)
IndPolicy	0.0091***	0.0084***	-0.0006	0.0099***	0.0149***	0.0113***	-0.0007	0.0171***
	(0.002)	(0.002)	(0.001)	(0.002)	(0.004)	(0.004)	(0.001)	(0.004)
$Payables_t$				-0.465***				-0.5204***
				(0.014)				(0.027)
$Payables_{t-1}$	-0.4372***				-0.4537***			
	(0.014)				(0.027)			
$Payables_{t-3}$		-0.3825***				-0.4327***		
		(0.014)				(0.025)		
BM_{t-1}	-0.0008**	-0.0008**	0.0004***	-0.0003	-0.0014*	-0.0016**	0.0009***	-0.0006
	(0.000)	(0.000)	(0.000)	(0.000)	(0.001)	(0.001)	(0.000)	(0.001)

续表

Panel B：应付账款作为产业政策与融资脆性的中介变量								
	全样本				“十二五”时期			
	OLS		中介效应模型		OLS		中介效应模型	
	Payables (1)	Vul (2)	Payables (3)	Vul (4)	Payables (5)	Vul (6)	Payables (7)	Vul (8)
ROA_{t-1}	-0. 161*** (0. 017)	-0. 1234*** (0. 017)	-0. 093*** (0. 006)	-0. 190*** (0. 017)	-0. 1999*** (0. 033)	-0. 1555*** (0. 033)	-0. 0673*** (0. 010)	-0. 2325*** (0. 032)
$CashFlow_{t-1}$	-0. 287*** (0. 016)	-0. 3117*** (0. 017)	-0. 047*** (0. 006)	-0. 282*** (0. 016)	-0. 2694*** (0. 027)	-0. 3225*** (0. 027)	-0. 0470*** (0. 009)	-0. 2568*** (0. 027)
$Size_{t-1}$	-0. 016*** (0. 001)	-0. 0149*** (0. 001)	0. 0044*** (0. 000)	-0. 015*** (0. 001)	-0. 0148*** (0. 002)	-0. 0127*** (0. 002)	0. 0047*** (0. 001)	-0. 0148*** (0. 002)
Age_t	-0. 001*** (0. 000)	-0. 001*** (0. 000)	-0. 001*** (0. 000)	-0. 001*** (0. 000)	-0. 0009** (0. 000)	-0. 0006 (0. 000)	-0. 0003** (0. 000)	-0. 0012*** (0. 000)
SOE	-0. 032*** (0. 003)	-0. 0347*** (0. 003)	0. 0142*** (0. 001)	-0. 031*** (0. 003)	-0. 0395*** (0. 005)	-0. 0471*** (0. 005)	0. 0185*** (0. 002)	-0. 0352*** (0. 005)
Year FE	Yes	Yes	Yes	Yes	Yes	Yes	Yes	Yes
Province FE	Yes	Yes	Yes	Yes	Yes	Yes	Yes	Yes
观测值	26687	24065	33531	26801	9682	9404	12348	9794
Adj. R^2	0. 134	0. 120	0. 039	0. 138	0. 109	0. 110	0. 047	0. 116
Sobel			Z=0. 60<0. 97				Z=0. 70<0. 97	

注：* 表示 p<0. 10，** 表示 p<0. 05，*** 表示 p<0. 01。

各个行业内的上市公司，大多数是行业内拥有较高地位的大公司。事实上，行业内的中小企业更容易受到大企业产业链上的压榨，大企业拖欠小企业的账款，从而使大企业拥有更高的应付账款和更低的应收账款。若受到产业政策的扶持，则行业内的大公司需要肩负起一定的社会责任。近年来，拖欠中小企业款项问题较为突出，党中央、国务院高度重视，习近平总书记、李克强总理多次做出重要指示批示，要求建立长效机制解决拖欠中小企业款项问题。国务院通过的《保障中小企业款项支付条例》，自 2020 年 9 月 1 日起施行，旨在建立起市场主体自律、政府依法监管、社会协同监督的预防化解拖欠中小企业款项法规制度。如表 9 所示，受产业政策支持的上市企业拖欠中小企业账款的问题正在不断化解，但这也会使得上市公司更加依赖短期债务维持运营，公司融资脆性上升。

（三）公司拖欠的行业传染效应

若产业政策通过贸易信贷影响公司融资脆性，则贸易信贷可能会具有行业传染效应。若受到产业政策支持的行业整体具有较高的应收账款水平，则行业内公司的融资脆性会被放大。基于这个思路，同时为了处理关键变量的内生性问题，参考 Carvalho（2015），构造变量 FirmHighReceiv，若公司当年的应收账款处于当年所有样本的上 1/3 分位数，则取 1，否则为 0。然后构建行业指标 High-ReceivInd，表征在给定行业年度中高应收账款周转率公司的比例。参考 Carvalho（2015），本文也构造了两个指标 HighReceivInd1、HighReceivInd2，前者为该行业年度平均 FirmHighReceiv 在 50%上取 1，后者为该行业年度平均 FirmHighReceiv2 在 33%上取 1。构建如下方程：

$$Vulnerabilities_{it}=\beta_2 HighReceivInd_{st}\times IndPolicy_{ipt}+\gamma_2 Controls_{i,t-1}+\alpha_p+\alpha_t+\varepsilon_{it} \quad (3)$$

参照 Carvalho（2015），本文也进一步考察了滞后三期的影响。

由上文可知，产业政策会影响公司的应收账款，从而提高公司的融资脆性。而应收账款周转率是衡量一个公司财务状况的重要指标，在产业链中处于强势地位的公司应当具有较少的应收账款和较高的应收账款周转率，并且公司所在行业的情况也会影响到公司的应收账款水平，其主要观察产业政策与该变量的交乘项的系数。但由表 10 可知，产业政策支持使得公司的应收账款增加，两者之间存在显著的正向关系。为了解决这一担忧，参照 Carvalho（2015），将表征公司是否处于高应收账款行业的变量滞后三期，对公司融资脆性的提升作用依然存在。由此可知，若行业整体具有较高的应收账款周转率水平，且受到产业政策重点支持，则行业内的公司会拥有较高的融资脆性。也就是说，在两种因素叠加下，公司偿债能力会增强，会更倾向于运用短期负债进行运营，但短期负债比例加大也会使公司的资产负债表更为脆弱。这进一步印证了贸易信贷是产业政策影响公司融资脆性的传导渠道。

表 10 应收账款周转率的行业传染效应

Panel A：当期效应				
	Vulnerabilities (1)	Vulnerabilities (2)	Vulnerabilities (3)	Vulnerabilities (4)
HighReceivInd1	0.0376*** (0.007)		0.0373*** (0.007)	
HighReceivInd1×IndPolicy	0.0195** (0.008)		0.0204** (0.008)	
HighReceivInd2		0.0238** (0.009)		0.0204*** (0.007)
HighReceivInd2×IndPolicy		0.0479*** (0.012)		0.0347*** (0.011)
$Controls_{t-1}$	Yes	Yes	Yes	Yes
Year FE	Yes	Yes	No	No
Province FE	Yes	Yes	No	No
Year×Province FE	No	No	Yes	Yes
Observations	26801	26801	26801	26801
Adj. R^2	0.114	0.109	0.111	0.106
Panel B：滞后效应				
	Vulnerabilities (1)	Vulnerabilities (2)	Vulnerabilities (3)	Vulnerabilities (4)
$HighReceivInd1_{t-3}$	0.0384*** (0.005)		0.0376*** (0.005)	

续表

Panel B：滞后效应				
	Vulnerabilities (1)	Vulnerabilities (2)	Vulnerabilities (3)	Vulnerabilities (4)
$HighReceivInd1_{t-3}$×IndPolicy	0.0250*** (0.007)		0.0262*** (0.008)	
$HighReceivInd2_{t-3}$×IndPolicy		0.0248*** (0.006)		0.0245*** (0.006)
$HighReceivInd2_{t-3}$×IndPolicy		0.0390*** (0.010)		0.0406*** (0.010)
$Controls_{t-1}$	Yes	Yes	Yes	Yes
Year FE	Yes	Yes	No	No
Province FE	Yes	Yes	No	No
Year×Province FE	No	No	Yes	Yes
Observations	24160	24160	24160	24160
Adj. R^2	0.108	0.104	0.105	0.101

注：* 表示 p<0.10，** 表示 p<0.05，*** 表示 p<0.01。

（四）行业选择是产业政策引导下企业的自主行为

公司在不同年度选择在不同行业经营，可能与产业政策的变动有关。通过检查公司行业数据结构变动发现，所有 A 股上市公司 2009 年与 2011 年、2010 年与 2011 年的所属行业并没有发生变化，因此我们着重考察“十二五”“十三五”产业政策变动对公司行业选择的影响。公司进入新行业，投入经营并适应行业环境需要一定的时间，且“十三五”规划是在 2015 年公布的，因此本文将“十二五”后两年公司所属行业和“十三五”前三年公司所属行业进行比较，以构建公司行业变动指标。

$$Logit\ (FirmIndChange_{it}) = \beta_1 Subsidy_{it-1} + \beta_2 Tax_{i,t-1} + \beta_3 Receivable_{i,t-1} + \beta_4 Payable_{i,t-1} + \varepsilon_{it}$$

进一步研究产业政策调整对公司融资脆性的影响，构建产业政策调整年份前后三年融资脆性的平均变化率作为被解释变量，为了保证“十三五”期间样本个数不会由于滞后项损失太多，我们用前后两年的差别，不过我们也做了前后三年变化，结果稳健（见表 11）。参照 Brown 和 Earle（2017），建立以下模型：

$$\Delta Vulnerabilities_{it} = \beta_3 IndPolicy_{ipt} + \alpha_p + \alpha_t + \varepsilon_{it} \tag{4}$$

其中，ΔVulnerabilities 是“十三五”前后公司融资脆性的变化：

$$\Delta Vulnerabilites_{it} = \frac{Vulneralbilities_{it} + Vulneralbilities_{i,t+1}}{2} - \frac{Vulneralbilities_{i,t-1} + Vulneralbilities_{i,t-2}}{2} \tag{5}$$

表 11　产业政策调整对公司的影响

Panel A：产业政策调整对融资脆性的影响

	ΔVulnerabilities						
	全样本 (1)	"十二五"时期 (2)	"十三五"时期 (3)	全样本 (4)	全样本 (5)	全样本 (6)	全样本 (7)
IndPolicy	0.0015 (0.002)	-0.0029 (0.004)	0.0086 ** (0.004)				
ToSupport				0.0024 (0.006)			
ToUnSupport					-0.0021 (0.004)		
LeaveEliminaInd						-0.0435 *** (0.014)	
StayInEliminInd							0.0297 ** (0.011)
Controls	Yes	Yes	Yes	Yes	Yes	Yes	Yes
Province FE	Yes	Yes	Yes	Yes	Yes	Yes	Yes
Year FE	Yes	Yes	Yes	Yes	Yes	Yes	Yes
Observations	18928	7881	6392	18928	18928	18928	18928
Adj. R^2	0.022	0.017	0.023	0.022	0.022	0.023	0.023

Panel B：产业政策调整是否会影响公司的行业选择（Logit）

	FirmIndChange (1)	ToSupport (2)	ToUnSupport (3)	LeaveEliminInd (4)	StayInEliminInd (5)
$Subsidy_{t-1}$	0.623 (1.631)	2.489 (1.759)	0.0691 (0.516)	-10.56 ** (4.776)	3.948 (5.082)
Tax_{t-1}	-0.0206 (0.0473)	-0.00400 (0.00662)	0.00544 (0.00784)	-0.0383 (0.0828)	-0.0142 (0.137)
$Receivables_{t-1}$	-0.752 (0.536)	-0.798 * (0.408)	0.210 (0.420)	4.059 *** (0.889)	-4.654 *** (1.481)
$Payables_{t-1}$	-0.894 (0.602)	-0.770 * (0.401)	1.091 ** (0.447)	-3.549 *** (1.045)	4.371 ** (1.861)
BM_{t-1}	-0.0124 (0.00773)	0.00652 (0.00563)	0.0198 *** (0.00589)	-0.00151 (0.0130)	-0.0115 (0.0211)
ROA_{t-1}	1.658 *** (0.406)	0.875 *** (0.295)	-1.129 *** (0.305)	0.614 (0.648)	-2.815 ** (1.190)

续表

Panel B：产业政策调整是否会影响公司的行业选择（Logit）					
	FirmIndChange （1）	ToSupport （2）	ToUnSupport （3）	LeaveEliminInd （4）	StayInEliminInd （5）
$CashFlow_{t-1}$	-1.720*** （0.428）	-0.698** （0.300）	0.640** （0.311）	1.309* （0.741）	-0.897 （1.300）
$Size_{t-1}$	0.0309 （0.0484）	-0.0394 （0.0364）	0.0574 （0.0377）	0.337*** （0.0810）	-0.392*** （0.152）
Age_t	-0.105*** （0.0114）	0.00156 （0.00701）	-0.0233*** （0.00735）	-0.0273 （0.0190）	-0.0460 （0.0400）
SOE	-0.281* （0.161）	0.124 （0.111）	-0.104 （0.116）	0.704** （0.288）	-0.623 （0.518）
Firm FE	Yes	Yes	Yes	Yes	No
Controls	Yes	Yes	Yes	Yes	Yes
Observations	9280	13246	12587	2067	1252
Number of Firms	805	1175	1141	186	181

注：* 表示 p<0.10，** 表示 p<0.05，*** 表示 p<0.01。

表 11 中 Panel A 旨在考察政府直接和间接干预是否会引导公司的行业选择。由（1）列、（2）列、（3）列可知，政府干预不会将公司引导到产业政策支持的行业。由（4）列、（5）列可知，获得政府补助、应收账款较多、应付账款较少的公司，离开存在落后产能行业的倾向会上升；应收账款较少、应付账款较多的公司，更倾向于留在存在落后产能的行业。Panel B 在 Panel A 的基础上，进一步研究了公司行业调整对其融资脆性的影响。公司留在存在落后产能的行业，融资脆性上升；离开落后产业，融资脆性会下降。这进一步验证了本文的基准回归结果，即产业政策通过影响贸易信贷，从而影响公司的融资脆性。

六、政商关系的再检验

（一）省级领导任期对公司的影响

考虑到政商关系对地区的经济发展起着至关重要的作用，中国的官员级别中，省区市党委书记是行政区域的“一把手”。Nordhaus（1975）和随后的一些研究发现，政府官员通常重点关注一些企业，或者使用政府干预的手段，来增加他们下一阶段获得晋升的可能性。出于对晋升的考虑，政府官员可能影响企业能获得的贸易信贷、政府补助、应收账款和实际税率。

本文参照 Ru（2018），从择城网、各省份政府官网中获得了 2006~2019 年 31 个省份省区市党委书记、省长（自治区主席、市长）的任职情况，构建 Year_2、Year_3、Year_4、Year_5、Second-Term 共 5 个虚拟变量，分别表征该年是省委书记或省长任职第 2 年、第 3 年、第 4 年、第 5 年以及连任第二届时取 1、任职第一年作为基准取值为 0。为考察省委书记任期对公司的影响，本文构建如下方程：

$$Y_{pt} = \delta_1 + \delta_2 Year\_2_{pt} + \delta_3 Year\_3_{pt} + \delta_4 Year\_4_{pt} + \delta_5 Year\_5_{pt} + \delta_6 SecondTerm_{pt} + \gamma_1 lnperGDP_{p,t-1} + \gamma_2 ProvinceControls_{p,t-1} + \alpha_t + \varepsilon_{pt} \quad (6)$$

其中，Y_{pt} 分别为 p 省份、第 t 年应收账款、应付账款和融资脆性的均值，模型包含省份和年份的固定效应，标准差按照省份进行聚类。ProvinceControls 是省级控制变量，参考 Erel 等（2015）、Zhang 和 Wang（2020），考虑两个省级宏观变量：人均 GDP 的对数、贷款余额/GDP。

由上文可知，产业政策对公司融资脆性的影响是通过应收账款和应付账款实现的。Ru（2018）考察了市委书记任期对城市平均借款水平的影响。Huang 等（2020）研究了地方政府债务对本市企业平均投资水平的影响。因此，考察政府对公司的影响，可从区域内公司的平均特性出发。

Ru（2018）发现，在市委书记上任之初，会显著影响公司获得的借款。本文将横向比较省区市党委书记和省长（自治区主席、市长）的不同影响，同时将视角扩展到贸易信贷和融资脆性。如表 12 所示，省区市党委书记和省长（自治区主席、市长）任期的第二年，会使公司的应收账款和应付账款显著增加。

表 12 省级领导任期对公司应收账款和应付账款的影响（省级面板回归）

	省区市党委书记任期			省长（自治区主席、市长）任期		
	$Receivables_p$	$Payables_p$	$Vulnerabilities_p$	$Receivables_p$	$Payables_p$	$Vulnerabilities_p$
	(1)	(2)	(3)	(4)	(5)	(6)
Year_2	0.0069*	−0.0001	0.0119*	0.0032	−0.0018	−0.0012
	(0.004)	(0.002)	(0.006)	(0.004)	(0.002)	(0.006)
Year_3	0.0054	0.0009	0.0083	0.0016	−0.0017	−0.0033
	(0.004)	(0.003)	(0.007)	(0.004)	(0.003)	(0.007)
Year_4	0.0085**	0.0019	0.0089	0.0009	−0.0007	0.0040
	(0.004)	(0.003)	(0.007)	(0.004)	(0.003)	(0.007)
Year_5	0.0081*	−0.0003	0.0019	0.0007	0.0006	−0.0024
	(0.004)	(0.003)	(0.007)	(0.005)	(0.003)	(0.008)
SecondTerm	0.0080	0.0025	0.0041	0.0003	−0.0013	0.0065
	(0.007)	(0.004)	(0.011)	(0.005)	(0.003)	(0.008)
$lnperGDP_{p,t-1}$	0.0241***	0.0128***	−0.0127**	0.0227***	0.0126***	−0.0168***
	(0.004)	(0.002)	(0.006)	(0.004)	(0.002)	(0.006)
$PrivateCredit_{p,t-1}$	−0.0796***	−0.0153	−0.0045	0.0227***	0.0125***	−0.0168***
	(0.021)	(0.013)	(0.034)	(0.004)	(0.002)	(0.006)
Year FE	Yes	Yes	Yes	Yes	Yes	Yes
Province FE	No	No	No	No	No	No
Observations	336	336	336	336	336	336
Adj. R^2	0.336	0.167	0.354	0.322	0.167	0.347

注：* 表示 $p<0.10$，** 表示 $p<0.05$，*** 表示 $p<0.01$。

（二）不同政商关系下“十三五”时期产业政策与公司绩效

由第五部分的分析可知，产业政策对公司融资脆性产生了显著影响。而作为省级产业政策执行者的各省级政府在将产业政策落实具体实践的过程中究竟起着怎样的作用？政商关系又是如何影响公司融资脆性的？引入聂辉华等构建的中国城市政商关系健康指数（2018 年版），他们的研究还进一步使用了两个分指数：亲近指数、清白指数，亲近指数由政府对公司的关心、服务及公司税收等衡量，清白指数由政府廉洁度、透明度等衡量。

本文将政商健康指数、亲近指数和清白指数分别取三分位数，上三分位数的一组划分高得分组，下三分位数为低得分组。由表 13 可知，政商关系以及分指标亲近程度对公司财务脆性不存在显著影响，但在政商关系清白指数更高的地区，产业政策会显著提高公司财务脆性，受到产业政策支持的公司，融资脆性会显著提高 2.78%。这表明在政商清白地区，公司获得短期借款的能力更强，如果遇到经济冲击，企业的融资脆性越大时，如果缺乏政府援助则更容易发生风险。

表 13　不同政商环境下产业政策和公司融资脆性的回归结果

	政商关系指数		政商亲近指数		政商清白指数	
	高	低	高	低	高	低
	(1) Vulnerabilities	(2) Vulnerabilities	(3) Vulnerabilities	(4) Vulnerabilities	(5) Vulnerabilities	(6) Vulnerabilities
IndPolicy	0.0168 (0.009)	0.0077 (0.008)	0.0173 (0.009)	0.0117 (0.007)	0.0281*** (0.004)	0.0007 (0.007)
BM_{t-1}	0.0007 (0.001)	-0.0009 (0.001)	0.0008 (0.001)	-0.0004 (0.001)	0.0010 (0.001)	-0.0002 (0.001)
ROA_{t-1}	-0.0622 (0.037)	-0.1335*** (0.040)	-0.0614 (0.037)	-0.1268*** (0.039)	-0.0746 (0.049)	-0.1160*** (0.043)
$CashFlow_{t-1}$	-0.3451*** (0.056)	-0.1807*** (0.037)	-0.3430*** (0.056)	-0.1862*** (0.036)	-0.2823*** (0.066)	-0.2158*** (0.033)
$Size_{t-1}$	-0.0183** (0.008)	-0.0122** (0.005)	-0.0182** (0.008)	-0.0108** (0.005)	-0.0110 (0.007)	-0.0145*** (0.005)
Age_t	0.0013 (0.001)	-0.0013* (0.001)	0.0013 (0.001)	-0.0020*** (0.001)	-0.0009 (0.001)	-0.0009 (0.001)
SOE	-0.0335* (0.016)	-0.0296*** (0.011)	-0.0336* (0.016)	-0.0310*** (0.012)	-0.0340** (0.015)	-0.0295** (0.012)
Year FE	Yes	Yes	Yes	Yes	Yes	Yes
City FE	Yes	Yes	Yes	Yes	Yes	Yes
Observations	7200	9070	7206	9282	7222	8837
Adj. R^2	0.114	0.179	0.114	0.174	0.132	0.172

注：* 表示 $p<0.10$，** 表示 $p<0.05$，*** 表示 $p<0.01$。

七、结论

基于中国产业转型升级和构造新型政商关系的大背景，本文以2006~2019年非金融上市公司为样本，在王克敏等（2017）、Ru（2018）、Duval等（2020）研究的基础上本文发现：

首先，总体而言产业政策确实显著拉升了公司的融资脆性，特别是造成了“十二五”期间的融资扭曲，但在“十三五”时期这种融资扭曲得到有效缓解。

其次，与以往银行贷款角度的研究不同，从应收账款、应付账款角度考察产业链上的公司拖欠，发现“十二五”受产业政策支持的企业确实存在更高的公司拖欠，应收账款是上述扭曲的中介渠道，而且这种拖欠具有行业传染效应。

再次，进一步引入省长（自治区主席、市长）和省区市党委书记任期以及政商关系健康指数，发现不存在Ru（2018）银行贷款那样的政治关联影响，说明融资脆性的影响确实来自产业政策而不是政治联系。

最后，新冠肺炎疫情为我们的研究提供了一个最理想的外生冲击，借此进一步考察了融资脆性对高培勇等（2020）所指出的两个维度即进取性治理、防御性治理的效果，结果显示进取性治理导致更高的融资脆性，医疗卫生支出的宏观环境防御性治理和低融资脆性的公司微观层面防御性治理，能够有效提高就业、增加破产风险，但在“十三五”时期有所缓解。

参考文献

[1] 白让让．竞争驱动、政策干预与产能扩张［J］．经济研究，2016（11）．

[2] 卞泽阳，强永昌，李志远．产业链金融的外部性［R］．工作论文，2019.

[3] 陈冬华，姚振晔．政府行为必然会提高股价同步性吗？——基于我国产业政策的实证研究［J］．经济研究，2018（12）．

[4] 方明月．市场竞争、财务约束和商业信用——基于中国制造业企业的实证分析［J］．金融研究，2014（2）．

[5] 干春晖，郑若谷，余典范．中国产业结构变迁对经济增长和波动的影响［J］．经济研究，2011（5）．

[6] 高培勇，袁富华，胡怀国．高质量发展的动力、机制与治理［J］．经济研究，2020（4）．

[7] 龚强，张一林，林毅夫．产业结构、风险特性与最优金融结构［J］．经济研究，2014（4）．

[8] 郭杰，王宇澄，曾博涵．国家产业政策、地方政府行为与实际税率——理论分析和经验证据［J］．金融研究，2019（4）．

[9] 郭克莎．中国产业结构调整升级趋势与“十四五”时期政策思路［J］．中国工业经济，2019（7）．

[10] 郭晔，黄振，姚若琪．战略投资者选择与银行效率——来自城商行的经验证据［J］．经济研究，2020（1）．

[11] 韩永辉，黄亮雄，王贤彬．产业政策推动地方产业结构升级了吗？——基于发展地方政府的理论解释与实证检验［J］．经济研究，2017（8）．

[12] 侯方宇，杨瑞龙．新型政商关系、产业政策与投资“潮涌现象”治理［J］．中国工业经济，2018（5）．

[13] 黄群慧，贺俊等．真实的产业政策——发达国家促进工业发展的历史经验与最新实践［M］．北京：经济管理出版社，2015.

［14］黄群慧，贺俊等．中国制造业的核心能力、功能定位与发展战略——兼评《中国制造2025》［J］．中国工业经济，2015（6）．

［15］黄群慧．改革开放40年中国的产业发展与工业化进程［J］．中国工业经济，2018（9）．

［16］黄群慧．国有经济布局优化和结构调整的三个原则［J］．经济研究，2020（1）．

［17］黄少卿，江飞涛，白雪洁，潘英丽．重塑中国的产业政策：理论、比较与实践［M］．上海：格致出版社，2020.

［18］江飞涛，李晓萍．改革开放四十年中国产业政策演进与发展——兼论中国产业政策体系的转型［J］．管理世界，2018（10）．

［19］寇宗来，刘学悦，刘瑾．产业政策导致了产能过剩吗？——基于中国工业行业的经验研究［J］．复旦学报（社会科学版），2017（5）．

［20］黎凯，叶建芳．财政分权下政府干预对债务融资的影响——基于转轨经济制度背景的实证分析［J］．管理世界，2007（8）．

［21］黎文靖，李耀淘．产业政策激励了公司投资吗［J］．中国工业经济，2014（5）．

［22］黎文靖，郑曼妮．实质性创新还是策略性创新？——宏观产业政策对微观企业创新的影响［J］．经济研究，2016（4）．

［23］李兰冰，刘秉镰．"十四五"时期中国区域经济发展的重大问题展望［J］．管理世界，2020（5）．

［24］李力行，申广军．经济开发区、地区比较优势与产业结构调整［J］．经济学（季刊），2015（4）．

［25］李晓萍，江飞涛．干预市场意或增进与扩展市场：产业政策研究中的问题、争论与理论重构［J］．比较，2012（3）．

［26］林晨，陈斌开．重工业优先发展战略对经济发展的长期影响——基于历史投入产出表的理论和实证研究［J］．经济学（季刊），2018（2）．

［27］林毅夫，巫和懋，邢亦青．"潮涌现象"与产能过剩的形成机制［J］．中国经济学，2010（10）．

［28］林毅夫，张军，王勇，寇宗来．产业政策：总结、反思与展望［M］．北京：北京大学出版社，2018.

［29］刘海明，李明明．货币政策对微观企业的经济效应再检验——基于贷款期限结构视角的研究［J］．经济研究，2020（2）．

［30］刘行．控股股东会侵占员工利益吗？来自员工死亡率的证据［R］．2018年首届金融学者论坛，2018.

［31］刘毓芸，程宇玮．重点产业政策与人才需求——来自企业招聘面试的微观证据［J］．管理世界，2020（6）．

［32］刘志平，安玉娟，张昊．推动产业链金融发展［J］．中国金融，2019（4）．

［33］陆正飞，韩非池．宏观经济政策如何影响公司现金持有的经济效应？——基于产品市场和资本市场两重角度的研究［J］．管理世界，2013（6）．

［34］路风．冲破迷雾——揭开中国高铁技术进步之源［J］．管理世界，2019（9）．

［35］吕冰洋，马光荣，毛捷．分税与税率：从政府到企业［J］．经济研究，2016（7）．

［36］欧阳志刚，陈普．要素禀赋、地方工业行业发展与行业选择［J］．经济研究，2020（2）．

［37］钱雪松，杜立，马文涛．中国货币政策利率传导有效性研究：中介效应和体制内外差异［J］．管理世界，2015（1）．

[38] 宋凌云，王贤彬．重点产业政策、资源重置与产业生产率 [J]．管理世界，2013（12）．

[39] 王克敏，刘静，李晓溪．产业政策、政府支持与公司投资研究 [J]．管理世界，2017（3）．

[40] 王克敏，杨国超，刘静，李晓溪．IPO资源争夺、政府补助与公司业绩研究 [J]．管理世界，2015（9）．

[41] 王贤斌，张莉，徐现祥．地方政府土地出让、基础设施投资与地方经济增长 [J]．中国工业经济，2014（7）．

[42] 王永进，刘灿雷．国有公司上游垄断阻碍了中国的经济增长？[J]．管理世界，2016（6）．

[43] 王勇，华秀萍．详论新结构经济学中“有为政府”的内涵 [J]．经济评论，2017（3）．

[44] 王勇，沈仲凯．禀赋结构、收入不平等与产业升级 [R]．工作论文，2018.

[45] 王勇．产业动态、国际贸易与经济增长 [J]．经济学（季刊），2018（2）．

[46] 巫岑，黎文飞，唐清泉．产业政策与企业资本结构调整速度 [J]．金融研究，2019（4）．

[47] 吴敬琏．中国经济60年 [J]．比较，2010（3）．

[48] 徐现祥，梁剑雄．经济增长目标的策略性调整 [J]．经济研究，2014（1）．

[49] 徐现样，王贤彬，舒元．地方官员与经济增长——来自中国省委书记、省委书记交流的证据 [J]．管理世界，2008（3）．

[50] 徐现样，刘毓芸．经济增长目标管理 [J]．经济研究，2017（7）．

[51] 杨其静，吴海军．产能过剩、中央管制与地方政府反应 [J]．世界经济，2016（11）．

[52] 杨其静．企业成长：政治关联还是能力建设？[J]．经济研究，2011（10）．

[53] 杨瑞龙，侯方宇．产业政策的有效性边界——基于不完全契约的视角 [J]．管理世界，2019（10）．

[54] 杨洋，魏江，罗来军．谁在利用政府补贴进行创新？[J]．管理世界，2015（1）．

[55] 杨子晖，陈雨恬，张平淼．重大突发公共事件下的宏观经济冲击、金融风险传导与治理应对 [J]．管理世界，2020（5）．

[56] 余明桂，范蕊，钟慧洁．中国产业政策与公司技术创新 [J]．中国工业经济，2016（12）．

[57] 张莉，朱光顺，李世刚，李夏洋．市场环境、重点产业政策与公司生产率差异 [J]．管理世界，2019（3）．

[58] 张莉，朱光顺，李夏洋．重点产业政策与地方政府的资源配置 [J]．中国工业经济，2017（8）．

[59] 张小茜，孙璐佳．抵押品清单扩大、过度杠杆化与企业破产风险——动产抵押法律改革的“双刃剑”效应 [J]．中国工业经济，2017（7）．

[60] 张晓晶，刘磊．宏观分析新范式下的金融风险与经济增长——兼论新型冠状病毒肺炎疫情冲击与在险增长 [J]．经济研究，2020（6）．

[61] 张晓晶，刘学良，王佳．债务高企、风险集聚与体制变革——对发展型政府的反思与超越 [J]．经济研究，2019（6）．

[62] 赵昌文，许召元等．新工业革命背景下的中国产业升级 [M]．北京：北京大学出版社，2020.

[63] 周黎安．中国地方官员的晋升锦标赛模式研究 [J]．经济研究，2017（7）．

[64] 周亚虹，蒲余路，陈诗一．政府扶持与新型产业发展——以新能源为例 [J]．经济研究，

2015（6）.

［65］周燕．政府的合约性质及其经济治理——基于中国地方政府若干实践的交易费用考察［J］．管理世界，2017（8）．

［66］祝继高，韩非池，陆正飞．产业政策、银行关联与企业债务融资——基于A股上市公司的实证研究［J］．金融研究，2015（3）．

［67］Aghion P. , Cai J. , Dewatripont M. , Du L. , Harrison A. and Legros P. Industrial Policy and Competition［J］. American Economic Journal：Macroeconomics，2015（4）：1-32.

［68］Almeida H. , Campello M. , Laranjeira B. and S. Weisbenner. Corporate Debt Maturity and the Real Effects of the 2007 Credit Crisis［J］. Critical Finance Review，2012（1）：3-58.

［69］Bustamante C. M. and Donangelo A. Product Market Competition and Industry Returns［J］. The Review of Financial Studies，2017（30）：4216-4266.

［70］Bai C. E. , Hsich C. T. and Song Z. M. Special Deals with Chinese Characteristics［R］. NBER Working Paper，2019.

［71］Baron M. and Xiong W. Credit Expansion and Neglected Crash Risk［J］. The Quarterly Journal of Economics，2017（132）：713-764.

［72］Barrot J. N. Trade Credit and Industry Dynamics：Evidence from Trucking Firms［J］. Journal of Finance，2016（71）：1975-2016.

［73］Bolton P. Debt and Money：Financial Constraints and Sovereign Finance［J］. Journal of Finance，2016，71（4）：1483-1510.

［74］Brown J. D. , Earle J. S. Finance and Growth at the Firm Level：Evidence from SBA Loans［J］. Journal of Finance，2017（72）：1039-1080.

［75］Campello M. and Larrain M. Enlarging the Contracting Space：Collateral Menus，Access to Credit，and Economic Activity［J］. The Review of Financial Studies，2016（29）：349-383.

［76］Carvalho D. Financing Constraints and the Amplification of Aggregate Downturns［J］. The Review of Financial Studies，2015（28）：2463-2501.

［77］Chen D. H. , Li O. Z. and Xin F. Five Year Plans，China Finance and Their Consquences［J］. China Journal of Accounting Research，2017，10（3）：189-230.

［78］Cong L. W，Gao H. Y. , Ponticelli J. and Yang X. G. Credit Allocation under Economic Stimulus Evidence from China［J］. Review of Financial Studies，2019（32）：3412-3460.

［79］Cosh A. , Cumming D. , Hughes A. Outside Entrepreneurial Capita［J］. Economic Joumal，2009（119）：1494-1533.

［80］Criscuolo C. , Martin R. , Overman G. H. and Reenen V. J. Some Causal Effects of an Industrial Poliey［J］. American Economic Review，2019（109）：325-360.

［81］Duval R. , Hong G. H. , Timmer Y. Financial Frictions and the Great Productivity Slowdown［J］. The Review of Financial Studies，2020（33）：475-503.

［82］Fang H. , Wang L. and Yang Y. Human Mobility Restrictions and the Spread of the Novel Coronavirus（2019-NCOV）in China［R］. NBER Working Paper，2020.

［83］Faulkender M. and Petersen M. A. Does the Souree of Capital Affect Capital Strucure?［J］. Review of Financial Studies，2006（19）：45-79.

［84］Gyimaha D. , Machokotob G. , Sikochic S. A. Peer Influence on Trade Credi［J］. Journal of Corporate Finance，2020（64）.

［85］Hao Y. , Lu J. The Impact of Government Intervention on Corporate Investment Allocations and

Efficiency: Evidence from China [J]. Financial Management, 2018 (47): 383-419.

[86] Jia J. S., Lu X., Yuan Y, Xu G., Jia J. and Christakis N. A. Population Flow Drives Spatio-Temporal Distribution of COVID-19 in China [J]. Nature, 2020: 1-11.

[87] Love I., Preveb A. L., Allende S. V. Trade Credit and Bank Credit: Evidence from Recent Financial Crises [J]. Journal of Financial Economics, 2007 (83): 453-469.

[88] Osadchiy N., Schmidt W., Wu J. The Bullwhip Effect in Supply Networks [J]. Management Science, Forthcoming, 2020.

[89] Petersen M. A., Rajan R. G. Trade Credit: Theories and Evidence [J]. The Review of Financial Studies, 1997 (10): 661-691.

[90] Qiu Y., Chen X. and Shi W. Impacts of Social and Economic Factors on the Transmission of Coronavirus Disease 2019 (COVID-19) in China [EB/OL]. Journal of Population Economics, https: //oiog/10. 1007/s00148-020-00778-2 (in press), 2020.

[91] Ru H. Government Credit, a Double-Edged Sword: Evidence from the China Development Bank [J]. The Joumal of Finance, 2018 (73): 275-316.

[92] Tang Y. and Moro A. Trade Credit in China: Exploring the Link Between Short Term Debt and Payables [J]. Pacific-Basin Finance, 2020 (59).

[93] Zhang X. Q. and Wang Z. W. Marketization vs. Market Chase: Insights from Implicit Government Gurantees [J]. International Review of Economics & Finance, 2020 (69): 435-455.

控制权分配、联合供给与公共服务质量：责任分担的视角

李 想 李昕玮 丁加齐

[摘 要] 在公共服务需要多方联合提供的领域，事后的责任分担将影响各方成员在控制权上的分配、工作努力程度与服务质量。对此，本文构建了一个内生控制权与责任分担的公共服务联合供给模型进行分析。我们发现，即使团队成员间不存在服务收益上的冲突，也可能导致公共服务的效率损失。除了“搭便车”引发的项目失败外，在成本和责任的转嫁效应与道德风险的影响下，还可能出现过度分权或过度集中的均衡结果。事后问责对效率的提升是“有界”的：当效率损失源于搭便车效应时，事后问责无法提升效率；针对其他因素引起的效率损失，需要适当的期望问责力度才能实现社会最优结果。如果对均衡的特征和形成原因认识不足，就可能提出错误的政策，甚至落入“一放就乱、一收就死”的陷阱。本文也发现，外生的严格责任制度有可能内生出过失责任的结果，并对于理解团队合作中成员的角色选择、PPP 项目的控制权配置、供应链纵向结构与产品质量的关系等问题也有一定的启发。

[关键词] 控制权；公共服务质量；责任分担；信息不对称

一、引言

现代社会的公共服务表现出越来越复杂、需求越来越多元的特征，往往需要多方成员的联合提供（汪锦军，2012）。这包括政府内部上下级之间的纵向协同、不同部门之间的横向协同，甚至政府部门与企业等非政府组织之间的合作（Christensen et al.，2006；张立荣、曾维和，2008；周志忍、蒋敏娟，2010；李明，2017）。在这些协同或合作关系中，对于最终的服务成效或服务质量，不同的成员有可能拥有不同程度的影响力和控制权，而控制权的具体分配又受到合作团队中占据主导地位成员的影响。比如，政府内部纵向协作关系中的上级政府、横向协作关系中的联合机构、公私合作关系中的政府部门等，这些成员在公共服务的供给中往往扮演了控制权分配者的角色。那么，什么因素决定了他们对控制权的分配，后者又如何影响团队成员的行为与最终的公共服务质量？这是值得研究的问题。

团队生产（team production）的相关研究指出，成员之间、成员与团队整体之间的利益不一致所造成的外部性，以及各方行为的信息不对称所引发的道德风险，将扭曲成员的努力水平与团队生产效率（Milgrom and Roberts，1993；Gibbons and Roberts，2015）。对此，需要赋予监督者剩余索取权实现对所有成员的激励，或者从委托代理的视角设计适当的激励机制以化解团队道德风险，与这些举措相伴随的，往往是团队治理结构和成员间组织关系的变化（Alchian and Demsetz，1972；

[作者简介] 李想，南京审计大学经济学院，经济学博士，教授，邮箱：ideallee1976@ sina. com；李昕玮，南京审计大学经济学院，数量经济学硕士研究生，邮箱：lixwlixwlixw@ 163. com；丁加齐（通讯作者），南京审计大学经济学院，数量经济学硕士研究生，邮箱：1608484162@ qq. com。

Holmstrom，1982；Lazear and Rosen，1981；Lazear 1989；Holmstrom and Milgrom，1994）。特别地，研究团队内部任务分配（task assignment）或工作设计（job design）的文献指出，委托人有可能参与团队的生产过程，并与代理人形成技术上的合作关系（Riordan and Sappington，1987；Itoh，1994；张朝孝、蒲勇健，2004；田盈、蒲勇健，2005；王艳梅等，2008；Greger，2015）。这些研究大多假设，委托人在团队中承担的生产任务能够交由代理人完成，从而其面临的权衡是，在任务分配上完全授权（complete delegation）还是部分授权（partial delegation）。但在现实中，委托人等占据主导地位的成员所承担的生产任务往往无法由其他成员完全代替。比如，基层推行的政策法规往往需要上级制定的“上位”政策法规的许可，下级区域在具有网络外部性的基础设施上的建设成效需要上级更大局域的支持。此时，主导成员实际面临的选择更有可能是，完全控制、全权负责提供服务以及部分控制、与其他成员共同提供服务。对于这种情形，研究团队生产问题的文献却少有关注，在理论上也难以放在委托代理的传统框架下分析。这又引申出另一个问题：除了上述文献强调的成员利益冲突的因素外，是否还有其他值得重视的原因和机制影响了团队内部的控制权分配与团队效率？对此问题，来自公共管理、政治学、社会学与经济学领域的一些学者指出，在联合提供公共服务的现实领域中，团队成员在服务上面临的质量压力或责任风险，是影响控制权的分配结果、服务行为与服务质量的重要因素（Christensen et al.，2006；曹正汉，2011；周雪光、练宏，2012；汪锦军，2012；周黎安，2014a；陶鹏、童星，2016；倪星、王锐，2017，2018；谷志军、陈科霖，2019；李晓飞，2019）。但这一分支的文献大多停留在定性分析或概念性框架的层面，还缺乏正式深入的模型分析。正因为如此，对于服务质量的责任风险如何影响控制权的集中程度，一些研究甚至得出截然相反的结论。例如，在对“行政发包制”概念模型的讨论中，周黎安（2014a，2014b）指出，公共服务带来的质量压力越大，上级向下级“发包”的程度就越小，而将控制权集中起来的可能性越大；周雪光（2014）认为，如果质量压力增大，上级会通过更多分权来提高治理的有效性。因此，为了厘清公共服务的责任风险对主导成员的控制权分配决策、合作成员的服务行为与最终服务质量的作用机制，界定出不同的控制权分配结果所依赖的参数环境，并定位有助于纠正效率扭曲、提升服务质量的制度因素，需要构建正式的理论模型。这是本文的研究目的。

本文构建了一个包含内生控制权与责任分担的公共服务联合供给模型，其中，某项公共服务由两位成员联合提供。一位成员在服务供给上拥有一定的主导权（简称“主导成员”）。主导成员首先考虑是否启动该项公共服务，并在启动项目后选择在服务质量上的控制权，以此决定由自己集中控制还是与另一位成员（简称“合作成员”）按照控制权分配方式合作提供服务。之后，两位成员同时选择各自在服务上的努力水平。服务质量同时受到控制权分配方式与双方努力水平的影响，并在分权程度越低时更多取决于主导成员的努力。模型中，控制权的分配方式是公共信息，但两位成员的努力水平是各自的私人信息。民众只能根据可观察的分权程度对两位成员的服务努力水平与最终的服务质量进行推断，据此决定是否选择这项服务。低质量服务将带给民众伤害，并以一定概率引起质量事故。一旦出事，服务方将受到追责。由于无法确知服务成员的努力水平，民众只能根据团队的分权结构对各方施加“权责对等”的问责压力。

通过分析模型的精炼贝叶斯均衡（Perfect Bayesian Equilibrium，PBE）我们发现，占主导地位的公共服务者对控制权的分配与最终服务质量有可能偏离社会最优水平。具体来说，服务成本较高时，无论期望问责力度大小如何，团队生产中的搭便车效应都将导致公共服务无法启动低效率结果。但是，即使服务成本较低使搭便车效应不再存在，在道德风险与服务成本或事后问责的转嫁效应的影响下，还可能出现过度分权或过度集中的低效率均衡。特别地，在社会最优为“团队成员平等合作、高质量服务”的技术禀赋环境中，如果期望问责力度相对于服务成本与控制成本而言处于某个中间水平，均衡将偏离至“分权不足、合作成员不努力、服务质量偏低”的结果。直观上，如果在团队合作方式下单个成员承担的问责力度较小，成员个体就存在努力不足的道德风险，此时主导成员就不得不考虑集中控制的服务方式；反之，在团队合作下各方成员都愿意努力服务，此时主导成员宁愿放权，转嫁给合作成员一部分服务成本，以节省自己的控制成本。进一步地，在集中控制的情况下，主导成员还会考虑，究竟采取完全控制还是部分控制，虽然部分控制的方式会引起服务质量下降进而减少收益，但是在节省控制成本的同时，可以转嫁给合作成员一部分事后责任。因此，当服务成本的转嫁效应占主导地位时，将导致相对于社会最优过度分权的结果，呈现出与合作成员以对等地位联合提供服务的组织结构；当责任成本的转嫁效应占主导地位时，将导致相对于社会最优会过度集中，并伴随因为控制不完全带来的质量偏低的结果。值得注意的是，由于"分权不足、合作成员不努力、服务质量偏低"的均衡同时也表现出部分放权的特征，如果对均衡的形成机理认识不足，容易引起"一放就乱"的错误判断，并据此开出"加强控制"的错误处方，进而可能落入"一放就乱、一收就死"的政策陷阱。因此，本文在一定程度上也对公共服务领域存在的"收—放循环"现象提供了解释。

为了纠正当前均衡的效率扭曲，实现有效率的公共服务，需要区分效率损失的根源。当均衡的效率损失源于搭便车效应时，改变期望问责的力度并不能提升效率，而需要依靠服务技术的进步以降低服务成本。当效率损失源于道德风险、成本或责任的转嫁效应时，需要根据服务技术的现有禀赋，在期望问责力度上有针对性地采取"区间值"或"门槛值"方案，才能纠正当前均衡的效率扭曲，实现社会最优结果，虽然纠偏过程可能表现出阶段性矫枉过正的特征，但最终将实现有效率的公共服务供给。

本文余下部分安排如下：第二部分是文献述评。第三部分介绍模型的基本设定。第四部分为模型分析。先考察社会最优结果作为模型分析的参照基准，再考察模型的精炼贝叶斯均衡，通过对比均衡与社会最优结果，提炼出均衡发生效率损失的机理，识别能够纠正效率扭曲的核心参数，对责任追究制度、"收—放循环"等典型问题提供了一定的理论解析。第五部分是结论，对主要结果进行提炼和总结。

二、文献述评

本文主要从责任分担的视角研究了公共服务供给领域的控制权配置与服务质量关系问题，因此，在理论层面，与我们密切相关的文献主要有两大分支：首先是公共服务领域联合供给中控制权配置的研究，其次是责任风险对控制权配置影响的研究。

（一）公共服务领域联合供给中控制权配置的研究

在现代社会，公共服务表现出复杂化和需求多元化的特征，因此越来越需要多方成员联合提供（汪锦军，2012）。这包括政府内部上下级之间的纵向协同、不同部门之间的横向协同，甚至政府部门与企业等非政府组织之间的合作（Christensen et al.，2006；张喆等，2009a，2009b；张立荣、曾维和，2008；周志忍、蒋敏娟，2010；李明，2017）。在这些协同或合作关系中，越来越多的学者意识到协同或合作中控制权的配置可能会影响最终服务成效或服务质量（Christensen et al.，2006；周雪光、练宏，2012；汪锦军，2012；曹正汉、周杰，2013，郭金云、李翔宇，2014；周黎安，2014a；杜建军、张瑞林，2016；吕纳，2016；骈茂林，2019；张喆等，2009a，2009b；高艳慧等，2018）。

因此，公共服务领域中控制权应如何分配就成为学术界热议的话题，其中部分学者认为简政放权、实施权力的下放是激活公共服务供给市场，提升公共服务质量和效率的有效措施。例如，程波辉、彭向刚（2019）通过比较简政放权在管制型政府与服务型政府中的特征，发现简政放权不仅可以消除管制型政府中的弊端，还可以倒逼"以人为本"的服务型政府的建设。但有学者发现，公共服务领域权力的一味下放，可能造成服务“碎片化”等问题，从而影响服务的质量与效率（Boston and Eichbaum，2005；Christensen et al.，2006）；且对于高风险领域的公共服务，权力的下放或许会带来更多的问题。曹正汉、周杰（2013）以中国食品安全监管为例，发现权力下放的程度超过了效率原则的限度，从而导致本应由上级政府承担的事务却下放给下级，表现出过度分权的特征，其认为主要原因在于上级政府为了降低自身承担的社会风险及保持政治稳定而把高风险的行政事务下放给下级完成。同时，许多学者为了解决权力下放所导致的服务“碎片化”等问题，提出了“整体政府”的理念（张立荣、曾维和，2008；郭金云、李翔宇，2014；唐兴盛，2014；骈茂林，2019），其主要强调了为解决公共服务的“碎片化”问题，需要构建纵向整合、横向协同的“整体政府”。

根据上述文献我们发现，虽然众多学者关注公共服务中政府内部控制权的配置问题，但对控制权的分配比例依然没有一个明确的标准，因为大多数学者都是通过定性、案例及概念性框架的分析方法研究了控制权配置的应然状态，而在当前控制权配置模式的使然原因以及控制权配置界限的界定方面还较为欠缺。虽然有学者从争功的视角和避责的角度分别剖析了过度集权与过度分权的原因（陶鹏、童星，2006；曹正汉、周杰，2013），但并未运用统一性的理论框架对其进行解析，而本文构建的内生控制权与责任分担的公共服务联合供给模型恰恰弥补了这一领域的空白。同时，有部分学者尝试运用理论模型对控制权配置界限的界定进行研究，具有代表性的主要是周雪光、练宏（2012）的“控制权”理论与姚东旻、张诗琪（2017）的三级政府动态博弈模型，其中，周雪光、练宏（2012）的“控制权”理论通过将控制权分为目标设定权、检查验收权以及激励分配权，分析三种权力在各级政府间的不同分配方式，以界定不同的政府治理模式。虽然该模型通过界定不同维度控制权在成员之间的分配对政府治理模式进行分析，但其依旧没有一个清晰的界定告诉人们什么时候采取何种治理模式。而姚东旻、张诗琪（2017）为了弥补这一空白，从最大化中央政府效用的视角，运用三级政府动态博弈模型对政府内部控制权的配置进行界定，认为当下级政府的成本负担轻、连带惩罚力度小、在权力实施时上层政府追求的目标差异程度小，彼此之间相互影响程度小时，政府内部的分权结构要优于集权结构。虽然该模型对分权与集权的界限进行了较清晰的界定，但其弱化了责任分担在政府权力配置中的作用，从而无法很好地解释下级政府为了逃避连带责任惩罚而利用自己的私人信息欺骗上级的行为。而公共服务联合供给模型恰恰可以从责任分担的视角对上述行为进行一定的解释，同时该模型在一定程度上肯定了其分权界限的界定。我们进一步发现：当下级成本负担较小时，如果连带惩罚力度过小，会导致下级道德风险的产生，从而对于上级而言，最优选择反而可能偏离为部分分权或集权状态。因此该模型相对于已有模型而言，不仅根据控制成本与服务成本较清晰地界定了集权与分权的界限，而且从责任分担的角度对公共服务中政府内部行为的偏离提供了一定程度的解释。

（二）责任风险对控制权配置影响的研究

责任风险对控制权配置影响的研究，早期主要集中在企业组织层面（Wiggins and Ringleb，1992；Bethel and Liebeskind，1998；Poitevin，2000；Brooks，2002；Vetter and Karantininis，2002；Van't Veld，2006；Che and Spier，2008；Alonso and Matouschek，2008；Mookherjee，2006；Carvel，et al.，2012）。其中，部分学者认为在连带责任制下企业更倾向于采取纵向分离型策略以规避责任惩罚（Wiggins and Ringleb，1992；Macho-Stadler and Pérez-Castrillo，1998；Che and Spier，2008；Carvell，et al.，2012），且有学者进一步运用成本收益分析方法对最优分离策略进行了研究（Alonso and Matouschek，2008），但也有学者提出不同的观点，例如：Van't Veld（2006）认为虽然责任风险会导致企业考虑组织结构的重组，但结构重组的效果依赖于公司的规模，所以并不是所有的结构重组都能带来好的福利效果。同时，也有学者提出在间接连带责任机制下，面对增加的产品质量连带责任，企业是否愿意选择纵向分离的决策模式需根据收益、成本等具体参数而决定（Bethel and Liebeskind，1998；Brooks，2002）。随着越来越多的学者将组织理论运用到政府等公共部门的组织模式研究，公共服务或公共管理中控制权的配置越来越受到学术界的关注。对此，来自公共管理、政治学、社会学与经济学领域的一些学者指出，面临的责任风险或质量压力，是影响控制权分配结果、服务方行为与服务质量的重要因素（Christensen，et al.，2006；曹正汉，2011；周雪光、练宏，2012；汪锦军，2012；周黎安，2014a；陶鹏、童星，2016；倪星、王锐，2017，2018；谷志军、陈科霖，2019；李晓飞，2019）。有学者从责任风险规避的角度剖析了本应集权的高风险公共服务却"过度分权"的原因（陶鹏、童星，2006；曹正汉、周杰，2013），但遗憾的是，其只是运用概念性的框架与案例分析对避责行为进行了逻辑上的解释，还缺乏正式深入的模型分析。也正因为如此，对于服务质量上的责任风险如何影响控制权的集中程度，一些研究得出截然相反的结论。例如，在有关"行政发包制"概念模型的讨论中，周黎安（2014a，2014b）指出，在公共服务中，中央政府将面临行政发包制的相对分权模式或科层制的相对集权模式。其中，前者可以降低治理成本，但可能因地方政府的道德风险行为而引起质量上的风险，从而提高统治风险；而后者虽可以提高公共服务质量，但会引发治理成本的增加。因此提出：公共服务带来的质量压力越大，上级采取科层制模式的可能性就越大的观点；周雪光（2014）则认为，如果质量压力越大，上级会通过更多的分权以提高治理的有效性。

本文构建的模型恰恰可以在一定层面上同时解释上述这两种结论，该模型通过引入"权责对等"的事后责任处罚机制对周黎安与周雪光所提到的质量压力或统治风险进行了具体的刻画，并将控制成本内生于模型中，且对其提到的治理总成本进行了重新界定，将治理总成本[①]划分为治理努力成本与控制成本。当治理努力成本小于控制成本，且治理努力成本较低时，由于问责不足无法消除下级不努力治理的道德风险，而在责任分担机制下，上级为了避免因下级道德风险而受到的责任处罚从而具有收权的倾向；而当治理努力成本大于控制成本，但治理总成本较低时，在责任分担机制下，过度的问责惩罚虽然对下级不努力治理的道德风险形成有效威慑，但会诱使上级不顾增加的社会成本，通过分权转嫁本应承担的治理成本和控制成本。因此该模型从责任分担的视角在一定程度上同时对周黎安（2014a，2014b）与周雪光（2014）所述的结论提供了补充性解释。

三、模型设定

本节构建一个不对称信息动态博弈模型，从责任分担的视角考察地位异质的成员，在公共服务联合提供过程中的控制权分配与团队效率问题。博弈参与者包括一位占主导地位、能够明显影响联合生产技术的服务提供方、一位处于协作地位的服务提供方以及一群民众。主导成员选择对服务质量的控制权，而在不完全控制的情况下将与合作成员联合提供服务。公共服务的质量同时受到控制权的分配方式与双方努力水平的影响，并在分权程度越低时更多取决于主导成员的努力。博弈时序如图1所示，下面按照博弈时序具体说明模型设定的细节。

首先，主导成员决定是否启动某项公共服务，并在启动服务后选择对服务质量的控制权 $x \in [0, 1]$。特别地，当 $x=0$ 时，主导成员对服务质量并没有相对突出的影响力，与合作成员表现为平等合作的关系；当 $x=1$ 时，主导成员对服务质量实现了完全控制。x 的取值越大，主导成员对服务质量的控制力越强。其次，在 x 确定后，主导成员与合作成员同时选择各自的服务努力水平 E 和 e。这里 $E, e \in \{0, 1\}$，努力取值为1，不努力取值为0[②]。双方完成以上选择后，公共服务的质

① 这里提到的治理总成本与治理努力成本与本文引言提到的服务总成本与服务成本是同一概念。

② 允许努力水平连续取值并不会影响模型的核心逻辑，但明显增加分析的烦琐程度。由于本文重点是刻画主导成员在控制权分配上的逻辑及其对各方服务努力的作用机理，因此只选择对控制权 x 进行续化。

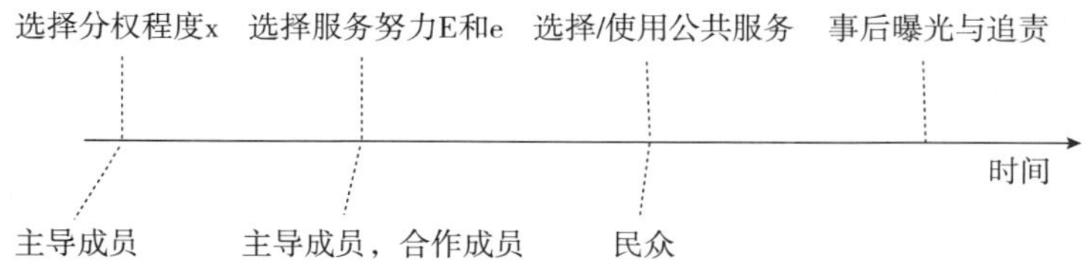

图1　博弈时序

量高低即被确定，而公共服务高质量的概率同时受到控制权分配结果与双方的努力水平的影响。再次，民众只能观察到控制权分配结果 x，但不清楚团队成员的服务努力，只有预期该项服务的期望质量比备选方案更高时才会选择使用这项服务。不妨假设备选方案的服务质量为零。最后，高质量服务不会出事，但低质量服务会以概率 r 引发质量事故。一旦出事，团队相关成员将受到惩罚，承担来自民众的问责压力。下面就服务质量的供给技术与低质量服务出事后的问责机制做进一步的说明。

（一）服务质量的决定因素与技术成本

一旦主导成员选定了控制权 x，确定了服务的努力水平 E 和 e，公共服务的质量即确定。但是，服务高质量的概率受到控制权分配结果与双方努力水平的影响。具体地，我们假设高质量服务的概率为 Ee+（1-e）Ex。这一设定刻画了双方在服务质量上联合供给的特征，也反映出控制权的分配如何影响双方在联合供给中的相对地位。首先，当 x=0 时，只有双方都努力（E=e=1），最终的服务才是高质量的。在形式上，主导成员在服务质量的控制技术上选择了与合作成员对等的地位，团队表现出平等合作的伙伴关系。以政府内部纵向联合提供公共服务的情景为例，这一情形近似于现实中上下级政府采取分级属地管理或“上下分治”的方式。其次，当 x=1 时，只要主导成员努力（E=1），就能保证高质量的服务。在形式上，此时主导成员选择了集中控制的方式，团队成为理想状态的科层组织。在政府内部纵向联合提供公共服务的现实中，这类似于垂直管理的方式。最后，当 x∈（0，1）时，主导成员在与对方合作的同时又拥有对服务质量相对更大的影响力。此时，如果主导成员不努力（E=0），就不可能实现高质量服务。这体现了主导成员在该项服务上不可或缺的地位。但是，高质量的服务可以在两类情况下实现：当双方都努力时（E=e=1），服务一定是高质量的；在合作成员不努力（e=0）的情况下，主导成员付出努力（E=1），发挥自己在质量控制权上的优势，仍然能够以正概率（x）实现高质量服务。在形式上，x∈（0，1）的控制权分配方式表现出科层组织与伙伴合作关系混合的特征。这在某种程度上类似周黎安（2014a，2014b）描述的“行政发包制”的组织结构①。在政府内部纵向联合提供公共服务的情景中，这对应于某种垂直管理与属地管理混合“条块结合”的情况②。

显然，上述公共服务的提供过程将产生成本，包括主导成员为实现 x 水平的控制权付出的“控制成本”以及各方努力服务付出的“服务成本”。鉴于模型中的服务努力是离散变量，不妨将服务的边际成本简单设为常数 c；对于控制成本，采用边际成本递增的常见设定，不妨将控制权为 x 的

---

① “行政发包制”是一个具有丰富内涵的概念性框架，其对控制权的定义与本文的控制权概念虽然有所交叉但存在明显差异。本文以质量控制技术意义上的控制权为对象，从责任分担角度对团队内部集中控制与合作伙伴关系并存的现象进行解释，对“行政发包制”理论的正式建模工作提供了边际上的启发。

② 曹正汉、周杰（2013）和陶鹏、童星（2016）发现，在我国食品安全监管体制的演变过程中，同时存在着自上而下向地方分权与上级部分收权的情况，并提出了规避事后风险或责任的解释。在考察我国政商关系的独特性时，Zhang 和 Zhu（2018）指出，在现实中影响营商环境等公共服务的可能是多个部门（“条条”）和地方政府（“块块”）的群体，甚至是其“条块结合”的联合体。

控制成本设为 tx^2。这里 c 和 t 是大于零的常数。

（二）服务质量事故发生后的责任惩罚

低质量的公共服务在民众使用后将可能引起质量事故，出事的概率设为 $r\in(0,1)$。一旦出事，提供服务的成员将面临来自民众的问责压力。如果只能观察到控制权的分配结果 x 而无法确知各方的努力水平，理性的民众只能根据团队的分权结构对各方成员进行追责。假设出事后团队整体因问责遭受的损失或“惩罚”为 F，主导成员与合作成员分别承担 $\frac{1+x}{2}F$ 和 $\frac{1-x}{2}F$ 的损失。这里的损失 F 不仅仅包括在正式规章制度层面的通报批评、降级、免职等显性问责，还包括隐性的风险压力，如民众信任受损带来的社会治理成本的增加或者民众不满导致的群众上访或其他群体性事件等。在责任追究与分担的具体方式上，如果对照法经济学有关侵权责任的研究（Shavell，2007），本文的设定在形式上可视为严格责任（strict liability）意义下的共同责任（contributory liability）①。之所以采取严格责任而非“过失责任”的设定，一方面是考虑到团队成员的努力水平存在严重的信息不对称性，即使出事后也难以验证（non-verifiable）；另一方面，后文对模型的分析结果表明，在共同担责的前提下，如果将严格责任调整为过失责任，可能会诱使主导成员进一步放松控制，进而导致相对社会最优水平更低的均衡质量。因此，从减少效率扭曲的角度来说，相对于过失责任机制，采用的严格责任设定更具有合理性。

最后假设作为公共服务的提供者，团队各方成员都关注民众从服务中获得的满足感②。从而，在出事前民众从服务中得到的期望效用将作为“收益项”进入各方成员的效用，同时服务过程中的成本与低质量服务出事后引起的问责损失成为各方成员效用中的“成本项”。具体地，采用以下加法形式的效用函数，其中 $\tilde{E}$ 和 $\tilde{e}$ 表示民众对团队成员努力水平的推测。

主导成员的期望效用：

$$U=\tilde{e}\tilde{E}+(1-\tilde{e})\tilde{E}x-cE-r\{1-[eE+(1-e)Ex]\}\frac{1+x}{2}F-tx^2 \tag{1}$$

合作成员的期望效用：

$$u=\tilde{e}\tilde{E}+(1-\tilde{e})\tilde{E}x-ce-r\{1-[eE+(1-e)Ex]\}\frac{1-x}{2}F \tag{2}$$

为方便起见，将模型中的变量和参数用表 1 概括。

表 1　模型变量与参数说明

变量与参数	含义	取值范围
x	主导成员在服务质量上的控制权	$x\in[0,1]$
e	合作成员的服务努力水平	$e=\{0,1\}$
E	主导成员的服务努力水平	$E=\{0,1\}$
$\tilde{E}$	民众对主导成员的服务努力水平的推断	$\tilde{E}=\{0,1\}$
$\tilde{e}$	民众对合作成员的服务努力水平的推断	$\tilde{e}=\{0,1\}$

① 这样的设定类似我国在侵权责任法采用的“连带责任平均分摊原则”。《中华人民共和国侵权责任法》（2010）第十四条规定：连带责任人根据各自责任的大小确定相应的赔偿数额，难以确定责任大小的平均承担赔偿责任。

② 这一设定也可以理解为，提供公共服务的各方成员都要接受上级的考核。只要不出事，考核结果与民众使用服务时表现出的满足程度（期望效用）是一致的。这类似李想等（2018）提出的“政绩理性”逻辑。

续表

变量与参数	含义	取值范围
t	主导成员增加控制权的边际成本系数	t>0
c	服务努力水平的边际成本	c>0
r	服务质量事故可能被曝光的概率	r∈（0，1）
F	服务质量事故曝光后团队整体受到的问责惩罚	F≥0

四、模型分析

本文模型是一个不完全信息动态博弈。在正式分析模型之前，有必要先考察完全信息下的社会最优结果，作为参照基准。在此基础上，正式分析模型的精炼贝叶斯均衡，并对可能出现的多重均衡进行适当的筛选以得到合理的均衡。将所得结果与社会最优结果进行比较，有助于识别均衡可能包含的效率损失的细节。进一步地，对模型中重要的参数变化进行比较静态分析，考察制度环境参数是否（如何）促使均衡恢复到相应的社会最优状态。

（一）社会最优参照基准

在完全信息下，关注社会福利最大化的社会计划者将同时决定控制权的分配与各方成员的服务努力水平。此时，不需要考虑事后问责因素。由于模型中的服务是一种公共品，服务提供方与民众之间不存在转移支付，从而在完全信息下，社会计划者的最优化问题可表达为：

$$\max W(x, e, E) = \max \{3[eE+(1-e)Ex] - ce - cE - tx^2\} \quad (3)$$

其中，$e=\{0, 1\}$，$E=\{0, 1\}$，$x\in[0, 1]$。

为了求解上述社会最优化问题，首先从社会福利的角度讨论在 x 既定时的局部最优结果及实现条件；在此基础上，对于多重局部最优并存的情况，按照社会福利最大化原则筛选出全局最优结果；最后总结出社会最优结果以及实现条件，总结如命题 1，并用图 2 概括①。论证过程从略。

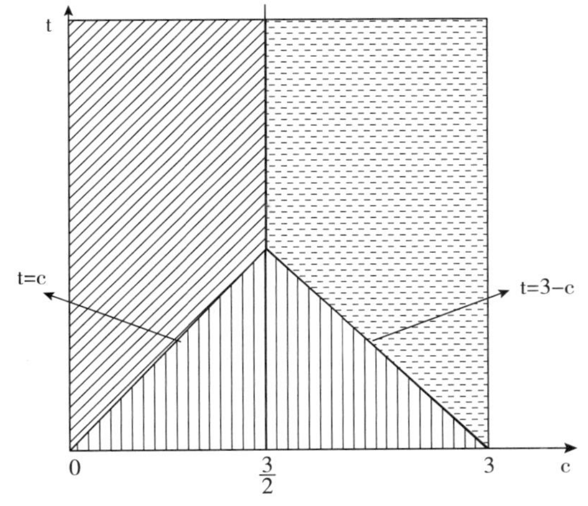

图 2　社会最优均衡

① 为了突出分析结果在整体上的结构性，全文给出的系列数理结论均不讨论临界状况时的结果。

命题 1：当 $c>t$ 且 $c+t<3$ 时，“主导成员完全控制、努力服务”（$x=1, e=0, E=1$）是社会最优选择，社会福利为 $3-c-t$；当 $c<t$ 且 $c<\frac{3}{2}$ 时，“团队成员平等合作、努力服务”（$x=0$，$e=1$，$E=1$）是社会最优选择，社会福利为 $3-2c$；当 $c>\frac{3}{2}$ 且 $c+t>3$ 时，“不启动服务”是社会最优选择，社会福利为 0。

命题 1 表明，效率意义下公共服务的最优提供方式取决于服务技术的禀赋 t 和 c。特别地，只要 $c<\frac{3}{2}$，或者 $c>\frac{3}{2}$ 且 $c+t<3$，社会最优的服务都是高质量的。接下来，我们回到本文的模型，考察团队各方成员分散决策并且民众处于信息劣势的情形，关注在同样的服务技术禀赋环境中，模型均衡是否或在什么条件下会偏离相应的社会最优结果，寻求能够推动均衡恢复到社会最优水平的制度政策变量。

（二）不对称信息情形的均衡

1. 没有事后追责的情形

首先我们需要回答，如果不考虑事后的追责，社会最优结果是否还能实现？在模型中，民众在使用服务前无法确切知道团队成员真实的努力水平与公共服务质量，只能根据观察到的控制权分配结果进行推断，据此决定是否选择该项服务。以“主导成员完全控制、努力服务”是社会最优结果的情形为例，这对应图 2 底部的三角形区域，此时，如果民众面对 $x=1$ 的结果相信主导成员是努力的，那么主导成员为了节省服务成本，就有动力降低努力水平（$E=0$），骗取民众信任，最终提供低质量的服务。面对这一道德风险，理性的民众就不会选择该项服务，进而导致服务项目的失败。因此，只要降低服务努力不会给自身带来额外的损失，在分散决策和信息不对称的情况下，这项公共服务就无法启动。鉴于此，有必要引入额外的制度遏制团队成员的道德风险。下面，回到上文设定的存在事后追责的模型。我们将看到，事后追责只有在服务成本满足一定条件时才能发挥效率提升的作用，而发挥作用的具体方式还依赖于服务技术的禀赋特征。在这个意义上，类似于谢康等（2016）对监管制度“有界性”的见解，事后追责对效率的提升也是“有界”的。

2. 存在事后追责的情形

为了求出模型的合理均衡，需要关注博弈的时序和信息特征。首先，在模型中，处于信息弱势的民众根据公开的信号 x，对团队成员的努力形成推断（$\tilde{E}$ 和 $\tilde{e}$）。这意味着，团队任一成员单方面改变努力水平，不会影响民众在服务选择阶段对公共服务质量的评判，也就不影响自身获得的收益，但会改变自身付出的生产成本，并且通过影响服务质量而改变预期承担的问责损失。因此，模型的均衡首先需要满足在控制权不变的情况下，团队各方成员没有单方面改变努力水平的动机。也就是说，均衡中各方的努力水平构成了 x 既定前提下的纳什均衡。其次，面对不同的控制权分配结果 x，民众会对信号背后团队成员的努力水平与服务质量形成相应的推断，后者决定了团队成员能够得到的收益。因此，对于先行选择控制权的主导成员来说，合理的选择是，预见到不同的控制权分配方案产生的民众预期及其蕴含的收益，挑选其中能带来最高（期望）效用的方案①。因此，我

---

① 严格来说，面对均衡路径之外的信号 x，精炼贝叶斯均衡的概念对民众的推断一般没有施加限制。从而很容易出现多重均衡。为了从多重精炼贝叶斯均衡中筛选出更为合理的均衡，学者们提出多种再精炼方法，但并没有明确一致的准则。鉴于本文模型中主导成员先行选择控制权，我们采用比较直观的方式，选择对主导成员而言（期望）效用最高的精炼贝叶斯均衡。这要求民众面对均衡路径之外的信号，仍然持有在该信号成为精炼贝叶斯均衡情况下的相应推断。在理论上，这样的处理逻辑类似 Mailath 等（1993）提出的“不败均衡”（Undefeated Equilibrium）。有关精炼贝叶斯均衡再精炼方法的代表性综述参见 Riley（2001）。

们先分析 x 既定时团队成员以成本最小化为目标在努力水平上的纳什均衡，再结合 x 对民众预期的信号作用，求解最大化主导成员期望效用的精炼贝叶斯均衡。

（1）控制权既定情形下团队成员的努力水平。

如上所述，在控制权分配结果 x 既定的前提下，团队各方成员只关注自身在生产成本与责任成本上的总和，理性选择相应的努力水平以最小化各自的总成本。下面分别针对不同的 x，给出团队成员双方的成本矩阵，求解在努力水平上的纳什均衡。

1）控制权 $x=0$ 时，团队成员的努力水平。

此时博弈支付矩阵如表 2 所示。显然，（$e=0$，$E=0$）必为纳什均衡，主导成员获得负效用。当且仅当 $c<\frac{rF}{2}$时，（$e=1$，$E=1$）也是纳什均衡，主导成员获得期望效用 $1-c$。对理性的主导成员来说，当且仅当 $c<\frac{rF}{2}$且 $c<1$ 时，（$e=1$，$E=1$）是在 $x=0$ 的前提下唯一合理的纳什均衡；否则，主导成员在 $x=0$ 的约束下宁愿不启动服务。

表 2　x=0 时博弈支付矩阵

		主导成员	
		不努力（E=0）	努力（E=1）
合作成员	不努力（e=0）	$-\frac{rF}{2}$，$-\frac{rF}{2}$	$-\frac{rF}{2}$，$-c-\frac{rF}{2}$
	努力（e=1）	$-c-\frac{rF}{2}$，$-\frac{rF}{2}$	$-c$，$-c$

2）控制权 $x=1$ 时，团队成员的努力水平。

此时博弈支付矩阵如表 3 所示。表 3 表明，当且仅当 $c<rF$ 时，（$e=0$，$E=1$）为纳什均衡，主导成员的期望效用为 $1-c-t$；当 $c>rF$ 时，（$e=0$，$E=0$）是纳什均衡，此时主导成员获得负效用，其宁愿不启动服务。综上所述，当且仅当 $c<rF$ 且 $c+t<1$ 时，（$e=0$，$E=1$）是在 $x=1$ 的前提下唯一合理的纳什均衡；否则，主导成员将不启动服务。

表 3　x=1 时博弈支付矩阵

		主导成员	
		不努力（E=0）	努力（E=1）
合作成员	不努力（e=0）	0，$-rF-t$	0，$-c-t$
	努力（e=1）	$-c$，$-rF-t$	$-c$，$-c-t$

3）控制权 $x\in(0,1)$时，团队成员的努力水平。

此时博弈支付矩阵如表 4 所示。由表 4 可知，当 $c<\frac{(1-x)^2}{2}rF$ 且 $c<\frac{x(1+x)}{2}rF$ 时，$(e=1,E=1)$为纳什均衡，主导成员的期望效用为 $1-c-tx^2$；当$\frac{(1-x)^2}{2}rF<c<\frac{x(1+x)}{2}rF$ 时，$(e=0,E=1)$为纳什均衡，主导成员的期望效用为 $x-\frac{1-x^2}{2}rF-c-tx^2$；当 $c>\frac{x(1+x)}{2}rF$ 时，$(e=0,E=0)$为纳什均衡，主

导成员获得负效用。综上所述，当且仅当 $c<\frac{(1-x)^2}{2}rF$、$c<\frac{x(1+x)}{2}rF$ 以及 $c<1-tx^2$ 时，(e=1,E=1) 是 $x\in(0,1)$ 前提下唯一合理的纳什均衡；当 $\frac{(1-x)^2}{2}rF<c<\frac{x\ (1+x)}{2}rF$ 且 $c<x-\frac{1-x^2}{2}rF-tx^2$ 时，(e=0, E=1) 是 $x\in(0,1)$ 前提下唯一合理的纳什均衡。在其他情况下，主导成员不启动服务。

表 4　x∈（0，1）时博弈支付矩阵

		主导成员	
		不努力（E=0）	努力（E=1）
合作成员	不努力（e=0）	$-\frac{1-x}{2}rF$，$-\frac{1+x}{2}rF-tx^2$	$-\frac{(1-x)^2}{2}rF$，$-\frac{1-x^2}{2}rF-c-tx^2$
	努力（e=1）	$-\frac{1-x}{2}rF-c$，$-\frac{1+x}{2}rF-tx^2$	$-c$，$-c-tx^2$

为方便使用，现将上述结论总结为引理 1。

引理 1：①在 x=0 的前提下，当 $c<\min\left\{\frac{rF}{2},\ 1\right\}$ 时，（e=1，E=1）是唯一合理的纳什均衡，主导成员获得期望效用 1−c；当 $c>\min\left\{\frac{rF}{2},\ 1\right\}$ 时，主导成员不启动服务。②在 x=1 的前提下，当 $c<\min\{rF,\ 1-t\}$ 时，（e=0，E=1）是唯一合理的纳什均衡，主导成员获得期望效用 1−c−t；当 $c>\min\{1-t,\ rF\}$ 时，主导成员不启动服务。③在 $x\in(0,\ 1)$ 的前提下，当 $c<\min\left\{\frac{(1-x)^2}{2}rF,\ \frac{x(1+x)}{2}rF,\ 1-tx^2\right\}$ 时，（e=1，E=1）是唯一合理的纳什均衡，主导成员获得期望效用 $1-c-tx^2$；当 $\frac{(1-x)^2}{2}rF<c<\min\left\{\frac{x(1+x)}{2}rF,\ x-\frac{1-x^2}{2}rF-tx^2\right\}$ 时，（e=0，E=1）是唯一合理的纳什均衡，主导成员获得期望效用 $x-\frac{1-x^2}{2}rF-c-tx^2$；当 $c>\frac{x\ (1+x)}{2}rF$ 时，主导成员不启动服务。

引理 1 针对既定水平的 x 明确了唯一的纳什均衡，但是在同一组外生参数条件下仍然可能存在多重纳什均衡。比如，根据引理 1 可知，在 $c<rF$ 且 $c+t<1$ 的情况下，同时存在纳什均衡 (x=0，e=1，E=1) 和（x=1，e=0，E=1)。下面按照主导成员的期望效用最大化原则，对引理 1 的结果做进一步的筛选。

（2）主导成员期望效用最大化的精炼贝叶斯均衡。

首先，当 $c>\min\{rF,\ 1\}$ 时，主导成员不会启动该项服务。其次，当 $c<\min\{1,\ rF\}$ 时，如果同时还满足 $c+t<1$ 且 $\frac{rF}{2}<c<\frac{x\ (1+x)}{2}rF$，需要对引理 1 中主导成员所得均衡效用 1−c−t 和主导成员所得均衡效用 $x-\frac{1-x^2}{2}rF-c-tx^2$ 进行比较。显然，当且仅当 $(1+x)\left(t-\frac{rF}{2}\right)>1$ 且 $t>\frac{1+rF}{2}$，即 $x>\frac{1+\frac{rF}{2}-t}{t-\frac{rF}{2}}$ 且 $t>\frac{1+rF}{2}$ 时，（$x\in(0,\ 1)$，e=0，E=1）是合理的精炼贝叶斯均衡。类似地，可得到其他参数条件下相对合理的精炼贝叶斯均衡，总结为引理 2。

引理 2：①当 $c<\min\left\{\frac{rF}{2},1\right\}$ 时，$(x=0,e=1,E=1)$ 是唯一合理的精炼贝叶斯均衡。②当 $\min\left\{\frac{rF}{2},1\right\}<c<\min\{rF,1\}$ 时，若 $c<\min\left\{1-t,\frac{x(1+x)}{2}rF\right\}$、$x>\frac{1+\frac{rF}{2}-t}{t-\frac{rF}{2}}$ 且 $t>\frac{1+rF}{2}$，$(x\in(0,1),e=0,E=1)$ 是唯一合理的精炼贝叶斯均衡；若 $c<\min\{1-t,rF\}$ 且 $t<\frac{1+rF}{2}$，或 $c<\min\{1-t,rF\}$ 且 $x<\frac{1+\frac{rF}{2}-t}{t-\frac{rF}{2}}$，$(x=1,e=0,E=1)$ 是唯一合理的精炼贝叶斯均衡；若 $1-t<c<\frac{x(1+x)}{2}rF$ 且 $\frac{1+rF}{2}<t<\frac{rF}{2}+\frac{1}{2(rF+2c)}$，$(x\in(0,1),e=0,E=1)$ 是唯一合理的精炼贝叶斯均衡。③当 $c>\min\{rF,1\}$ 时，主导成员不启动服务是唯一合理的精炼贝叶斯均衡。

然而，引理 2 对模型均衡的刻画还不够清晰和彻底：第一，引理 2 给出的某些均衡条件包含了内生变量 x，从而在外生参数给定的情况下仍然无法告诉我们均衡的具体结果；第二，如果主导成员在均衡时选择的控制权处于中间水平（$x\in(0,1)$），那么引理 2 并没有给出 x 的确切结果。通过进一步整理引理 2 的内容，可以得到定理 1，分析过程从略。均衡分布结果，可用下面的图 3 至图 6 表达。

定理 1：①当 $c>\min\{rF,1\}$ 时，主导成员不启动服务是唯一合理的精炼贝叶斯均衡。②当 $c<\min\left\{\frac{rF}{2},1\right\}$ 时，$(x=0,e=1,E=1)$ 是唯一合理的精炼贝叶斯均衡。③当 $\min\left\{\frac{rF}{2},1\right\}<c<\min\{1,rF\}$ 时，$c+t<1$ 且 $t<\frac{1+rF}{2}$，$(x=1,e=0,E=1)$ 是唯一合理的精炼贝叶斯均衡；若 $c+t<1$ 且 $t>\frac{1+rF}{2}$，$(x=x^*,e=0,E=1)$ 是唯一合理的精炼贝叶斯均衡，这里 $x^*=\max(\hat{x},\tilde{x})$，$\hat{x}=\sqrt{\frac{2c}{rF}+\frac{1}{4}}-\frac{1}{2}$，$\tilde{x}=\frac{1}{2t-rF}$；若 $c+t>1$ 且 $\frac{1+rF}{2}<t<\frac{rF}{2}+\frac{1}{2(rF+2c)}$，仅当 $\hat{x}<x_2$ 时，$(x=x^*,e=0,E=1)$ 是唯一合理的精炼贝叶斯均衡，反之，主导成员不启动服务是唯一合理的精炼贝叶斯均衡，其中 $x_2=\frac{1+\sqrt{1+(rF+2c)(rF-2t)}}{2rF}$；若 $c+t>1$ 但 $t<\frac{1+rF}{2}$ 或 $t>\frac{rF}{2}+\frac{1}{2(rF+2c)}$，主导成员不启动服务是唯一合理的精炼贝叶斯均衡。

（三）模型均衡与社会最优结果的对比

将刻画社会最优结果的命题 1 与定理 1 进行对比，或对照图 2 与图 3 至图 6，可以看出，在服务技术的禀赋（c 和 t 的组合）相同的环境中，模型均衡是否或在什么情况下偏离社会最优，以及具体的偏离细节。现将比较结果归纳为命题 2 至命题 4。

命题 2：在公共服务的技术禀赋处于 $c>\frac{3}{2}$ 且 $c+t>3$ 的环境中，无论期望问责力度如何，均衡中主导成员都不会启动服务，均衡结果与社会最优一致。

命题 3：在公共服务的技术禀赋处于 $c>t$ 且 $c+t<3$ 的环境中，“主导成员完全控制、努力服务”$(x=1,e=0,E=1)$ 是社会最优结果，但是，当 $c>1$ 时，无论期望问责力度如何，均衡将偏离至“主导成员不启动服务”的状态，表现出无效率放弃的特征。当 $c<1$ 时，均衡可能发生两类偏离：

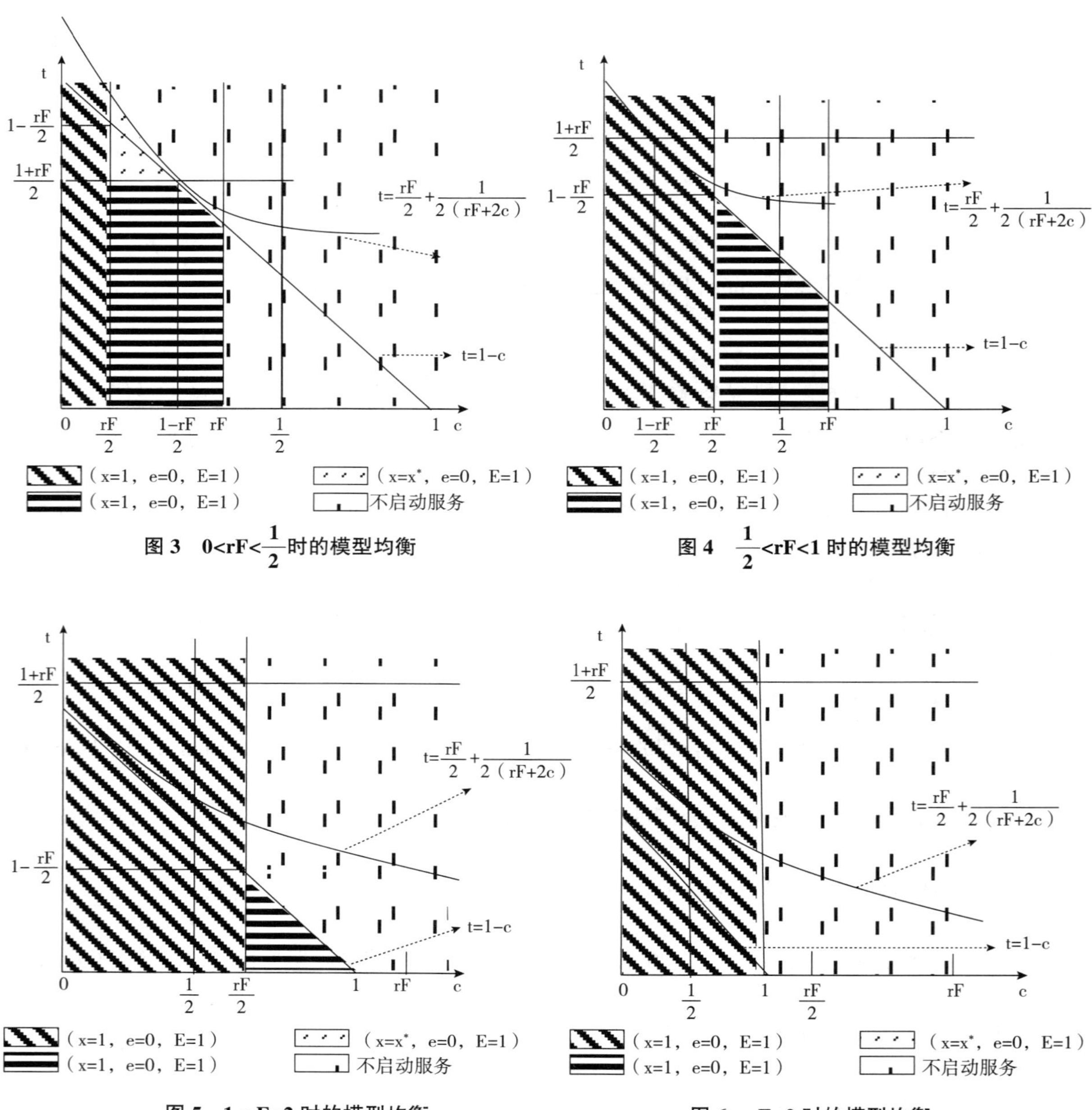

图 3　$0<rF<\frac{1}{2}$ 时的模型均衡

图 4　$\frac{1}{2}<rF<1$ 时的模型均衡

图 5　1<rF<2 时的模型均衡

图 6　rF>2 时的模型均衡

如果平摊后的期望问责力度超过服务成本$\left(c<\frac{rF}{2}\right)$，均衡将偏离至“团队成员平等合作、共同努力”（x=0，e=1，E=1）的状态，表现出过度分权的特征；如果期望问责力度低于服务成本（rF<c），或者期望问责力度相对服务成本处于中间水平而完全控制下的高质量服务无利可图（$\max\left\{\frac{rF}{2}, 1-t\right\}<c<rF$），均衡将偏离至“主导成员不启动服务”的状态，表现出无效率放弃的特征；在其他情况下，均衡结果与社会最优一致。

命题 4：在公共服务的技术禀赋处于 c<t 且 $c<\frac{3}{2}$ 的环境中，“团队成员平等合作、共同努力”（x=0，e=1，E=1）是社会最优结果，但是，当 c>1 时，无论期望问责力度如何，均衡将偏离至

“主导成员不启动服务”的状态，表现出无效率放弃的特征。当 $c<1$ 时，只有在期望问责力度平摊后低于服务成本时 $\left(\frac{rF}{2}<c\right)$，均衡才发生偏离，具体有三种情况：如果期望问责力度超过服务成本而完全控制下高质量服务有利可图($c<\min\{1-t, rF\}$)，并且控制成本的节省无法弥补质量下降的损失 $\left(t<\frac{1+rF}{2}\right)$，均衡将偏离至“主导成员完全控制、努力服务”的状态，表现出过度集中的特征；如果控制成本的节省超过质量下降的损失且单方面部分控制有利可图 $\left(\frac{1+rF}{2}<t<\frac{rF}{2}+\frac{1}{2(rF+2c)}\right)$，均衡将偏离至“主导成员部分控制、努力服务”的状态，表现出过度集中且质量偏低的特征；在其他情况下，均衡偏离至“主导成员不启动服务”的状态，表现出无效率放弃的特征。

命题 3 和命题 4 表明，虽然高质量的公共服务是此时的社会最优选择，但是当服务成本的绝对水平偏高或者期望问责力度的相对水平处于某些范围时，均衡就会偏离社会最优结果，造成资源配置的扭曲，甚至还会引起公共服务质量的下降。接下来，对这些均衡发生效率扭曲的原因和机理进行剖析。在此基础上，就如何促使均衡恢复到社会最优提出方向性的政策建议。

在命题 2 刻画的技术环境 $\left(c>\frac{3}{2},\ c+t>3\right)$ 中，“不启动服务”是社会最优结果。对社会计划者来说，服务收益低于服务总成本。由于团队成员各自所得收益总是低于社会计划者，此时无论怎样的服务方式，团队成员都将无利可图，因此主导成员不会启动服务。事实上，成员个体与社会整体在收益上的差距，是团队生产中常见的“搭便车”问题的根源。正因为如此，在命题 3 和命题 4 中，如果服务成本超过成员个体的收益（$c>1$），那么虽然高质量服务是社会最优选择，但是“搭便车”效应导致各方不愿努力，进而民众不会接受这一低质量服务，主导成员也会放弃服务。显然，此时无论期望问责力度如何，都无法化解“搭便车”效应。这意味着，当均衡的效率损失源于“搭便车”效应时，改变期望问责的力度并不能提升效率，而需要通过提升服务质量等方式降低服务成本。鉴于此，下面只需要分析命题 3 和命题 4 在 $c<1$ 范围内的结果。

在命题 3 刻画的技术环境($c>t, c+t<3$)中，完全控制并努力服务($x=1, E=1$)是社会最优结果。当服务成本低于服务收益时（$c<1$），主导成员采取完全控制并努力服务才可能有利可图，但是还可能存在对自己更有利的选择，从而有偏离社会最优的动机。如果平摊后的期望问责力度超过服务成本 $\left(\frac{rF}{2}>c\right)$，合作成员迫于问责压力将努力服务，预见到这一点，主导成员就会放弃控制权，选择平等合作的团队生产方式，将高质量服务的部分成本转嫁给合作成员以节省控制成本，本质上，主导成员的这一过度分权造成了负外部性。如果期望问责的整体力度低于服务成本（$rF<c$），无论控制权分配结果如何，团队成员都缺乏努力服务的动力，预见到这一点，民众就不会选择这项服务，本质上，此时团队成员在服务努力上的道德风险造成了服务无法启动的困境。如果期望问责力度处于中间水平 $\left(\frac{rF}{2}<c<rF\right)$，合作成员不会努力，主导成员不得不考虑单方面提供服务或者放弃服务，显然在完全控制下的高质量服务无利可图（$1-t<c$）时，将放弃服务，本质上，这一困境根源于合作成员的道德风险。以上分析也意味着，在服务成本已经足以消除“搭便车”效应的前提下（$c<1$），通过将期望问责力度调整至合理的区间内（$c<rF<\min\{2c, 1-t\}$），可以消解道德风险与服务成本的转嫁效应，促使主导成员完全控制并努力服务，实现社会最优。

在命题 4 刻画的技术环境 $\left(c<t,\ c<\frac{3}{2}\right)$ 中，“团队成员平等合作、共同努力”（$x=0, e=1, E=1$）是社会最优结果。在服务成本低于成员收益的前提下（$c<1$），主导成员在平等合作并共同努力的

情况下有利可图，但还可能存在更有利的选择，从而有偏离社会最优的动机。当期望问责力度低于服务成本（$rF<c$）时，主导成员无论如何分配控制权都无法化解团队成员的道德风险，只能放弃服务。当期望问责力度处于中间水平（$c<rF<2c$）时，只有单一主体的服务方式才能化解道德风险①，主导成员不得不选择具体的控制方式单方面提供服务，因为只有这样才有利可图，否则就放弃该项服务。其中，在单方面提供服务的前提下，主导成员只有两种方案值得关注，要么完全控制（$x=1$），要么特定形式的部分控制（$x=x^*$）。在边际上，从完全控制状态到降低控制力，能够节省控制成本（2t），但控制不足引起的服务质量下降会带来收益和问责的损失（1+rF）。概括而言，在单方面提供服务的前提下，主导成员从完全控制转变为部分控制会产生收益损失、控制成本节省与预期问责三类效应，预期问责效应又包括两种方向相反的效应，即出事概率增加引起“事故损失效应”与控制权下降带来责任转嫁效应②。当$t>\frac{1+rF}{2}$时，控制成本节省与责任转嫁两种效应之和超过了收益损失与事故损失两种效应之和，部分控制优于完全控制，只要前者有利可图（$t<\frac{rF}{2}+\frac{1}{2(rF+2c)}$），主导成员就会选择“部分控制、努力服务”，否则不启动服务。反之，当$t<\frac{1+rF}{2}$时，完全控制优于部分控制，只要前者有利可图（$c+t<1$），主导成员就会选择“完全控制、努力服务”，否则不启动该项服务。综上所述，在服务成本已经足以消除“搭便车”效应的前提下（$c<1$），只有期望问责力度足够大以至于平摊后仍然超过服务成本（$\frac{rF}{2}>c$）时，主导成员才愿意采用社会最优的“团队成员平等合作、共同努力”方案。最后，容易看出，面对上述偏离社会最优的均衡，只有加大期望问责力度以化解在平等合作服务方式下的道德风险（$\frac{rF}{2}>c$），才能防止主导成员采取过度集中的服务方案，甚至在此过程中将责任转嫁给合作成员。需要注意的是，当初始均衡是“主导成员部分控制、努力服务”（$x=x^*$，$e=0$，$E=1$）时，加大期望问责力度的过程有可能阶段性地转向“主导成员完全控制、努力服务”的均衡（$x=1$，$e=0$，$E=1$），后者在控制权分配上比初始均衡更加偏离社会最优水平（$x=0$）。但是，随着期望问责力度超过门槛值（$rF>2c$），社会最优得以实现。

以上分析表明，事后问责是否能够以及如何纠正当前均衡的效率扭曲，取决于公共服务的技术禀赋。现将结论总结为以下具有政策导向的推论。

推论1：面对低效的均衡，调整期望问责力度对于效率提升是“有界”的：当服务成本较高（$c>1$）时，调整期望问责力度无法提升效率。此时，只有通过提升服务技术等方式以降低服务成本，才能实现有效率的公共服务。当服务成本较低（$c<1$）时，应根据服务技术的现有禀赋，在期望问责力度上采取针对性的方案：①在公共服务的技术禀赋处于$c>t$且$c+t<3$的环境中，在问责力度上采取“区间值”方案，将期望问责力度rF控制在区间（c，$\min\{2c, 1-t\}$）内，能够实现有效率的公共服务；②在公共服务的技术禀赋处于$c<t$且$c<\frac{3}{2}$的环境中，在问责力度上采取“门槛

① 在任何一种团队合作（$0\leq x<1$）的方式下，合作成员预期承担的问责损失不超过其在平等合作方式下（$x=0$）所承担的损失$\frac{rF}{2}$。由于$\frac{rF}{2}<c$，合作成员没有动力努力服务。

② 在$x=1$处，在边际上降低控制权虽然通过共同担责减少了自己事后承担的部分责任，但$x=1$时服务高质量、不易出事，因此责任转嫁效应并不会在$x=1$处显现。但是，x^*严格小于1，因此相对于在$x=1$处的边际调整，采取x^*的控制方式还会通过责任转嫁效应缓解降低控制引起的责任损失。

值”方案，保证期望问责力度达到既定门槛水平（$rF>2c$），就能实现有效率的公共服务，但是在此过程中，均衡有可能经历波折性的调整，阶段性地表现出完全控制的过度集中状态，但在期望问责力度达到门槛值后终将实现有效率的结果。

推论1表明，在不同的服务技术禀赋环境中，为了纠正当前均衡可能存在的效率损失，在制度设计或政策导向上不能“一刀切”，需要根据不同情况采取针对性的方案。为方便起见，现将以上推论总结为图7。

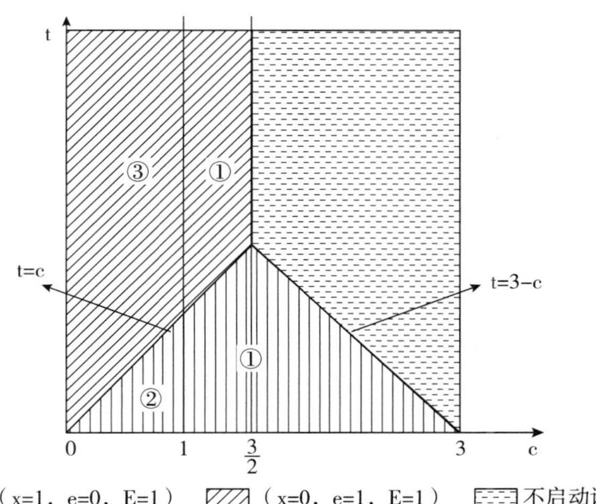

图7　实现社会最优的期望问责力度

注：期望问责力度的目标方案：①问责无效；②“区间值”方案：$c<rF<\min\{2c, 1-t\}$；③“门槛值”方案：$rF>2c$。

（四）引申讨论

根据命题3和命题4，仅当公共服务的技术禀赋处于 $c<t$，$c<\frac{3}{2}$ 且 $c<1$ 的环境中，也就是在“团队成员平等合作、共同努力”（$x=0$，$e=1$，$E=1$）是社会最优选择的情况下，均衡才可能偏离至服务质量偏低的状态。如果期望问责力度满足 $c<rF<2c$，$\frac{1+rF}{2}<t<\frac{rF}{2}+\frac{1}{2(rF+2c)}$，均衡是主导成员将采取过度集中但不完全控制的联合服务方式（$0<x^*<1$），团队中主导成员努力但合作成员不努力（$E=1$，$e=0$），联合服务的期望质量 $x^*<1$，从而可能产生低质量结果。一旦出事，无论是努力的主导成员还是不努力的合作成员，都将承担一定程度$\left(\frac{1+x^*}{2}\text{和}\frac{1-x^*}{2}\right)$的惩罚或问责压力。下面我们将看到，如果对此均衡的特征或形成原因缺乏准确的判断，可能引申出错误的政策推论，甚至造成更严重后果。同时，本文在特定视角下也对现实中“一放就乱、一收就死”的现象提供了一定程度的解释。

首先，这一均衡表明，外生的严格责任制度有可能内生出过失责任特征的追责结果。一方面，根据模型的设定，出事后各方的责任分担程度仅仅与事前的控制权分配结构有关，而与实际是否努力无关。因此，这是严格责任意义下的共同责任制度。相应地，在均衡结果中，虽然受到问责的合作成员确实没有付出努力、存在“过失”（negligence），但主导成员付出了努力却仍然受到问责。表面上看，主导成员在均衡中似乎遭受了冤枉，这是严格责任制度可能产生的结果。但是另一方面，正是由于主导成员选择的控制权偏离社会最优水平（$x^*>0$），导致了服务质量的下降（$x^*<1$）。

因此，对主导成员的问责可视为民众对其在控制权选择上而非在服务努力上的过失的理性反应，进而是对这一过失引起的效率损失的一种纠正。事实上，推论1指出，在服务技术的禀赋（c和t）难以在短期改变的现实下，只要将期望问责力度提高到门槛水平（$rF>2c$），就能促使均衡恢复在同样技术禀赋下的社会最优状态。

其次，以上分析还有一个有趣的引申。在这一均衡中，努力服务的主导成员在出事后将受到问责。在现实中，如果仅仅看到这一表象，社会舆论就可能替主导成员喊冤，甚至呼吁将严格责任意义的问责制度调整为类似于过失责任的问责制度①，以避免挫伤公共服务提供方的积极性。但是，正如上面的分析，对主导成员的问责实际上是对其控制权选择失当引起服务质量事故的一种追根溯源，因此并不冤枉。更进一步地，如果将本文设定的严格责任意义下的共同责任制度改为过失责任意义下的共同责任制度——无论控制权如何分配，只要努力服务就不会承担与低质量服务结果有关的任何责任，那么我们将看到，这一变化会导致更低的服务质量。事实上，参照命题4的分析逻辑，在产生该均衡的环境中，合作成员不愿意努力，从而在单一主体提供服务的限制下，主导成员只能选择完全控制或部分控制。在过失责任制度下，只要在服务上努力，降低一部分控制权并不会给自己带来事后责任上的任何损失，因此相对于原来的严格责任情形，控制成本节省效应占据了更加突出的地位，主导成员更有动力采取部分控制的方案并选择比原均衡的x^*更低的控制权。显然，这将导致比原均衡更低的服务质量。综上所述，如果只是看到主导成员努力服务却受到问责的表象而将责任追究制度改为过失责任制度，虽然本意是激励团队成员提供高质量服务，但是实际上却会带来质量更低的公共服务。以上分析也说明，从缓解社会效率损失的角度来看，本文设定的形式上外生的严格责任、实际上内生的过失责任制度，比直接外生刚性的过失责任制度更为合理。

最后，如果关注均衡（$x=x^*$，$e=0$，$E=1$）中主导成员部分放权（$x^*<1$）、合作成员不努力并且服务质量较低的特征，但是对效率损失的性质和根源缺乏准确的认知，就可能产生错误的判断，指导出“错上加错”的政策建议。例如，这一均衡结果表现出的部分放权与质量较低的特征，本质上是“一枚硬币的两面”，是当前的期望问责力度、服务技术禀赋等环境与不对称信息交织而成的结果。面对均衡的这种两面特征，如果错误得出“一放就乱”的因果推断，就可能进一步提出，让努力服务的主导成员对该项公共服务加强控制甚至采取完全控制（$x=1$）的集中服务方式。显然，这样的论断没有找到问题的症结，给出的政策建议甚至会产生新的问题。第一，问题的本质在于，期望问责的力度偏低，引起相对于社会最优而言放权不足（$x^*>0$）的结果，而不是放权过度。第二，在均衡出现的服务技术环境中，社会最优结果或政策建议的目标应该是主导成员充分分权、双方共同努力，而不是交由主导成员集中控制。第三，将政策导向局限于提高主导成员的控制权上，就有可能适得其反，造成“一收就死”的“次生危害”。根据图3可知，在产生这一均衡的特定区域内$\left(\frac{1+rF}{2}<t<\frac{rF}{2}+\frac{1}{2(rF+2c)},\ c+t>1\right)$，在完全控制（$x=1$）的政策导向下，主导成员将因为该项服务无利可图而可能在现实中敷衍了事，使得这一公共服务形同虚设，表现出“一收就死”的特征。进一步地，面对这一新的困境，如果又简单将问题归因于之前对主导成员提出的强制要求，进而提出赋予主导成员自主分配控制权的空间，而在期望问责力度上没有相应调整，那么，均衡将再次回到部分放权、质量偏低的结果（$x=x^*$，$e=0$，$E=1$）。如此一来，陷入“收—放循环”的低效率陷阱。因此，本文对现实中公共服务等领域可能存在的“一放就乱、一收就死”的现象提

① 如本文在模型设定中的说明，虽然在公共服务的现实中一般不会明确采用类似民事侵权责任领域的问责制度，但如果将本文刻画的问责理解为广泛意义下的民众压力及其风险，那么借用民事责任对问责制度的分类术语有助于对公共服务领域的责任分担现象提供理论解析。同时，正文此处所述的舆论观点在现实中也是存在的，在这个意义上，本文借助法经济学的相关概念对现实提供了一种分析思路。

供了一种解释：对均衡特征与根源的错误认知以及在此基础上的“错上加错”的政策导向，将可能落入“收—放”循环的怪圈。进一步地，只有正确追根溯源，锁定均衡背后问责不足的症结，加大期望问责力度，才能恢复到社会最优的充分分权、团队平等合作、高质量共治结果。此外，推论1也提示我们，在加强期望问责、提高均衡效率的过程中，可能会阶段性地出现完全控制、组织方式上过度集中的低效率均衡，但只要期望问责力度达到门槛水平，社会最优结果终将实现。因此，需要对这一波折性过程有理性认知，避免在正确的政策推行过程中遇到阶段性问题而浅尝辄止，失去高效率提供高质量公共服务的机会。

五、结论

在现实中，地位异质的多方成员联合提供公共服务的情况普遍存在，其中占据主导地位的成员对团队内部控制权的分配，将影响各方的工作努力水平与公共服务质量。本文构建了一个内生控制权的公共服务联合供给模型，从责任分担的视角阐释了团队内部控制权的分配逻辑及其对服务质量的作用机理。我们发现，即使团队成员间不存在服务收益上的冲突，也可能导致公共服务的效率损失。除了团队生产常见的“搭便车”效应引起项目失败外，在成本和责任的转嫁效应与道德风险的影响下，还可能出现过度分权或过度集中的均衡结果。要纠正均衡的效率损失，事后问责的作用是“有界”的：当效率损失源于“搭便车”效应时，事后问责无法提升效率；对其他因素引起的效率损失，需要根据服务技术的现有禀赋，在期望问责力度上有针对性地采取“区间值”或“门槛值”方案，才能实现有效率的公共服务。这一纠偏过程有可能存在波折，表现出阶段性矫枉过正的特征，但最终将实现有效率的公共服务。

对于公共服务现实中可能发生的“一放就乱、一收就死”现象，本文提供了一种解析。首先，就出现这一结果的服务技术环境来说，此时有效率的选择是，主导成员充分放权并与其他成员共同努力、联合提供高质量服务。但是，如果期望问责力度相对于服务成本和控制成本而言都处于中间水平，合作成员的道德风险就会与主导成员的责任转嫁动机发生“耦合”，诱使主导成员采取过度集中但又不完全控制的服务方式。此时，均衡结果同时表现出部分放权、团队成员不努力、服务质量不高的特征。其次，如果将这一结果层面的特征错误解读为“一放就乱”的因果关系，并据此得出加强控制的政策导向，就可能产生“一收就死”的新问题，进而掉入“一放就乱、一收就死”的陷阱。最后，必须认识到当前均衡过度集中的性质，定位导致这一结果的制度因素，提高期望问责力度，才能从根本上扭转成员努力不足、服务质量偏低的结果，实现高效率的公共服务供给。

在理论层面，本文对于同时涉及多个责任人与多维决策的责任追究问题提供了启发性的见解。如果产品或服务的质量不但受到多方行为的影响，还与某位成员的多维决策有关①，那么，在形式上只是针对特定维度决策的严格责任制度就可能内生出过失责任意义下针对所有维度决策的结果。进一步地，如果在单一决策的视野下采用过失责任，反而有可能导致其他维度的决策发生严重的效率损失。虽然本文只是获得一些初步结果，但对开展多维决策下的责任追究制度的理论研究提供了启发。

与团队生产理论相关文献考察的情景有所不同，本文关注的是，占据主导地位的成员在团队生产中的技术地位无法完全替代的情形。此时，团队成员之间无法明确分化出委托人与代理人，现有文献较多采用的委托代理框架并不适用于这一情形。事实上，如果将模型中的主导成员理解为团队中服务能力较强、有“领头羊”潜质的成员，那么，本文研究表明，受到责任分担与信息不对称因素的共同影响，这类成员在某些情况下不愿意承担更多责任，而另一些情况下倾向于过度“出头”，

① 例如，模型中主导成员在控制权分配和服务努力上的选择就会同时影响服务质量。

但后者可能伴随其他成员偷懒、产出质量偏低的结果。因此，从责任分担的视角，本文对团队成员在合作中的角色选择问题提供了启发性的解释。

本文模型并不局限于分析公共服务领域的控制权分配与服务质量问题，对于理解 PPP 项目中的控制权配置与项目效率、供应链纵向结构与产品质量等现实问题也有一定的启发。

参考文献

[1] 曹正汉．中国上下分治的治理体制及其稳定机制［J］．社会学研究，2011（1）．

[2] 曹正汉，周杰．社会风险与地方分权——中国食品安全监管实行地方分级管理的原因［J］．社会学研究，2013（1）．

[3] 程波辉，彭向刚．两种政府模式下的“放管服”改革比较［J］．行政论坛，2019（6）．

[4] 杜建军，张瑞林．“整体政府”理论视域下的青少年体质健康公共服务治理路径构建［J］．沈阳体育学院学报，2016（5）．

[5] 高艳慧，万迪昉，刘岩．企业合作创新的融资契约选择与控制权配置问题探讨：基于不完全契约的框架［J］．科技管理研究，2018（7）．

[6] 谷志军，陈科霖．责任政治中的问责与避责互动逻辑研究［J］．中国行政管理，2019（6）．

[7] 谷志军．问责政治的逻辑：在问责与避责之间［J］．思想战线，2018（6）．

[8] 郭金云，李翔宇．整体政府：服务型政府建设的治理方向［J］．上海行政学院学报，2014（1）．

[9] 李明．制度安排下 PPP 公共体育服务项目国家治理的实施路径——基于投融资政策与风险视角［J］．中国体育科技，2017（4）．

[10] 李想，徐婷婷，李听玮，陆敏．政府监管、社会监督与企业质控：政绩理性的逻辑［R］．工作论文，2018.

[11] 李晓飞．行政发包制下的府际联合避责：生成、类型与防治［J］．中国行政管理，2019（10）．

[12] 吕纳．公共服务购买中政府制度逻辑与行动策略研究［J］．公共行政评论，2016（4）．

[13] 倪星，王锐．从邀功到避责：基层政府官员行为变化研究［J］．政治学研究，2017（2）．

[14] 倪星，王锐．权责分立与基层避责：一种理论解释［J］．中国社会科学，2018（5）．

[15] 骈茂林．教育改革中的跨部门协调：一个分析框架及其应用［J］．华东师范大学学报（教育科学版），2019（6）．

[16] 唐兴盛．政府“碎片化”：问题、根源与治理路径［J］．北京行政学院学报，2014（5）．

[17] 陶鹏，童星．分权、争功与避责：简政放权改革风险的生成及消减［J］．中国高校社会科学，2016（2）．

[18] 田盈，蒲勇健．团队协作激励机制博弈分析［J］．管理工程学报，2015（2）．

[19] 汪锦军．构建公共服务的协同机制：一个界定性框架［J］．中国行政管理，2012（1）．

[20] 王艳梅，赵希男，郭梅．基于委托—代理理论的团队运作条件模型分析［J］．管理学报，2008（2）．

[21] 谢康，赖金天，肖静华，乌家培．食品安全、监管有界性与制度安排［J］．经济研究，2016（4）．

[22] 姚东旻，张诗琪．如何最优地“放权”——行政事项集权与分权的最优边界［J］．财经研究，2017（4）．

［23］张朝孝，蒲勇健．团队合作与激励结构的关系及博弈模型研究［J］．管理工程学报，2004（4）．

［24］张立荣，曾维和．当代西方“整体政府”公共服务模式及其借鉴［J］．中国行政管理，2008（7）．

［25］张喆，贾明，万迪昉．PPP 背景下控制权配置及其对合作效率影响的模型研究［J］．管理工程学报，2009b（3）．

［26］张喆，贾明，万迪昉．PPP 合作中控制权配置及其对合作效率影响的理论和实证研究——以中国医疗卫生领域内的 PPP 合作为例［J］．管理评论，2009a（9）．

［27］周黎安．行政发包制［J］．社会，2014a（6）．

［28］周黎安．再论行政发包制：对评论人的回应［J］．社会，2014b（6）．

［29］周雪光，练宏．中国政府的治理模式：一个“控制权”理论［J］．社会学研究，2012（5）．

［30］周雪光．行政发包制与帝国逻辑周黎安《行政发包制》读后感［J］．社会，2014（6）．

［31］周志忍，蒋敏娟．整体政府下的政策协同：理论与发达国家的当代实践［J］．国家行政学院学报，2010（6）．

［32］Alchian A. and H. Demsetz. Production, Information Costs, and Economic Organization［J］. American Economic Review, 1972, 62（5）: 777-795.

［33］Alonso R. and N. Matouschek. Optimal Delegation［J］. Review of Economic Studies, 2008, 75（1）: 259-293.

［34］Bethel J. E. and J. P. Liebeskind. Diversification and the Legal Organization of the Firm［J］. Organization Science, 1998, 9（1）: 49-67.

［35］Boston J. and C. Eichbaum. State Sector Reform and Renewal in New Zealand: Lessonsfor Governance［J］. Conference on "Repositioning of Public Governance-Global Experiences and Challenges", Taipei, 2005: 18-19.

［36］Brooks R. Liability and Organizational Choice［J］. Journal of Law and Economics, 2002, 45（1）: 91-125.

［37］Carvell D., J. Currie and W. B. MacLeod. Accidental Death and the Rule of Joint and Several Liability［J］. Rand Journal of Economics, 2012, 43（1）: 51-77.

［38］Che Y. K. and K. E. Spier, Strategic Judgment Proofing［J］. Rand Journal of Economic, 2008, 39（4）: 926-948.

［39］Christensen T., Lgreid P.，张丽娜，袁何俊．后新公共管理改革——作为一种新趋势的整体政府［J］．中国行政管理，2006（9）．

［40］Gibbons R. and J. Roberts, The Handbook of Organizational Economics［M］. Princeton University Press: Princeton and Oxford, 2015.

［41］Greger M. Task Divisions in Teams with Complementary Tasks［J］. Journal of Economic Behavior & Organization, 2015（117）: 102-120.

［42］Holmstrom B. and P. Milgrom, The Firm as an Incentive System［J］. American Economic Review, 1994, 84（4）: 972-991.

［43］Holmstrom B. Moral Hazard in Teams［J］. Bell Journal of Economics, 1982, 13（2）: 324-340.

［44］Itoh H. Job Design, Delegation and Cooperation: A Principal-Agent Analysis［J］. European Economic Review, 1994, 38（3）: 691-700.

［45］Lazear E. and S. Rosen, Rank-Order Tournaments as Optimum Labor Contracts［J］. Journalof

Political Economy, 1981, 89 (5): 841-864.

[46] Lazear E. Pay Equality and Industrial Politics [J]. Journal of Political Economy, 1989, 87 (6); 1261-1284.

[47] Macho-Stadler I. and J. D. Pérez-Castrillo. Centralized and Decentralized Contracts in a Moral Hazard Environment [J]. Journal of Industrial Economics, 1998, 46 (4): 489-510.

[48] Mailath G., M. Okuno-Fujiwara and A. Postlewaite. Belief-Based Refinements in Signalling Games [J]. Journal of Economic Theory, 1993, 60 (2): 241-276.

[49] Milgrom P. and J. Roberts. Economics Organization and Management [M]. Prentice Hall; New Jersey, 1993.

[50] Mookherjee D. Decentralization, Hierarchies, and Incentives: A Mechanism Design Perspective [J]. Journal of Economic Literature, 2006, 44 (2): 367-390.

[51] Poitevin M. Can the Theory of Incentives Explain Decentralization? [J]. Canadian Journal of Economics, 2000, 33 (4): 878-906.

[52] Riley J. Silver Signals: Twenty-five Years of Screening and Signaling [J]. Journal of Economic Literature, 2001, 39 (2): 432-478.

[53] Riordan M. and D. Sappington. Information, Incentives, and Organizational Mode [J]. Quarterly Journal of Economics, 1987, 102 (2): 243-263.

[54] Shavell S. Liability for Accidents [J]. Handbook of Law and Economics, 2007: 139-182.

[55] Van't Veld K. Hazardous-Industry Restructuring to Avoid Liability for Accidents [J]. International Review of Law and Economics, 2006, 26 (3): 297-322.

[56] Vetter H. and K. Karantininis. Moral Hazard, Vertical Integration, and Public Monitoring in Credence Goods [J]. European Review of Agricultural Economics, 2002, 29 (2): 271-279.

[57] Wiggins S. N. and A. H. Ringleb. Adverse Selection and Long-Term Hazards: The Choice Between Contract and Mandatory Liability Rules [J]. Journal of Legal Studies, 1992, 21 (1): 189-215.

[58] Zhang X. and T. Zhu. Business, Government and Economic Institutions in China [M]. Switzerland: Palgrave Macmillan, 2018.

技术创新

制造业资本偏向型技术进步对就业的影响研究：基于中国制造业上市公司的证据

余典范　姜　宏　陈　磊

［摘　要］本文从理论上分析了技术进步偏向对就业的影响机制，并利用2010~2018年制造业上市公司数据进行了实证检验，研究发现：①中国制造业企业技术进步偏向于自动化资本。②制造业企业自动化资本偏向型技术进步对就业总量产生替代效应，这一效应是低技能劳动破坏效应和高技能劳动创造效应的综合，且破坏效应大于创造效应。替代效应主要通过产出规模下降以及劳动生产率提升两个途径实现。③制造业企业加大研发投入以及拓展对外贸易，会抑制自动化资本偏向型技术进步对低技能劳动力的就业破坏效应，同时会增强高技能劳动力的就业创造效应；企业市场集中度越高，会加大自动化资本偏向型技术进步对低技能劳动力的就业破坏效应。因此，提高低技能劳动力的技能水平，大力培育高技能劳动力，加强自动化资本偏向型技术进步与劳动力的技能匹配，重视企业创新水平的提升，鼓励和支持企业拓展海外市场，营造更加公平健康的市场竞争环境，是实现稳就业、促进高质量就业的重要方面。

［关键词］自动化资本；偏向型技术进步；就业

一、引言及文献综述

中国是一个人口大国，拥有丰裕的劳动力资源，保障劳动力充分就业对于中国社会的和谐稳定具有重要意义。虽然中国劳动年龄人口呈下降趋势，但2018年其总量仍有8.95亿人①，中国现阶段依然面临着较大的就业压力，就业问题也一直是政府重点工作。尤其是近年来面对错综复杂的国际环境和新冠肺炎疫情等外部冲击，中央将稳就业、促就业作为经济社会发展的重心。党的十九大报告明确指出："我国经济已由高速增长阶段转向高质量发展阶段，要坚持就业优先战略和积极就业政策，实现更高质量和更充分就业。"2018年，中央首次提出"六稳"，"稳就业"位居六稳之首，之后"稳就业"一直成为政府工作的重中之重。在疫情冲击下，2020年中央在要求加快做好"六稳"工作的同时，提出"六保"任务，其中保居民就业居于首位。而制造业不仅是推动中国经济增长的重要引擎，同时由于其生产具有迂回性特点、产业链较长，是吸纳劳动力就业、保障就业的主要行业之一。在中国制造业转型升级中，人工智能类自动化资本投入不断增加。2012~2017年中国工业机器人销售额大幅增长，目前约占全球市场份额的1/3，是全球第一大工业机器人购买国和应用市场。2016年，中国成为机器人库存最多的国家，占全球总库存的19%②。2019年底新冠肺炎疫情在全球暴发和蔓延以来，人工智能等自动化资本和技术在疫情防控、病情诊断、资源调配、

［基金项目］上海市哲学社会科学规划课题一般项目（2018BJB022）；上海财经大学研究生创新基金项目（CXJJ-2019-337）。

［作者简介］余典范（通讯作者），上海财经大学商学院副教授，博士生导师，经济学博士；姜宏，上海财经大学博士研究生；陈磊，上海财经大学博士研究生。

① 数据来源：《中国统计年鉴》（2019）。

② 数据来源：国际工业机器人联盟（IFR）。

信息追踪、企业复工复产等方面发挥了重要的作用，也加速了人工智能等自动化资本的投入与新技术的变革。

与此同时，以人工智能为代表的新技术对劳动力的替代也引发了对就业的担忧，不少文献表明，人工智能对就业的替代效应显著。Frey 和 Osborne（2015）认为，智能机器人将会替代中国的77%、印度的69%、埃塞俄比亚的85%、乌兹别克斯坦的55%、美国的47%的就业岗位。据世界银行估计，在经济合作与发展组织（Organisation for Economic Co-operation and Development，OECD）国家中有57%的工作可能在未来20年内被机器所替代，发展中国家可能既受到本国人工智能对劳动力替代的影响，又受到发达国家制造业外包回缩的影响，未来就业恶化的风险将远高于发达国家。曹静（2018）认为人工智能的替代效应比以往任何技术进步的影响都要明显。此外，人工智能对就业结构带来重大冲击（Korinek and Stiglitz，2017；Bessen，2018；Betsey，2018）。从岗位技能水平来看，相比高技能劳动力，低技能劳动力更容易被人工智能所替代（Acemoglu and Restrepo，2017）。上述变化是否意味“机器替代人”的趋势形成，这一趋势是否会对就业形成较大冲击？这些都亟须理论和实证研究提供充分证据。

技术进步对就业影响的经济学研究由来已久。Keynes（1930）成功预见了广泛使用的科技可能导致对人力的替代，将其称为“技术性的失业”。Leontief（1955）对技术进步的就业影响持悲观态度，认为机器的应用也会导致劳动力过剩。然而，工业化的历史表明，技术革命确实导致小范围的短期失业，但并没有造成大范围的长期失业，从长期来看，技术进步的主要影响是对劳动力市场进行了结构性重塑和调整。技术进步对就业市场会产生两种相反的效应：一是替代效应，技术替代劳动力，从而导致失业；二是补偿效应，技术促使生产率水平提高，促进行业扩张、催生新产业，从而增加就业。20世纪后半叶，欧美一些国家的劳动力市场出现了就业分化现象，即相对于非技能劳动，技能劳动的就业规模呈上升趋势，学者们普遍认为技术进步的技能偏向是这一现象的主要原因之一（Bound and Johnson，1992；Berman et al.，1998；Acemoglu，2002；Fitzenberger and Kohn，2006）。技术进步之所以偏向于技能，Griliches（1969）认为技术进步通常内嵌于设备资本中，相对于非技能劳动，技能劳动与资本的互补性更强。Acemoglu（2002）指出，当存在更多的技能劳动时，偏向技能劳动的技术将有更广阔的市场，此时技术发明者在利润最大化的驱动下，将会研发偏向技能劳动的技术。中国学者多从资本偏向型技术进步角度研究其对就业规模的影响，认为中国的技术进步偏向于资本，会对劳动力就业产生挤出效应（王光栋，2014；钟世川，2015），尤其会对低技能劳动力产生破坏效应（刘国晖等，2016）。关于技术进步偏向对就业的影响机制，较多研究基于标准模型（Canonical Model）（Autor et al.，1998；Kiley，1999；Acemoglu，2003；Autor et al.，2008；Acemoglu and Autor，2010），解释技术进步偏向对就业分化和技能溢价的影响。Acemoglu 等（2018）通过构建基于任务的模型（Task-based Model），认为对于复杂任务而言，高技能劳动力具有比较优势，自动化等新技术会替代低级任务，同时产生偏向于高技能劳动的新的复杂任务，由此产生的替代效应、创造效应、组合效应和生产率效应会影响劳动力就业和工资水平。

综上所述，现有文献主要将劳动力进行分类，测度技术进步偏向于技能还是非技能劳动。实际上，不同类型资本投入意味着技术进步具有偏向性，与之相匹配的技能劳动也会不一样，技术进步会出现技能（非技能）偏向性（Acemoglu，2002）。现有文献意识到机器人资本、计算机资本投入对就业的影响，如 Decanio（2016）将资本分为普通资本和机器人资本，Aum 等（2018）将资本分为计算机资本和非计算机资本，较少有文献从技术进步偏向于不同类型资本的角度，分析对就业的影响。本文将资本分为自动化资本和非自动化资本，研究随着中国自动化资本投入增加以及人工智能等新技术的发展，中国制造业技术进步偏向于自动化资本还是非自动化资本？制造业技术进步的偏向对制造业就业的影响如何？具体的作用机制是什么？对这些问题的回答能够有效指导政府制定新技术发展的产业政策，以及应对技术进步的就业政策。关于偏向型技术进步对就业影响的理论研究模型，多基于标准模型（Autor et al.，1998；Acemoglu，2002；Acemoglu，2003），少有文献根据任务模型探究偏向型技术进步对就业的影响机制。此外，目前关于偏向型技术进步对就业影响的实证研究数据，多为省级和行业数据，样本颗粒度较大，缺乏基于企业微观数据的证据。

本文尝试在以下方面做出了新的探索。①借鉴 Acemoglu（2002）、Decanio（2016）、Aum 等（2018）的做法，将资本划分为自动化资本和非自动化资本，基于超越对数生产函数形式的随机前沿模型，使用制造业上市公司微观数据测度发现其技术进步偏向于自动化资本，丰富了偏向型技术进步的内涵，深化了对中国制造业技术进步方向的认识。②从理论上识别了自动化资本偏向型技术进步的低技能劳动力破坏效应和高技能劳动力创造效应，论证了其主要通过产出规模效应和劳动生产率效应两种渠道影响就业规模，并基于企业微观数据进行实证检验，丰富了偏向型技术进步对就业规模的影响机制研究。③本文进一步深入分析了影响低技能劳动力就业破坏与高技能劳动力就业创造的主要因素，实证检验结果表明，制造业企业加大研发投入以及拓展对外贸易，会抑制自动化资本偏向型技术进步对低技能劳动力的就业破坏效应，同时会增强对高技能劳动力的就业创造效应。此外，企业市场集中度越高，越会强化自动化资本偏向型技术进步对低技能劳动力的就业破坏效应。在自动化资本偏向型技术进步特征日益显著的趋势下，本文的研究为保障就业稳定以及实现更高质量的就业，提供实证依据与决策参考。

本文的后续部分安排如下：第二部分测度制造业技术进步的资本偏向；第三部分基于理论模型，分析自动化资本偏向型技术进步对就业的影响机制；第四部分实证检验自动化资本偏向型技术进步对就业的影响；第五部分是本文的结论。

二、制造业技术进步资本偏向的测度

（一）模型设定

目前，国内外关于技术进步偏向的测度主要有三种方法，CES 生产函数法、标准化供给面系统法以及超越对数生产函数法（戴天仕、徐现祥，2010；陆雪琴、章上峰，2013；陈宇峰，2013；王林辉等，2014；何小钢、王自力，2015；宋冬林等，2010）。与其他两种方法相比，超越对数生产函数法放松了技术进步中性和规模报酬不变的假设，适合多要素投入的技术进步偏向性研究（涂正革、肖耿，2005；张月玲等，2015；王班班、齐绍洲，2014）。因此本文采用超越对数生产函数形式的随机前沿模型，测算制造业技术进步的偏向，设定生产函数的形式为：

$$Y_{it}=f(x_{it},t)\exp(v_{it}-u_{it}) \tag{1}$$

其中，Y_{it} 表示制造业企业 i 在第 t 期的实际产出；f（·）是随机前沿生产函数中确定性前沿产出部分；x_{it} 表示投入向量，t 是测量技术变化的时间趋势变量（t=1，2，…，T）；v_{it} 为企业 i 第 t 期的随机误差，$v_{it}\sim N(0,\sigma_v^2)$；$u_{it}$ 为企业 i 在第 t 期生产过程中的技术非效率项，衡量实际产出和前沿技术产出的差距，$u_{it}\geqslant 0$。本文将资本投入细分为自动化资本 M_{it} 和非自动化资本 K_{it}，将劳动投入细分为高技能劳动 Z_{it} 与低技能劳动 L_{it}。借鉴王志刚（2006）、张月玲（2015）的做法，超越对数生产函数设定为：

$$\begin{aligned}\ln Y_{it}=&\beta_0+a_1\ln M_{it}+a_2\ln K_{it}+a_3\ln L_{it}+a_4 Z_{it}+a_5 t+0.5a_6(\ln M_{it})^2+\\&0.5a_7(\ln K_{it})^2+0.5a_8(\ln L_{it})^2+0.5a_9(\ln Z_{it})^2+0.5a_{10}t^2+a_{11}\ln M_{it}\ln K_{it}+\\&a_{12}\ln M_{it}\ln L_{it}+a_{13}\ln K_{it}\ln L_{it}+a_{14}\ln M_{it}\ln Z_{it}+a_{15}\ln K_{it}\ln Z_{it}+a_{16}\ln L_{it}\ln Z_{it}+\\&a_{17}t\ln M_{it}+a_{18}t\ln K_{it}+a_{19}t\ln L_{it}+a_{20}t\ln Z_{it}+v_{it}-u_{it}\end{aligned} \tag{2}$$

其中，Y_{it} 表示各制造业企业总产出；M_{it}、K_{it}、L_{it}、Z_{it} 分别为自动化资本存量、非自动化资本存量、低技能劳动投入数量、高技能劳动投入数量；时间趋势 t=1，2，…表示技术进步；β_0 为截面效应均值，a_1、a_2、a_3、a_4、a_5 分别表示自动化资本、非自动化资本、低技能劳动力、高技能劳动力以及技术进步的要素积累效应；a_6、a_7、a_8、a_9、a_{10} 分别表示自动化资本、非自动化资本、低技能劳动力、高技能劳动力以及技术进步的规模效应；二阶交叉项 a_{11}、a_{12}、a_{13}、a_{14}、a_{15}、a_{16}、a_{17}、a_{18}、a_{19}、a_{20} 分别表示两两要素之间协调效应，参数值为正，表示相应的两要素之间是同向变化的互补效应，参数值为负，表示相应的两要素之间是反向变化的替代效应。根据式（2），可以得出要素 M_{it}、K_{it}、L_{it}、Z_{it} 的产出弹性为：

$$\varepsilon_M=\partial \ln Y_{it}/\partial \ln M_{it}=a_1+a_6\ln M_{it}+a_{11}\ln K_{it}+a_{12}\ln L_{it}+a_{14}\ln Z_{it}+a_{17}t \tag{3}$$

$$\varepsilon_K=\partial \ln Y_{it}/\partial \ln K_{it}=a_2+a_7\ln K_{it}+a_{11}\ln M_{it}+a_{13}\ln L_{it}+a_{15}\ln Z_{it}+a_{18}t \tag{4}$$

因此得到自动化资本、非自动化资本的边际产出表达式为

$$MP_{M_{it}}=\varepsilon_M\times\frac{Y_{it}}{M_{it}}=\frac{Y_{it}}{M_{it}}\times(a_1+a_6\ln M_{it}+a_{11}\ln K_{it}+a_{12}\ln L_{it}+a_{14}\ln Z_{it}+a_{17}t) \tag{5}$$

$$MP_{K_{it}}=\varepsilon_K\times\frac{Y_{it}}{K_{it}}=\frac{Y_{it}}{K_{it}}\times(a_2+a_7\ln K_{it}+a_{11}\ln M_{it}+a_{13}\ln L_{it}+a_{15}\ln Z_{it}+a_{18}t) \tag{6}$$

针对多要素投入生产函数，本文借鉴 Diamond（1965）和 Khanna（2001）的研究，将偏向性技术进步表示为：

$$Bias_{MK}=\frac{\partial MP_{M_{it}}/\partial t}{MP_{M_{it}}}-\frac{\partial MP_{K_{it}}/\partial t}{MP_{K_{it}}}=\frac{a_{17}}{\varepsilon_M}-\frac{a_{18}}{\varepsilon_K} \tag{7}$$

其中，$Bias_{MK}$ 为技术进步的资本偏向性指数，反映的是技术进步对两种资本相对边际产出的影响方向及程度。若 $Bias_{MK}>0$，表明技术进步使得自动化资本的边际产出增长率大于非自动化资本边际产出增长率，此时技术进步方向被认为是偏向于自动化资本；若 $Bias_{MK}<0$，则技术进步偏向于非自动化资本；若 $Bias_{MK}=0$，则技术进步为中性。

（二）数据来源、变量说明以及描述性统计

考虑到数据的可获性，由于制造业上市公司 1990~2009 年相关数据缺失严重，本文采用国泰安和 Choice 数据库中 2010~2018 年制造业上市公司面板数据，按照相关文献的一般做法，剔除 ST、ST* 企业以及营业收入、自动化资本投入和非自动化资本投入为负的数据。以下为变量选择与数据来源。

①制造业企业总产出 Y_{it}。借鉴简泽（2012）、Giannetti 等（2015）、谭静（2019）的做法，采用制造业上市公司营业收入数据。②自动化资本投入存量 M_{it} 与非自动化资本投入存量 K_{it}。根据 Decanio（2016）、Aum 等（2018），自动化资本主要指机器设备与电子设备，结合数据的可获性，本文尝试采用制造业上市公司固定资产净值中的机器设备、电子设备净值作为自动化资本投入存量 M_{it}，其他固定资产净值为非自动化资本投入存量 K_{it}。③高技能劳动投入 Z_{it} 与低技能劳动投入 L_{it}。基于邵敏等（2011）、沈春苗（2016）等的研究，高技能劳动力的代理变量选用研发人员与技术人员，低技能劳动力则选用其他员工。变量的描述性统计如表 1 所示，通过对比不同资本和劳动力投入均值可知，制造业企业非自动化资本投入大于自动化资本，低技能劳动力投入明显大于高技能劳动力投入。

表 1　变量描述性统计

变量	观测值	均值	标准差	最小值	最大值
Y	19337	4.910e+09	2.010e+10	1.007e+06	9.020e+11

续表

变量	观测值	均值	标准差	最小值	最大值
M	4047	7.150e+08	2.280e+09	250256	3.780e+10
K	4047	7.380e+08	2.230e+09	233442	6.780e+10
Z	15105	663.4	1561	0	43526
L	15025	3966	9276	53	209166
bias	3411	0.179	1.942	-20.76	104.2

（三）模型检验与参数估计

在测算技术进步偏向性之前，先对随机前沿模型进行如下检验：①模型的有效性检验。H0：$\gamma=0$，如果原假设成立，则 $\sigma_u^2=0$，模型中不存在 u_{it}，表明所有的生产点均在生产前沿曲线上，不需要采用随机前沿分析；如果拒绝原假设，则代表存在明显的技术无效率，有必要采用随机前沿模型分析。②随机前沿生产函数的形式检验。H0：$a_6=a_7=a_8=a_9=a_{10}=a_{11}=a_{12}=a_{13}=a_{14}=a_{15}=a_{16}=a_{17}=a_{18}=a_{19}=a_{20}=0$，代表前沿生产函数为 C-D 函数形式；若拒绝原假设，则表明前沿生产函数需采用超越对数形式。③随机前沿生产函数中是否存在技术进步因素。H0：$a_5=a_{10}=a_{17}=a_{18}=a_{19}=a_{20}=0$，如果原假设成立，则表明随机前沿生产函数不存在技术进步；如果原假设不成立，则表明随机前沿生产函数存在技术进步，此时还需要检验该技术进步是否为中性，即 H0：$a_{17}=a_{18}=a_{19}=a_{20}=0$ 是否成立。④技术非效率特征信息检验。H0：$u=0$，即 u_{it} 服从半正态分布，反之，u_{it} 服从截断正态分布。H0：$\eta=0$，即技术无效率不具有时变性，否则具有时变性。

（四）技术进步资本偏向性测算

为了得出自动化资本、非自动化资本、低技能和高技能劳动力、技术对产出的独立影响，本文利用 C-D 函数进行测算，得出各投入要素对产出的单独影响。从表 2 实证结果中可知：①要素独立效应（见表 2（1）列）。自动化资本投入、非自动化资本投入、低技能和高技能劳动力、技术进步对制造业企业营业收入具有显著的促进作用，即资本投入越多、劳动投入越多、技术进步越大，则中国制造业企业营业收入增长越明显。②规模效应。$(\ln Z_{it})^2$、t^2 前的系数显著为正，说明高技能劳动力和技术进步处于规模报酬递增阶段。③协调效应。$\ln M_{it}\ln K_{it}$ 前的系数显著为正，说明自动化和非自动化资本具有互补效应；$\ln K_{it}\ln Z_{it}$，$\ln Z_{it}\ln L_{it}$ 以及 $t\ln K_{it}$ 前的系数显著为负，说明非自动化资本与高技能劳动力、低技能劳动与高技能劳动、技术进步与非自动化资本呈现替代效应。

表 2　C-D 函数以及超越对数生产函数的回归结果

	C-D 函数 lnY	超越对数函数 lnY
	（1）	（2）
lnM	0.0855*** （0.0115）	-0.4794*** （0.1516）
lnK	0.222*** （0.0138）	-0.6844*** （0.1461）

续表

	C-D 函数 lnY	超越对数函数 lnY
	(1)	(2)
lnL	0.511 *** (0.0171)	0.0630 (0.2341)
lnZ	0.177 *** (0.0132)	0.5003 *** (0.1745)
t	0.0413 *** (0.00550)	0.1109 ** (0.0504)
lnM^2		-0.0010 (0.0141)
lnK^2		0.0135 (0.0116)
lnL^2		0.0433 (0.0298)
lnZ^2		0.1472 *** (0.0167)
t^2		0.0209 *** (0.0029)
lnMlnK		0.0338 *** (0.0116)
lnMlnL		-0.0036 (0.0146)
lnKlnL		0.0263 (0.0163)
lnMlnZ		-0.0086 (0.0108)
lnKlnZ		-0.0314 ** (0.0127)
lnLlnZ		-0.0598 *** (0.0173)
tlnM		0.0026 (0.0032)
tlnK		-0.0143 *** (0.0040)

续表

	C-D 函数 lnY	超越对数函数 lnY
	(1)	(2)
tlnL		0.0007 (0.0047)
tlnZ		0.0057 (0.0036)
_cons	10.20 *** (0.173)	27.9259 *** (1.5731)
σ^2		
_cons		0.3431 *** (0.0418)
γ		
_cons		1.4528 *** (0.0617)
μ		
_cons		2.8661 *** (0.4727)
η		
_cons		0.0061 * (0.0032)
N	3411	3411

注：括号中为标准误差；*** 表示 $p<0.01$，** 表示 $p<0.05$，* 表示 $p<0.1$；σ^2 为无效率项和随机误差项的总体方差，μ 为无效率项的均值，γ 为无效率项方差与随机误差项方差的比值，η 表示技术效率项 $-u_{it}$ 的变化率。

将已得到的参数值代入式（3）至式（7），可算出 2010~2018 年制造业各上市企业技术进步资本偏向指数，其描述性统计、直方图分别如表 1、图 1 所示。

根据测算结果可知，99.5%的制造业企业技术进步资本偏向性指数大于 0，可知中国制造业企业技术进步偏向于自动化资本。2010 年制造业企业自动化资本偏向型技术进步指数均值为 0.1349，2018 年增加至 0.2735，表明制造业企业技术进步的自动化资本偏向呈不断加深的态势，中国制造业企业自动化技术进步趋势明显。

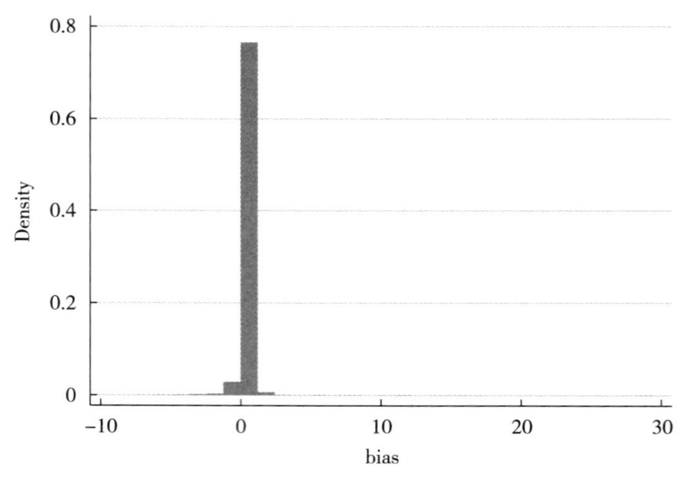

图1　2010~2018年中国制造业企业技术进步资本偏向性指数直方图

三、理论模型分析

（一）模型设计

基于Acemoglu、Restrepo（2018a，2018b）的研究，本文引入基于任务的模型来分析偏向型技术进步对就业的影响，总产出函数设定为：

$$\ln Y = \int_{N-1}^{N} \ln y(x)\,dx \tag{8}$$

其中，Y为总产出，y（x）为任务x的产出，经济社会中的生产活动可抽象为工作任务。$x \in [N-1, N]$，N−1、N分别表示工作任务的下界和上界，[N−1，N]表明任务的范围标准化为1，N的增加代表任务质量的升级，即产生新的高级别的工作任务，低端的工作任务被淘汰。每个任务都可以由劳动力l（x）或自动化资本（机器设备）m（x）来完成，这取决于该项任务是否可由自动化资本替代。本文假定与自动化资本相比，劳动力在高级别任务上具有比较优势。设定任务$x \in [0, I]$可由自动化资本替代，即这一任务既可以由劳动力来完成也可以由自动化资本来完成，而其他任务$x \in [I, N]$不能被自动化资本替代，因此必须由劳动力来完成。假设有两种类型的工人，即低技能工人和高技能工人，低技能工人只能执行[0，I]区间的任务，而高技能工人可以执行所有任务。关于任务x的产出y（x）可以表示为：

$$y(x)=\begin{cases}\gamma_L(x)l(x)+\gamma_M(x)m(x), \text{if } x\in[0,I]\\ \gamma_L(x)l(x), \text{if } x\in[I,N]\end{cases} \tag{9}$$

$\gamma_L(x)$是生产任务x所需劳动力的生产率，$\gamma_M(x)$则为自动化资本的生产率。自动化资本偏向型技术进步，本质上是自动化资本（即机器设备）替代劳动力，进而提高生产效率的技术进步。Acemoglu和Restrepo（2018a，2018b，2019a，2019b）、Dauth等（2018）、Dixon等（2019）的研究结果表明机器替代劳动力的技术进步，一方面会替代低级别的工作任务，另一方面会产生新的高级别的复杂任务，从而真正释放机器的生产效率（Autor et al.，2003）。因此，自动化资本偏向型技术进步对生产任务同样产生两方面影响，一方面表现为替代的低级别工作任务增加，即I增加；另一方面表现为新的高级别工作任务产生，即N增加。

（二）市场均衡

本文用 W 表示均衡时的工资率，用 R 表示均衡时的自动化资本租金率。市场均衡条件下，要求企业选择成本最小的方式完成每项任务。为了简化讨论，本文提出以下假设：

$$\frac{W}{\gamma_L(I)}>\frac{R}{\gamma_M(I)} \tag{10}$$

其中，$W/\gamma_L(I)$ 为劳动的有效成本，$R/\gamma_M(I)$ 为自动化资本的有效成本。式（10）意味着均衡条件下，生产［N-1，I］中所有任务所需的自动化资本的有效成本小于劳动的有效成本，因此生产［N-1，I］中的所有任务都将由自动化资本完成。根据式（10），设定任务 x 的价格 p（x）为：

$$p(x)=\begin{cases}\dfrac{R}{\gamma_M(x)}, & \text{if } x\in[0, I]\\ \dfrac{W}{\gamma_L(x)}, & \text{if } x\in[I, N]\end{cases} \tag{11}$$

任务 x 的需求量则为：

$$y(x)=\frac{Y}{p(x)} \tag{12}$$

因此，任务 x 的自动化资本需求为：

$$k(x)=\begin{cases}\dfrac{Y\times\gamma_M(x)}{R}, & \text{if } x\in[0, I]\\ 0, & \text{if } x\in[I, N]\end{cases} \tag{13}$$

任务 x 的劳动需求为：

$$l(x)=\begin{cases}0, & \text{if } x\in[0, I]\\ \dfrac{Y\times\gamma_L(x)}{W}, & \text{if } x\in[I, N]\end{cases} \tag{14}$$

以上表明，当 $x\in[0, I]$ 时，由于任务 x 均由自动化资本完成，因此任务 x 的自动化资本需求等于总产出（Y）除以自动化资本的有效成本（$R/\gamma_M(I)$）；当 $x\in[I, N]$ 时，任务 x 均由劳动力完成，则任务 x 的劳动需求等于总产出（Y）除以自动化资本的有效成本（$W/\gamma_L(I)$）（Acemoglu and Restrepo，2018a）。

通过加总任务生产过程中对自动化资本和劳动的需求，设定其分别等于自动化资本供给 K 和劳动供给 L，可分别得到自动化资本和劳动的市场出清条件：

$$K=\frac{Y\times\gamma_M(x)}{R}(I-N+1) \tag{15}$$

$$L=\frac{Y\times\gamma_L(x)}{W}(N-I) \tag{16}$$

重新整理式（15）、式（16），可得：

$$R=\frac{Y\times\gamma_M(x)}{K}(I-N+1) \tag{17}$$

$$W=\frac{Y\times\gamma_L(x)}{L}(N-I) \tag{18}$$

由于本文将最终商品的价格标准化为 1，所以有：

$$\int_{N-1}^{N} \ln p(x)dx = 0 \tag{19}$$

将式（11）代入式（19），可得：

$$\int_{N-1}^{I}[\ln R - \ln\gamma_M(x)]dx + \int_{I}^{N}[\ln W - \ln\gamma_L(x)]dx = 0 \tag{20}$$

将式（20）R 和 W 分别用式（17）、式（18）替换，可得：

$$\int_{N-1}^{I}\left[\ln Y - \ln\left(\frac{K}{I-N+1}\right)\right]dx + \int_{I}^{N}\left[\ln Y - \ln\left(\frac{L}{N-I}\right)\right]dx = 0 \tag{21}$$

式（21）可写成：

$$\ln Y = \int_{N-1}^{I}\ln\left(\frac{K}{I-N+1}\right)dx + \int_{I}^{N}\ln\left(\frac{L}{N-I}\right)dx = (I-N+1)\ln\left(\frac{K}{I-N+1}\right) + (N-I)\ln\left(\frac{L}{N-I}\right) \tag{22}$$

在式（22）两边取指数后，可得到总产出表达式：

$$Y = \left(\frac{K}{I-N+1}\right)^{I-N+1}\left(\frac{L}{N-I}\right)^{N-I} \tag{23}$$

由式（23）可知，Y 是 I 与 N 的函数。

根据式（16），可得：

$$\frac{d\ln L}{dI} = \underbrace{\frac{d\ln(N-I)}{dI}}_{破坏效应} + \underbrace{\frac{d\ln Y}{dI}}_{产出规模效应} + \underbrace{\frac{d\ln\gamma_L(x)}{dI}}_{生产率效应} \tag{24}$$

$$\frac{d\ln L}{dN} = \underbrace{\frac{d\ln(N-I)}{dN}}_{创造效应} + \underbrace{\frac{d\ln Y}{dN}}_{产出规模效应} + \underbrace{\frac{d\ln\gamma_L(x)}{dN}}_{生产率效应} \tag{25}$$

根据式（24）可知，①自动化资本偏向型技术进步会通过增加替代的低级别工作任务 I，产生破坏效应，减少劳动力需求，由于自动化资本偏向型技术进步替代的低级别工作任务主要由低技能劳动力完成，因此这里的破坏效应主要针对低技能劳动力；②产出规模效应，通过影响产出规模进而影响劳动力需求；③生产率效应，通过影响劳动力生产率进一步影响劳动力需求。根据式（25）可知，自动化资本偏向型技术进步会通过增加新的高级别任务 N，产生创造效应，增加劳动力需求，由于高级别工作任务主要由高技能劳动力完成，因此这里的创造效应主要针对高技能劳动力。此外，也会产生产出规模效应和劳动力生产率效应，进一步影响劳动力需求。

四、实证分析

（一）模型设定与变量说明

为了检验制造业企业自动化资本偏向型技术进步对就业的影响，本文借鉴 Acemoglu 和 Restrepo（2018a，2018b），基于式（16），建立如下回归模型：

$$\ln l_{it} = \alpha + \beta \ln bias_{it} + \theta X + v_i + \mu_t + \omega_h + \varepsilon_{ith} \tag{26}$$

其中，$\ln l_{it}$ 为被解释变量，即企业就业总量对数值，采用企业员工人数来衡量；$\ln bias_{it}$ 为核心解释变量，即制造业企业自动化资本偏向型技术进步指数对数值，$bias_{it}$ 数据来源于第二部分测算出的 $Bias_{MK}$，并删除了 $Bias_{MK}$ 小于 0 的样本；X 为一系列控制变量，控制变量的选取基于式（16），并借鉴李磊（2016）以及毛其淋（2016）的做法。X 主要包括以下因素：企业总资产对数值（ln

$asset_{it}$)，用来控制企业规模对就业的影响；企业研发投入强度（rd_{it})，采用企业研发支出与企业营业收入的比值来衡量，用来控制企业创新能力对就业的影响；员工平均工资对数值（lnw_{it})，用来控制工资因素对就业的影响；企业对外贸易强度（ex_{it})，企业对外贸易强度采用港澳台及境外业务收入与营业收入比值来计算，用来控制企业国外需求对就业的影响；企业全要素生产率对数值（$lntfp_{it}$)，用来控制企业技术水平对就业的影响。在测算企业全要素生产率时，学者广泛使用的方法为OP 法和 LP 法，考虑到使用 OP 方法计算制造业上市公司全要素生产率时缺乏企业退出的合理数据，因此本文选用 LP 方法，并借鉴 Giannetti 等（2015)、Krishnan 等（2015)、谭静（2019）的做法，以“企业营业收入”作为产出变量，“企业总资产”作为资本投入变量，“企业员工总数”作为劳动力投入变量，“购买商品 支付劳务的现金”作为中间投入变量。解释变量和控制变量数据同样来源于国泰安和 Choice 数据库。对原始数据做如下处理：剔除关键性指标明显错误的数据（如总资产、研发投入、平均工资、境外业务收入为负的数据)，同样剔除 ST、ST* 企业样本，并对所有变量进行 1%及 99%分位的缩尾处理。本文控制了个体、时间和行业的固定效应①，分别设定为 v_i、φ_t、ω_h。具体变量说明如表 3 所示，相关变量的描述性统计如表 4 所示。

表 3　相关变量说明

变量类型	变量符号		变量含义
被解释变量	lnl_{it}		就业总量对数值
解释变量	$lnbias_{it}$		自动化资本偏向型技术进步指数对数值
	控制变量 X	$lnasset_{it}$	总资产对数值
		rd_{it}	研发投入强度
		lnw_{it}	员工平均工资对数值
		ex_{it}	对外贸易强度
		$lntfp_{it}$	全要素生产率对数值

表 4　相关变量描述性统计

变量	观测值	均值	标准差	最小值	最大值
lnl	15379	7.655	1.145	5.323	10.82
lnbias	3168	−2.271	0.730	−3.428	0.610
lnasset	15860	21.79	1.218	19.47	25.30
rd	13673	0.0430	0.0333	0.0006	0.203
lnw	15494	11.40	0.455	10.32	12.70
ex	11614	0.237	0.245	0.0003	0.962
lntfp	15377	10.32	0.770	4.873	15.41
lnL	14189	7.505	1.171	5.024	10.63
lnZ	13862	5.715	1.216	0	10.68

① 本文对回归模型进行了 F 检验和 Hausman 检验，检验结果拒绝了混合模型回归和随机效应估计，再进行年度虚拟变量的联合显著性检验，F 检验的 P 值等于 0.0177，拒绝“无时间效应”的原假设。

（二）基准回归结果

1. 基准回归

制造业企业自动化资本偏向型技术进步对就业影响的基准回归结果如表 5 所示，（1）列控制了企业和年份的固定效应，（2）列控制了行业和年份固定效应，两列的回归结果基本相似。lnbias 系数在 1%统计水平上均显著为负，表明制造业企业自动化资本偏向型技术进步会显著减少就业总量。由于企业投入更多的自动化资本，产生机器替代劳动力的效应，从而减少对劳动力的需求，这与王光栋（2014）、钟世川（2015）、程虹等（2018）的研究结果一致。就本文研究的样本而言，自动化资本投入增加对就业具有一定的破坏效应。控制变量方面，企业资产规模越大、企业研发投入越多、企业对外贸易强度越大、企业生产率越高，对制造业企业就业规模具有显著促进作用，企业员工平均工资上升则会显著减少就业规模，这与李磊（2016）、毛其淋（2016）结果一致。资产规模代表企业的基础实力，企业资产规模越大，越有可能增加就业岗位；企业研发投入的增加会引致新的劳动力需求；企业对外贸易强度越大，表明国外市场对企业产品需求越大，企业越有可能扩大就业规模；企业生产率越高，表明企业技术水平越高，企业越有可能扩大生产规模，从而增加就业总数；企业员工平均工资水平上升，会增加企业经营成本，导致企业减少就业岗位。

表 5　基准回归结果

变量	lnl	lnl
	（1）	（2）
lnbias	−0.133*** （0.0345）	−0.132*** （0.0316）
lnasset	0.539*** （0.0411）	0.565*** （0.0298）
rd	2.142*** （0.643）	3.205*** （0.685）
lnw	−0.412*** （0.0810）	−0.697*** （0.0587）
ex	0.103 （0.152）	0.454*** （0.0944）
lntfp	0.494*** （0.0521）	0.584*** （0.0541）
Constant	−0.0858*** （0.0235）	−0.0835*** （0.0265）
控制个体	Yes	No
控制时间	Yes	Yes
控制行业	No	Yes
Observations	2002	2199
R-squared	0.973	0.793

注：括号中为回归系数的稳健标准误，***、**、* 分别表示在 1%、5%、10%水平上显著。

2. 低技能劳动力的就业破坏与高技能劳动力的就业创造

就业总量的变化还无法使我们准确捕捉其中的结构性变化，根据式（24）、式（25），自动化资本偏向型技术进步对就业的影响，包括对低技能劳动力的破坏和对高技能劳动力的创造，因此本部分将重点检验其对就业的结构性影响。基于式（26），分别将低技能、高技能劳动力就业规模对数值 lnL_{it}、lnZ_{it} 作为被解释变量；控制变量在基准模型基础上，将企业劳动力平均工资对数值 lnw 分别替换为低、高技能劳动力平均工资的对数值 lnwl、lnwz①，回归结果如表 6 所示。制造业企业自动化资本偏向型技术进步对低、高技能劳动力就业规模影响，在 1%统计水平上分别显著为负和正，系数为-0.198、0.123，表明制造业自动化资本偏向型技术进步对低技能劳动力产生就业破坏效应，对高技能劳动力产生就业创造效应，而且对低技能劳动力的破坏效应大于对高技能劳动力的创造效应，与式（24）、式（25）一致。这也意味着在本文所研究的样本中，低技能劳动力冗余比较严重，机器替代人存在较大的空间，且随着自动化偏性技术的进步，对与之相匹配的高技能劳动力的需求增加，整个就业结构在向高质量转变。因此，对于中国而言，以智能化为主要方向的技术转型确实会对低端劳动力带来一定的冲击，但其对就业结构的优化升级具有积极效应。

表 6　制造业企业自动化资本偏向型技术进步对高、低技能劳动力的就业影响

变量	lnL	lnZ
	(1)	(2)
lnbias	-0.198*** (0.0355)	0.123*** (0.0467)
lnasset	0.507*** (0.0351)	0.556*** (0.0417)
rd	1.507** (0.616)	5.825*** (0.891)
ex	0.107 (0.128)	0.194 (0.131)
lntfp	0.415*** (0.0543)	0.675*** (0.0639)
lnwl	-0.519*** (0.106)	
lnwz		-0.242*** (0.0333)
Constant	-2.622** (1.252)	-8.911*** (1.013)
控制个体	Yes	Yes

① 基于邵敏等（2011）、沈春苗（2016）的研究，企业高技能劳动力的平均工资（wz）采用技术人员和研发人员平均工资，由于 Choice 数据库披露了企业员工薪酬以及生产人员、管理人员、销售人员的工资薪酬，技术人员和研发人员工资水平等于员工薪酬减去生产人员、管理人员、销售人员的工资薪酬，再除以技术人员和研发人员总人数。低技能劳动力平均工资（wl）代理变量为其他人员平均工资，采用生产人员、管理人员、销售人员的工资薪酬之和除以生产人员、管理人员、销售人员总人数。

续表

变量	lnL	lnZ
	(1)	(2)
控制时间	Yes	Yes
Observations	1938	1907
R-squared	0.971	0.955

注：括号中为回归系数的稳健标准误，***、**、*分别表示在1%、5%、10%水平上显著。

3. 异质性分析

(1) 所有制与区域的异质性分析。

将制造业上市公司分为国有企业和非国有企业两种类型，分组考察制造业企业自动化资本偏向型技术进步对不同类型所有制企业就业规模的影响①。分组回归结果如表7（1）列、（2）列所示，国有、非国有制造业企业自动化资本偏向型技术进步对就业总量的影响系数分别为-0.0856、-0.0725，分别在5%和1%统计水平上显著。通过对比国有和非国有制造业企业统计数据可知，非国有制造业企业bias均值为0.1964，国有制造业企业的均值为0.2095，且国有、非国有制造业企业低技能劳动力数量均值分别为4324人、4032人。因此，与非国有企业相比，国有制造业企业自动化资本偏向型技术进步指数更大，且国有制造业企业的低技能劳动力相对更多，对就业的负向效应更大。这也意味着国有企业在加大自动化资本投入，推动自动化资本偏向型技术进步的同时，要重视其对就业的替代效应，加强对劳动力的技能培训，使企业劳动力与自动化资本偏向型技术进步相匹配。

将制造业上市公司所属地区分为西部、中部和东部，分组考察制造业企业自动化资本偏向型技术进步对不同区域制造业企业就业规模的影响。分组回归结果如表7（3）~（5）列所示，中部制造业企业自动化资本偏向型技术进步对就业总量的负面影响最大，东部次之，西部没有显著影响。可能是由于西部制造业上市公司样本量较小，且对自动化资本投入相对较少，加上西部劳动力成本较低，自动化资本偏向型技术进步的动力不足，导致lnbias对就业的影响不显著。中、东部制造业企业低技能劳动力数量均值分别为4619人、3959人，中部制造业企业的低技能劳动力更多，因此制造业企业自动化资本偏向型技术进步对中部企业的劳动力具有较大的替代效应。这意味着政府在稳就业、保就业民生方面，需要根据不同区域的技术进步现状，制定不同的就业政策，需要更加重视自动化资本偏向型技术进步对中部制造业就业的负向效应，加大对中部制造业就业人员的技能提升和转岗培训扶持力度。

表7 基于不同所有制和区域的异质性分析

变量	不同所有制		不同区域		
	lnl	lnl	lnl	lnl	lnl
	国有 (1)	非国有 (2)	西部 (3)	中部 (4)	东部 (5)
lnbias	-0.0856** (0.0338)	-0.0725*** (0.0184)	-0.0247 (0.0226)	-0.130*** (0.0485)	-0.0672*** (0.0148)

① 为了不同所有制企业的样本可以直接比较，在分组回归前，先对所有变量进行标准化处理。关于不同区域和行业的异质性分析，分组回归前同样需对所有变量进行标准化处理。

续表

变量	不同所有制		不同区域		
	lnl	lnl	lnl	lnl	lnl
	国有 (1)	非国有 (2)	西部 (3)	中部 (4)	东部 (5)
lnasset	0.713*** (0.0619)	0.554*** (0.0263)	0.468*** (0.0518)	0.428*** (0.0592)	0.609*** (0.0256)
rd	-0.00664 (0.0304)	0.0812*** (0.0140)	0.0337 (0.0464)	0.0695** (0.0352)	0.0700*** (0.0197)
ex	-0.00594 (0.0331)	0.0498*** (0.0172)	0.0785*** (0.0288)	0.0626** (0.0267)	0.0293** (0.0137)
lntfp	0.212*** (0.0538)	0.350*** (0.0212)	0.242*** (0.0452)	0.400*** (0.0415)	0.307*** (0.0206)
lnw	-0.148*** (0.0308)	-0.192*** (0.0158)	-0.0288 (0.0409)	-0.181*** (0.0302)	-0.168*** (0.0128)
Constant	-0.0858*** (0.0235)	-0.0835*** (0.0265)	-0.932 (1.504)	0.623 (1.255)	-1.363** (0.540)
控制个体	Yes	Yes	Yes	Yes	Yes
控制时间	Yes	Yes	Yes	Yes	Yes
Observations	368	1470	165	330	1507
R-squared	0.981	0.972	0.990	0.981	0.969

注：括号中为回归系数的稳健标准误，***、**、*分别表示在1%、5%、10%水平上显著。

（2）行业的异质性分析。

本文按照2011年OECD制造业技术分类标准，将制造业上市公司所属行业分为高技术、中高技术、低技术行业①，考察制造业企业自动化资本偏向型技术进步对不同技术类型行业制造业企业就业规模的影响。分组回归结果如表8所示，制造业企业自动化资本偏向型技术进步指数对高技术、中高技术和低技术行业企业就业的影响均显著为负，系数分别为-0.0940、-0.168、-0.388。高、中高与低技术行业低技能劳动力投入数量的算术平均数分别为3065人、4153人、5223人。因此，低技术行业制造业企业自动化资本偏向型技术进步对就业总量负向影响最大，中高技术行业次之，高技术行业影响最小，这可能是由于低技术行业制造业企业的低技能劳动力最多，其对就业的替代效应更大，这说明低技术行业制造业企业在投入自动化资本，发展自动化资本偏向型技术进步的同时，会较大幅度减少对劳动力的需求，导致低技术行业制造业企业较多劳动力向其他部门转移。

① 按照2011年OECD制造业技术分类标准以及国民经济行业分类标准（2011年、2017年修订），高技术行业包括医药制造业，专用设备制造业，计算机、通信和其他电子设备制造业，仪器仪表制造业；中高技术行业包括化学原料和化学制品制造业，通用设备制造业，汽车制造业，铁路、船舶、航空航天和其他运输设备制造业，电气机械和器材制造业；低技术行业包括石油、煤炭及其他燃料加工业，橡胶和塑料制品业，非金属矿物制品业，黑色金属冶炼和压延加工业，有色金属冶炼和压延加工业，金属制品业，金属制品、机械和设备修理业，农副食品加工业，食品制造业，酒、饮料和精制茶制造业，烟草制品业，纺织业，纺织服装、服饰业，皮革、毛皮、羽毛及其制品和制鞋业，木材加工和木、竹、藤、棕、草制品业，家具制造业，造纸和纸制品业，印刷和记录媒介复制业，文教、工美、体育和娱乐用品制造业，化学纤维制造业，废弃资源综合利用业。

表 8　基于不同行业的异质性分析

变量	高技术	中高技术	低技术
	lnl	lnl	lnl
lnbias	-0.0940**	-0.168***	-0.388***
	(0.0373)	(0.0492)	(0.142)
lnasset	0.557***	0.439***	0.562***
	(0.0591)	(0.0512)	(0.118)
rd	1.334*	4.307***	2.939
	(0.697)	(1.253)	(3.038)
ex	0.173	0.148	-0.422
	(0.212)	(0.232)	(0.428)
lntfp	0.462***	0.553***	0.433***
	(0.0678)	(0.0913)	(0.141)
lnw	-0.516***	-0.264**	-0.283***
	(0.138)	(0.118)	(0.0912)
Constant	0.00188	0.261	3.976*
	(0.653)	(0.765)	(2.058)
控制个体	Yes	Yes	Yes
控制时间	Yes	Yes	Yes
Observations	827	761	407
R-squared	0.972	0.979	0.966

注：括号中为回归系数的稳健标准误，***、**、* 分别表示在1%、5%、10%水平上显著。

（三）稳健性与内生性检验

本文做了如下稳健性检验：①基于 Ahmad 等（2005）、Henningsen 和 Kumbhakar（2009）、Gong（2018）的研究，结合变系数模型（Varying Coefficient Model，VCM）重新测算制造业企业自动化资本偏向型技术进步指数 $bias1_{it}$①，替换原有的指标 $bias_{it}$。$bias1_{it}$ 的测算仍基于式（7），不同在于采用 VCM 计算自动化和非自动化资本产出弹性时，该方法比 OLS 残差更小，拟合度更高，但如果数据过多会出现过度拟合的情况；与超越对数随机前沿生产函数相比，采用 VCM 算出的投入要素产出弹性随时间变化，但不随个体变化。回归结果如表 9（1）列所示，核心解释变量 lnbias 系数显著为负。②借鉴邓明（2014）的研究，以 lnbias 滞后一期为工具变量进行 GMM 回归，结果如表 9（2）列所示，lnbias 系数在1%统计水平上显著为负。将表 9（1）列、（2）列稳健性检验结果与基准回归结果相比，核心解释变量及控制变量系数的显著性和正负性基本一致，可见本文回归结果是稳健的。

① 随机前沿生产函数形式为 $\ln Y_{it}=\alpha_{it}+\beta_{it}^{M}\ln M_{it}+\beta_{it}^{K}\ln K_{it}+\beta_{it}^{Z}\ln Z_{it}+\beta_{it}^{L}L_{it}+v_{it}-u_{it}$。第一，采用 R 语言“gamlss”包计算出 β_{it}^{M} 和 β_{it}^{K}；第二，$\beta_{it}^{M}=\gamma_1+a_1t+\varepsilon_{it}$，$\beta_{it}^{K}=\gamma_2+\alpha_2t+\varepsilon_{it}$，$\beta_{it}^{M}$ 和 β_{it}^{K} 分别对 t 回归，计算出随时间变化的弹性系数 α_1 和 α_2；第三，由于 $\beta_{it}^{M}=\varepsilon_M$，$\beta_{it}^{K}=\varepsilon_K$，将 β_{it}^{M}，β_{it}^{K}，α_1，α_2 代入式（7），最终可计算出 $bias1_{it}$。

考虑到制造业企业自动化资本偏向型技术进步与就业可能存在逆向因果导致的内生性，即劳动力供给不足促使企业投入更多自动化资本，从而使制造业企业技术进步偏向自动化资本，本文借鉴张杰（2015）的做法，构造两分位行业层面自动化资本偏向型技术进步指数的加权平均数的滞后一期（L. lnhbias）作为工具变量进行 2SLS 估计，其中权重为企业营业收入占所有企业营业收入的比重。两阶段最小二乘法回归结果如表 10 所示，（1）列展示了第一阶段估计结果。其中，F 统计量为 33. 567（大于 10），且 F 统计量的 p 值为 0，内生变量 lnbias 对工具变量 L. lnhbias 的回归系数显著，可知本文设定的工具变量不存在弱工具变量的问题，即行业层面自动化资本偏向型技术进步指数的加权平均数的滞后一期与企业的 lnbias 相关，但与当期企业层面的就业量没有直接联系，符合工具变量的设定原则。第二阶段回归结果如表 10（2）列所示，L. lnhbias 的系数为-0. 346，且在5%统计水平上显著为负，通过对比基准回归与（2）列结果可知，核心解释变量与控制变量系数与基准回归结果在显著性和正负性上也基本一致，而且在考虑了内生性问题后，制造业企业自动化资本偏向型技术进步对就业规模的负向影响显著增加。

表 9　稳健性检验

变量	lnl （1）	lnl （2）
lnbias1	-0. 241* （0. 144）	
lnbias		-0. 146** （0. 0608）
lnasset	0. 629*** （0. 0150）	0. 518*** （0. 0238）
rd	3. 240*** （0. 431）	1. 711*** （0. 542）
lnw	-0. 754*** （0. 0321）	-0. 462*** （0. 0511）
ex	0. 552*** （0. 0479）	0. 0676 （0. 0791）
lntfp	0. 559*** （0. 0271）	0. 491*** （0. 0348）
Constant	-3. 765*** （0. 368）	-3. 604*** （0. 457）
控制个体	Yes	Yes
控制时间	Yes	No
Observations	2199	1315
R-squared	0. 755	0. 466

注：括号中为回归系数的标准误，***、**、*分别表示在 1%、5%、10%水平上显著。

表 10 内生性检验

变量	lnbias	lnl
	第一阶段	第二阶段
	(1)	(2)
L. lnhbias	0.0952 *** (0.0164)	-0.346 * (0.189)
lnasset	-0.372 *** (0.0211)	0.493 *** (0.0761)
rd	2.478 *** (0.659)	3.292 *** (0.778)
lnw	0.656 *** (0.0499)	-0.475 *** (0.140)
ex	-0.0542 (0.0778)	0.508 *** (0.0762)
lntfp	-0.0292 (0.0394)	0.573 *** (0.0462)
Constant	-1.048 * (0.568)	-4.568 *** (0.676)
F 值	33.567	
Prob>F	0.000	
Observations	1124	1124
R-squared	0.450	0.718

注：括号中为回归系数的稳健标准误，***、**、* 分别表示在 1%、5%、10%水平上显著。

（四）机制检验与进一步讨论

1. 机制检验

本文基于理论模型以及基准回归模型，通过借鉴温忠麟等（2004）及 Zhao 等（2010）的方法，分别检验产出规模效应、劳动力生产率效应对就业总量的影响机制，构建如下机制检验模型：

$$lnl_{it}=\alpha+\beta lnbias_{it}+\theta X+v_i+\mu_t+\varepsilon_{it} \quad (27)$$

$$Mech_{it}=\alpha+\beta lnbias_{it}+\theta X+v_i+\mu_t+\varepsilon_{it} \quad (28)$$

$$lnl_{it}=\alpha+\beta lnbias_{it}+\theta X+\gamma Mech_{it}+v_i+\mu_t+\varepsilon_{it} \quad (29)$$

（1）产出规模效应。

根据式（24）、式（25），首先检验产出规模效应这一影响机制。将企业营业收入对数值 lnY_{it} 作为被解释变量 $Mech_{it}$，由于式（29）控制 lnY_{it} 与 $lntfp_{it}$ 会存在多重共线性，因此在式（29）的控制变量中去掉 $lntfp_{it}$ 进行估计，回归结果如表 11 所示，$lnbias_{it}$ 以及 lnY_{it} 的系数均显著。根据表 11（2）列，制造业企业自动化资本偏向型技术进步对企业产出规模的影响在 1%统计水平上显著为负，系数为-0.0364，表明制造业自动化资本偏向型技术进步会减小企业产出规模①，这可能是因为目前企业的自动化资本投入不足，使得自动化资本偏向型技术进步对生产率的提升效应还不明显，自动化资本投入所产生的成本效应导致企业产出规模下降。根据（3）列，企业产出规模对就业总量的影响在1%统计水平上显著为正。由此可知，制造业企业自动化资本偏向型技术进步，通过减少企业产出规模对就业产生替代效应。

表 11　产出规模效应影响机制检验

变量	lnl (1)	lnY (2)	lnl (3)
lnbias	-0.133*** (0.0289)	-0.0364*** (0.00739)	-0.0884*** (0.0251)
lnasset	0.539*** (0.0311)	0.542*** (0.00839)	0.195*** (0.0331)
rd	2.142*** (0.542)	0.263* (0.151)	2.715*** (0.471)
ex	0.103 (0.116)	0.0149 (0.0248)	0.0987 (0.103)
lntfp	0.494*** (0.0476)	1.094*** (0.0136)	
lnw	-0.412*** (0.0595)	-0.0575*** (0.0140)	-0.433*** (0.0517)
lnY			0.601*** (0.0324)
Constant	-0.468 (0.782)	-0.444** (0.178)	-0.550 (0.661)
控制个体	Yes	Yes	Yes
控制时间	Yes	Yes	Yes
Observations	2002	2002	2092
R-squared	0.973	0.999	0.978

注：括号中为回归系数的稳健标准误，***、**、*分别表示在1%、5%、10%水平上显著。

（2）生产率效应。

借鉴 Acemoglu 和 Restrepo（2018a，2018b）的研究，采用企业营业收入除以企业员工人数的对

① 在式（28）解释变量中再加入 lnbias 的平方项进行回归，实证结果表明，lnbias 系数为负，lnbias 二次项系数为正，由此可见制造业企业自动化资本偏向型技术进步与企业产出规模的关系呈“U”形，随着 lnbias 增加，即自动化资本投入增加，制造业企业自动化资本偏向型技术进步指数变大，对企业产出规模的影响会由负转正。制造业企业自动化资本偏向型技术进步会增加企业产出规模，这是由于自动化资本偏向型技术进步所带来的生产效率提升提高了企业的生产能力和盈利能力，刺激企业追加资本和劳动力来扩大生产规模，这与 Graetz 和 Michaels（2018）研究结果一致。

数值 lnrl 作为被解释变量 $Mech_{it}$，结果如表 12 所示，$lnbias_{it}$ 以及 $lnrl_{it}$ 的系数均显著。根据表 12（2）列，制造业企业自动化资本偏向型技术进步对劳动生产率的影响在 1%统计水平上显著为正，系数为 0.123，表明制造业企业自动化资本偏向型技术进步会显著提高企业劳动生产率。这是由于自动化资本偏向型技术进步一方面产生"机器替代人"的效应，提高了生产效率水平；另一方面，高技能劳动力与自动化资本有效匹配和协作，能够提升高技能劳动力的生产率。根据（3）列，企业劳动力生产率对就业总量的影响在 1%统计水平上显著为负。由此可知，制造业企业自动化资本偏向型技术进步通过提升劳动力生产效率，对就业总量产生替代效应。这意味着企业加大自动化资本投入，提升自动化资本偏向型技术进步水平，会提高企业劳动生产率，导致企业一方面降低了对劳动力的需求，另一方面还会加强对高技能劳动力的需求，使其与自动化资本偏向型技术进步相匹配。

表 12 劳动生产率效应机制检验

变量	lnl (1)	lnrl (2)	lnl (3)
lnbias	-0.157*** (0.0303)	0.123*** (0.0258)	-0.0130** (0.00641)
lnasset	0.528*** (0.0338)	0.00814 (0.0276)	0.538*** (0.00637)
rd	1.989*** (0.555)	-1.743*** (0.452)	-0.0614 (0.120)
ex	0.0132 (0.114)	-0.0193 (0.0955)	-0.00941 (0.0156)
lntfp	0.413*** (0.0512)	0.672*** (0.0396)	1.204*** (0.0132)
lnrl			-1.176*** (0.0132)
控制个体	Yes	Yes	Yes
控制时间	Yes	Yes	Yes
Observations	2003	2003	2003
R-squared	0.970	0.943	0.999

注：括号中为回归系数的稳健标准误，***、**、*分别表示在 1%、5%、10%水平上显著。

综上所述，产出规模下降效应、劳动生产率提升效应会导致自动化资本偏向型技术进步对就业总量产生挤出效应。因此，政府在稳就业、保就业民生过程中，重视制造业企业自动化资本偏向型技术进步带来的产出规模下降效应，以及劳动生产率提升效应所导致的对就业总量的替代，在自动化资本投入、促进自动化资本偏向型技术进步以及高技能劳动力的培育方面，给予一定的培训支持，促进劳动力的有序转换、接续。

2. 进一步讨论

基准回归表明，制造业企业自动化资本偏向型技术进步对企业就业产生替代效应，通过理论模型推导和实证检验可知，制造业企业自动化资本偏向型技术进步对就业的影响包含对低技能劳动力的破坏效应和高技能劳动力的创造效应。为了深入分析影响这些效应的主要影响机制，本文进一步研究了哪些因素影响制造业企业自动化资本偏向型技术进步对低技能劳动力的破坏和高技能劳动力的创造。基于 Acemoglu（2003）、姚遂等（2018）、谢萌萌等（2019）的研究，企业研发投入、对外贸易以及行业市场集中度会影响企业的技术进步方向和水平，也会影响企业对劳动力的偏好，进而对产出规模和生产率产生重要影响。为了检验这三个因素如何影响 lnbias 对低技能劳动力的破坏效应和高技能劳动力的创造效应，本文构建这三个变量与制造业企业自动化资本偏向型技术进步的交互项 $lnbias_{it} \times inter_{it}$，建立回归模型如下：

$$lnL_{it} = \alpha + \beta lnbias_{it} + \gamma lnbias_{it} \times inter_{it} + \theta X + v_i + \mu_t + \varepsilon_{it} \quad (30)$$

$$lnZ_{it} = \alpha + \beta lnbias_{it} + \gamma lnbias_{it} \times inter_{it} + \theta X + v_i + \mu_t + \varepsilon_{it} \quad (31)$$

$inter_{it}$ 包括 rd_{it}、ex_{it}、hhi_{it}。为了避免模型存在多重共线性，首先对 $lnbias_{it}$、$inter_{it}$ 以及交互项 $lnbias_{it} \times inter_{it}$ 进行去中心化，回归结果如表 13 所示。（1）~（4）列中 lnbias×rd 以及 lnbias×ex 交乘项系数显著为正，表明企业增加研发投入以及加大对外贸易强度，会抑制制造业企业自动化资本偏向型技术进步对低技能劳动力的就业破坏效应，同时会加强对高技能劳动力的就业创造效应。这主要是由于企业增加研发投入会提升企业的技术水平和生产效率，促进企业扩大产出规模，从而增加对低技能和高技能劳动力的需求；企业加大对外贸易强度表明企业产品的国外市场需求增加，也会进一步增加企业产出规模，刺激企业追加资本和劳动力，对高技能和低技能劳动力均产生补偿效应。（5）列 lnbias×hhi 交乘项系数显著为负，而（6）列交乘项系数不显著，表明行业市场集中度越大，越会加强制造业企业自动化资本偏向型技术进步对低技能劳动力的就业破坏效应。对此可能的解释是，行业市场集中度越大，行业竞争越不激烈，行业的创新和技术进步动力不足，对低技能劳动力投入相对较多，且对低技能劳动力的技能培训和提升欠缺，导致制造业企业自动化资本偏向型技术进步对低技能劳动力的就业破坏效应加剧。

表 13　进一步讨论检验结果

变量	lnL (1)	lnZ (2)	lnL (3)	lnZ (4)	lnL (5)	lnZ (6)
c_lnbias	-0.122*** (0.0302)	0.0893** (0.0352)	-0.0779*** (0.0252)	-0.0285 (0.0313)	-0.208*** (0.0379)	0.0612 (0.0498)
lnasset	0.511*** (0.0355)	0.544*** (0.0418)	0.517*** (0.0283)	0.568*** (0.0482)	0.506*** (0.0353)	0.544*** (0.0409)
c_rd	1.435*** (0.503)	4.323*** (0.880)				
c_lnbias_c_rd	1.163** (0.466)	0.413*** (0.767)				
ex	0.0843 (0.128)	0.190 (0.130)			0.0977 (0.126)	0.185 (0.133)
lntfp	0.427*** (0.0531)	0.646*** (0.0652)	0.482*** (0.0502)	0.513*** (0.0683)	0.423*** (0.0555)	0.672*** (0.0648)

续表

变量	lnL (1)	lnZ (2)	lnL (3)	lnZ (4)	lnL (5)	lnZ (6)
lnwl	-0.476*** (0.0962)		-0.450*** (0.0771)		-0.471*** (0.0956)	
lnwz		-0.236*** (0.0342)		-0.158*** (0.0454)		-0.230*** (0.0335)
rd			2.378*** (0.542)	4.643*** (0.808)	1.771*** (0.605)	5.886*** (0.903)
c_ex			-0.0243 (0.0150)	-0.0669** (0.0278)		
c_lnbias_c_ex			0.223*** (0.0759)	0.286*** (0.104)		
c_lnbias_c_hhi					-1.835*** (0.564)	-0.783 (0.805)
c_hhi					-1.343** (0.667)	-1.419 (0.992)
Constant	-2.258* (1.240)	-9.889*** (1.060)	-3.038*** (1.064)	-9.093*** (1.261)	-2.021* (1.224)	-9.207*** (1.028)
控制个体	Yes	Yes	Yes	Yes	Yes	Yes
控制时间	Yes	Yes	Yes	Yes	Yes	Yes
Observations	1938	1907	1594	1613	1938	1907
R-squared	0.971	0.954	0.979	0.960	0.971	0.955

注：括号中为回归系数的稳健标准误，***、**、*分别表示在1%、5%、10%水平上显著。

五、结论与政策启示

本文使用制造业上市公司数据，尝试将资本分为自动化和非自动化资本，理论分析并实证检验了制造业企业技术进步偏向对就业的影响机制。研究发现：①中国制造业企业技术进步偏向于自动化资本。②制造业企业自动化资本偏向型技术进步对就业总量产生负向效应，其中包括对低技能劳动的破坏效应和高技能劳动的创造效应，且破坏效应大于创造效应。制造业自动化资本偏向型技术进步对就业的替代效应主要通过产出规模下降以及劳动生产率提升两个途径实现。③进一步的研究发现，制造业企业加大研发投入以及对外贸易强度，会抑制自动化资本偏向型技术进步对低技能劳动力的就业破坏效应，同时会加强对高技能劳动力的就业创造效应；企业市场集中度越大，越会加大自动化资本偏向型技术进步对低技能劳动力的就业破坏效应。④异质性分析表明，国有制造业企业自动化资本偏向型技术进步对就业的替代效应大于非国有企业；中部制造业企业自动化资本偏向型技术进步对就业总量的替代效应最大，东部次之，西部不显著；相比较高技术和中高技术行业制造业企业，低技术行业制造业企业自动化资本偏向型技术进步对就业总量替代效应较大。基于以上研究，本文提出以下对策建议。

（1）鼓励和支持人工智能资本等自动化资本的投入，大力推动自动化资本偏向型技术进步的发展。自动化资本偏向型技术进步虽然会对就业造成冲击，然而这种冲击主要是对低技能劳动力的冲击，势必会促使政府、企业重视低技能劳动力技能水平的提升，倒逼低技能劳动力提高自身技能水平，从而适应自动化资本偏向型技术进步。本文实证检验表明，随着自动化资本投入增多，自动化资本偏向型技术进步指数增加，自动化资本偏向型技术进步会扩大企业产出规模，有助于增加企业就业岗位。而且，自动化资本偏向型技术进步会增加高技能劳动力数量，促进高质量就业。此外，人工智能等自动化技术是引领新一轮科技革命和产业变革的重要驱动力，新冠肺炎疫情暴发以来，如何发展和运用人工智能等自动化技术进步，应对疫情等公共卫生事件带来的经济和社会冲击，已成为未来经济发展的重要方向。

（2）亟须提升低技能劳动力的技能水平，大力培育高技能劳动力，加强自动化资本偏向型技术进步与劳动力的技能匹配。一方面，政府需要完善社会保险体系，对失业人群采取积极就业援助，建立低技能劳动力再就业培训制度，需要根据不同区域、不同类型企业的技术进步现状，制定差异化的就业政策，更加重视中西部地区、低技术行业以及国有企业的低技能劳动力的技能提升和转岗培训。另一方面，由于人工智能将深刻影响未来经济和社会变革，但我们的人才缺口还很大，亟须深入推进教育改革，在初等教育、中等教育、高等教育以及职业教育方面强化人工智能相关课程和专业的建设，培育更多适应自动化、智能化发展新需求的人才。

（3）重视制造业企业创新水平的提升，鼓励和支持制造业企业对外贸易，营造更加公平健康的市场竞争环境。完善和落实激励制造业企业自主创新的相关政策，包括政府创新补贴、金融支持和税收优惠等，优化企业研发条件和人才队伍建设，加大对制造业企业自主创新的支持力度。大力发展高质量、高技术、高附加值制造业产品贸易，培育制造业品牌走向世界，着力深化与世界各国的贸易合作，促进贸易新业态发展，提升制造业企业贸易数字化水平。同时，深入推进国内统一大市场的建设，挖掘超大市场规模的潜力，通过要素市场的改革释放新的生产率“结构红利”，进一步发挥就业的产出规模效应和生产率的促进效应，切实推动就业的高质量发展。此外，围绕建设全国统一大市场目标，健全竞争政策体系，坚持竞争中立原则，加大制造业反垄断、反不正当竞争的执法力度。

参考文献

［1］蔡跃洲，陈楠．新技术革命下人工智能与高质量增长、高质量就业［J］．数量经济技术经济研究，2019，36（5）：4-23.

［2］曹静，周亚林．人工智能对经济的影响研究进展［J］．经济学动态，2018（1）：103-115.

［3］陈勇，柏喆．技能偏向型技术进步、劳动者集聚效应与地区工资差距扩大［J］．中国工业经济，2018，366（9）：81-99.

［4］陈宇峰，贵斌威，陈启清．技术偏向与中国劳动收入份额的再考察［J］．经济研究，2013，48（6）：113-126.

［5］程虹，陈文津，李唐．机器人在中国：现状、未来与影响——来自中国企业—劳动力匹配调查（CEES）的经验证据［J］．宏观质量研究，2018，6（3）：6-26.

［6］戴天仕，徐现祥．中国的技术进步方向［J］．世界经济，2010（11）：56-72.

［7］郭凯明．人工智能发展、产业结构转型升级与劳动收入份额变动［J］．管理世界，2019，（7）：60-77.

［8］何小钢，王自力．能源偏向型技术进步与绿色增长转型——基于中国33个行业的实证考察［J］．中国工业经济，2015（2）：50-62.

[9] 黄先海，徐圣．中国劳动收入比重下降成因分析——基于劳动节约型技术进步的视角[J]．经济研究，2009（7）：34-44.

[10] 雷钦礼．偏向性技术进步的测算与分析[J]．统计研究，2013，30（4）：83-91.

[11] 陆雪琴，章上峰．技术进步偏向定义及其测度[J]．数量经济技术经济研究，2013（8）：20-34.

[12] 宋冬林，王林辉，董直庆．技能偏向型技术进步存在吗？——来自中国的经验证据[J]．经济研究，2010（5）：68-81.

[13] 涂正革，肖耿．中国的工业生产力革命——用随机前沿生产模型对中国大中型工业企业全要素生产率增长的分解及分析[J]．经济研究，2005（3）：4-15.

[14] 王班班，齐绍洲．有偏技术进步、要素替代与中国工业能源强度[J]．经济研究，2014（2）：115-127.

[15] 王林辉，蔡啸，高庆昆．中国技术进步技能偏向性水平：1979—2010[J]．经济学动态，2014（4）：56-65.

[16] 王林辉，袁礼．有偏型技术进步、产业结构变迁和中国要素收入分配格局[J]．经济研究，2018，53（11）：117-133.

[17] 王志刚，龚六堂，陈玉宇．地区间生产效率与全要素生产率增长率分解（1978—2003）[J]．中国社会科学，2006（2）：55-66.

[18] 姚毓春，袁礼，王林辉．中国工业部门要素收入分配格局——基于技术进步偏向性视角的分析[J]．中国工业经济，2014（8）：44-56.

[19] 张月玲，叶阿忠，陈泓．人力资本结构、适宜技术选择与全要素生产率变动分解——基于区域异质性随机前沿生产函数的经验分析[J]．财经研究，2015，41（6）：4-18.

[20] Acemoglu D. and Restrepo P. Low-Skill and High-Skill Automation [J]. SSRN Electronic Journal, 2017: 1-29.

[21] Acemoglu D. Directed Technical Change [J]. Review of Economic Studies, 2002, 69 (4): 781-809.

[22] Acemoglu D. and P. Restrepo. The Race between Man and Machine: Implications of Technology for Growth, Factor Shares, and Employment [J]. American Economic Review, 2018a, 108 (6): 1488-1542.

[23] Acemoglu D. and Restrepo P. Artificial Intelligence, Automation and Work [R]. NBER Working Paper, 2018b.

[24] Acemoglu D. and Restrepo P. Automation and New Tasks: How Technology Displaces and Reinstates Labor [J]. Journal of Economic Perspectives, 2019b, 33 (2): 3-30.

[25] Acemoglu D. and Restrepo P. The Wrong Kind of AI? Artificial Intelligence and the Future of Labor Demand [R]. NBER Working Paper, 2019a.

[26] Aum S., Lee S. Y., Shin Y. Computerizing Industries and Routinizing Jobs: Explaining Trends in Aggregate Productivity [J]. Journal of Monetary Economics, 2018 (97): 1-20.

[27] Decanio S. J. Robots and Humans-Complements or Substitutes? [J]. Journal of Macroeconomics, 2016, 49 (c): 280-291.

[28] Dixon J., Hong B., Wu L. The Employment Consequences of Robots: Firm-Level Evidence [R]. SSRN Working Paper, 2019.

信息通信技术是否有利于中国创新价值链升级?

钞小静　王昱璎

[摘　要] 信息通信技术在创新价值链升级中发挥着重要作用。本文将创新过程划分为创新思想产生、创新思想物化和创新产品价值化三个环节，基于2011~2017年中国30个省区市（除西藏外）的面板数据，对信息通信技术影响创新价值链的作用机理进行理论阐释与经验检验。研究发现，当前我国信息通信技术的应用主要促进了创新产品价值的货币化，而对创新思想产生和创新思想转化的影响则并未通过检验，这一结论在消除了内生性、主要解释变量衡量偏误和空间相关性等的影响后依然成立。进一步的研究表明，政府对市场的影响、对外开放程度和产品竞争强度等因素会对信息通信技术的创新价值链升级效应产生差异化影响。这对于大力发展新一代信息通信技术，充分发挥信息通信技术的创新赋能效应具有重要的政策启示。

[关键词] 信息通信技术；创新价值链；创新价值化

一、引言及文献综述

近年来，信息通信技术（Information Communications Technology，ICT）已成为新一轮科技革命与产业变革下世界各国提升综合竞争力的重要支撑。2020年《政府工作报告》中指出，要全面推进"互联网+"，畅通创新链、提高科技创新支撑能力。2020年4月，习近平总书记在陕西考察时进一步强调，要围绕产业链部署创新链、围绕创新链布局产业链，推动经济高质量发展迈出更大步伐。那么，信息通信技术的集成应用是否有利于引领中国创新价值链的升级？

尽管信息通信技术具有很强的创新促进潜力，但是信息通信技术对于技术进步和创新的实际作用如何却是存有争议的，这就是著名的索罗悖论，虽然目前已有一系列文献通过实证调研研究信息通信技术对于创新的实际作用效果（Han and Jones，2006；Kleis et al.，2012；蒋仁爱、贾维晗，2019；陈子凤等，2106），但对于创新的衡量大多采用专利数量或者R&D投入等单指标，具有一定的局限性。创新主体的创新活动涉及生产经营的方方面面，从创新路径识别、技术获取，到产品开发、生产制造，再到市场扩张、品牌塑造、售后服务等方面都蕴含着创新，企业创新就像一个价值链条，链条的每一环节都在为最终产品的价值增加添砖加瓦，任何环节的薄弱都会导致整体创新效率的下降，因此基于创新价值链，将企业多方面的创新综合纳入到对创新升级的考量中是十分有必要的。Rothwell（1994）从创新过程的角度刻画了技术创新的复杂性，Van de Ven（1999）采用了纵向分析方法相对完整地阐述了创新路径，考察了创新过程的含义和新技术、新产品采用的具体流

[基金项目] 2019年陕西省社会科学基金项目"数字基础设施推动陕西制造业转型升级的路径及机制研究"（2019D018）；陕西省教育厅重点科学研究计划项目"陕西省平台经济发展现状及趋势"（20JT066）。

[作者简介] 钞小静，西北大学经济管理学院教授，博士生导师，经济学博士；王昱璎（通讯作者），西北大学经济管理学院硕士研究生，邮箱：yuyingwa@ 126. com。

程，但是直到2007年Hansen和Birkinshaw基于多年的大样本研究才提出比较成熟的创新价值链理论[①]，创新价值链理论将把创意转化为商业产出的过程视为一个链式流程，在链条的每个环节，创新主体都在通过各种创新活动为创新产品的最终实现而努力，共同为创新活动的价值实现做贡献。创新价值链理论根据创新引致价值增值这一特点，将不同类型的创新综合纳入创新价值链框架，并将创新过程分为思想的产生（generate ideas）、思想的转化（convert ideas）和产品和实践的传播（diffuse those products and practices）三大环节。该理论一方面综合考察了创新的全过程，另一方面突出了创新过程的重点环节，有助于创新主体有针对性地剖析自身创新能力，着重加强对薄弱环节的查漏补缺，突出潜在的战略优先级（Ganotakis and Love，2012）。进一步地，Roper等（2008）将计量经济学方法应用到创新价值链中，研究了各个环节影响因素之间的相互作用，增强了创新价值链的实用性和可操作性。余泳泽、刘大勇（2013）利用数据包络分析（Data Envelopment Analysis，DEA）方法根据创新价值链各环节的投入产出计算了各环节的创新效率，为从效率层面研究创新价值链升级打下了基础。

随着信息通信技术应用的不断深入和对信息通信技术认识的加深，人们逐渐意识到信息通信技术不但能促进技术进步，还能促进组织模式、管理实践和人力资本模式等方面的革新（Brynjolfsson et al.，2002；Bartel et al.，2007；Bloom et al.，2012；何小钢等，2019），因此信息通信技术的创新赋能潜力已经深入到创新价值链条中的各个方面。虽然信息通信技术潜力巨大，但是由于信息通信技术发展不均衡等，目前信息通信技术对不同创新环节的赋能效应并不相同。腾讯研究院发布的《数字中国指数报告（2019）》就指出，目前中国信息通信技术在消费端的应用已经相当成熟，但是在产业端的普及与应用还有待加强；王娟（2017）利用世界银行2012年的调查数据发现，信息通信技术的使用对中国企业工序创新的影响较大，对产品创新的影响较小。因此研究信息通信技术对创新价值链升级的作用，不但有助于深入认识信息通信技术的创新赋能潜力，还有助于识别现阶段中国信息通信技术在促进创新升级过程中的优势与不足之处，从而有针对性地查漏补缺，提升整体创新实力。

本文创造性地利用创新价值链框架，研究了信息通信技术多方面的创新赋能潜力，既有助于充分挖掘信息通信技术的创新潜力，又有助于全面认识现阶段中国信息通信技术的创新应用情况。本文的主要贡献如下：①扩大了创新的内涵，考虑了信息通信技术多方面的创新赋能潜力；②研究了信息通信技术对不同创新环节的差异化影响，有助于厘清现阶段中国信息通信技术发展的优势与弱项，从而有针对性地进行战略规划和改进；③从创新效率提升层面刻画了创新价值链升级，通过进一步细化、丰富各环节的投入产出，得到了更加准确的创新效率测算结果；④通过参考权威指数的指标体系，利用纵横向拉开档次法和神经网络法相结合的方法测算出信息通信技术指数，对信息通信技术的普及和应用情况进行了充分的描述和刻画；⑤探究了外在因素对信息通信技术作用发挥的影响，为政策改进提供了理论和实证依据。

二、信息通信技术的创新赋能潜力

虽然由于信息通信技术应用水平限制和相关支撑条件不足等问题，信息通信技术的效能发挥可能存在索罗悖论，但信息通信技术本身具有很强的创新促进潜力，同时信息通信技术的创新赋能作用在不同环节有不同的实现途径。因此本文首先参考Hansen和Birkinshaw（2007）对创新价值链的划分，将创新价值链分为创新思想产生、创新思想物化和创新产品价值化三个环节，然后依据发达

① 2007年，Hansen和Birkinshaw基于对北美和欧洲30多家跨国公司的130多名高管和15家跨国公司的4000名非执行员工，以及120个新产品开发项目与100家企业投资单位长达10年的研究，提出了创新价值链思想。

国家的信息通信技术应用和 Kleis 等（2012）提出的信息通信技术对创新的三条影响渠道，总结出了信息通信技术在每个环节的创新赋能潜力。

环节一：创新思想产生环节。Hansen 和 Birkinshaw 认为创新过程起始于新想法和新知识的产生，创新产品的提供需要以相应的思想和理论积淀为基础，创意含金量的高低直接决定了创新回报水平的高低（Hansen and Birkinshaw，2007）。在这一环节，创新主体需要充分整合内外部的信息和创新资源，提高知识管理和科学研发的效率，促进创意的产生和新知识的发现。而通信技术可以促进创新主体内外部知识的整合和信息的交流，从而提升创新思想产生环节的创新效率。信息通信技术一方面可以通过企业资源计划（Enterprise Resow Planning，ERP）更有效率地整合和存储创新资源，促进思想知识的研究和挖掘；另一方面可以通过互联网络、电子邮件和电子信息库等手段更加便捷地进行信息传递，促进思想的碰撞和交流，从而促进了在新型合作型创新模式下的知识创造和创意迸发（Klevorick et al.，1995；Laursen and Salter，2006）。

环节二：创新思想物化环节。新的思想和创意并不能直接供人们消费和使用，需要将其制成实物产品，才能满足人们需求，发挥创新价值，因此创新思想物化是创新的关键环节。在这一环节，创新主体需要进行知识转化能力、产品设计能力、工艺创新能力和过程协同能力等多种能力的联动改进与提升，以促进从创意到产品的转化。而信息通信技术则可以通过促进产品设计和生产制造过程的数字化，提高创新思想物化环节的转换效率。一方面，信息通信技术可以通过计算机辅助设计（Computer Aided Design，CAD）系统模拟设计思路和试验过程，以减少产品设计和试验过程的试错消耗；另一方面，信息通信技术还可以通过计算机辅助制造（Computer Aided Manufacturing，CAM）系统数字化产品生产过程，促进产品生产过程的协调和智能化。同时，信息通信技术帮助了产品设计和生产过程的整合，减少从产品设计到生产过程中的信息传输纰漏（Kleis et al.，2012；Arvanitis，2016），这些都促进了创新思想在创新产品中的充分发挥和实现，提高了创新思想物化环节的效率。

环节三：创新产品价值化环节。为实现研发的可持续，创新产品需在市场实现其价值，这就需要将产品充分推向市场，拓宽市场需求，增进消费者对创新产品的认可程度，充分挖掘创新产品的市场潜力。利用信息通信技术可以更好地了解客户需求，推动创新产品进入市场，促进创新产品价值的货币化。信息通信技术可以通过客户关系管理系统（Customer Relationship Management，CRM）和零售网站等收集客户信息、了解客户需求，一方面促进了标准产品的个性化改良（Vilaseca-Requena et al.，2007；Kleis et al.，2012）；另一方面还可以对客户数据进行进一步分析和挖掘，根据用户的喜好进行产品推荐，这些都促进了创新产品的推广和营销，促进了消费者对于创新产品的接受和认可程度，促进了创新产品价值的普及与实现。

三、研究设计

（一）模型设定

本文采用固定个体效应和时间效应的面板回归模型对信息通信技术对创新价值链各个环节效率的影响进行分析，其数学表示形式如下：

$$tfp_{it}=\beta_0+\beta_1 ICT_{it}+\alpha X_{it}+u_i+\lambda_t+\varepsilon_{it} \quad (1)$$

其中，式（1）下标 i 和 t 分别代表各省区市和时期，tfp_{it} 表示创新效率，ICT_{it} 表示核心解释变量——信息通信技术的应用与普及，X_{it} 表示控制变量，u_i 为个体效应，λ_t 为时间效应，ε_{it} 为随机误差项。

（二）创新价值链的创新效率测算

本文把创新价值链各环节的创新效率作为被解释变量，用各环节的创新效率提升来表示创新升级，通过参考余泳泽（2013，2015）、马云俊（2013）等的做法，首先分析创新价值链各环节的投入和产出，然后利用 DEA 方法对创新效率进行测算。

环节一：创新思想产生环节。创新思想产生环节是产生新的认识与思想，因此这一环节的产出主要包括科技论文的发表和与新认识有关的专利注册，并以相应的人员和资本支出为投入。

本文用国外检索工具新收录的中国科技论文数衡量创新思想产生环节的论文产出，用发明专利授权数衡量创新思想产生环节的专利产出。采用发明专利而非其他类型专利的原因在于发明专利主要是和知识研究成果相关的专利，并且是所有专利类型中科技和学术含量最高的。

环节一的投入指标是基础研究和应用研究 R&D 人员全时当量和经费内部支出，它们分别是对非应用型和应用型两类知识研究的人员和资本投入的统计（《中国科技统计年鉴》）。此外，为了控制以往思想成果积累对现阶段思想产出的影响，本文将以往的论文和专利成果也纳入投入指标中。

环节二：创新思想物化环节。创新思想物化环节的主要内容是将论文和发明专利等思想成果转化为可供人们消费、使用的新实物产品。此环节的产出以新产品销售收入和实用新型专利授权为代表，在投入指标方面，除了将环节一的思想产出指标作为投入之外，还需进行与新产品开发、技术改造和试验发展相关的一系列辅助投入。新产品开发的成效在经济上由新产品销售收入来反映，在专利上由反映产品新构造的实用新型专利授权数来表示。

环节二的辅助性投入首先包括企业为开发新产品花费的新产品开发支出，其次是在新产品生产过程中，企业为了改进生产工艺而产生的技术改造支出，最后是试验发展①相关投入，主要包括试验发展 R&D 人员全时当量和经费内部支出。此外，为了控制以往的物化产出成果积累对于一个地区的创新物化能力的影响，本文还在投入指标中加入了上年实用新型专利有效数。②

环节三：创新产品价值化环节。提高产品的附加值，获得超额利润，提高企业全要素生产率是进行创新的最终目标，因此创新价值链最后一个环节的成果由营业利润、全要素生产率和出口技术复杂度三个指标来衡量。与第二环节相同，第三环节以第二环节的产出指标为投入，同时加以一系列辅助投入，主要包括企业为了推动新产品进入市场，获得消费者认同，促进创新产品的价值化和货币化而进行的外观设计、品牌塑造、管理运营、市场推广和售后服务等投入。

企业进行创新的最终目的是获得超额利润，提升企业的核心竞争力。营业利润是衡量企业超额利润的指标，出口技术复杂度反映了企业产品的技术含量，全要素生产率则代表了企业的资源利用效率，这三个指标综合反映了企业核心竞争能力的强弱和创新能力的大小。

环节三的投入指标除了包括环节二的产出指标外，还包括企业为产品进行外观设计而申请的外观设计专利有效数，进行品牌塑造所注册的商标有效数、为品牌运营管理、战略制定而发生的企业管理费用，以及进行市场推广、产品售后产生的销售费用。③

各环节投入产出的流程如图 1 所示。

（三）信息通信技术指数的测算

本文的核心解释变量是信息通信技术的普及与应用情况，本文通过构建相应指数的方式来反映

---

① 试验发展是指在利用从基础研究、应用研究和实际经验所获得的知识的基础上，进一步地为生产新的产品、材料和装置，或者建立新的工艺、系统和服务，而进行的系统性工作。（《中国科技统计年鉴》）

② 由于数据可得性的限制，此环节的新产品开发支出和技术改造支出，采用的是规模以上工业企业的数据。

③ 由于数据可得性的限制，此环节的营业利润、管理费用和销售费用采用的是规模以上工业企业的数据。

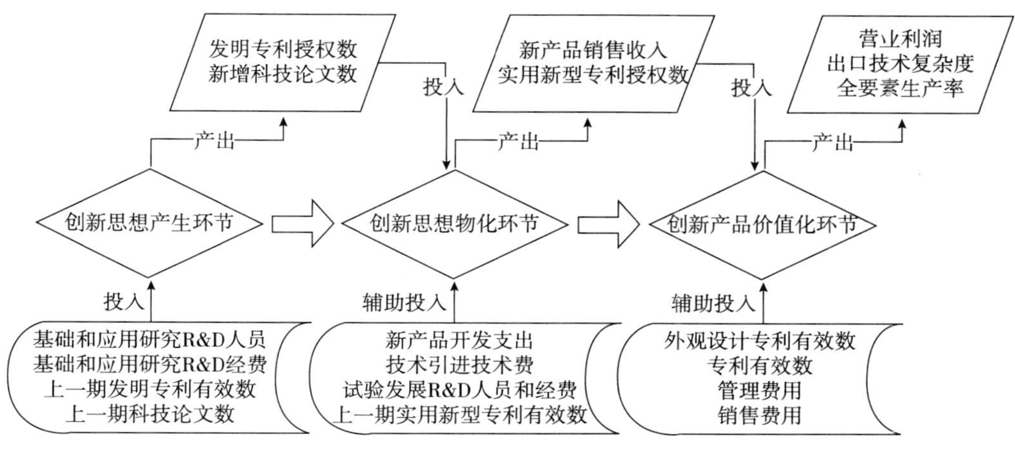

图 1　创新价值链投入产出流程

信息通信技术的普及和应用，首先参考中国数字经济发展指数等权威指数构建出相应的指标体系，然后利用纵横向拉开档次法和神经网络分析法相结合的方法对指标体系进行合成，最终合成出相应的指数。

对于信息通信技术的普及和应用情况，在权威文献中主要有两种衡量方式，第一种是采用信息通信技术资本存量，信息通信技术资本存量是企业在生产和经营中行使信息通信功能的经济资源总量，能够比较好地反映企业信息通信技术的技术投入和与信息通信技术相关的资源充裕程度，但是计算信息通信技术资本存量需要利用投入产出表，而省级层面的投入产出表只更新到 2013 年，因此无法在本文研究的时间范围内计算省级层面的信息通信技术资本存量，所以本文寻求第二种方式——构建综合的信息通信技术指数来比较全面地反映信息通信技术应用。本文参考了目前中国最权威的两大和信息通信技术相关的指数，一是中国电子信息产业发展研究院联合赛迪智库构建的中国数字经济发展指数；二是腾讯研究院构建的数字中国指数，这两个指数都衡量了以信息通信技术为基础的数字经济①发展状况，虽然数字经济不仅包含信息通信技术应用，还包含信息通信技术带来的经济变化，衡量范围比本文研究的要大，但是其指标体系对本文依然有很强的借鉴意义。通过分析比较，本文发现这两个指数都是从信息通信技术基础设施建设、信息通信技术产业发展水平和信息通信技术融合应用水平三大方面构建指标体系的。信息通信技术基础设施是信息通信技术发展的物理基础，对信息通信技术发展起支撑作用，本文用长途光缆线路密度、人均互联网宽带接入端口数和人均移动电话交换机容量三个指标反映信息通信技术基础设施的建设水平。信息通信技术产业的发展水平是衡量信息通信技术发展的重要指标，一方面信息通信产业生产效率提高和产品升级会提高信息通信的速度和效率；另一方面随着信息通信产品价格下降，信息通信技术投资成本降低，可以加速信息通信技术资本积累，促进信息通信网络构建。信息通信技术产业分为硬件和软件两大类，硬件是指电子信息制造业，软件是指软件业和信息技术服务业，因此本文用这两大行业产值占国内生产总值的比重反映信息通信技术产业的发育水平。信息通信技术融合应用水平是衡量信息通信技术发展最核心的指标，包括居民应用、企业应用和政府应用三大方面，本文用人均通信支出来反映居民的信息通信技术应用，因为居民在享受信息通信服务时都需要向服务商缴纳服务费，所以人均通信支出能够比较全面地反映居民的信息通信技术使用情况；用有电子商务交易活动的企业比重来反映企业的信息通信技术应用；用由中国软件测评中心测算的中国政府网站绩效评估指数

---

① 数字经济是指以数字化的知识和信息作为关键生产要素，以现代信息网络为重要载体，以信息通信技术的有效使用作为效率提升和经济结构优化的重要推动力的一系列经济活动（G20 峰会）。

来反映政府的信息通信技术应用。

具体指标来源如表 1 所示。

表 1　ICT 指数的指标构成

总指标	分项指标	指标来源
信息通信技术基础设施建设 W1	长途光缆线路密度 W11	长途光缆线路长度/土地面积
	人均互联网宽带接入端口数 W12	互联网接入端口数/人口数
	人均移动电话交换机容量 W13	移动电话交换机容量/人口数
信息通信技术产业发展水平 W2	电子信息制造业收入占国内生产总值的比重 W21	电子信息制造业收入/国内生产总值
	软件业和信息技术服务业收入占国内生产总值的比重 W22	软件业和信息技术服务业收入/国内生产总值
信息通信技术融合应用水平 W3	人均通信支出 W31	电信业务总量/(人口数×通信服务居民消费价格指数)
	有电子商务交易活动的企业比重 W32	有电子商务活动的企业数/总企业数
	政府网站绩效评估指数 W33	省级政府网站绩效评估指数

为了得到综合的信息通信技术指数，本文还需要采用合适的综合评价方法对多个指标进行合成，本文采用纵横向拉开档次法和神经网络分析法相结合的方法，首先用纵横向拉开档次法进行初步测算，然后用神经网络分析法进行学习、拟合与改进。纵横向拉开档次法通过使总离差平方和最大，最大化了截面和时间上的双重差异信息，因此非常适合动态面板数据的综合评判，弥补了截面因子分析法等赋权方法只能应用于截面数据的不足，也规避了动态因子分析法估计参数过多、不适用于短面板的局限。神经网络分析是一种模仿人脑神经突触结构进行信息处理的方法，利用计算机强大的计算能力，通过多层的神经元结构对输入特征向量进行空间转换，以非线性拟合复杂和多层次的逻辑，从内在机理的角度对事物进行模拟、分类、预测和改进，从而客观地纠正偏误和对数据进行改进。将纵横向拉开档次法和神经网络分析法相结合可以在发挥纵横向拉开档次法优点的基础上，用神经网络对测算结果进行偏差纠正和数据改进，得到更加合理和准确的测算结果。

利用纵横向拉开档次法测算的各指标权重如表 2 所示。

表 2　纵横向拉开档次法指标权重

分项指标	分项指标权重
W11	0. 0953
W12	0. 1495
W13	0. 0786
W21	0. 1173
W22	0. 0838
W31	0. 1093
W32	0. 1562
W33	0. 2100

在利用交叉验证法①对神经网络参数进行优化后，神经网络参数如下：隐藏层个数为3，每层神经元个数为90，正则化参数为0.1。神经网络的结构如图2所示。

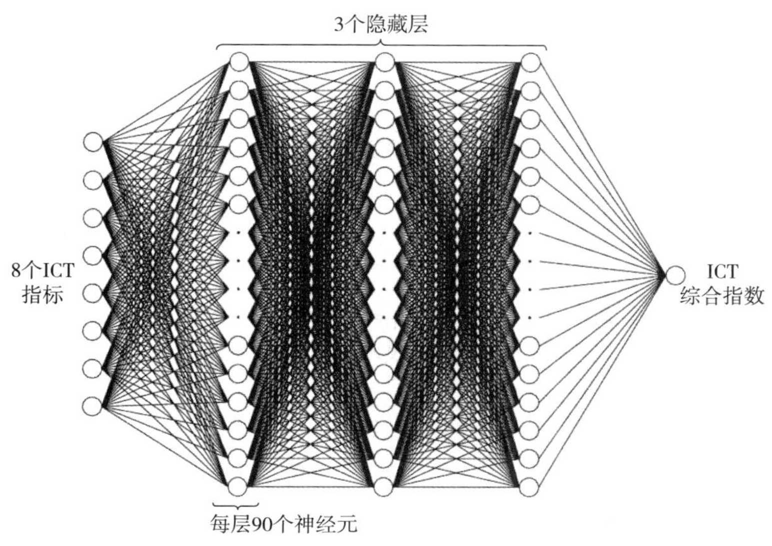

图2　神经网络结构

根据信息通信技术指数的测算结果，进一步地，本文将30个省区市（西藏除外）划分为东、中、西、东北四大区域对信息通信技术指数进行了分类表示，具体情况如图3所示。综合来看，中国的信息通信技术发展主要表现为以下两大特征：①随着时间的推移，所有地区的信息通信技术指数都呈现不断攀升的态势，说明中国信息通信技术的发展和应用正在不断成熟和完善；②区域间的信息通信技术发展存在较大差异，东部地区的信息通信技术指数显著高于其他地区，中部地区的信息通信技术指数略高于西部，而东北地区的信息通信技术发展则有些后劲不足，增长速度显著慢于其他地区，自从2012年被西部地区超越后，信息通信技术指数排名一直处于四大区域之末。

（四）控制变量说明

本文的控制变量分为两类，一类是对创新价值链三个环节都有影响的共有控制变量，另一类是只对特定环节有影响的特有控制变量。

1. 共有控制变量

一些学者认为政府行为和机构因素在解释信息通信技术使用和创新的关系上发挥了巨大的作用，政府管理和相关中介组织的发育程度对信息通信技术的使用和创新的发展有重要影响（Billon，2017）。本文用樊纲测算的中国市场化指数中的政府与市场的关系分项指数来衡量政府因素对创新的影响，用中国市场化指数中的市场中介组织发育和法治环境分项指数来表示中介组织发育和法治环境对创新的影响。

还有一些学者认为有外商投资的企业更加具有创造力，因为外商投资增加了企业获得高技能员工和创新想法的渠道，并能使企业对海外创新快速做出反应（Santoleri，2015；Sun and Li，2017），因此外国投资对创新的影响也不容忽视，本文用外商固定资产投资额作为衡量外国投资的指标。

传播理论认为受教育水平越高，接受和创新有关的风险和不确定性的能力越高，因此高学历的

① 交叉验证法的具体步骤为：首先将样本随机平均分成N份，轮流选取其中N-1份训练，剩余的一份做验证，计算预测误差平方和，通过比较不同参数的N次平均预测误差平方和，求得使平均预测误差平方和最小的参数。

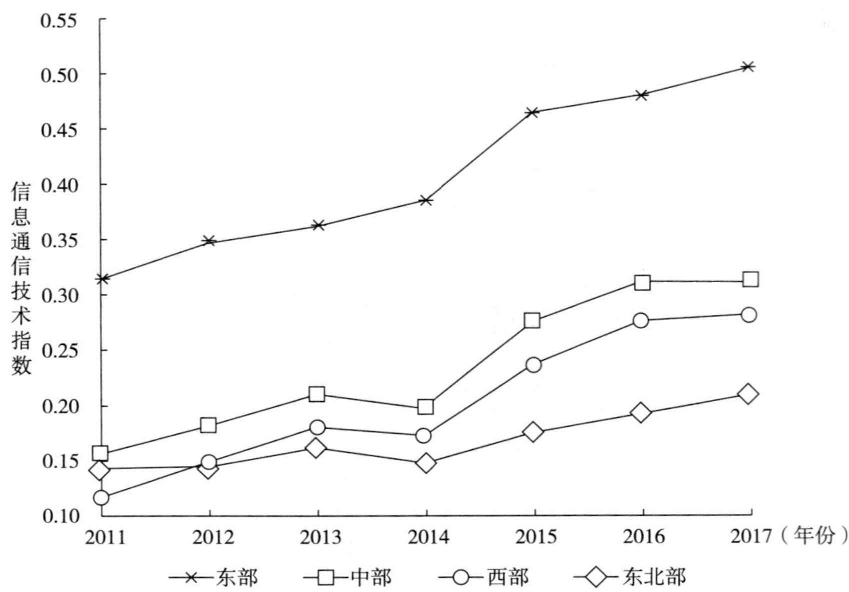

图 3　2011~2017 年中国四大区域信息通信技术指数变动情况

人群能够比低学历人群更快地接受创新（Rogers，2003），所以在回归中也要控制不同受教育程度的影响，本文用平均受教育年限来衡量受教育程度。

隐性知识对于创新也有着重要的作用。隐性知识是存在于组织和个人内部的、经验性的、高度个人化的、难以表达和结构化的知识，这部分知识难以广泛传播，需要相应环境和文化的熏陶；而以隐性知识为代表的经验、印象、技术诀窍、组织文化等对于创新又有着重要作用，同时大部分显性知识的流动和吸收也依赖于隐性知识（黄佳祺，2015），因此一个地区的知识和创新环境对于创新是十分重要的。本文用科技馆参观人次来表示一个地区隐性知识的强弱，因为科技馆参观人次的多少可以在一定程度上反映一个地区知识和创新氛围的好坏，而隐性知识是在相应的环境和文化中不断学习和积累得来的。

人口密度对创新也有重要影响，人口密度越大的地区知识流动的速度越快，越有利于知识传播的网络效应发挥，隐性知识也更加容易传播，这使得新技术的使用和扩散更快，有利于新技术对创新的作用发挥（Gaspar and Glaeser，1998；Schleife，2010），本文用人口数除以土地面积计算人口密度。

共有控制变量表如表 3 所示。

表 3　共有控制变量表

变量名称	变量符号	变量来源
政府对市场的影响	Gov	中国市场化指数中政府与市场的关系分项指数
中介组织发育和法治环境	Intermediary	中国市场化指数中介组织发育和法治环境分项指数
外商投资	Foreign	外商固定资产投资
受教育程度	Edu	平均受教育年限
隐性知识	Tacitknow	科技馆参观人次
人口密度	Podensity	人口数/土地面积

2. 特有控制变量

创新价值链的每个环节在创新过程中发挥着不同的作用，拥有不同的特征，同时也拥有其独特的影响因素。

环节一：创新思想产生环节。进入信息时代以来，社会和经济运行方式发生了很大变化，相应的知识创新行为也发生了变化，知识创新过程越来越复杂，知识创造所需的资源越来越多，单靠创新主体的内部资源已经无法满足知识创造的需要，与外部主体的交流与合作变得愈加重要，因此合适的创新组织模式逐渐成为影响创新思想产生的重要因素。

众创空间是国家为了顺应创新模式的变化，推动建立的以用户为中心、以社会实践为舞台，以共同创新、开放创新为特点的创新服务平台，该平台是一种顺应新型创新潮流的组织创新模式，因此本文用众创空间这一组织模式的发展规模来衡量新型的创新组织模式。但是由于众创空间是一个新事物，发展时间较短，数据无法形成时间序列，所以本文在2017年众创空间数据的基础上乘以各年份专利执法总量对以往年份的数据进行估计。专利执法量一方面可以反映一个地区专利创新的活跃程度；另一方面可以反映出一个地区对于创新的保护程度，而众创空间作为政府的创新服务平台，该地区的创新活跃程度和政府促进创新的意愿这两点同样是影响其发育程度的最重要因素，因此用各年份专利执法总量对众创空间发展情况进行估计是比较合理的。

环节二：创新思想物化环节。生产和制造能力是影响创新思想物化的重要因素，较强的生产和制造能力不但可以使创新思想更快地转化为创新产品，抢占先机，获得较高的市场占有率，还可以在创新产品进入成熟期后，通过学习曲线积累经验，降低制造成本，提高创新利润。

要提高生产制造能力，就需要大量高端生产制造设备的投入，这需要大量的资本投入，资本密度越高，企业越能够进行大规模机械化生产并且生产效率也越高，因此本文用资本密度来衡量生产制造能力的强弱。

环节三：创新产品价值化环节。在创新产品价值化环节，产品市场的竞争程度是影响产出价值化的重要因素。一方面充分的市场竞争减少了价值扭曲，使企业能够充分获得创新引致的价值增加，增强了企业的创新意愿；另一方面市场竞争程度越大，企业生存压力越大，进行创新就成了企业的生存所需。本文用樊纲测算的中国市场化指数中产品市场的发育程度分项指数来衡量产品市场的竞争程度。

各环节特有控制变量表如表4所示。

表4 各环节特有控制变量

所在环节	变量名称	变量	变量来源
环节一	众创空间发育水平	Genspace	2017年众创空间服务的创业团队数×各年份专利执法总量
环节二	资本密度	Caintensity	资本存量/从业人数
环节三	产品竞争程度	Competition	中国市场化指数中产品市场的发育程度分项指数

（五）数据来源说明

本文采用30个省区市（除西藏外）的面板数据，由于在2011年规模以上工业企业统计口径发生了改变①，为了保证样本前后一致，本文的年份区间选取为2011~2017年。本文的数据主要来源于《中国统计年鉴》、《中国科技统计年鉴》、EPS数据库等。

① 2011年，规模以上工业企业的统计口径从主营业务收入500万元以上调整为2000万元以上。

四、计量结果与分析

（一）基准回归结果

由于信息通信技术发挥作用存在一定时滞，因此本文采用滞后一期的信息通信技术指数。此外，信息通信技术应用水平和创新效率之间可能存在相互影响，为了缓解由此引发的内生性问题，本文采用地理条件作为工具变量，利用工具变量 GMM 方法进行估计。利用地理条件作为工具变量的原因在于，一方面，一个地区的地理条件越好，信息通信技术基础设施建设成本越低，越有利于信息通信技术的普及和更新，因此地理条件和信息通信技术应用之间存在相关关系；另一方面，创新效率无法影响地理条件，满足了工具变量的外生性。本文采用平均海拔和土地利用率来综合代表一个地区的地理条件，在中国，海拔较低的地区往往是地理条件较好的平原地区，而海拔较高的地区往往是地理条件较差的山地和高原地区，因此海拔高度[①]能够较好地代表中国的地理条件。本文用公式$\frac{\text{省份海拔高度最大值}-\text{各省区市海拔高度}+1}{\text{省份海拔高度最大值}-\text{省份海拔高度最小值}}$来表示各省区市海拔高度的相对大小，但是海拔高度不随时间变化，因此本文将它乘以土地利用率以将数据时间序列化。土地利用率是指一个地区已开发利用的土地面积占土地总面积的比率，反映了一个地区人类对土地的利用程度，地理条件对土地利用率起着决定性作用，同时土地使用率的逐年变化也体现了人类对自然地理条件的改善程度。

最终回归结果如表 5 所示，在三个阶段的回归中，Cragg-Donald Wald F 统计量均大于 Stock 和 Yogo（2005）提供的容忍 15%扭曲下对应的临界值，表明不存在弱工具变量问题。信息通信技术的回归系数在环节一和环节二中不显著，在环节三中正向显著，这说明现阶段信息通信技术主要通过促进创新产品价值化推动创新价值链升级，对创新思想产生和创新思想物化促进作用不明显。虽然信息通信技术对中国创新价值链升级的促进作用已经初见成效，但是创新升级需要三个环节齐同发力才能提高整体的创新实力，因此中国信息通信技术的创新促进潜力还有很大的发挥空间。

由实证结果可知，现阶段中国信息通信技术的作用发挥并不均衡，信息通信技术对创新升级的促进作用主要表现在促进创新产品的推广和营销，帮助创新产品进入市场，促进创新产品价值的货币化方面，而对于加强企业内外部创新资源管理，促进创新思想产生，提高科学研究效率的作用并不显著。此外，信息通信技术在将创新思想转化为实物产品阶段的作用也不令人满意，信息通信技术促进知识转化、产品设计、工艺创新和过程协同等的作用还没有得到充分发挥。这也从侧面印证了《数字中国指数报告》对中国信息通信技术应用现状的总结，中国目前的信息通信技术应用主要集中于消费端，主要促进了消费者对于产品的需求和选择，但是在产业端，信息通信技术的普及与应用还处于起步阶段，信息通信技术的产业端应用还存在核心技术亟待突破、应用落地复杂度高、发展模式亟待完善等瓶颈和局限，信息通信技术对于促进知识管理、协同产品设计和生产的作用还有待进一步深入和加强。目前国家已经在大力推进以 5G、人工智能、物联网、云计算等为代表的新一代信息通信技术建设，新一代信息通信技术大带宽、广连接、低延迟、智能化等特性将为产业端的信息通信技术应用奠定技术基础，基于万物连接的产业端信息通信技术应用将极大地扩大信息通信技术体量，全面释放信息通信技术的创新促进潜力，最终达到提能减耗，提高产业附加值，构建创新型社会的目的。

① 由于数据限制，本文用各省区市主要城市的平均海拔作为各省区市的平均海拔。

表 5　工具变量 GMM 估计结果

变量	环节一	环节二	环节三
ICT	-4.924 (-1.42)	-2.027 (-0.75)	28.88*** (2.86)
Gov	0.0115 (0.12)	-0.00477 (-0.06)	-0.0966 (-0.24)
Intermediary	0.0102 (0.23)	0.00337 (0.08)	-0.176 (-0.88)
Foreign	0.00147 (0.40)	-0.000710 (-0.21)	0.00352 (0.25)
Edu	0.211 (0.69)	0.252 (1.18)	-2.005 (-1.61)
Tacitknow	0.000819 (0.99)	0.000376 (0.55)	-0.00183 (-0.62)
Podensity	0.414 (1.32)	-0.516* (-1.80)	-0.615 (-0.51)
Genspace	0.00507* (1.66)		
Caintensity		0.0397 (1.44)	
Competition			-0.327 (-0.69)
R^2	0.2981	0.1259	0.1419
N	180	180	180

注：*、**、*** 分别表示在 10%、5%、1%显著水平上显著；括号内为 z 值。

（二）稳健性检验

1. 使用全国层面数据

本文的主要解释变量由于数据限制未能采用信息通信技术资本存量这一最直接的衡量指标，可能会对回归结果造成一定的影响。由于全国层面的信息通信技术资本存量可以准确核算，所以本文利用全国层面的数据对基准回归结果进行稳健性检验，以增加基准回归结果的可靠性和说服力。

本文首先参考孙川（2013）、渠慎宁（2017）等的做法，利用永续盘存法计算了 2011～2017 年中国的信息通信技术资本存量，然后结合上文的地理条件工具变量进行了两阶段最小二乘估计①，由表 6 可知，全国层面的统计回归结果与基准回归一致，主要解释变量信息通信技术资本存量的系数在前两个环节不显著，在第三个环节正向显著，即信息通信技术主要通过促进创新产品价值的货

① 由于统计口径的变化，该时间序列回归的年份较短，为了减少自由度的损失，该回归只利用政府对市场的影响这一个控制变量。

币化来促进创新价值链升级，而对创新思想产生和创新思想转化的促进作用不明显。

表 6 全国层面数据回归结果

变量	环节一	环节二	环节三
ICT	-0.0403 (-1.25)	0.000599 (0.06)	0.0150*** (3.47)
控制变量	Yes	Yes	Yes
常数项	2.929 (0.70)	-3.754*** (-8.37)	-1.148* (-1.68)
R^2	0.9848	0.9993	0.9995
N	6	6	6

注：*、**、*** 分别表示在 10%、5%、1%显著水平上显著；括号内数值为稳健标准误差。

2. *考虑信息通信技术的空间溢出效应*

信息通信技术打破了时空的界限，促进了信息和知识的广泛传播，信息通信技术的知识溢出作用促进了区域间创新、创造的协同与协调（郑猛、高元元，2016）。为控制信息通信技术的知识溢出效应对回归结果的影响，本文利用空间杜宾模型进行进一步分析，空间杜宾模型除了将自变量的空间相关性纳入考虑之外，还可以缓解由于遗漏变量而带来的内生性问题。

由表 7 可知，信息通信技术的直接效应只有在环节三是显著为正的，在剩下两个环节均不显著，这说明即使考虑了信息通信技术的空间溢出效应，在目前阶段，信息通信技术也只能通过促进创新产品的价值化促进本地区创新价值链的升级，进一步验证了本文的主要回归结果。

表 7 空间杜宾模型回归结果

因变量	环节一	环节二	环节三
		直接效应	
ICT	1.436 (1.52)	0.0815 (0.09)	5.009* (1.65)
控制变量	Yes	Yes	Yes
因变量	环节一	环节二	环节三
		间接效应	
ICT	-0.960 (-0.81)	0.658 (0.35)	11.83 (1.04)
控制变量	Yes	Yes	Yes
空间自相关系数	0.369*** (3.30)	0.466*** (4.56)	0.619*** (7.56)
方差 sigma2_e	0.0842*** (9.38)	0.0889*** (9.33)	0.965*** (9.24)
个体固定效应	Yes	Yes	Yes
年份虚拟变量	Yes	Yes	Yes
组内 R^2	0.4915	0.1469	0.4353
N	180	180	180

注：*、**、*** 分别表示在 10%、5%、1%显著水平上显著；括号内为 z 值。

（三）进一步讨论

信息通信技术的创新赋能效应未得到充分发挥可能是由于外在因素的制约，为了进一步研究信息通信技术的创新赋能作用，本文分析了外在因素对其的影响。本文利用门限回归模型，对不同特征的子样本区间进行了分类分析，通过分析信息通信技术的差异化表现，探究了各环节影响信息通信技术作用发挥的主要外在因素，为通过改善外部条件进一步推动信息通信技术的创新促进作用发挥提供了理论和经验指导。门限回归的数学表示形式如下：

$$tfp_{it}=u_i+\beta'_1 x_{it} I_i\ (q\leq\gamma)\ +\beta_2' x_{it} I_i\ (q>\gamma)\ +\varepsilon_{it} \quad (2)$$

其中，q 为门限变量，γ 为待估计的门限值，I 为示性函数，取值为 0 或 1，x_{it} 表示解释变量，u_i 表示各地区个体效应，ε_{it} 为随机误差项。

表 8 的（1）列、（2）列、（3）列分别表示了在环节一、环节二、环节三中有显著门限效应的影响因素。由回归结果可知，在环节一，放松政府对市场的干预有助于发挥信息通信技术的创新思想促进作用，在表 8 的（1）列可以看到，当政府对市场的干预小于门槛值时，信息通信技术对创新思想产生具有显著的正向促进作用，当政府对市场的干预大于门槛值时，相应的影响由显著变为不显著。这说明创新思想的产生需要较为宽松的市场条件，只有充分发挥市场的资源配置作用，适度地进行市场调节，信息通信技术才能充分促进各方的思想交流，提高资源管理和信息交流的效率，促进知识的创造和创意的迸发。在环节二，外商固定资产投资具有显著的门限效应，当外商固定资产投资的数值小于门限值时，信息通信技术对于创新思想物化效率的提升有显著的正向影响，但当外商投资大于门限值时，相应的影响就变得不显著了。通过对外商固定资产投资数据的分析，本文发现外商固定资产投资低于门限值的情况全都位于西部欠发达地区，这说明在欠发达地区，信息通信技术在促进创新思想转化，优化创新产品的设计与生产，提高生产工艺和促进流程优化等方面具有积极作用，但是在较发达地区这种作用不显著。这可能是由于欠发达地区的信息通信技术的工业化应用处于起步阶段，在从无到有的过程中，信息通信技术具有较强的边际效应，而在较发达地区，随着信息通信技术的积累，边际效应逐渐减弱，这提醒发达地区要制定更深入的战略规划，进一步挖掘信息通信技术在促进生产定制化和柔性化等方面的潜力。在环节三中，提高产品市场竞争力有助于促进信息通信技术的创新产品价值化作用，在（3）列，虽然无论产品竞争程度如何，信息通信技术的系数都是显著为正的，但是当产品竞争程度大于门槛值时，其系数比产品竞争程度小于门槛值时更大，说明在产品竞争程度较强的地区，信息通信技术对创新产品价值化的促进作用更强，因此充分的产品市场竞争更有利于信息通信技术发挥帮助创新产品进入市场、赢得消费者认同、促进消费者购买的作用。

表 8　门限回归结果

因变量	环节一 （1）	环节二 （2）	环节三 （3）
门限变量	gov	foreign	competition
门限值	4.6800	8.0170	8.2700
95%置信区间	[4.6500，4.7850]	[7.6255，8.1621]	[7.4500，8.2800]
门限值 p 值	0.0867	0.0067	0.0067
ICT（q≤λ）	1.343* （1.71）	2.284** （2.28）	8.192*** （3.01）

续表

因变量	环节一 （1）	环节二 （2）	环节三 （3）
ICT（q>λ）	-0.0306 （-0.04）	-0.555 （-0.78）	13.08*** （5.09）
控制变量	Yes	Yes	Yes
常数项	0.429 （0.23）	0.491 （0.25）	8.648 （1.17）
个体固定效应	Yes	Yes	Yes
年份虚拟变量	Yes	Yes	Yes
组内 R^2	0.5344	0.2319	0.4432
N	180	180	180

注：*、**、*** 分别表示在 10%、5%、1%显著水平上显著；括号内为 t 值。

五、结论与政策建议

本文通过研究中国 2011～2017 年 30 个省区市（除西藏外）的面板数据发现，虽然信息通信技术已经对中国创新价值链升级产生了积极的影响，但仍有很大的进步空间，在信息通信技术对创新价值链三个环节的作用中，目前只有对环节三的作用是正向显著的，对其他两个环节的作用仍不明显，这说明现阶段信息通信技术主要通过促进创新产品价值化推动创新价值链升级，但是对创新思想产生和创新思想物化促进作用并不显著，这一结论在消除了内生性、主要解释变量衡量偏误和空间相关性等的影响后依然成立。信息通信技术的作用发挥可能受到外在因素的制约，通过对外在因素影响的分析，本文发现降低政府对市场的干预程度、提升产品市场的竞争强度和加强发达地区的战略规划能够促进信息通信技术创新赋能作用的发挥。

2020 年 3 月以来，国务院多次提出发展新型基础设施的举措，将信息基础设施、融合基础设施和创新基础设施的建设提升到战略高度，以促进经济社会的数字化转型和创新型发展，经济社会的数字化转型和创新型发展已成为促进经济发展的“新动能”。信息通信技术对于创新的提升作用潜力巨大，通过本文的分析可知，信息通信技术的创新促进作用主要表现在促进创新思想的产生、促进创新思想的转化和促进创新产品的价值化三大方面，但从实证结果来看，目前信息通信技术对创新前两个环节的促进作用还差强人意，这也揭示了未来中国信息通信技术的发展方向——从“消费互联网”走向“产业互联网”，基于万物连接的产业互联网将带来批量的社会化应用，其规模和体量远超消费互联网，将全面释放信息通信技术的效率促进潜力。但是目前信息通信技术的产业端应用还面临着核心技术亟待突破、应用落地复杂程度高等困难，且现在还未有成熟的发展模式。为了提高信息通信技术的产业端应用，本文认为应从以下几个方面着手：

（1）提升生态活力，降低开发门槛。新一代信息平台的完善与优化并非一日之功，需要在不断的动态调整中逐步升级，因此首先需要放开网络平台，促进新一代信息网络的商业化应用，通过大规模商用促进对产业链上下游的技术、人力和资本投资，加强产品器件的成熟和性能的提升，产生加速迭代效应，以推动新一代信息通信技术的快速普及与发展。

（2）发掘数字需求，优化数字化转型模式。信息通信技术的产业端应用是以企业生产经营中对信息通信技术的需要为前提的，只有在现有的信息交流和沟通协调方式阻碍了企业进一步发展的情况下，企业才有动力进行数字化转型，因此深入发掘企业的数字化需求，不断成熟企业数字化转型的模式，降低企业数字化的成本与风险也是非常重要的。

（3）扩大数据要素使用，实现数据有序共享。随着 5G、人工智能、物联网、云计算等新一代信息通信技术的加速应用，数据资源日益丰富、数据分析处理能力不断提升，数据资源的价值也日益凸显，数据作为一种生产要素也被人们愈加重视，数据要素具有非竞争性、低或本复制性的技术经济特征，扩大数据的使用范围，可以让更多领域利用数据资源提升效率，为此需要做好相应的顶层设计，完善数据属权界定、开放共享、交易流通等方面的标准和管理，实现数据的有序共享。

除此以外，通过进一步研究，本文还发现降低政府对市场的干预程度、提升产品市场的竞争强度等会促进信息通信技术创新赋能作用的发挥。2020 年 4 月以来，国务院接连发布完善要素市场化配置机制体制和社会主义市场经济体制的意见，为此要进一步促进关键性基础性改革，健全市场体系、完善市场发育，促进市场激励和要素流动，强化微观主体活力，理顺政府与市场的关系，以进一步促进信息通信技术作用的发挥。

参考文献

［1］陈子凤，官建成，楼旭明等 . ICT 对国家创新系统的作用机理研究［J］. 管理评论，2016，28（7）：85-92.

［2］何小钢，梁权熙，王善骝 . 信息技术、劳动力结构与企业生产率——破解“信息技术生产率悖论”之谜［J］. 管理世界，2019，35（9）：65-80.

［3］黄佳祺 . ICT、地理邻近性与企业创新［D］. 杭州：浙江大学硕士学位论文，2015.

［4］蒋仁爱，贾维晗 . 信息通信技术对中国工业行业的技术外溢效应研究［J］. 财贸研究，2019，30（2）：1-16.

［5］马云俊 . 创新价值链视角下我国大中型制造企业创新效率评价［D］. 沈阳：辽宁大学硕士学位论文，2013.

［6］渠慎宁 . ICT 与中国经济增长：资本深化、技术外溢及其贡献［J］. 财经问题研究，2017（10）：26-33.

［7］孙川 . 中国省际信息通信技术资本存量估算［J］. 统计研究，2013，30（3）：35-42.

［8］腾讯研究院 . 数字中国指数报告［EB/OL］. 搜狐，https：//www. sohu. com/a/316495818_ 680938，2019-05-25/2020-5-24.

［9］王娟 . 信息化、创新与劳动生产率——基于 CDM 模型的实证研究［J］. 财经科学，2017（6）：70-81.

［10］余泳泽，刘大勇 . 我国区域创新效率的空间外溢效应与价值链外溢效应——创新价值链视角下的多维空间面板模型研究［J］. 管理世界，2013（7）：6-20+70+187.

［11］余泳泽 . 中国区域创新活动的“协同效应”与“挤占效应”——基于创新价值链视角的研究［J］. 中国工业经济，2015（10）：37-52.

［12］郑猛，高元元 . 人口红利、资源依赖与 ICT 产业发展——基于拉美国家的经验研究［J］. 拉丁美洲研究，2016，38（5）：88-104+156-157.

［13］中国电子信息产业发展研究院 . 2019 年中国数字经济发展指数白皮书［EB/OL］. 数据观，http：//www. cbdio. com/BigData/2019-11/05/content_6152621. htm，2019-11-05/2020-5-24.

［14］Bartel A.，Ichniowski C.，Shaw K. How Does Information Technology Affect Productivity? Plant-Level Comparisons of Product Innovation，Process Improvement，and Worker Skills［J］. Quarterly Journal of Economics，2007，122（4）：1721-1758.

[15] Billon M., Marco R., Lera-lopez F. Innovation and ICT use in the EU: An Analysis of Regional Drivers [J]. Empirical Economics, 2017, 53 (3): 1083-1108.

[16] Bloom N., Sadun R., Van Reenen J. Americans Do I. T. Better: US Multinationals and the Productivity Miracle [J]. The American Economic Review, 2012, 102 (1): 167-201.

[17] Engelstatter B. It is not all about Performance Gains: Enterprise Software and Innovations [J]. Economics of Innovation and New Technology, 2012, 21 (3): 223-245.

[18] Ganotakis P., Love J. H. The Innovation Value Chain in New Technology-Based Firms: Evidence from the U. K [J]. The Journal of Product Innovation Management, 2012, 29 (5): 839-860.

[19] Gaspar J., Glaeser E. L. Information Technology and the Future of Cities [J]. Journal of Urban Economics, 1998, 43 (1): 136-156.

[20] Hall R. E., Jones C. I. Why Do Some Countries Produce so Much More Output Per Worker than Others [J]. Quarterly Journal of Economics, 1999, 114 (1): 83-116.

[21] Han S., Ravichandran T. Does IT Impact Firm Innovativeness: An Empirical Examination of Complementary and Direct Effects [R]. Americas Conference on Information Systems, 2006.

[22] Hansen M. T., Birkinshaw J. The Innovation Value Chain [J]. Harvard Business Review, 2007, 85 (6): 121-130+142.

[23] Higon D. A. The Impact of ICT on Innovation Activities: Evidence for UK SMEs [J]. International Small Business Journal, 2012, 30 (6): 684-699.

[24] Kleis L., Chwelos P., Ramirez, et al. Information Technology and Intangible Output: The Impact of IT Investment on Innovation Productivity [J]. Information Systems Research, 2012, 23 (1): 42-59.

[25] Klevorick A. K., Levin R. C., Nelson R. R., et al. On the Sources and Significance of Interindustry Differences in Technological Opportunities [J]. Research Policy, 1995, 24 (2): 185-205.

[26] Koellinger P. The Relationship Between Technology, Innovation, and firm Performance: Empirical Evidence from E-business in Europe [J]. Research Policy, 2008, 37 (8): 1317-1328.

[27] Laursen K., Salter A. Open for Innovation: The Role of Openness in Explaining Innovation Performance Among U. K [J]. Manufacturing Firms. Strategic Management Journal, 2006, 27 (2): 131-150.

[28] Roper S., Du J., Love J. H. Modelling the Innovation Value Chain [J]. Research Policy, 2008, 37 (6-7): 961-977.

[29] Rothwell R. Towards the Fifth-generation Innovation Process [J]. International Marketing Review, 1994, 11 (1): 7-31.

[30] Santoleri P. Diversity and Intensity of Information and Communication Technologies Use and Product Innovation: Evidence from Chilean Micro-data [J]. Economics of Innovation and New Technology, 2015, 24 (6): 550-568.

[31] Schleife K. What Really Matters: Regional Versus Individual Determinants of the Digital Divide in Germany [J]. Research Policy, 2010, 39 (1): 173-185.

[32] Sun Z., Hou J., Li J. The Multifaceted Role of Information and Communication Technology in Innovation: Evidence from Chinese Manufacturing Firms [J]. Asian Journal of Technology Innovation, 2017, 25 (1): 168-183.

[33] Vilaseca-Requena J., Torrent-sellens J., Jimenez-zarco A. I. ICT use in Marketing as Innovation Success Factor Enhancing Cooperation in New Product Development Processes [J]. European Journal of Innovation Management, 2007, 10 (2): 268-288.

创新型城市试点促进经济又好又快发展了吗？

——基于异质性试点的视角

张新月　党海卿　师博

［摘　要］创新型城市试点建设政策是我国对创新驱动经济之路的长期探索。本文通过对已有文件的总结和现有文献的梳理，借助“创新型城市试点政策”这一“准自然实验”进行PSM-DID实证分析。基于手工整理的北大法宝数据库中创新软环境制度相关数据，从理论和实证两方面探究了创新要素硬投入和软环境建设两类建设创新型城市的代表性政策手段对试点城市经济又好又快发展的作用效果，并着重探讨了异质性试点城市产生的差异化政策效果。实证结果表明，总体上，创新型城市试点政策能够通过创新要素硬投入和软环境建设推动城市经济又好又快发展，但在地理区位、创新发展周期、试点联动性和产业发展阶段差异上，各试点城市所获得的政策效果有所差异。创新型城市建设的具体政策措施应与城市发展的阶段性及内外部环境特征相契合，强调政府应在有效利用现有资源的同时，重视创新的外部制度环境的优化作用。

［关键词］创新型城市建设；全要素生产率；PSM-DID；创新制度环境

一、引言

改革开放几十年以来，中国经济保持了长期的高速增长，创造了“中国奇迹”。克鲁格曼（1994）认为，类似中国使用要素投入推动经济增长的国家，技术进步并未起到显著作用，因而无法取得长期持续的经济增长。任保平（2018）则指出，虽然中国经济增长速度放缓不可避免，但保持中高速增长却是可能的，长期可持续的中高速增长需要培育经济发展的新动能。中共中央提出坚持以科学发展观统领经济社会发展，促进经济社会“又好又快发展”这一宏观目标，预示中央政府对过去经济增长模式的反思和对未来经济增长动力的探索。在增长速度换挡期、结构调整阵痛期和前期刺激政策消化期“三期叠加”的特殊阶段下，中央政府高度重视经济增长动能的转变，肯定了从要素推动转向全要素生产率提升对中国经济长期增长的重要意义。党的十九大报告指出：“建设现代化经济体系是跨越关口的迫切要求和我国发展的战略目标，必须坚持质量第一、效益优先，以供给侧结构性改革为主线，推动经济发展质量变革、效率变革、动力变革，提高全要素生产率。”

从技术进步和体制改善中获得更高的效率，是中国实现经济增长向全要素生产率支撑型模式转变的关键（蔡昉，2013）。为了更好地探索、实践和检验经济增长的内在动力，2006年中央首次提出建设创新型国家的战略目标，并于2008年批复深圳为首个创新型城市建设试点。迫于官员晋升和绩效考核转变的压力，更多的试点城市选择将重点监测评价指标直接纳入绩效考核范围，作为试点城市政府极为关注和努力的方向，致使高新企业研发“空壳化”、政府转型焦虑引起虚假创新以及资源利用低效率等问题被粉饰在特定的监测指标下。随之而来的问题是，为经济发展转型而生的

［作者简介］张新月，西北大学经济管理学院硕士，邮箱：425925743@ qq. com；党海卿，南京大学商学院博士，邮箱：danghq_nju@ 163. com；师博，博士，教授，主要研究方向为经济发展与技术创新、能源经济与政策，邮箱：shibonwu@ sina. com。

创新型城市建设试点政策在政绩压力下，是否能够“不忘初心”，对经济又好又快发展产生预期的积极效果？更进一步地，不同城市特征的试点政府在追求绩效考核达标时，必然会偏好于制定更适合本地实际情况、更具有操作性的政策工具和政策手段。那么不同的城市类型是否会导致政策效果出现不一致？回答这些问题，不仅有利于中央政府对建设创新型城市总体效果的把控，及时调整和完善监测指标，更有助于试点城市从不同角度理解政策手段带来效果的差异，为进一步完善相关政策设计提供启示。

二、政策背景与作用机理

（一）创新型城市建设试点政策

自 2008 年《深圳国家创新型城市总体规划（2008～2015）》正式颁布起，各个地方政府以深圳市为标尺，积极向科技部和国家发展改革委提交建设创新型城市具体规划书。2010 年初，第一批创新基础条件较好、经济社会发展水平较高、对周边辐射引领强的城市收到国家发展改革委正式批复回函。同年，科技部下发的《关于进一步推进创新型城市试点工作的指导意见》（以下简称《意见》）明确了创新型城市建设的重要意义、要求与原则、主要任务以及实施方案，将促进技术进步与完善制度体系内在统一化，是指导我国创新型城市建设的纲领性文件。《意见》指出，创新型城市试点的重要任务包括“加快构建区域创新体系，不断完善创新政策环境，进一步加大科技、教育和人才投入，集成各类资源支持创新发展，提高城市综合实力和核心竞争力，辐射和带动区域又好又快发展”。可以看出，力争在体制改革和政策优化等方面寻求突破，带动区域经济又好又快发展是创新型城市试点政策的核心目标之一。

为适应中国经济和创新能力的发展，进一步地，2016 年底，国家发展改革委和科技部在《意见》的基础上再次联合印发了《建设创新型城市工作指引》（以下简称《指引》），给出了创新型城市建设试点的总体要求、重点任务、建设程序以及组织和政策保障，并将 26 项试行监测指标中的 4 项指标正式作为重点量化考核指标。2018 年 4 月，中央再次批复了吉林市、徐州市等 17 个城市的创新型城市建设申请。截至 2019 年，全国已有累计 78 个城市收到正式复批回函。

近年来，创新型城市试点建设政策也在逐渐被学界关注。对该政策的研究大致分为三种思路。早期的研究聚焦于创新型城市多维评价指标体系的构建上，从多维度去测算和评估各个城市创新综合能力，方便了政府从宏观和空间视角对创新型城市建设的具体进度和政策质量的了解和把控（惠宁等，2009）。第二种则是站在异质性城市角度，归纳和对比分析不同试点建立创新型城市时采用的具体途径和模式，例如典型的“上海模式”和“深圳模式”，在此基础上结合中国宏观政策和目标，试图为未来更多的城市走向创新型城市建设提供有效建议（石忆邵、卜海燕，2008；尤建新等，2011）。目前主流研究则借助自然实验的研究思想，将其视作一项形式统一的政策制度开展政策效果检验（石大千等，2018；李政、杨思莹，2019）。本文在已有文献的基础上，考察城市异质性特征下，创新型城市具体实施政策对经济又好又快发展的作用效果。

（二）创新型城市与经济又好又快发展

关注创新型城市试点政策的实施效果，需要对政策的主要任务、考核指标体系和政府的政策举措加以分析研究。创新型城市是在新经济条件下，以创新为核心驱动力的一种城市发展模式，是知识经济和城市经济融合的一种城市演变形态（杨冬梅等，2006），由城市创新资源、城市创新平台、城市创新载体、城市创新环境、城市创新服务和城市创新通道六大要素构成（方创琳，2014），突出特征包含了较完善的城市创新制度设计、高水平的城市科技创新投入和基础条件、大规模的城市创新型企业和以科技创新微驱动的城市发展模式四个方面（胡钰，2007）。创新型城市试点政策以实现创新驱动发展为目标导向，致力于集聚创新资源、健全城市创新体系，进而提升地区创新水平和创新能力。

近年来，在中国经济步入结构性减速的历史关口下，技术效率对经济高速发展的贡献度并不高（苏治、徐淑丹，2015），区别于以往的要素投入型增长方式，创新驱动和技术进步能够突破要素边际报酬递减规律，形成规模报酬递增，从而推动人均产出的长期持续增长。创新型城市即为创新驱动发展战略的一次具体实践，在地方政府的统筹规划协调下，一方面通过政策加大对企业研发资金的支持，培育城市人力资本，加速创新资源的集聚；另一方面通过完善知识产权等法律制度保障创新成果，营造优质的公共创新环境，激发个人主体和企业的创新动力，进而不断强化城市的创新能力和创新水平，最终实现经济社会的快速发展。此外，在广义的经济发展层面，已有大量证据指出创新和技术进步在适宜条件下能够推动全要素生产率的提升（郭庆旺、贾俊雪，2005；余泳泽、张先轸，2015）。同时，创新型城市提升了地方产业和企业创新能力，培育城市微观创新动能，在区域层面发展和壮大战略性新兴产业、高新技术产业和现代服务业等高端新产业，进一步优化地区产业结构，提升城市全要素生产率，最终促进经济社会的“好”发展（郑若谷等，2010）。据此，本文提出假说 1：创新型城市试点建设政策从总体上能够促进城市经济又好又快发展。

（三）创新型城市政策实施方案及影响机理

事实上，迫于官员晋升和绩效考核转变的压力，试点城市不得不优先考虑重点考核指标，地方政府对重点考核指标的过度重视可能会在一定程度上扭曲政策的实施效果。因此，在创新型城市建设政策制定、实施和考核的具体过程中，可能存在既定短期目标和潜在宏观目标偏离的风险。现有文献表明，以“政府科技活动资金投入”为目标的政策对企业技术创新数量和质量并不能产生良好效果，而各省份竞相出台的专利资助甚至产生专利“泡沫”现象，扭曲了对经济增长的促进效应（张杰等，2016；寇宗来、刘学悦，2020；陈强远等，2020）。那么，创新型城市试点政策是否也会因为地方政府所采取的政策措施差异而对经济又好又快发展产生不同的影响效果呢？

为探究以上问题，本文以创新型城市建设指标体系和各城市颁布《建设国家创新型城市试点工作实施方案》（以下简称《方案》）作为研究差异化政策措施的基础，并对其进行总结和整理，以寻找具有代表性的具体实施方案。将 2010 年科技部《意见》中创新型城市建设指标体系和 2016 年科技部验收创新型城市建设指标体系进行比对可以发现，相比于 2010 年创新型城市建设评价体系，2016 年的评价体系虽然在表述方式和个别指标上有所变动，但创新型城市的考核指标体系始终聚焦于 R&D 人员和 R&D 经费占比、政府财政科技支出、高技术产业发展、高新技术企业数量、污染治理、能耗、发明成果和专利转化、信息通信基础设施以及创新政策法规等方面。各城市颁布《方案》中多项具体实施方案为上述指标体系提供了更为详实的实施策略，例如，通过税收递减、专项补贴等方式引导企业提高研发资本；通过多渠道引进人才，加强本地企业与院校的定向合作培训等提高本地人才储备；通过加强知识产权行政执法队伍建设、严厉打击违法侵权活动等方式提升知识产权创造和运用能力等。根据杨冬梅等（2006）对创新主体、创新资源、创新文化以及创新制度四大创新型城市要素的内涵界定，本文认为创新型城市试点主要通过增加创新资源的硬投入和构建创新软环境两类具有代表性的实施方案来完成创新型城市建设目标。

1. 创新资源硬投入与经济又好又快发展

大量投资带动了规模扩张，直接导致了经济的高速增长（任保平，2018），但创新资源要素的投入效果显然并未止步于此。首先，城市政府通过直接增加科技财政支出，引导城市创新资源配置到优势发展领域，提高了城市创新要素使用效率（李政、杨思莹，2019）。科技类财政支出依托于企业研发机构和高校建设了国家重点实验室、国家工程技术研究中心等产业技术创新平台，帮助企业搭建研发平台，引导区域创新主体选择技术引进或自主创新等适当的创新模式。其次，科技财政支出还能利用财政资金的引领作用带动社会资本参与科技创新，扶持中小企业发展，加强技术辐射和产业配套能力，形成产业集群，促进城市创新水平的提升。研发活动相比于普通生产活动具有更高的风险，并且创新活动的外部性特征也导致企业在一定程度上缺乏创新激励。因此，试点城市政府会通过财政补贴、税收优惠等倾斜政策化解企业创新的外部性，引导和鼓励企业加大研发创新投入。同时，评价指标中对高新企业规模和数量的要求，也会促使试点城市政府通过高新企业税收加计扣除、科技专项补贴等方式提升高新技术企业自主研发投入，以确保研发经费占比达标。最后，创新型城市试点政策对创新驱动的助推作用离不开基础设施的支撑。创新型试点城市政府为推动城市创新水平，不断加大对城市交通、信息通信等基础设施建设的投资力度，完善资源共享网络建设，打破了科技创新活动的时空限制，增强了创新主体间交流新思想和知识技术的便利性，优化了创新要素配置，提升了城市的创新和效率水平，最终助力于城市经济又好又快发展。

人才作为考核指标的内在要求和从属科技创新活动的主体要素，对经济增长与发展起到不可或缺的作用。试点城市通过积极探索制定人才引进政策，为城市创新奠定良好的人才基础。在创新型城市建设的助推下，各类创新型城市依次展开了"人才争夺战"，通过人才分类、落户奖励、住房补贴、子女教育甚至科研经费等，使城市吸引了一大批高科技创新型人才。创新人才集聚有效促进了全要素生产率的增长并且在市场机制的引导下产生了正外部效应（郭金花、郭淑芬，2020）。同时，试点城市政府通过增加教育支出和公共服务水平等方式培育了本土的人力资本并吸纳外地优质人才流入，为城市奠定了良好的创新要素基础，有效促进本地城市创新水平提升，同时，创新技术积累又会形成崭新的要素吸引力，推动创新要素在地理、经济和技术上的三重集聚（师博、张新月，2019）。据此，本文提出假说 2：创新型城市试点建设政策能够通过创新要素硬投入政策手段促进城市经济又好又快发展。

2. 创新软环境构建与经济又好又快发展

建设创新型城市不仅需要创新要素的硬投入，还需要完善其制度约束，营造良好的创新环境，以促进万众创新。首先，专利是最主要的创新成果，而针对专利的知识产权保护制度，通过确保创新收益和帮助后续创新而被视为鼓励创新的重要手段（龙小宁、林菡馨，2018）。良好的知识产权保护制度不仅可以通过保障创新回报和化解不确定性，增进创新投入，还可以通过累积创新效应，提供公开专利信息而促进技术传播，激发后续创新。创新型城市试点政策会强化对创新型企业知识产权等合法权益的保护，保障创新主体创新成果获得公平合理的回报，有利于激发保护企业家创新的热情和动力，提高城市的创新水平。其次，思想是行动的先导，试点城市通过打造优质创新文化提升了企业和公众的创新活力。电视科教普及、投放街边创新创意广告等形式潜移默化地培育了公众的创新意识，试点城市政府积极营造出鼓励大胆创新、勇于创新、包容创新和万众创新的良好氛围，加深了尊重不同创新个体地位和主人翁的意识，建设创新文化，弘扬创新精神，引导各类人才走向适合自己的领域和岗位，从源头上减少了人力资本的扭曲问题。针对企业主体，试点城市政府不断优化营商环境，结合企业减税减负和信贷优惠等方式，鼓励高科技企业营造和保持有利于创新的文化氛围。总而言之，试点城市能够通过优化知识产权保护制度和培育创新文化等软环境建设方式提升城市的创新和效率水平，促进经济又好又快的发展。据此，本文提出假说 3：创新型城市试点建设政策能够通过创新软环境建设政策手段促进城市经济又好又快发展。

3. 城市差异性与政策实施方案的选择

《意见》中明确指出，为打造创新型城市需要每个城市在现行指标下，根据资源禀赋、产业特征、区位优势、发展水平等基础条件，明确创新发展目标，突出自身优势特色，探索新型发展模式，对其他城市和所在区域发挥示范带动作用。出于地理区位、历史和制度文化等原因，中国地区间发展存在不平衡性。因此，在选择具体实施方案上，试点城市可能存在着明显不同的偏好。地理区位差异使试点城市所拥有的创新初始要素和未来潜在资源都有所不同；试点城市的创新发展周期差异可能导致后批试点城市处于后发优势或者后发劣势，而试点间的联动性可能会消除或加剧这些问题；试点城市产业结构的差异也可能带来政府投入要素的扭曲等问题，试点城市通过选择不同的政策手段去刺激创新活动，探索经济又好又快发展的道路。据此，本文提出假说4：创新型城市试点因存在地理区位、创新发展周期、试点联动性和产业发展阶段差异而偏好于不同的政策手段，因此获得的政策效果有所不同。

三、实证模型和数据来源

（一）实证策略

2008~2016年，国家发展改革委与科技部先后审批设立了61个创新型城市试点，由于各个创新型城市试点在时间上存在差异，本文拟采用渐进双重差分的方法来分析创新型城市试点政策对经济又好又快发展的影响。具体地，本文通过控制双向固定效应来实现双重差分，基准模型如下：

$$Y_{i,t} = \alpha + \beta did_{i,t} + \gamma \sum control_{i,t} + \mu_i + \lambda_t + \varepsilon_{i,t} \qquad (1)$$

其中，$did_{i,t}$ 表示第t年i城市是否成为创新型城市试点的虚拟变量，由于数据的可获得性，本文考察了样本期内59个创新型城市试点（其中不包括昌吉市和石河子市）；$Y_{i,t}$ 为被解释变量，包括了实际经济增速和全要素生产率两个指标；$control_{i,t}$ 为一系列城市特征的控制变量，包括就业人数、固定资产投资占比、剔除科教的财政支出占比、产业结构、对外开放程度、道路交通基础设施、自然资源、金融发展；μ_i 代表城市固定效应，λ_t 代表时间固定效应，$\varepsilon_{i,t}$ 为随机扰动项。本文着重关心 $did_{i,t}$ 前 β 的系数，其代表了创新型城市试点对于地区经济又好又快发展的净影响。

（二）变量与数据

1. *被解释变量*

被解释变量为经济又好又快发展的代理变量，按照文献中的普遍做法，本文拟选取实际GDP增速（gdpgr）表征经济的“快”增；采用随机边界分析（Stochastic Frontier Approach，SFA）方法计算的全要素生产率（tfp_sfa）表征经济的“好”发展，相比于增长核算法和DEA方法，基于生产函数估算的SFA方法计算得出全要素生产率更能反映全要素生产率的真实性（余泳泽和张先轸，2015）。

2. *核心解释变量*

创新型城市试点政策（did）。在本文的283个样本中，如果一个城市在2008~2016年的某年进行了创新型城市试点建设，则对该城市从该年份开始赋值为1，否则赋值为0。

3. *控制变量*

为了研究其他控制变量因素对经济又好又快发展的影响，本文结合已有研究，选择了如下的控制变量：①就业人数（lnl），即采用城市年末就业人数的对数度量劳动力要素投入对经济又好又快发展的影响；②固定资产投资占比（invest），即城市固定资产投资占GDP比重衡量资本投入对GDP增速及全要素生产率的影响；③剔除科教的财政支出占比（nsefe），即为避免与政府干预创新产生多重共线性，使用剔除科教公共服务支出外的财政支出占GDP比重度量地方政府对经济的干预程度；④产业结构（ind），即第二产业占城市生产总值比重；⑤对外开放程度（fdi），即采用各地级市每年外商直接投资额占GDP的比重度量对外开放程度；⑥道路交通基础设施（lninfra），即城市每万人道路面积取对数；⑦自然资源（mine），有研究发现自然资源丰裕程度会对GDP增速及全要素生产率产生影响，本文采用采掘业人数占全部就业人数比重对其加以度量；⑧金融发展（lndebt），即城市每万人金融贷款余额。

本文采用2003~2016年中国283个地级市面板数据研究创新型城市试点政策对经济又好又快发展的影响，所使用的数据均来自历年《中国城市统计年鉴》、《中国统计年鉴》和各省份《经济统计年鉴》，对于部分缺失数据本文通过查阅各省区市统计年鉴和插值法进行了填补，所有具有时间价值的变量均以2003年为基期进行了平减，实际利用外商直接投资使用汇率调整为人民币计价，汇率来自于国家统计局网站。模型中主要变量的描述性统计详见表1。

表1　变量描述性统计

变量名	变量计算方法	Obs	Mean	Std. Dev.	Min	Max
gdpgr	实际GDP增速	3962	0.1144	0.0291	-0.0250	0.2383
tfp_sfa	全要素生产率	3962	0.2808	0.1679	-0.2303	1.1215
did	创新型城市试点政策	3962	0.0949	0.2931	0	1
lnl	年末就业人数	3962	3.7450	1.1218	1.3987	7.4486
invest	固定资产投资/GDP	3962	0.6359	0.2770	0.0872	4.4436
nsefe	剔除科教支出外政府财政支出/GDP	3962	0.1252	0.07438	0.0281	1.4556
ind	第二产业产值/GDP	3962	48.7387	11.0179	9	90.97
fdi	外商直接投资/GDP	3962	0.0265	0.0314	0	0.3758
lninfra	每万人道路面积	3962	10.4547	7.6432	0.7803	108.3271
mine	采掘业就业人口/总就业人口	3962	0.0931	1.3275	0	62.41
lndebt	每万人人均实际贷款额对数	3962	9.7316	1.1233	7.1549	13.7257
sfe	科技支出占财政支出比重	3962	0.0113	0.0127	0	0.2068
agg	非农就业密度	3962	0.0265	0.0384	0.0002	0.4639
lnkp	知识产权保护法规存量	3962	5.2789	1.1072	2.6391	7.7381
voc1	政府工作报告中创新词汇占比	3962	0.0145	0.0042	0.0041	0.0356

（三）平行趋势检验与适用性检验

双重差分模型的一个必备假设是实验组与对照组在政策上需要满足"共同趋势"，为直观监测这一趋势，本文针对实际GDP增速和全要素生产率分别绘制了平行趋势图，如图1和图2所示。由于创新型城市试点的设立并非"一刀切"政策，因此本文利用虚拟变量"本年为该城市进入试点的第n年"对所有城市进入试点前后n期进行了处理，保证所有试点城市在进入试点后第n期或前n期处在同一虚拟变量中。从平行趋势图中可以看出，在进入试点的前几年中，实验组与对照组城市的经济增长率和全要素生产率均未出现明显差异。

此外，本文借鉴李政、杨思莹（2019）的思路，利用回归方法对双重差分模型的适用性再次进行检验。设定回归模型如下：

$$gdpgr_{it}/tfp\_sfa_{it} = \alpha_0 + \alpha_1 treat + \sum_{k=2003}^{2007} \delta_k year_k + \sum_{j=2003}^{2007} \gamma_j year_k \times treat + \varepsilon_{it} \tag{2}$$

其中，treat为实验组与对照组的分组变量。对回归结果中的时间虚拟变量和组别虚拟变量的交

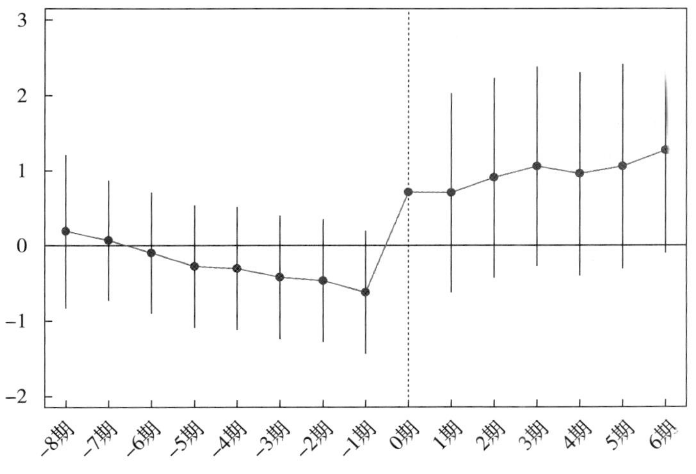

图 1 GDP 增速平行趋势

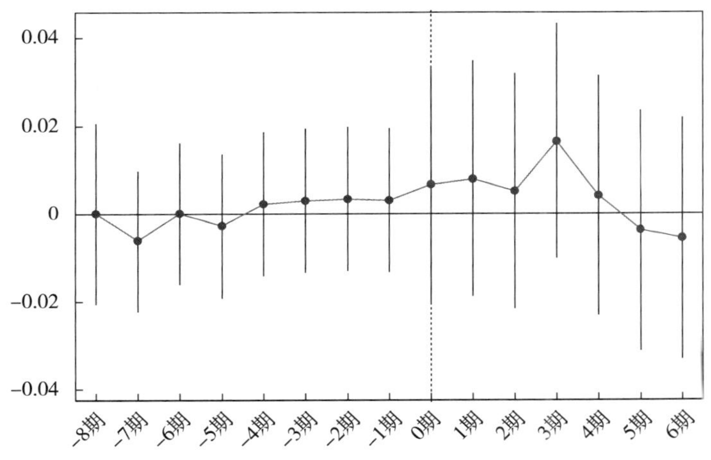

图 2 全要素生产率平行趋势

互项进行联合显著性检验，结果显示 F_{gdpgr}（5，3669）= 0.65 和 F_{tfp}（5，3669）= 1.63，均接受了联合系数为 0 的原假设，再次表明实验组与对照组的全要素生产率和经济增长率在进入试点前的几年内均无明显差异，即双重差分模型对创新型城市试点政策具有适用性。

四、实证结果及分析

（一）基准回归

表 2 给出了创新型城市试点政策对全要素生产率（tfp_sfa）和经济增速（gdpgr）的影响效果，所有回归均已进行时间和城市双向固定。未加入控制变量时，创新型城市试点政策对城市经济的“快”发展影响并不显著，仅仅促进了“好”发展，即提升了一个地区的全要素生产率。加入了控制变量后，创新型城市试点政策对全要素生产率和经济增速的影响均在 1%的水平上显著为正，使得实际 GDP 增速平均增加了 0.0057，全要素生产率平均增加了 0.0068，表明创新型城市试点政策

达到了促进城市经济又好又快发展的效果，印证了假说 1 的结论。控制变量回归结果显示，劳动力和资本的要素投入仅仅推动了经济增速的不断攀升，但对全要素生产率却起抑制作用。政府对经济的干预显著地提升了地区经济增速，但并未影响到全要素生产率。第二产业占比与剔除科教的财政支出对两者也显示出了相同的回归结果，表明我国以制造业为主的第二产业目前仍然处于全球产业链的低端，难以推动经济迈向"好"的发展，外商投资占比则仅提升了城市的经济增速。

表 2　基准回归

变量	gdpgr (1)	tfp_sfa (2)	gdpgr (3)	tfp_sfa (4)
did	-0.0005 (0.0026)	0.0052*** (0.0019)	0.0057*** (0.0012)	0.0068*** (0.0022)
lnl			0.0101*** (0.0018)	-0.0643*** (0.0083)
invest			0.0270*** (0.0016)	-0.0061 (0.0051)
nsefe			0.0284*** (0.0068)	-0.0400 (0.0355)
ind			0.0006*** (0.0000)	-0.0004*** (0.0002)
fdi			0.0348*** (0.0107)	-0.0249 (0.0251)
lninfra			-0.0004*** (0.0000)	0.0000 (0.0001)
mine			0.0002 (0.0002)	0.0000 (0.0000)
lndebt			0.0000 (0.0014)	0.0030 (0.0036)
Constant	0.1187*** (0.0012)	0.3298*** (0.0020)	0.0449*** (0.0135)	0.5611*** (0.0402)
时间固定	Yes	Yes	Yes	Yes
个体固定	Yes	Yes	Yes	Yes
Observations	3962	3962	3962	3962
Number of city	283	283	283	283
R-squared	0.695	0.449	0.747	0.498

注：*** 表示 $p<0.01$，** 表示 $p<0.05$，* 表示 $p<0.1$。

（二）稳健性检验

为进一步验证基本结论的可靠性，本文再次进行了一系列稳健性检验。

1. PSM-DID

本文虽然针对双重差分模型进行了一系列适用性检验，但考虑政策在选择创新型试点城市时难免具有强烈导向性，中央政府更倾向于选择一批创新基础条件好、经济社会发展水平高的城市进行试点，导致政策实施后实验组和对照组的经济增速和全要素生产率差距可能在政策实施前就已经存在，因而本文拟采用 PSM-DID 方法对基准模型进行回归。具体而言，结合 2010 年《意见》中对创新型城市的要求，本文选取了经济发展水平（GDP 在本省份内部排名前三为 1，反之为 0）、城市规模（人口规模在本省份内部排名前三为 1，反之为 0）和创新能力（专利申请总量在本省份内部排名前三为 1，反之为 0）作为创新性城市试点的选择标准变量，选择前文中所有的城市特征变量作为创新型城市的筛选变量进行 1 对 1 匹配。经过匹配处理后，所有的协变量均无法拒绝原假设，且 bias 值均小于 6，表明实验组与对照组中的所有协变量均无显著差异。基于上述匹配样本，本文进一步采用 PSM-DID 的方法再次进行估计，结果显示对于实际经济增速和全要素生产率而言，did 前的系数均在 1%的水平上显著为正，表明基准回归结果是稳健的。

2. 更换被解释变量指标

本文再次考虑对被解释变量进行相关替换，首先计算了样本期内的实际人均 GDP 增速作为经济增速的替代变量，其次利用索罗残差法基于超越对数生产函数和 C-D 生产函数重新计算了新的全要素生产率。表 3 中（3）~（5）列的回归结果显示，更换核心指标后，创新型城市试点政策依然能够促进经济又好又快的发展，说明本文的估计结果是稳健的。

表 3　稳健性检验

变量	PSM-DID gdpgr (1)	PSM-DID tfp_sfa (2)	索罗残差（超越对数）(3)	索罗残差（C-D）(4)	实际人均 GDP 增速 (5)	剔除样本 gdpgr (6)	剔除样本 tfp_sfa (7)
did	0.0065*** (0.0024)	0.0059*** (0.0021)	0.0011*** (0.0003)	0.0032** (0.0014)	0.0110** (0.0047)	0.0056*** (0.0013)	0.0072*** (0.0027)
Constant	0.0318 (0.0283)	0.5270*** (0.0330)	0.0095* (0.0043)	0.0750*** (0.0196)	-0.2304* (1.354)	0.0417*** (0.0138)	0.5505*** (0.0298)
控制变量	Yes	Yes	Yes	Yes	Yes	Yes	Yes
时间固定	Yes	Yes	Yes	Yes	Yes	Yes	Yes
个体固定	Yes	Yes	Yes	Yes	Yes	Yes	Yes
Observations	3349	3349	3962	3962	3962	3682	3682
Number of city	273	273	283	283	283	263	263
R-squared	0.757	0.548	0.573	0.182	0.122	0.748	0.491

注：*** 表示 $p<0.01$，** 表示 $p<0.05$，* 表示 $p<0.1$。

3. 剔除部分城市样本

通过查阅既有相关政策文件，为进一步保证对照组的稳定特性，本文首先剔除了样本期外 2018 年试点政策新增的 16 个创新型城市（样本中不包含拉萨市）；其次考虑到直辖市中仅有部分区进行了创新型城市试点（北京市海淀区、天津市滨海新区、上海市杨浦区、重庆市沙坪坝区），本文也相继剔除了4个直辖市样本，并再次对基准回归进行了检验。可以看出，回归结果的系数和显著性较基准回归仍未发生明显变化，由此证明实证结果具有稳健性。

（三）差异化政策手段效果检验

根据对现有文件的梳理与总结，本文认为创新型城市试点可以通过硬投入和软环境建设两类政策手段作用于经济的又好又快发展，并采用中介效应的逐步回归法（Baron and Kenny，1986）对其进行了识别检验，以验证假说2与假说3，具体模型如下：

$$Y_{i,t}=\alpha+\beta_1 did_{i,t}+\gamma control_{i,t}+\mu_i+\lambda_t+\varepsilon_{i,t} \quad (3)$$

$$M_{i,t}=\alpha+\beta_2 did_{i,t}+\gamma control_{i,t}+\mu_i+\lambda_t+\varepsilon_{i,t} \quad (4)$$

$$Y_{i,t}=\alpha+\beta_3 did_{i,t}+\beta_4 M_{i,t}+\gamma control_{i,t}+\mu_i+\lambda_t+\varepsilon_{i,t} \quad (5)$$

其中，$M_{i,t}$表示中介变量，包含创新的硬投入和软环境两类指标，创新硬投入具体采用科技财政支出占比和非农就业密度衡量创新资本要素和劳动力要素，软环境则使用知识产权保护制度和公共创新环境进行测度，其他变量如前文所述。

地方财政科技拨款占地方财政支出的比重作为2016年创新型城市验收的四个量化指标之一，地方政府需要扩大科技财政支出占比来应对上级政府的考核，科技支出也成为地方政府干预创新活动的重要方式之一。同时，李政、杨思莹（2019）也认为财政科技支出是政府参与创新活动的基本手段，是政府实施创新战略的基本载体。由此本文整理得到了样本期283个地级城市的科技财政支出占地方政府财政支出的比重（svfe）及科技财政支出占地方GDP的比重（sfe）作为地方政府干预创新活动的硬投入指标。此外，人才作为创新活动参与主体和基本要素，地方政府倾向于通过科教支出、人才引进政策或公共优质服务供给的方式来培育和吸引优质人力资本。有研究认为，农业劳动者与非农业劳动者受教育水平往往存在较大差异，将非农业劳动者视为高技能劳动者具有一定的合理性（雷欣等，2014），本文考虑使用非农产业就业人口占行政区域土地面积反映城市人才集聚状况（agg）。非农就业密度可以在一定程度上表征政府人才引进政策及人才培育政策的成果，也反映出了城市的劳动力密集程度，因而本文选择非农就业密度作为创新硬投入的另一指标。

从表4中创新硬投入途径来看，创新型城市试点显著地提升了城市科技财政支出占比和非农就业密度。其中，科技财政支出占总支出比重并未对实际经济增速及全要素生产率产生显著正向影响，表明虽然地方政府明确表达了对科技活动的财政支持力度和偏好，但该指标的设立对经济又好又快发展并未直接起到预期作用。事实上，在该项指标压力下，地方政府可以通过调整其他任意财政支出方式快速达到提高科技支出占总财政支出比重这一目的。因此，本文又引入科技支出占GDP比重研究该类资本的注入对经济的实际影响效果，表征政府通过财政支出手段对创新活动的资本注入规模。结果显示，在政策指导下，地方政府不仅提高了科技支出在财政支出中的占比，还提高了该类支出的实际支出规模。科技类财政支出的提升促进了经济增长，但抑制了全要素生产率的提升。这表明，以科技支出占比为代表的创新要素硬投入对经济的“好”发展并未达到持续助力的结果，而仅以要素投入的形式提升了一个地区的经济增长。以科技财政支出占总支出比重为主要内容的短期考核目标与经济又好又快发展的最终目标之间出现了明显偏差，说明试点城市为完成某些既定考核指标而采取的“短平快”举措阻碍了地方经济又好又快发展。一方面，地方政府在干预企业创新生产时可能扭曲市场与政府的关系，诱发企业的寻租行为（江飞涛等，2014），为增进城市创新水平和创新能力，地方政府短期公布的大量创新资助政策在创新补贴、核实和下发环节都可能存在行政成本的灰色地带，削弱了创新主体研发时间和积极性，进一步提高了企业的寻租成本。另一方面，地方政府对创新的干预可能具有滞后性，往往无法及时满足企业和市场的即时需求，误导了企业和个人的创新方向和技术路线，政府构建的创新平台和创新资助政策往往带动了社会资本的融资和投资，提高了地区的经济增长，而在一定程度上抑制了其全要素生产率。此外，由于东部试点城市占到了全国城市的接近一半，而其科技支出占比的提升空间和动力却十分有限，因而科技支出从整体上对全要素生产率的影响并不显著。聚焦于人力资本的实证结果显示，创新型城市试点政策依旧可以通过引进和培育人才政策，提高本地人才集聚，实现经济又好又快发展的目标。这说明创新型城市试点政策能够有效地促进城市的劳动力和人才集聚，为城市奠定良好的劳动力要素和创新人力资本要素的基础，促进城市的经济发展和提高创新水平。实证结果在印证假说 2 的同时反映出，相比于资本要素的注入，创新型城市试点通过人才积累型硬投入政策手段能够同时推动城市经济又好又快发展。

表 4　加大硬投入与经济又好又快发展

变量	sfe (1)	agg (2)	gdpgr (3)	gdpgr (4)	tfp_sfa (5)	tfp_sfa (6)
did	0.0052*** (0.0006)	0.0152*** (0.0033)	0.0061*** (0.0012)	0.0047*** (0.0012)	0.0060** (0.0026)	0.0058*** (0.0022)
sfe			0.0549* (0.0321)		-0.0804 (0.0680)	
agg				0.0643*** (0.0203)		0.0653* (0.0352)
Constant	-0.0436*** (0.0071)	0.0278 (0.0291)	0.0429*** (0.0135)	0.0432*** (0.0135)	0.5645*** (0.0287)	0.5593*** (0.0401)
控制变量	Yes	Yes	Yes	Yes	Yes	Yes
时间固定	Yes	Yes	Yes	Yes	Yes	Yes
个体固定	Yes	Yes	Yes	Yes	Yes	Yes
Observations	3962	3962	3962	3962	3962	3962
Number of city	283	283	283	283	283	283
R-squared	0.400	0.372	0.748	0.748	0.499	0.498

注：*** 表示 p<0.01，** 表示 p<0.05，* 表示 p<0.1。

在创新型城市试点的过程中，地方政府能够通过知识产权保护的法律法规约束和公共创新综合环境建设两种方式来构建创新软环境（见表 5）。作为中国创新制度环境建设的重要一环，吴超鹏、唐菂（2016）发现政府能够通过加强知识产权保护执法力度提升企业创新能力和财务绩效，实现经济发展方式的转型。本文从更加微观的地级城市个体出发，借鉴金培振等（2019）的做法，从北大法宝数据库搜集整理了 1985~2016 年中国各省份和 283 个地级市的知识产权保护地方法规、政府规章、规范性文件和地方工作文件（文件时效性选择“现行有效”，检索关键词为“知识产权保护”），并将省级法律法规加总到地级市，再计算得到了样本期内 283 个地级城市的知识产权法律法规文件存量，对其取对数作为创新软环境正式制度的代理变量。政府不仅可以通过完善知识产权保护制度，而且可以营造良好的公共创新环境引导企业的创新行为。科技展览馆、城市图书馆等提高公共创新文化的形式在影响微观个体创新生产活动中也扮演着至关重要的角色，陈诗一、陈登科（2018）认为政府工作报告是依法行政和执行权力机关决定、决议的纲要，是指导政府工作的纲领性文件，同时也反映了当地城市对公共创新综合环境建设的整体规划。本文手工搜集整理了 2003~2016 年 30 个省份共 420 份政府工作报告，并利用 Python 对政府工作报告文本进行了分词处理，最后计算了创新词频占政府工作报告全部词频的比重以凸显出政府对创新的重视程度。进一步地，为增加地级市层面的变异性，本文使用地级城市第二产业、第三产业占比之和与创新词频交乘（陈诗一、陈登科，2018），并使用该指标作为公共创新综合环境建设的代理变量。

表 5 构建软环境与经济又好又快发展

变量	lnkp (1)	voc (2)	gdpgr (3)	gdpgr (4)	tfp_sfa (5)	tfp_sfa (6)
did	0.0289** (0.0120)	0.0004* (0.0002)	0.0057*** (0.0012)	0.0058** (0.0023)	0.0066*** (0.0025)	0.0067*** (0.0023)
lnkp			-0.0011 (0.0017)		0.0141*** (0.0035)	
voc				-0.3246** (0.1308)		0.3927** (0.1606)
Constant	2.6607*** (0.1251)	0.0001 (0.0068)	0.0475* (0.0140)	0.0474* (0.0259)	0.5276*** (0.0296)	0.5581*** (0.0403)
控制变量	Yes	Yes	Yes	Yes	Yes	Yes
时间固定	Yes	Yes	Yes	Yes	Yes	Yes
个体固定	Yes	Yes	Yes	Yes	Yes	Yes
Observations	3962	3962	3962	3962	3962	3962
Number of city	283	283	283	283	283	283
R-squared	0.981	0.151	0.747	0.748	0.499	0.498

注：*** 表示 $p<0.01$，** 表示 $p<0.05$，* 表示 $p<0.1$。

从创新软环境途径来看，表 5 的回归结果表明创新型城市试点显著地提升了知识产权保护制度存量和公共创新环境。(3) ~ (5) 列表示，创新型城市试点政策通过优化知识产权保护制度和公共创新综合环境作用于全要素生产率的提升，但并未能促进经济快增长，地方政府对创新环境建立的重视甚至抑制了部分经济增长。软环境的建立挤占了当期地方政府的其他财政支出份额，而其对于经济增长的助力却是缓步进行的，因此在软环境建立与发展的进程中，对经济增长的短期负效应是可以预见的。令人忧心的是，我国地方政府主导经济增长的长期特征十分明显，劳动力和资本要素驱动是我国经济增长的主要动力（董直庆、刘备，2019），全要素生产率对中国经济增速长期贡献过低，未来创新软环境可能依旧无法有效助力经济增长。江飞涛等（2014）的研究数据显示，2003~2014 年，资本对中国经济增长的贡献率高达 94.3%，中国经济的高速增长主要来源于人口红利和政府主导的大量投资，在此阶段，技术创新产生的生产效率并未与经济增长形成长期稳定的依赖关系，这成为当今中国经济增速放缓的原因之一。实证结果印证了假说 3，同时指出，现阶段创新型城市试点通过创新软环境建设推动城市经济又好又快发展仍存在要素依赖过高的现实障碍。因此，随着我国城市创新能力不断发展到更高阶段，创新型城市试点考核指标体系不仅应重视创新软环境建设目标的制定，还要重视对要素硬投入的去依赖化。

（四）政策效果异质性分析

1. 区位异质性分析

从整体来看，我国城市的创新能力呈现出东强西弱、南北差异的态势，中央政府更倾向于选择东部地区城市开展创新型城市试点。以江苏省为例，截至 2016 年底就有 10 个地级城市位居创新型城市试点名单，占到了全国所有创新型城市的 16.4%，东部的创新型城市也占到了全国的 44.3%。除创新型试点城市多、创新要素集聚程度高外，东部地区也凭借早期的改革开放政策红利，拥有了较高的经济发展水平和较高程度的外向型经济，吸纳集聚了更强的劳动力创新资源和国内外先进技术。东部城市的创新基础能力较强，其创新型经济发展也超过了中西部地区，这种区位优势差异可能会导致创新型城市试点政策实施的效果在区位上产生不同程度的偏离。因此，本文将实验组样本城市划分为东中西三个地区，依次与对照组进行回归（见表 6）。

表 6　东中西部分组

变量	东部	中部	西部	东部	中部	西部
	gdpgr	gdpgr	gdpgr	tfp_sfa	tfp_sfa	tfp_sfa
did	0.0034** (0.0017)	0.0016 (0.0037)	0.0181*** (0.0043)	0.0051* (0.0029)	0.0073 (0.0044)	0.0116*** (0.0035)
Constant	Yes	Yes	Yes	Yes	Yes	Yes
控制变量	Yes	Yes	Yes	Yes	Yes	Yes
时间固定	Yes	Yes	Yes	Yes	Yes	Yes
个体固定	Yes	Yes	Yes	Yes	Yes	Yes
Observations	3514	3416	3304	3514	3416	3304
Number of city	251	244	236	251	244	236
R-squared	0.755	0.746	0.744	0.483	0.486	0.483

注：*** 表示 $p<0.01$，** 表示 $p<0.05$，* 表示 $p<0.1$。

表 6 显示了按照地理区位将试点城市划分为东中西部的回归结果。可以看出，创新型城市试点政策仅仅提升了东、西部城市的经济增速和全要素生产率，且对西部城市的影响系数超过了东部。一方面，西部地区由于自身创新基础能力薄弱、创新资源稀缺，政府更偏向于采用科技支出创新硬投入的方式来搭建国家级实验室、科研中心和产学研平台，快速吸纳周边要素流入集聚，引导区域创新主体选择合适的创新模式，最终推动了城市经济又好又快发展。同时，由于西部地区的科技创新活动起步晚、发展慢，处于起步阶段，其创新型城市试点政策的创新要素硬投入存在边际报酬递减规律，能够很好地挖掘城市创新潜力，导致西部地区具有较强的边际创新能力。另一方面，东部城市经济发展水平较高、创新基础能力更强、市场化程度更高、研发创新活动更为积极活跃，试点城市政府更倾向于通过完善创新正式和非正式制度的间接方式代替直接介入创新生产活动的方式，从外部制度供给层面保护企业的创新成果，平稳缓慢地推动当地经济又好又快发展。

2. 创新“领头羊”与“群羊”异质性分析

创新型城市试点的政策效果的差异不仅仅体现在地理因素上，还可能出现在政策实施与发展的时间周期上。具体地，该政策实施效果可能与城市该阶段所具备的创新型城市建设基础能力相关。本文进一步梳理相关政策文件发现，创新型城市试点的设立最初是一批多市的，且 2010 年初国家发展改革委和科技部公布的前两批城市具有时间间隔短、经济发展水平相似和创新基础能力较强等特点，且名单城市大多为省会城市、副省级城市或计划单列市，其创新能力已经在本省份内位居前列。本文借鉴袁航、朱承亮（2018）关于国家高新区政策的研究思路，将试点城市前两批划分为创新"领头羊"试点城市，其他试点城市归为创新"群羊"试点城市，以此验证是否存在发展周期上的政策效果差异（见表7）。

表7 创新"领头羊"和"群羊"试点分组

变量	领头羊城市	群羊城市	领头羊城市	群羊城市
	gdpgr	gdpgr	tfp_sfa	tfp_sfa
did	0.0075*** (0.0023)	0.0042** (0.0017)	0.0093*** (0.0025)	0.0059** (0.0026)
Constant	Yes	Yes	Yes	Yes
控制变量	Yes	Yes	Yes	Yes
时间固定	Yes	Yes	Yes	Yes
个体固定	Yes	Yes	Yes	Yes
Observations	3729	3351	3729	3351
Number of city	278	269	278	269
R-squared	0.750	0.735	0.488	0.475

注：*** 表示 $p<0.01$，** 表示 $p<0.05$，* 表示 $p<0.1$。

表7显示，整体上"领头羊"试点和"群羊"试点城市的创新型城市建设显著提高了该地区全要素生产率和经济增速，其中"领头羊"试点城市达到的政策效果明显较"群羊"城市高。创新"领头羊"城市在先与"群羊"城市进入试点的几年内拥有绝对的创新政策优势，优质创新资源和创新政策在设立之初被高度倾斜，率先产生出创新要素集聚效应和规模效应。随着试点城市的探索和尝试，"领头羊"城市对创新要素硬投入、创新制度软环境建设方案不断完善和修正，逐步形成了区域创新发展新增长极。同时，"群羊"城市虽凭借后发优势迅速通过了前期考察、规划和建设的瓶颈期，进入自主创新推动经济又好又快发展的新阶段，但"领头羊"试点城市的系数仍为"群羊"试点城市系数的近两倍，表明两组试点城市间仍存在明显的差距。

3. *试点城市联动性分析*

创新型城市试点城市之间缺乏联动可能是导致"领头羊"试点与"群羊"试点间近两倍的政策效果差距的重要原因之一。同时，创新也并非孤立事件，它往往趋向于集群活动，这就意味着地理邻近的多个试点城市往往较易产生集聚效应，获得知识溢出、分工细化和规模经济等正向影响。本文将试点城市按照所在省份拥有创新型试点城市数量划分为"一省多试点"与"一省一试点"，以此探究在较近的行政区范围内试点城市之间所产生的联动效果。

表8显示，"一省一试点"特征的试点城市对经济又好又快发展的影响效果要远高于"一省多试点"，证明创新型城市试点发展方式缺乏联动性。这与袁航、朱承亮（2018）对于国家高新区分布的研究结果相类似，表明在城市层面上也存在创新集群"形聚而神不聚"的问题。具体来看，一方面，"一省多试点"的创新型城市试点政策并不能带来经济增速的提升，这很可能与地方政府长期以来依靠要素硬投入驱动经济增长相关。相比于"一省一试点"，"一省多试点"下的城市对政

府科技财政支出和人才培育有更大的需求缺口，而这些试点的恶性竞争加剧了自主创新投入要素的缺乏和外部创新环境的不健全，阻碍了创新型城市试点又好又快发展的进程。另一方面，“一省多试点”城市未能借助自身区位优势，与邻近创新试点城市进行产业链接和技术溢出，形成区域协调发展的创新共同体。

表 8　“一省一试点”和“一省多试点”分组

变量	“一省一试点”	“一省多试点”	“一省一试点”	“一省多试点”
	gdpgr	gdpgr	tfp_sfa	tfp_sfa
did	0.0138*** (0.00311)	0.00217 (0.00259)	0.0134*** (0.00432)	0.00474* (0.00242)
Constant	Yes	Yes	Yes	Yes
控制变量	Yes	Yes	Yes	Yes
时间固定	Yes	Yes	Yes	Yes
个体固定	Yes	Yes	Yes	Yes
Observations	3374	3724	3374	3724
Number of city	241	266	241	266
R-squared	0.746	0.750	0.481	0.493

注：*** 表示 p<0.01，** 表示 p<0.05，* 表示 p<0.1。

4. *产业结构发展阶段异质性*

城市的发展是有阶段性的，要素的边际产出率随产业结构的调整而改变。具体而言，资本的边际产出率随产业结构升级而逐渐呈现收敛状态，劳动力的边际产出率则呈现发散特征（王鹏、尤济红，2015）。本文借鉴邓仲良、张可云（2020）的做法，采取第三产业与第二产业产值的比值来度量城市发展的阶段化特征（Phase Characteristics of Urban Development，CPUD），以此来衡量试点城市是处于偏好第二产业的工业化阶段（CPUD<1）还是处于偏好第三产业的城市化阶段（CPUD>1）。

回归结果表明，一方面，第三产业占主导的试点城市相比于工业化阶段的试点城市获得了更好的政策效果，证实了工业化阶段的试点城市政府在落实政策时，仍偏好方便快捷但红利效用微弱的资本要素硬投入方式，造成了该政策对工业化试点城市经济增长的无效用。另一方面，第三产业多元化的生产形式帮助城市化阶段的试点城市逐渐摆脱对传统要素投入的过度依赖，催生了对创新外部制度环境的需求。总体而言，试点型政策带来的劳动力与资本要素仍存在明显的“结构红利”效应，推动了试点城市经济又好又快发展。

城市异质性研究结果均支持假说 4 的结论，在地理区位、创新发展周期、试点联动性和产业发展阶段差异上，各试点城市所获得的政策效果均有所差异（见表 9）。

表 9　工业化和城市户试点分组

变量	工业化 CPUD<1	城市化 CPUD>1	工业化 CPUD<1	城市化 CPUD>1
	gdpgr	gdpgr	tfp_sfa	tfp_sfa
did	0.00187 (0.00230)	0.00822** (0.00320)	0.00809** (0.00327)	0.00962*** (0.00289)

续表

变量	工业化 CPUD<1	城市化 CPUD>1	工业化 CPUD<1	城市化 CPUD>1
	gdpgr	gdpgr	tfp_sfa	tfp_sfa
Constant	Yes	Yes	Yes	Yes
控制变量	Yes	Yes	Yes	Yes
时间固定	Yes	Yes	Yes	Yes
个体固定	Yes	Yes	Yes	Yes
Observations	3531	3567	3531	3567
Number of city	265	271	265	271
R-squared	0. 746	0. 744	0. 487	0. 484

注：*** 表示 p<0. 01，** 表示 p<0. 05，* 表示 p<0. 1。

五、主要结论及政策建议

创新型城市试点建设政策是对创新驱动经济之路的长期探索。本文通过对已有文件的总结和现有文献的梳理，从理论和实证两方面探究了创新要素硬投入和软环境建设两类建设创新型城市的代表性政策手段对经济又好又快发展的作用效果，并着重探讨了异质性试点城市产生的差异化政策效果。实证结果表明，总体上，创新型城市试点政策能够通过创新要素硬投入和软环境建设两类政策手段推动城市经济又好又快发展，但在地理区位、创新发展周期、试点联动性和产业发展阶段差异上，各试点城市所获得的政策效果有所差异。

结合实证结果与现实，本文对现有创新型城市试点指标体系和具体实施政策有如下几点建议：①中央在构建试点指标体系时，应强调对创新制度环境建立的重要性，借鉴创新制度“领头羊”城市，普适化、一般化基本创新制度环境，并将其纳入考核体系内，促使创新制度环境匮乏城市快速达到基础阶段；②地方政府应适当增设具有阶段性优惠特征、长期有效的人才吸引政策，同时加强财政资金补贴优惠的过程监管和事后评估，提高技术创新财政资金的利用效率，避免出现科技类财政支出项目的财政粉饰问题；③整合潜在要素资源，建立以观测劳动力流动为主的信息系统，把握全局资源规模和局部资源整合形势，利用大数据、云计算等技术提高流入资源的配置效率，减轻经济增长对要素投入的依赖；④对于中部地区、“群羊”型或“一省多试点”类试点城市而言，创新型城市建设的重点应放在提高自主创新能力而非吸引外部要素资源集聚上。完善创新制度环境和市场交易制度约束，主动建立与创新“领头羊”型城市或周边创新试点城市的联系，积极探索形式多样、多主体合作、多学科融合、多团队协同、多技术集成的协同创新模式。同时，结合城市产业结构，打造符合本地产业优势的创新园区，形成稳固的产业链条，促进本地创新主体的竞争与合作。

参考文献

［1］蔡昉．中国经济增长如何转向全要素生产率驱动型［J］．中国社会科学，2013（1）：56-71+206.

［2］陈强远，林思彤，张醒．中国技术创新激励政策：激励了数量还是质量［J］．中国工业经济，2020（4）：79-96.

［3］陈诗一，陈登科．雾霾污染、政府治理与经济高质量发展［J］．经济研究，2018，53

(2)：20-34.

［4］邓仲良，张可云．中国经济增长的空间分异为何存在？——一个空间经济学的解释［J］．经济研究，2020，55（4）：20-36.

［5］董直庆，刘备．分类要素贡献和中国经济增长动力再检验［J］．数量经济研究，2019，10（1）：1-15.

［6］方创琳．中国城市群研究取得的重要进展与未来发展方向［J］．地理学报，2014，69（8）：1130-1144.

［7］郭金花，郭淑芬．创新人才集聚、空间外溢效应与全要素生产率增长——兼论有效市场与有为政府的门槛效应［J/OL］．软科学：1-11［2020-10-06］．http：//kns. cnki. net/kcms/detail/51. 1268. G3. 20200730. 1135. 024. html.

［8］郭庆旺，贾俊雪．中国全要素生产率的估算：1979—2004［J］．经济研究，2005（6）：51-60.

［9］胡钰．创新型城市建设的内涵、经验和途径［J］．中国软科学，2007（4）：32-38+56.

［10］惠宁，谢攀，霍丽．创新型城市指标评价体系研究［J］．经济学家，2009（2）：102-104.

［11］江飞涛，武鹏，李晓萍．中国工业经济增长动力机制转换［J］．中国工业经济，2014（5）：5-17.

［12］金培振，殷德生，金桩．城市异质性、制度供给与创新质量［J］．世界经济，2019，42（11）：99-123.

［13］寇宗来，刘学悦．中国企业的专利行为：特征事实以及来自创新政策的影响［J］．经济研究，2020，55（3）：83-99.

［14］雷欣，陈继勇，覃思．开放、创新与收入不平等——基于中国的实证研究［J］．经济管理，2014，36（5）：1-12.

［15］李政，杨思莹．创新型城市试点提升城市创新水平了吗？［J］．经济学动态，2019（8）：70-85.

［16］龙小宁，林菡馨．专利执行保险的创新激励效应［J］．中国二业经济，2018（3）：116-135.

［17］任保平．新时代中国经济高质量发展的判断标准、决定因素与实现途径［J］．中国邮政，2018（10）：8-11.

［18］师博，张新月．技术积累、空间溢出与人口迁移［J］．中国人口·资源与环境，2019，29（2）：156-165.

［19］石大千，丁海，卫平等．智慧城市建设能否降低环境污染［J］．中国工业经济，2018（6）：117-135.

［20］石忆邵，卜海燕．创新型城市评价指标体系及其比较分析［J］．中国科技论坛，2008（1）：22-26.

［21］苏治，徐淑丹．中国技术进步与经济增长收敛性测度——基于创新与效率的视角［J］．中国社会科学，2015（7）：4-25，205.

［22］王鹏，尤济红．产业结构调整中的要素配置效率——兼对“结构红利假说”的再检验［J］．经济学动态，2015（10）：70-80.

［23］吴超鹏，唐菂．知识产权保护执法力度、技术创新与企业绩效——来自中国上市公司的证据［J］．经济研究，2016，51（11）：125-139.

［24］杨冬梅，赵黎明，闫凌州．创新型城市：概念模型与发展模式［J］．科学学与科学技术管理，2006（8）：97-101.

[25] 尤建新，卢超，郑海鳌等. 创新型城市建设模式分析——以上海和深圳为例 [J]. 中国软科学，2011 (7)：82-92.

[26] 余泳泽，张先轸. 要素禀赋、适宜性创新模式选择与全要素生产率提升 [J]. 管理世界，2015 (9)：13-31+187.

[27] 袁航，朱承亮. 国家高新区推动了中国产业结构转型升级吗 [J]. 中国工业经济，2018 (8)：60-77.

[28] 张杰，高德步，夏胤磊. 专利能否促进中国经济增长——基于中国专利资助政策视角的一个解释 [J]. 中国工业经济，2016 (1)：83-98.

[29] Baron R. M.，Kenny D. A. The Moderator-Mediator Variable Distinction in Social Psychological Research [J]. Journal of Personality and Social Psychology，1986，51 (6)：1173-1182.

[30] Krugman P. The Myth of Asia' s Miracle [J]. Foreign Affairs，1994，73 (6)：62-78.

绿色发展

中国国家自然资源资产负债表编制

——基于生态足迹的方法

王俊杰　张伊娜

［摘　要］本文以“自然资源资产=自然资源负债+自然资源权益”的平衡关系为编制原则，明确了土地资源（耕地、林地、草地、湿地和水域）与矿产资源（能源矿产和非能源矿产）的核算指标，利用生态足迹法核算耕地、林地、草地的资产、负债及权益，用已消耗的矿产资源核算矿产（环境）负债，使自然资源的负债核算成为可能；将生态足迹法与收益现值法、生态系统价值当量因子法结合使用核算土地资源的价值。在此基础上，编制完成了2000~2018年我国土地资源资产负债实物与价值量表、2006~2018年我国矿产资源资产负债实物与价值量表及2018年我国自然资源资产负债表。结果表明，土地资源中的耕地、草地的使用已远远超过其权益价值，矿产资源中石油的负债较高；2018年我国自然资源的总价值达1232.38万亿元，相当于当年我国国内生产总值的13.69倍；自然资源的负债总价值达147.55万亿元，是当年我国国内生产总值的1.64倍。这也证实了自然资源资产是一切发展的前提，说明提升我国自然资源的供给能力和利用效率迫在眉睫。

［关键词］自然资源资产负债表；生态足迹；数量核算；价值核算

一、引言

2013年党的十八届三中全会中首次提出了编制自然资源资产负债表的构想，2015年发布了《关于加快推进生态文明建设的意见》和《编制自然资源资产负债表试点方案》，文件指出，编制自然资源资产负债表以期对领导干部实行自然资源资产离任审计，并建立生态环境损害责任终身问责制。这意味着，编制全国及各省区市的自然资源资产负债表能使各级政府在提升地方经济的同时，考虑到自然资源的合理有效利用，促进绿色经济发展。这一方案的提出，涌现大批学者及政府研究人员探索编制自然资源资产负债表。但截至目前，在自然资源负债的概念界定与资源的价值核算等方面仍存在较大的分歧，加之自然资源的实物量统计需要各级政府及部门的配合，统计口径也有所差别，工作量大且烦琐，种种因素造成我国目前尚未形成统一的自然资源资产负债表的编制方案。为此，本文将明确自然资源资产负债表的相关概念，探索自然资源的实物与价值量核算方法，尝试编制统一、可复制的自然资源资产负债表，以期为我国的自然资源资产负债表编制奉献绵薄之力。

1992年3月，国务院部署实施了符合我国国情的国民账户核算体系（System of National Accounts，SNA），但由于SNA未能考虑到资源和环境因素，忽略了经济发展过程中环境破坏带来的负效应，这种核算方式可能会对经济增长产生过高估计。2012年，环境经济核算体系（System of Environmental-Economic Accounting，SEEA2012）框架理论被提出，该理论是对SEEA1993、SEEA2003的完善，也

［作者简介］王俊杰，经济学博士，江西财经大学经济学院副教授，中国社会科学院工业经济研究所博士后，中国工业经济学会理事，主要从事资源与环境经济学研究，邮箱：jjwangcn@foxmail.com；张伊娜，江西财经大学经济学院硕士研究生。

是对 SNA 体系的补充，增加了可持续经济发展的理念，考虑了自然资源的数量与估值，系统且详尽地描述了自然资源资产的各类资产项目，以及具体的计量准则、账目设置与编制方法。该体系本是针对西方国家的制度、国情等制定的，只能作为我国编制自然资源资产负债表的参考，而不是完全采纳。由于我国提出自然资源资产负债表这一概念的时间较晚，与国外研究自然资源环境核算体系的进程相比仍存在一定的差距，因此，对于我国首次提出的自然资源资产负债表这个全新的概念，不能完全照搬国外经验，我们要寻求自然资源资产负债表本身的定义与编制方法，编制符合我国制度背景和时代背景的自然资源资产负债表。不少学者提出了与自然资源负债表相关的概念、核算方法、核算原则、编制依据等，但至今还未形成较为统一的认识。以下将从自然资源资产负债表的概念、核算内容及分类、编制方法、是否存在负债及自然资源的估值这几个方面来梳理我国自然资源资产负债表的研究现状。

目前，自然资源资产负债表的定义尚未统一。胡文龙、史丹（2015）认为从资产负债表反映的经济本质来看，自然资源资产负债表可以看成是某一特定时点生态责任主体对所拥有的自然资源资产价值和所承担的生态环境责任所拍的一张“快照”。谷树忠（2016）认为自然资源资产负债表是反映一个国家或地区在一定时期内自然资源资产的增加和减少及其平衡关系的分析表格。闫慧敏等（2017）将自然资源资产负债表定义为一套主要用于核算自然资源存量、反映自然资源流量、体现自然资源质量的实物与价值并重的计量表格。每一位学者及研究人员对于自然资源资产负债表的描述都有所不同，但大多都会强调核算自然资源的实物与价值，明确主体与时间点。由此可见，自然资源资产负债表尚未形成统一的概念，但是多数学者在研究探索中已经对自然资源资产负债表有了明确的定义。

编制自然资源资产负债表首先要明确表内需要核算的类别，具备系统、详细的自然资源分类。SEEA2012 将资源分为了七个环境资产账户（木材资源、矿物与能源资源、水产资源、土地资源、土壤资源、水资源和其他生物资源），SNA2008 中列示了包括土地、矿产和能源储备等在内的五大类别。很多学者对自然资源的分类也持有不同的见解。史丹、胡文龙（2015）将自然资源资产划分为能源资源、矿产资源、土地资源、林业资源和水资源；谷树忠（2016）认为自然资源资产负债表中应包含土地资源、林木、水资源、矿产资源；杨艳昭等（2017）在编制河北省承德市自然资源资产负债表时将资源分为土地资源、水资源、森林资源和矿产资源，其中土地资源重点核算内容包括耕地、园地、林地、草地、水域及水利设施等自然用地，森林资源包括林地与林木。可见，核算内容大致包含了：土地资源、水资源、森林资源和矿产资源。其中，值得注意的是，若土地资源核算中包含了水域及水利设施等自然用地，那么在一定程度上会与水资源的衡量重复，导致自然资源被高估。正如史丹、王俊杰（2020）所述，水资源与水域并列核算并不合理，应该将水域视为土地资源，因为水域可以理解为储存水的土地，包括江河、湖泊、水库等，其价值在于储水。故史丹、王俊杰（2020）把资源分为七大类，分别为耕地、林地、草地、湿地、水域、能源矿产和非能源矿产。

关于自然资源资产负债表的编制原理。耿建新等（2017）认为编制自然资源资产负债表不应有“自然资源资产=自然资源负债+自然资源权益”的平衡关系；自然资源的核算只能是反映其存量和流量的情况，且遵循复式记账的原理，其中存量一般遵循“期初存量+本期增加量-本期减少量=期末存量”公式，流量一般遵循“自然资源供给=自然资源使用”。但封志明等（2014）认为编制自然资源资产负债表可以遵循“资产=负债+所有者权益”这一国家资产负债表中的恒等式，提议将自然资源划分为固定资产、流动资产、无形资产和自然资源利用带来的环境损益等进行统计。多数学者都赞同编制过程中使用这一会计恒等式（闫慧敏等，2017；张卫民等，2018；徐素波等，2019）。

关于自然资源资产负债表的负债核算。封志明等（2015）认为自然资源负债的核算是必要的，因为核算自然资源的负债就是考虑人类行为对环境损害、生态破坏等造成的主体未来要发生的支出。张卫民、王会（2017）站在会计理论的角度，认为自然资源负债是经济活动超出自然资源承载力及可持续发展容量之外的部分，并提出了自然资源负债的确认标准。但也有学者认为自然资源负债这一概念不应予以确认，因为对于一国或一区域来说，可能并不存在对自然资源产权的明确划分，也不存在资源间的借贷，而且偿付时间、所有权等均不明确，认为将自然资源负债定义为对自然资源的未来偿付及资源质量的退化是不合理的，定义过于主观（耿建新等，2017）。胡文龙、史丹（2015）认为，不论遵循哪种平衡等式来编制自然资源资产负债表，本质上都是权力与责任、权利与义务之间的平衡关系，自然资源负债是人类经济活动所产生的负外部性对自然资源环境的破坏性影响，尤其是当这种影响无法通过自然生态系统自身作用予以恢复时，必须按照权责发生制原则核算相关主体的环境责任，进而环境责任产生的活动事项就是环境负债或自然资源负债。

自然资源负债表的编制，一般都包含实物量核算与价值量核算。其中，关于实物量核算的方法，学者大多是按照“期初存量+本期存量增加-本期存量减少=期末存量”这一等式进行的。但对于价值量的核算，目前还存在较大争议，尚未达成一致。Costanza 等（1997）按生物群落估算出每单位面积的生态系统服务价值，乘以每个生物群落的总面积，再将所有服务和生物群落相加，即可粗略计算出生态系统服务和自然资本的价值。欧阳志云等（1999）是我国较早考虑生态服务间接功能（如有机物质的生产、CO_2 的固定、O_2 的释放、重要污染的物质降解等）的学者，衡量了中国陆地生态系统服务的经济价值。谢高地等（2001）借鉴 Costanza 等的方法将生态系统服务区分为 17 种主要类型，并将全国草地生态系统根据土地覆盖区分为 18 类生物群落，得出全国草地生态系统每年的服务价值为 1497.9 亿元。封志明等（2015）根据自然资源是否存在市场价值将其分为两类来估算，其中有交易市场的采用市场价格法，否则采用间接估值法对自然资源进行核算。Mancini 等（2018）尝试用生物物理核算方法代替货币估值来衡量生态系统服务价值，讨论使用生态足迹（Ecological Fovtprint，EF）核算作为评估生态系统服务的生物物理手段的可能性，还比较了经济评估获得的结果和生态足迹评估获得的结果，以此分析两种方法的优点和局限性。张婕等（2020）则是采用影子工程法、商品替代法、恢复成本法等核算不同生态服务的价值，评估了 2013~2015 年围场县生态损益情况。由此可见，核算自然资源的价值仍需要更深入的探索研究，找到更科学、合理的估值方案。

当前，衡量自然资源的价值有一种更独特且可行的方法，即将生态足迹法应用于编制自然资源资产负债表的思路中，用土地生态足迹、生态承载力（Ecological Carrying Capacity，ECC）和生态赤字分别衡量土地资产、土地权益和土地负债，使土地负债的核算成为可能，并将该方法与收益现值法、生态系统价值评估法结合来核算土地的资产、权益、负债，最大限度地避免系统性偏误的问题（史丹、王俊杰，2020），这一设想是编制自然资源资产负债表方法中的首创。这种方法只是作为一种思路被提出来，从理论上说明了其可行性，并未从数据获取及实际编制中检验该方法是否有效。故本文将尝试采用生态足迹的方法核算土地资源，将理论应用于实践，编制自然资源资产负债表，并从实践的结果中说明该方法的可行性与有效性。

二、我国自然资源资产负债表的编制思路

编制一套可复制的国家或地区自然资源资产负债表是我国当前生态文明建设的关键任务之一，不仅能对领导干部实行自然资源资产离任审计，而且重要的是自然资源资产负债表所反映的数值可以衡量资源是否被过度利用，并以此为参考标准做出适当的资源利用调整与资源保护措施。因此，编制自然资源资产负债表首先要明确需要核算的资源类别；其次是界定各类资源的资产、负债与权益相关定义，确定自然资源资产负债表的基本框架；最后对相应的自然资源进行实物量与价值量核算。

（一）确定核算的资源类别

结合前期的研究（史丹、王俊杰，2020），本文认为，自然资源资产负债表是一套包含资产、负债、所有者权益三大会计要素的资产负债表，是一套用来综合核算某一时间点自然资源数量和价值的量表。自然资源资产负债表的编制依据存量核算、不重复、可区分、可度量和符合会计原理五大原则，将自然资源划分为土地与矿产两大类；土地进一步细分为耕地、林地、草地、湿地和水域五小类，矿产划分为能源矿产和非能源矿产两小类。其中，耕地的核算主要包含种植所有作物产品所需的面积及其他生态供给服务；林地主要是供给各类木材及提供相应的生态服务；草地主要用于饲养各类牲畜及提供其他生态服务；湿地主要提供保护生物多样性、调节气候等生态服务；水域主要是供人类直接使用，提供水生生物和其他生态服务。能源矿产主要是指能提供能源的煤、石油和天然气等，非能源矿产主要包括用于提供原材料的金属与非金属矿产等。

值得注意的是，将水域归类到土地资源这一类别，而不单独将水资源列为一项大类，符合不重复核算这一原则。因为水域可以理解为储存水的土地，包括江河、湖泊、运河等；将水域与水资源分开核算会导致重复核算两者的生态服务价值与存量，两者应该为包含关系，而非并列关系；水资源是指地球上具有一定数量和可用质量能从自然界获得补充并可供利用的水，水域的生态系统服务价值中已经包含水资源的直接使用功能和生态功能。另外，将水域与水资源的实物量分开统计会使两者概念模糊不清，导致对资源的过高估计。同理，林地与林业资源也不分开核算。

（二）明确自然资源资产、负债、权益

本文认为，编制自然资源资产负债表应参考企业资产负债表的会计等式，遵循“自然资源资产=自然资源负债+自然资源权益”的平衡等式。依据五大原则确认好需要核算的资源类别之后，我们将分别阐述并清楚地界定土地资源与矿产资源的资产、负债和所有者权益。土地资源权益是指土地本身拥有的供给能力，包含了土地的实际面积与质量。土地资源负债是指人类使用过程中超出其固有供给能力的部分，相当于人类“从未来借来的土地供给”。土地资源资产即人类对土地的使用或需求。矿产资源权益是指可供使用的矿产资源，即现探明的矿产资源剩余储量，由于矿产资源属不可再生资源，一旦被消耗将无法还原，故将矿产资源负债定义为人类已经使用的、从大自然“借来”的矿产资源，也可视为环境负债。依据“自然资源资产=自然资源负债+自然资源权益”的平衡关系，将矿产资源资产定义为矿产资源负债与权益之和。

（三）自然资源资产负债表的基本框架

编制自然资源资产负债表需要实物量与价值量核算，价值量核算是建立在实物量核算基础之上的，所以我们首先要明确自然资源的实物量，根据自然资源资产、负债及权益的含义建立各类自然资源的资产负债实物量表。其次，对不同的自然资源采用合理、科学的方法来衡量其价值量，建立各类自然资源资产负债价值量表。实物量表与价值量表是存量与流量并存的，既可以体现核算期内每一年自然资源资产负债各项的存量，又可以确定核算期内的期初值与期末值来衡量自然资源各项类别的增减情况，即流量核算。最后，根据历年的自然资源资产负债的价值量表可以编制出某年的自然资源资产负债总表。

根据自然资源的分类、平衡等式及自然资源资产负债表三大基本要素（资产、负债、权益）的相关概念，结合前文提到的编制原理，参考企业资产负债表的表式结构，编制出我国自然资源资产负债表总表的基本框架。如表 1 所示，主栏列示了各级类别的自然资源项目，其中包括土地资源与矿产资源；第一大类土地资源包含了耕地、林地、草地和湿地四小类，由于水域的统计口径不一且差别较大，本文将忽略对水域的核算；第二大类矿产资源分为能源矿产与非能源矿产，其中，能源

矿产细分为煤炭、石油与天然气，非能源矿产细分为铜矿、铝矿、锌矿与铅矿。囿于数据的可得性，本文仅选取我国主要的矿产资源进行核算。宾栏分别列示了自然资源资产的期初值、期末值与自然资源负债的期末值，其中，期初值与期末值分别表示的是编制自然资源资产负债表的起始年份核算值与期末年份核算值。设置期初值与期末值的账目既可以看出某一时点的存量，又可以反映某一时期的流量，能根据核算期内的变化量反映这段时期各种自然资源的“盈亏”状况，并为未来自然资源管理政策的制定提供参考。尾栏列示的是资产与负债的差额，即自然资源的权益；此处采用资产与负债的差额填列是由于目前我国自然资源产权制度尚不明确，且从一开始就不存在对方科目，在多数情况下自然资源资产还未进行交易与计量，加上在确定自然资源价值量的方法上尚不成熟，很难建立严格的报表平衡关系（史丹、胡文龙，2015；杨艳昭等，2017）。另外，为了方便比较与计量，自然资源资产负债表总表的数值反映的均是资源的价值量，单位统一用“万亿元”表示。

表1　自然资源资产负债表总表基本框架　　单位：万亿元

	自然资源资产		自然资源负债
	期初值	期末值	期末值
1. 土地资源			
1.1　耕地			
1.2　林地			
1.3　草地			
1.4　湿地			
2. 矿产资源			
2.1　能源矿产			
2.1.1　煤炭			
2.1.2　石油			
2.1.3　天然气			
2.2　非能源矿产			
2.2.1　铜矿			
2.2.2　铝矿			
2.2.3　锌矿			
2.2.4　铅矿			
资产合计			负债合计
资产负债差额			

（四）核算自然资源实物量的方法及数据来源

1. 核算土地资源的实物量

大多数研究中核算土地资源实物量的方法只涉及期初与期末的面积变化，很少将土地资源的质量考虑进去，因为随着土地利用次数的增加，土地质量（如耕地的肥沃程度）可能会下降，这在一定程度上会高估土地的价值量。因此本文将尝试采用史丹、王俊杰（2020）提出的创新思路——利用生态足迹的方法来测算土地资源中耕地、林地、草地这三类资源的资产、负债及所有者权益。

生态足迹是指生产人类消耗的资源所需的土地面积与消化人类产生的废弃物所需的土地面积之和，即人类对年产品的需求量。与生态足迹相对应的是生态承载力，它反映土地的资源供给能力，即可持续的年产品供给量。当生态足迹小于生态承载力时，称为生态盈余，表明生态是可持续的；生态足迹大于生态承载力时，称为生态赤字，表明生态是不可持续的。盈余越多，则生态环境越好；赤字越多，则生态环境越恶劣。结合前文对土地资源资产、负债、所有者权益及生态足迹的相关定义，我们可以将土地资产、负债和所有者权益分别对应土地生态足迹、生态赤字和生态承载力。这种方法是符合逻辑的，且可以更加清晰、准确地核算存在较大争议的土地资源负债。土地负债是人类从未来借来的资源，是超出土地资源供给的部分；生态承载力减去生态足迹，若差值为正数，则为生态盈余，反之则为生态赤字；这正好与土地负债相对应，土地的资产减去土地的权益即为土地负债，若差值为正，则为生态赤字，反之则为生态盈余。土地权益是指现有的土地（包含面积与质量），与土地生态承载力代表的土地固有的供给能力相对应。土地资产是指人类对土地的需求，与土地生态足迹代表的人类当前使用的土地资源相对应。

生态足迹方法在概念上与自然资源资产负债表的某些编制思路相似，在原理方面也是密切相连的。尽管生态足迹核算的是流量，但衡量流量的是所需或所供的土地面积，而土地面积就是存量，因此两者可以对应起来。其中，为了实现不同土地利用类型之间的可比性，生态足迹和生物承载力通常以"全球公顷"为单位表示，"全球公顷"可以将不同土地利用类型的生态足迹和生物承载力的值赋予到一个数字中，它提供的信息不仅仅是记录土地的使用范围，还记录与土地相关的生态产量。因此本文核算的土地资源实物量将用"全球公顷"表示。

由于生态足迹法仅考虑耕地、林地、草地、水域、建设用地和化石燃料土地六种类型，所以该方法并不适用于湿地与矿产资源，故对于湿地，简单核算其面积，单位为公顷，并假设其赤字为零。囿于数据的可得性，本文将忽略对水域的核算，对于土地资源中的耕地、林地、草地的实物量测算将借鉴生态足迹的方法。其中，该三者（耕地、林地、草地）对应的生态足迹与生态承载力计算公式分别为式（1）与式（2）：

$$EF = \sum_i \frac{P_i}{Y_{w,i}} \times EQF_i \tag{1}$$

$$BC = 0.88 \sum_i EQF_i \times YF_i \times L_i \tag{2}$$

式（1）中，P_i 表示我国初级产品 i 的产量，$Y_{w,i}$ 表示产品 i 的世界平均单位面积产量，EQF_i 表示土地用于生产产品 i 的等价因子；式（2）中，L_i 表示第 i 种土地实际面积，YF_i 表示产量因子。等价因子及产量因子参考王俊杰（2016）计算的数值，核算年份的各种产品 i 的世界平均产量由联合国粮食及农业组织提供的年平均产量求得，我国初级产品的产量数据来源于我国历年统计年鉴，我国各种类型的土地的实际面积数据来源于原国土资源部。计算得到的三种土地类型的生态足迹、生态承载力、生态赤字与自然资源资产负债表中的资产、权益、负债一一对应，即可得到对应年份的土地资源资产负债实物量表。

2. *核算矿产资源的实物量*

矿产资源的实物量将分为能源矿产资源与非能源矿产资源进行核算。由于矿产资源是非可再生资源，人类开发利用不可再生的矿产资源将对环境、生态造成破坏、污染，所以矿产资源的负债可视为环境负债。根据物质守恒原理，将环境负债定义为消耗的矿产资源能使矿产资源核算自然地符合"资产=所有者权益+负债"这一会计学原理，这种衡量方法使得环境负债不会被系统性低估。矿产资源的负债用人类累计消耗的矿产资源核算，累计消耗量是指当年以及之前年份的全部消耗量，因此必须设定一个初始年份才能核算这两者，但初始年份选择并不重要，因为对于环境负债而言，增量比总量更有参考意义。矿产资源权益用剩余的探明储量表示，剩余探明储量一般是核算当年年底时刻的剩余探明储量；矿产资源资产即为矿产资源消耗量与剩余探明储量之和。其中，矿产的消耗量数据来源于历年《中国统计年鉴》、《中国有色金属工业年鉴》、智利国家铜业委员会；矿产资源的储量数据来源于《中国矿产资源报告》及原国土资源部。综上所述，可以得到我国矿产资源资产负债实物量表。

（五）核算自然资源价值量的方法及数据来源

构建自然资源资产负债表的价值量表，是在数量核算的基础上进行的，将实物量转化为价值量是编制自然资源资产负债表的核心步骤之一。关于自然资源的价值问题，需要运用合理、科学的方法来分别核算土地资源与矿产资源的生态服务价值，量化不同类型的生态系统对生态服务功能的潜在贡献能力。

1. 核算土地资源的价值量

核算土地资源的生态服务价值将结合使用生态足迹法与单位面积生态系统价值当量因子法。由于各种土地类型分别具有不同的生态服务价值（如气候调节、保持土壤、原材料生产等），我们可将不同的生态服务价值赋予相应的单位面积生态服务价值当量。本文将参考谢高地等（2008）计算的耕地、草地、林地及湿地生态系统所包含的9种生态服务对应的价值当量，该价值当量设定耕地的食物生产生态服务价值当量为1，也就是说，生态系统提供的其他生态服务价值的大小是相对于耕地生产食物每年获得的福利而言的。将每种土地类型所包含的9种生态服务价值当量相加即可得到这四类土地类型的生态服务价值总当量。另外，我们需要核算每公顷全国耕地平均产量的经济价值，即1个标准单位生态系统生态服务价值当量因子的价值量，以此为标准可以计算出其他生态系统服务当量因子的价值量。此处将单位面积耕地食物生产的净利润作为1个标准当量因子的生态系统服务价值量，计算公式如下：

$$D^t = S_r^t \times F_r^t + S_w^t \times F_w^t + S_c^t \times F_c^t \tag{3}$$

式（3）中，D^t 表示 t 年 1 个标准当量因子的生态系统服务价值量（元/公顷），S_r^t、S_w^t 和 S_c^t 分别表示 t 年稻谷、小麦和玉米的播种面积占三种作物播种总面积的比重，F_r^t、F_w^t 和 F_c^t 分别表示 t 年全国稻谷、小麦和玉米的单位面积平均净利润（元/公顷）。其中，三种作物的播种总面积占比及单位面积平均净利润数据分别来源于历年《中国统计年鉴》及历年《全国农产品成本收益资料汇编》。用式（3）计算得到的耕地、林地、草地和湿地生态系统服务价值量乘以对应的生态系统服务价值总当量即可得到核算年份的我国耕地、林地、草地和湿地的单位面积生态服务价值。本文计算了我国2000~2018年生态系统单位面积生态服务价值（见表2），由于篇幅限制，本文只列出部分年份。

表2　我国2000~2018年生态系统单位面积生态服务价值　　单位：元/公顷

年份	耕地	林地	草地	湿地
2000	854.49	3041.55	1262.27	5924.11
2003	4617.21	16434.93	6820.61	32010.71
2006	18657.61	66411.65	27561.31	129351.57
2009	23026.19	81961.56	34014.63	159638.50
2012	21346.64	75983.22	31533.58	147994.35
2015	15057.19	53595.99	22242.72	104390.20
2018	14056.65	50034.56	20764.70	97453.52

根据表 2，可以计算出每年全球每公顷相应土地类型 x（耕地、林地、草地）的价格 V_x^t，计算公式如下：

$$V_x^t = \frac{P_x^t}{EQF_x} \times \sum_n \left[\frac{1}{1+r} + \cdots + \frac{1}{(1+r)^n}\right] = \frac{P_x^t}{EQF_x \times r} \tag{4}$$

其中，P_x^t 是上述计算得到的我国第 t 年土地类型（x）的单位面积生态服务价值，EQF_x 表示 x 土地类型的等价因子，r 表示贴现率（此处设为 5%）。由此可以求得耕地、林地及草地的净现值。结合前文用生态足迹法获得的耕地、林地及草地资源的实物量，与每全球公顷对应的土地类型价格相乘，将依次求出相应土地类型资产、负债、权益的价值量。例如，将草地的生态足迹与第 t 年草地的 V_x^t 相乘可得到第 t 年草地的资产价值；同样地，将林地的生态承载力与第 t 年林地的 V_x^t 相乘可得到第 t 年林地的权益价值。

由于生态足迹法不适用于湿地的实物量核算，式（4）将不用于计算湿地的价值量，所以湿地的价值用公式 $\frac{P_x^t}{r}$ 来核算；前文假设湿地的负债为零，根据“自然资源资产 = 自然资源负债+自然资源权益”的平衡关系，湿地的资产等于权益。其中，我国湿地面积的数据来源于历年《中国统计年鉴》。综上所述，可以得到我国土地资源资产负债价值量表。

2. *核算矿产资源的价值量*

相比于土地资源的价值核算，矿产资源的价值核算相对来说要简单一些。本文将采用改进的市场价格法来编制矿产资源资产负债价值量表，与矿产资源的实物量表类似，将能源矿产与非能源矿产分别列示。计算矿产资源的价值，除了考虑矿产资源的市场价值以外，还需要剔除人类贡献的部分，故计算公式为：

$$V_{Mi} = P_{Mi} \times Q_{Mi} \times \alpha \tag{5}$$

其中，P_{Mi} 表示矿产资源 i 的市场价格，α 表示租金率，此处设为 40%，即表示人类贡献部分占 60%。当 Q_{Mi} 表示矿产资源的资产时，V_{Mi} 则表示矿产资源资产价值；当 Q_{Mi} 表示矿产资源的负债时，V_{Mi} 则表示矿产资源负债价值；当 Q_{Mi} 表示矿产资源的权益时，V_{Mi} 则表示矿产资源权益价值。能源矿产资源的市场价格来源于国家统计局、中国煤炭工业协会；非能源矿产的市场价格采用的是我国北京市每周的矿产资源市场价格，该年每周的价格汇总求得平均值将得到非能源矿产每年的市场价值，数据来源于 Wind 数据库。综上所述，可以得到我国矿产资源资产负债价值量表。

三、试编我国的自然资源资产负债表

在明确自然资源资产负债表的核算内容、编制原则、基本框架、核算方法后，我们尽可能地收集精准的数据，分别试编了我国历年的土地、矿产资源资产实物与价值量表，并以此来编制 2018 年我国自然资源资产负债表总表，具体内容如表 3 至表 7 所示。

（一）土地资源资产负债实物量表

表 3　2000~2018 年我国土地资源资产负债实物量表　　单位：万全球公顷

年份		2000	2003	2006	2009	2012	2015	2018
耕地	资产	31849.72	30069.29	33818.77	35973.06	39292.58	41316.27	42126.18
	负债	15227.26	13890.11	17851.51	19978.36	23157.19	23615.25	24432.79
	权益	16622.46	16179.19	15967.26	15994.70	16135.39	17701.03	17693.39

续表

年份		2000	2003	2006	2009	2012	2015	2018
林地	资产	4903.83	6726.55	8680.07	9759.31	10981.87	10833.25	12307.67
	负债	-11285.02	-9744.77	-7942.78	-6862.55	-6857.27	-6977.39	-5493.32
	权益	16188.85	16471.32	16622.85	16621.86	17839.14	17810.64	17800.99
草地	资产	41422.21	47778.03	47728.07	50963.39	54712.99	56805.05	56231.85
	负债	-9394.77	-2928.88	-2751.08	500.13	12398.36	14518.32	13960.70
	权益	50816.98	50706.91	50479.15	50463.25	42314.62	42286.74	42271.15
湿地（万公顷）	资产	3848.55	3848.55	4604.41	5360.26	5360.26	5360.26	5360.00
	负债	0	0	0	0	0	0	0
	权益	3848.55	3848.55	4604.41	5360.26	5360.26	5360.26	5360.00

注：由于篇幅限制，本文只列出部分年份。

表3中显示，耕地、林地、草地的资产项在总体上呈现增长趋势，即生态足迹在逐年增加，这意味着人们对于这三种类型的土地需求及利用程度在不断地上升，这可能是受到人口增加、经济发展等多方面因素的影响。权益项反映了相关土地的固有供给能力，其中，耕地、林地的权益项总体上呈逐年上升的趋势，在核算期内（2000~2018年）分别上升了6.44%、9.96%；但草地的权益项却逐年递减，在核算期内下降了16.82%，这表明，草地的生态承载力即固有供给能力在减弱。负债项则是资产与权益的差值，相应地表示生态足迹与生态承载力的差额，其中，差值为正，则为生态赤字，反之为生态盈余。从表中可以明显看出，虽然耕地的权益在总体上是递增的，但是由于人们对耕地使用的增长速率比土地自身的供给能力增长得快，耕地的生态赤字在逐年增加，这表明人们对耕地的利用已远超过其固有的承受能力，耕地资源被过度使用。林地的负债项显示目前人们对于我国林地的使用还未超出其固有供给能力，但是值得注意的是，人们对林地的需求越来越大，与其固有供给能力的差额在逐渐缩小，如果不采取适当的措施，继续按照当前的形势发展下去的话，不久将会出现生态赤字。核算期内，草地负债项的变化趋势就说明了这个问题，草地是这三者土地类型中负债变动幅度最大的，从负债项的正负号可以明显地发现，在2008年之前，我国的草地处于生态盈余的状态，但在这之后，出现了生态赤字，并且超出草地承载力的程度也在逐年加深。另外，由于原国土资源部核算湿地面积所跨的年份比较大，没有每年核算，故湿地的面积数据相隔几年才出现变动。从表中看，其资产总体上是呈上升趋势的。

（二）矿产资源资产负债实物量表

由于2000~2005年矿产资源剩余探明储量数据缺失，故本文仅编制2006~2018年我国矿产资源资产负债表（见表4）。矿产资源的资产负债实物量表将综合体现核算期内矿产资源资产、负债及权益的变化。

表4编制的是2006~2018年我国能源矿产资源的资产负债实物量表。总体来看，三种主要能源矿产资源的负债在持续增加，这表明能源矿产被过度利用的程度在增加，间接说明能源矿产可供未来使用的资源将减少。其中，天然气负债项的增长速率要快于煤炭、石油的增长速率。值得注意的是，即使在核算期内煤炭、石油、天然气的权益在数值上是增加的，剩余探明储量的增长幅度却在逐年递减，这也证明了矿产资源是有限的、不可再生的。例如，2008年煤炭的剩余探明储量的增长

率为5.59%，而2018年却降至2.51%，几乎下降了一半。从2014年开始，石油的负债已超过石油权益项，而且负债增长的幅度仍在继续。这些都表明，随着时间的推移，能源矿产在不断地被消耗，对生态环境造成的压力越来越大，如果不合理地使用有限的能源矿产资源、提高能源利用效率，那么能源终究会被耗尽。

表4　2006~2018年我国矿产资源资产负债实物量表

年份			2006	2009	2012	2015	2018
能源矿产资源	煤炭（亿吨）	资产	11626.84	13223.23	14445.97	16017.86	17554.57
		负债	29.04	126.43	237.97	354.76	468.84
		权益	11597.80	13096.80	14208.00	15663.10	17085.73
	石油（亿吨）	资产	31.11	44.31	61.82	79.19	97.59
		负债	3.51	14.81	28.52	44.19	61.86
		权益	27.60	29.50	33.30	35.00	35.73
	天然气（亿立方米）	资产	30590.55	40062.40	50652.83	64195.69	77305.79
		负债	581.55	2988.20	6862.83	12256.19	19369.71
		权益	30009.00	37074.20	43790.00	51939.50	57936.08
非能源矿产资源	铜矿（万吨）	资产	7480.88	10158.27	13584.37	17708.98	22856.17
		负债	433.08	2131.97	4547.47	7798.78	11412.68
		权益	7047.80	8026.30	9036.90	9910.20	11443.49
	铝矿（万吨）	资产	279071.40	325014.54	392355.12	489057.10	544720.98
		负债	1071.40	5014.54	10355.12	18057.10	27720.98
		权益	278000.00	320000.00	382000.00	471000.00	517000.00
	锌矿（万吨）	资产	10039.86	12282.78	15569.80	20092.86	25873.82
		负债	328.96	1587.48	3214.00	5107.66	7118.15
		权益	9710.90	10695.30	12355.80	14985.20	18755.67
	铅矿（万吨）	资产	4387.70	6052.80	8759.95	11622.11	14546.01
		负债	246.30	1201.70	2586.45	3855.21	5329.70
		权益	4141.40	4851.10	6173.50	7766.90	9216.31

注：由于篇幅限制，本文只列出部分年份。

表4还列示了2006~2018年我国四种主要非能源矿产（铜矿、铝矿、锌矿、铅矿）的实物量表。从负债项看每种非能源矿产的变化量，可以明显地观察到这四种主要非能源矿产的负债增长率在逐年递增，这表明人类使用矿产对环境造成的压力在不断增加。权益项（剩余探明储量）的增加，只能说明目前科技信息等进步使得人们可探测到的非能源矿产资源在增加，但这些资源并非用之不竭。

（三）土地资源资产负债价值量表

表5显示，从核算期初的2000~2018年，耕地、林地、草地这三种土地类型的资产、负债、权益价值都有较大幅度的增长，其中，林地的权益价值增长幅度是最大的，这可能与我国2003年开始全面实施的退耕还林政策有很大的关联，这一政策的实施能在一定程度上增加林地的面积，相应地提高了林地的供给能力。从图1的各类土地资源资产价值可见，林地的资产价值变化幅度最大，即核算期初至期末的资产价值增长率最大。值得注意的是，即使相比核算期初的资产价值是增加的，耕地、林地、草地的资产价值也大致呈现先增加后减少的趋势，近三年的资产价值均不如2011年前后的资产价值。图2清晰地显示了各类土地资源负债项的正负号变化情况，即显示各类土地资源生态盈余或赤字的状况。从图2中可以明显看到，耕地和草地的变化幅度都较大，但两者的变化方向相反，从核算期初耕地就一直处于被过度利用的状态，直至2018年赤字仍未被改变，负债价值反而在不断增加；草地的负债价值起初是盈余的，但这种情况并未保持下去，出现了“亏损”，这说明可供未来使用的草地资源逐渐在减少。

表5 2000~2018年我国土地资源资产负债价值量表 单位：万亿元

年份		2000	2003	2006	2009	2012	2015	2018
耕地	资产	2.46	12.56	57.10	74.96	75.91	56.30	53.59
	负债	1.18	5.80	30.14	41.63	44.74	32.18	31.08
	权益	1.29	6.76	26.96	33.33	31.17	24.12	22.51
林地	资产	2.23	16.50	86.04	119.39	124.54	86.66	91.91
	负债	-5.12	-23.90	-78.73	-83.95	-77.77	-55.81	-41.02
	权益	7.35	40.40	164.77	203.34	202.31	142.47	132.94
草地	资产	21.34	133.01	536.92	707.55	704.20	515.71	476.59
	负债	-4.84	-8.15	-30.95	6.94	159.58	131.81	118.32
	权益	26.18	141.16	567.87	700.61	544.63	383.91	358.26
湿地	资产	4.56	24.64	119.12	171.14	158.66	111.91	104.47
	负债	0	0	0	0	0	0	0
	权益	4.56	24.64	119.12	171.14	158.66	111.91	104.47

注：由于篇幅限制，本文只列出部分年份。

作为参考，李扬等（2012）利用国土资源中获取的净产出（即总收益扣除成本费用，亦即资源租金）估算2012年国土资源的总价值为44.3万亿元，该估值可被视作国有土地资源性资产的最大值；与本文核算的土地资源资产价值相比，折合当年价值约为53.38万亿元，两者相差不大，但本文核算的价值可能更大些，因为本文考虑了土地资源的生态服务价值，而且李扬等（2012）核算的国土资源价值未对耕地、草地、森林等不同资源收益进行详细的分类计算，而仅以“农、林、牧、渔业总产值”代替可能会低估其价值。

（四）矿产资源资产负债价值量表

结合前文核算矿产资源价值的方法，由矿产资源的实物量表可编制价值量表。如表6所示，在核算期内，各类能源矿产的资产、负债及权益总体上是增加的，且天然气的资产、负债及权益价值

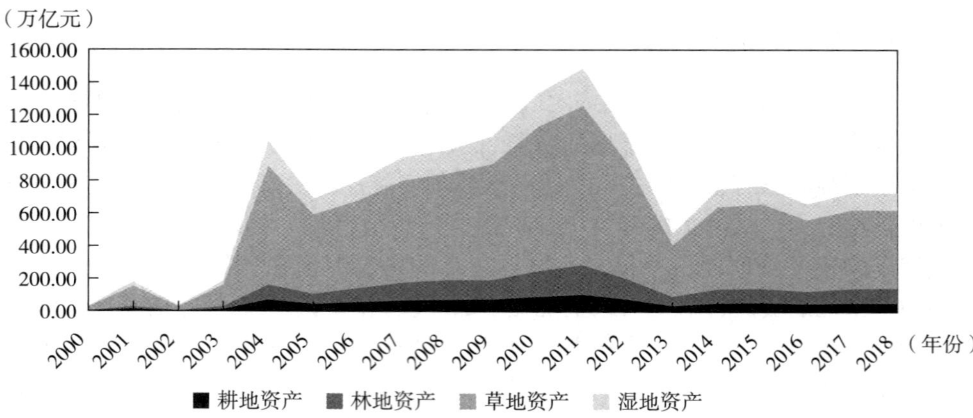

图 1　2000~2018 年我国土地资源资产价值变化趋势

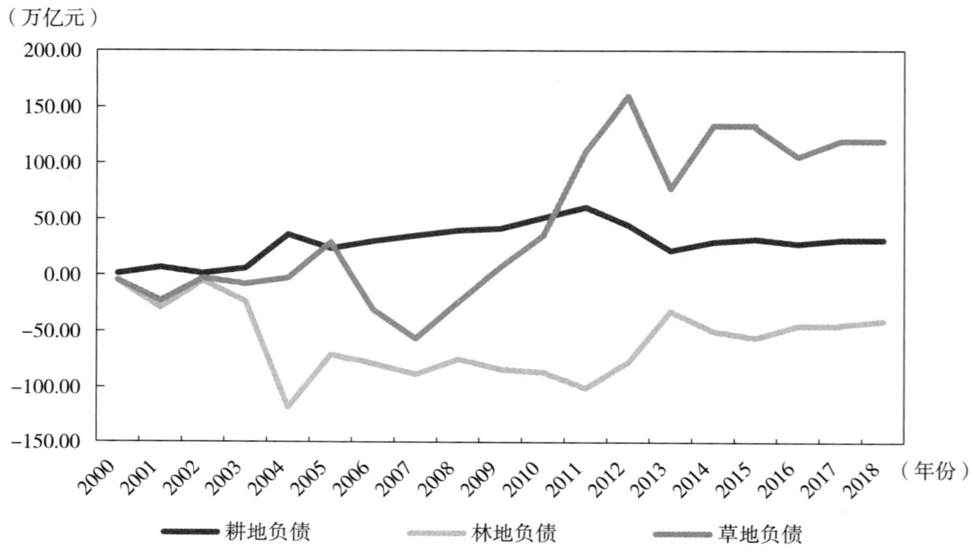

图 2　2000~2018 年我国土地资源负债价值变化趋势

增长幅度最大。从资产项来看，资产规模最大的是煤炭，这与我国煤炭储量排名靠前密切相关，煤炭储量丰富，也决定了我国煤炭在生产上占据的主导地位，故煤炭的权益价值占比也是最高的。从负债项来看，石油的负债价值最大，这表明我国的石油消耗占主要能源消费的很大一部分。在 20 世纪 90 年代初期，我国的石油消耗量还很低，但在 20 世纪 90 年代末至 21 世纪初，我国由石油净出口国转变为净进口国，随着石油消费的增加进口量也逐年递增。石油需求量的日渐增长，要求政府、企业加速推行新能源、绿色能源的研究与利用迫在眉睫。

表 6　2006~2018 年我国矿产资源资产负债价值量表　　单位：万亿元

年份		2006	2009	2012	2015	2018
煤炭	资产	174. 81	286. 79	372. 10	322. 25	424. 75
	负债	0. 44	2. 74	6. 13	7. 14	11. 34
	权益	174. 37	284. 05	365. 97	315. 12	413. 41

续表

年份		2006	2009	2012	2015	2018
石油	资产	8.42	15.25	25.07	24.76	32.23
	负债	0.95	5.10	11.57	13.82	20.43
	权益	7.47	10.16	13.51	10.94	11.80
天然气	资产	1.22	1.91	4.44	7.17	9.69
	负债	0.02	0.14	0.60	1.37	2.43
	权益	1.19	1.77	3.84	5.80	7.26
铜矿	资产	1.86	1.71	3.12	2.89	4.63
	负债	0.11	0.36	1.04	1.27	2.31
	权益	1.76	1.35	2.07	1.62	2.32
铝矿	资产	22.97	18.52	24.57	23.62	30.97
	负债	0.09	0.29	0.65	0.87	1.58
	权益	22.89	18.24	23.92	22.75	29.40
锌矿	资产	1.13	0.71	0.94	1.22	2.43
	负债	0.04	0.09	0.19	0.31	0.67
	权益	1.09	0.62	0.75	0.91	1.76
铅矿	资产	0.22	0.34	0.54	0.61	1.11
	负债	0.01	0.07	0.16	0.20	0.41
	权益	0.20	0.27	0.38	0.41	0.70

注：由于篇幅限制，本文只列出部分年份。

表6显示，由于核算期内非能源矿产资源剩余探明储量的增加，四种非能源矿产的资产价值均有不同幅度的增加。在核算期内，铝矿的资产、负债及权益价值增长幅度最大。从资产项来看，铝矿的资产价值在这四种非能源矿产中占比最大。从负债项来看，这四种主要的非能源矿产负债的总量在增加，这意味着消耗增加将会带来更高的生态环境压力。

（五）2018年我国自然资源资产负债表

根据前文对自然资源实物量与价值量的核算，我们可以编制其中某一年的自然资源资产负债表。由于各种资源的实物量单位很难统一，故此处仅用自然资源的价值量来编制某一年的资产负债表，这样做不仅可以实现单位统一（用“万亿元”表示），各类资源之间还可以进行比较。某一年的自然资源资产负债表，将全面反映核算期内我国自然资源资产和负债的构成、大小及变动情况，以此来揭示我国该年自然资源的使用状况、价值量及对生态环境的影响。本文将以2017年作为期初值，编制2018年我国自然资源资产负债表，如表7所示。

表7　2018年我国自然资源资产负债表　　单位：万亿元

	自然资源资产		自然资源负债
	期初值	期末值	期末值
1. 土地资源	729.08	726.56	108.38

续表

	自然资源资产		自然资源负债	
	期初值	期末值	期末值	
1.1 耕地	54.00	53.59	31.08	
1.2 林地	89.41	91.91	-41.02	
1.3 草地	480.49	476.59	118.32	
1.4 湿地	105.18	104.47	0.00	
2. 矿产资源	436.59	505.82	39.17	
2.1 能源矿产	425.35	466.68	34.21	
2.1.1 煤炭	392.54	424.75	11.34	
2.1.2 石油	25.07	32.23	20.43	
2.1.3 天然气	7.75	9.69	2.43	
2.2 非能源矿产	38.24	39.14	4.96	
2.2.1 铜矿	4.07	4.63	2.31	
2.2.2 铝矿	30.78	30.97	1.58	
2.2.3 锌矿	2.38	2.43	0.67	
2.2.4 铅矿	1.01	1.11	0.41	
资产合计	1165.67	1232.38	负债合计	147.55
资产负债差额	1084.83			

表7显示，2017年与2018年土地资源资产总价值分别为729.08万亿元和726.56万亿元，土地资源资产价值有所下降，降幅为0.35%；土地资源的负债价值较高，为108.38万亿元，这表明我国目前对土地资源的利用已超过其自身的承载能力，面临很大的生态环境压力。其中，2018年草地资源资产价值占比最大，占比65.6%；林地的负债价值为负，说明林地资源尚处于盈余，但耕地、草地资源的负债值表明两者被过度利用。2017年与2018年矿产资源资产总价值分别为436.59万亿元和505.82万亿元，矿产资源资产价值增加了15.86%。其中，2017年与2018年能源矿产资源资产总价值分别为392.54万亿元和424.75万亿元，能源矿产的资产价值有所增加，增幅为8.21%；2018年，煤炭的资产价值在三种主要的能源矿产中所占比例最大，占92.26%；石油的负债价值占据了主要能源矿产的很大一部分，占比为59.72%。2017年与2018年非能源矿产资源资产总价值分别为38.24万亿元和39.14万亿元，非能源矿产资源价值有所增长，这是由于非能源矿产的剩余探明储量增加，使得资产增加，增幅为2.35%；铝矿资产在这四类非能源矿产中占比最大，占89.59%。非能源矿产的负债总价值为4.96万亿元，其中铜矿的负债价值在这四类非能源矿产中占比最大。自然资源的利用与我国的经济发展是密切相关的，2018年，自然资源的总价值达1232.38万亿元，相当于2018年我国国内生产总值（900309.5亿元）的13.69倍；自然资源的负债价值达147.55万亿元，是我国2018年国内生产总值的1.64倍，其中，自然资源的负债主要是由草地的过度使用及石油的过度消耗引起的。

（六）自然资源资产负债表的对比分析

为了与史丹、胡文龙（2015）试编的2012年我国自然资源资产负债表的结果做比较分析，本文编制了一张2012年我国自然资源资产负债简表（见表8）。史丹、胡文龙（2015）核算的2012年自然资源资产总值为6256391.48亿元，自然资源负债总值为204119.37亿元；核算的土地与林业资源资产总值为2980279.44亿元，核算的矿产（金属、非金属矿产）与能源（煤、石油、天然气）资源资产总值为3016275.93亿元。与本文编制的2012年我国自然资源资产负债表结果相比，矿产资源资产价值总和相差不大，但2012年我国土地资源资产总值为1063.31万亿元，与史丹、胡文龙（2015）核算的土地与林业资源总值相差较大，其原因可能是史丹、胡文龙（2015）核算的土地与林业资源分别采用了收益现值法与市场价格法，这些方法仅考虑到土地与林业资源带来的市场价值，没有将土地与林业资源的生态价值考虑进去，而本文则是综合核算了土地资源的9种不同程度的生态服务价值，且采用生态足迹法将土地的质量考虑进去，所以本文核算的土地资源资产总值相对较高。自然资源负债总值与本文核算相比也相差较大，其原因可能是史丹、胡文龙（2015）核算的环境负债考虑的是治污成本、生态恢复成本等，但治污成本等仅是环境负债的一小部分，还有很多未被治理、已被消耗的资源尚未核算，在一定程度上存在系统性低估问题，本文则是考虑到矿产的特性（不可再生），核算的环境负债即矿产负债，合理使用累计消耗的矿产资源来衡量，能更准确估算环境负债。

表8　2012年我国自然资源资产负债简表　　单位：万亿元

	自然资源资产	自然资源负债
土地资源	1063.31	126.55
矿产资源	430.78	20.34
合计	1494.09	146.89
资产负债差额	1347.2	

四、结论与启示

探索编制自然资源资产负债表是党的十八届三中全会下达的重要任务，也是实现我国生态文明建设的一项重要举措。本文结合前期提出的自然资源资产负债表编制的总体思路和基本路径，利用生态足迹法核算耕地、林地、草地的资产、负债及权益，综合考虑了土地的面积及质量，使自然资源的负债核算成为可能；结合生态足迹法、收益现值法与生态系统价值当量因子法将实物量转化为价值量核算土地资源的价值。将环境负债用矿产资源负债来表示，解决了用污染物治理成本核算环境负债的难题。编制原则遵循“自然资源资产=自然资源负债+自然资源权益”的平衡关系，确立了自然资源资产负债的表式结构。本文从理论到实践，探索编制了2000~2018年我国土地资源资产负债实物与价值量表、2006~2018年我国矿产资源资产负债实物与价值量表、2018年我国自然资源资产负债表，以此为我国自然资源资产负债表的编制工作提供参考。我国的自然资源资产负债表表明：

（1）将生态足迹的方法引入自然资源资产负债表的编制是可行且有效的。其一，生态足迹法解决了很难核算的土地质量问题，丰富了土地资源的核算体系，缩小了衡量土地资源的误差；其二，生态足迹法全面地阐释了土地资源的资产、负债和权益的定义，同时生态足迹法中的生态足迹、生态赤字与生态承载力三者之间的关系与资产负债表中的平衡关系吻合；其三，生态足迹法与单位面积生态系统价值当量因子法结合运用考虑到了土地资源的生态服务价值，更准确地核算土地资源价值，有效避免偏误问题。

（2）用累计消耗的矿产资源衡量环境负债，而不是用环境治理成本等核算，可以避免环境负债项被低估的问题；在市场价值法的基础上剔除人类的贡献部分来核算矿产资源的价值，可以避免价值被高估的问题。

（3）我国 2000~2018 年土地资源资产负债的实物与价值量表说明我国耕地、草地正在被过度利用，并且还将继续处于生态赤字的状态，各级政府应采取合理措施来降低生态赤字（即土地资源负债）、提高土地生态承载力（即土地资源权益）。表中反映的林地状况比前两者（耕地、草地）好，但是其负债项的发展趋势并不乐观，所以我们仍需加强对林地资源的保护与合理利用，在当前基础上，提高林地资源的利用效率。我国 2006~2018 年矿产资源资产负债的实物与价值量表表明，我国的矿产（环境）负债较高，矿产资源是非可再生的，总有一天新增探明储量将为零，如果人们仍按照当前的矿产消耗速率使用矿产资源，那么结果将不容乐观，所以各级政府应颁布适当的条例或法规鼓励资源合理有效的利用，在发展经济的同时，也不能忽略可持续发展的理念。

参考文献

［1］陈艳利，弓锐，赵红云．自然资源资产负债表编制：理论基础、关键概念、框架设计［J］．会计研究，2015（9）：18-26，96.

［2］陈燕丽，王普查．我国自然资源资产负债表构建与运用研究——以政府官员离任审计为视角［J］．财经问题研究，2017（2）：80-87.

［3］封志明，杨艳昭，陈玥．国家资产负债表研究进展及其对自然资源资产负债表编制的启示［J］．资源科学，2015，37（9）：1685-1691.

［4］封志明，杨艳昭，李鹏．从自然资源核算到自然资源资产负债表编制［J］．中国科学院院刊，2014（4）：449-456.

［5］耿建新，李志坚，胡天雨，等．自然资源资产平衡表的实践探索——以宁夏永宁的报表编制为例［J］．会计之友，2017（5）：9-25.

［6］谷树忠．自然资源资产及其负债表编制与审计［J］．中国环境管理，2016，8（1）：30-33.

［7］胡文龙，史丹．中国自然资源资产负债表框架体系研究——以 SEEA2012、SNA2008 和国家资产负债表为基础的一种思路［J］．中国人口・资源与环境，2015，25（8）：1-9.

［8］李扬，张晓晶，常欣，等．中国主权资产负债表及其风险评估（上）［J］．经济研究，2012，47（6）：4-19.

［9］李扬，张晓晶，常欣，等．中国主权资产负债表及其风险评估（下）［J］．经济研究，2012，47（7）：4-21.

［10］欧阳志云，王效科，苗鸿．中国陆地生态系统服务功能及其生态经济价值的初步研究［J］．生态学报，1999（5）：19-25.

［11］史丹，胡文龙．自然资源资产负债表编制探索［M］．北京：经济管理出版社，2015.

［12］史丹，王俊杰．基于生态足迹的中国生态压力与生态效率测度与评价［J］．中国工业经济，2016（5）：5-21.

［13］史丹，王俊杰．生态环境的经济价值评估方法与应用［J］．城市与环境研究，2016（2）：3-16.

［14］史丹，王俊杰．自然资源资产负债表研究现状、评述与改进方向［J］．中国人口・资源

与环境，2020，30（1）：1-11.

[15] 史丹．自然资源资产负债表：在遵循国际惯例中体现中国特色［J］．中国经济学人（英文版），2015，10（4）：22-43.

[16] 王俊杰．中国省级生态压力与生态效率综合评价——基于生态足迹方法［J］．当代财经，2016（8）：3-15.

[17] 谢高地，张彩霞，张雷明，等．基于单位面积价值当量因子的生态系统服务价值化方法改进［J］．自然资源学报，2015，30（8）：1243-1254.

[18] 谢高地，张钇锂，鲁春霞，等．中国自然草地生态系统服务价值［J］．自然资源学报，2001（1）：47-53.

[19] 谢高地，甄霖，鲁春霞，等．一个基于专家知识的生态系统服务价值化方法［J］．自然资源学报，2008（5）：911-919.

[20] 徐素波，张山，陈丽芬．自然资源资产负债表编制探析［J］．财会月刊，2019（1）：79-85.

[21] 徐中民，张志强，程国栋．甘肃省 1998 年生态足迹计算与分析［J］．地理学报，2000（5）：607-616.

[22] 徐中民，张志强，程国栋．可持续发展定量研究的几种新方法评介［J］．中国人口·资源与环境，2000（2）：61-65.

[23] 闫慧敏，封志明，杨艳昭，等．湖州/安吉：全国首张市/县自然资源资产负债表编制［J］．资源科学，2017，39（9）：1625-1634.

[24] 杨艳昭，封志明，闫慧敏，等．自然资源资产负债表编制的“承德模式”［J］．资源科学，2017，39（9）：1646-1657.

[25] 姚霖．自然资源资产负债表基本概念释义［J］．国土资源情报，2017（2）：25-31.

[26] 张婕，刘玉洁，潘韬，等．自然资源资产负债表编制中生态损益核算［J］．自然资源学报，2020，35（4）：755-766.

[27] 张卫民，李辰颖．森林资源资产负债表核算系统研究［J］．自然资源学报，2019，34（6）：1245-1258.

[28] 张卫民，王会，郭静静．自然资源资产负债表编制目标及核算框架［J］．环境保护，2018，46（11）：39-42.

[29] 张卫民，王会．湿地资源资产负债表框架构建探索［J］．环境保护，2017，45（17）：27-31.

[30] Borucke M., Moore D., Cranston G., et al. Accounting for Demand and Supply of the Biosphere's Regenerative Capacity: The National Footprint Accounts' Underlying Methodology and Framework [J]. Ecological Indicators, 2013 (24): 518-533.

[31] Costanza R., D' Arge R., De Groot R., et al. The Value of the World's Ecosystem Services and Natural Capital [J]. World Environment, 1997, 387 (15): 253-260.

[32] Costanza R., De Groot R., Sutton P. C., et al. Changes in the Global Value of Ecosystem Services [J]. Global Environmental Change, 2014, 26 (1): 152-158.

[33] Mancini M. S., Galli A., Coscieme L., et al. Exploring Ecosystem Services Assessment Through Ecological Footprint Accounting [J]. Ecosystem Services, 2018 (30): 228-235.

[34] Wackernagel M., Onistol L., Linares A. C., et al. Ecological Footprints of Nations: How Much Nature do They use? How Much Nature do They Have? [R]. Toronto: International Council for Local Environmental Initiatives, 1997.

为完成节能目标，如何引致污染减排协同效应？兼析“减排”与“节能”的共赢之路

韩 超 陈 震 王 震

[摘 要] 随着世界上关于减少温室气体排放的呼声日益强烈，节能降耗是中国履行大国责任所必须要承担的任务，然而节能降耗政策效果如何，其是否能产生协同减排效应？本文依托千家企业节能行动，以 SO_2 为例探究了节能政策对污染排放的协同影响以及其内在发生机制。研究发现，节能政策会产生显著的减排效应，节能对污染排放有显著的协同减排效应，经过一系列稳健性检验，结果依然成立。考察节能政策与减排之间的影响机制时发现，节能政策引起企业污染排放降低的动因在减产、能源使用效率提升等方面均有直接证据，但能源结构改变并没有发挥有效作用。进一步研究发现，国有企业在实现节能目标方式上与非国有企业存在显著差异，其更多采用减产的方式实现节能目标，而非国有企业更多采用能源效率提升的方式，因此两类企业比较，非国有企业展现出更好的污染减排协同效应。同时，本文还发现污染减排协同效应在区域间以及大企业和小企业间也存在显著的差异，而其行为差异及表现出来的污染减排协同效应均与节能目标完成方式紧密相关。本文认为，未来在制定节能政策时，应更多考虑其可能产生的协同减排效应，而不是将其割裂单纯追求能耗降低，从而进行具体的政策制定，实现节能与污染减排的双赢。

[关键词] 节能政策；千家企业行动；污染减排；协同效应

一、问题的提出

世界气象组织发布的《2018 年全球气候状况声明》显示，2018 年全球平均气温比工业化前高 1℃，全球 CO_2 浓度为 407.8ppm，是工业化水平前的 147%。随着全球变暖，生态环境问题日益严峻，要求各能源使用大国出台政策来应对全球变暖的呼声也越来越多。1992 年联合国大会通过《联合国气候变化框架公约》，呼吁各国关注气候变化，努力将大气温室气体浓度维持在一个稳定的水平。2005 年《联合国气候变化框架公约》的补充条款《京都议定书》正式生效，要求到 2010 年所有发达国家 CO_2 等 6 种温室气体的排放量要比 1990 年减少 5.2%，这是人类历史上首次以法规的形式限制温室气体排放。中国作为世界第二大经济体和世界能源消费大国，在经济高速发展的同时环境恶化问题也日益严重。以 CO_2 为例，2018 年中国 CO_2 排放量达到 942870 万吨，占全球碳排放总量的 27.8%（Dudley，2018）。面对严峻的环境问题，习近平提出“绿水青山就是金山银山”，之后进一步把建设生态文明和美丽中国写入宪法，也为生态文明建设提供了法律保障。无论是面对严

[基金项目] 国家自然科学基金面上项目“异质性企业约束下环境规制对工业污染排放影响机制”（71774028）、辽宁“兴辽英才计划”青年拔尖人才项目（XLYC1807254）、辽宁省社科规划基金项目“绿色发展背景下环境规制对东北工业污染减排的影响”（L18AJY004）。

[作者简介] 韩超（通讯作者），山东东平人，东北财经大学产业组织与企业组织研究中心研究员，经济学博士，博士生导师，邮箱：super263@126.com；陈震，河北秦皇岛人，东北财经大学产业组织与企业组织研究中心硕士研究生；王震，湖北武汉人，东北财经大学产业组织与企业组织研究中心博士研究生。

峻的世界生态环境，还是考虑中国本身的环境状况，减缓温室气体排放已经刻不容缓。

温室气体的排放与化石燃料这种传统能源的燃烧密切相关，而中国现阶段的能源使用一直以化石燃料为主，天然气、风能、太阳能、核能等新型能源占比较低。此外，中国“富煤、少气、缺油”的能源贮备情况也使中国的能源使用一直以煤炭为主，节能减排的压力巨大。为完成节能减排目标、转变经济增长方式和实现可持续发展的要求，国家发展改革委同国家统计局于“十一五”期间实施千家企业节能行动。千家企业节能行动目标在于提高企业能源利用效率，降低企业能源消耗，推进企业节能技术进步，提高企业节能管理水平，使企业能源消耗水平达到全国同行业或者国际同行业的先进水平。根据2007年公布的《千家企业能源利用状况公报（2017）》，高耗能行业中千家企业能源消费量占工业能源消费量的一半，千家企业节能行动是中国首次直接面向具体企业的规制政策，基于这项政策来考察节能政策的协同减排效应具有鲜明的代表性。本文关心的是，旨在降低能耗的节能政策是否产生协同的污染减排效应？节能与减排之间的内在关系以及具体节能目标实现方式在这一关系中的作用又将如何？对以上问题的回答可以为未来中国完善规制政策，科学治污提供经验证据。

现有的有关节能问题的研究，首要的关注点是将能源使用与碳排放联系到一起，分析能源使用对碳排放的影响，发现能源强度和碳排放强度对碳排放量起到抑制作用（Ang and Pandiyan，1997；徐国泉、孙传旺，2006，林伯强等，2011）；但在开放的环境下，国际贸易研究发现中国的 CO_2 排放与贸易开放度正相关（Ang，2009；刘强等，2008）。也有一些研究综合探究影响能源要素使用的可能驱动因素，发现能源结构的改变和能源强度的变化是中国能源使用状况改变的主要原因（Sinton and Levine，1994），但这一结论并不稳健。在另外一系列研究中发现，能源使用效率的提升才是能源使用改变的主要原因，而能源结构的贡献较小（Zhang，2003；徐盈之、张全振，2011；Zhang and Sun，2010）。以上研究对于深入认识中国能源使用驱动因素与节能政策效应奠定了理论基础，但这些研究并没有将节能问题与污染治理问题结合到一起分析，从而无法回答节能是否以及如何影响污染排放问题。高能耗的要素投入大多是化石燃料，化石燃料在产生 CO_2 之外，还产生其他种类污染物。Barker（1993）基于英国的证据发现，超过99%的 SO_2 和 NO_2、97%的CO、91%的颗粒物、48%的甲烷和38%的挥发性有机化合物来自化石燃料。那么，通过减少化石燃料、提高能耗效率的政策可能也会对其他污染物产生协同减排效应。

在仅有的少量关于节能与污染排放关系的研究中，有研究发现节能政策会使 SO_2 的排放减少，协同减排效应的产生与能源使用效率和污染治理技术相关（Ekins，1996）。还有的研究发现节能政策还会降低与氮氧化物相关的疾病支出，认为节能政策不仅能获得碳减排的收益，还可以收获其他污染物减排的协同减排效应，并计算了节能政策的经济收益（Burtraw et al.，2003），后续的研究通过计算发现节能政策通过能源需求和技术效率变化，也将减少 SO_2 等污染物的排放（Barker and Rosendahl，2001；Van Vuuren et al.，2006）。尽管不少证据表明节能政策可能具有污染减排效应，但与其节能政策采取的机制措施具有紧密的关系（Van Vuuren et al.，2006）。显然，在规制决策过程中，节能政策的制定并未考虑这一过程中可能产生的污染物减排效应①，不同污染物（以及降低能耗）的规制方案可能会对其他污染物的排放产生有利或不利的影响。但在现实中节能降耗和污染物控制这两个问题往往被单独分析和对待，前者主要依靠能源投入的调整，后者则主要采用末端处理等行政控制型的规制措施进行治理。在关于环境规制减排效应的有关研究中，大多研究发现环境规制具有显著的减排效应（李永友、沈坤荣，2008；Laplante and Rilstone，1996），但不会促进技术进步（Jin and Lin，2014），通过节能政策的实施观察减排效应则可以为未来完善治污工具多样性，认识污染减排机制等提供积极的帮助。

① 国家“十一五”规划对能耗降低和 SO_2 降低分别给出了具体的控制目标，将能耗降低和污染物排放降低割裂开分别对待。

迄今为止，本文发现在关于节能与污染物减排之间的关系问题上，已有研究都是针对宏观层面进行的，注重用模型演算来测算协同减排效应的大小，缺乏微观视角上的研究。从微观的企业角度来讲，节能和污染物减排之间关系会随着作用途径的不同而可能存在细微的变化。增加能源使用效率和转变能源结构都能导致能耗的改变，但是这两条途径在企业层面都会发生作用吗？再者，能源使用效率抑或能源结构的变化是否只意味着单位产出能耗降低，但污染物排放并未发生变化？或者，单位产出能耗降低推动了产出扩张进而提高了企业的污染物排放？进一步拷问，是否会在节能政策引致合规的成本提高下产生了污染物处理能力的相对降低？总之，企业在面对节能政策时产生的企业反应并不是直接对应到污染物减排，政策实施下的企业反应行为主要包括产出调整行为、生产过程优化行为、污染物处理行为等，以上企业行为的不同反应以及组合均会对企业污染排放产生差异影响，对这些问题，如果不依托微观企业行为进行分析则没有清晰的答案。传统宏观视角的研究止步于化石燃料消耗与减排之间的单线关系，而基于企业层面的分析则可在现有研究基础上进一步探讨不同机制和途径。鉴于此，本文基于中国于 2006 年实施的千家企业节能行动，结合中国工业企业数据库和中国工业企业污染排放数据库，探究节能政策是否以及如何实现污染物减排的协同效应。在具体的千家企业节能行动的研究中，Ke 等（2012）用对数平均迪氏分解 CL 方法进行分解发现千家企业能源消费减少主要是由于能源利用效率提高，但其分解是基于自身的变化，未分离反事实的因素存在，因此其结论无法反映节能政策的影响。Filippini 等（2017）以千家企业节能行动中钢铁企业为例进行研究，发现该政策实施后企业竞争力得以提高，同时发现技术效率和规模效率的变化均促进了企业竞争力的提高。相比现有研究，本文可能的边际贡献在于：一方面给出了节能政策的污染减排协同效应的证据，同时揭示了这一协同效应是通过何种途径得以实现，发现了通过节能政策提高能源效率和降低污染排放的共赢之路；另一方面直接验证了千家企业节能行动减排效应，对现有文献关于千家企业节能行动提升企业竞争力的研究（Filippini et al.，2017）是一个有力的补充。

本文余下内容安排如下：第二部分阐述政策背景并给出研究设计；第三部分进行基准分析和稳健性检验；第四部分进行影响机制与异质性分析；第五部分总结全文并给出进一步启示。

二、政策背景、研究设计与数据说明

据《国民经济和社会发展第十一个五年规划纲要》和《国务院关于做好建设节约型社会近期重点工作的通知》的指导，国家发展改革委、国家能源局、国家统计局、国家质检总局、国务院国资委共同制定了《千家企业节能行动方案》。该政策选出 2004 年综合能源消费量达到 18 万吨标准煤以上的企业，共 1008 家。这一千多家企业集中在钢铁、有色、煤炭、电力、石油石化、化工、建材、纺织、造纸九大行业。根据统计，千家企业的能源消费总量占全国能源消费总量的 33%，占工业能源消费量的 47%。政策目标要求企业的能源利用效率大幅度提高，主要产品单位能耗达到国内同行业先进水平，部分企业达到国际先进水平或行业领先水平，带动行业节能水平的大幅度提高，在"十一五"期间千家重点耗能企业节能 1 亿吨标准煤左右。因此，开展千家企业节能行动，对提高能源利用效率，缓解经济社会发展面临的能源和环境约束，具有十分重要的意义，是实现"十一五"规划中单位 GDP 能耗降低 20%和实现《京都议定书》减碳目标的重要保证。《千家企业节能行动方案》是根据企业的能源消耗总量来选择企业的，企业被分配的节能目标主要是基于它们能源消耗情况，同时在一定程度上也考虑了其他因素，如行业隶属关系、企业的技术水平（Price et al.，2010），但是没有直接关注企业的减排成本。在设定目标时，由于千家企业政策从制定到实施的过程较为迅速，目标设定过程并没有对各个企业的节能潜力进行科学的分析。此外，在对千家企业的跟踪和考核上，要求各省、区、市节能主管部门对企业的节能情况进行监督，并将每年企业的能源利用状况直接上报国家统计局和国家发展改革委，这就可能使国有企业相比于非国有企业更有可能面临更严格的监督和监测，承担更多的节能任务和责任。千家企业在各行业分布的数量和能源消费情况分别如图 1（a）和（b）所示，可以发现钢铁、电力和化工行业无论在企业数目上还是能源消费量上均位于前列，占企业数量 25%和 15%的钢铁行业和电力行业消耗了超过一半的能源消费量。

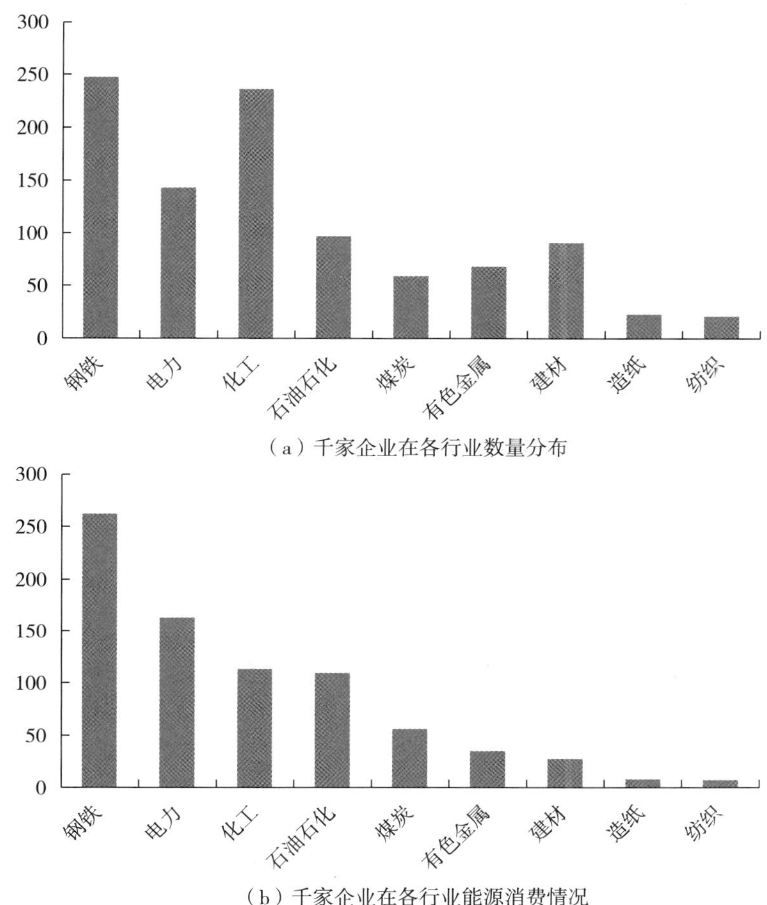

图 1　2006 年千家企业在各行业的数量分布和能源消费情况

资料来源：《千家企业能源利用状况公报（2007）》。

根据《千家企业节能行动实施方案》，纳入千家企业节能行动名单的企业需要采取以下措施：信息公开，需要定期报送能源使用数据；进行能源审计编制节能规划，由此可以强化事中和事后的规制核查；推进技术改造，提升技术效率渠道节能；出台激励措施，对节能突出的企业给出相应奖励。通过以上具体措施，落实节能目标责任制、能源计量和审计、建立节能激励机制等措施，其目的均在于促进企业改善能源使用情况，包括提高能源使用效率、转变能源结构，但这种措施对于减排的影响依然是未知的。此外，类似加快节能降耗技术改造等措施，则要求企业增加研发投入，采纳节能新技术和设备，而技术效率的提升又是否会产生协同作用，进而促进企业污染减排？节能政策与污染减排之间的逻辑关系可以在图 2 中得到体现。为保持千家企业节能行动的连续性，国家要求原则上在五年周期内千家企业名单不进行较大程度的调整变动，即千家企业节能行动的实行周期跨越整个“十一五”时期（2006~2010 年），这就为分析节能政策和减排之间的协同效应提供了保障。为了示意性描述千家企业节能行动与企业污染排放的关系，利用平均意义上的企业 SO_2 排放量和能源强度（企业能源使用量除以剔除价格影响因素的产出后取对数），本文绘制了千家企业节能行动的企业能源消耗与 SO_2 污染排放时间变动趋势图（见图 3）。通过图 3 可以发现，在 2006 年之前千家企业的污染排放度还都基本处在上升阶段，能源强度总体下降但仍旧处在高位。同时发现，2006 年后企业的能源强度发生显著且持续性的下降，虽然这个时间段企业污染排放也在下降，但其下降的程度明显不如能源强度。图 3 表明，与企业污染排放变动趋势相比，千家企业节能行动有关企业的能源强度变化更具有先动性，但两者基本呈现相似的趋势，可能预示着千家企业行动呈现显著的降低污染排放的协同效应。

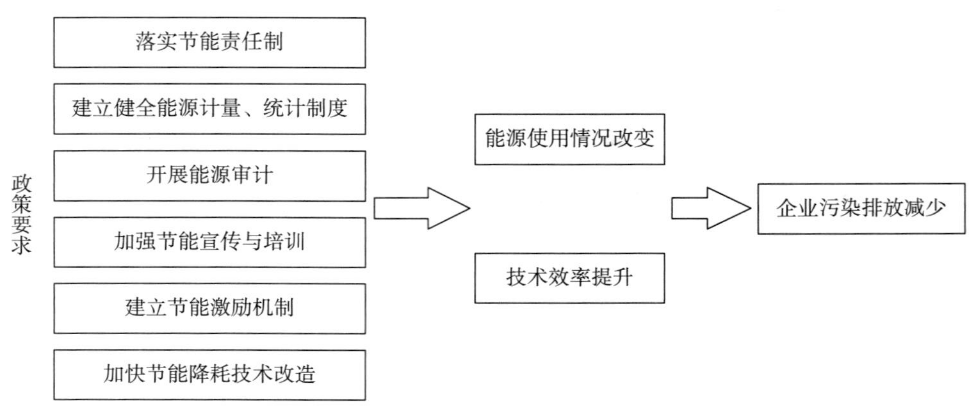

图 2　千家企业节能行动措施与企业污染减排关系示意图

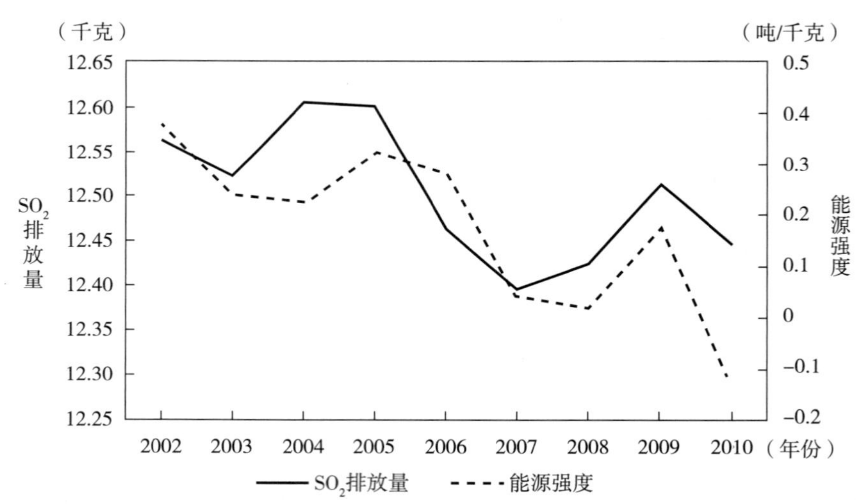

图 3　千家企业 SO_2 排放量和能源强度变动趋势

资料来源：笔者整理。

正如上文所言，千家企业的筛选原则是，2004 年中能源消耗超过 18 万吨标准煤的企业将会被纳入千家企业节能行动，其最优的识别策略是采取断点回归（RD）分析设计的思路。采取 RD 的研究设计需要准确掌握企业的能源投入，这就需要获得企业有关煤和石油以外还包括天然气、电力等能源要素投入的数据。遗憾的是，本文无法准确获得企业层面的以上全部指标，因而无法采取 RD 的研究设计。在无法使用 RD 研究设计的背景下，为了更准确地估计千家企业行动对企业污染排放的影响，本文充分利用千家企业行动实施前的数据以及从未进入千家企业行动的企业进行双重差分（DID）的研究设计，从而比较实施千家企业节能行动与未实施千家企业节能行动的企业污染排放差异。通过这一设计可以消除样本时间内的宏观趋势，以及对于是否参加企业行动计划中不可观察且在样本时间保持基本不变的因素的影响。然而，使用DID研究设计的一个比较棘手的问题就是如何构造一个合理的反事实，即被纳入千家企业节能行动的企业若未被纳入，其企业行为和绩效会发生什么变化。如果政策处理组和对照组的样本企业在政策实施前，在可观察特征变量上存在显著差异，那么通过比较两组进行的估计可能是有偏的（Dehejia and Wahba，2002；Brucal et al.，2019）。表4的结果表明，千家企业与其他企业在企业产值、企业能源消耗、全要素生产率等方面均存在显著的差异，因而通过单独的DID估计可能无法产生一个无偏估计的节能政策影响下的减排效应。

为了得到一个合理的反事实，本文采取1∶1最邻近匹配法的倾向得分匹配（PSM），采用无替代匹配方式来选择匹配的样本（Rosenbaum and Rubin，1985）。对于每一个参与千家企业节能行动的企业，本文均采用PSM方法识别一个最具有类似特征的对照企业，同时为了尽量获得相似的对照企业，在PSM处理时，本文将匹配的范围选择在两位数行业一年内，即在行业与年的范围内进行匹配。关于PSM最具争议的问题就是匹配变量的选择（Austin，2011），只包括那些影响结果的变量、只包括影响分组选择变量或者同时包括影响结果变量和影响分组的变量都是有意义的（Austin et al.，2007）。但是，匹配变量越多，则匹配的样本数量越少。对于本文来说，选取的协变量既要影响企业是否进入千家企业又要影响企业污染排放①。基于以上考虑，本文选择如下匹配变量：①总产值（lny），该变量准确度量了企业的产出情况，同时反映企业能源使用和污染排放规模；②全要素生产率（TFP），TFP反映了企业要素投入使用情况，在生产规模不变的情况下，企业的TFP高，企业的要素投入减少，进而能源消耗降低，也有利于污染排放的减少；③企业能源消费量（lnEC），企业能源消费量由煤炭消费总量和燃料油消费总量相加得到，为剔除异常值的影响取对数。通过选择与企业SO_2排放和分组变量有关的企业产值、企业能源消耗以及全要素生产率进行匹配，可以确保每一个企业均有一个相对近似的匹配样本。在稳健性检验中，本文还选取1∶3和1∶5的最邻近匹配方法、半径匹配和核匹配方法来进一步检验，结果表明匹配方法的变更并没有显著改变本文的研究结论。PSM处理的有效性的关键是，在匹配变量的条件下，千家企业与非千家企业的潜在污染排放行为与是否进入千家企业节能行动是正交的。对于这个问题，由于选择匹配的企业在同一个行业和同一时间段，因而千家企业和匹配的非千家企业应该面临相同的行业冲击、要素价格等。

为了检验匹配的结果是否可靠，即千家企业与匹配上的非千家企业不存在显著差异，进行了匹配平衡性检验，检验结果如表1所示。有效的匹配结果要求匹配变量在处理组和控制组之间的差异或偏差越小越好，匹配变量的偏差不大于20%就可以认为匹配结果是有效的（Rosenbaum and Rubin，1985）。从表1中可以看出，匹配变量在进行匹配后的偏差都在10%左右，说明匹配结果较好。由此可见，处理组和控制组之间不存在明显的差异，较好地削弱了两组间的差异。与一般性的匹配不同，千家企业具有明确的筛选标准，即企业能耗是否达到或者超过18万吨标准煤，尽管本文没法得到准确的企业全部能源消耗，但是依然可以通过计算现有的能源使用指标进行筛选匹配。因此，产值与企业能耗均与筛选标准直接相关，而TFP进入匹配变量主要考虑两组可能的效率差异，而效率差异可能对企业运营、处理能源投入以及减排措施有一定关系。经过匹配，TFP的均值偏差符合Rosenbaum和Rubin（1985）的标准。同时，TFP并不是是否进入千家企业行动计划的直接变量和最相关变量，因而其对由于是否参加“千家企业行动计划”导致的选择偏误影响较小。

① 对于匹配变量如何选择一直没有明确的定论，根据匹配的原理，本文选择了既能影响分组又能影响结果的变量作为匹配变量，以在保证平衡的同时带来最多的配对样本。

表 1　匹配的平衡性检验

变量	处理	均值		标准偏差（%）	标准偏差减少幅度（%）
		处理组	控制组		
lny	匹配前	11.679	9.0125	143.6	92.9
	匹配后	11.115	11.303	-10.1	
lnEC	匹配前	11.625	8.3428	132.6	97.5
	匹配后	11.049	10.967	3.3	
TFP	匹配前	7.467	5.8209	102.7	89.5
	匹配后	7.1085	7.2814	-10.8	
lnK	匹配前	5.527	4.556	87.6	93.7
	匹配后	5.3578	5.4192	-5.5	
lnP	匹配前	2.7164	2.2487	49.8	76.9
	匹配后	2.5934	2.4855	11.5	
soe	匹配前	0.292	0.17065	29.1	97.5
	匹配后	0.26371	0.26669	-0.7	

此外，表 1 还报告了没有参与匹配的相关变量的匹配前后情况，匹配后的偏差也都在 10%附近。组间显著性检验表明，除了企业年龄存在差异外，企业的所有制属性以及企业的资本在行业内的两组间均不存在显著的差异。综合以上分析，本文认为匹配的结果是稳健的。为了观察匹配后样本的变化，图 4 和图 5 分别绘制了匹配前和匹配后企业每年在各行业的分布情况，从中可以看出，匹配前后钢铁、化工、建材在各年的占比均较高，纺织和造纸在匹配后占比缩小，原因在于纺织和造纸由于其行业性质很难在控制组里找出与处理组相似的能源消费量。图 6 和图 7 分别是绘制的匹配前后国有企业和非国有企业每年的分布情况，可以直观地看出非国有企业样本数量较多，且匹配前后国有企业和非国有企业在每年样本中的分布占比情况大致不变。此外，本文还绘制了经过匹配后的国有企业和非国有企业在平均意义上的单位能源消耗（每千元工业总产值能源消费量）的趋势情况，如图 8 所示。相比于非国有企业，国有企业的单位能源消耗水平一直较低，能源使用效率较高，非国有企业则在总体上呈现单位能耗下降趋势，且在 2008 年之后单位能耗水平与国有企业相接近。图 9 则是匹配后的千家企业中不同规模（员工人数大于 1000 人则认为是大型企业）的国有企业和非国有企业的分布情况，非国有企业的大型企业数量大约是国有企业的一倍，大型企业数目多，但是在国有企业中，大型企业所占份额达到了 80%以上，大型企业占比高。国有企业和非国有企业在单位能耗和大型企业分布上的不同，可能会是两者在污染减排效果上存在差异的原因。

在经过匹配及详细的检验后，本文使用式（1）的模型设定来研究以千家企业节能行动为代表的节能政策对企业污染排放的影响：

$$SO_2\_emission_{it}=\alpha+\beta Post_t\times Treatment_i+\gamma X_{it}+\eta_i+\theta_t+\mu_{it} \tag{1}$$

其中，$SO_2\_emission_{it}$ 表示企业 i 在 t 年的 SO_2 污染物排放量的自然对数。之所以选择 SO_2 排放量作为污染物排放指标，是基于以下几个方面考量：一是中国的能源消费结构是以煤炭为主，也是世界上排放 SO_2 较多的国家，因而决定了大气污染尤其是 SO_2 是最主要的污染指标之一；二是 SO_2 是民众感知程度较为直接的污染物，自 1998 年以来历次制定的减排目标中均将 SO_2 作为主要污染物纳入。进入千家企业节能行动名单的企业 $Treatment_i=1$，否则 $Treatment_i=0$。年份在政策发生的

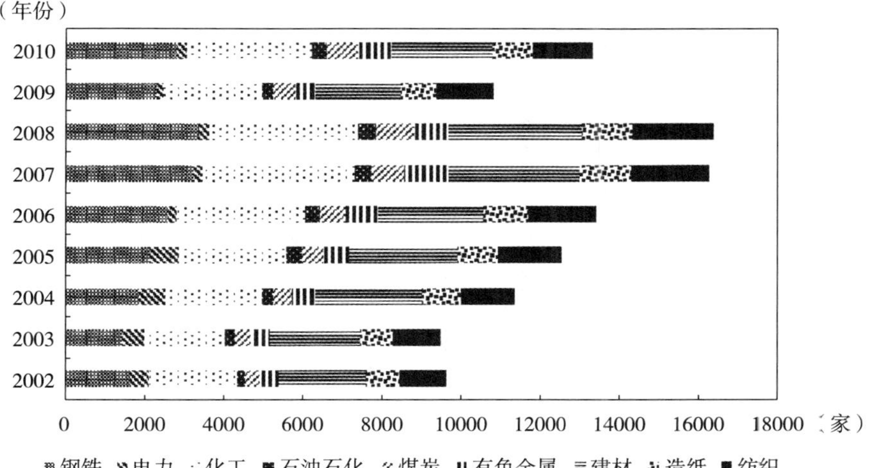

图 4 匹配前企业在每年各行业分布情况

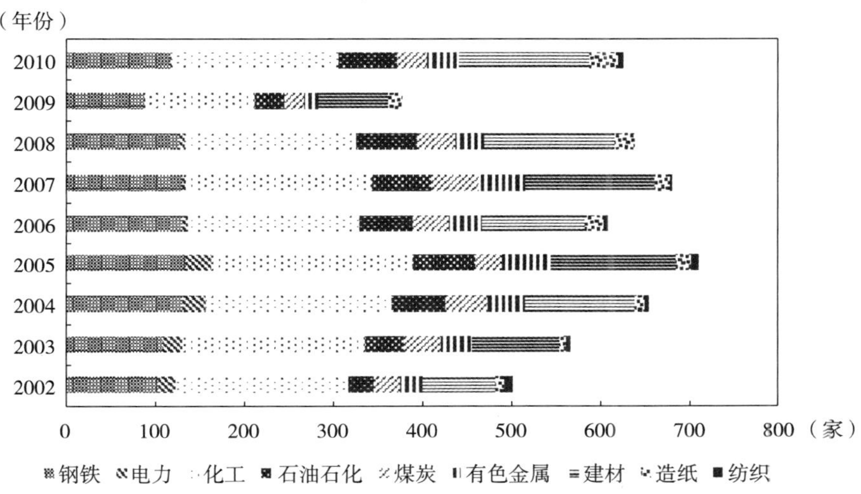

图 5 匹配后企业在每年各行业分布情况

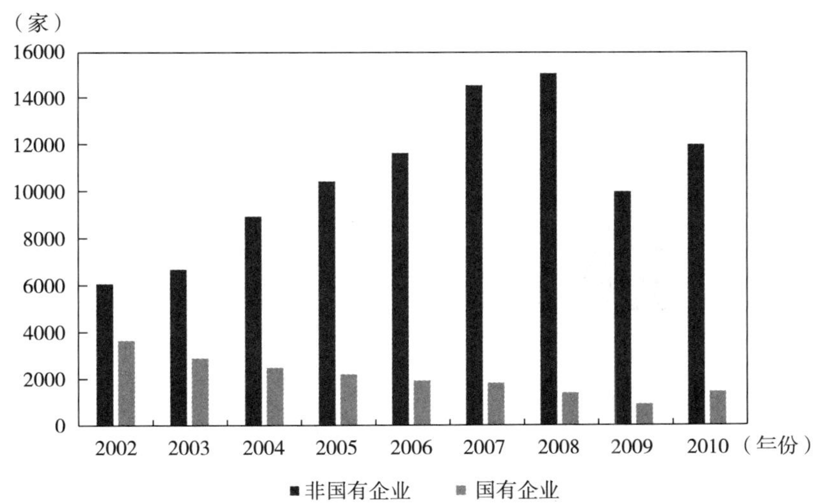

图 6 匹配前国有企业和非国有企业分布情况

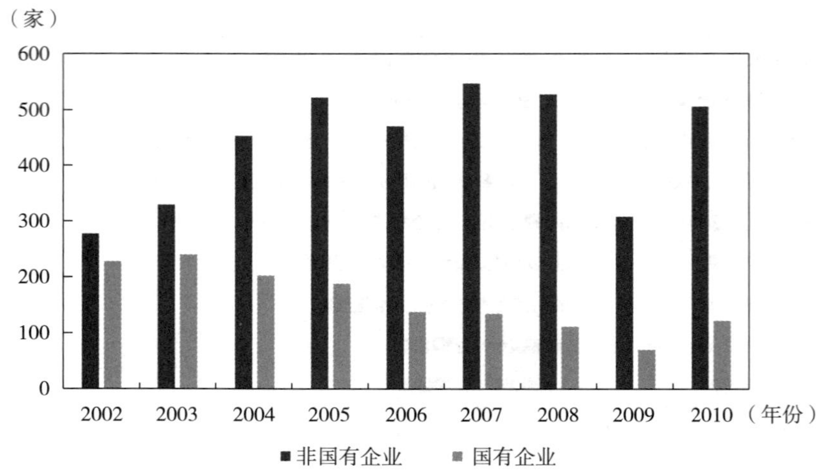

图 7　匹配后国有企业和非国有企业分布情况

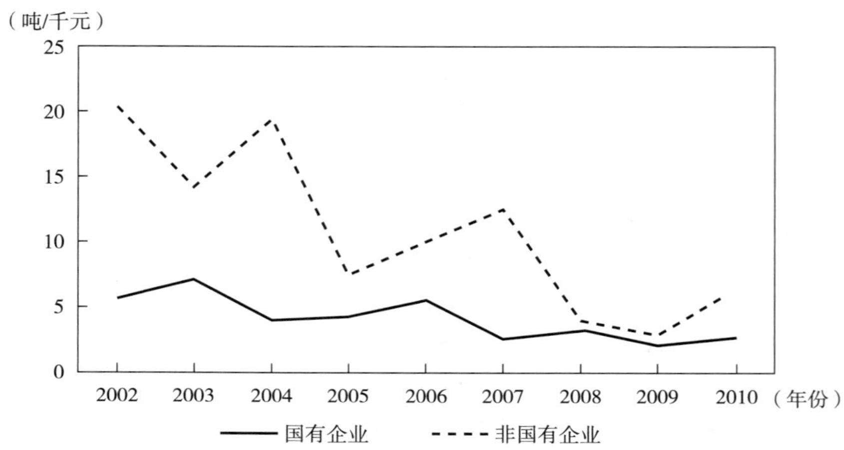

图 8　国有企业和非国有企业单位能耗变动趋势

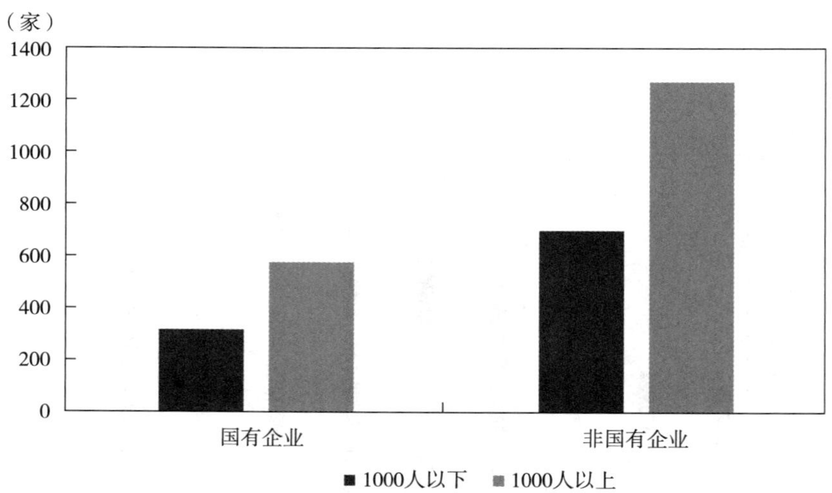

图 9　不同规模国有企业和非国有企业分布情况

2006 年及之后，$Post_t=1$，否则 $Post_t=0$。η_i 代表企业固定效应，θ_t 代表时间固定效应，μ_{it} 为误差项。为控制其他影响企业污染排放的因素，回归模型加入了控制变量 X_{it}，包括企业规模 lny，使用企业工业总产值的对数表示；企业能源消耗 lnEC，使用企业能源消费数量的对数形式表示，能源消费数量是企业煤炭消费总量和燃料油消费量之和；全要素生产率（TFP），用 OP（Olley-Pakes）方法测度；人均资本 lnK，使用企业固定资产与就业人数之比并取对数形式表示；企业年龄 lnP，用当年年份减去企业成立年份加 1 后取对数表示；企业所属 soe，国有企业为 1，非国有企业为 0①。在样本处理上，去掉行业中没有任何一家企业被划入千家企业节能行动的行业。基准模型中将标准误聚类到四位数行业层面，所有名义值剔除物价因素后取实际值。

本文使用的数据由三部分数据库组成，第一部分是 2002~2010 年的中国规模以上中国工业企业数据库，包含规模以上工业企业的主要特征指标。第二部分是中国工业企业污染排放数据库②。中国工业企业数据库是学术界已经广泛使用的数据库，而中国工业企业污染排放数据库则在公开发表的文献中还较少使用。中国工业企业污染排放数据库覆盖主要的污染源，在“十五”期间其统计了占污染负荷 85%的工业企业，而在“十一五”期间其统计了占地区排放 85%以上的工业企业。中国工业企业数据库具有详细的企业财务以及企业属性等信息，而关于企业能源投入、污染治理行为以及企业排放等有关污染指标则缺失。同时，中国工业企业污染排放数据库具有详细的企业污染物排放及处理的指标，但其缺少企业属性以及企业财务指标。本文对两数据库进行了匹配。匹配步骤如下：先是按照企业代码对两数据库进行匹配，对于未匹配上的数据集继而使用企业名称进行匹配，最后再分别提取两数据库企业名称中的关键信息并利用企业所在地进行匹配③。在以上匹配的基础上，本文剔除了异常值，比如污染物排放小于 0，工业增加值大于工业总产值等不合常理的数据。经过以上处理的数据，在企业层面具有关于企业财务信息、污染物排放、污染物处理等指标的详细数据集。实际的匹配情况如表 2 所示，可以发现年度匹配率（匹配数据样本量/污染数据样本量）基本处于 50%附近。

表 2　中国工业企业数据—中国工业企业污染排放数据匹配情况

年份	2002	2003	2004	2005	2006	2007	2008	2009	2010
匹配数据	33387	33819	39591	39228	42867	53584	58082	38774	51741
排放数据	66005	65339	68785	67707	73172	100352	104065	104943	105617
工企数据	181541	196203	278982	271809	301927	336730	411401	230995	346474
匹配率（%）	50. 6	51. 8	57. 6	57. 9	58. 6	53. 4	55. 81	36. 95	48. 99

资料来源：笔者计算。

第三部分是国家发展改革委公布的千家企业节能行动企业名单。将千家企业节能行动名单按照法人代码和企业名称与合并中国工业企业—中国排放数据库进行再匹配，匹配过程类似于中国工业企业数据库与中国工业企业污染排放数据库的匹配，匹配情况如表 3 所示。根据千家企业匹配的结果，2001 年的企业数据匹配质量较差，因此本文将样本时间限定在 2002~2010 年，同时仅保留存在千家企业两位数行业。表 4（1）~（5）列给出了原始样本数据的描述性统计，（6）~（9）列给出了千家企业和非千家企业在政策实施之前主要变量的描述性统计。

① 为了尽量控制企业层面的特征变量，本文选择控制了企业层面的人均资本、企业年龄、企业所有制属性等变量。由于企业利润率、企业资产负债率等变量是显著受到千家企业节能行动计划影响的结果变量，因此没有放入模型设定。

② 关于该数据库的可靠性已在现有几个研究中充分说明，本文不再赘述，参见陈登科（2020）、Zhang 等（2018）。

③ 例如，假设某公司名称为“上海东方电子有限公司”，那么只提取“东方电子”为核心企业名称信息，在此基础上利用省市县等地址信息进行匹配。

表 3　中国工业企业—中国工业企业污染排放数据库与千家企业匹配情况

年份	2002	2003	2004	2005	2006	2007	2008	2009	2010
千家企业	446	509	622	641	691	711	731	432	628
工企—污染数据	33387	33819	39591	39228	42867	53584	58082	38774	51741
匹配率（%）	44. 25	50. 50	61. 71	63. 59	68. 55	70. 54	72. 52	42. 86	62. 30

资料来源：笔者计算。

表 4　主要变量的描述性统计

变量	2002~2010 年					2002~2005 年			
	所有企业					非千家企业		千家企业	
	样本量	均值	标准差	最小值	最大值	样本量	均值	样本量	均值
	（1）	（2）	（3）	（4）	（5）	（6）	（7）	（8）	（9）
SO_2_ emission	5362	12. 31	1. 547	0	13. 45	34661	10. 65	1822	12. 62
lny	5362	11. 21	1. 796	0. 104	17. 90	40482	8. 822	1914	11. 35
lnEC	5362	11. 01	2. 437	0	15. 72	41109	7. 139	1934	10. 63
TFP	5362	7. 195	1. 618	−4. 059	13. 30	40482	5. 607	1914	7. 163
lnK	5362	5. 389	1. 118	0. 659	10. 47	41256	4. 507	1939	5. 500
lnP	5362	2. 539	1. 004	0	4. 745	41256	2. 332	1939	2. 700
soe	5362	0. 265	0. 441	0	1	41256	0. 254	1939	0. 353

资料来源：笔者计算。

三、基本结果

（一）基于最小二乘（OLS）法的估计结果

在对匹配后的样本进行回归之前，先对未匹配的样本采用 DID 法进行分析，结果如表 5 所示。首先，表 5 的（1）列显示，在控制企业固定效应和年份固定效应但不考虑控制变量的情况下，估计系数显著为负，节能行动对企业污染排放存在负向效应，会降低企业 SO_2 排放。进一步加入相关控制变量，结果如（2）列所示，估计系数变大且更为显著，节能政策对企业污染减排效果增强。然而，未经匹配的样本，千家企业组样本与非千家企业样本间存在巨大差异，因而基于未进行样本匹配进行 DID 设计的估计结果是有偏的。

表 5　未匹配样本的回归结果

	SO_2_ emission （1）	SO_2_ emission （2）
post_ treatment	−0. 08584** （0. 04225）	−0. 17441*** （0. 04286）

续表

	SO_2_emission (1)	SO_2_emission (2)
lny		0.32085*** (0.05635)
lnEC		0.37502*** (0.02912)
TFP		-0.26069*** (0.05425)
lnK		-0.00012 (0.00839)
lnP		0.02895** (0.01450)
soe		-0.02667 (0.02331)
企业固定效应	控制	控制
年份固定效应	控制	控制
Observations	75183	69920
R-squared	0.83463	0.86370

注：*、**、***分别表示10%、5%、1%的显著性水平；括号内为在行业层面聚类的标准误。

（二）匹配基础上DID估计的基准结果

本文探究千家企业节能行动对企业污染排放的影响，即节能政策与企业污染排放之间的协同效应，在对样本进行匹配后基准模型的估计结果如表6所示。在表6（1）列，交互项直接与SO_2_emission进行回归，控制企业固定效应和年份固定效应，估计系数为负且显著。在表6的（2）列，加入了相关控制变量，post_treatment的估计系数为-0.15796，估计结果通过了5%显著性水平检验。这说明，在其他条件不变的前提下，千家企业节能行动显著降低了企业SO_2的排放量，节能政策在一定程度上会降低企业污染排放，节能政策与企业污染排放之间存在协同效应，其中的机制和发生作用的途径将在下文进行详细阐述。对于相关的控制变量，首先，尽管lny未通过显著性检验，但其p值在0.11左右，意味着企业的规模越大，企业所排放的SO_2也越多。能源消费量对SO_2排放的影响显著为正，即企业生产中使用的能源量越多，相应的污染排放也会越多；全要素生产率（TFP）对SO_2排放的影响为负，全要素生产率的提高，有助于企业管理能源消耗，这将会使企业SO_2排放降低，但是这个结果并不显著；人均资本对SO_2排放的影响为正且显著，可能原因是资本密度越高的企业能源消耗越高，从而污染排放增多；年龄较大的企业SO_2排放减少，原因在于存续时间长的企业拥有规模经济，有能力采取更为清洁的生产方式，但其并未通过显著性检验。此外，结果还显示国有企业具有排放SO_2更少的趋势。

表 6 基准结果

	SO₂_emission (1)	SO₂_emission (2)
post_treatment	-0.24358*** (0.07126)	-0.15796** (0.07114)
lny		0.30038 (0.18794)
lnEC		0.21223*** (0.04091)
TFP		-0.19987 (0.18928)
lnK		0.05578** (0.02703)
lnP		-0.06438 (0.04362)
soe		-0.13749 (0.08537)
企业固定效应	控制	控制
年份固定效应	控制	控制
Observations	4099	4099
R-squared	0.71122	0.74240

注：*、**、***分别表示10%、5%、1%的显著性水平；括号内为在行业层面聚类的标准误。

为了进一步观测千家企业节能行动实施后对企业 SO_2 排放在各年度的动态效应，对2002~2010年每个年度的动态处理效应进行了估计，将模型（1）进行微调，得到模型（2）：

$$SO_2\_emission_{it} = \alpha + \sum_{t=2002}^{2010} \beta_t Post_t \times Treatment_i + \gamma X_{it} + \eta_i + \theta_t + \mu_{it} \quad (2)$$

其中，$Post_t$ 代表千家企业节能行动实施当年或者第 i 年的虚拟变量。具体设定为：时间变量仅在当年取1，其他年份均取0。例如，在估计2007年动态效应时，在2007年Post(2007)=1，其他年份取0。这里将2005年作为基准年份，在年份小于2005年的时间内，若交互项不显著，则表明千家企业节能行动实施前两组样本满足共同趋势，动态效应结果如图10所示。2002年、2003年以及2004年估计系数均不显著，表明处理组和控制组企业的 SO_2 排放在事前具有共同趋势。在政策实施的五年里，政策对企业 SO_2 的排放呈现负向影响，且系数比政策实施前（-0.07左右）具有显著的变化（政策实施后边际影响系数为-0.2左右）。2006年千家企业节能行动对企业 SO_2 排放的边际影响尽管未通过显著性检验，但其p值为0.12，因此相对政策实施前，已经非常明显地显示出减排效应。2008年和2009年因为千家企业节能行动即将结束，要对整个时期的企业节能减排情况进行考核和审查，所以企业面临的政策压力变大，从而 SO_2 排放进一步减少且通过显著性检验。虽然政策实施在2007年和2010年的边际影响系数没有通过0.1的显著性检验，但是系数仍呈现稳健的负值，并且p值接近0.15，表明仍具有减排效应。2007年可能与政策开始实施后力度减缓有关，2010年则可能是由于政策所制定的目标超额完成，政府对企业规制变弱有关。

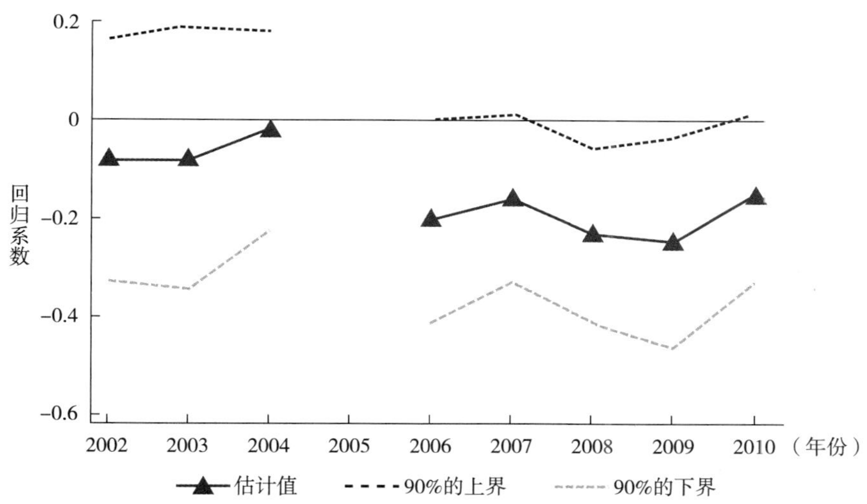

图 10　平行趋势暨动态影响示意图

注：2005 年为进行比较的基准年。

资料来源：笔者绘制。

（三）稳健性检验

（1）匹配方法的选择。基准分析中本文使用的是单一最邻近匹配方法对样本进行匹配，来选择最合适的控制组样本，这样会导致较多样本量的丢失，所得到的结论可能仅限于少数匹配上的样本。为了检验本文的估计结果是否会因为不同的匹配方法而产生不同的结果，本文选取了 1∶3 和 1∶5 的最邻近匹配方法、半径匹配和核匹配方法来进一步检验，相应的估计结果如表 7 所示。表 7 的（1）~（4）列分别对应了 1∶3 的最邻近匹配方法、1∶5 的最邻近匹配方法、半径匹配方法和核匹配方法。从表 7 中可以发现，无论采用哪种匹配方法，千家企业节能行动对企业 SO_2 排放的影响都是负向的，且结果都通过了显著性检验，与前文的结论方向一致。说明本文的基准结果不依赖于具体的匹配方法的选择，结果整体上是稳健的。

表 7　不同匹配方法的估计结果

	最邻近匹配 1∶3 （1）	最邻近匹配 1∶5 （2）	半径匹配 （0.005） （3）	核匹配 （带宽 0.06） （4）
SO_2_emission	−0.17199*** （0.04858）	−0.17243*** （0.04293）	−0.14616** （0.06607）	−0.16743*** （0.04477）
控制变量	控制	控制	控制	控制
企业固定效应	控制	控制	控制	控制
年份固定效应	控制	控制	控制	控制
Observations	6509	7770	30715	48979
R-squared	0.75955	0.76726	0.84499	0.85858

注：*、**、*** 分别表示 10%、5%、1%的显著性水平；括号内为行业层面聚类的标准误。

（2）排除同期重要节能政策的影响。在估计千家企业节能行动对企业 SO_2 排放的影响过程中，可能会受到其他政策的干扰，从而使"千家企业政策"的估计效应产生偏差。为了解决这一问题，本文搜寻了在千家企业节能行动产生作用时间段内同时存在的其他政策。最终发现，在 2007 年国务院出台的《节能减排综合性工作方案》中，国家提出了"淘汰落后生产能力，关停小企业"的政策，主要集中在电力、炼铁、炼钢、电解铝、铁合金、焦炭、水泥、玻璃、造纸、酒精、味精、柠檬酸等行业。例如，电力行业要求关停 5000 万千瓦以下小火电组，钢铁行业要求淘汰 300 立方米以下炼铁高炉和年产 20 万吨以下炼钢小转炉和小电炉。该项政策预计到 2010 年会实现节能 1. 18 亿吨标准煤。但是由于缺乏完整的关停企业名单，本文在现有的数据库里无法找出既在千家企业节能行动名单又在关停企业名单里的企业。通过对比千家企业节能行动和"淘汰落后产能"，可以发现两个政策关注的行业存在交叉，如电力、钢铁、有色金属、造纸、建材等。因此本文将在原本的数据库里删除 2007 年之后，既处在这些交叉行业又处在千家企业节能行动名单的企业，再进行匹配和估计分析，从而排除"淘汰落后产能、关停小企业"这一政策对本文估计结果的影响。匹配变量的选择与基准结果保持一致。从表 8 中可以看出，在删掉了与"淘汰落后产能、关停小企业"存在行业交叉的千家企业之后，结果依然是显著的，本文结论依然是稳健的。

表 8　排除其他政策影响

	SO_2_ emission （1）	SO_2_ emission （2）
post_ treatment	−0. 23575*** （0. 07353）	−0. 14835** （0. 07401）
lny		0. 32904* （0. 19211）
lnEC		0. 20845*** （0. 04255）
TFP		−0. 23639 （0. 19337）
lnK		0. 05771** （0. 02772）
lnP		−0. 07474* （0. 04148）
soe		−0. 12811 （0. 08523）
企业固定效应	控制	控制
年份固定效应	控制	控制
Observations	4029	4029
R−squared	0. 71782	0. 74692

注：*、**、***分别表示 10%、5%、1%的显著性水平；括号内为在行业层面聚类的标准误。

（3）安慰剂检验。千家企业节能行动这一节能政策要求进入千家企业节能行动名单的企业在2006~2010年按照要求完成预定的目标，但是企业SO_2排放的减少真的是因为千家企业节能行动吗？是不是存在随机的时间层面因素导致控制组和处理组之间的污染排放存在差异，而不是千家企业节能行动的原因。因此，借鉴Topalova（2010）的做法，删除2006年以后的样本，仅保留千家企业节能行动出台之前的样本，然后依次将2003年、2004年和2005年作为“假”的千家企业节能行动的干预点，重新进行双重差分。最后的回归结果如表9所示，交互项post2003_treament、post2004_treament和post2005_treament的系数均不显著，表明企业SO_2排放的减少是由“企业节能行动”引起的，而不是其他因素，说明本文估计结果是稳健的。

表9　安慰剂检验

	SO_2_emission （1）	SO_2_emission （2）	SO_2_emission （3）
post2003_treatment	0.05130 （0.12215）		
post2004_treatment		0.09847 （0.13268）	
post2005_treatment			0.14109 （0.15524）
其他控制变量	控制	控制	控制
企业固定效应	控制	控制	控制
年份固定效应	控制	控制	控制
Observations	1579	1579	1579
R-squared	0.80507	0.80520	0.80534

注：*、**、***分别表示10%、5%、1%的显著性水平；括号内为在行业层面聚类的标准误。

（4）样本仅限于大型规模企业。为了检验结果的稳健性，本文将样本仅限于大型规模企业，具体做法是只保留企业从业人数超过行业平均值的样本。原因在于以下两点：首先，千家企业节能行动的目的就在于限制大企业能源消耗，因此只保留大规模企业的样本能更好地研究节能政策对企业污染的影响；其次，大型企业具有规模经济，不管是否受到环境规制的影响，都更有能力承担与技术提升、效率提高有关的投资。结果如表10所示，可以发现相比于表6的基准回归，只保留大型规模企业样本的估计系数要更大且通过了显著性检验。因此，可以合理地推断，千家企业节能行动对规模较大企业的影响更大，污染减排效果更好。

表10　样本仅限于大型规模企业

	SO_2_emission （1）	SO_2_emission （2）
post_treatment	-0.31672*** （0.09863）	-0.23954** （0.09822）

续表

	SO_2_emission (1)	SO_2_emission (2)
lny		0.33767 (0.24373)
lnEC		0.21202*** (0.05006)
TFP		-0.24123 (0.24921)
lnK		0.06793** (0.02910)
lnP		-0.08059* (0.04516)
soe		-0.13679* (0.07368)
企业固定效应	控制	控制
年份固定效应	控制	控制
Observations	2779	2779
R-squared	0.74942	0.78036

注：*、**、***分别表示10%、5%、1%的显著性水平；括号内为在行业层面聚类的标准误。

（5）考虑不同聚类标准误。本文的基准回归采用的聚类层级为两位数行业—年度，由于聚类层级的选择会对样本回归结果的显著性产生直接影响，为了检验不同聚类层级是否影响基准结果的可靠性，本文将基准回归的聚类层级进行替换，结果如表11所示。表11的（1）~（5）列对应的聚类层级分别为四位数行业—年度、省份—四位数行业、省份—年度、城市—四位数行业，回归结果显示聚类标准的不同设定并不会影响本文结论，本文结果是稳健的。

表11　不同聚类估计的结果

	SO_2_emission (1)	SO_2_emission (2)	SO_2_emission (3)	SO_2_emission (4)
post_treatment	-0.15796** (0.06807)	-0.15796* (0.09335)	-0.15796** (0.07086)	-0.15796* (0.09363)
lny	0.30038** (0.14764)	0.30038* (0.16952)	0.30038** (0.14229)	0.30038* (0.17028)
lnEC	0.21223*** (0.02957)	0.21223*** (0.03707)	0.21223*** (0.02926)	0.21223*** (0.03468)

续表

	SO_2_ emission (1)	SO_2_ emission (2)	SO_2_ emission (3)	SO_2_ emission (4)
TFP	-0. 19987 (0. 15092)	-0. 19987 (0. 17692)	-0. 19987 (0. 14829)	-0. 19987 (0. 17595)
lnK	0. 05578** (0. 02708)	0. 05578 (0. 03388)	0. 05578* (0. 03072)	0. 05578* (0. 03366)
lnP	-0. 06438* (0. 03587)	-0. 06438 (0. 04228)	-0. 06438* (0. 03499)	-0. 06438* (0. 03832)
soe	-0. 13749 (0. 08951)	-0. 13749 (0. 09734)	-0. 13749 (0. 08342)	-0. 13749 (0. 09959)
企业固定效应	控制	控制	控制	控制
年份固定效应	控制	控制	控制	控制
Observations	4099	4099	4099	4099
R-squared	0. 74240	0. 74240	0. 74240	0. 74240

注：*、**、***分别表示10%、5%、1%的显著性水平。

（6）采用三重差分进行检验。对于其他可能导致千家企业和非千家企业分组的估计偏误的担心，本文尝试估计了一个三重差分模型设定的结果。由于千家企业政策目标着重于大型的高耗能企业，因此企业的污染排放情况可能存在组间差异，所以本文采用三重差分法来替代 DID 法，进一步检验节能与减排之间负向关系的稳健性。具体来说，本文采用政策实施之前 2005 年四位码行业的煤炭能源强度 coal_ intensity（计算方式为利用 2005 年各四位码行业的煤炭使用总量除以各行业的总产值）作为第三重差分的变量，构造 post_ treat_ industry = post×treatment×coal_ industry，结果如表 12 所示。研究发现，在三重差分法下，节能政策会使能源密度越高的行业内的千家企业 SO_2 排放降低越多，结果显著且与基准结论是一致的。由于本文的样本匹配在行业—年度的范围进行匹配，所以千家企业行动政策变量的影响被 post_ treatment 三重差分交互项 post_ treat_ industry 吸收。

表 12　采用三重差分法的再检验

	SO_2_ emission
post_ treat_ industry	-0. 03163** (0. 01245)
post_ treatment	0. 01707 (0. 08903)
post_ industry	-0. 00000** (0. 00000)
treat_ industry	0. 03966 (0. 05962)

续表

	SO_2_emission
企业固定效应	控制
行业固定效应	控制
年份固定效应	控制
Observations	3046
R-squared	0. 74224

注：*、**、***分别表示10%、5%、1%的显著性水平；括号内为在行业层面聚类的标准误。

四、影响机制与异质性分析

千家企业节能行动具有显著的污染减排效果，即针对温室气体排放的节能政策对污染物的排放存在协同减排效应。那么这样一种节能政策是通过何种内在机制来影响企业污染排放的，即这种协同减排效应发挥作用的途径是什么样的？目前很多研究减碳对污染排放影响的文献都发现，能源使用的改变可能涉及能源使用效率提升、能源结构变化，而这可能影响企业的污染排放（Ekins，1996；Burtraw et al.，2003；Amann et al.，2011；Zhang et al.，2015）。千家企业节能行动在制定政策时仅仅考虑企业的能源使用状况，并不关注企业真实的节能潜力（Price et al.，2010），因而会存在企业通过减产来完成任务的，而这种调整生产来减排的情况又是否真实存在？从企业污染排放过程看，理论上污染物的最终排放不仅取决于污染物的产生过程，还取决于污染物处理情况，对每个千家企业节能行动设定具体的节能目标可能会对企业技术效率、治理投资等环节产生影响，这些环节的改变都将会影响污染物的产生，但是究竟是哪种方式在发生作用还有待检验。

（一）机制探析

（1）能源使用效率的提升与能源结构的转变。温室气体排放的减少与化石燃料的燃烧密切相关，而这样可能会产生相应的协同减排效应，影响污染物的排放。能源使用的减少无非通过以下几种方式：改变原有的能源使用原料、转向更为清洁的能源和提升能源使用效率。（Riekkola et al.，2011；Kverndokk et al.，2000；Van Vuuren et al.，2006；Ekins，1996）。由此，本文探究这两个途径在影响污染物排放上的真实效果。首先，本文要验证企业是否通过能源使用效率的提升来降低污染排放，用企业煤炭消费量总额并取对数来构造能源使用效率 fuel_efficiency，原因在于千家企业中煤炭消费量占40%左右，各个行业都使用煤炭作为燃料，且煤炭的燃烧会产生大量的 SO_2 等污染物，而石油、天然气等燃料燃烧产生的多为碳氢化合物和 CO_2，SO_2 排放较少。将 post_treatment 直接对能源使用效率 fuel_efficiency 进行回归，结果如表13（1）列所示，可以发现 post_treatment 变量系数显著为负，表明千家企业节能行动显著提升了企业的能源使用效率，而能源使用效率的提升在减缓温室气体排放的同时也会减少企业的污染排放。此外，能源使用效率的提升在一定程度上也意味着企业生产技术效率的提升。

紧接着，需要考虑节能政策对污染排放产生的协同减排效应是否是通过能源结构的改变来实现的，即企业有没有使用更清洁的能源。由于缺乏企业使用风能、水能、太阳能这一类新能源的数据，本文采用洁净燃气消费 gas 来进行分析，具体结果如表13（2）列所示。结果显示 post_treatment 对洁净燃气消费 gas 的回归系数为负，但未通过显著性检验。由此可以看出，企业并没有通过转变能源消费结构、增加新能源消费来降低污染排放，相反，新型能源的消费数量还有降低的趋势

（对应的 p 值=0.2）。这可能与企业为了尽快完成千家企业节能行动减排目标有关，为了完成既定目标，企业不得不选择减少一切能源消费，而这一点则不利于新型能源的普及。此外，这点也与中国能源结构现状有关，煤炭占能源储备和开采的绝大部分且价格较为低廉，而且企业要改变能源使用结构也不是短时期就能实现的，里面还涉及固定资产的更换和技术的改进，是一个长时间的过程。另外，本文还要探究柴油 diese 在节能政策和污染减排之间协同效应的作用。柴油由于其物理属性，含碳量低，燃烧使用中温室气体的排放相比石油少，且含硫量也相对较低。在千家企业节能行动实施期间，企业为了节能降耗会选择使用柴油发电机来维持生产经营，这样可能会导致柴油使用量提升，但是相应的污染排放会减少。为了检验柴油是否是企业减碳和减排之间的潜在路径，本文进行了回归，结果如表 13（3）列所示，回归系数为负且不显著，表明企业并没有通过使用柴油来减少污染排放。

表 13　能源使用效率、能源结构与污染减排

	fuel_ efficiency (1)	gas (2)	diese (3)
post_ treatment	-0.19646* (0.11786)	-0.31307 (0.26165)	-0.16874 (0.39395)
其他控制变量	不控制	控制	控制
企业固定效应	控制	控制	控制
年份固定效应	控制	控制	控制
Observations	3042	4099	2258
R-squared	0.83372	0.74704	0.83031

注：*、**、***分别表示 10%、5%、1%的显著性水平；括号内为在行业层面聚类的标准误。

（2）减产与技术效率提升。产出与企业的温室气体排放、污染排放有着直接关系，如若产出下降那么意味着能源投入也将降低，进而直接导致温室气体排放减少，由此产生污染排放减少的协同效应。产出的下降也可以说是企业调节能源使用的一种途径。因此，本文需要验证企业是否通过调整生产方式来完成节能目标，进而降低污染排放，即验证是否通过减产来减排。具体的做法是直接将 post_ treatment 对工业总产值的对数形式 output 进行回归，表 14（1）列的回归系数显示为负值且通过了 1%的显著性检验，表明在千家企业节能行动影响下，为了完成节能目标，企业会调整自身的生产经营计划，进而减少污染排放。但是，这种以减产来减排的方式是对企业的一种伤害，是企业为完成政策目标而进行的一种不得已的选择，将会对企业的经营生产和保持市场竞争力产生重大影响，并不利于企业长远发展。

表 14　减产、能源结构对减排影响

	Output (1)	SO_2_ production (2)	treat_ rate (3)
post_ treatment	-0.39840*** (0.08189)	-0.12819 (0.08274)	-0.07027 (0.04531)
其他控制变量	不控制	控制	控制

续表

	Output (1)	SO_2_ production (2)	treat_ rate (3)
企业固定效应	控制	控制	控制
年份固定效应	控制	控制	控制
Observations	4099	4099	4099
R-squared	0.78991	0.82254	0.67009

注：*、**、***分别表示10%、5%、1%的显著性水平；括号内为在行业层面聚类的标准误。

此外，污染物的消除离不开生产过程中技术效率的提升和治理投资的增加，本文沿着这两条途径来探讨可能的影响机制。本文利用 SO_2 产生量和 SO_2 去除率（用 SO_2 去除量除以产生量衡量）来粗略判断节能与减排之间的协同效应是否是因为技术效率的提升或治理投资增加而带来的效果。事实上，企业提升技术效率是相对缓慢的过程，政府出台的节能政策会迫使企业改进技术和（或）增加治理投资来完成任务目标。因此，SO_2 产生量内嵌着技术效率的内涵，即体现了企业通过技术因素来降低排放的效应；SO_2 去除率侧从侧面反映了企业为降低污染排放进行的末端处理，即企业为了减排而进行的治理投资。由此，表14的（2）列和（3）列将 post_ treatment 交互项分别对 SO_2 产生量（SO_2_ production）以及 SO_2 去除率回归（treat_ rate），结果显示 post_ treatment 对 SO_2_ production 和 treat_ rate 对应的系数均为负（虽然未通过10%的显著性检验，但其p值均为0.12），说明在千家企业节能行动下企业也具有更强的内生技术减排动力，较少通过末端处理的方式产生减排效应。这一结论也与千家企业节能行动直接的政策目标有关，毕竟其并不以污染排放减少为直接目标，而是更多关注能源的使用问题，因为其发挥的减排效应与污染物的产生有关，而非与末端处理措施有关。

（二）异质性分析

千家企业节能行动通过减产、能源效率提升以及内含的技术进步排放降低等方式显著地降低了企业污染的排放，但是不同类型企业由于企业特征上的差异，可能会选择不同的方式来实现节能目标，进而在实现污染减排方面也存在着差异。

（1）节能目标完成的行为差异及其影响：国有企业和非国有企业的比较。按照所有制的不同，将匹配后的样本分为国有企业和非国有企业，分析千家企业节能行动对不同所有制企业的影响，估计结果如表15中Panel A所示。分组用交互项对 SO_2_ emission 进行回归可以发现国有企业和非国有企业的回归系数均为负值，但是，国有企业减排的结果却不显著，与常理和前人研究结果相反①。Ma和Liang（2018）在关于千家企业节能行动与企业所有权和隶属关系的研究中发现，国有企业的节能完成情况要优于非国有企业，且隶属于中央的国有企业承担了较重的节能任务。另外，在千家企业节能行动的政策要求中明确提到各省、区、市节能主管部门要对千家企业的节能情况进行跟踪和监督，并且每年都要将千家企业的能源利用状况上报，这就导致国有企业相比于非国有企业更有可能面临更严格的监督，承担更多的减排任务和责任。在以上措施及压力下依据常理可推断，相比于非国有企业，国有企业的污染减排效果应该更好，但是本文的结果却不支持这个结论。那么，究

① 在表14的Panel A中，国有企业和非国有企业样本量差异较大，为排除两者之间的减排差异，本文在省—两位数行业—年份维度对企业数据进行平均后再进行分组回归，这样一方面可以尽量保持原始数据的特性，另一方面也能尽量消除由于样本量差异导致的估计结果的系统性差异。估计结果如附表1所示，与正文研究结果一致。

竟是什么原因导致非国有企业的污染减排效果优于国有企业？完成节能目标与污染减排之间的作用机制在国有企业和非国有企业之间究竟产生了怎样的影响？哪些影响机制导致了国有企业和非国有企业之间的减排差异？

表 15　不同所有制企业的影响异质性

Panel A：国有企业和非国有企业的减排异质性

	非国有企业 （1）	国有企业 （2）
SO_2_emission	-0.13315* （0.07833）	-0.14131 （0.17285）
其他控制变量	控制	控制
企业固定效应	控制	控制
年份固定效应	控制	控制
Observations	2960	1027
R-squared	0.69606	0.84452

Panel B：国有企业、非国有企业减排机制的异质性

	fuel_efficiency		output	
	（1）	（2）	（3）	（4）
	非国有企业	国有企业	非国有企业	国有企业
post_treatment	-0.2426* （0.1304）	-0.0684 （0.2110）	-0.3878*** （0.0816）	-0.3945** （0.1975）
其他控制变量	不控制	不控制	不控制	不控制
企业固定效应	控制	控制	控制	控制
年份固定效应	控制	控制	控制	控制
Observations	2068	881	2960	1027
R-squared	0.8322	0.8469	0.7640	0.8484
	SO_2_production		treat_rate	
	（5）	（6）	（7）	（8）
	非国有企业	国有企业	非国有企业	国有企业
post_treatment	-0.0771 （0.0831）	-0.1957 （0.1705）	-0.0970** （0.0403）	0.0186 （0.0964）
其他控制变量	控制	控制	控制	控制
企业固定效应	控制	控制	控制	控制
年份固定效应	控制	控制	控制	控制
Observations	2960	1027	2960	1027
R-squared	0.8024	0.8868	0.6604	0.7363

注：*、**、***分别表示10%、5%、1%的显著性水平；括号内为在行业层面聚类的标准误。

为了进一步探究节能与减排之间的作用机制在国有企业和非国有企业中发挥的作用，进行分组回归来分析各作用机制对国有企业和非国有企业的影响，具体结果如表 15 中 Panel B 所示。表 15 中 Panel B 的（1）列和（2）列分别是非国有企业、国有企业对能源使用效率（fuel_ efficiency）的回归，结果显示非国有企业在千家企业节能行动之下的能源使用效率提高相比于国有企业更好。表 15 中 Panel B 的（3）列和（4）列分别是非国有企业和国有企业对产出（output）的回归，结果显示无论是国有企业还是非国有企业都通过减产这一途径来完成减碳任务，进而减少污染排放。通过这两项影响机制在国有企业、非国有企业的不同作用可以发现，非国有企业更趋向于采用提高能源使用效率，而国有企业则选择减产。现有文献已经指出，千家企业节能行动在制定节能目标时更关注企业所在的行业和能源使用情况，而不是企业真实的减排能力（Price et al.，2010），这样就会导致那些能源使用效率较高、节能潜力有限的企业不得不面临过高的节能目标（陈钊、陈乔伊，2019），可能存在能源使用效率高的国有企业在政策压力下，已经无法进一步提高能源使用效率，只能选择减产来完成目标，从而减排效果不如非国有企业。

进一步地，考察国有企业、非国有企业之间 SO_2 产生量（SO_2_ production）、SO_2 去除率（treat_ rate）的不同，结果如表 15 中 Panel B 的（5）～（8）列所示。SO_2 产生量体现了企业技术效率的提升，在国有企业和非国有企业的回归上均为负且不显著，对比系数发现，国有企业的 SO_2 产生量要更少，采用提高技术效率方式具有更高的可能（当然这个结果并不显著，要谨慎对待）。在 SO_2 去除率上，非国有企业的结果显著为负，那么非国有企业更不可能通过治理投资的增加来治理污染，而是倾向于选择内生的减排路径。通过上述节能与减排之间的机制在国有企业和非国有企业之间发生作用的不同可以得知，非国有企业会通过能源使用效率提高、减产等行为来完成节能目标，进而实现污染排放的降低，而国有企业可能在面临过高的节能目标时，只能选择减产来完成，从而协同的减排效应不如非国有企业。

（2）区域间发展差异、节能目标完成行为与减排效果。改革开放以来，中国经济高速增长，但这种经济发展是不平衡的。东部地区依托沿海优势率先发展，与中西部等内陆地区经济差异变动呈现"V"形，地区间差异呈扩大趋势（杨开忠，1994）。Grossman 和 Krueger（1991）研究发现，低收入国家的污染随经济增长而上升，但是高收入国家的污染随经济增长而下降。那么，在这种区域经济发展不平衡的情况下，千家企业节能行动是否会存在显著的减排效果差异？为了回答这一问题，本文将样本分为东部地区和中西部地区两个子样本，分组进行回归，结果如表 16 中 Panel A 所示。中西部地区在节能政策下的污染减排效果更好（虽然未通过 10%显著性检验，但其 p 值 = 0. 12），而东部地区虽然 SO_2 排放减少，但是结果并不显著。同样地，本文依旧要探讨是什么原因导致中西部地区企业的污染减排效果较好，节能与减排的作用机制在东中西部地区的企业中发挥了怎样的作用。本文认为是由以下几点原因造成的。

具体做法与上文一致，将影响节能政策和污染排放之间协同效应的机制分组进行回归，来研究各种机制在不同地区企业之间发生的不同作用，结果如表 16 中 Panel B 所示。通过表 16 中 Panel B 的（1）列、（2）列可以发现，东、中西部能源使用效率均为负值但结果并不显著，中西部地区能源使用改善情况要好于东部地区。已有研究表明，对比东部地区和中西部地区的能源强度可以发现，东部地区能源强度远低于中西部地区，能源效率整体上已经处在良好水平（李梦蕴等，2015）。此外，不论是东部地区还是中西部地区的企业，节能政策的实施都迫使企业选择减产来完成任务，进而产生了协同的减排效应，这一点可以从表 16 中 Panel B 的（3）列和（4）列中发现。进一步地，从表 16 中 Panel B 的（5）列、（6）可以发现，中西部地区的企业在 SO_2 产生量减少的影响方面表现显著好于东部地区企业。一个可能的原因是，东部地区企业技术效率已经较高，提升技术效率的潜力已经不足，而中西部地区的企业由于技术落后，在提升生产技术上还有很大空间，从而在节能政策压力下可以提升生产技术，降低污染排放。在 SO_2 处理率影响方面发现，政策作用下中西

部的 SO_2 处理率有所下降（表 16 中 Panel B 的（7）列显示 p 值为 0.11），表明中西部更有可能通过内生压力实现协同减排效应，这与以上分析的结论是一致的。通过上述分析，可以推断中西部地区的企业减排效果较好主要原因在于技术效率的提升和减产，而东部地区的企业由于技术水平较高，提升空间较小，从而协同减排效应表现不如中西部地区企业。

表 16　不同地区的影响异质性

Panel A：东、中西部地区的减排异质性

	中西部地区 (1)	东部地区 (2)
SO_2_emission	−0.19727 (0.13241)	−0.12054 (0.14687)
其他控制变量	控制	控制
企业固定效应	控制	控制
年份固定效应	控制	控制
Observations	2314	1784
R-squared	0.74974	0.73253

Panel B：东、中西部地区企业减排机制的异质性

	fuel_efficiency		output	
	(1)	(2)	(3)	(4)
	中西部地区	东部地区	中西部地区	东部地区
post_treatment	−0.20258 (0.14159)	−0.16333 (0.19932)	−0.25109** (0.10826)	−0.57659*** (0.17417)
其他控制变量	不控制	不控制	不控制	不控制
企业固定效应	控制	控制	控制	控制
年份固定效应	控制	控制	控制	控制
Observations	1691	1350	2314	1784
R-squared	0.83480	0.83285	0.79485	0.77991
	SO_2_production		treat_rate	
	(5)	(6)	(7)	(8)
	中西部地区	东部地区	中西部地区	东部地区
post_treatment	−0.22168*** (0.08254)	−0.01587 (0.13522)	−0.08427 (0.05335)	−0.04748 (0.06609)
其他控制变量	控制	控制	控制	控制
企业固定效应	控制	控制	控制	控制
年份固定效应	控制	控制	控制	控制
Observations	2314	1784	2314	1784
R-squared	0.82976	0.81213	0.68006	0.65609

注：*、**、*** 分别表示 10%、5%、1%的显著性水平；括号内为在行业层面聚类的标准误。

（3）规模因素在污染减排效应中的作用差异。一方面，千家企业节能行动对主要的能源消费大户进行规制，体现了规模型政策的特点。另一方面，这一规模型偏好政策既有利于控制能源使用总量，又有可能随着规模经济而产生相关差异。为了研究千家企业节能行动对不同规模的企业污染排放的影响，本文用工业人数来体现企业规模。由于被纳入"千家企业"名单的企业多为大规模企业，如果按照国家统计局公布的《统计上大中小微型企业划分办法（2017）》来对企业规模进行划定，将会造成大型企业和小型企业样本量差距较大的情况。因此，本文按照在2005年（政策开始实施的前一年）的企业从业人数中位数来划分大型企业和小型企业，即企业从业人数超过从业人数中位数则认定为大型企业（firmsize=1），否则视为小型企业（firmsize=0）。表17中Panel A的结果显示，虽然大型企业和小型企业的回归系数均为负数，但是大型企业的协同污染减排效应更好，这表明大型企业在改善企业污染排放方面表现得更好。一种解释是千家企业节能行动是依照企业能源使用情况来设定企业的节能目标，不同企业面临着不同的减排压力，为了完成既定目标，大型企业可能会选择减产来实现，因此在减排效果上也存在着差异。与上文的研究设计一致，继续探究影响节能和污染减排之间协同效应的各项机制在不同规模企业上发挥了怎样的效果，结果如表17中Panel B所示。

表17　规模不同企业的影响异质性

Panel A：规模不同的企业减排异质性

	SO_2_emission (1)	SO_2_emission (2)
	小型企业	大型企业
post_treatment	-0.11597 (0.14635)	-0.17249* (0.10552)
Observations	1634	2221
R-squared	0.70535	0.78987
其他控制变量	控制	控制
企业固定效应	控制	控制
年份固定效应	控制	控制

Panel B：规模不同的企业减排机制的异质性

	fuel_efficiency		output	
	(1)	(2)	(3)	(4)
	小型企业	大型企业	小型企业	大型企业
post_treatment	-0.10399 (0.18151)	-0.14811 (0.15922)	-0.10183 (0.18833)	-0.41971*** (0.12127)
其他控制变量	不控制	不控制	不控制	不控制
企业固定效应	控制	控制	控制	控制
年份固定效应	控制	控制	控制	控制
Observations	1055	1810	1634	2221
R-squared	0.84340	0.83715	0.72267	0.81200

续表

Panel B：规模不同的企业减排机制的异质性				
	SO_2_ production		treat_ rate	
	（5）	（6）	（7）	（8）
post_ treatment	-0.08366 （0.13427）	-0.09584 （0.13762）	-0.07407 （0.06955）	-0.05593 （0.05069）
其他控制变量	控制	控制	控制	控制
企业固定效应	控制	控制	控制	控制
年份固定效应	控制	控制	控制	控制
Observations	1634	2221	1634	2221
R-squared	0.78613	0.85546	0.65596	0.71038

注：*、**、***分别表示10%、5%、1%的显著性水平；括号内为在行业层面聚类的标准误。

从表17中Panel B的（1）列、（2）列可以发现，在能源使用效率上，虽然未通过显著性检验，但估计系数表明大型企业和小型企业均存在能源使用情况的改善。同时，大型企业倾向于通过减产来完成既定的节能目标，从表17中Panel B的（3）列、（4）列可以看出。这与千家企业节能行动依照企业能源使用情况来设定企业的节能目标有关，大型企业由于自身能源消耗大，面临的节能压力自然也就大，从而被迫选择减产来实现，小型企业面临的节能压力相比大型企业较小，不会倾向于选择激进且不利于企业发展的方式来完成目标，因此在SO_2排放量上的减少程度不如大型企业。表17中Panel B的（5）~（8）列表明，不同规模企业之间SO_2产生量、SO_2去除率并未显示明显差异。SO_2产生量体现了企业的技术效率提升，不论是大型企业还是小型企业的回归系数均为负，但结果不显著。由于两类企业的内生减排路径均未出现显著差异，那么结合总体的协同减排效应结论可知，在SO_2去除率上其也未表现出明显差异。通过上述分析可知，大型企业在节能政策下污染减排效果更显著与其选择能源效率提升、治理投资增加和减产等方式来完成节能目标有关。

五、结论与启示

环境和生态问题已经成为中国维持经济高质量发展绕不开的话题，随着世界上关于减少温室气体排放的呼声日益强烈，作为用能大国的中国在节能方面承担的任务越来越重。为了切实有效地减少能源使用，提高能源效率，中国于“十一五”期间确立了能耗降低20%的约束性目标，对此中国对大型能耗企业实施了针对性的行动计划，即千家企业节能行动。千家企业节能行动目标是提高企业能源利用效率，降低企业能源消耗，推进企业节能技术进步，提高企业节能管理水平，使企业能源消耗水平达到全国同行业或者国际同行业的先进水平。在以千家企业节能行动为代表的节能政策制定过程中，并没有考虑对其他污染物排放的影响，而节能与污染排放之间并不存在单调的线性关系。为此本文依托千家企业节能行动，尝试探究了节能政策可能的协同污染减排效应。由于节能目标的“硬约束”要求，企业在完成节能过程中的反应行为则会影响其协同减排效应实现程度。据此，本文以中国工业企业数据库、中国工业企业污染排放数据库以及千家企业名目的匹配为基础，通过构造科学的反事实，分析节能政策对协同污染减排效应的影响。特别地，本文还探究节能目标实现途径与协同减排效应的关系。

本文发现，节能政策会具有显著的污染减排协同效应，采用节能政策可以实现污染排放减少的共赢局面。在探寻其内在发生机制时发现，节能政策引起企业污染排放的降低在减产、能源使用效率提升等方面均有直接证据，但能源结构改变并没有发挥作用。此外，为了完成千家企业节能行动预设的目标，企业存在被迫选择减产来完成任务的反应行为，而这并不利于企业维持生产经营和保持市场竞争力。在探寻不同所有制的企业在污染减排效果上的差异时发现，非国有企业的污染减排效果更好，主要原因在于非国有企业倾向于采用提升能源利用效率的方式实现节能目标，而国有企业则通过减产等“粗暴式”的行为来完成节能目标。另外，不同区域、不同规模的企业在污染减排上也存在显著差异，而这些差异也与各企业选择完成节能目标的方式有关。结合以上发现，本文认为企业节能行动与污染减排之间具有显著的关联，但是也并非严格线性的关系，影响节能与污染减排之间关系的关键因素在于企业选择何种途径实现节能。在以千家企业节能行动代表的节能政策影响中，政策实施对国有企业而言更像是一项政治性任务，因此其在节能行动中可能会忽视带来长期可持续能源效率提高的节能行为，而更多关注短期节能成效。与国有企业形成鲜明对比的是，非国有企业则会相对更多地考虑长期的效应。由于在节能措施上采取了不同类型的选择，其对协同的污染减排效应的影响也表现出明显差异。

基于以上发现，本文认为未来在制定环境政策时，中国应该主要考虑以下几点：制定节能政策时需要更多关注节能与其他污染物减排之间的关系，将节能政策可能带来的协同减排效应考虑进去，在政策具体制定以及实施中，尽可能地实现节能和污染减排之间的共赢，最大程度发挥节能政策的综合收益；节能目标的设定要在约束性的基础上给出指南目录性的引导，对于可能产生长期可持续节能效果的行为与举措，可以采取辅助性奖励性政策以引导更多企业采取更为可持续发展友好型的节能行为；对国有企业进行深入改革，逐渐剥离其政治性属性，进一步降低政治性属性给国有企业做大做强带来的负担。

当然，本文受到样本以及能源变量不尽完善的客观约束，因而无法基于更为接近反事实分析的RD研究设计框架进行分析，只能基于匹配的样本进行DID探究。基于匹配的分析又受到匹配变量选择的诟病，尽管本文已经尽量对其进行处理以减弱这些影响，但仍然可能会影响结论。此外，在分析节能政策影响企业污染排放的机制分析中，由于缺乏风能、太阳能、电力使用等能源数据而采用了洁净燃气消费量进行分析，因而机制的分析可能不够全面和精准。尽管面临以上的一些问题，但是通过系列分析和检验表明本文结论依然具有提示性的科学价值。相信未来随着更多数据的披露，对这一问题的理解将更深入。

附录　平衡国有企业和非国有企业分样本数据

在正文第四部分进行分样本检验节能政策对企业污染排放的影响时，国有企业和非国有企业样本量差异较大，当两组样本量差异较大时，两组间结果的不同可能是由于样本量差异引起的而非所有制的影响。为了缓解样本量差异带来的影响，本文按照省份—两位数行业—年份维度对企业数据进行平均，然后按照所有制不同进行分组回归，结果如附表1所示。从附表1中可以看出，国有企业和非国有企业样本量相近，相比于国有企业，非国有企业减排效果较好且显著，因而样本量差异的影响应该不会影响其结论。

附表 1 按照省份—两位数行业—年份维度平衡国有企业和非国有企业样本量

	SO_2_ emission (1)	SO_2_ emission (2)
	非国有企业	国有企业
post_ treatment	-0.02803*** (0.00923)	-0.00111 (0.02357)
lny	0.47193 (0.30561)	0.32329 (0.39862)
lnEC	0.19021* (0.09928)	0.16902** (0.08370)
TFP	-0.17972 (0.15993)	-0.12100 (0.28210)
lnK	0.05989* (0.03593)	0.15827** (0.07574)
lnP	0.01706 (0.01879)	0.02109 (0.04085)
企业固定效应	控制	控制
年份固定效应	控制	控制
Observations	533	331
R-squared	0.70184	0.58666

注：*、**、***分别表示10%、5%、1%的显著性水平；括号内为在行业层面聚类的标准误。

参考文献

[1] 陈登科．贸易壁垒下降与环境污染改善——来自中国企业污染数据的新证据［R］．经济研究工作论文，2020.

[2] 李梦蕴，谢建国，张二震．中国区域能源效率差异的收敛性分析——基于中国省区面板数据研究［J］．经济科学，2015，36（1）：23-38.

[3] 李永友，沈坤荣．我国污染控制政策的减排效果［J］．管理世界，2008（7）：7-17.

[4] 林伯强，孙传旺．如何在保障中国经济增长前提下完成碳减排目标［J］．中国社会科学，2011（1）：64-76.

[5] 刘强，庄幸，姜克隽．中国出口贸易中的载能量及碳排放量分析［J］．中国工业经济，2008（8）：48-57.

[6] 吴先华，郭际，郭雯倩．基于商品贸易的中美间碳排放转移测算及启示［J］．科学学研究，2011（9）：45-52.

[7] 徐国泉，刘则渊，姜照华．中国碳排放的因素分解模型及实证分析：1995-2004［J］．中国人口·资源与环境，2006（6）：158-161.

[8] 徐盈之，张全振．中国制造业能源消耗的分解效应：基于LMDI模型的研究［J］．东南大学学报（哲学社会科学版），2011，13（4）：55-60.

[9] 杨开忠. 中国区域经济差异变动研究 [J]. 经济研究，1994 (12)：12，28-33.

[10] Amann M., Bertok I., Borken-Kleefeld J., et al. Cost-effective Control of Air Quality and Greenhouse Gases in Europe: Modeling and Policy Applications [J]. Environmental Modelling and Software, 2011, 26 (12): 1489-1501.

[11] Ang B. W., Pandiyan G. Decomposition of Energy-induced CO_2 Emissions in Manufacturing [J]. Energy Economics, 1997, 19 (3): 363-374.

[12] Ang J. B. CO_2 Emissions, Research and Technology Transfer in China [J]. Ecological Economics, 2009, 68 (10): 2658-2665.

[13] Austin P. C. An Introduction to Propensity Score Methods for Reducing the Effects of Confounding in Observational Studies [J]. Multivariate Behavioral Research, 2011, 46 (3): 399-424.

[14] Austin P. C., Grootendorst P., Anderson G. M. A Comparison of the Ability of Different Propensity Score Models to Balance Measured Variables Between Treated and Untreated Subjects: A Monte Carlo Study [J]. Statistics in Medicine, 2007, 26 (4): 734-753.

[15] Barker T., Rosendahl K. Ancillary Benefits of GHG Mitigation in Europe: SO_2, NO_x and PM10 Reductions from Policies to Meet Kyoto Targets Using the E3ME Model and EXTERNE Valuations [A] // Organization for Economic Co-Operation and Development [C]. Proceedings of an IPCC Co-Sponsored Workshop. Washington, 2001.

[16] Barker T. Secondary Benefits of Greenhouse Gas Abatement: The Effects of a UK Carbon-energy Tax on Air Pollution [R]. Energy-Environment-Economy Modelling Discussion Paper No. 4, 1993.

[17] Brucal A., Javorcik B., Love I. Good for the Environment, good for Business: Foreign Acquisitions and Energy Intensity [J]. Journal of International Economics, 2019 (121).

[18] Burtraw D., Krupnick A., Palmer K., et al. Ancillary Benefits of Reducing Air Pollution in the US from Moderate Greenhouse Gas Mitigation Policies in the Electricity Sector [J]. Journal of Environmental Economics and Management, 2003, 45 (3): 650-673.

[19] Davis D., Krupnick A., McGlynn G. Ancillary Benefits and Costs of Greenhouse Gas Mitigation [A] // Organization for Economic Co-Operation and Development [C]. Proceedings of an IPCC Co-Sponsored Workshop. Washington, 2001.

[20] Dudley B. BP Statistical Review of World Energy [EB/OL]. https://www.bp.com/en/global/corporate/energy-economics/statistical-review-of-world-energy/downloads.html, 2018.

[21] Ekins P. How large a Carbon Tax is Justified by the Secondary Benefits of CO Abatement? [J]. Resource and Energy Economics, 1996, 18 (2): 161-187.

[22] Filippini M., Thomas G., Karplus V. J., et al. A Green Bargain? The Impact of an Energy Saving Program on Productivity Growth in China's Iron and Steel Industry [R]. MIT Center for Energy and Environmental Policy Research, 2017.

[23] Grossman G. M., Alan B. K. Environmental Impacts ofA North American Free Trade Agreement [R]. NBER Working Paper, 1991.

[24] Jin Y., Lin L. China's Provincial Industrial Pollution: The Role of Technical Efficiency, Pollution Levy and Pollution Quantity Control [J]. Environment and Development Economics, 2014, 19 (1): 111-132.

[25] Ke J., Price L. K., Ohshita, et al. China's Industrial Energy Consumption Trends and Impacts of the Top-1000 Enterprises Energy-Saving Program and the Ten Key Energy-Saving Projects [J]. Energy Policy, 2012 (50): 562-569.

[26] Kverndokk S., Rosendahl K. E. CO_2 Mitigation Costs and Ancillary Benefits in the Nordic Countries, the UK and Ireland: A Survey [R]. Univ. of Oslo Dept. of Economics, 2000.

[27] Laplante B., Rilstone P. Environmental Inspections and Emissions of the Pulp and Paper Industry in Quebec [J]. Journal of Environmental Economics and Management, 1996, 31 (1): 19-36.

[28] Ma L., Liang J. The Effects of firm Ownership and Affiliation on Government's Target Setting on Energy Conservation in China [J]. Journal of Cleaner Production, 2018, 199 (20): 459-465.

[29] Price L., Wang X. J., Yun J. The Challenge of Reducing Energy Consumption of the Top-1000 Largest Industrial Enterprises in China [J]. Energy Policy, 2010, 38 (11): 6485-6498.

[30] Riekkola A. K., Ahgren E. O., Söderholm P. Ancillary Benefits of Climate Policy in a Small Open Economy: The Case of Sweden [J]. Energy Policy, 2011, 39 (9): 4985-4998.

[31] Rosenbaum P. R., Rubin D. B. Constructing a Control Group Using Multivariate Matched Sampling Methods that Incorporate the Propensity Score [J]. The American Statistician, 1985, 39 (1): 33-38.

[32] Sinton J. E., Levine M. D. Changing Energy Intensity in Chinese Industry: The Relatively Importance of Structural Shift and Intensity Change [J]. Energy Policy, 1994, 22 (3): 239-255.

[33] Topalova P. Factor Immobility and Regional Impacts of Trade Liberalization: Evidence on Poverty from India [J]. American Economic Journal: Applied Economics, 2010, 2 (4): 1-41.

[34] Van Vuuren D. P., Cofala J., Eerens H. E., et al. Exploring the Ancillary Benefits of the Kyoto Protocol for Air Pollution in Europe [J]. Energy Policy, 2006, 34 (4): 444-460.

[35] Zhang B., Chen X. L., Guo H. X. Does Central Supervision Enhance Local Environmental Enforcement? Quasi-experimental Evidence from China [J]. Journal of Public Economics, 2018 (164): 70-90.

[36] Zhang S. H., Worrell E., Crijns-Graus W. Synergy of air Pollutants and Greenhouse Gas Emissions of Chinese Industries: A Critical Assessment of Energy Models [J]. Energy, 2015 (93): 2436-2450.

[37] Zhang X. P., Sun lei. Decomposition of Energy Intensity Change in China's Industrial Sub-sectors [J]. Resources Science, 2010 (32): 1685-1691.

[38] Zhang Z. X. Why Did the Energy Intensity Fall in China's Industrial Sector in the 1990s? The Relative Importance of Structural Change and Intensity Change [J]. Energy Economics, 2003, 25 (6): 625-638.

提高能源效率，改善能源贫困的事实、机制与潜力

刘自敏　邓明艳　尹　凯　李　兴

[摘　要] 基于组群分析技术，本文利用两轮中国居民能源消费调查（CRECS）数据构成“合成面板数据”，首先测度出中国居民的能源效率及能源贫困的基本事实，然后分析能源效率对能源贫困的影响及机制，并进一步评估提高能效促进能源减贫的潜力空间。研究发现：①2012~2014 年中国的居民能源使用效率逐步提升，全国平均效率值由 0.679 提高到 0.824；②由于 2012 年底居民能源阶梯定价的引入，中国居民的能源贫困指数不降反升，能源贫困线为 670 元/年，居民综合能源贫困指数由 2012 年的 0.268 上升为 2014 年的 0.403；③特征事实表明，能源贫困居民的能源效率较非能源贫困人口更低，提高能源效率可以有效降低能源贫困；④机制分析证实，提高能源效率改善能源贫困主要是通过增加能源消费质量、减少能源消费量发挥作用，同时技术投入更多对于能源贫困的改善效果越好；⑤潜力估算显示，提高居民能源效率降低能源贫困的潜力空间巨大。平均来看，提高能源效率可使能源贫困减少 13.81%，各省份减贫潜力存在明显的异质性。本文对厘清中国能源贫困现状与准确识别能源贫困居民，制定针对性的政策措施和具体能源扶贫机制提供了有益的参考。

[关键词] 能源贫困；能源效率；组群分析；调节中介效应；潜力评估

一、引言

能源使用问题是现阶段影响中国社会经济健康发展的重大问题，能源贫困作为新型贫困对社会和人类健康产生的不利影响亟须解决。随着能源市场化改革的深入，居民隐性能源补贴减少，需要高度重视能源贫困问题。2018 年 5 月 18 日，国家能源局发布的《进一步支持贫困地区能源发展助推脱贫攻坚行动方案（2018-2020 年）的通知》中明确指出，“到 2020 年贫困地区能源资源开发有序有效推进；贫困地区能源普遍服务水平显著提高，达到或接近本省（区、市）平均水平；完成西藏等地区农村通动力电，实现全国贫困地区农村动力电全覆盖”。可以预想的是，能源贫困的扶贫任务将是学术界与政策界后续关注的重点问题，不解决能源贫困将难以跳出“贫困”的恶性循环，威胁国家的能源安全。

为了缓解能源贫困问题，联合国将 2012 年定为“人人享有可持续能源国际年”，提出 2030 年确保清洁能源的全球普及，将提高能源利用率的速度增加一倍①。目前，世界各国已将能源效率纳入能源消费、温室气体排放与气候变化三大体系之中，节能降耗、大幅度提高能源利用效率的重要性已得到世界公认。同时，许多国家将“能源效率”与煤炭、石油天然气、水能及核能等并称为“第五能源”。据《BP 能源世界展望》（2017 版），随着能源效率的提高，各部门能源需求增长在逐

[作者简介] 刘自敏，西南大学经济管理学院教授，博士生导师，经济学博士；邓明艳，西南大学经济管理学院硕士研究生；尹凯，厦门大学经济学院博士研究生；李兴，上海财经大学城市与区域科学学院博士研究生。

① http：//www. china-nengyuan. com/news/25605. html。

步放缓，可见提高能源效率是解决中国能源问题的重要途径。中国作为能源消费大国，随着经济的发展，居民的生活能源消费量在不断增长。特别是，“碳减排”“煤改电”“煤改气”“清洁取暖”等政策的提出，对居民的能源使用与需求提出了更高的要求。目前大部分的农村地区能源使用依然以非商品能源（生物质能）为主，能源效率较低。改善能源效率是满足能源需求最便宜、最快捷、最环保的方法（IEA，2006，2007）。随着能源效率的提高，单位能耗降低，居民可以消费更少的能源以达到相同的目的，从而降低基本能源需求，缓解能源贫困。

能源贫困的系统研究最早出现在 1982 年。基于可支付性的角度，Lewis（1982）对能源贫困的定义为：家庭不能维持室内温度以及无法支付生活用能的情况。基于可获得性的角度，国际能源署（IEA，2010）指出能源贫困表现为两方面：一是居民利用传统生物质能炊事，二是居民无法使用电力。郝宇等（2014）认为，能源贫困是居民不能公平地、充足地、安全地利用能源。此外，Charlier 等（2019）认为，能源贫困是家庭的有效能耗低于保证标准舒适性所需的理论水平。基于此，大多数学者认为能源贫困是指家庭或个体难以获取或购买现代能源。当前一个综合以上研究含义且普遍接受的能源贫困定义为：居民日常生活的能源需求无法得到满足，即居民日常生活用能低于满足日常生活所需最低水平（Pereira et al.，2011；Barnes et al.，2011；畅华仪等，2020）。

基于微观数据获取困难等多方面的原因，当前关于能源消费行为的研究主要在宏观层面，而微观层面的研究较少。相关研究主要从以下三个方面展开：一是家庭能源效率的估算；二是能源贫困指标及其测度；三是能源效率与能源贫困的关系分析。

能源效率已成为许多国家能源战略的重要组成部分（Ang，2006）。微观能源效率的测度方面，Filippini 和 Hunt（2011）基于经济学的角度首次探讨了能源的使用效率，随后 Lin 和 Du（2013）、Zhou 等（2012）也分别利用 SFA 模型测算了能源的使用效率。与其他效率测算方法（如非参数 DEA 法）相比，该方法考虑了随机因素对生产（需求）前沿面的影响（Filippini et al.，2018），从而更适合用于微观层面的分析。Alberini 和 Filippini（2017）利用美国家庭的能源消费数据，发现如果短期内效率低能效可以减少 10%的能源使用，长期内这一比例可达 17%。此外，Lu（2006）基于冰箱的能源效率评价指标计算了中国家庭的能源效率。影响微观能源效率的因素方面，Feng 等（2010）认为，家庭用电模式会影响能源效率水平；Reddy（2003）研究发现，印度家庭使用可再生能源可以提高能源效率；Boardman（2004）指出，政府颁布的各项能源政策有助于推动能源效率提升。

能源贫困是社会不平等加剧的明显表现，准确测度能源贫困人口至关重要（Walker et al.，2012）。就测度能源贫困的方法而言，国际上较为常用的方法为“10%”指标（Boardman，1991；Heindl and Schüssler，2015；Okushima，2016）、“低收入高支出”（LIHC）方法（Hills，2011）和“多维能源贫困指数”（MEPI）（Nussbaumer et al.，2012；李慷，2014；Berry，2018）。但是，“10%”的指标对于中国标准太高，具体应该为多少目前尚无定论（魏一鸣等，2014），而“LIHC”指标涉及两条基准线也没有相应的标准，“MEPI”方法对微观调查数据的要求较严格也无法准确地识别出能源贫困居民。此外，郑新业等（2016）、孙威等（2014）、畅华仪等（2020）根据一个特定社会群体的基本能源需求量来测度能源贫困，即能源贫困线为 400~600kgce/年。同时，Barnes 等（2011，2016）提出“满足基本需求的最低能源需求”的方法来测度能源贫困，基于此计算出的孟加拉国的能源贫困人口占比为 58%。该方法本质上是假定研究对象存在最低的能源需求水平，低于该门槛值则为能源贫困，重点在于评估满足人类生存和发展需求的大小。基于此，本文将采用绝对贫困的这一概念即基本能源需求测度能源贫困①。

家庭能源效率对能源贫困的影响方面，Sadath 和 Acharya（2017）指出传统生物质能利用效率

① 能源贫困分为绝对贫困和相对贫困，本文主要利用绝对贫困概念分析居民的能源贫困情况。

的低下，会使居民陷入能源贫困，通过一系列的改善能源效率措施可以达到缓解能源贫困的目的，并改善居民的居住环境，最终达到改善居民健康的目的（Grey et al.，2017a；Fylan et al.，2016）。Rosenow 等（2013）的研究认为，英国的“能源效率义务”是减缓能源贫困的重要举措。Grey 等（2017b）在实施对照试验的基础上发现提高能源贫困家庭的能源效率可以有效提升居民福利、减轻经济压力。Sovacool（2013）指出，英国政府 2000 年所实施的“温暖前沿家庭能源效率计划”，使 2001~2011 年近 230 万户家庭摆脱了能源贫困。Walker（2008）指出通过提升住房能源效率及供暖系统等可以减轻能源消费负担，改善能源贫困。

基于上述文献我们可以看到，虽然能源效率已经是一个较为成熟的研究，但是由于家户层面的微观数据缺乏，对家庭微观能源使用效率的研究较少。能源贫困作为一种新型贫困类型，是全世界面临的重大难题，但当前针对中国能源贫困的研究较少，更是鲜有研究基于能源效率的角度研究中国的能源贫困问题。因此，本文旨在利用组群分析，利用全国微观家庭能源消费调查数据对中国的能源贫困问题展开研究。本文可能的贡献与创新点在于：①数据使用上，通过使用全国代表性微观调查数据，为中国家户层面能源效率与能源贫困的关系研究提供新证据。②研究方法上，由于目前尚无关于居民能源消费的微观面板数据，因此通过组群分析方法将微观截面数据构成“合成面板数据”。从组群的视角可以更好地探索中国居民能源消费的现状和趋势。③研究内容上，准确地识别中国能源贫困人口的规模及其特征，验证能源效率与能源贫困的影响机制，并进一步测算能源减贫的潜力空间。

本文余下内容安排如下：第二部分是理论模型的设定，首先通过构建理论模型分析能源效率对居民能源需求的影响，进一步判断其对能源贫困的影响。其次构建测度居民能源贫困情况的测度模型；第三部分是数据说明与组群的构造。第四部分是居民能源效率及能源贫困的测算，并基于不同的视角对比二者的关系。第五部分实证分析能源效率对能源贫困的影响。第六部分进一步分析提高能源效率减缓能源贫困的潜力。第七部分是本文的结论及政策建议。

二、理论研究：提高能源效率如何改善能源贫困

本节首先基于 Sen（1976）的思想，构造测度居民综合能源贫困指数的模型；其次通过消费者需求理论等分析能源效率对于居民能源需求的影响，进一步分析能源效率对能源贫困的影响。

（一）能源贫困事实的测度模型

假设样本中的个体一共有 n 个，这些个体的能源消费量为 q_i。令满足居民基本生活需要的能源需求为 $z>0$，即能源贫困线为 $z>0$，则能源消费量小于能源贫困线的人为存在能源贫困（其能源消费无法满足基本生活需要）的人口，这些个体所构成的集合为 T。假设存在能源贫困的个体数为 m。T 中第 $i=1, 2, \cdots, m$ 个人的能源支出缺口为 g_i，那么 $g_i=z-q_i$。则能源贫困发生率为：

$$H=\frac{m}{n} \tag{1}$$

该指标用于度量能源贫困广度，主要是在说明居民陷入能源贫困的可能性。然而，这一指标只能说明居民是否陷入能源贫困，并不能很好地反映能源贫困的严重程度。能源贫困深度为：

$$I_P=\frac{1}{mz}\sum_{i=1}^{m} g_i \tag{2}$$

该指标用于度量能源贫困家庭相对于能源贫困线缺口的大小，即能源贫困强度。能源贫困强度越大则能源贫困程度越严重，对于不存在能源贫困问题的居民来说，能源贫困强度为 0。能源贫困差异度为：

$$G_P = \left| 1 - \sum_{i=1}^{k=n-1} ((W_{k+1} - W_k)(Z_{k+1} + Z_k)) \right|, \ G_P \in (0, 1) \tag{3}$$

其中，W_k 为能源消费的累计百分比，Z_k 为样本家庭的累计百分比。该指标用于度量能源消费的分配差异问题，类似于收入分配中的基尼系数。

结合能源贫困发生率 H、能源贫困强度 I_P、能源贫困差异度 G_P，Sen（1976）提出了能源贫困综合评价指标，即 Sen 指数：

$$Sen_P = H[I_P + (1-I_P) G_P], \ G_P \in (0, 1) \tag{4}$$

该指数介于 0~1，且数值越大说明综合能源贫困程度越严重。

（二）提高能源效率改善能源贫困的理论分析

能源消费方面，部分学者认为随着能源效率的提高，能源需求可能会增加。查冬兰和周德群（2012）的研究发现，能源效率提高并不能达到减少能耗的目的，反而会增加能源需求。Hosier 和 Dowd（1987）指出富裕的家庭有能力购买效率更高的电器，从而消耗更多能源。同样，孙涵等（2016）对中国居民能源消费的研究发现，能源效率提高，居民会增加能源消费。但是，部分学者认为能源效率的提高可以降低能源消费需求，Brännlundab 等（2007）利用反事实分析，发现能源效率提高会使居民的能源消费减少。薛丹（2014）的研究发现能源效率的提高可以达到节能的目的，但是实际的节能量少于预期节能量。

因此，为了分析能源效率对能源贫困的影响，我们参考 Álvarez 等（2017）的研究引入消费者需求理论，进行进一步的分析。相关分析结果如图 1 所示，其中 E 和 X 表示居民的商品消费需求，E 为能源消费需求，而 X 为其他商品消费需求；U_A 和 U_B 分别代表了消费者 A 和 B 的效用曲线，AA′和 BB′分别代表消费者 A 和 B 的收入预算约束线。

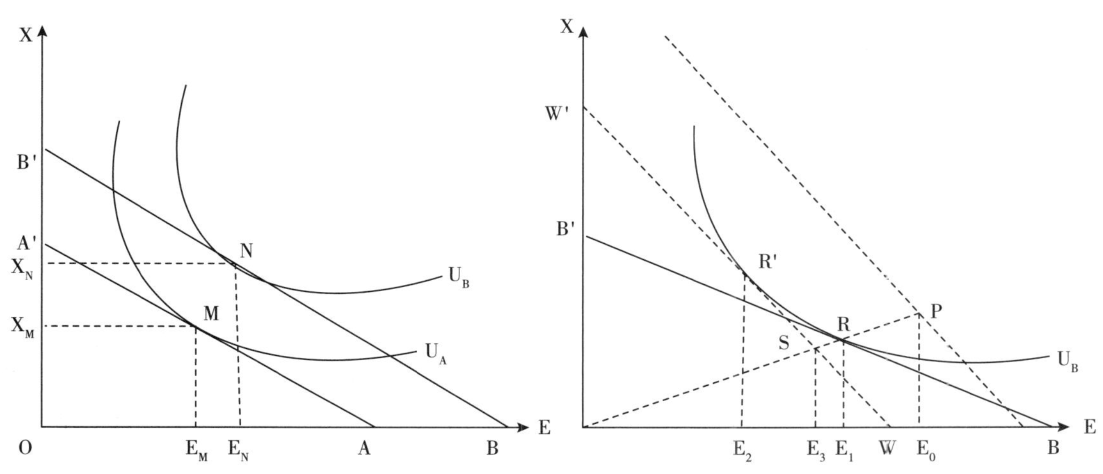

图 1 能源效率对能源贫困影响

在图 1（左）中，我们假设存在消费者 A 和消费者 B 分别达到了各自的最佳组合方式 M（E_M，X_M）和 N（E_N，X_N），即图中的 M 点和 N 点。消费者 A 和 B 的目标函数为：maxu（E，X）；约束条件为：$I = E \times P_E + X \times P_X$。就约束条件即消费者收入而言，消费者 B 的收入高于消费者 A，即 $I_B > I_A$，可见 B 的物质财富情况较 A 更好。就能源消费情况而言，消费者 A 的能源消费支出为 $E_M \times P_E$，消费者 B 的能源消费支出为 $E_N \times P_E$，二者占其收入的比例分别为：$\lambda_A = \frac{E_M \times P_E}{I_A}$、$\lambda_B = \frac{E_N \times P_E}{I_B}$。

所以，$\frac{\lambda_A}{\lambda_B}=\frac{E_M\times P_E}{I_A}\times\frac{I_B}{E_N\times P_E}=\frac{E_M}{E_N}\times\frac{I_B}{I_A}$，其中$\frac{E_M}{E_N}<1$、$\frac{I_B}{I_A}>1$。据此我们无法判断$\frac{\lambda_A}{\lambda_B}$是否大于1，这使我们不能判断消费者A的能源消费支出比例是否高于消费者B。此时会出现如表1所示的三种情况。

表1 消费者能源消费与收入情况对比

	比较分析	结果解释
情况一	$\lambda_A/\lambda_B>1$	消费者A的能源消费较消费者B更好
情况二	$\lambda_A/\lambda_B<1$	消费者A的能源消费较消费者B更差
情况三	$\lambda_A/\lambda_B=1$	消费者A的能源消费与消费者B结果好坏无法判断

表1所列的三种情况中，情况二和情况三可能是较为普遍的情况，但是当出现情况一时，消费者B也可能会陷入能源贫困中，在现实中，我们很多时候直觉认定不存在收入贫困的人必然不存在能源贫困，这是忽略了情况一的可能性，我们更应关注情况一中的这部分人群。

针对情况一，即消费者B对比消费者A不存在收入问题但存在能源消费贫困问题时进行分析，具体情况如图1（右）所示。消费者B在收入预算约束线WW′下的最优消费组合为R′点，此时的能源消费量为OE_2。出于各种原因导致能源使用的无效率，从而面临新的预算约束线即BB′，此时的能源消费量为OE_1。但是如果政府或消费者通过各种方式提高自身的能源使用效率，那么消费者将使用OE_2的能源消费水平达到高于OE_1水平下的效用，相当于多消费了能源，从而脱离"能源贫困"陷阱，解决能源贫困问题。此时，消费者B的"潜在"可用能源消费量为$\Delta E=OE_1-OE_2=E_1E_2$，能源利用效率为$EF=\frac{OE_2}{OE_1}$，只有当S、R、R′三点重合时，消费者的能源使用效率最高。

三、数据说明及组群构造

本节首先对所使用的数据进行说明，以及选择中国居民能源消费调查（CRECS）2012年和2014年构成"合成面板数据"进行研究的优势，其次对相关的变量进行了定义和描述性分析，最后对所构造的组群进行了说明。

（一）数据说明

本文使用的数据为中国人民大学能源经济系执行CRECS（2012，2014）① 的微观调查数据，利用组群分析的方法将两年的独立截面数据构成"合成面板数据"进行相关研究，与现有研究相比，扩大了这一研究主题在微观时间序列数据上的空白。两年的调查均是以全国人口普查数据为基础，采用分层设计、多阶段PPS抽样调查法。相对于其他的微观调查数据，如CFPS、CHNS、CHIP等，CRECS数据对家庭能源消费的调查较为详细，是当前中国进行家户微观能源经济行为分析的样本量最大、问题最全面、高质量的数据。

其中，CRECS（2012）涵盖全国26个省/市/自治区②，调查问卷涵盖六个主要领域，共324个问题：家庭人口统计、居住特征、家用电器、取暖状况、交通模式、电费账单、不同类型的能源消

① CRECS数据作为家庭能源消费的专项调查数据，每次是独立进行的，非跟踪调查数据。虽然2016年该调查又进行到新一轮，但直至2016年数据尚未公开。

② 江苏、广东、陕西、青海、海南、西藏、香港、澳门、台湾除外。

费情况等，总共1640户家庭被邀请参加这项调查；CRECS（2014）涵盖全国28个省/市/自治区①，主要包括：个人基本特征情况，如性别、年龄、民族、政治面貌、工作情况、婚姻情况、住房情况等；受访者的家庭情况，如家庭人口数、住房面积等。就能源消费模块来看，2012年和2014年调查问卷较为一致，包括家庭电器、取暖状况、交通模式、各项能源获取方式、消费量及支出等，其中参与能源消费调查的有效样本为3863户家庭。因此，利用组群分析将两年的独立截面数据构成"合成面板数据"较为合理。结合本文所研究的主题，通过对数据的整理，清除无效样本，CRECS（2012）有效样本为1307个，最终得到的CRECS（2014）有效样本为3137个，合计4444个样本。

相对于现有能源分析中的宏观数据与截面数据，通过组群分析将截面数据构成"合成面板数据"的优势在于：①由于目前尚无关于居民能源消费的微观面板数据，利用组群分析将不同年份的独立截面数据构成"合成面板数据"进行能源贫困与能源效率的分析，可以填补相关研究在时间序列上的空白；②作为最新公开的微观调查数据，这两年的截面数据均有专门的模块对中国各个省、自治区、市城乡居民生活能源消费的调查，该模块的问题详尽且分类仔细。其中家庭能源使用情况包括电力、集中供暖、煤球、煤块、管道天然气、管道煤气、液化石油气、汽油、柴油、柴草等多方面的消费支出、消费量、获取方式等问题，很好地契合了本文的研究主题。

（二）变量定义

为了研究不同因素对居民能源效率的影响，以及能源效率对能源贫困的影响，本文选取了一系列变量，包括家庭的能源消费信息、家庭特征信息、气候因素、宏观经济因素等。相关变量的基本特性如表2所示。

表2 变量定义及其描述性分析

指标	变量	2012年		2014年	
		均值	标准差	均值	标准差
能源消费情况	年人均能源消费量（千克标准煤）	230.727	254.894	767.210	12632.12
	年人均能源消费支出（元）	998.253	688.875	1047.564	982.123
	其中：电力消费	365.139	260.551	691.363	869.841
	集中供暖	271.451	491.317	138.223	413.802
	其他能源消费	438.325	851.299	285.873	681.125
	能源价格	4.628	0.013	4.618	0.021
个体特征	家庭人均年收入（元）	27950.09	21580.84	30947.73	37666.05
	年龄（周岁）	47.147	12.066	49.767	16.674
	性别（1=男，0=女）	0.748	0.434	0.473	0.499
	是否城镇居民（1=是，0=否）	0.625	0.484	0.423	0.494
	就业状况	0.728	0.445	0.521	0.500
	受教育水平	3.177	1.446	2.094	1.448

① 西藏、新疆、海南、香港、澳门、台湾除外。

续表

指标	变量	2012 年		2014 年	
		均值	标准差	均值	标准差
家庭特征	家庭人口规模	2.664	1.096	2.928	1.375
	住房面积（平方米）	116.894	51.766	116.774	76.644
	家庭电器	3.340	1.250	2.630	1.436
	是否拥有汽车（1=是，0=否）	0.288	0.453	0.166	0.372
	是否有供暖改造（1=是，0=否）	0.061	0.240	0.140	0.347
	是否有住房产权（1=是，0=否）	0.931	0.253	0.478	0.500
宏观因素	年平均气温（摄氏度）	14.327	4.049	14.680	4.382
	年平均湿度（%）	64.549	11.439	66.643	10.239
	人均 GDP（元）	44261.19	17685.87	51747.29	22555.67

注：①能源消费量均是通过标准煤折算系数折算为标准煤；②能源价格为《国家统计年鉴》公布的水电燃料价格指数取对数；③各省份的气候信息由其省会城市的情况作为代理变量；④受教育程度为数值型变量，其中0=文盲或半文盲；1=小学；2=初中；3=高中；4=专科；5=本科；6=研究生及以上；⑤气候因素和宏观因素的相关变量是笔者根据《中国统计年鉴》整理所得，其中气候因素为所在省份主要城市的值。

可以看出相关指标在2012年和2014年存在部分差异。全国居民的能源消费量和能源消费支出经过两年的时间明显增加了，2012年的能源消费量均值为230.72千克标准煤，2014年增加到了767.21千克标准煤；2012年的能源消费支出的平均水平为998.25元/年，2014年的能源消费支出的平均水平为1047.56元/年。虽然能源消费量增长了3倍左右，但能源消费支出的增长率却不足5%，只有小幅的上涨。且主要表现为电力消费支出的增加，暖气支出和其他能源消费量均有所降低。

其中可能的原因在于2012年7月全国才开始实施居民阶梯电价、分时电价等，在政策实施的初始阶段，许多居民并没有意识到这一政策对居民的优惠，导致居民对于各项能源的使用存在不合理的地方。随着政策的实施，居民逐渐意识到家庭能源的合理分配和使用，如用电替代煤等。近年来，清洁能源被逐渐推广，电力作为其的典型代表被更多人选择。此外，中国电网开始逐步完善，对于一些偏远山区的居民来说，电力在解决其基本生活需求之前面临的第一档电价的定价，对这部分困难人群而言是较为有利的（田露露等，2019；刘自敏和李兴，2017）。

暖气费降低的主要原因是近些年来政府对于“集中供暖”“清洁取暖”出台了许多相关的方案，并且政府及相关部门提供了大量的补贴，如北京市颁布的京政办发〔2015〕48号文件、京民社救发〔2016〕50号文件，都对居民的取暖实施了政策性补助。

（三）组群构造

在微观调查中，对某一个体的终身进行固定的追踪以获取动态变化一般很难实现，所以会采用样本轮换的做法，在每一轮的调查中会有老样本退出与新样本进入，这样会导致面板数据的获取极其困难。因此，本文通过组群分析的方法构造“合成面板数据”进行相关研究。“组群”是指根据观测样本所具有的不随时间变化的固定特征，通过分析“一类家庭”的平均行为特征来分析家庭的经济行为被称为组群分析（周绍杰等，2009）。目前已有大量的学者采用组群分析进行相关的实证研究（耿德伟，2014；程令国，张晔，2011；Chamon et al.，2010；Fernández et al.，2007）。通过这一方法构成的合成面板数据具有两方面的优势：避免样本损失和测量误差（Deaton，1985），扩展了连续时间序列特性的独立截面数据（TSICS）的使用。

根据本文的研究目的，我们采用居民所在省份作为划分组群的标准，通过省份划分组群的优势在于避免了区域差异（地理位置不同、能源基础设施不同）带来的居民能源消费的差异，并且各个组群值采用的是个体的平均值，可以较好地避免异常值的影响，保证结果的可靠性。运用组群分析方法，将不同省份的居民分开，是对传统方法的改进，本文通过对组群分析的应用，能够更好地反映各个省份居民的能源贫困与能源效率情况。由于本文所采用的数据是 2012 年和 2014 年的调查数据，因而我们所分析的组群仅限于这两次调查都覆盖的省份，把相同省份的居民划分为一个组群，共 24 个组群，如表 3 所示。

表 3　组群定义："组群—年份"单元内的观测个体数量

编号	组群	2012 年	2014 年	编号	组群	2012 年	2014 年
1	上海	53	157	13	江西	19	161
2	云南	29	112	14	河北	65	103
3	内蒙古	36	31	15	河南	129	199
4	北京	55	174	16	浙江	31	148
5	吉林	61	172	17	湖北	134	182
6	四川	32	187	18	湖南	111	164
7	天津	20	87	19	甘肃	18	66
8	宁夏	20	32	20	福建	45	93
9	安徽	35	142	21	贵州	18	74
10	山东	207	215	22	辽宁	23	125
11	山西	54	89	23	重庆	27	96
12	广西	43	111	24	黑龙江	42	217

四、特征事实：居民能源效率与能源贫困的测度

本节在理论分析的基础上，测算出了居民的能源消费基本需求，即能源贫困线，准确识别出了能源贫困人口，然后利用随机前沿模型（SFA）测度了居民的能源效率，并从不同维度分析了中国目前的能源贫困情况。

（一）居民能源效率的估算

已有研究表明，能源效率是一种偏要素生产率指标，会受到经济中诸多因素的影响。因此，本文将参考 Alberini 和 Filippini（2017）、Filippini 和 Hunt（2015）利用 SFA 模型来测度居民的能源效率①。效率测算模型如下：

$$\ln E_i = \alpha_0 + \alpha \ln P_i + \alpha \ln Y_i + \alpha \ln PS_i + \alpha \ln HS_i + \upsilon_i + \mu_i \tag{5}$$

其中，E 为能源消费量，P 为能源价格，Y 为收入，PS 为个体特征，HS 为家庭特征。能源效

① 由于篇幅限制且 SFA 模型较为成熟，在此不对具体的模型设定进行分析，详见 Alberini 和 Filippini（2017）。

率为 $EF_i = \exp(-\mu_i)$。本文将通过逐步加入个体特征、家庭特征等测算居民的能源使用效率，相关估计结果如图 2 所示。

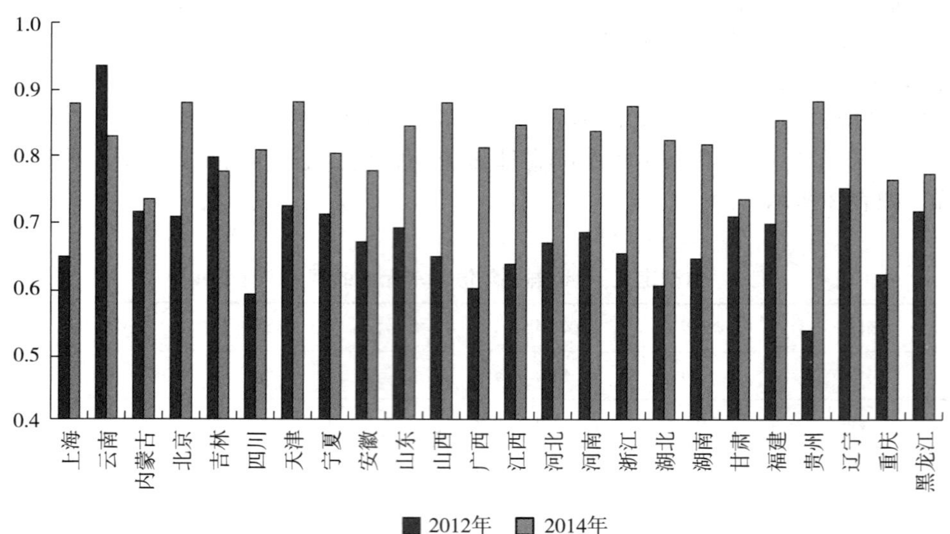

图 2　不同组群居民能源效率测算结果

图 2 的结果显示：中国居民的能源使用效率较低，在目前的经济水平下，居民能源效率提高的潜力和可能性较高①。总体来看，2012 年的居民能源使用效率为 0.679，2014 年的效率均值为 0.824。分省份来看，2014 年居民的能源效率基本都高于 2012 年的能源效率。其可能的原因在于：随着经济水平的发展，虽然居民获取能源的能力在不断提升，随着现代化电器等的使用，促进了家庭能源使用效率的提升。但是，家庭能源使用效率总体偏低，居民的能源消费“质量”不高，有待改善。

（二）居民能源贫困的估算

在对能源贫困的测算分析中，对于能源贫困线的确定是其中的焦点与难点。传统上，正如在本文综述部分所指出的，“10%”指标、“LIHC”指标等能源贫困的确定方法并不能在中国直接使用。因此，基于对能源贫困的核心概念的解释，即家庭能源使用无法满足基本需求的现象，测算能源贫困的基本思想是：基本能源消费量对收入不敏感，即不随家庭收入的变化而变化。因此，我们借鉴 Khandker 等（2012）、He 和 Reiner（2016）利用家庭微观数据计算基本能源需求和电力需求的做法，采用式（6）所示的模型计算家庭能源消费基本需求，作为能源贫困线。

$$EC = \delta_0 + \delta_1 P + \sum_{1} \gamma_1 X_1 + \sum_{k=2}^{10} \eta_k Y_{decileijk} + \phi D_d + \varphi T_t + \varepsilon \quad (6)$$

其中，EC 表示家庭人均年能源消费支出，P 表示能源价格，X 为其他影响因素，Y_{decile} 为收入的十分位数；D_d 表示组群虚拟变量，本文共有 24 个组群，因此构造了 23 个组群虚拟变量；T_t 为年份效应。估计结果如表 4 所示。

① 能源效率在本文主要是指居民的能源使用效率，而非家庭用能设备的效率。

表 4 能源基本需求的估计

	(1) 模型一	(2) 模型二	(3) 模型三	(4) 模型四	(5) 模型五
综合能源价格	1.382 (1.219)				
电价		-5.594 (6.810)	-7.529 (8.086)	-14.616* (8.216)	-9.993 (8.662)
天然气价格			0.031 (0.070)	0.133* (0.073)	0.092 (0.077)
液化气价格				-0.095*** (0.021)	-0.102*** (0.021)
汽油价格					-0.112* (0.067)
收入十分位数					
2. decile	0.036 (0.064)	0.038 (0.064)	0.037 (0.064)	0.032 (0.064)	0.033 (0.064)
3. decile	-0.101* (0.059)	-0.103* (0.059)	-0.103* (0.059)	-0.104* (0.059)	-0.104* (0.059)
4. decile	0.216*** (0.057)	0.216*** (0.057)	0.216*** (0.057)	0.205*** (0.057)	0.204*** (0.057)
5. decile	0.171*** (0.051)	0.170*** (0.051)	0.170*** (0.051)	0.163*** (0.051)	0.162*** (0.051)
6. decile	0.148* (0.085)	0.148* (0.085)	0.147* (0.085)	0.143* (0.085)	0.143* (0.085)
7. decile	0.129** (0.064)	0.127** (0.064)	0.127** (0.064)	0.112* (0.064)	0.108* (0.064)
8. decile	0.354*** (0.062)	0.355*** (0.062)	0.355*** (0.062)	0.347*** (0.062)	0.345*** (0.062)
9. decile	0.212*** (0.063)	0.212*** (0.063)	0.212*** (0.063)	0.200*** (0.062)	0.198*** (0.062)
10. decile	0.385*** (0.067)	0.385*** (0.067)	0.385*** (0.067)	0.379*** (0.067)	0.375*** (0.067)
控制变量	Yes	Yes	Yes	Yes	Yes
组群效应	Yes	Yes	Yes	Yes	Yes
年份效应	Yes	Yes	Yes	Yes	Yes
常数项	19.132** (8.343)	27.388*** (8.305)	28.210*** (8.509)	36.662*** (8.689)	35.198*** (8.731)
组群数	24	24	24	24	24

续表

	(1) 模型一	(2) 模型二	(3) 模型三	(4) 模型四	(5) 模型五
收入十分位数					
个体数	4444	4444	4444	4444	4444
R^2	0.193	0.193	0.193	0.197	0.198

注：* 表示 p<0.10，** 表示 p<0.05，*** 表示 p<0.01。

由表 4 的结果可以看出，在不同的模型下，能源消费支出与收入十分位数的关系基本保持一致，即在收入第 3 分位数显著性水平开始变化。说明收入第 3 分位数的平均能源消费支出水平为基本能源需求水平，即本文所说的能源消费支出贫困线。收入十分位数下的能源消费支出水平如表 5 所示。

表 5　收入十分位数下的能源消费支出水平

Y_{decile}	1	2	3	4	5	6	7	8	9	10
$\overline{EC}$	620.24	673.93	670.45	940.89	1018.93	938.07	1080.90	1389.67	1287.73	1541.37

结合表 4、表 5 的估计结果可以看出，为保障居民的基本能源需求，家庭能源消费的最低支出水平需要达到 670.45 元/年，否则家庭的基本消费与生产活动难以持续，即能源贫困线为 670.45 元/年。通过能源贫困线，可以有效地识别出能源贫困居民，当居民的能源消费支出小于能源贫困线时为能源贫困居民，如式（7）所示。

$$\rho_i=\begin{cases}1 & \text{if} \quad EC_i<670.45\\ 0 & \text{if} \quad EC_i\geqslant 670.45\end{cases} \tag{7}$$

此外，能源贫困强度作为反映个体能源贫困一个更准确的指标，当不存在能源贫困时，能源贫困强度为 0；当存在能源贫困时，偏离能源贫困线越远，说明能源贫困越严重，能源贫困强度越大，此时取能源消费支出缺口与能源贫困线的比例作为衡量能源贫困强度的标准，如式（8）所示。

$$int=\begin{cases}\left|\dfrac{EC_i-670.45}{670.45}\right| & \text{if} \quad \rho_i=1\\ 0 & \text{if} \quad \rho_i=0\end{cases} \tag{8}$$

基于式（7）、式（8）可以有效识别出中国能源贫困人口及其能源贫困强度。同时，本文采用可扩展线性系统支出 ELES 模型来测算能源消费支出贫困线，以识别出能源贫困人口，结果与式（6）估计的结果基本一致，具体见附表 1，后续我们将用其做稳健性检验。各地区的能源贫困发生率及其综合能源贫困指数如表 6 所示①。

表 6　各地区的能源贫困情况

组群	2012 年				2014 年			
	H	G_P	I_P	Sen_P	H	G_P	I_P	Sen_P
东部	39.11%	0.348	0.370	0.230	38.42%	0.423	0.431	0.265

① 具体地，各组群的能源贫困现状见附表 2。

续表

组群	2012 年				2014 年			
	H	G_P	I_P	Sen_P	H	G_P	I_P	Sen_P
中部	45.09%	0.374	0.409	0.280	60.50%	0.510	0.532	0.460
西部	52.78%	0.412	0.406	0.331	71.96%	0.534	0.585	0.573
全国	43.45%	0.369	0.392	0.268	54.03%	0.488	0.502	0.403

注：其中，H、G_P、I_P、Sen_P 分别代表能源贫困发生率、能源贫困差异度、能源贫困深度及综合能源贫困指数。

由表 6 的结果可以看出，2012~2014 年，中国居民的能源贫困不降反升，总体而言能源贫困发生率由 43.5%增加到了 54%，综合能源贫困指数由 0.268 增加到了 0.403。分区域来看，中国东、中、西部地区的能源贫困差异较大，从能源贫困发生率、消费差异度、能源贫困强度、综合能源贫困指数等方面来看，东部地区的能源贫困情况较中西部均偏低。2014 年较 2012 年中国的能源贫困不降反升的可能原因在于：自 2012 年底以来，中国在全国范围内实施了递增阶梯定价政策，包括阶梯电价、阶梯气价、阶梯水价等。大量研究表明，阶梯定价政策的实施对于节约能源、收入再分配、降低交叉补贴等目标起到了非常积极的作用（刘自敏等，2015a，2015b；刘自敏等，2017），但由于阶梯定价的第一阶梯是在原有统一定价，而其他阶梯实施阶梯加价，因此这极有可能加剧了部分低收入但高能源消费居民的能源消费支出压力，增加了这部分家庭的能源的不可支付性，最终导致能源贫困的恶化。同时，随着智能电表的引入，中国的电费支付方式逐渐由“用多少付多少”的后付费机制逐步演变为“提前支付”的预付费机制，该政策也可能会引致部分低收入家庭陷入能源贫困陷阱（O’sullivan et al.，2011）。

（三）不同视角下能源效率与能源贫困的关系

基于中国居民的能源使用效率低及能源贫困高的事实，本节将基于组群和收入的双重视角对比能源贫困居民与非能源贫困居民的能源使用效率，以期对居民能源使用效率及能源贫困的关系进行初步的判断。

1. 不同组群的能源效率与能源贫困对比

进一步，考虑到各个组群（省份）的居民能源使用效率及能源贫困的差异性，因此本文基于组群的视角，对比分析了能源效率与能源贫困的关系，相关结果如图 3 所示。

由图 3 的结果可以看出：基于不同组群的视角，能源贫困居民的能源效率总体低于非能源贫困居民的能源效率。因此，能源贫困居民与非能源贫困居民间的能源使用效率存在明显的异质性。具体来看，天津、浙江等地的居民，能源使用效率的差异较小。而吉林、黑龙江、辽宁等地的居民中，能源贫困与非能源贫困居民的能源使用效率差异较大，并且能源贫困居民中，能源使用效率最低的是吉林。

2. 不同收入等级的能源效率与能源贫困对比

根据能源阶梯假说（魏一鸣等，2014；WHO，2006），随着收入的增加，居民会不断改变自己的能源消费档次，从低收入水平的生物质能（柴草、煤炭等）转化为非高收入水平的清洁高效能源，能源消费较低收入人群将更安全、清洁、高效。而低收入人群大多处于贫困的偏远山区，这些区域的能源基础设施建设相对落后，低效的能源消费使能源效率较低，陷入能源贫困的风险更高。基于此，我们按收入的 10 个分位数对比分析能源贫困居民与非能源贫困居民的能源效率，结果如图 4 所示。

由图 4 可以看出，随着收入的增加，居民的能源效率总体呈现出倒“U”形的趋势，即能源使

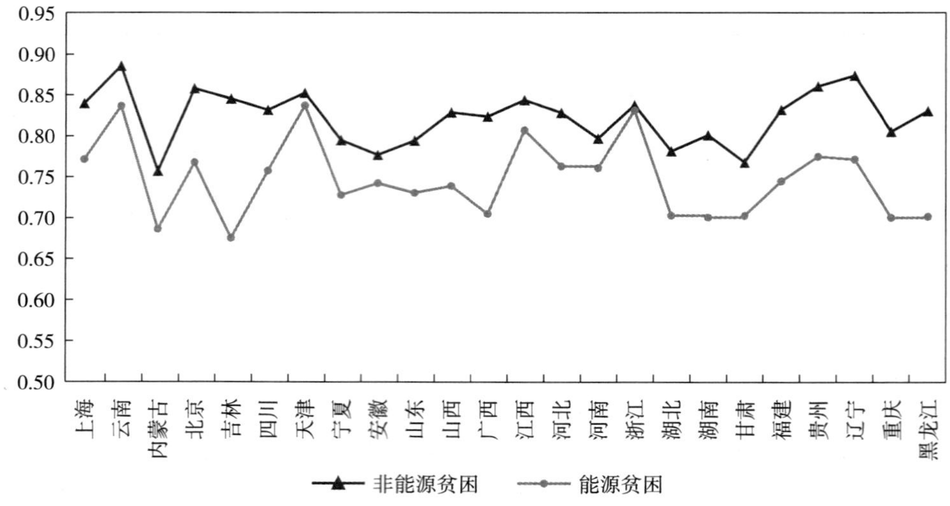

图 3　不同组群下能源效率与能源贫困对比

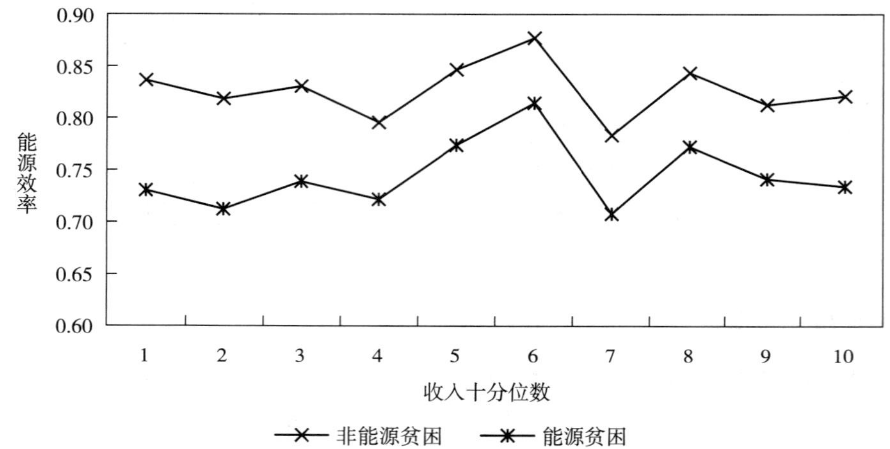

图 4　不同收入等级下能源效率与能源贫困对比

用效率最高的并非收入最高的居民，而是收入处于第六分位数的中等收入人群。其中可能的原因在于：低收入人群的人均能源消费质量较低，因此能源使用效率较低；高收入人群的人均能源消费可能存在富余，因此富余的能源可能出现浪费，从而导致能源使用效率的下降；而中等收入人群的能源消费质量较低收入人群更高，同时对能源的利用更加合理，不会出现过度的浪费，因此能源使用效率较高。

进一步研究发现：不同收入分位数上，非能源贫困居民的能源效率均高于能源贫困居民。收入最低的两个分位数的能源效率差异最大，导致这一现象的可能原因在于：能源贫困居民的能源消费是一些低效的生物质能，比如薪柴、煤炭等，所以其能源效率较低。同时，对于能源贫困居民而言，其本身的能源消费量就不足，同时由于低效的燃烧方式，如传统的锅炉煤灶、住房保暖效果不足等，均会恶化居民的能源使用效率，导致效率差异明显。此外，可以看出不仅仅是低收入人群才会存在能源贫困，高收入人群也存在能源贫困。

五、机制分析：能源效率对能源贫困的影响及其路径

基于第四节对居民能源效率及能源贫困的测算，本节首先基于不同的视角对比分析能源效率与

能源贫困的关系，然后实证检验能源效率提升对改善能源贫困的作用，最后基于工具变量排除内生性问题，进行机制分析。

（一）能源效率对能源贫困的影响

基于消费者需求理论，能源贫困状况不仅与能源价格、收入有关，还与人口特征比如年龄、性别、受教育年限、是否是农村居民等因素息息相关，因此本文将以居民是否能源贫困为被解释变量，以居民的能源效率为主要解释变量，以家庭人均年收入、年龄、性别、受教育年限、是否是农村居民等为控制变量。结合组群分析的方法设定如下模型：

$$energy\_poor = \alpha_0 + \alpha_1 EF + \beta X + D_d + T_t + \varepsilon \tag{9}$$

其中，energy_poor 表示居民是否存在能源贫困，EF 为居民的能源效率，X 为控制变量，D_d 为组群效应，T_t 为年份效应。

在此基础上，我们需要进一步分析能源效率与能源贫困间的内生性关系。在现实中能源效率与能源消费之间往往存在双向因果关系，即能源效率的提升会降低能源消费需求，从而减缓能源贫困。但是，对于一些能源贫困居民而言，如果他们能消费的能源属于一些高效的能源，同样能提升能源使用效率，而能源贫困居民当前所使用的基本属于一些高污染的煤炭、传统生物质能，能源效率可能较低。因此，本文基于工具变量法，通过为居民的能源效率寻找到合适的工具变量，来处理和解决能源效率和能源贫困之间互为因果的问题。

借鉴 Zheng 和 Ward（2011）、郑世林等（2014）使用邻近省份指标平均值作为该省该指标工具变量的思路。本文为居民的能源效率寻找的工具变量为：除居民所在区/县之外的同省份的其他区/县的居民能源效率平均值。在相关性上，采用除本县之外的省内区/县平均能源效率，因为各区/县之间地理相近，且在本省内，国家发改委等价格监管制定部门也会考虑不同区县之间的关联性，制定相应的能源价格，用能成本差异不大，且居民的用能设备等基本相同，居民的能源效率差异不大，因此相关性满足。而在排他性上，省内其他区/县的能源效率均值，不会直接影响本县居民的能源贫困问题，也难以直接影响本县居民的其他因素影响本县居民的能源贫困情况，而只能通过影响本市的能源效率，进而影响居民的能源贫困问题。

由此，我们将通过对式（10）的实证估计结果验证上述结论，相关结果如表 7 所示。

表 7　组群视角下能源效率对能源贫困的影响

	普通双固定效应模型				IV 估计	
	（1） 是否能源贫困	（2） 是否能源贫困	（3） 能源贫困强度	（4） 能源贫困强度	（5） 能源贫困强度	（6） 能源贫困强度
能源效率	-1.332*** （0.040）	-2.082*** （0.061）	-1.066*** （0.022）	-1.766*** （0.030）	-1.316*** （0.061）	-2.080*** （0.148）
控制变量	No	Yes	No	Yes	No	Yes
年份效应	Yes	Yes	Yes	Yes	Yes	Yes
组群效应	Yes	Yes	Yes	Yes	Yes	Yes
常数项	1.458*** （0.049）	-0.837 （2.323）	0.986*** （0.027）	-0.099 （1.160）	1.218*** （0.059）	0.026 （1.170）
观察值	4444	4444	4444	4444	4444	4444

续表

	普通双固定效应模型				IV 估计	
	(1) 是否能源贫困	(2) 是否能源贫困	(3) 能源贫困强度	(4) 能源贫困强度	(5) 能源贫困强度	(6) 能源贫困强度
组群数	24	24	24	24	24	24
R^2	0.281	0.374	0.429	0.589	0.413	0.579

注：* 表示 p<0.10，** 表示 p<0.05，*** 表示 p<0.01。

表 7 中的（1）列和（2）列首先是利用普通最小二乘法（OLS）回归方程，在组群分析的基础上估计能源效率对居民能源贫困的影响，结果显示能源效率对于居民出现能源贫困现象是显著负向影响。在此基础上，我们改变被解释变量，即被解释变量为居民的能源贫困强度，这一指标不仅揭示了居民存在能源贫困，还反映了存在能源贫困的强弱，更加精准地刻画了居民的能源贫困现象，相关结果如（3）列和（4）列所示。从回归结果可以看出，即使我们改变了被解释变量，用不同的指标刻画能源贫困后，能源效率对能源贫困的影响依然显著为负。而能源贫困强度是衡量居民能源贫困情况更细致的一个指标。因此，后续我们将采用能源贫困强度这一被解释变量来进行工具变量（IV）估计。表 7 中的（5）列和（6）列通过引入工具变量（IV）解决内生性问题，估计的结果显示，能源效率依然会对居民的能源贫困产生显著的负向影响，即能源效率越高，出现能源贫困的可能性越低。

进一步地，我们将利用工具变量，分别采用式（10）估计各地区、各收入等级居民的能源效率对能源贫困的影响，估计结果如表 8 所示。

表 8　分地区能源效率对能源贫困的影响（IV 估计）

	(1) 东部	(2) 中部	(3) 西部	(4) 低收入	(5) 中等收入	(6) 高收入
能源效率	-1.973*** (0.333)	-2.424*** (0.197)	-1.339*** (0.388)	-1.594*** (0.241)	-2.566*** (0.282)	-2.122*** (0.388)
控制变量	Yes	Yes	Yes	Yes	Yes	Yes
年份效应	Yes	Yes	Yes	Yes	Yes	Yes
组群效应	Yes	Yes	Yes	Yes	Yes	Yes
常数项	4.083** (1.630)	-0.975 (1.713)	-5.044 (10.203)	-6.087*** (2.309)	1.964 (2.154)	2.775 (1.692)
观察值	1755	1978	711	1686	1289	1469
组群数	9	9	6	24	24	24
R^2	0.556	0.534	0.536	0.585	0.479	0.516

注：* 表示 p<0.10，** 表示 p<0.05，*** 表示 p<0.01。

表 8 中的（1）~（3）列为利用工具变量后，不同地区间居民能源效率对能源贫困影响的异质性分析，结果显示：能源效率对于东部、中部、西部地区居民的能源贫困产生显著负向影响，即能源效率越高，能源贫困强度越低，这与全样本层面的估计结果一致，并且回归系数的大小与全国层

面的回归结果差别不大，说明了本文回归结果的可靠性。表 8 的（4）~（6）列为利用工具变量后，不同收入等级居民的能源效率对能源贫困影响的异质性分析，可以看出结果较为一致，对于不同收入级别的居民而言，能源效率依然会对能源贫困产生显著不利影响。

（二）内生性与稳健性检验

我们通过对表 7 中的回归方程进行相应的统计检验，以验证本文所使用的模型和工具变量选择的合理性。在此基础上，我们进行相应的稳健性检验，以论证本文研究结论的可靠性。

我们进一步对工具变量进行检验，表 9 给出了工具变量的描述性统计，并对解释变量的内生性进行了弱工具变量、不可识别检验及内生性等相关检验。

表 9　工具变量检验表

工具变量的描述性统计	平均值	标准差	最小值	最大值
同省内其他区县的居民能源效率均值	0.730	0.104	0.219	0.974
弱工具变量检验				
F 统计量	197.066			
最小特征值统计量	197.066			
不可识别检验				
Kleibergen-Paap rk LM 统计量	111.171			
P 值	0.000			
Anderson canon. corr. LM 统计量	190.297			
P 值	0.000			
内生性检验				
Durbin-Wu-Hausman 检验卡方统计量	12.243			
P 值	0.000			

从弱工具变量检验结果可知，F 统计量大于临界经验值，即 F>10，拒绝弱工具变量的假设，并且最小特征值统计量也显示拒绝弱工具变量的原假设。相应的回归方程的不可识别检验的 LM 统计量和 P 值说明工具变量是外生的、有效的。内生性检验的 DWH 值为 712.24，P 值为 0.000，表示应该拒绝能源效率不存在内生性的原假设，即采用工具变量法更有效。所以能源效率对能源贫困影响的方程中的能源效率要用工具变量进行估计。

此外，我们通过改变估计方法，即利用 Tobit 模型进行稳健性检验，回归结果如表 10 所示。

表 10　稳健性检验：改变估计方法

	（1）	（2）	ELES 模型测算能源贫困	
			（3）	（4）
	Tobit	IV-Tobit	Tobit	IV-Tobit
能源效率	-2.462*** （0.056）	-3.293*** （0.274）	-2.388*** （0.054）	-3.206*** （0.265）

续表

	(1)	(2)	ELES 模型测算能源贫困	
			(3)	(4)
	Tobit	IV-Tobit	Tobit	IV-Tobit
控制变量	Yes	Yes	Yes	Yes
年份效应	Yes	Yes	Yes	Yes
组群效应	Yes	Yes	Yes	Yes
常数项	-2.135 (2.278)	-1.730 (2.335)	-0.988 (2.136)	-0.583 (2.193)
观察值	4444	4444	4444	4444
组群数	24	24	24	24

注：* 表示 $p<0.10$，** 表示 $p<0.05$，*** 表示 $p<0.01$。

结果显示，改变估计方法后，能源效率对能源贫困影响的系数一直保持显著为负的特征，回归结果具有较强的稳健性。

（三）机制分析

基于第二部分的理论分析，我们大致可以认为能源效率对能源贫困的改善主要是通过能源消费量发挥具体的机制。此外，Sesan（2012）的研究发现，技术等改善可以减缓能源贫困，其中，厨房设备升级最为有效。对于技术进步高的居民而言，能源效率影响能源消费量的作用可能会更加明显。因此，在提高能源效率以改善能源贫困的过程中，可能会通过技术进步、能源消费量等因素对能源贫困产生影响。提高能源效率改善能源贫困的机制如图 5 所示。

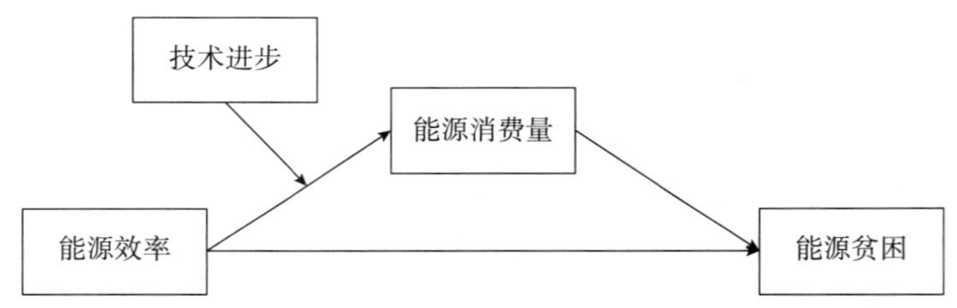

图 5　提高能源效率改善能源贫困的机制

如图 5 所示，在提高能源效率从而改善能源贫困的过程中，能源消费量发挥了重要的中介作用，而技术进步可能在能源效率影响能源消费量的过程中发挥调节作用。因此，在技术进步和能源消费量的共同作用下，能源效率对能源贫困的改善存在调节中介作用。即技术进步会影响能源效率对能源消费量的作用，从而调节能源消费量对于能源效率改善能源贫困的中介效应。

因此，为了检验能源消费量和技术进步的调节中介效应，本文将参考温忠麟和叶宝娟（2014）基于结构方程模型（Structural Equation Modeling，SEM）采用层次检验方法和 Bootstrap 法进行调节中介效应检验。需要说明的是本文对技术进步的衡量主要是利用各省市的 R&D 投入强度测度。模型设定如下：

$$\begin{cases} energy\_poor_{it}=c_0+c_1EF_{it}+c_2R\&D+c_3EF_{it}\times R\&D+\beta X_{it}+\mu_i+\upsilon_t+\varepsilon_{it} \\ M_{it}=a_0+a_1EF_{it}+a_2R\&D+a_3EF_{it}\times R\&D+\beta X_{it}+\mu_i+\upsilon_t+\varepsilon_{it} \\ energy\_poor_{it}=b_0+b_1M_{it}+b_2EF_{it}+b_3R\&D+b_4EF_{it}\times R\&D+\beta X_{it}+\mu_i+\upsilon_t+\varepsilon_{it} \end{cases} \quad (10)$$

其中，调节中介效应表现为 $b_1\times(a_1+a_3\times R\&D)$，检验结果如图 6 所示①。

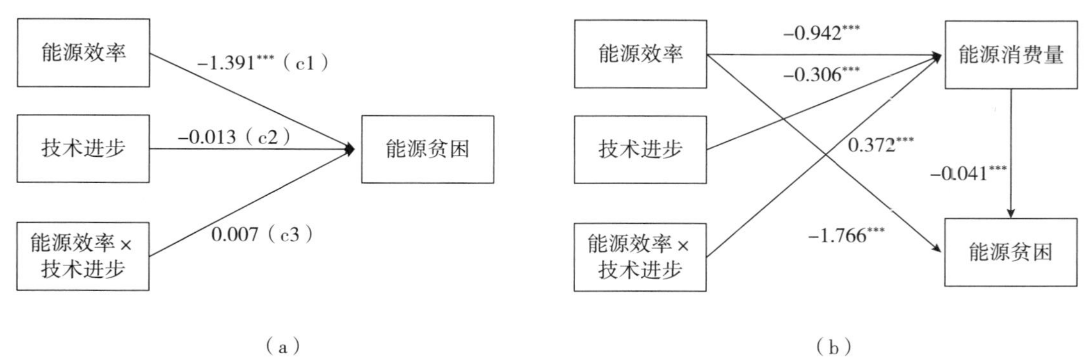

图 6　能源效率改善能源贫困的调节中介效应检验

注：* 表示 P<0.10，** 表示 P<0.05，*** 表示 P<0.01。

从图 6（a）的结果可以看出，在引入技术进步及技术进步与能源效率的交互项后，二者对能源贫困的影响并不显著，说明技术进步的大小不会直接对能源效率改善能源贫困的结果产生影响，即技术进步在能源效率影响能源贫困的过程中不存在简单的调节效应。进一步地，从图 6（b）的结果可以看出，能源效率会通过影响能源消费量来改善能源贫困。同时，技术进步的大小会对其产生影响，技术进步越高，能源效率对能源消费量的影响越大，从而对能源贫困的改善效果越好。因此，通过能源效率改善能源贫困时，技术越先进，能源消费量的中介效应越强，能源贫困的改善效果越好。

因此，在未来改善能源贫困的过程中，应该充分发挥能源使用效率的作用，提升能源贫困人群的能源消费质量，促进其能源可获得性。同时，改善家庭的用电设备等，促进居民家庭用能技术进步，从而增加能源效率对能源消费量的影响，使能源消费量充分发挥自身的作用。

六、潜力估算：提高能源效率降低能源贫困的空间幅度

通过第五部分的机制分析，我们得出提高能源效率可以改善能源贫困的结论。在此基础上，我们利用场景分析进行潜力估算，研究居民的能源效率改善后，能源贫困的变化。基于史丹等（2011）的研究，我们假设某地区的居民能源效率最高为 EF_{max}，即 $EF_{max}\geq EF_i$。那么，该地区的居民能源效率的提升潜力水平为：$\lambda=\frac{EF_{max}-EF_i}{EF_{max}}\times100\%$。所以，当居民能源效率提升 λ 后，其能源消费量的变化为 $\Delta E=\lambda\times E$。即通过提高 λ 的能源效率，居民相当于在相同的效率下多消费了 ΔE 的能源，当这一潜在水平超过一定的值后，居民的能源消费可以满足基本能源需求，从而脱离“能源贫困”陷阱。由此，我们得到各个地区的能源贫困改善情况，同时提出相应的能源贫困改善措施，如表 11 所示。

① 具体的回归结果见附表 2。

表 11　能源效率提升居民能源贫困发生率的变化

单位:%

省份	效率理论提升水平 λ	效率潜在提升水平	效率提升后的能源贫困发生率	能源贫困发生率的下降比例	能源贫困改善措施
上海	32.22	12.54	17.20	-35.70	稳定提高能源使用效率；适度给予能源消费补贴
贵州	34.81	18.73	33.78	-32.44	
天津	32.89	12.30	10.34	-30.80	
北京	31.55	13.52	14.37	-26.46	
福建	32.06	14.80	27.96	-25.71	
浙江	35.43	16.73	41.22	-19.73	稳定提高能源使用效率；适度给予能源消费补助；完善基础设施建设
江西	30.80	12.06	47.20	-19.16	
辽宁	30.70	11.70	20.00	-16.67	
湖南	34.29	18.05	46.34	-16.49	
河南	32.41	16.84	57.29	-16.17	
安徽	29.64	10.84	65.49	-13.09	大幅提高能源使用效率；稳定给予能源消费补助；进行家庭住房保暖改造
甘肃	33.21	16.47	68.18	-11.77	
湖北	32.01	15.19	62.64	-11.62	
黑龙江	30.50	12.08	48.39	-11.01	
吉林	33.19	17.60	42.44	-10.98	
山东	33.74	15.55	46.05	-10.80	
山西	34.01	17.87	38.20	-10.53	
河北	32.34	15.63	51.46	-10.16	
云南	32.45	16.66	67.86	-9.52	大幅提高能源使用效率；大幅给予能源消费补助；完善能源基础设施建设；开发可再生能源，充分利用太阳能
广西	32.13	12.21	54.05	-9.10	
重庆	29.87	12.41	66.67	-8.57	
四川	30.79	13.85	73.26	-6.81	
宁夏	35.37	18.66	56.25	-5.26	
内蒙古	30.57	12.78	80.65	-3.84	
东部	32.03	14.21	31.74	-17.39	
中部	32.37	15.47	52.32	-13.52	
西部	33.96	16.59	64.37	-10.55	
全国	32.53	15.18	46.54	-13.86	

注：其中效率的理论提升水平是指实现能源的完全利用，即能源效率为 1；效率的潜在提升水平是指能源效率提高至本省份的目前的能源使用效率最大值。

基于表 11 的结果可以看出，在居民的能源效率提高，即达到所在省份的最高能源效率后，居民的能源贫困发生率均发生变化，出现了不同程度的降低。总体来看，理论上，能源使用效率的提高水平为 32.53%；基于可行性角度的考虑，能源使用效率的潜在提升水平为 15.18%，能源贫困的改善潜力为 13.86%。分区域来看，东部地区相对于中部和西部地区而言，其能源贫困的改善作用更大、更明显，能源贫困的改善潜力分别为17.39%、13.52%、10.55%。可见，能源效率的改善对于减缓能源贫困的潜力和空间巨大。

进一步地，分省份来看，能源效率的提升对于各个省份的能源贫困改善程度不同。首先，能源贫困改善潜力最高的5个省份为：上海、贵州、天津、北京、福建，通过提高能源使用效率，这几个省份能源贫困的改善潜力大于25%；其次，浙江、江西、辽宁、湖南、河南这5个省份的能源贫困改善潜力为15%~25%；再次，安徽、甘肃、湖北、黑龙江、吉林等8个省份的能源贫困改善潜力为10%~15%；最后，云南、广西、重庆、四川、宁夏等6个省份的能源贫因改善潜力小于10%。

可见，仅通过能源效率的提升，不能完全实现中国能源贫困的改善。因此，本文提出"差异化"的能源贫困措施，即提高能源效率提高为主，能源消费专项补贴为辅，配合其他非能源政策。将有限的能源资源提供给能源贫困人口，以期更好地实现中国能源减贫，推动居民能源消费质量的提升，更好地实现中国的减贫目标。

具体地，对于能源贫困改善潜力高于25%的省份，可通过实施"稳定提高能源使用效率，适度的能源消费补助"政策改善能源贫困。这部分省份通过能源使用效率的提升可以达到很好的能源减贫效果，但是不能完全实现能源脱贫。因此，需要配合实施其他能源减贫措施，如建立能源专项补贴，对能源贫困人群给予帮扶，增加能源贫困人群能源消费的可支付性。同时，对不同的人群给予不同的补贴力度，早期重点关注能源贫困强度较大的老弱病残人群，通过减少人群间的能源消费不平等改善能源贫困情况。

对于能源贫困改善潜力为15%~25%的省份，可通过实施"稳定提高能源使用效率，适度给予能源消费补助，完善基础设施建设"的政策改善能源贫困。这类省份通过提高能源使用效率来缓解能源贫困的效果较好，通过配合能源消费补贴，可以帮助一部分家庭脱离能源贫困、减小能源贫困强度。同时，通过能源基础设施的完善，可以增加能源贫困人群能源消费可获得性。

对于能源贫困改善潜力为10%~15%的省份，可通过实施"大幅提高能源使用效率，稳定给予能源消费补助，配合家庭住房保暖改造"的政策改善能源贫困。这部分省份基本属于北方地区，通过提高能源使用效率改善能源贫困的效果一般。因此，在稳定基于能源消费补助增加能源可支付性的基础上，应该配合家庭住房保暖改造。通过改善供暖系统，减少冬天的能源消费支出（Walker，2008）。

对于能源贫困改善潜力小于10%的省份，可通过实施"大幅提高能源使用效率；大幅给予能源消费补助；完善能源基础设施建设；开发可再生能源，充分利用太阳能"的政策改善能源贫困。这部分省份通过能源效率的提升来改善能源贫困的效果较差，因此需要配合更多的能源扶贫措施，减缓能源贫困。在大幅度的基础能源专项补贴、完善能源基础设施建设的基础上，应该充分发挥自身的能源资源禀赋，如太阳能、风能等。四川、云南、重庆等地区太阳能优势明显，因此，可以通过推广太阳能热水器、光伏发电等充分利用太阳能，并开发可再生能源，多渠道缓解居民的能源贫困。

七、结论及政策建议

本文首先构建能源效率对能源消费影响的理论模型，分析了能源效率对居民能源贫困的影响。然后通过组群分析技术，利用CRECS（2012，2014）的微观数据构成"合成面板数据"，填补了能源消费微观面板数据的空白。基于此，测度出中国居民的能源效率与能源贫困，并基于不同视角分析了二者的关系，然后利用工具变量（IV）解决内生性后分析能源效率对能源贫困的影响，并进一步评估了提高能源效率缓解能源贫困的潜力。

本文的研究结论和政策建议主要包括：

首先，居民能源使用效率总体偏低，能源效率由 2012 年全国平均 0.679 增加为 0.824。基于组群、收入的双重视角，能源贫困居民的能源效率比非能源贫困居民低。基于"能源阶梯假说"，随着收入的增加，居民对于能源消费需求也在不断地高级化、清洁化。因此，单纯地提高居民收入缓解收入贫困问题，并不能有效解决居民的能源消费匮乏，即能源贫困问题。因此，为满足人民美好生活的需要，居民对于能源的消费需求可能会更加多元化、精细化，因此政府需要了解居民能源消费的动态变化，根据消费特征识别能源贫困人口，实施精准化的扶贫措施。解决居民能源使用匮乏问题，提升居民获取清洁、高效、现代化能源的能力。

其次，中国能源贫困愈发突出，2012~2014 年能源贫困不降反升，其中能源贫困发生率由 43.46%增加到 54.03%。近年来，各部门对于居民的能源消费"质量"仍不够重视，虽然中国的能源消费总量为世界第一，但就微观个体而言，能源消费依然存在很大的问题。从整体的能源贫困评价指标来看，综合能源贫困指数由 2012 年的 0.268 提升为 2014 年的 0.403。所以各级政府要不断完善能源基础设施的建设，特别是对于一些偏远的地区而言更是如此，此外可以对居民采取补贴的方式，如设立能源贫困扶贫基金等，增加其获取能源的能力，鼓励居民依靠本地资源依靠自身优势提升能源获取能源，积极推进光伏扶贫等工作。在降低居民的能源贫困发生率的同时要解决居民的能源消费差异度与能源贫困深度，多方面降低能源贫困。如果不有效缓解能源贫困问题，居民可能会再一次落入贫困性陷阱。

再次，利用工具变量处理内生性后的估计结果显示，能源效率可以有效降低能源贫困，通过改善能源效率，可以缓解能源贫困问题。同时，技术进步的高低会影响能源效率对能源消费量的大小。提高能源效率作为缓解能源贫困的重要方式，有足够的空间发挥自身的作用，所以政府有必要采取相关措施提升居民的能源效率。但是能源效率的提升需要配套使用一些其他措施，比如对于家庭所使用的电器，政府应出面给予相关的研发部门补助，研发能够节约能源、提高能源使用效率的电器。目前的家用电器功率各不相同，应该尽量做到在相同的能效上，降低能耗，进而降低居民的能源基本需求，减缓能源贫困深度等。

最后，能源效率改善能源贫困的潜力评估结果显示，能源效率的提高对于减缓能源贫困的潜力和空间巨大。当居民的能源效率均提升至所在组群的最高水平时，能源贫困发生率平均可以减少 13.86%。同时各省份间的潜力存在一定的差异，能源效率的提升均能有效实现能源脱贫，但需要配合"差异化"的能源扶贫措施改善能源贫困。因此，政府及各部门需要提高居民的能源效率，比如改善交通道路或交通网络，可以使居民在汽车燃油经济性不变的情况下，减少耗油量；同时，政府可根据居民所在地的资源储备情况，以较低的成本大规模开发可再生能源或新能源，比如沼气、太阳能等，用这类清洁、高效的能源代替固体燃料的使用。此外，作为居民自身可以通过改善住房结构或是进行住房保暖改造等，减少空调耗电量等。

随着中国能源规划的进一步深入，尤其是中国特高压电网、天然气网管的建设，中国能源行业中居民的获取清洁能源的便捷性等一系列问题得到了越来越多的关注。事实上，当前中国能源市场中，能源消费的诸多问题，大部分原因是能源基础设施不健全、能源价格与市场供求不匹配等问题，其中以电力市场体制改革的典型。由此导致的能源贫困、能源安全问题是值得进行深入探索的研究方向，而能源贫困的加剧是否会导致居民再次陷入收入贫困，将是我们后续研究的重点。

附录

本文将居民的能源消费需求分为三类：特殊品能源需求、必需品能源需求及其他能源需求。其中特殊品能源需求是指部分居民特有的，其中以北方居民的冬季集中供暖的取暖支出为典型代表；必需品能源需求以电力为典型代表；其他能源需求是指各个家庭根据自己的家庭状况选择消费的能源种类，比如有汽车的家庭会选择消费汽油、柴油，生活在城市的居民可能更多地会选择天然气、液化气、煤气进行炊事等，而那些生活在偏远山区的居民可能只能靠煤块、薪柴、动物粪便来进行炊事或取暖。通过能源消费支出来反映居民的能源需求还可以避免通过能源消费量反映居民能源需求时无法涵盖“集中供暖”需求这一缺陷。因此，本文采用 ELES 来测算能源消费支出贫困线，以识别出能源贫困人口①。回归结果如附表 1 所示。

附表 1　ELES 模型估计结果：能源贫困线的测算

	(1) 暖气费	(2) 电费	(3) 其他能源支出
能源消费弹性	0.002*** (0.000)	0.004*** (0.000)	0.001*** (0.000)
基本支出	118.971*** (8.771)	488.012*** (15.054)	293.663*** (14.811)
N	4444	4444	4444
R^2	0.022	0.025	0.003

注：括号内为标准误，*、** 和 *** 分别表示在 10%、5% 和 1% 水平上显著，下同。

通过对全国居民的能源消费支出基本需求的测算结果（见附表 1）可以看出：暖气作为居民日常生活中的特殊能源消费品，其人均消费支出的最低值为 118.97 元/年；电力作为居民日常生活中的必需能源消费品，其人均消费支出的最低值为 488.01 元/年；其他能源（如天然气、液化气、柴油等）这种差异化的能源消费品，其人均消费支出的最低值为 293 元/年。由此可以计算出相应的能源贫困线，以识别能源贫困人口。

附表 2　各省份的能源贫困情况

省份	2012 年				2014 年			
	H	G_P	I_P	Sen_P	H	G_P	I_P	Sen_P
上海	41.51%	0.274	0.324	0.211	26.75%	0.375	0.254	0.143
云南	65.52%	0.394	0.379	0.408	75.00%	0.576	0.626	0.631
内蒙古	19.44%	0.216	0.491	0.117	83.87%	0.446	0.661	0.681
北京	34.55%	0.363	0.361	0.205	19.54%	0.349	0.386	0.117
吉林	13.11%	0.300	0.393	0.075	47.67%	0.502	0.597	0.381
四川	62.50%	0.320	0.363	0.354	78.61%	0.472	0.568	0.607
天津	15.00%	0.172	0.112	0.040	14.94%	0.335	0.273	0.077
宁夏	15.00%	0.289	0.626	0.110	59.38%	0.436	0.647	0.476
安徽	25.71%	0.356	0.273	0.137	75.35%	0.546	0.551	0.600

① 对于不同类型的居民来说，即使其偏好不一致，他们的基本能源需求也是基本一致的。而该模型计算出的基本能源需求与个人偏好并不相关，消费者只有在满足基本需求之后，才能根据个体偏好来选择消费不同的能源，而这部分由于个人偏好产生的影响是通过超额需求来衡量的。因此，本文在测度居民的基本能源需求时可不引入个人偏好等更复杂的影响因素。

续表

省份	2012 年				2014 年			
	H	G_P	I_P	Sen_P	H	G_P	I_P	Sen_P
山东	31. 40%	0. 319	0. 398	0. 185	51. 63%	0. 444	0. 564	0. 391
山西	42. 59%	0. 381	0. 590	0. 318	42. 70%	0. 439	0. 582	0. 327
广西	65. 12%	0. 418	0. 518	0. 468	59. 46%	0. 536	0. 549	0. 470
江西	47. 37%	0. 288	0. 317	0. 243	58. 39%	0. 452	0. 450	0. 408
河北	56. 92%	0. 343	0. 432	0. 357	57. 28%	0. 428	0. 521	0. 416
河南	44. 96%	0. 370	0. 380	0. 274	68. 34%	0. 499	0. 511	0. 516
浙江	32. 26%	0. 346	0. 320	0. 179	51. 35%	0. 440	0. 374	0. 334
湖北	62. 69%	0. 375	0. 389	0. 387	70. 88%	0. 502	0. 516	0. 538
湖南	54. 95%	0. 333	0. 433	0. 342	55. 49%	0. 491	0. 515	0. 418
甘肃	11. 11%	0. 246	0. 190	0. 043	77. 27%	0. 511	0. 664	0. 646
福建	31. 11%	0. 332	0. 268	0. 159	37. 63%	0. 417	0. 377	0. 240
贵州	77. 78%	0. 407	0. 611	0. 599	50. 00%	0. 403	0. 399	0. 321
辽宁	60. 87%	0. 325	0. 277	0. 312	24. 00%	0. 375	0. 524	0. 169
重庆	66. 67%	0. 394	0. 333	0. 397	72. 92%	0. 569	0. 636	0. 615
黑龙江	50. 00%	0. 424	0. 374	0. 320	54. 38%	0. 450	0. 535	0. 405
全国	43. 45%	0. 369	0. 392	0. 268	54. 03%	0. 488	0. 502	0. 403

基于结构方程模型（SEM），在此对技术进步和能源消费量在能源效率对能源贫困的改善作用中发挥的机制进行检验，其中技术进步表现为能源效率对能源消费量的调节作用，能源消费量表现为能源效率对能源贫困影响的中介效应，具体结果如附表 3 所示。

附表 3　调节中介效应检验

	(1) 能源贫困	(2) 能源消费量	(3) 能源贫困
能源消费量			−0. 041*** (0. 006)
能源效率	−1. 391*** (0. 030)	−0. 942*** (0. 108)	−1. 390*** (0. 042)
技术进步	−0. 013 (0. 021)	−0. 306*** (0. 047)	−0. 014 (0. 018)
技术进步×能源效率	0. 007 (0. 023)	0. 372*** (0. 057)	0. 004 (0. 022)
控制变量	Yes	Yes	Yes
年份效应	Yes	Yes	Yes

续表

	(1) 能源贫困	(2) 能源消费量	(3) 能源贫困
组群效应	Yes	Yes	Yes
常数项	-1.133 (0.028)	1.442*** (0.094)	1.010*** (0.037)
观察值	4444	4444	4444
城市数	24	24	24
Bootstrap 法检验		z 值=4.20，P 值=0.000；调节中介效应显著	

参考文献

[1] 查冬兰，周德群．为什么提高能源效率没有减少能源消费——能源效率回弹效应研究评述［J］．管理评论，2012，24（1）：45-51.

[2] 畅华议，何可，张俊彪．挣扎与妥协：农村家庭元和陷入能源贫困"陀阱"［J］．中国人口·资源与环境，2020，30（2）：11-20.

[3] 程令国，张晔．早年的饥荒经历影响了人们的储蓄行为吗？——对我国居民高储蓄率的一个新解释［J］．经济研究，2011，46（8）：119-132.

[4] 耿德伟．中国城镇居民个人收入差距的演进——一个基于组群视角的分析［J］．管理世界，2014（3）：66-74.

[5] 郝宇．中国能源贫困的区域差异探究［J］．中国能源，2014，28（11）：42-46.

[6] 李慷．能源贫困综合评估方法及其应用研究［D］．北京：北京理工大学，2014.

[7] 刘自敏，李兴．阶梯电价、回弹效应与居民能源消费——基于 CFPS 数据的分析［J］．软科学，2018，32（8）：4-8.

[8] 刘自敏，杨丹，冯永晟．递增阶梯定价政策评价与优化设计——基于充分统计量方法［J］．经济研究，2017，52（3）：181-194.

[9] 刘自敏，张昕竹，方燕，田露露．递增阶梯定价、收入再分配效应和效率成本估算［J］．经济学动态，2015a（3）：31-43.

[10] 刘自敏，张昕竹，杨丹．纯分时定价与分时阶梯定价对政策目标实现的对比分析［J］．数量经济技术经济研究，2015b，32（6）：120-134.

[11] 史丹等．中国能源利用效率问题研究［M］．北京：经济管理出版社，2011.

[12] 孙涵，申俊，成金华．基于 LA-AIDS 模型的中国居民能源消费回弹效应研究［J］．软科学，2016，30（3）：94-97.

[13] 孙威，韩晓旭，梁育填．能源贫困的识别方法及其应用分析——以云南省怒江州为例［J］．自然资源学报，2014，29（4）：575-586.

[14] 田露露，冯永晟，刘自敏．不同递增阶梯定价下的政策效果差异——基于定价结构陡峭程度的研究［J］．经济学动态，2019（1）：60-75.

[15] 温忠麟，叶宝娟．有调节的中介模型检验方法：竞争还是替补？［J］．心理学报，2014，46（5）：714-726.

[16] 薛丹．我国居民生活用能能源效率回弹效应研究［J］．北京大学学报（自然科学版），

2014，50（2）：348-354.

［17］郑世林，周黎安，何维达．电信基础设施与中国经济增长［J］．经济研究，2014（5）．

［18］郑新业，魏楚等．中国家庭能源消费研究报告（2015）［M］．北京：科学出版社，2016.

［19］周绍杰，张俊森，李宏彬．中国城市居民的家庭收入、消费和储蓄行为：一个基于组群的实证研究［J］．经济学（季刊），2009，8（4）：1197-1220.

［20］Alberini A.，Filippini M. Transient and Persistent Energy Efficiency in the US Residential Sector：Evidence from Household-level Data［J］. Energy Efficiency，2017.

［21］Ang B. W. Monitoring Changes in Economy-wide Energy Efficiency：From Energy-GDP Ratio to Composite Efficiency Index［J］. Energy Policy，2006（34）：574-582.

［22］Barnes D. F.，Khandker S. R.，Samad H. A. Energy Access，Efficiency，and Poverty：How Many Households are Energy Poor in Bangladesh?［R］. Policy Research Working Paper，2016.

［23］Barnes D. F.，Khandker S. R.，Samad H. A. Energy Poverty in Rural Bangladesh［J］. Energy Policy，2011，39（2）：894-904.

［24］Berry A. Measuring Energy Poverty：Uncovering the Multiple Dimensions of Energy Poverty［Z］. 2018.

［25］Boardman B. Fuel Poverty：From Cold Homes to Affordable Warmth［M］. Belhaven Press，London，1991.

［26］Boardman B. New Directions for Household Energy Efficiency：Evidence from the UK［J］. Energy Policy，2004，32（17）：1921-1933.

［27］Brännlundab R.，Ghalwash T.，Nordströma J. Increased Energy Efficiency and the Rebound Effect：Effects on Consumption and Emissions［J］. Energy Economics，2007，29（1）：1-17.

［28］Chamon Marcos. Eswar Prasad Why are Saving Rates of Urban Households in China Rising?［J］. American Economic Journal：Macroeconomics，2010，2（1）：93-130.

［29］Charlier D.，Legendre B.，Risch A. Fuel Poverty in Residential Housing：Providing Financial Support Versus Combatting Substandard Housing［J］. Applied Economics，2019，51（49）：5369-5387.

［30］Feng D.，Benjamin S.，Khuong M. The Barriers to Energy Efficiency in China：Assessing Household Electricity Savings and Consumer Behavior in Liaoning Province［J］. Energy Policy，2010（38）：1583-1589.

［31］Fernάndez-Villaverde，Jesús，Dirk Krueger. Consumption Over the Life Cycle：Facts from Consumer Expenditure Survey Data［J］. The Review of Economics and Statistics，2007，89（3）：552-565.

［32］Filippini M.，Geissmann T.，Greene W. H. Persistent and Transient Cost Efficiency—An Application to the Swiss Hydropower Sector［J］. Journal of Productivity Analysis，2018，49（1）：65-77.

［33］Filippini M.，Hunt L. C. Energy Demand and Energy Efficiency in the OECD Countries：A Stochastic Demand Frontier Approach［J］. Energy Journal，2011（32）：59-80.

［34］Filippini M.，Hunt L. C. Measurement of Energy Efficiency Based on Economic Foundations［J］. CER-ETH Economics Working Paper Series，2015：45-57.

［35］Fylan F.，Glew D.，Smith M.，et al. Reflections on Retrofits：Overcoming Barriers to Energy Efficiency Among the Fuel Poor in the United Kingdom［J］. Energy Research & Social Science，2016（21）：190-198.

［36］Grey C. N. B.，et al. Cold Homes，Fuel Poverty and Energy Efficiency Improvements：A Longitudinal Focus Group Approach［J］. Indoor and Built Environment，2017b：1420326X1770345.

［37］Grey C. N. B.，et al. The Short-term Health and Psychosocial Impacts of Domestic Energy Efficiency Investments in Low-income Areas: A Controlled Before and After Study [J]. Bmc Public Health, 2017a, 17 (1): 140.

[38] Heindl P., Schüssler R. Dynamic Properties of Energy Affordability Measures [J]. Energy Policy, 2015 (86): 123.

[39] He X., Reiner D. Electricity Demand and Basic Needs: Empirical Evidence from China's Households [J]. Energy Policy, 2016 (90): 212-221.

[40] Hills J. Fule Poverty: The Problem and Its Measurement [R]. Interim Report of the Fuel Poverty Review. London: CASE, LSE, 2011.

[41] Hosier R. H., Dowd J. Household Fuel Choice in Zimbabwe: An Empirical Test of the Energy Ladder Hypothesis [J]. Resources and Energy, 1987, 9 (4): 347-361.

[42] IEA. World energy outlook 2007 [R]. Paris: IEA, 2007.

[43] IEA. World Energy Outlook 2010 [R]. Paris: IEA, 2010.

[44] IEA. World energy outlook 2006 [R]. Paris: IEA, 2006.

[45] Khandker S. R., Barnes D. F., Samad H. A. Are the Energy Poor also Income Poor? Evidence from India [J]. Energy Policy, 2012 (47): 1-12.

[46] Lewis P. Fuel Poverty can be Stopped [M]. Bradford: National Right to Fuel Campaign, 1982.

[47] Lu W. Potential Energy Savings and Environmental Impact by Implementing Energy Efficiency Standard for Household Refrigerators in China [J]. Energy Policy, 2006, 34 (13): 1583-1589.

[48] Álvarez A. R., Sánchez L. O., Jamasb T. Fuel Poverty and Well-being: A Consumer Theory and Stochastic Frontier Approach [C]. Encuentro de Economía Pública. Universidad de Castilla-La Mancha, 2017: 54.

[49] Nussbaumer P., Bazilian M., Modi V. Measuring Energy Poverty: Focusing on What Matters [J]. Renewable and Sustainable Energy Review, 2012, 16 (1): 231-243.

[50] Okushima S. Measuring Energy Poverty in Japan, 2004~2013 [J]. Energy Policy, 2016 (98): 557-564.

[51] O'Sullivan K. C., Howden-Chapman P. L., Fougere G. Making the Connection: The Relationship Between Fuel Poverty, Electricity Disconnection, and Prepayment Metering [J]. Energy Policy, 2011, 39 (2): 733-741.

[52] Pereira M. G., Freitas M. A. V., Silva N. F. The Challenge of Energy Poverty: Brazilian Case Study [J]. Energy Policy, 2011 (39): 167-175.

[53] Reddy B. S. Overcoming the Energy Efficiency Gap in India's Household Sector [J]. Energy Policy, 2003, 31 (11): 1117-1127.

[54] Rosenow J., Platt R., Flanagan B. Fuel Poverty and Energy Efficiency Obligations-A Critical Assessment of the Supplier Obligation in the UK [J]. Energy Policy, 2013 (62): 1194-1203.

[55] Sadath A. C., Acharya R. H. Assessing the Extent and Intensity of Energy Poverty Using Multidimensional Energy Poverty Index: Empirical Evidence from Households in India [J]. Energy Policy, 2017 (102): 540-550.

[56] Sesan T. Navigating the Limitations of Energy Poverty: Lessons from the Promotion of Improved Cooking Technologies in Kenya [J]. Energy Policy, 2012 (47): 202-210.

[57] Sovacool B. K. Affordability and Fuel Poverty in England [M]. Energy & Ethics. Palgrave Macmillan UK, 2013.

[58] Walker G. Decentralised Systems And Fuel Poverty: Are There Any Links Or Risks? [J]. En-

ergy Policy, 2008, 36 (12): 4514-4517.

[59] Walker Gordon Rosie. Fuel Poverty as Injustice: Integrating Distribution, Recognition and Procedure in the Struggle for Affordable Warmth [J]. Energy Policy, 2012, 49 (1): 69-75.

[60] World Health Organization. Fule for Life: Household Energy and Health [R]. Geneva, WHO, 2006.

[61] Zheng S., Ward M. R. The Effects of Market Liberalization and Privatization on Chinese Telecommunications [J]. China Economic Review, 2011, 22 (2): 210-220.

[62] Zhou P., Ang B. W., Zhou D. Q. Measuring Economy-wide Energy Efficiency Performance: A Parametric Frontier Approach [J]. Applied Energy, 2012, 90 (1): 196-200.

环境信息披露与绿色技术创新

曹虹剑　邹莉媛　李　科

［摘　要］随着环境信息披露制度的不断完善，持续地促进绿色金融快速发展，引导资金投向绿色技术，推进重污染企业实现绿色转型。本文基于2007～2018年中国沪A股重污染行业上市公司披露的环境信息，手工搜集环境信息披露质量和绿色专利数据，采用文本分析法和Heckman选择模型进行回归，深入考察企业进行环境信息披露对绿色技术创新的微观影响，运用负二项回归和零膨胀泊松模型证实结果的可靠性。研究发现，企业进行环境信息披露可以缓解信息不对称，降低融资约束，减少企业研发风险，从而促进绿色技术创新。相对于非国有企业，国有企业因承担较多的社会责任，具有比较强烈的动机去披露环境信息获取更多的非市场资本，树立更好的企业形象。进一步将环境信息划分为五个大类，其中环境业绩和环保治理类的信息披露因包含更多可验证类信息，从而显著影响了企业的绿色技术创新绩效。研究结论为非正式的环境规制政策对企业绿色创新活动的诱发效应提供了理论和经验支撑，为政府针对不同企业实行差异化战略提高规制效率提供了理论基础。同时，有助于增进对信息结构重要性的认识，深化对强制披露自由裁量的思考，为发展企业主体、市场导向的绿色创新体系提供参考。

［关键词］环境信息披露；绿色技术创新；文本分析法；选择回归模型；负二项回归

一、引言

近年来，中国长期依赖资源投入的粗放型经济发展模式导致经济发展同生态环境保护的矛盾日益凸显，资源环境承载能力已接近上限。2015年10月，党的十八届五中全会提出“创新、协调、绿色、开放、共享”五大发展理念，把绿色和创新放在了重要位置。2017年，党的十九大报告将“污染防治”列为全面建成小康社会的三大攻坚战之一，并强调要构建市场导向的绿色技术创新体系，“健全环保信用评价、信息强制性披露、严惩重罚等制度”，强化排污者责任。在污染防治政策上除了采用行政管制和引入市场工具，如可交易排污许可、排污费等外（Sterner，2003；Goulder and Parry，2008），中国亦采用了环境信息披露政策，即通过提高公众对环境污染信息的获得性，让公众参与到环境治理行动中（方颖、郭俊杰，2018）。相比传统的环境规制政策，建立健全环境信息披露制度能加大企业减排压力、提高企业财务报告的透明度、减少信息不对称（Ball，2006；Dobre et al.，2015），有助于提高资本市场的资源配置效率和投资者的投资意愿，从而诱发企业绿色技术创新（王晓祺等，2020），推进重污染企业实现绿色转型。我国上市公司重污染企业的环境信息披露政策已经实施近10年，为验证上述问题提供了充分的历史数据。

［基金项目］国家社会科学基金一般项目“中国先进制造业嵌入全球创新链的机理与路径研究”（17BJY075）、国家自然科学基金面上项目“能源市场扭曲对工业绿色增长的影响机理与实证研究”（71773028）。

［作者简介］曹虹剑，湖南师范大学商学院教授、博士生导师，经济学博士；邹莉媛（通讯作者），湖南师范大学商学院研究生，邮箱：1366453129@qq.com；李科，湖南师范大学数学与统计学院教授、博士生导师，经济学博士。

《绿色治理准则》提出应建立政府顶层推动、企业利益驱动和社会组织参与联动的多元治理主体协同机制。随着投资者日益成熟、资本市场制度不断完善，企业社会责任与创造的社会价值日益成为投资者衡量企业可持续发展能力的重要指标。为倡导社会责任投资理念、履行资本市场的社会责任、优化资本市场的资源配置功能，中国政府于 2008 年 5 月 1 日颁布实施了《环境信息公开办法（试行）》，一方面对重污染行业企业的环境信息披露提出了要求，另一方面明确了地方政府监管企业环境信息披露的责任。《环境信息公开办法》（2008 年实施）鼓励企业自愿公布环境信息，并强制性要求重点排污单位向社会公开排污情况。污染型行业企业的环保风险显著影响企业资本的安全与收益，如果不提高环境绩效，将遭受社会公众的抵制、政府罚款等惩罚，影响企业的发展前景。2015 年 1 月 1 日修订后的《中华人民共和国环境保护法》正式实施，其中要求重点排污单位应公开主要污染物的名称及排放量等信息，以立法形式规范了企业公开环境信息的行为。

2010 年，生态环境部出台的《上市公司环境信息披露指南》详细规定了重污染行业上市公司需要在年报、临时环境报告等中披露如下环境信息：环境保护方针、目标及成效，年度资源消耗总量，环保投资和环境技术开发情况，排放污染物种类、数量、浓度和去向，环保设施的建设和运行情况，废物的处理情况，废弃产品的回收、综合利用情况，与环保部门签订的改善环境行为的自愿协议，受到环保部门奖励的情况和自愿公开的其他环境信息。《中国上市公司环境责任信息披露评价报告（2018）》显示，沪深两市上市公司中发布环境责任报告、社会责任报告及可持续发展报告的共有 928 家，相比 2013 年增加了 867 家。复旦大学环境经济研究中心以上海证券交易所 14 个重污染行业 172 家上市公司为样本，研究发布《企业环境信息披露指数（2017）》，结果显示，2016 年企业环境信息披露指数得分为 41. 52，分别比 2015 年和 2014 年的得分水平提高了 4. 66% 和 14. 25%。这说明在内外各种因素影响下，上市公司的环境信息披露数量和质量都有明显改善。同一时期，中国上市公司，尤其是重污染企业绿色创新能力有了明显的提升。《2008—2017 年全球环境技术专利热度分析报告》显示，我国环境技术领域发明专利申请量从 2008 年的 6349 件上升至 2017 年的 52245 件，增长了 7. 23 倍。上述事实表明，环境信息披露作为社会公众、投资者等利益相关者了解企业环境活动信息的重要渠道，是企业接受社会监督、履行环保责任的重要环节，随着环境信息披露制度的不断完善，对于环境信息披露能否促进企业绿色技术创新，鲜有文献提供直接的经验证据，在污染防治关键时期，该问题亟待考证。

虽然中国的相关监管机构和证券交易所鼓励上市公司进行环境信息披露并给出了披露指引，但上市公司仍可自主决定环境信息披露的细节。因此，中国企业的环境信息披露具有自愿性披露的特点，且企业间环境信息披露的质量差异很大（吴红军等，2017）。从现有研究文献看，大多数学者关注的是企业主动进行环境信息披露的驱动因素和可能的经济后果。一般认为，环境制度、舆论压力、传统文化、公司治理和政治关系等因素会驱动环境信息披露制度的发展，并从股东（投资者）、银行和其他利益相关者的角度分析相应的经济后果（Charl and Charis，2010；Hassan and Ibrahim，2012；Lewis et al.，2014；Robertson and Barling，2013；Latridis，2013；Kansal et al.，2014）。然而，对环境信息披露政策的创新激励效果分析缺乏企业层面的经验证据。企业进行绿色技术创新需要投入的成本与企业声誉提高带来的效益之间存在博弈。探寻企业做出环境信息披露行为之后产生的影响，从而反过来完善企业环境信息披露制度，将为我们完善企业环境信息披露制度提供依据。因此，厘清环境信息披露对企业绿色技术创新的影响机制，为政策评估提供更准确的定量分析十分必要。

本文基于自愿性信息披露研究中常用的内容分析法，以 2007～2018 年中国沪 A 股重污染行业企业为研究对象，采用 Python 文本分析技术，在公司年报和独立社会责任报告中，提取关键的环境信息并计算环境信息披露质量；进一步采用 Tobit 回归和 Heckman 模型验证环境信息披露质量对绿色技术创新的显著促进作用，且该作用在国有企业和非国有企业之间具有显著异质性；同时，我们也考察了不同的披露内容对绿色技术创新影响的差异；最后，运用负二项回归和零膨胀泊松回归证实了基准结果的可靠性和合理性。

本文通过采用重污染行业企业层面的面板数据，对企业环境信息自愿性披露与绿色技术创新之间存在的促进效应进行了微观层面的检验，丰富了我国会计信息披露中有关非财务信息的作用机理。本文的边际贡献主要有三点：第一，探究了环境信息披露这一新型的环境治理政策对“波特假说”实现的影响，阐述了环境信息披露诱发绿色技术创新的机制。第二，进一步考察国有企业和非国有企业在社会责任上的表现差异，为政府制定差异化战略提供经验证据。第三，分析不同类型的环境信息披露对绿色技术创新的影响差异，增进对信息结构重要性的认识，为完善和丰富环境信息披露内容提供依据。

本文其余部分安排如下：第二部分通过理论机理分析，提出本文的研究假设；第三部分主要介绍论文数据来源和变量的衡量方案；第四部分为计量经济模型、回归结果和稳健性检验；第五部分为本文主要结论和相应的政策建议。

二、理论机制与研究假设

（一）环境信息披露与绿色技术创新

基于信号传递理论，企业主动向外界披露环境信息，展示环境绩效优良的企业形象，向外界传递企业正在良性发展的信号，以此获得社会的奖赏（Clarkson et al.，2008；Dhaliwal et al.，2011）。企业进行环境信息披露可以缓解信息不对称，降低投资者承担的环保风险（Botosan et al.，1997；Leuz and Verrecchia，2000；Richardson and Welker，2001；Lambert et al.，2012；Shroff et al.，2013），也是债权人判断其环境不确定性、评价信贷风险的重要依据（沈洪涛等，2014）。同时，银行等国有金融机构都有“绿色信贷”条款，对重污染行业企业申请贷款进行严格的审查，企业是否能够提供足够的信息，将影响其外部融资能否顺利实现。此外，环境治理逐渐成为政府的重要政治目标，重污染企业加强环境信息披露，也会获得更多的政府补助（Liu and Anbumozhi，2009；Zeng et al.，2010；Zhang et al.，2011）。

根据“波特假说”，严格并且恰当的环境规制会“倒逼”企业进行绿色技术创新。环境信息披露作为企业向外界公布自身经营情况的一种有效市场信号，有助于鼓励企业思考如何实现资源的充分利用，最大限度地减少能源的使用（Berrone et al.，2013；Chang，2011），这是企业进行绿色技术创新的重要驱动因素（Deegan，2002；Russo and Tencati，2009；Jennings and Zandberger，1995；Delmas and Toffel，2004；Chang，2011）。一方面，企业为了满足环境敏感型利益相关者的需求，通过绿色创新提高经济和环境绩效（Amores-Salvadó et al.，2014；Chan，2005；Barney，1991）。另一方面，绿色技术创新具有风险大、失败率高、不可预测、耗费时间长等特点，需要大量的资金来维持长期的投入（Brown et al.，2009），而环境信息披露可作为外部融资的策略性行为，缓解企业在创新过程中遇到的资金不足问题（Jaffe and Le，2015；Holger and Strobl，2007；Lach，2002），降低研发风险。因此，提出以下假设。

H1：环境信息披露有助于提升企业绿色技术创新水平。

（二）企业性质、环境信息披露与绿色技术创新

相比发达市场经济国家，中国政府对经济运行的影响更大，政企关系是影响中国企业决策的重要变量。Shleifer 和 Vishny（1994）提出政治家会使用补贴和奖励使企业家遵从政治目标。李四海等（2015）的研究表明，中国企业社会责任行为有明显的寻租倾向，因此要准确理解中国企业环境

信息披露行为就要考虑政企关系因素（黎文靖，2012）。Lei 和 Nugent（2018）的研究证实，那些政治关联企业愿意迎合政府需求，按照政府意愿做事，从而从政府那里换得回报，因此履行环保责任可能成为企业政治寻租的重要手段。企业通过加大环保投入，发布详细的环境责任报告来帮助官员在“晋升锦标赛”中获胜，而政府官员则可以让企业通过政府的政策资源获得超额利益。Blau 等（2013）的研究证实了政治关联对政府补助的积极作用。国家控股企业、重污染企业和规模大的公司披露水平较高，民营企业披露水平较低（Zeng et al.，2010）。

国有企业的政治关联具有天然性、被动性及双重性（周林洁、邱汛，2013）。国有企业会更加关注自身的合法性，其价值体系与我国的社会制度更为一致（沈洪涛等，2014），国有企业的管理者仍旧是政府治理结构中的一部分（Tan，2001），国有企业的经营目标往往是多重的（贺小刚等，2013），为了与政府的战略目标保持高度一致就很有可能加入环境信息披露活动之中，而那些国有企业内部的一些人为了晋升等也具有比较强烈的动机去“迎合”和支持政府的环境规制政策。

与国有企业不同，非国有企业的政治关联具有后天性、单一性和主动性（周林洁、邱汛，2013）。非国有企业管理层经营企业的目的就是提高企业的经济效益和企业价值。在政府干预较强的制度环境中，非国有企业获得政府支持相对较少，在竞争中通常处于劣势地位。无论是治理环境的实际行动还是核算环境会计信息，企业都需要付出成本（周守华、肖正再，2005）。从企业角度看，利益交换能否顺利进行，取决于政府对于企业的回报是否大于披露环境信息所付出的成本。在环境保护方面，国有企业所受到的环境合法性压力大于非国有企业，国有企业需要更迫切地进行环境信息披露，以消除不利影响，提高企业的融资能力和降低企业的融资成本。

总之，国有企业因委托代理和预算软约束问题导致其创新收益权和创新控制权错位，由此产生创新效率损失（吴延兵，2012a；吴延兵，2012b）。因此，国有企业属性不利于企业进行绿色技术创新。但是，国有企业具有比较强烈的动机去披露环境信息获取更多的非市场资本，树立更好的企业形象。因此，本文提出以下假设。

H2：相对于非国有企业，国有企业更倾向于进行环境信息披露。

（三）不同环境信息的披露质量与绿色技术创新

尽管 2008 年实施的《环境信息公开办法》鼓励企业进行环境信息披露，但并没有制定具体明确的规范，因此企业在披露形式、披露内容以及披露质量等方面存在较大选择余地：形式上可能在年报中披露，也可能在独立报告中公布；内容上可以是环境绩效较差的企业在信息披露时难以模仿的污染排放、能源消耗等“硬”信息，也可以是有关环境战略、目标政策、环境操作守则等较易模仿的“软”信息（Clarkson and Li，2008）；质量方面有的包含详细数量和文字信息，有的包含简单文字或数字信息，有的没有披露。虽然自愿披露环境信息的公司数量增多，且详细度也在不断提高，但是披露的内容结构却不是很合理。

上市公司披露的环境信息存在严重的“报喜不报忧”现象，对相关信息进行选择性披露（Loughran and McDonald，2016），公开信息的不可验证性会制约分析师的预测，增加预测误差和分歧（Zhang，2006）。具体而言，对于正面的环境信息，如上市公司发生的环保投入、生态项目建设、环保目标等环境管理和环境投资类信息，上市公司往往操控性披露，导致报表使用者无法准确判断信息的真实性和准确性，从而制约了证券分析师跟踪企业的积极性，降低其预测效果（李哲，2018）。对于负面的环境信息，如上市公司面临的环境风险、上市公司及其子公司受到的环保处罚及整改情况，环境问题对生产经营的影响，上市公司往往是少披露或不披露，而风险资本投资者需要了解由于不良环境行为导致企业产品市场丢失的潜在成本，负面信息对于缓解信息不对称起到重要作用。Xu 等（2016）发现我国 A 股市场对环保部门和媒体披露的企业环境违规事件具有显著的惩罚性，并且事件所受到的媒体关注度对市值产生较显著的负面影响。环保治理中包含的环保设施、清洁生产、环保协议和环境应急体系的建立，大多是可验证的信息，这类信息的增加能进一步影响市场参与者的判断模式和交易行为（Barber and Odean，2008）。许多投资基金把企业的环境业绩纳入投资标准，如美国的环境责任经济联盟（Coalition for Environmentally Responsible Economics，CERES）。某些上市公司自愿在公司的财务报告中或通过传播媒介对外披露环境信息，这种报告难免偏重于披露有利于建立企业良好的环保公众形象的环境业绩信息（Fallan E. and Fallan L.，2009；Patten，2002）。

基于信号理论的自愿性披露研究表明，环境表现与可选择的环境信息披露之间存在正相关关系。环境表现好的企业会将重点放在披露客观的环境表现指标上，而这种指标是环境表现差的企业很难模仿的。环境表现差的企业会选择较少披露或者保持沉默，比如环保违规、环保荣誉和环保协议等信息。相对于非国有企业，国有企业在制度设计、经营管理方针和目标等方面更符合中国制度背景。在环境保护方面，国有企业所受到的环境合法性压力显然大于非国有企业。因此，当企业环境表现较差时，国有企业会更迫切地需要对外披露更多的环境信息来进行“辩白”以消除不利影响（沈洪涛等，2014）。

目前，我国上市公司环境信息披露基本符合法律法规的要求，并且内容趋于丰富，形式趋于多样化，但是对于环境管理信息的披露内容、方式、完整性等还存在明显的不一致，考察不同环境信息对绿色技术创新的影响是有必要的（周守华、陶春华，2012；舒利敏，2014）。环保治理与环保业绩包含更多可验证类信息，而其他如环境管理等包含较多不易验证的战略规划表述。显然，战略性规划表述一般是非量化信息，很多企业可以采用模糊性语言为企业“漂绿”，借助文字游戏做表面文章（沈洪涛等，2014）。相对而言，环保治理和环境业绩类的信息对企业的披露行为约束性更强。因此，提出以下假设。

H3：环境业绩和环保治理类的信息披露显著影响了企业的绿色技术创新绩效。

综上所述，本文的理论框架如图 1 所示。

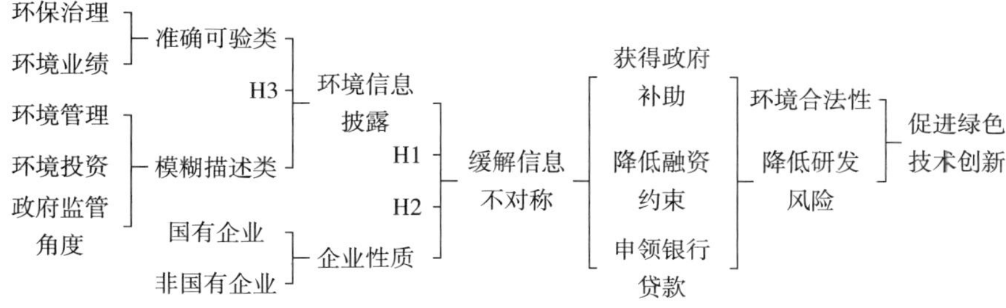

图 1 研究框架

三、数据来源与变量描述

本文选取在上海证券交易所上市的重污染行业的 A 股上市公司作为研究样本，根据它们 2007~2018 年年报、社会责任报告以及其他独立环境报告中有关环境信息的描述，利用 Python 软件进行内容分析以获得环境信息披露质量数据。其中，上市公司专利数据来自国家知识产权局（State Intellectual Property Office，SIPO），其经济特征数据来自 Wind（万得）金融数据库。

（一）绿色技术创新的衡量

绿色技术创新属于技术创新的一种，一般把以保护环境为目标的管理创新和技术创新统称为绿色技术创新。从国内外研究文献看，Lanjouw 和 Mody（1996）将专利数据引入环境友好型技术创新的研究中，随着研究者对专利数据的挖掘，环境政策对技术创新影响的评估已经深入不同的技术领域，并能通过发明者信息、专利引用信息等衡量技术扩散情况。从这一角度看，专利数据具有如下优点（Dechezleprêtre et al.，2011；Popp，2005）。一是专利数据可以细分至不同的技术领域，更细致地定义绿色技术创新，这直接促进了绿色创新的实证研究发展（Hascic et al.，2008）。Popp 等（2010）发现，相对于全部领域的创新活动，环境政策对绿色创新的促进作用更强且更显著。二是专利和 R&D 之间有很强的相关性。三是专利数据提供了发明人和申请人的详细信息，可以和企业的经济数据合并。四是专利数据不仅包含了新技术的发明国，还有这些技术的使用国，可以衡量技术扩散效应。

本文使用环境类专利申请数量来衡量企业绿色技术创新活动。之所以选用专利申请量而不是专利授权量来衡量，是因为一项专利从申请到授权往往需要一二年的时间，专利申请受到专利机构工作效率、偏好等外部因素的影响也较小。专利申请通常以商业化为目的，申请和维护都需要较长时间和很高的费用，申请人会认为申请此专利能够为其带来预期的经济回报（黎文靖和郑曼妮，2016）。因此，专利申请数更有利于体现企业当期的创新能力（齐绍洲等，2017）。同时，由于专利授权数更能够反映创新成果的质量，也有一定的代表性，有学者为了对比分析及更全面地反映创新能力，把授权数作为另一项指标进行稳健性检验，结果并没有显著差异。由于国家知识产权局并没有公布企业层面的环境类专利申请数，本文结合世界知识产权组织（World Intellectual Property Organization，WIPO）于 2010 年提供的绿色专利清单中列出的绿色专利国际专利分类（IPC）编号，根据最细化一级的 IPC 分类编码，一共有 3500 多个分类号位置，然后拿这些分类号对从国家知识产权局中国专利公布公告获取的不同企业专利进行识别，最终得到每个企业的绿色专利申请量（齐绍洲等，2018）。

图 2 是样本企业绿色专利申请总量的变化趋势图。整体上看，2007~2018 年，企业绿色专利申请量呈现波动式上升趋势。2013~2018 年样本企业每年绿色专利总量均超过 150 项，较 2007~2013 年明显增加。此外，国有企业的绿色专利申请量远高于非国有企业。图 3 表明，无论是国有企业还是非国有企业，其绿色专利申请量的核密度曲线均呈明显的左偏，表明企业的绿色技术创新能力总体上水平较低。从数据看，一方面，绿色专利申请量为零的国有企业和非国有企业分别占其企业数的 75.72%和 83.25%。另一方面，国有企业绿色专利申请量的核密度分布曲线的波宽跨度明显大于非国有企业，具有更明显的右拖尾特征，这表明国有企业绿色专利申请量差异很大。典型地，中石油 2015 年绿色专利申请量高达 300 项，占当年国有企业申请总量的 88.50%。

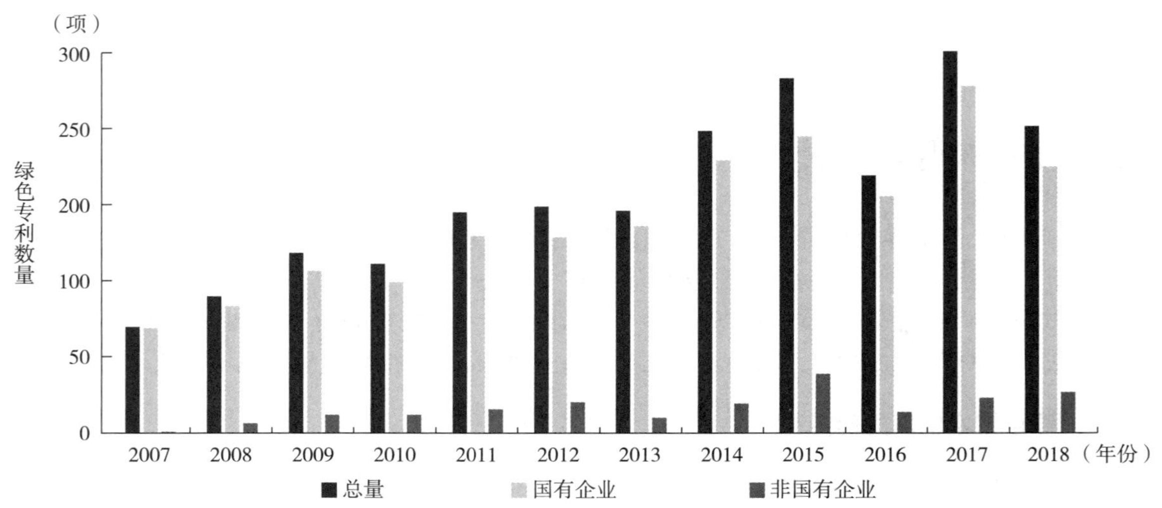

图 2　样本企业在 2007~2018 年绿色专利申请总量的变化趋势

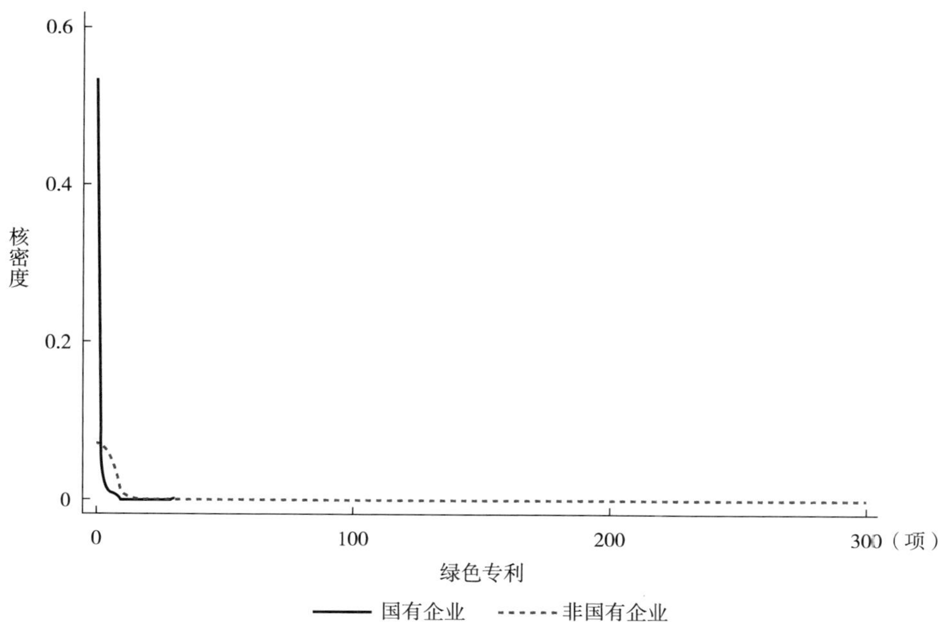

图 3　样本企业绿色专利申请量分布特征

（二）环境信息披露质量的衡量

（1）企业环境信息披露指标。企业发布环境信息一般存在于企业的年报之中，有些企业也通过独立报告披露环境信息，本文同时考虑了年报、社会责任报告及其他独立报告。本文研究的重污染行业包括农副食品加工业、化学原料和化学制品制造业、化学纤维制造业、医药制造业、有色金属冶炼和压延加工业、橡胶和塑料制品业、电气机械和器材制品业、纺织业、造纸和纸制品业、金属制品业、非金属矿物制品业、食品制造业以及电力、热力、燃气及水生产和供应业等。本文选取了120 家重污染企业进行研究，样本公司在这 12 年间披露的年报及独立报告从上海证券交易所、巨潮资讯网及各公司网站主页上手工收集。本文采用内容分析法来定量企业的环境信息披露质量。该方法是对公司已公开的各类报告，通过分析来确定每一个特定项目的分值，而后得出总的评价，因为只有这样才能把定性的描述定量化（Ingam and Frazier，1983）。

企业环境信息披露水平，具体包括环境信息披露数量、环境信息披露显著性、环境信息披露量化性和环境信息披露时间性。现有对企业环境信息披露研究所采用的内容分析法主要分为两种：一种是 Clarkson 等所建立的基于 GRI 的内容分析指数，用来评估在环境社会责任报告或者企业网页上的环境信息披露程度（Clarkson et al.，2008；Plumlee et al.，2015；Clarkson et al.，2011）。该指数涵盖六类指标，企业在信息披露中提及相关信息就赋值 1 分。另一种是将环境信息分为法律法规和环境支出等六个方面（Cormier and Magnan，2005；Al-Tuwaijri et al.，2004），但是对披露程度进行了细分，类似于一般性披露 1 分，专业性披露 2 分，定量性披露 3 分。

本文首先将《环境信息披露（试行）》中要求披露的信息进行分类，并结合上市公司环境信息披露特点和本文主题特点，分为 6 项一级条目和 18 项二级条目（见表 1）。

（2）熵权法赋权。对指标的赋权方法有主观赋权法和客观赋权法。主观赋权法主要基于专家的经验判断，根据指标的重要性给定权重，主要存在两处不足：一是专家经验作为过去问题的知识，缺乏客观依据可能导致估计偏差；二是主观权重一旦确定就不再变更，不能反映客观条件的变化，也会诱使企业粉饰高权重指标的披露信息。为了保证计算结果客观合理，避免赋权的主观性和静态性，本文采取一种客观赋权方法——熵权法对指标进行赋权（Li and Qi，2008；Wu et al.，2017；Aras et al.，2018；Khan et al.，2018）。

表1　企业环境信息披露指数评估细则

一级指标	二级指标	分值	指标权重
披露方式	独立（社会责任报告，可持续发展报告），年报，未披露	独立2，年报1，未披露0	0.055836
环境管理	环保风险	1，0	0.055654
	环保措施	1，0	0.055811
	环保目标	1，0	0.055537
	环境监测	1，0	0.055533
	环境事件说明	1，0	0.055707
环境投资	环保专利课题	1，0	0.055203
	环保投资金额	2数值，1文字，0无	0.055459
环保治理	清洁生产	2数值，1文字，0无	0.055742
	环保设施	2数值，1文字，0无	0.055708
	环保协议	1，0	0.055173
	环境应急体系	1，0	0.055628
政府监管角度	环境认证	1，0	0.055644
	政府奖励	1，0	0.055446
	“三同时”	1，0	0.05555
环境业绩	环境绩效	1，0	0.055436
	环保荣誉	1，0	0.055528
	环境违规	2数值，1文字，0无	0.055406

注：环境信息披露的赋值参考Wiseman（1982）：无描述记0分，有一般性定性描述的记1分；有量化描述的记2分。此外，对定性描述部分，如果该公司在年报与社会责任报告中同时披露，则认为显著性增强，记2分，只在其中之一披露记1分。

熵权法根据各指标观测值所提供的有效信息量给出指标权重，能很好地避免主观因素的影响。该方法基于信息论原则，信息熵是系统无序性的测度值，信息熵越大表明系统的无序性越高，有效信息越少，综合评价中赋予的权重应当更低。反之，如果信息熵越低，权重也就越高。熵权法具备两个优点：第一，权重具备动态性，同时避免因数学建模而产生信息增量，因为信息熵与环境信息披露质量是内在一致的，熵值只由信息种类、信息量大小及信息间关系决定；第二，消除不同数据的差异性，对指标进行归一化处理，将定性指标定量化，消除了不同指标及个体样本间的不可比性。综上所述，考虑到环境信息披露行为的动态性和差异性，权重应当随着客观环境的变化而调整，选用熵权法是较为恰当的。

（3）信度分析。信度是指测量无偏差的程度，是检验测量工具稳定性的一项指标。本文研究时采用评分者间信度来测量评分者对指标体系的理解是否具有异质性。肯德尔和谐系数法是用来检验多位评分者评分一致性程度的一种方法（Bentley et al.，2017；Rita et al.，2019）。

首先，用Excel中的随机函数随机抽取5份年报，分别是2007年煤炭行业的“平煤股份”、

2008 年供热行业的“宁波热电”、2015 年煤炭行业的“兖州煤业”、2010 年化学原料行业的“氯碱化工”、2008 年非金属制品行业的“中国巨石”。其次，分别找 6 个人对 5 份年报来打分，即每份年报有 6 个评分，共计 30 个样本。然后对它们进行一致性检验。从表 2 中可以看出，样本的协和系数 W 为 0.975，卡方值为 23.394，伴随概率为 0.000，检验水平 α=0.05，伴随概率小于检验水平，通过了显著性检验。因此，有理由认为，6 位评分者对环境信息披露评分的掌握具有一致性，该指数可用于相关研究。

表 2　一致性检验

N	Kendall’s W	Chi-Square	df	Asymp Sig.
6	0.975	23.394	4	0.000

（三）描述性分析

可以看到国有企业和非国有企业的环境信息披露质量均值分别为 0.36 和 0.33，国有企业的披露质量总体高于非国有企业。图 4 是 2007~2018 年样本企业环境信息披露质量核密度图，从图中可以看出环境信息披露质量接近零的非国有企业在其子样本中占比明显大于国有企业。环境信息披露制度从《环境信息公开办法》实施到修订后的《中华人民共和国环境保护法》日益完善，上市公司的环境信息披露质量也在不断提高，表明相关的环境信息披露政策起到了一定的指引作用。相比于非国有企业，国有企业披露的环境信息质量在［0.80，1］分数段比非国有企业的分布较密集一些。图 5 是国有企业与非国有企业在不同类环境信息中的披露情况，两种性质的企业都会披露较多环境管理类信息，而较少披露环境投资类信息。

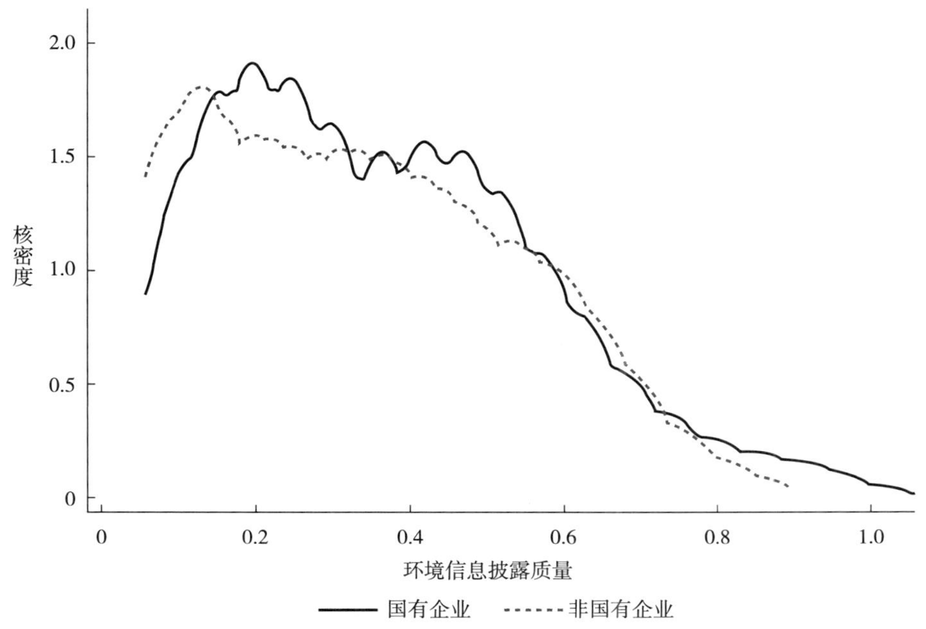

图 4　2007~2018 年样本环境信息披露质量核密度

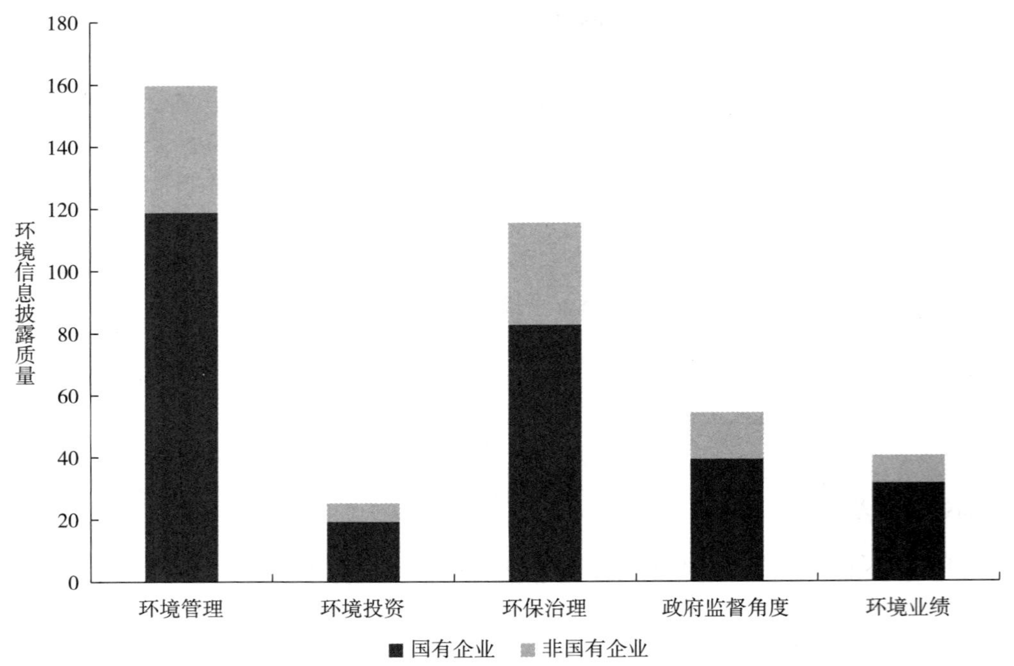

图 5　国有企业与非国有企业样本不同环境信息披露总得分

（四）控制变量的衡量

本文还控制了影响企业创新的其他因素，包括企业规模、财务杠杆、盈利能力、股权集中度、营业收入增长率和净资产增长率。研究涉及的变量的符号与解释如表 3 所示。

表 3　研究变量释义

变量类型	变量名称	变量符号	变量定义
被解释变量	绿色技术创新	Envrpat	绿色专利申请量
解释变量	环境信息披露质量	EID	环境信息披露质量指数
控制变量	企业规模	Size	企业总资产的自然对数
	财务杠杆	Lev	资产负债率=总负债/总资产
	盈利能力	Roa	净资产收益率
	股权集中度	Top10	前十大股东持股比例
	营业收入增长率	Growth	营业收入同比增长率
	净资产增长率	Assetgrowth	净资产同比增长率

（五）样本选取与分析

本文研究的重污染行业包括农副食品加工业、化学原料和化学制品制造业、化学纤维制造业、医药制造业、有色金属冶炼和压延加工业、橡胶和塑料制品业、电气机械和器材制品业、纺织业、造纸和纸制品业、金属制品业、非金属矿物制品业、食品制造业以及电力、热力、燃气及水生产和供应业等，并剔除 ST 类、年报不完整类和研究数据缺失的公司。通过以上筛选，最终得到 1050 个样本公司，其中，国有企业4150条样本数据，非国有企业4433条样本数据。符合《环境信息公开办法》中按标准条款披露的企业有120家，占全部样本的11.4%，其中国有企业1034条样本数，非国有企业406条样本数据。为消除极端值的影响，对变量的1%和99%百分位进行缩尾处理。变量的描述性统计如表4所示。

表4 变量的描述性统计

变量	国有企业			非国有企业		
	N	mean	sd	N	mean	sd
Envrpat	1034	1.770	5.840	406	0.530	1.980
EID	1034	0.360	0.210	406	0.330	0.200
Size	4150	21.35	1.670	4433	20.570	1.280
Lev	4150	1.800	2	4433	0.950	1.300
Roa	4150	5.270	15	4433	7.650	11.980
Top10	4150	58.330	15.780	4433	58.300	15.520
Assetgrowth	4150	13.260	34.800	4433	19.130	40.920
Growth	4150	11.600	25.890	4433	16.890	29.820
Industry	4150	13.680	8.140	4433	9.160	6.720
Province	4150	13.760	8.570	4433	14.330	7.320

四、实证模型与结果讨论

（一）实证模型

本文关注的问题是，强制要求企业进行环境信息披露对绿色技术创新的影响以及这种作用效果的大小。由于衡量绿色技术创新的代理变量为绿色专利申请量，绿色专利数是离散的，特别是在本文的样本（N=1440）中有大量的零值，其占样本总数的比例大约为78%。LeSage（2008）认为，因变量在零处截断有一定的风险，如果忽略零值，可能会造成一些信息损失，他们建议使用Tobit模型。Tobit回归分析最大优点是，它不仅考虑零值因变量的非正态分布特征，而且把哑变量视作潜变量，以表示与专利决策有关的不利因素，本文使用Tobit分析以便可以充分利用包括其中没有绿色专利公司的信息。因此，本文设定如下的面板模型：

$$Envrpat_{it}=\alpha_0+\alpha_1 EID_{it}+\varphi\times U_{it}+\eta_i+\lambda_j+\mu_t+\varepsilon_{it} \quad (1)$$

$$Envrpat_{it}=\beta_0+\beta_1 EID_{it}+\beta_2 State_{it}+\beta_3 State_{it}\times EID_{it}+\delta\times U_{it}+\eta_i+\lambda_j+\mu_t+\varepsilon_{it} \quad (2)$$

其中，$Envrpat_{it}$ 表示绿色专利申请量，EID_{it} 表示环境信息披露质量，$State_{it}$ 表示企业性质虚拟变量，U_{it} 表示控制变量，包括企业规模（$Size_{it}$）、净资产收益率（Roa_{it}）、资产负债率（Lev_{it}）、净资产增长率（$Assetgrowth_{it}$）和营业收入增长率（$Growth_{it}$），η_i、λ_j、μ_t 分别表示企业、省份、年份的一系列虚拟变量，以控制未观察到的固定效应因素，ε_{it} 表示随机扰动项。

由前述可知，本文研究的是重污染行业企业环境信息披露质量与企业绿色技术创新的关系，但并非所有企业都进行了环境信息披露。只有当企业的环境信息披露行为是随机发生的时候，剔除没有环境信息披露的样本企业才不会带来估计偏差。同时，企业选择环境信息披露是内生性行为，自身绿色技术创新能力强的企业可能更有动机主动披露环境信息。为克服样本选择偏差，本文采用了赫克曼提出的两阶段模型方法。

识别过程分为两个阶段：第一阶段是 Probit 样本选择模型，利用总体样本里的全部观测值估计企业进行详细环境信息披露的概率，并计算出每一个观测值的逆米尔斯比。第一阶段选取的影响公司环境信息披露决策的变量为：公司规模、成长性、资产收益率、资产负债率和前十大股东持股比例，以及个体、年份和省份固定效应。其中，前十大股东持股比例为新加变量。因为大股东持股比例一般比较稳定，可以认为是前定变量。另外，前十大股东持股比例可以反映出股权分散程度，能够影响公司环境信息披露决策。当股权比较分散时，股东对经理层缺乏直接的权威，必须加强对经理人的监督，这就需要降低企业和外部股东之间信息不对称程度，因而股权比较分散的企业会自愿披露信息，包括自愿披露环境信息，以迎合投资者对企业环保状况的知情需求。第二阶段是 OLS 绿色创新绩效结果模型，利用有详尽信息披露的企业样本回归分析影响企业绿色技术创新规模的因素，并将第一阶段得到的逆米尔斯比作为控制变量以得到一致估计量。据此构建环境信息披露质量影响企业绿色技术创新的两阶段计量模型：

$$Select_{it}=\alpha_0+\alpha_1 Top10_{it}+\alpha_2 Size_{it}+\alpha_3 Lev_{it}+\alpha_4 Roa_{it}+\alpha_5 Growth_{it}+\alpha_6 Assetgrowth_{it}+\eta_i+\lambda_j+\mu_t+\varepsilon_{it} \tag{3}$$

$$Envrpat_{it}=\beta_0+\beta_1 EID_{it}+\beta_2\times U_{it}+\beta_3 mills_{it}+\eta_i+\lambda_j+\mu_t+\varepsilon_{it} \tag{4}$$

$$Envrpat=\upsilon_0+\upsilon_1 EID_{it}+\upsilon_2 State_{it}+\upsilon_3 EID_{it}\times State_{it}+\upsilon_4\times U_{it}+\upsilon_5 mills_{it}+\eta_i+\lambda_j+\mu_t+\varepsilon_{it} \tag{5}$$

式（3）中，$Select_{it}$ 表示是否有环境信息披露质量得分的虚拟变量，当是研究样本中的企业时，$Select_{it}=1$，反之取 0。$Top10_{it}$ 表示企业前十大股东持股比例，$mills_{it}$ 表示逆米尔斯比，其他变量的定义同式（1）和式（2）。

（二）实证结果及其讨论

在回归估计之前，本文对所有解释变量进行了多重共线性检验，结果表明所有变量的 VIF 值小于 10，故不存在多重共线性问题。考虑到仅以样本自身效应为条件进行回归估计，本文对上述计量模型的回归估计采用 Tobit 和 Heckman 回归模型。表 5 中的（1）列是运用 Tobit 模型的估计结果。结果显示：（1）列中环境信息披露的系数显著为正，其边际影响系数为 5.90；（3）列是 Heckman 模型第一步，逆米尔斯比在 1%的显著性水平上不为零，表明样本存在选择性偏差；（4）列中环境信息披露质量的估计系数亦显著为正。可见，无论是 Tobit 回归还是 Heckman 回归均表明，企业进行环境信息披露促进了企业绿色技术创新，从而验证了前文的假设 1。

表 5 环境信息披露质量影响绿色技术创新的回归结果

	Tobit		Heckman			
	（1）	（2）	选择方程 （3）	回归方程 （4）	选择方程 （5）	回归方程 （6）
EID	5.5738** （2.000）	-1.4350 （3.6675）		6.8798*** （1.0096）		2.1470* （1.0249）
State		-2.7089 （2.1213）				-2.3478*** （0.4391）

续表

	Tobit		Heckman			
	(1)	(2)	选择方程 (3)	回归方程 (4)	选择方程 (5)	回归方程 (6)
State×EID		8.2290* (3.6409)				6.5230*** (1.2832)
Top10	-0.0260 (0.0370)	-0.0259 (0.0368)	-0.0088*** (0.0012)		-0.0088*** (0.0012)	
mills			5.6922*** (1.2507)		4.9343** (1.4545)	
Cons	-34.5042** (12.4944)	-35.2877** (12.3870)	-6.8437*** (0.3088)	-53.9385*** (8.7930)	-6.8437*** (0.3088)	-48.6289*** (8.3509)
控制变量	Yes	Yes	Yes	Yes	Yes	Yes
企业固定	Yes	Yes	Yes	Yes	Yes	Yes
时间固定	Yes	Yes	Yes	Yes	Yes	Yes
省份固定	Yes	Yes	Yes	Yes	Yes	Yes
对数似然值	-1319.7034	-1317.1245				
N	1440	1440	8206	1440	8206	1440

注：表中（1）列、（2）列括号内为默认标准误，（3）列、（4）列、（5）列、（6）列括号内为稳健标准误，*、**、***分别表示通过了10%、5%、1%的显著性水平检验。

由于样本存在选择性偏差，表5中（2）列环境信息披露质量对企业绿色技术创新没有显著的影响，企业性质和环境信息披露的交互项系数在10%的显著性水平上显著。(6）列中，企业性质估计系数是-2.35，在1%的显著性水平上显著，而企业性质和环境信息披露质量的交互项系数为6.52，在1%的显著性水平上显著。以上表明，国有企业由于委托代理和预算软约束问题导致其创新收益权和创新控制权错位，由此产生创新效率损失，不利于企业进行绿色技术创新。但是，国有企业为了迎合政府，将向公众传达企业履行环境责任的正面形象，缓解外部舆论压力，从而提高绿色创新绩效。由于国有企业和非国有企业政治关联具有不同的特点，非国有企业受到的压力也相对较小。因此，国有企业更倾向于进行环境信息披露。验证了前文的假设2。

从环境管理、环境投资、环保治理、政府监管和环境业绩角度衡量环境信息披露和企业绿色技术创新的相关性。表6是Heckman中第二步模型的结果，在（6）列中，与环境业绩相关环境信息披露对企业绿色技术创新的影响比其他类信息更大，估计系数为20.48，且在1%的显著性水平上显著。此外，与环保治理相关环境信息披露对企业绿色技术创新的影响系数为7.37，且在5%的显著性水平上显著。环境业绩和环保治理中包含的信息都是不容易模仿的“硬”信息，更能代表企业履行社会责任的实际情况，在降低企业和利益相关者之间信息不对称方面起到的作用更大。因此，相比于披露环境管理、环境投资和政府监管角度三类信息，企业披露环境业绩和环保治理等信息对绿色技术创新的促进作用更大。验证了前文的假设3。

表 6　按一级指标分组回归结果

	Heckman					
	(1)	(2)	(3)	(4)	(5)	(6)
环境管理	7.3548*** (2.0096)					0.6980 (2.1329)
环境投资		14.6586** (5.1024)				5.9572 (5.1585)
环保治理			12.5780*** (2.3669)			7.3689** (2.6144)
政府监管角度				9.4279** (3.1782)		1.7909 (3.3314)
环境业绩					24.8371*** (4.4812)	20.4842*** (4.7694)
Cons	−292.1608*** (64.1908)	−305.1109*** (63.0907)	−300.1173*** (63.4755)	−313.3565*** (63.5138)	−297.6378** (62.0337)	−287.1738*** (61.9493)
控制变量	Yes	Yes	Yes	Yes	Yes	Yes
企业固定	Yes	Yes	Yes	Yes	Yes	Yes
时间固定	Yes	Yes	Yes	Yes	Yes	Yes
省份固定	Yes	Yes	Yes	Yes	Yes	Yes
N	8206	8206	8206	8206	8206	8206

注：括号内为稳健标准误，*、**、*** 分别表示通过了 10%、5%、1%的显著性水平检验。

（三）稳健性检验

（1）去除年份、行业以外的控制变量。考虑到包含企业特定时变的控制变量可能与过去内生变量的变动相关，为了考察这种相互关联效应对回归结果可能产生的影响，下面对排除所有控制变量（除年份虚拟变量以外）的模型进行回归。表 7 中（1）列和（2）列的系数都为正，且分别在 1%和 5%的显著性水平上显著，其中环境信息披露质量的方向和显著性均未发生变化，表明企业进行环境信息披露对绿色技术创新具有促进作用。

（2）环境信息披露质量的滞后处理。本文选取了当期的环境信息披露质量作为解释变量，由于环境信息披露不仅对当期的创新绩效起到一定的影响作用，对下一期的结果也会产生影响，因此，将所有的解释变量都滞后一期，来研究环境信息披露质量对绿色技术创新的影响。表 7 中（3）列和（4）列报告了回归结果，与以上的回归结果一致。

表 7　环境信息披露质量滞后变换的 Tobit 回归结果

	Tobit			
	(1)	(2)	(3)	(4)
EID	12.0696*** (1.4962)	5.8943** (1.9870)	9.2239*** (1.7239)	6.3830** (2.0285)

续表

	Tobit			
	（1）	（2）	（3）	（4）
控制变量	No	No	Yes	Yes
滞后一期	No	No	Yes	Yes
企业固定	No	Yes	Yes	Yes
时间固定	No	Yes	No	Yes
省份固定	No	Yes	No	Yes
对数似然值	-1353.3863	-1323.8072	-1309.1873	-1287.9630
N	1440	1440	1320	1320

注：*、**、***分别表示通过了10%、5%、1%的显著性水平检验。

（3）负二项回归和零膨胀模型回归。由于衡量绿色技术创新的代理变量为绿色专利申请量，属于计数型变量（Roper and Hewitt-Dundas，2015；Yeong and Marilyn，2019），为进一步验证基准模型结果，本文设定如下的面板计数模型。

对于个体 i，时期 t，被解释变量为 Y_{it}，假设 $Y_{it}=y_{it}$ 的概率由 λ_{it} 的泊松分布所决定：

$$P(Y_{it}=y_{it} \mid x_{it})=\frac{e^{-\lambda_{it}}\lambda_{it}^{y_{it}}}{y_{it}!}\ (y_{it}=0,1,2,\cdots) \tag{6}$$

其中，$\lambda_{it}>0$ 为泊松到达率。为了保证 λ_{it} 为非负，假设：

$$\lambda_{it}=\exp(x'_{it}\beta+u_i) \tag{7}$$

如果对于年份 t，企业 i 进行绿色专利申请的次数 P_{it} 的概率是独立的，那么企业申请的绿色专利数可以看作是一个泊松分布。假设 P_{it} 的条件期望函数为：

$$E(P_{it} \mid x_{it}) \equiv \lambda_{it}=\exp(x'_{it}\beta+v_i) \tag{8}$$

其中，x_{it} 为解释变量，v_i 为不随时间变化的个体效应。如果 $v_1=v_2=\cdots=v_n$，则不存在个体效应，为混合泊松回归。如果 v_i 与所有解释变量均不相关，为随机效应；如果 v_i 与某个解释变量相关，则为固定效应。

对式（8）变量同时取对数，得到回归方程：

$$\ln(\lambda_{it})=\alpha EDI+bx'_{it}+\eta_i+\lambda_j+\mu_t+\varepsilon_{it} \tag{9}$$

其中，α 为环境信息披露质量对绿色技术创新的系数。泊松回归的缺陷是，它假设均等分散，即方差等于期望。虽然泊松模型与固定效应模型的估计结果是一致的，但会降低估计效率。因此采用负二项回归固定效应模型估计，结果如表 8 所示，（1）列和（2）列回归系数和显著性与 Tobit 模型的估计保持一致。

表 8　负二项回归和零膨胀模型回归结果

	NB			ZINB		
	全样本 （1）	国有 （2）	非国有 （3）	全样本 （4）	国有 （5）	非国有 （6）
EID	1.5037*** （0.4481）	1.5710** （0.6070）	1.6190 （1.1132）	1.2739*** （0.2759）	1.2413*** （0.2867）	1.5756** （0.5827）

续表

	NB			ZINB		
	全样本 (1)	国有 (2)	非国有 (3)	全样本 (4)	国有 (5)	非国有 (6)
控制变量	Yes	Yes	Yes	Yes	Yes	Yes
时间固定	Yes	Yes	Yes	Yes	Yes	Yes
对数似然值	-895.1524	-705.2061	-169.8885	-1212.6080	-1036.9890	-150.9216
N	816	586	207	1440	1034	406

注：(1) 列、(2) 列括号内为 bootstrap 标准误，并在企业层面聚类，(4) 列、(5) 列、(6) 列为稳健标准误；*、**、***分别表示通过了10%、5%、1%的显著性水平检验。

本文样本中很多企业的绿色专利数在整个时间段都为0，可能使得结果存在样本选择偏差问题，因此本文也采用零膨胀泊松回归的方法对式（9）进行估计。从理论上来说，决策可能分为两阶段进行。首先，决定“取零”或“取正整数”，这就相当于二值选择。其次，如果决定“取正整数”，则进一步确定具体选择哪个正整数（Heckman，1979）。对于选择使用标准的泊松回归还是零膨胀泊松回归，Greene（1994）提出 Vuong 统计量，其渐近分布为标准正态，根据统计量的大小判断。（4）列和（5）列核心系数在1%水平上显著，回归结果与 Tobit 模型和 Heckman 模型保持一致，再次验证本文的结果是稳健的。

（4）替换被解释变量。由于专利数据呈右偏分布，黎文婧、郑曼妮（2016）在研究实质性创新和策略性创新时，用专利申请数加1取自然对数。因此，本文将被解释变量替换成 Y=ln（Envrpat+1），并进行多元线性回归。表9报告了固定效应回归结果，结果在系数大小和显著性上有些许差异，但主要结论仍旧一致。

$$Y_{it}=\alpha EDI+bx'_{it}+\eta_{ijt}+\varepsilon_{ijt} \quad (10)$$

表9 固定效应回归结果

	FE		
	全样本 (1)	国有 (2)	非国有 (3)
EID	2.2756* (1.0998)	2.9250* (1.4070)	0.3851 (0.4993)
控制变量	Yes	Yes	Yes
时间固定	Yes	Yes	Yes
省份固定	Yes	Yes	Yes
N	1440	1034	406

注：括号内为稳健标准误，并在企业层面聚类；*、**、***分别表示通过了10%、5%、1%的显著性水平检验。

五、结论与政策建议

环境信息披露能否促进企业进行绿色技术创新，本文使用了来自中国上市公司2007~2018年的面板数据，采用 Heckman 选择模型、Tobit 模型和负二项回归等多种计量方法回归分析。研究结果表明：①企业进行环境信息披露能够有效刺激企业绿色技术创新绩效，在 Heckman 模型中系数为 6.88，在 1%的显著性水平上显著为正，并在多个回归模型中得到验证。企业进行环境信息披露可以有效降低企业与利益相关者之间的信息不对称，缓解融资约束，有利于进行绿色技术创新以树立更好的公司形象。②环境信息披露质量对绿色技术创新的激励效应还因企业所有制的不同而有所差异，环境信息披露质量与企业性质的交乘项系数为 6.52，在 1%的显著性水平上显著为正。相对于非国有企业，国有企业为了迎合政府的环保意志等，会承担更多的社会责任，更倾向于进行环境信息披露。③将五大类信息指数放入同一回归模型中，环境业绩的系数最大为 20.48，在 1%的显著性水平上显著为正。环保治理的系数为 7.37，在 5%的显著性水平上显著为正。环境业绩和环保治理中包含的信息都是不容易模仿的“硬”信息，更能代表企业履行社会责任的实际情况，在降低企业和利益相关者之间不对称方面起到的作用更大。因此，相比于披露环境管理、环境投资和政府监管角度三类信息，企业披露环境业绩和环保治理等信息对绿色技术创新的促进作用更大。本文进一步完善了对于企业环境信息披露机制的认识，可能的政策启示主要有：

第一，提高环境信息披露水平。企业进行环境信息披露可以降低企业融资约束，缓解“遵循成本”提升导致的创新抑制，引导各市场主体对各生产要素的优化配置，依靠重污染企业进行绿色技术创新，有力推动工业绿色转型升级。随着企业环境信息披露制度的完善，同时借助互联网媒介，让公众成为环境治理过程中的重要环节，充分降低信息不对称性，从而推动我国经济长期可持续发展。政府作为监管主体应彻底改变以牺牲环境换取 GDP 的态度，注重当前和长远、发展和基础、显绩和潜绩的统一，有助于从根本上解决经济发展与环境保护之间的矛盾。

第二，制定差异化环境规制政策。首先，政府需要在监管和执法过程中做到有的放矢，针对国有企业和非国有企业制定差异化战略，提高规制效率，加速经济的绿色转型。国有企业和非国有企业都应该基于长远发展而遵循环境规制，提高环保意识与树立绿色生产理念，提高环境绩效和社会绩效。国有企业更具有向政府寻租的动机和行为，寻租行为本身及其所带来的资金占用会显著降低企业的创新水平。扼制政治关联的寻租属性的关键在于切断政府与企业的利益交换，在于通过制度化的手段合理管制政府手中的资源。其次，考虑到环保问题的外部性特征，积极引导非国有企业完成从“经济人”向“社会人”的转换。非国有资本的趋利特性盘活了市场经济，但是必须看到真正成熟的非国有企业一定具有强烈的社会责任感，不仅是一个“经济人”，而且是一个“社会人”。如果非国有企业可以基于单纯的社会责任动机披露环境信息，自觉地采取环保举动，这将有助于降低政府的监管成本。

第三，构建更加完善的环境信息披露制度。环境信息披露制度作为一项富有创新性的环境政策，为中国经济健康有序发展提供了必要保障。环境信息包含的细项众多，具有较强的专业复杂性，建全环境信息披露规范，指导上市公司按照门类对环境信息进行有序披露，尽可能多披露反映企业实际环境战略和环境行动的信息，提升环境信息披露的透明度和质量，有助于提高环境信息披露的积极效应。同时，要不断强化对可验证信息和模糊信息披露失衡现象的监管力度，建立严格的信息披露惩罚机制，对披露大量模糊性信息的公司进行重点规范，从而维护资本市场的良性发展。此外，积极引入环境信息的第三方评估机制，大力发展适应国情的环境咨询机构，使公司披露的环境信息得到专业机构的认证，从而提高此类信息对报告使用者的指导价值。

参考文献

[1] 方颖，郭俊杰．中国环境信息披露政策是否有效：基于资本市场反应的研究［J］．经济研究，2018，53（10）：158-174.

[2] 贺小刚，张远飞，连燕玲，等．政治关联与企业价值——民营企业与国有企业的比较分析

[J]. 中国工业经济, 2013 (1): 103-115.

[3] 黎文靖. 所有权类型、政治寻租与公司社会责任报告: 一个分析性框架 [J]. 会计研究, 2012 (1): 81-88+97.

[4] 黎文靖, 郑曼妮. 实质性创新还是策略性创新? ——宏观产业政策对微观企业创新的影响 [J]. 经济研究, 2016, 51 (4): 60-73.

[5] 李四海, 李晓龙, 宋献中. 产权性质、市场竞争与企业社会责任行为——基于政治寻租视角的分析 [J]. 中国人口·资源与环境, 2015, 25 (1): 162-169.

[6] 李哲. “多言寡行”的环境披露模式是否会被信息使用者摒弃 [J]. 世界经济, 2018, 41 (12): 167-188.

[7] 齐绍洲, 林屾, 崔静波. 环境权益交易市场能否诱发绿色创新? ——基于我国上市公司绿色专利数据的证据 [J]. 经济研究, 2018, 53 (12): 129-143.

[8] 齐绍洲, 张倩, 王班班. 新能源企业创新的市场化激励——基于风险投资和企业专利数据的研究 [J]. 中国工业经济, 2017 (12): 95-112.

[9] 沈洪涛, 黄珍, 郭肪汝. 告白还是辩白——企业环境表现与环境信息披露关系研究 [J]. 南开管理评论, 2014, 17 (2): 56-63+73.

[10] 沈洪涛, 马正彪. 地区经济发展压力、企业环境表现与债务融资 [J]. 金融研究, 2014 (2): 153-166.

[11] 舒利敏. 我国重污染行业环境信息披露现状研究——基于沪市重污染行业 620 份社会责任报告的分析 [J]. 证券市场导报, 2014 (9): 35-44.

[12] 唐跃军, 左晶晶. 所有权性质、大股东治理与公司创新 [J]. 金融研究, 2014 (6): 177-192.

[13] 王晓祺, 郝双光, 张俊民. 新《环保法》与企业绿色创新: “倒逼”抑或“挤出”? [J]. 中国人口·资源与环境, 2020, 30 (7): 107-117.

[14] 吴红军, 刘啟仁, 吴世农. 公司环保信息披露与融资约束 [J]. 世界经济, 2017, 40 (5): 124-147.

[15] 吴延兵. 国有企业双重效率损失研究 [J]. 经济研究, 2012a, 47 (3): 15-27.

[16] 吴延兵. 中国哪种所有制类型企业最具创新性? [J]. 世界经济, 2012b, 35 (6): 3-29.

[17] 姚洋, 章奇. 中国工业企业技术效率分析 [J]. 经济研究, 2001 (10): 13-19+28.

[18] 周林洁, 邱汛. 政治关联、所有权性质与高管变更 [J]. 金融研究, 2013 (10): 194-206.

[19] 周守华, 陶春华. 环境会计: 理论综述与启示 [J]. 会计研究, 2012 (2): 3-10.

[20] 周守华, 肖正再. 权益均衡论: 关于财务会计目标的思考 [J]. 会计研究, 2005 (10): 7-12+96.

[21] Al-Tuwaijri S. A., Christensen T. E., Hughes I. I. K. E. The Relations Among Environmental Disclosure, Environmental Performance, and Economic Performance: A Simultaneous Equations Approach [J]. Accounting, Organizations and Society, 2004, 29 (5-6): 447-471.

[22] Amores-Salvadó J., Martín-De Castro G., Navas-López J. E. Green Corporate Image: Moderating the Connection Between Environmental Product Innovation and Firm Performance [J]. Journal of Cleaner Production, 2014, 83 (15): 356-365.

[23] Aras G., Tezcan N., Furtuna O. K. Multidimensional Comprehensive Corporate Sustainability Performance Evaluation Model: Evidence From an Emerging Market Banking Sector [J]. Journal of Cleaner Production, 2018, 185 (1): 600-609.

[24] Baker H. E., Kare D. D. Relationship Between Annual Report Readability and Corporate Fi-

nancial Performance [J]. Management Research News, 1992, 15 (1): 1-4.

[25] Ball R. International Financial Reporting Standards (IFRS): Pros and Cons for Investors [J]. Accounting and Business Research, 2006, 36 (1): 5-27.

[26] Barber B. M., Odean T. All That Glitters: The Effect of Attention and News on the Buying Behavior of Individual and Institutional Investors [J]. The Review of Financial Studies, 2008, 21 (2): 785-818.

[27] Barney J. Firm Resources and Sustained Competitive Advantage [J]. Journal of Management, 1991, 17 (1): 99-120.

[28] Bauman Y., Lee M., Seeley K. Does Technological Innovation Really Reduce Marginal Abatement Costs? Some Theory, Algebraic Evidence, and Policy Implications [J]. Environmental and Resource Economics, 2008, 40 (4): 507-527.

[29] Bentley T. G. K., Cohen J. T., Elkin E. B., et al. Measuring The Value of New Drugs: Validity and Reliability of 4 Value Assessment Frameworks in The Oncology Setting [J]. Journal of Managed Care & Specialty Pharmacy, 2017, 23 (6-a): S34-S48.

[30] Berrone P., Fosfuri A., Gelabert L., et al. Necessity as The Mother of "Green" Inventions: Institutional Pressures and Environmental Innovations [J]. Strategic Management Journal, 2013, 34 (8): 891-909.

[31] Blau B. M., Brough T. J., Thomas D. W. Corporate Lobbying, Political Connections, and The Bailout of Banks [J]. Journal of Banking & Finance, 2013, 37 (8): 3007-3017.

[32] Botosan C. A. Disclosure Level and the Cost of Equity Capital [J]. Accounting Review, 1997, 72 (3): 323-349.

[33] Brown J. R., Fazzari S. M., Petersen B. C. Financing Innovation and Growth: Cash Flow, External Equity, and The 1990s R&D Boom [J]. The Journal of Finance, 2009, 64 (1): 151-185.

[34] Cadot O., Sinclair-Desgagné B. Innovation Under the Threat of Stricter Environmental Standards [A] //Springer, Dordrecht [M]. Environmental Policy and Market Structure, 1996: 131-141.

[35] Campbell D. A Longitudinal and Cross-Sectional Analysis of Environmental Disclosure in UK Companies—A Research Note [J]. The British Accounting Review, 2004, 36 (1): 107-117.

[36] Chang C. H. The Influence of Corporate Environmental Ethics on Competitive Advantage: The Mediation Role of Green Innovation [J]. Journal of Business Ethics, 2011, 104 (3): 361-370.

[37] Chan R. Y. K. Does The Natural-Resource-Based View of the Firm Apply in an Emerging Economy? A Survey of Foreign Invested Enterprises In China [J]. Journal of Management Studies, 2005, 42 (3): 625-672.

[38] Clarkson P. M., Li Y., Richardson G. D., et al. Revisiting the Relation Between Environmental Performance and Environmental Disclosure: An Empirical Analysis [J]. Accounting, Organizations And Society, 2008, 33 (4-5): 303-327.

[39] Clarkson P. M., Overell M. B., Chapple L. Environmental Reporting and its Relation to Corporate Environmental Performance [J]. Abacus, 2011, 47 (1): 27-60.

[40] Cormier D., Magnan M., Van Velthoven B. Environmental Disclosure Quality in Large German Companies: Economic Incentives, Public Pressures or Institutional Conditions? [J]. European Accounting Review, 2005, 14 (1): 3-39.

[41] Dechezleprêtre A., Glachant M., Haščič I., et al. Invention and Transfer of Climate Change-Mitigation Technologies: A Global Analysis [J]. Review of Environmental Economics and Policy, 2011, 5 (1): 109-130.

[42] Deegan C. The Legitimising Effect of Social and Environmental Disclosures-A Theoretical Foundation [J]. Accounting, Auditing & Accountability Journal, 2002, 15 (3): 282-311.

[43] Delmas M., Toffel M. W. Stakeholders and Environmental Management Practices: An Institutional Framework [J]. Business Strategy and the Environment, 2004, 13 (4): 209-222.

[44] De Villiers C., Van Staden C. J. Shareholders' Requirements for Corporate Environmental Disclosures: A Cross Country Comparison [J]. The British Accounting Review, 2010, 42 (4): 227-240.

[45] Dhaliwal D. S., Li O. Z., Tsang A., et al. Voluntary Nonfinancial Disclosure and the Cost of Equity Capital: The Initiation of Corporate Social Responsibility Reporting [J]. The Accounting Review, 2011, 86 (1): 59-100.

[46] Dobre E., Stanila G. O., Brad L. The Influence of Environmental and Social Performance on Financial Performance: Evidence from Romania's Listed Entities [J]. Sustainability, 2015, 7 (3): 2513-2553.

[47] Fallan E., Fallan L. Voluntarism Versus Regulation: Lessons from Public Disclosure of Environmental Performance Information in Norwegian Companies [J]. Journal of Accounting & Organizational Change, 2009, 5 (4): 472-489.

[48] Goulder L. H., Parry I. W. H. Instrument Choice In Environmental Policy [J]. Review of Environmental Economics and Policy, 2008, 2 (2): 152-174.

[49] Greene W. H. Accounting for Excess Zeros and Sample Selection in Poisson and Negative Binomial Regression Models [R]. NYU Working Paper, 1994.

[50] Görg H., Strobl E. The Effect of R&D Subsidies on Private R&D [J]. Economica, 2007, 74 (294): 215-234.

[51] Hascic I., Johnstone N., Michel C. Environmental Policy Stringency and Technological Innovation: Evidence From Patent Counts [C] //European Association of Environmental and Resource Economists 16th Annual Conference, Gothenburg, Sweden, 2008.

[52] Hassan A., Ibrahim E. Corporate Environmental Information Disclosure: Factors Influencing Companies' Success In Attaining Environmental Awards [J]. Corporate Social Responsibility And Environmental Management, 2012, 19 (1): 32-46.

[53] Heckman J. J. Sample Selection Bias as A Specification Error [J]. Econometrica: Journal of The Econometric Society, 1979, 47 (1): 153-161.

[54] Heckman J. J. Sample Selection Bias as A Specification Error (With an Application to the Estimation of Labor Supply Functions) [R]. National Bureau of Economic Research, 1977.

[55] Hu A. G., Jefferson G. H. A. Great Wall of Patents: What is Behind China's Recent Patent Explosion? [J]. Journal of Development Economics, 2009, 90 (1): 57-68.

[56] Iatridis G. E. Environmental Disclosure Quality: Evidence on Environmental Performance, Corporate Governance and Value Relevance [J]. Emerging Markets Review, 2013 (14): 55-75.

[57] Ingram R. W., Frazier K. B. Narrative Disclosures in Annual Reports [J]. Journal of Business Research, 1983, 11 (1): 49-60.

[58] Jaffe A. B., Le T. The Impact of R&D Subsidy on Innovation: A Study of New Zealand Firms [R]. National Bureau of Economic Research, 2015.

[59] Jennings P. D., Zandbergen P. A. Ecologically Sustainable Organizations: An Institutional Approach [J]. Academy of Management Review, 1995, 20 (4): 1015-1052.

[60] Johnstone N., Haščič I., Popp D. Renewable Energy Policies and Technological Innovation: Ev-

idence Based on Patent Counts [J]. Environmental and Resource Economics, 2010, 45 (1): 133-155.

[61] Kansal M., Joshi M., Batra G. S. Determinants of Corporate Social Responsibility Disclosures: Evidence From India [J]. Advances in Accounting, 2014, 30 (1): 217-229.

[62] Khan S. A., Kusi-Sarpong S., Arhin F. K., et al. Supplier Sustainability Performance Evaluation and Selection: A Framework and Methodology [J]. Journal of Cleaner Production, 2018, 205 (20): 964-979.

[63] Kimbrough M. D., Wang I. Y. Are Seemingly Self-Serving Attributions in Earnings Press Releases Plausible? Empirical Evidence [J]. The Accounting Review, 2014, 89 (2): 635-667.

[64] Kim Y. J., Brown M. Impact of Domestic Energy-Efficiency Policies on Foreign Innovation: The Case of Lighting Technologies [J]. Energy Policy, 2019 (128): 539-552.

[65] Lach S. Do R&D Subsidies Stimulate or Displace Private R&D? Evidence from Israel [J]. The Journal of Industrial Economics, 2002, 50 (4): 369-390.

[66] Lambert R. A., Leuz C., Verrecchia R. E. Information Asymmetry, Information Precision, and The Cost of Capital [J]. Review Of Finance, 2012, 16 (1): 1-29.

[67] Lanjouw J. O., Mody A. Innovation and the International Diffusion of Environmentally Responsive Technology [J]. Research Policy, 1996, 25 (4): 549-571.

[68] Lei Z., Nugent J. B. Coordinating China's Economic Growth Strategy Via Its Government-Controlled Association for Private Firms [J]. Journal of Comparative Economics, 2018, 46 (4): 1273-1293.

[69] Lesage J. P. An Introduction to Spatial Econometrics [J]. Revue D' Économie Industrielle, 2008 (123): 19-44.

[70] Leuz C., Verrecchia R. E. The Economic Consequences of Increased Disclosure [J]. Journal of Accounting Research, 2000 (38): 91-124.

[71] Lewis B. W., Walls J. L., Dowell G. W. S. Difference in Degrees: CEO Characteristics and Firm Environmental Disclosure [J]. Strategic Management Journal, 2014, 35 (5): 712-722.

[72] Li H., Qi A. Impact of Corporate Governance on Voluntary Disclosure in Chinese Listed Companies [J]. Corporate Ownership and Control, 2008, 5 (2): 360-366.

[73] Liu X., Anbumozhi V. Determinant Factors of Corporate Environmental Information Disclosure: An Empirical Study of Chinese Listed Companies [J]. Journal of Cleaner Production, 2009, 17 (6): 593-600.

[74] Loughran T., Mcdonald B. Textual Analysis In Accounting and Finance: A Survey [J]. Journal of Accounting Research, 2016, 54 (4): 1187-1230.

[75] Patten D. M. The Relation Between Environmental Performance and Environmental Disclosure: A Research Note [J]. Accounting, Organizations and Society, 2002, 27 (8): 763-773.

[76] Plumlee M., Brown D., Hayes R. M., et al. Voluntary Environmental Disclosure Quality and Firm Value: Further Evidence [J]. Journal of Accounting and Public Policy, 2015, 34 (4): 336-361.

[77] Popp D. International Innovation and Diffusion of Air Pollution Control Technologies: The Effects of NO_X and SO_2 Regulation in the US, Japan, and Germany [J]. Journal of Environmental Economics and Management, 2006, 51 (1): 46-71.

[78] Popp D. Lessons From Patents: Using Patents to Measure Technological Change in Environmental Models [J]. Ecological Economics, 2005, 54 (2-3): 209-226.

[79] Popp D., Newell R. G., Jaffe A. B. Energy, The Environment, and Technological Change [A] //Hall B. H., Rosenberg N. Handbook of The Economics of Innovation [C]. North-Holland, 2010: 873-937.

[80] Porter M. E., Van Der Linde C. Toward A New Conception of the Environment-Competitiveness Relationship [J]. Journal of Economic Perspectives, 1995, 9 (4): 97-118.

[81] Richardson A. J., Welker M. Social Disclosure, Financial Disclosure and the Cost of Equity Capital [J]. Accounting, Organizations and Society, 2001, 26 (7-8): 597-616.

[82] Rita P., Brochado A., Dimova L. Millennials' Travel Motivations And Desired Activities Within Destinations: A Comparative Study of the US and The UK [J]. Current Issues in Tourism, 2019, 22 (16): 2034-2050.

[83] Robertson J. L., Barling J. Greening Organizations Through Leaders' Influence on Employees' Pro-Environmental Behaviors [J]. Journal of Organizational Behavior, 2013, 34 (2): 176-194.

[84] Roper S., Hewitt-Dundas N. Knowledge Stocks, Knowledge Flows And Innovation: Evidence from Matched Patents and Innovation Panel Data [J]. Research Policy, 2015, 44 (7): 1327-1340.

[85] Russo A., Tencati A. Formal vs. Informal CSR Strategies: Evidence From Italian Micro, Small, Medium-Sized, and Large Firms [J]. Journal of Business Ethics, 2009, 85 (2): 339-353.

[86] Shleifer A., Vishny R. W. Politicians and Firms [J]. The Quarterly Journal of Economics, 1994, 109 (4): 995-1025.

[87] Shroff N., Sun A. X., White H. D., et al. Voluntary Disclosure and Information Asymmetry: Evidence from The 2005 Securities Offering Reform [J]. Journal of Accounting Research, 2013, 51 (5): 1299-1345.

[88] Sterner T. Policy Instruments for Environmental and Natural Resource Management [M]. Resources for The Future, 2003.

[89] Tan J. Innovation and Risk-Taking in A Transitional Economy: A Comparative Study of Chinese Managers and Entrepreneurs [J]. Journal of Business Venturing, 2001, 16 (4): 359-376.

[90] Tse S., Tucker J. W. Within-Industry Timing of Earnings Warnings: Do Managers Herd? [J]. Review of Accounting Studies, 2010, 15 (4): 879-914.

[91] Wiseman J. An Evaluation of Environmental Disclosures made in Corporate Annual Reports [J]. Accounting, Organizations and Society, 1982, 7 (1): 53-63.

[92] Wu G., Duan K., Zuo J., et al. Integrated Sustainability Assessment of Public Rental Housing Community Based on A Hybrid Method of AHP-Entropy Weight and Cloud Model [J]. Sustainability, 2017, 9 (4): 603.

[93] Xu X. D., Zeng S. X., Zou H. L., et al. The Impact of Corporate Environmental Violation on Shareholders' Wealth: A Perspective Taken From Media Coverage [J]. Business Strategy and the Environment, 2016, 25 (2): 73-91.

[94] Zeng S. X., Xu X. D., Dong Z. Y., et al. Towards Corporate Environmental Information Disclosure: An Empirical Study in China [J]. Journal of Cleaner Production, 2010, 18 (12): 1142-1148.

[95] Zhang B., Yang Y., Bi J. Tracking The Implementation of Green Credit Policy in China: Top-Down Perspective and Bottom-Up Reform [J]. Journal of Environmental Management, 2011, 92 (4): 1321-1327.

[96] Zhang X. F. Information Uncertainty and Stock Returns [J]. The Journal of Finance, 2006, 61 (1): 105-137.

开放与区域经济

银行业外资开放与中国企业创新陷阱破解

诸竹君　陈航宇　王　芳

[摘　要] 中国企业存在“重数量轻质量”的创新陷阱，上游服务业外资开放程度相对较低。本文在 Aghion 等（2019）模型基础上，引入创新行为和银行业外资开放对其进行了扩展，首次揭示了银行业外资开放通过正向上下游关联效应、贸易促进效应和负向行业内竞争效应对下游企业创新行为的作用机理。基于 1998~2013 年中国工业企业和专利匹配数据的实证结果表明：①数量上，银行业外资开放对企业创新具有显著正向作用，地域限制取消后专利申请增长率提升 1.14 个百分点，专利申请概率提升 29.43%。对发明专利和实用新型专利正向影响显著，对外观设计专利无明显影响；②质量上，显著提升了专利被引量、专利通用性和原创性等指标，对中国企业“重数量轻质量”的创新陷阱破解效果明显；③机制上，对下游工业创新影响通过正向上下游关联效应、贸易促进效应和负向行业内竞争效应作用，总效应与外资银行进入程度呈倒“U”形关系，样本期仍处于正向效应区间；④异质性上，外资银行母国与中国文化和制度距离具有负向调节作用，生产率水平位于 50%~75%分位数的中小企业和外部融资依赖度较大的行业正向效应更强。本文对扩大服务业外资开放与破解中国企业创新陷阱，理解开放和创新发展理念的内在自洽性具有一定的参考价值。

[关键词] 银行业外资开放；创新陷阱；投入产出关联；创新质量

一、引言

2019 年在经贸摩擦加剧、要素成本上升和转型升级阵痛多期叠加影响下，中国经济增速小幅下滑至 6.1%，2020 年初受到新冠肺炎疫情影响全年经济下行压力增大，传统动能的快速衰退和新兴动能的迫切需求增加了对创新驱动发展的依赖程度。加入世界贸易组织（World Trade Organization，WTO）以来，中国专利申请总量从 2002 年的 25.07 万件增长至 2018 年的 432.31 万件；根据世界知识产权组织（World Intellectual Property Organization，WIPO）统计，2018 年中国国际专利申请数量已达 5.33 万件，仅次于美国（5.61 万件）。从数量上看，中国专利创新取得了巨大成就。但从质量上看，2018 年中国外观设计专利申请占比 16.39%，美国仅为 9.01%，中美知识产权贸易顺差和竞争力（Trade Competitiveness，TC）指数分别为-302 亿美元、767 亿美元和-0.73、0.42，中国对美知识产权进口比例超过 23%（84.6 亿美元），同为专利大国的日本、德国和英国的 TC 指数分别为 0.35、0.22 和 0.26（见图 1）。中国“重数量轻质量”的创新陷阱问题日益凸显。作为中国创新主体的企业是连接专利研发与应用的主要媒介，现有文献从创新激励政策、金融创新、跨国并购和

［基金项目］国家自然科学基金青年项目“中美贸易新形势下新进口战略推动制造业高质量发展研究”（71903173）、教育部人文社会科学青年项目“全球价值链背景下进口中间品质量与中国出口企业竞争力提升研究：演进机理与优化路径”（19YJC790209）、教育部人文社科重点研究基地项目“我国地方政府政策措施与世贸组织合规性问题研究”（2019SMYJ02ZC）。

［作者简介］诸竹君（通讯作者），男，江苏淮安人，浙江工商大学经济学院、浙江工商大学浙商研究院副研究员，经济学博士，邮箱：hehaizzj@163.com；陈航宇，男，浙江大学经济学院助理研究员，经济学博士；王芳，女，浙江大学经济学院博士生。

外资进入等视角对中国企业“重数量轻质量”的创新陷阱进行了分析，梳理了中国专利创新“重数量轻质量”的特征性事实，总体上认为偏向数量的创新激励政策、金融创新中存在的投机行为和全球价值链低端锁定效应等是造成创新陷阱的重要原因，并从产业政策、公司金融和国际投资等学术领域初步分析了这一问题（Hu et al.，2017；张杰、郑文平，2018；郝项超等，2018；Howell et al.，2020；诸竹君等，2020）。根据内生增长理论，创新数量和质量是促进经济长期发展的重要动力（Akcigit and Kerr，2018），中国企业处于创新陷阱不利于提升创新资源配置效率，更制约中国经济转向高质量发展。综上所述，一个亟待解决的问题是，如何破解中国企业的创新陷阱？探究创新路径转换具有重要理论价值和现实意义。

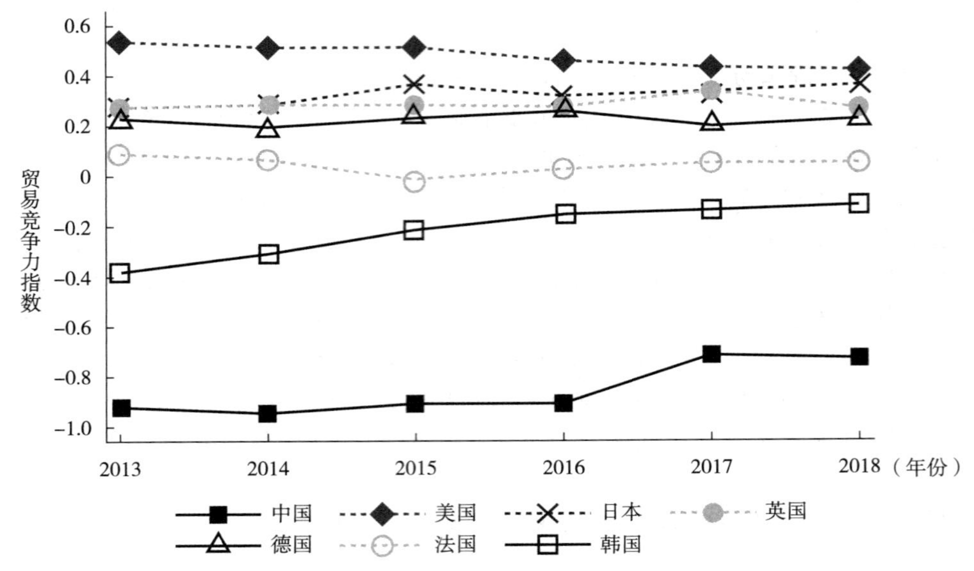

图1　中国和主要国家知识产权贸易竞争力指数

资料来源：联合国商品贸易统计数据库（UN Comtrade）。

金融业是实体经济的血液和推动实体企业创新的重要支撑（Rajan and Zingales，1998；李苍舒、沈艳，2019），部分研究指出了金融发展与产业结构、要素禀赋间的互动关系（林毅夫等，2009；Zhu et al.，2020）。2020年4月1日，资本市场取消对基金和券商外资股比限制，中国金融业开放程度显著提升。然而，中国目前仍是以银行业为主导的金融体系，除上市公司外，大多数工业企业主要通过银行业实现外部融资（王国刚，2019）。[①] 对于银行业推动经济发展的影响目前学界存在一定的争议（Arcand et al.，2015；Zhu et al.，2020），银行业信贷脱实向虚和工业企业融资难、融资贵问题仍较为显著。从微观层面研究银行业对企业创新影响的文献相对鲜见。本文试图从中国金融业中主体部分银行业外资开放这一视角出发，将上下游投入产出关联纳入基准的异质性企业理论框架，研究上游银行业外资开放对下游工业企业创新行为的作用机制，结合经验数据研判能否破解创新陷阱，为党的十九大报告中提出的创新发展和开放发展理念的内在自洽性提供理论支撑和经验证据。

现有文献主要从融资约束这一渠道分析银行业竞争对本行业和下游行业的影响，相关研究表明银行业竞争通过价格效应和成本效应提升了本行业竞争水平，促进了银行业信贷资源的有效配置，

① 根据国家统计局数据，2018年中国银行业总资产268万亿元，占金融业总资产约89.33%。银行业境内各项贷款额约为135.79万亿元，流通中股票市值约为43.49万亿元，A股IPO融资规模为1346.12亿元。

降低了下游企业融资成本和融资约束水平（Xu，2011；Luo et al.，2017；Fungáčová et al.，2013）。部分研究从信息搜寻角度出发，分析了银行业竞争可能对下游企业融资约束的影响（Bird et al.，2019；姜付秀等，2019）。基于融资约束渠道，相关文献进一步研究了银行业竞争对下游企业进入、生产率、出口和营业收入的影响（Alfaro et al.，2015；Lai et al.，2016；Niepmann and Schmidt-Eisenlohr，2017；方芳、蔡卫星，2016）。与本文相关性较强的第一篇文献从融资约束渠道分析了对下游企业的创新效应（Acharya and Xu，2017；Blanco and Wehrheim，2017；Cornaggia et al.，2015；张璇等，2019；诸竹君等，2018）。第二篇文献重点从服务业与制造业投入产出关联视角出发，分析了上游服务业质量和效率提升对下游制造业发展的促进作用（Beverelli et al.，2017；Bas，2020；Bai et al.，2019；孙浦阳等，2018；张建华、程文，2019）。其中，部分文献以更微观的企业内数据分析了服务贸易和货物贸易出口之间互补关系，以及贸易自由化冲击后企业内部贸易调整情况（Ariu et al.，2019；Ariu et al.，2020；Breinlich et al.，2018）。第三篇从贸易视角出发的文献沿着产业组织理论中经典的竞争与创新研究范式（Aghion et al.，2005），分析了竞争效应、自选择效应和市场规模效应对企业创新的影响（Impullitti and Licandro，2018；Aghion et al.，2019；Autor et al.，2019）。区别于上述文献，本文聚焦于银行业外资开放的下游创新效应，在控制融资约束渠道基础上，从上下游投入产出关联渠道、贸易促进渠道和行业内竞争渠道出发，分析了对下游工业企业创新的作用机制，理论分析表明银行业外资开放度关于企业创新存在非线性关系。本文以外资银行开放政策和进入程度构建开放程度虚拟变量和连续变量，结合中国工业企业专利数据构造的专利数量和质量代理变量进行了实证分析，全面考察了银行业外资开放对企业创新行为的总体效应和作用机制。研究表明，银行业外资开放总体上提升了工业企业专利创新数量和创新质量，外资银行进入强度与企业创新水平之间存在倒“U”形曲线关系，样本期内银行业外资开放仍处于正向效应区间，是破解创新陷阱的有效路径之一。

本文可能的边际创新为：①理论上，现有文献主要从融资约束渠道分析银行业竞争的下游效应，本文在异质性企业理论下构建了新的分析框架，从上下游关联效应、贸易促进效应和行业内竞争效应揭示了银行业外资开放对下游企业创新行为的影响机制，论证了当正向上下游关联效应和贸易促进效应大于负向行业竞争效应时，银行业外资开放有助于破解企业创新陷阱。②方法上，现有研究对创新行为的刻画忽视质量因素，无法准确识别企业的创新陷阱问题，目前基于全样本工业企业数据的研究大都使用研发费用、新产品产值或者专利数量作为创新行为代理变量，难以有效分析企业创新质量。本文使用具有完整引用信息的中国专利数据库构建了通用性和原创性指数，对企业创新质量进行更为深入的刻画。此外，现有研究对外资银行异质性分析较弱，关于外资银行进入效应的研究将其视为增加银行业主体进入，缺乏从外资银行异质性角度出发的深入分析。有研究指出外资银行进入存在“客户跟随”动机（Ramasamy and Yeung，2010），外资母国制度和文化差异对银企关系存在显著影响（Bermpei et al.，2019）。本文考虑上述异质性，从银企关系视角检验了上游银行业外资开放的创新效应。③政策上，从中国金融业主体部分的银行业外资开放视角，论证了渐进有序开放银行业、不断扩大外资银行经营范围和降低经营门槛，对提升银行业促进实体经济发展效果和创新驱动发展水平的重要作用。实证检验发现外资进入程度与创新行为存在倒“U”形曲线关系，这为最优开放程度提供了经验证据，为防范金融风险和提升银行业促进实体经济发展效果的权衡提供了有力支撑。另外，实证检验表明中小企业的正向效应较为显著，这为金融业开放与缓解中小企业融资难、融资贵问题，推动创新发展提供了经验证据。

本文后续内容安排如下：第二部分在 Melitz（2003）和 Aghion 等（2019）模型基础上，引入上游服务业部门进行理论扩展，结合文献梳理构建新的分析框架；第三部分介绍本文的数据来源，银行业外资开放政策背景和主要变量构造方法；第四部分构建计量模型进行实证分析并提供稳健性检验结果；第五部分进一步分析理论框架论述的作用渠道和调节效应并进行实证检验；第六部分为结论和政策含义。

二、理论框架与命题提出

（一）理论模型

（1）基本决策环境。本文在 Melitz（2003）模型基础上，引入上游银行业部门，主要为下游工业部门提供生产要素资本 k，并在工业部门中参考 Aghion 等（2019）的方法引入企业创新，分析银行业外资开放对企业创新的影响机理。在整个经济系统的运行机制上，假定银行业先制定资本要素价格，工业企业根据要素价格决定创新行为，在此基础上根据创新后的生产率决定产品产量与价格。为简化分析，在引入开放条件情形下，本文将分析一个两国两要素模型，且本国与外国完全对称。

（2）消费者偏好。假定所有消费者可行的产品集为 Ω，偏好完全相同，效用函数为 CES（Constant Elasticity of Substitution）函数形式，即 $U=\left(\int_{\omega\in\Omega}[x(\omega)]^{(\sigma-1)/\sigma}d\omega\right)^{\sigma/(\sigma-1)}$，$\sigma>1$。x（ω）表示消费者所消费的特定产品 ω 的数量，σ>1 表示差异产品间的替代弹性，从而可知消费者的需求函数为：

$$x(\omega)=EP^{\sigma-1}(p(\omega))^{-\sigma},\ P=\left(\int_{\omega\in\Omega}p(\omega)^{1-\sigma}d\omega\right)^{1/(1-\sigma)} \tag{1}$$

其中，E 表示消费支出水平，P 表示消费者所面临的价格指数，在其他条件保持不变的情况下，P 值越低，所有企业的需求越低，根据 Aghion 等（2019）的定义，这也反映了一国市场的竞争程度有所上升。

（3）工业部门。假定企业仅生产一种产品，并且在生产过程中使用劳动力 l 与资本 k 两种生产要素，企业的生产函数为 CES 形式，具体如下：

$$q(\varphi)=\varphi^{1/(\sigma-1)}\left(\zeta k^{(\rho-1)/\rho}+l^{(\rho-1)/\rho}\right)^{\rho/(\rho-1)},\ \rho>1 \tag{2}$$

其中，φ 表示企业创新前的生产率水平，ζ 表示银行业与工业之间的关联程度，关联度越高，资本的生产效率也相应越高，ρ 表示要素间的替代弹性。假定劳动力供给无弹性且市场完全竞争，劳动力价格标准化为计价单位 1。结合式（1）可知，企业利润最大化下的定价与利润水平为：

$$p_D(\varphi)=\frac{\sigma(\zeta^\rho r^{1-\rho}+1)^{1/(1-\rho)}}{(\sigma-1)\varphi^{1/(\sigma-1)}}$$

$$p_{ex}(\varphi)=\frac{\sigma\tau(\zeta^\rho r^{1-\rho}+1)^{1/(1-\rho)}}{(\sigma-1)\varphi^{1/(\sigma-1)}}$$

$$\pi(\varphi)=\begin{cases}\dfrac{\varphi P^{\sigma-1}}{A}-f, & \underline{\varphi}_{in}\leqslant\varphi<\underline{\varphi}_{ex}\\[2ex] \dfrac{(1+\tau^{1-\sigma})\varphi P^{\sigma-1}}{A}-f-f_{ex}, & \varphi\geqslant\underline{\varphi}_{ex}\end{cases}$$

$$\underline{\varphi}_{in}=\frac{Af}{P^{\sigma-1}},\ \underline{\varphi}_{ex}=\frac{f_{ex}\tau^{\sigma-1}A}{P^{\sigma-1}},\ A\equiv\frac{\sigma^\sigma(\zeta^\rho r^{1-\rho}+1)^{(\sigma-1)/(1-\rho)}}{E(\sigma-1)^{\sigma-1}} \tag{3}$$

其中，p_D（φ）和 p_{ex}（φ）分别表示产品的国内销售价格与出口价格，r 表示资本的价格，f 和 f_{ex} 分别表示企业生产投入的固定成本以及企业出口的固定成本，τ 表示企业在贸易中的冰山贸易成本，并且 τ>1，$\underline{\varphi}_{in}$ 和 $\underline{\varphi}_{ex}$ 分别表示企业国内生产以及出口的生产率门槛值。本文继续沿用 Melitz（2003）出口企业生产率高于内销企业的假定，即 $f<f_{ex}\tau^{\sigma-1}$。

在企业技术创新上，参考 Aghion 等（2019），即企业创新后生产率将有所提升，假定提升程度为 θ，并且 $\theta\geqslant 1$，即初始生产率水平为 φ 的企业在创新后生产率上升为 $\theta\varphi$，而企业创新成本设定与创新程度 θ 正相关且含有二次项，具体成本函数为：

$$c_I=\alpha\theta+\frac{1}{2}\beta\theta^2 \tag{4}$$

根据企业创新后利润最大化条件可知企业最优创新程度为：

$$\theta=\begin{cases}1, & \varphi<\underline{\varphi}_I\\ \dfrac{(1+\tau^{1-\sigma})\ \varphi P^{\sigma-1}}{A\beta}-\dfrac{\alpha}{\beta}, & \varphi\geqslant\underline{\varphi}_I\end{cases},\quad \underline{\varphi}_I=\frac{\left(2\alpha+\beta+\sqrt{\beta^2+4\alpha\beta}\right)A}{2\ (1+\tau^{1-\sigma})\ P^{\sigma-1}} \tag{5}$$

其中，φ_I 表示企业创新的生产率门槛值。根据式（5）可知，当且仅当企业生产率水平较高时，企业才会进行创新活动。微观数据显示，1998～2008 年工业企业数据库中仅 2001～2002 年和 2005～2007 年有企业研究开发费这一数据，并且上述年份实施研发的企业比例分别为 11.8%、12.9%、9.6%、9.9%和 10.5%，创新企业的比例远低于出口企业比例，[①] 本文假定企业创新的生产率临界值高于出口，即 $2\alpha+\beta+\sqrt{\beta^2+4\alpha\beta}>2\ (1+\tau^{1-\sigma})\ f_{ex}\tau^{\sigma-1}$。结合式（5）可知创新企业的利润函数为：

$$\pi\ (\varphi)\ =\frac{\beta}{2}\left(\frac{(1+\tau^{1-\sigma})\ \varphi P^{\sigma-1}}{A\beta}-\frac{\alpha}{\beta}\right)^2-f-f_{ex},\ \varphi\geqslant\underline{\varphi}_I \tag{6}$$

（4）市场均衡与银行业外资开放。工业企业自由进出条件和零利润条件分别为：

$$\int_{\underline{\varphi}_{in}}^{\underline{\varphi}_I}\frac{\varphi P^{\sigma-1}}{A}dG(\varphi)\ +\tau^{1-\sigma}\int_{\underline{\varphi}_{ex}}^{\underline{\varphi}_I}\frac{\varphi P^{\sigma-1}}{A}dG(\varphi)\ +\int_{\underline{\varphi}_I}^{\infty}\frac{\beta}{2}(\theta(\varphi))^2dG(\varphi)$$

$$=f_E+f[1-G(\underline{\varphi}_{in})]+f_{ex}[1-G(\underline{\varphi}_{ex})]$$

$$\underline{\varphi}_{in}=\frac{fA}{P^{\sigma-1}},\ \underline{\varphi}_{ex}=\frac{f_{ex}\tau^{\sigma-1}A}{P^{\sigma-1}},\ \underline{\varphi}_I=\frac{\left(2\alpha+\beta+\sqrt{\beta^2+4\alpha\beta}\right)A}{2(1+\tau^{1-\sigma})P^{\sigma-1}} \tag{7}$$

由式（6）、式（7）可以求出均衡条件下的各相关变量。进一步分析要素市场均衡情况，由式（2）、式（3）、式（5）、式（6）可知企业的要素需求函数为：

$$k(\varphi)=\begin{cases}\dfrac{Br^{-\rho}\zeta^{\rho^2/(\rho-1)}P^{\sigma-1}}{\rho A}\varphi, & \underline{\varphi}_{in}\leqslant\varphi<\underline{\varphi}_{ex}\\ \dfrac{(1+\tau^{\rho-\sigma})Br^{-\rho}\zeta^{\rho^2/(\rho-1)}P^{\sigma-1}}{\rho A}\varphi, & \underline{\varphi}_{ex}\leqslant\varphi<\underline{\varphi}_I\\ \dfrac{(1+\tau^{\rho-\sigma})\ [\theta(\varphi)]^{\frac{\sigma-\rho}{\sigma-1}}Br^{-\rho}\zeta^{\rho^2/(\rho-1)}P^{\sigma-1}}{\rho A}\varphi, & \varphi\geqslant\underline{\varphi}_I\end{cases}$$

$$B\equiv\left[\frac{\sigma(\zeta^\rho r^{1-\rho}+1)^{1/(1-\rho)}}{(\sigma-1)\varphi^{1/(\sigma-1)}}\right]^{\rho-1},\ l(\varphi)=\frac{k(\varphi)}{r^{-\rho}\zeta^{\rho^2/(\rho-1)}} \tag{8}$$

假定两国的资本和劳动力禀赋分别为 k 和 l，银行业外资开放程度为 μ，并且 $0<\mu<1$，μ 值越大，表明银行业开放程度越高，国外资本进入国内的成本越低，由对称假定以及要素市场均衡可知：

$$\int_{\underline{\varphi}_{in}}^{\infty}k(\varphi)dG(\varphi)=(1+\mu)K$$

① 对应的 5 年中，出口企业比例分别为 23.8%、23.1%、27.8%、26.3%、25.8%。

$$\int_{\underline{\varphi}_{in}}^{\infty} l(\varphi)dG(\varphi) = L \tag{9}$$

从而可知均衡利率 r，即融资约束为：

$$r = [\zeta^{\rho^2/(\rho-1)}L/(1+\mu)K]^{1/\rho} \tag{10}$$

在银行业外资开放的刻画上，除 μ 值上升外，根据相关文献，上游服务业开放将会使上下游行业间的关联度显著提升（Beverelli et al.，2017；Bas，2020；Bai et al.，2019），并且银行业外资开放通过降低搜寻成本和信息不对称能使贸易成本显著下降（Claessens et al.，2017；Caballero et al.，2018），本文假定：

$$\partial\zeta/\partial\mu > 0$$

$$\partial\tau/\partial\mu < 0 \tag{11}$$

从式（10）中可知，银行业外资开放对于工业企业均衡利率的影响并不确定，而根据相关文献，银行业外资开放将会使得下游企业融资成本显著下降（Xu，2011；Luo et al.，2017；Fungáčová et al.，2013），本文假定：

$$\frac{\partial\zeta}{\partial\mu} < \frac{(\rho-1)\zeta}{(1+\mu)\rho^2} \tag{12}$$

在该假定下，$\partial r/\partial\mu<0$。根据式（7）可知：

$$P^{1-\sigma} \propto \vartheta_1\underline{\varphi}_{in} + \vartheta_2(\underline{\varphi}_{in})^2,\ \vartheta_1,\ \vartheta_2 > 0 \tag{13}$$

从而可推得：

$$\frac{\partial\underline{\varphi}_{in}}{\partial A} < 0,\ \frac{\partial A}{\partial\mu} < 0$$

$$\frac{\partial\underline{\varphi}_{in}}{\partial\mu} = \frac{\partial\underline{\varphi}_{in}}{\partial A}\frac{\partial A}{\partial\mu} > 0$$

$$\frac{\partial P}{\partial\mu} < 0 \tag{14}$$

由式（5）、式（10）、式（11）、式（12）、式（14）可知：

$$\frac{\partial\ln(\theta+\alpha/\beta)}{\partial\mu} = \underbrace{\Theta_1\left(-\frac{\partial\tau}{\partial\mu}\right)}_{\text{贸易成本效应}} + \underbrace{\Theta_2\left(-\frac{\partial r}{\partial\mu}\right)}_{\text{融资约束效应}} + \underbrace{\Theta_3\frac{\partial\zeta}{\partial\mu}}_{\text{上下游关联效应}} \underbrace{-\Theta_4\left(-\frac{\partial P}{\partial\mu}\right)}_{\text{竞争效应}} \tag{15}$$

其中，$\Theta_1 \equiv \frac{(\sigma-1)\tau^{-\sigma}}{1+\tau^{1-\sigma}} > 0$，$\Theta_2 \equiv \frac{(\sigma-1)\zeta^\rho r^{-\rho}}{\zeta^\rho r^{1-\rho}+1} > 0$，$\Theta_3 \equiv \frac{\rho(\sigma-1)r^{1-\rho}\zeta^{\rho-1}}{(\rho-1)(\zeta^\rho r^{1-\rho}+1)} > 0$，$\Theta_4 \equiv \frac{\sigma-1}{P} > 0$。

（二）研究命题

由式（15）可知，银行业外资开放主要通过贸易成本效应、融资约束效应、上下游关联效应和行业内竞争效应四个渠道影响企业创新，根据以上理论分析可得命题 1 和命题 2。

命题 1：银行业外资开放通过贸易成本效应、融资约束效应、上下游关联效应和竞争效应四个渠道影响下游工业企业创新行为，对创新数量和创新质量的影响方向不确定。

命题 2：银行业外资开放效应中除融资约束效应外，上下游关联效应和贸易成本效应正向影响下游工业企业创新行为，同行业竞争效应对下游工业企业创新行为影响为负，当上下游关联效应和贸易成本效应大于同行业竞争效应时，有利于提升创新数量和创新质量。

三、数据、变量与特征性事实

（一）数据来源

（1）工业企业数据调整（1998~2013年）。采用序贯匹配法，首先根据法人代码识别，在此基础上以企业名称、注册信息进行匹配识别。简要的处理方法为：①删除同一年份企业名称或者法人代码重复的数据；②删除工业总产值、工业增加值、固定资产、实收资本小于等于0或者缺失的样本；③删除从业人数小于8的样本；④删除不符合通用会计准则（Generally Accepted Accounting Practice，GAAP）的企业样本（Yu，2015）；⑤国民经济行业代码统一（1994年、2002年、2011年），即将行业代码统一至2002年标准。

（2）海关产品数据（2000~2013年）。本文使用的企业—国别层面贸易数据来自于中国海关数据库（2000~2013年），两套数据编码类型存在明显差异，需要通过较为复杂的方法进行数据匹配。参考刘啟仁、铁瑛（2020）的两步法，首先通过企业名称进行匹配，然后在此基础上通过共同字段进行二次匹配。

（3）企业专利数据（1998~2013年）。企业层面的专利数据来源于国家知识产权局维护的中国专利数据库，1985年9月《中华人民共和国专利法》实施后国家知识产权局汇报了历年各类主体专利申请、授权和引用等信息。其中，引用信息含有专利被引用数量、被引专利的情况、引用专利的情况等相关检索字段。本文通过该数据获得企业层面各年专利总数和三项具体专利（发明、实用新型和外观设计专利）的数量及详细引用情况。该数据可通过企业名称与工业企业数据进行匹配（Hu et al.，2017）。

（二）变量调整与测算

（1）银行业开放政策背景介绍和代理变量构建。中国银行业开放政策实施主要分为三个阶段：第一阶段（1994~2001年底），1994年《中华人民共和国外资金融机构管理条例》正式出台，外资银行大多以分行形式进入中国，1998年7月中国取消对外资银行设立机构的地域限制，除浦东新区外限制人民币业务[①]；第二阶段（2002~2006年底），中国按照进入世界贸易组织（“入世”）承诺在5年内逐步向外资放开银行业人民币业务地域和客户限制，其中，前4年内分5批共开放20个城市[②]，2003年底和2006年底分别允许外资银行向中国企业和中国居民提供人民币业务（批发和零售），依据2006年颁布的《中华人民共和国外资银行管理条例》对外资银行（除分行外）实行国民待遇，2003~2006年外资银行总资产由4159.7亿元增长至9278.7亿元，占银行业比重由1.50%增长至2.11%；第三阶段（2007年至今），2007年银监会发布《中国银行业对外开放报告》，鼓励外国银行设立或者将分行转制为中国注册法人银行，2007年外资银行总资产占比达历史峰值2.38%，2008年后受到全球金融危机等因素影响，外资银行占比呈现下降趋势，2016年降至历史低值1.26%，2017年小幅回升至1.32%（见图2）。这一时期主要在国内基金代销业务、准入条件、经营门槛和行政许可方面对国民待遇进行了修订和明确。其中，2014年国务院修订《中华人民共和国外资银行管理条例》，外资银行准入和人民币业务门槛显著降低，2017年银监会首次明确部分

① 1996年底国务院颁布《上海浦东外资金融机构经营人民币业务试点暂行管理办法》，允许浦东地区的外资银行经营人民币业务进行试点，但只能对外国居民和三资企业开展。

② 根据中国“入世”承诺，优先开放城市为：深圳、上海、天津、大连（2001年底），广州、青岛、南京、武汉（2002年底），济南、福州、成都、重庆（2003年底），北京、昆明、珠海、厦门（2004年底），汕头、宁波、沈阳、西安（2005年底）。

中间业务事后报告制并取消外资持股比例限制，2019 年国务院再次修订《中华人民共和国外资银行管理条例》，放宽了股东准入范围，允许外资银行同时在华设立子行和分行，扩大了外资银行的业务范围。

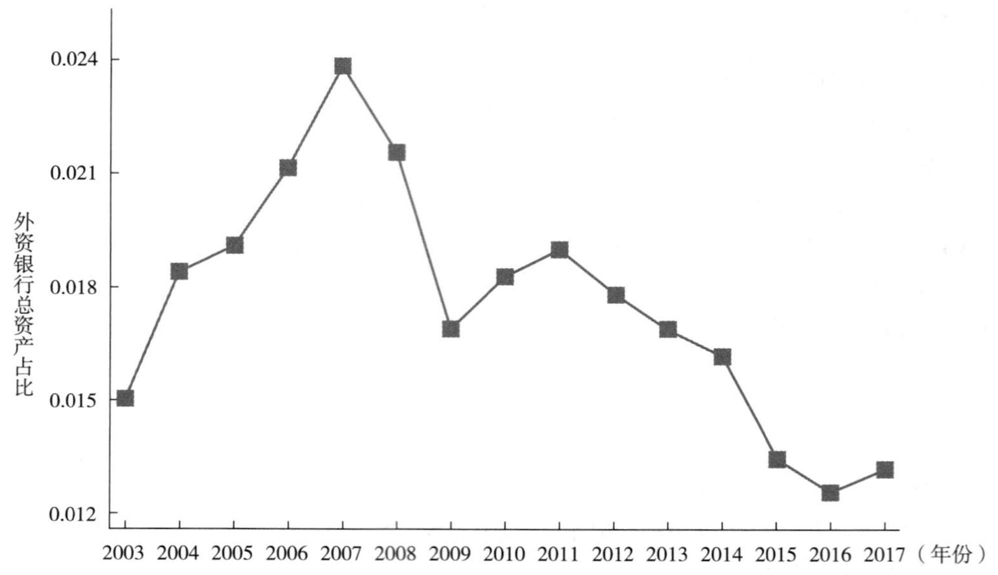

图 2　外资银行总资产占比变动趋势（2003~2017 年）

资料来源：《中国银行业监督委员会年报》。

本文根据上述银行业开放政策背景构造了两种外资银行进入代理变量：①根据第二阶段“入世”政策冲击设立了外资银行进入虚拟变量（fb），开放第 1 年后 $fb_{rt}=1$，由于 2006 年底人民币业务地域限制放开，故虚拟变量考察样本期设定为 1998~2006 年；②根据城市 r 在 t 年份外资银行进入数量构造连续变量（fbn），$fbn_{rt}=\ln(1+fb\_n_{rt})$，其中，$fb\_n_{rt}$ 表示城市层面外资银行进入存量（Xu，2011）。具体方法是：根据中国银保监会关于银行机构的金融许可证信息①，计算出外资银行数量（包含法人银行、分行、支行，其中，支行占比最高），目前金融许可证状态包含持有、新设立、失控和退出，本文汇总了各类外资银行信息，以批准设立日期作为进入当年，失控和退出日期作为退出当年，在城市—年份层面加总可得外资银行进入数量。

（2）企业专利数量和质量指标构建。本文主要考察中国工业企业专利申请数量和质量。其中，专利申请数量根据三类专利申请总数加总可得，由于专利数量属于非负整数应采用计数模型，本文基准模型采用对数化的专利申请量（patent），同时可得对数化三类专利数量，即发明专利（invention）、实用新型专利（utility）和外观设计专利（design）。专利申请质量目前仍然缺少学界公认的代理变量。根据国家知识产权局发布的《专利质量提升工程实施方案》，专利质量应包括申请、代理、审查、保护、运用等多个方面，其中，申请、运用等与企业直接相关，申请质量主要基于申请文本，具有一定主观性，运用质量考察专利的产业化水平和技术溢出水平。参考相关文献，本文采用专利申请后年均他引次数对数值（cit）表示（Kogan et al.，2017；Mann，2018）。由于专利被引存在右侧“断尾”的问题，本文仅考察专利申请后至授权后 5 年内的专利被引量（Hall et al.，2005）。此外，根据《中华人民共和国专利法》相关界定发明是指对产品、方法或其改进所提出的新的技术方案，相比于实用新型和外观设计专利具有更高的创新程度，《国家知识产权局关于进一

① 中国银行保险监督管理委员会金融许可证信息可参见：http：//xukezheng. cbrc. gov. cn/ilicence。

步提升专利申请质量的若干意见》提出将发明专利申请数量占比作为核心质量评价指标，因此本文同时采用发明专利申请量占比（inven_ratio）作为专利申请质量指标。专利的技术溢出除了以引用量进行评价外，还与被引的行业宽度有关，某一专利被越多行业引用表明技术溢出的宽度越高（Hall et al.，2005；Acharya and Xu，2017），这一特性可定义为专利的通用性程度（generality），公式为：

$$generality_i = 1 - \sum_j (n_j / total_i)^2 \tag{16}$$

其中，$total_i$ 表示企业 i 申请的某专利他引量，n_j 表示专利在行业 j 中的他引量，该值越大反映某专利的被引宽度越高，专利的通用性程度越好。本文根据专利被引情况，在 4 位码行业层面计算了专利的通用性程度①。

参考 Acharya 和 Xu（2017）设定专利原创性程度（originality），公式为：

$$originality_i = 1 - \sum_j (n_j^c / total_i^c)^2 \tag{17}$$

其中，$total_i^c$ 和 n_j^c 分别表示企业 i 申请专利中引用前置专利总量和在行业 j 中的引用数量，该值越大反映某专利引用前置专利的宽度越高，专利创新的交叉性越好，原创性程度高的可能性越大。

（3）企业层面投入产出变量处理。本文涉及的微观层面投入产出数据主要包含：工业总产值（Y_{ijt}）、资本存量（K_{ijt}）、就业人数（L_{ijt}）等。其中，i、j、t 分别表示企业、国民经济 2 位码行业和年份。由于上述名义值存在价格因素干扰，除就业人数外均需要进行消胀处理。具体的消胀方法是：选取 1998 年作为价格调整的基期，以工业品出厂价格指数对工业总产值和工业增加值进行消胀，通过工业品购进价格指数对工业中间品投入量进行消胀。参考相关文献，采用永续盘存法估计了企业各年的资本存量和真实投资数据（Brandt et al.，2012；诸竹君等，2019）。

（4）控制变量。主要包括：①劳动生产率（lp），采用总产值除以从业人数表示；②企业规模（size），采用企业销售收入对数值表示；③资本劳动比（klratio），以企业资本存量除以从业人数的对数值代理；④出口虚拟变量（expdum），企业当年的出口交货值为正则取值 1；⑤国有资产占比（soe），计算实收资本中国有资本的比重作为代理变量；⑥企业年龄（age），以企业存续时间对数值表示；⑦外部融资约束代理变量（SA），相关研究表明企业的融资约束情况可能影响创新行为（Acharya and Xu，2017），纳入企业外部融资约束代理变量（SA）以控制可能的影响，其中，$SA = -0.737 \times size + 0.043 \times size^2 - 0.04 \times age$（Hadlock and Pierce，2010）；⑧行业竞争程度（hhi），计算 4 位码行业的赫芬达尔指数作为代理变量；⑨城市层面控制变量包含常住人口对数值（pop）、人均 GDP 对数值（gdpp）、实际使用外资金额对数值（fdi）、银行和保险业从业人数占比（bratio）。上述变量来自历年《中国城市统计年鉴》。

（三）特征性事实

（1）中国专利申请量和贸易竞争力与外资银行总资产趋势比较。图 3 汇报了 2003~2017 年中国专利申请量对数值和贸易竞争力与外资银行总资产对数值（原值单位为亿元）的变动趋势，总体上专利申请量与外资银行总资产在 15 年中保持了持续增长趋势。具体而言，以 2007 年为界外资银行总资产变动可分为两个阶段，其中，2003~2007 年增速相对较快（年均增速为 31.73%），2007~2017 年增速相对较慢（年均增速为 10.17%），2015 年增速同比下降 3.99%。更细致地分析表明，2008 年受到国际金融危机和前期开放政策释放影响，外资银行总资产增长率显著放缓。同一时期，专利申请量和发明专利申请量显著增长（2014 年除外），两者的年均增长率分别为 19.41% 和

① 这一指标设定类似于产业组织中的赫芬达尔指数，假定企业专利被引仅限于同一行业内部则该值为 0，反之专利被引行业越多，该值越接近 1。

20.19%，发明专利申请量增长率略高于总体增长率，均显著高于吸引外商投资额年均增长率（15.94%）。宏观层面数据说明在时间序列上，中国外资银行总资产和专利申请量之间存在一致变动趋势。2003~2016 年中国知识产权 TC 指数维持在-1~-0.9（见图 3），证实了总体上中国知识产权国际竞争力较弱，主要依靠专利进口提升本国创新能力，专利申请量大幅上涨并未明显改善中国专利质量相对较弱的客观问题，这就是本文刻画的中国“重数量轻质量”创新陷阱。2017 年中国知识产权出口额达 47.86 亿美元，同比增长超过 308%，贸易竞争力指数上涨至-0.71，整体上专利质量有所上升，但是“重数量轻质量”的创新陷阱问题仍较为突出。

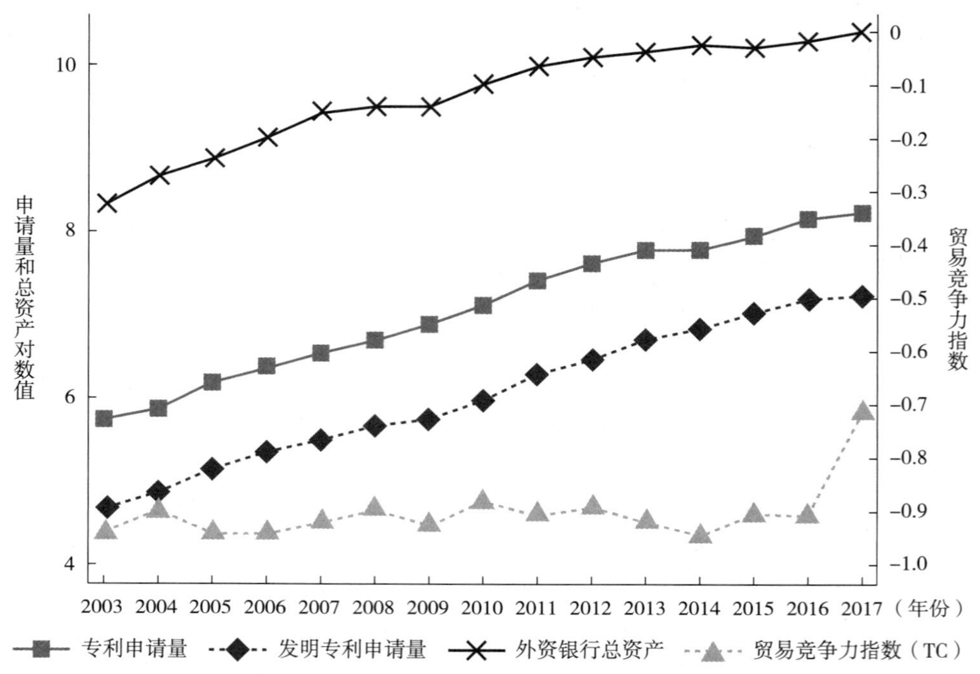

图 3 中国专利申请量、贸易竞争力与外资银行总资产变动趋势（2003~2017 年）

资料来源：专利申请量、发明专利申请量来源于《中国统计年鉴》，外资银行总资产来源于《中国银行业监督委员会年报》，贸易竞争力指数来源于联合国商品贸易统计数据库（UN Comtrade）。

（2）城市层面专利申请量与外资银行数量。本文主要分析银行业开放政策下外资银行进入对企业创新的影响，本部分呈现了城市层面外资银行进入存量对数值（fbn）和专利申请量对数值之间关系的拟合情况。图 4 中显示两者整体拟合程度较高，呈现出显著的正向关系，且斜率相对较大。95%的置信区间显示这组正向关系的稳健性较好，参数估计的标准差相对较小。由于遗漏了影响企业创新水平的其他控制变量，产业政策和区域政策等行业—年份、省份—年份冲击可能引致“反向因果”等内生性问题，因此需要通过更为严谨的计量模型进行深入检验。

（3）企业层面专利申请量与质量趋势比较。根据本文测算的企业专利申请量、专利被引量和发明专利申请量占比，图 5 初步比较了各年份上述指标均值变动趋势，数量上，专利申请量对数值呈现逐年上升态势，2006 年后增长率显著提升。质量上，专利被引量对数值与发明专利申请量占比总体上呈现先小幅上涨后小幅回落的基本态势，2006 年后上述质量指标显著下降，反映出“重数量轻质量”的创新陷阱。2006 年出台了《国家中长期科技发展规划纲要》，加大对高新技术企业创新扶持力度，可能引致了这一年企业专利申请量的增长率显著上升。

（4）银行业外资开放程度的国际比较。不同国家间银行业外资开放程度存在显著差异，本部分

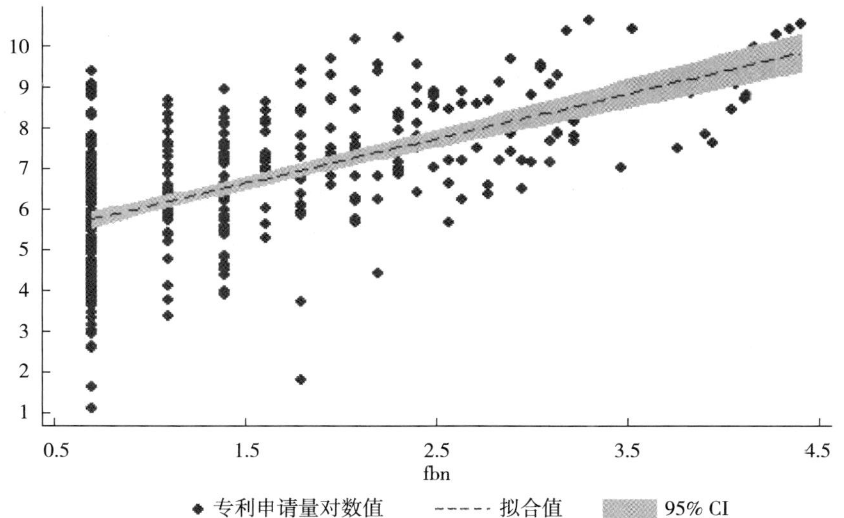

图 4　城市层面专利申请量与外资银行数量对数值散点

资料来源：城市层面专利申请量和外资银行数量由笔者测算，基础数据分别来源于中国专利数据库和中国银行保险监督管理委员会金融许可证。

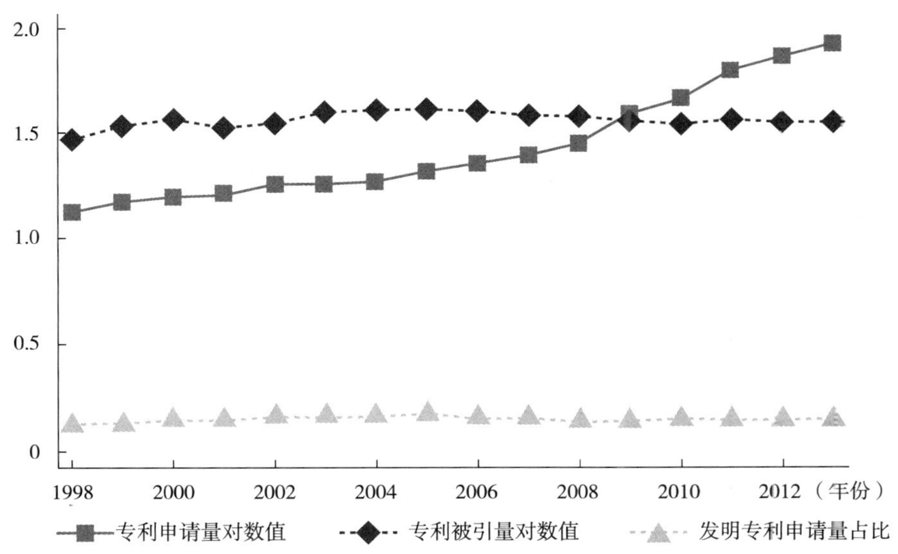

图 5　企业层面专利申请数量与质量对数值均值变动趋势

资料来源：企业层面专利申请数量与质量对数值均值由笔者测算，基础数据来源于中国专利数据库。

使用经济合作与发展组织（Organization for Economic Co-operation and Development，OECD）统计的外商直接投资限制性指数①对典型发达国家和发展中国家的银行业外资开放程度进行国际比较。这一指标包含了外资股权份额限制、审查和许可机制、外方人员岗位限制和操作性限制四个一级指标，同时考虑了名义和实际外资开放程度，综合指标采取了标准化方式去除量纲。图 6 显示，总体

① 外商直接投资限制性指数详见：http：//www. oecd. org/daf/inv/investment-policy/fdiindex. htm。该指数提供了 69 个国家（包括 OECD 和部分非 OECD 国家）1997 年以来 2 位码行业层面数据。

上典型发达国家如美国和英国的银行业外资限制程度较低，其中，美国的指数常年维持在0.100，英国从2010年后该指数一直为0（开放程度最高），OECD的平均值在1997~2010年显著下降，2010年后数值为0.037。典型发展中国家如中国、印度和俄罗斯银行业外资限制程度较高，1997年对应数值分别为：0.625、0.700和0.775。1997~2003年中国这一指数明显低于印度和俄罗斯，"入世"后受开放政策影响，中国银行业开放程度显著提升。2003~2010年印度和俄罗斯的指数均呈现下降趋势，其中，印度和俄罗斯分别于2006年和2012年开放程度超过中国。整体上看，中国在发展水平接近的发展中大国中，银行业外资开放水平相对较低，国别层面上中国银行业外资开放程度变动较小，说明了本文使用城市层面外资开放度指标的有效性和必要性。

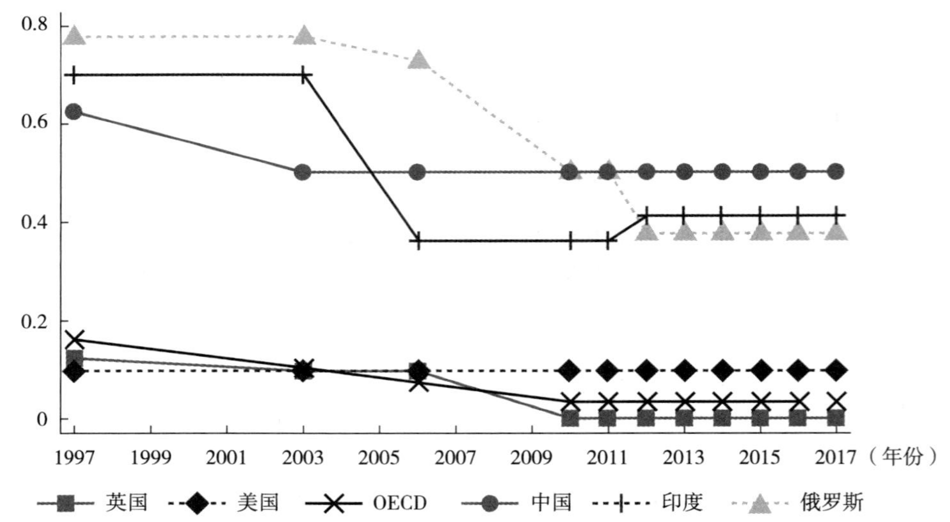

图6 银行业外商直接投资限制性指数变动趋势（1997~2017年）

资料来源：OECD统计数据库。

四、计量模型与实证结果

（一）计量模型设定

本部分主要通过引入计量模型检验外资银行进入对中国企业创新行为的影响，分别从创新数量和质量双重视角完整评价银行业开放的创新效应。具体的计量模型设定如下：

$$y_{irjt} = \beta_0 + \beta_1 fb_{rt} + Z'_{ijt} + Z'_{jt} + Z'_{rt} + \{T\} + \varepsilon_{irjt} \tag{18}$$

$$y_{irjt} = \beta_0 + \beta_1 fbn_{rt} + Z'_{ijt} + Z'_{jt} + Z'_{rt} + \{T\} + \varepsilon_{irjt} \tag{19}$$

式（18）中，y表示企业创新代理变量（数量和质量），在引入外资银行进入虚拟变量（fb）后，纳入企业层面（Z'_{ijt}）、行业层面（Z'_{jt}）和城市层面（Z'_{rt}）控制变量。式（19）中将核心解释变量换为城市层面外资银行进入数量对数值（fbn），以此考察城市层面连续变量冲击对企业创新行为的影响，式（18）和式（19）的样本年限分别是1998~2006年和1998~2013年。此外，基准模型中控制了城市、企业、2位码行业—年份、省份—年份固定效应：$\{T\} = \{\zeta_r, \zeta_i, \zeta_{jt}, \zeta_{pt}\}$。其中，2位码行业—年份和省份—年份固定效应控制行业和省份随时间变动冲击对创新的可能影响。为控制序列相关性和异方差对参数标准差估计的影响，随机误差项ε_{irjt}在地级市层面聚类。由于核心解释变量与被解释变量分别在地级市和企业层面，故不会产生明显的“反向因果”问题，但仍存在可能的遗漏变量引致的内生性问题；由于核心变量 fb_{rt} 在地级市—年份层面，该层面冲击可能同时与 fb_{rt} 和 y_{irjt} 相关。具体而言，外资进入（取消人民币业务地域限制）可能不是严格外生，政策制定者根据不同城市的相关属性选择优先开放城市，如果上述城市层面特征与成为优先开放城市具有正相关性，而 fb_{rt} 和 y_{irjt} 正相关，那么遗漏城市层面特征可能造成核心变量系数估计向上偏误，需要控制上述城市层面特征变量，基准模型中纳入城市—年份层面常住人口对数值（pop）、人均GDP 对数值（gdpp）、实际使用外资金额对数值（fdi）、银行和保险业从业人数占比（bratio）作为控制变量。此外，采用系统 GMM 法进行稳健性检验。

（二）初步回归结果

基准模型结果汇报在表 1 中，其中，（1）~（5）列汇报了对专利申请量对数值的固定效应回归结果，（6）列采用面板 Probit 模型对外资银行进入冲击后企业创新概率进行了分析。（1）列仅控制了年份和城市固定效应的初步回归显示，外资银行进入城市（较早实施银行业外资开放）中企业专利数显著提升。（2）列进一步纳入企业、行业和城市层面控制变量后核心变量系数仍显著为正。（3）列、（4）列逐步纳入了 2 位码行业和企业固定效应后，核心变量系数方向和显著性不变。（5）列控制了 2 位码行业—年份和省份—年份固定效应后，核心变量系数约为 0.0114 且在 5%的显著性水平上显著为正，经济效应为银行业外资开放城市的专利申请量增长率比未开放城市中企业高 1.14 个百分点。（6）列中基于专利申请虚拟变量（patdum）的面板 Probit 模型检验显示，整体上外资银行进入后使优先开放城市中企业专利研发概率提升了 2.94 个百分点。控制变量回归结果基本符合预期，其中，企业劳动生产率（lp）与专利数显著正相关，这与理论模型中关于创新自选择效应一致，即劳动生产率更高的企业更能克服较高的创新固定成本而从事专利研发。企业规模（size）、资本劳动比（klratio）、外部融资约束（SA）、出口虚拟变量（expdum）和企业年龄（age）对企业专利申请数具有显著正向影响，企业国有资产占比对专利申请量具有显著负向作用。行业层面控制变量中 4 位码行业赫芬达尔指数（hhi）系数显著为负，即行业竞争程度越大企业越倾向于进行专利申请。城市层面控制变量显示，整体上规模较大、发展水平较高、外向型经济程度较高城市的企业具有专利申请优势，城市层面控制变量纳入基准模型，在一定程度上避免了开放政策的潜在内生性对实证结果的影响，控制了样本选择性偏误问题。基准模型结果验证了理论框架中总效应的作用方向，即银行业开放后提升了下游工业部门的研发概率。

表 1　外资银行进入对企业创新数量的影响

变量	patent					patdum
	（1）	（2）	（3）	（4）	（5）	（6）
fb	0.0214***	0.0160***	0.0129***	0.0122***	0.0114**	0.0294***
	（3.74）	（2.79）	（3.19）	（3.02）	（2.47）	（5.54）
lp		0.0041***	0.0061***	0.0066***	0.0047***	0.0962***
		（6.28）	（8.33）	（8.50）	（6.06）	（7.15）
size		0.0065***	0.0079***	0.0088***	0.0066***	0.2153***
		（6.85）	（7.96）	（8.81）	（6.32）	（7.70）
klratio		0.0022***	0.0018***	0.0018***	0.0022***	0.0532***
		（6.76）	（5.94）	（6.22）	（5.67）	（8.20）

续表

变量	patent					patdum
	(1)	(2)	(3)	(4)	(5)	(6)
SA		0.0706***	0.0969***	0.0961***	0.0651***	0.1131***
		(8.80)	(8.84)	(8.90)	(6.92)	(4.92)
export		0.0031***	0.0101***	0.0103***	0.0032***	0.1147***
		(3.65)	(6.93)	(7.38)	(3.11)	(6.16)
soe		-0.0118***	-0.0108***	-0.0089***	-0.0100***	-0.1597***
		(-6.00)	(-10.00)	(-8.69)	(-4.06)	(-12.06)
age		0.0027***	0.0055***	0.0044***	0.0016**	0.0294***
		(5.12)	(8.81)	(7.59)	(2.39)	(8.06)
hhi		-0.0339**	-0.1737***	-0.1091***	-0.0228	-1.4423**
		(-2.37)	(-2.71)	(-2.82)	(-1.50)	(-2.16)
pop		0.0039***	0.0036***	0.0032***	0.0035**	0.0008*
		(2.98)	(2.86)	(2.76)	(2.21)	(1.89)
gdpp		0.0582***	0.0580***	0.0461***	0.0386***	0.0016**
		(3.82)	(3.68)	(3.59)	(3.27)	(2.35)
fdi		0.0186***	0.0175***	0.0165**	0.0159**	0.0035**
		(2.86)	(2.63)	(2.51)	(2.43)	(2.31)
bratio		0.0134**	0.0142*	0.0124*	0.0118*	0.0026
		(1.98)	(1.83)	(1.81)	(1.65)	(1.12)
_cons	0.0181***	0.1820***	0.2504***	0.2442***	0.1704***	-3.9008***
	(26.39)	(7.10)	(7.68)	(7.65)	(6.20)	(-32.54)
Year FE	Yes	Yes	Yes	Yes	No	No
City FE	Yes	Yes	Yes	Yes	Yes	Yes
Industry FE	No	No	Yes	No	No	No
Firm FE	No	No	No	Yes	Yes	Yes
Industry-year FE	No	No	No	No	Yes	Yes
Province-year FE	No	No	No	No	Yes	Yes
Observations	1887520	1812915	1812915	1812915	1812915	1812915
Within R^2	0.029	0.105	0.188	0.327	0.503	

注：*、**和***分别为10%、5%和1%的显著性水平。括号内为t值或z值，Within R^2 为组内 R^2。

（三）分样本回归结果

企业专利申请中有三种类型：发明专利、实用新型专利和外观设计专利，从研发难度和创新程度上看，发明专利>实用新型专利>外观设计专利。表2汇报了分专利类型的回归结果，其中，基数列汇报固定效应模型结果，作为稳健性检验偶数列汇报了系统 GMM 回归结果。(1) 列、(2) 列中回归结果表明，外资银行进入后对企业发明专利申请量具有显著正向影响，(1) 列中固定效应回归结果显示，整体上发明专利申请量增长率提升了 0.51 个百分点。(3) 列、(4) 列结果显示，整体上实用新型专利申请量显著提升，可比增长率提升 0.60 个百分点。(5) 列、(6) 列结果显示，整体上外资银行进入对企业的外观设计专利申请量影响不显著。分样本回归显示，创新程度相对较高的发明和实用新型专利显著提升。

表 2　外资银行进入对不同类型专利的影响

变量	invention		utility		design	
	(1)	(2)	(3)	(4)	(5)	(6)
fb	0.0051**	0.0117**	0.0060**	0.0150**	0.0037	0.0146
	(2.28)	(2.50)	(2.17)	(2.23)	(1.30)	(1.44)
lp	0.0017***	0.0005	0.0021***	0.0050***	0.0021***	0.0091***
	(4.76)	(1.15)	(5.34)	(7.40)	(4.49)	(12.46)
size	0.0016***	−0.0036***	0.0030***	0.0225***	0.0032***	0.0102***
	(3.33)	(−4.60)	(5.68)	(19.82)	(5.43)	(8.23)
klratio	0.0008***	0.0012*	0.0007***	−0.0229***	0.0010***	−0.0093***
	(4.75)	(1.78)	(3.81)	(−23.86)	(4.22)	(−8.86)
SA	0.0315***	0.0475***	0.0340***	−0.0955***	0.0225***	0.0291***
	(6.23)	(14.56)	(6.52)	(−20.30)	(6.67)	(5.68)
expdum	0.0013***	0.0035***	0.0013**	−0.0136***	0.0013**	0.0251***
	(2.60)	(3.34)	(2.04)	(−8.98)	(2.22)	(15.28)
soe	−0.0042***	−0.0206***	−0.0065***	0.0480***	−0.0022*	0.0244***
	(−3.63)	(−9.35)	(−3.63)	(15.14)	(−1.74)	(7.06)
age	0.0007***	0.0062***	0.0010***	0.0112***	0.0006*	−0.0058***
	(2.63)	(13.89)	(2.86)	(17.49)	(1.75)	(−8.33)
hhi	−0.0176***	0.1984***	−0.0095	0.6689***	−0.0078	0.0654***
	(−3.08)	(22.64)	(−0.89)	(52.90)	(−0.83)	(4.75)
_cons	0.0914***	0.1677***	0.0915***	−0.4893***	0.0533***	0.0792***
	(5.38)	(10.89)	(5.67)	(−22.02)	(6.13)	(3.28)
City Controls	Yes	Yes	Yes	Yes	Yes	Yes
City FE	Yes	Yes	Yes	Yes	Yes	Yes
Firm FE	Yes	Yes	Yes	Yes	Yes	Yes
Industry-year FE	Yes	Yes	Yes	Yes	Yes	Yes
Province-year FE	Yes	Yes	Yes	Yes	Yes	Yes
Observations	1812915	1812915	1812915	1812915	1812915	1812915
Within R^2	0.504		0.462		0.471	

续表

变量	invention		utility		design	
	(1)	(2)	(3)	(4)	(5)	(6)
AR (1) _p		0.000		0.000		0.000
AR (2) _p		0.108		0.162		0.159
Sargan_p		0.173		0.124		0.168

注：* 表示 p<0.10，** 表示 p<0.05，*** 表示 p<0.01。

(四) 基于专利质量的回归结果

表 3 汇报了基于专利质量的回归结果，根据引言中分析，中国企业处于"重数量轻质量"的创新陷阱，本部分检验外资银行进入后能否提升企业专利质量。(1) 列、(2) 列分别汇报了对专利申请中发明专利占比 (inven_ratio) 和授权数占比 (inven_grratio) 的回归，结果显示外资银行进入后并未显著提升上述变量，结合表 2 中分专利类型回归结果，实用新型专利提升程度高于发明专利，可能是造成这一结果的原因。(3) 列中汇报了对专利引用量对数值 (cit) 的回归，结果显示整体上银行业外资开放对企业的专利质量有显著正向影响，开放城市中企业被引数增长率提升 1.68 个百分点。(4) 列、(5) 列中分别汇报了对专利通用性程度 (generality) 和专利原创性程度 (originality) 的回归，结果显示银行业外资开放显著提升了企业专利通用性和原创性程度。这组回归显示，银行业外资开放不仅具有显著正向的创新数量效应，而且对企业创新质量的正向作用明显。通过对带有详细引用信息的专利数据的实证分析，表明企业专利被引宽度和引用宽度显著提升，可能原因是上游银行业服务价格显著下降后降低了企业生产和研发的固定成本和可变成本，使得企业利润显著提升，可以克服更高质量研发的固定成本，提升专利研发的通用性和原创性水平。

表 3　外资银行进入对企业创新质量的影响

变量	inven_ratio (1)	inven_grratio (2)	cit (3)	generality (4)	originality (5)
fb	-0.0110	0.0314	0.0168*	0.0109***	0.0060**
	(-0.84)	(0.49)	(1.95)	(2.67)	(2.47)
lp	0.0154	0.0672	0.0068***	0.0000*	0.0054*
	(1.61)	(1.26)	(6.46)	(1.82)	(1.75)
size	0.0133	-0.0658*	0.0091***	-0.0001***	-0.0013
	(1.25)	(-1.69)	(6.44)	(-2.95)	(-0.43)
klratio	0.0134**	0.0054	0.0032***	0.0000	0.0049***
	(2.46)	(0.29)	(5.96)	(1.50)	(3.21)
SA	-0.0367	-0.1417	0.0926***	0.0005***	0.0763***
	(-1.14)	(-0.67)	(6.90)	(4.51)	(6.33)
expdum	-0.0022	-0.0000	0.0047***	-0.0000	-0.0022
	(-0.28)	(-0.00)	(3.27)	(-0.10)	(-0.89)

续表

变量	inven_ ratio (1)	inven_ grratio (2)	cit (3)	generality (4)	originality (5)
soe	0.0200 (1.05)	0.1698 (1.23)	-0.0143*** (-4.13)	-0.0000 (-0.59)	-0.0076 (-1.20)
age	-0.0113 (-1.41)	0.0252 (0.62)	0.0022** (2.28)	0.0000* (1.89)	0.0013 (0.73)
hhi	0.0250 (0.31)	0.3933 (0.93)	-0.0387* (-1.95)	-0.0002 (-1.06)	-0.0283 (-1.12)
_cons	0.0219 (0.13)	0.0791 (0.10)	0.2448*** (6.12)	0.0022*** (4.56)	0.4073*** (7.07)
City Controls	Yes	Yes	Yes	Yes	Yes
City FE	Yes	Yes	Yes	Yes	Yes
Firm FE	Yes	Yes	Yes	Yes	Yes
Industry-year FE	Yes	Yes	Yes	Yes	Yes
Province-year FE	Yes	Yes	Yes	Yes	Yes
Observations	19377	15041	1812915	19377	19377
Within R^2	0.552	0.508	0.473	0.525	0.561

注：* 表示 p<0.10，** 表示 p<0.05，*** 表示 p<0.01。

（五）基于外资银行进入强度的回归结果

表 1 至表 3 汇报了基于外资银行进入虚拟变量的回归结果，由于开放城市进入的外资银行数量不同，银行业外资开放的强度存在城市层面异质性，本部分通过构造连续变量（fbn）检验对企业专利数量和质量的影响。根据表 4（1）~（3）列结果显示，整体上城市银行业外资开放水平越高，企业专利申请总量和发明、实用新型专利申请量显著增加。（4）列显示，整体上银行业外资开放对外观设计专利影响显著性较低。理论模型中外资企业进入的效应分为正向的上下游关联效应、正向的贸易促进效应和负向的行业内竞争效应，随着外资银行进入数量的增加，前两者正向效应边际递减，而下游工业企业的进入门槛下降引致更多企业进入工业领域，负向的行业内竞争效应逐渐增大，理论上存在企业创新关于外资银行进入数量的倒“U”形关系。（5）列、（6）列纳入外资银行进入强度的平方项（fbn^2）对这一可能性进行检验，结果显示，整体上一次项系数显著为正、二次项系数显著为负，这初步证实存在外资银行进入强度对企业创新数量和质量的倒“U”形曲线关系。进一步根据（5）列、（6）列计算出的正向效应门槛值分别为 6.833 和 6.434，样本期内 fbn 最大值为 4.407，这说明外资银行进入数量对企业专利创新数量和质量的影响均存在显著倒“U”形关系，但样本期内外资银行进入数量仍处于正向作用区间，整体上均表现出显著的正向效应。随着银行业开放政策逐步放松，外资银行进入程度仍呈现加强趋势，根据理论分析和经验数据表明需要优化考虑适宜的开放程度，促进下游工业企业创新发展的最优化。

表 4 外资银行进入强度对企业创新行为的影响

变量	patent (1)	invention (2)	utility (3)	design (4)	patent (5)	cit (6)
fbn	0.0384*** (2.61)	0.0197*** (2.59)	0.0255** (2.57)	0.0086* (1.78)	0.0328** (2.52)	0.0489*** (2.66)
fbn^2					-0.0024** (-2.29)	-0.0038** (-2.24)
lp	0.0079*** (4.33)	0.0011 (1.23)	0.0039*** (2.93)	0.0037*** (5.19)	0.0021 (0.80)	0.0109*** (4.45)
size	-0.0091*** (-2.75)	-0.0107*** (-5.38)	-0.0087*** (-3.61)	0.0015* (1.76)	0.0043 (1.07)	-0.0128*** (-2.74)
klratio	0.0106*** (8.36)	0.0043*** (7.21)	0.0070*** (7.96)	0.0031*** (5.33)	0.0026 (1.48)	0.0146*** (8.65)
SA	0.2368*** (10.93)	0.1456*** (10.14)	0.1651*** (10.76)	0.0403*** (8.40)	-0.0019 (-0.15)	0.3322*** (10.99)
expdum	0.0466*** (17.00)	0.0222*** (12.09)	0.0335*** (15.89)	0.0090*** (9.30)	0.0064* (1.80)	0.0658*** (17.12)
soe	-0.0243*** (-4.84)	-0.0154*** (-5.33)	-0.0180*** (-4.26)	-0.0023* (-1.72)	0.0040 (0.38)	-0.0346*** (-4.92)
age	-0.0049*** (-3.27)	-0.0028*** (-3.52)	-0.0039*** (-3.75)	0.0001 (0.15)	-0.0007 (-0.16)	-0.0074*** (-3.55)
hhi	-0.1238*** (-5.20)	-0.0876*** (-7.46)	-0.1111*** (-6.71)	0.0125 (1.03)	-0.0116 (-0.34)	-0.1895*** (-6.07)
_cons	0.8840*** (10.57)	0.5679*** (9.75)	0.6301*** (10.41)	0.1292*** (7.66)	0.2329*** (3.25)	1.2450*** (10.56)
City Controls	Yes	Yes	Yes	Yes	Yes	Yes
City FE	Yes	Yes	Yes	Yes	Yes	Yes
Firm FE	Yes	Yes	Yes	Yes	Yes	Yes
Industry-year FE	Yes	Yes	Yes	Yes	Yes	Yes
Province-year FE	Yes	Yes	Yes	Yes	Yes	Yes
Observations	3500830	3500830	3500830	3500830	136146	3500830
Within R^2	0.429	0.409	0.418	0.401	0.560	0.402

注：* 表示 p<0.10，** 表示 p<0.05，*** 表示 p<0.01。

（六）稳健性检验

本部分采用计数模型和不同创新代理变量检验模型设定和变量选取的稳健性。在此基础上，为避免可能因“反向因果”和遗漏变量造成的内生性问题，引入了基于银行业撤销管制的准自然实验和工具变量模型检验前述结果的稳健性。

（1）基于计数模型的回归结果。基准模型中采用对数值作为被解释变量，由于专利申请数原值是非负整数可直接采用计数模型进行回归，根据检验被解释变量企业专利申请量具有“过度离散”的特征，即样本均值显著小于样本标准差，故应采用面板负二项回归。表5汇报了基于计数模型的回归，（1）列结果显示整体上外资银行进入后对专利申请数（patent_n）具有显著正向影响，企业专利申请数显著提升0.1921件。（2）列、（3）列结果显示，整体上外资银行进入对发明专利和实用新型专利申请数（invention_n和utility_n）分别增加0.0699件和0.1575件。（4）列结果显示整体上对外观设计专利申请数（design_n）影响显著性水平较低。（5）列基于专利被引量（citation）的回归显示，专利他引量增加0.1941次。这组回归的方向和显著性水平与基准模型一致。

表5 基于计数模型的回归结果

变量	patent_n (1)	invention_n (2)	utility_n (3)	utility_n (4)	citation (5)
fb	0.1921*** (8.27)	0.0699*** (2.60)	0.1575*** (4.95)	0.2470* (1.69)	0.1941*** (8.50)
lp	0.0470*** (3.65)	0.0912*** (3.53)	0.0353* (1.88)	0.0424** (2.10)	0.0737*** (6.07)
size	0.1924*** (11.77)	0.1752*** (5.79)	0.1799*** (7.55)	0.2171*** (8.06)	0.2417*** (15.42)
klratio	0.0224** (2.53)	0.0278 (1.53)	-0.0277** (-2.15)	0.0173 (1.27)	0.0075 (0.90)
SA	0.1480*** (2.86)	0.1804** (2.23)	0.0773 (1.03)	0.1050 (1.20)	0.1346*** (2.74)
expdum	0.0359* (1.79)	0.0994** (2.49)	0.0241 (0.86)	0.0715** (2.26)	0.0916*** (4.79)
soe	-0.0824** (-2.23)	-0.0322 (-0.44)	-0.0881* (-1.73)	-0.1603** (-2.47)	-0.1777*** (-5.19)
age	-0.0008 (-0.06)	0.0185 (0.73)	0.0236 (1.35)	-0.0313 (-1.63)	-0.0094 (-0.83)
hhi	-0.0668 (-0.34)	-1.2279*** (-2.97)	-0.1025 (-0.37)	0.1028 (0.35)	0.1105 (0.59)
_cons	-21.2833 (-0.00)	-3.5211*** (-3.72)	-14.4405 (-0.03)	-19.5965 (-0.03)	-18.6344 (-0.01)
City Controls	Yes	Yes	Yes	Yes	Yes
City FE	Yes	Yes	Yes	Yes	Yes
Firm FE	Yes	Yes	Yes	Yes	Yes

续表

变量	patent_n (1)	invention_n (2)	utility_n (3)	utility_n (4)	citation (5)
Industry-year FE	Yes	Yes	Yes	Yes	Yes
Province-year FE	Yes	Yes	Yes	Yes	Yes
Observations	94169	37239	55470	40835	94169
Log likelihood	-67030.33	-17883.11	-33720.86	-28462.59	-82505.78

注：* 表示 p<0.10，** 表示 p<0.05，*** 表示 p<0.01。

（2）基于不同创新代理变量的回归结果。基准模型中采用专利申请数作为主要被解释变量，这组回归中采用专利授权量对数值（grant）、研究开发费对数值（rd）和新产品产值对数值（new）刻画企业创新程度并进行稳健性检验。表6中（1）~（3）列和（4）~（6）列分别汇报了基于外资银行进入强度和外资银行进入虚拟变量的回归结果。整体上外资银行进入显著增加了企业专利授权数、研究开发费和新产品产值，从经济效应看外资银行进入使工业企业专利授权量、研究开发费和新产品产值增速分别提升2.94个、0.39个和0.12个百分点。本部分从创新投入和产出两个方面对基准回归结果进行了稳健性检验。

表6 基于不同创新代理变量的回归结果

变量	grant (1)	rd (2)	new (3)	grant (4)	rd (5)	new (6)
fbn	0.0294***	0.0039*	0.0012**			
	(2.82)	(1.90)	(2.18)			
fb				0.0093*	0.0075*	0.0054*
				(1.89)	(1.72)	(1.76)
lp	0.0072***	0.0126***	0.0116***	0.0035***	0.0105***	0.0091***
	(4.34)	(10.80)	(6.04)	(5.93)	(11.75)	(4.87)
size	-0.0098***	0.0176***	0.0152***	0.0052***	0.0124***	0.0144***
	(-3.32)	(9.15)	(7.19)	(7.06)	(7.75)	(7.10)
klratio	0.0090***	0.0044***	0.0058***	0.0016***	0.0040***	0.0031***
	(7.03)	(5.62)	(5.50)	(5.35)	(9.13)	(3.37)
SA	0.1966***	-0.0069	0.0453***	0.0407***	0.0542***	0.0481***
	(10.81)	(-1.04)	(6.86)	(7.17)	(6.34)	(6.33)
expdum	0.0425***	0.0114***	0.1033***	0.0017*	0.0082***	0.0894***
	(17.11)	(8.85)	(6.45)	(1.76)	(5.63)	(5.05)
soe	-0.0178***	-0.0001	0.0112***	-0.0046***	-0.0048*	0.0051*
	(-4.19)	(-0.03)	(3.81)	(-2.85)	(-1.92)	(1.67)
age	-0.0033***	0.0077***	0.0019	0.0019***	0.0018**	0.0000
	(-2.59)	(8.63)	(1.33)	(3.69)	(2.38)	(0.00)

续表

变量	grant (1)	rd (2)	new (3)	grant (4)	rd (5)	new (6)
hhi	-0.1092*** (-5.97)	-0.0069 (-0.63)	0.0225* (1.92)	-0.0112 (-1.05)	0.0009 (0.08)	0.0167 (1.37)
_cons	0.7558*** (10.41)	-0.0477 (-1.46)	0.0939*** (3.67)	0.0995*** (5.67)	0.1315*** (3.63)	0.0861*** (3.66)
City Controls	Yes	Yes	Yes	Yes	Yes	Yes
City FE	Yes	Yes	Yes	Yes	Yes	Yes
Firm FE	Yes	Yes	Yes	Yes	Yes	Yes
Industry-year FE	Yes	Yes	Yes	Yes	Yes	Yes
Province-year FE	Yes	Yes	Yes	Yes	Yes	Yes
Observations	3500830	1845964	2501591	1671653	986435	1413398
Within R^2	0.389	0.405	0.421	0.402	0.386	0.419

注：* 表示 p<0.10，** 表示 p<0.05，*** 表示 p<0.01。

（3）工具变量回归结果。基准模型中内生性主要源于城市和企业层面时间趋势，即城市特征可能影响外资企业选址，这部分内生性已被城市层面控制变量减弱，另外企业层面时间趋势可能同时影响外资银行选址和企业专利研发行为而造成内生性。本部分参考 Chong 等（2013）的方法，以同省份 GDP 最接近的 3 个地级市外资银行数量均值作为 fbn 的工具变量，一方面市场规模是外资银行进入考虑的重要变量，选择这一工具变量应和内生变量具有较高关联性；另一方面企业层面时间趋势不可能影响其他城市外资银行进入情况。表 7 汇报了基于工具变量的回归，结果表明整体结果与基准模型中结果一致，系数值与表 4 中结果相近，这说明基准模型中核心解释变量的内生性程度相对较低，根据 Kleibergen-Paap rk Wald F 统计量表明通过了弱工具变量检验。

表 7 工具变量回归结果

变量	patent (1)	invention (2)	utility (3)	design (4)	invention (5)	cit (6)
fbn	0.0405*** (2.64)	0.0216*** (2.65)	0.0264** (2.51)	0.0114* (1.67)	0.0134* (1.67)	0.0552*** (2.69)
lp	0.0067*** (3.13)	0.0004 (0.36)	0.0030* (1.90)	0.0035*** (4.38)	0.0016 (0.57)	0.0092*** (3.19)
size	-0.0115*** (-2.59)	-0.0130*** (-4.68)	-0.0105*** (-3.27)	0.0011 (1.00)	0.0027 (0.55)	-0.0159** (-2.55)
klratio	0.0114*** (7.15)	0.0047*** (6.06)	0.0077*** (6.88)	0.0033*** (4.67)	0.0020 (1.08)	0.0156*** (7.33)

续表

变量	patent (1)	invention (2)	utility (3)	design (4)	invention (5)	cit (6)
SA	0.2605*** (9.63)	0.1641*** (9.05)	0.1812*** (9.46)	0.0450*** (7.49)	0.0038 (0.27)	0.3644*** (9.74)
expdum	0.0472*** (16.69)	0.0234*** (11.99)	0.0343*** (15.09)	0.0083*** (7.91)	0.0037 (0.87)	0.0669*** (16.78)
soe	−0.0235*** (−4.08)	−0.0155*** (−4.62)	−0.0181*** (−3.68)	−0.0020 (−1.21)	0.0058 (0.51)	−0.0330*** (−4.09)
age	−0.0048** (−2.48)	−0.0026** (−2.51)	−0.0040*** (−2.92)	0.0004 (0.71)	0.0012 (0.26)	−0.0073*** (−2.71)
hhi	−0.1316*** (−4.21)	−0.0976*** (−6.66)	−0.1223*** (−5.71)	0.0214 (1.32)	−0.0129 (−0.29)	−0.2049*** (−5.04)
City Controls	Yes	Yes	Yes	Yes	Yes	Yes
City FE	Yes	Yes	Yes	Yes	Yes	Yes
Firm FE	Yes	Yes	Yes	Yes	Yes	Yes
Industry-year FE	Yes	Yes	Yes	Yes	Yes	Yes
Province-year FE	Yes	Yes	Yes	Yes	Yes	Yes
Observations	3500830	3500830	3500830	3500830	136146	3500830
Within R^2	0.391	0.356	0.354	0.271	0.515	0.398
Kleibergen-Paap rk Wald F	180.55	182.72	165.69	171.48	155.98	174.86

注：* 表示 p<0.10，** 表示 p<0.05，*** 表示 p<0.01。

（4）基于银行业撤销管制的准自然实验。根据第三部分中对中国银行业开放政策的背景介绍，中国在 2001 年“入世”后承诺全面开放银行业，2006 年是中国银行业开放的主要节点，表现在全面开放地域限制、客户限制、所有权和设立形式等，结合图 2 可知 2003~2006 年是外资银行进入速度较快的一段时期。外资银行监管放松引致外资银行进入数量和总资产增加，降低了银行业进入的固定成本，提升了银行业整体的经营效率（姜付秀等，2019）。本部分将 2006 年之前设有外资银行分支机构的城市作为处理组（foreign=1），将样本期内（截至 2011 年）未设立外资银行的城市作为控制组（foreign=0），删去 2007~2011 年设立外资银行分支机构的城市。post 表示时间虚拟变量，2006 年后 post=1。由于 2006 年银行业撤销管制属于外生冲击，因此可有效避免不可观测的城市层面和企业层面时间趋势的影响。图 7 汇报了处理组和控制组 2002~2011 年被解释变量的均值变动趋势，整体上呈现增长趋势，以 2006 年为界，处理组和控制组此前增长趋势基本一致，2006 年后处理组增长速度明显快于控制组，初步判定满足平行趋势假定。表 8 汇报了准自然实验回归结果，（1）列基于 2002~2011 年样本的结果表明交互项（forpost）系数显著为正，（2）列基于 2004~2009 年样本的结果与（1）列基本一致。（3）列中删去银行业管制撤销第一年（2007 年）样本，核心变量系数仍显著为正。（4）列、（5）列进行了安慰剂检验，分别假定政策冲击对滞后 1 期被解释变量（l. patent）和政策冲击始于 2006 年初（posta=1），回归结果显示（4）列、（5）列中交互项系数均不显著，即通过了安慰剂检验。（6）列进一步设定了 2004~2010 年虚拟变量进行逐年效应检验，forpost04、forpost05、forpost06 系数均不显著，证实不存在明显的实验前预期效应，forpost07～forpost10 系数均显著为正，且 forpost09 系数值相对较大，说明银行业外资开放冲击存在动态性。

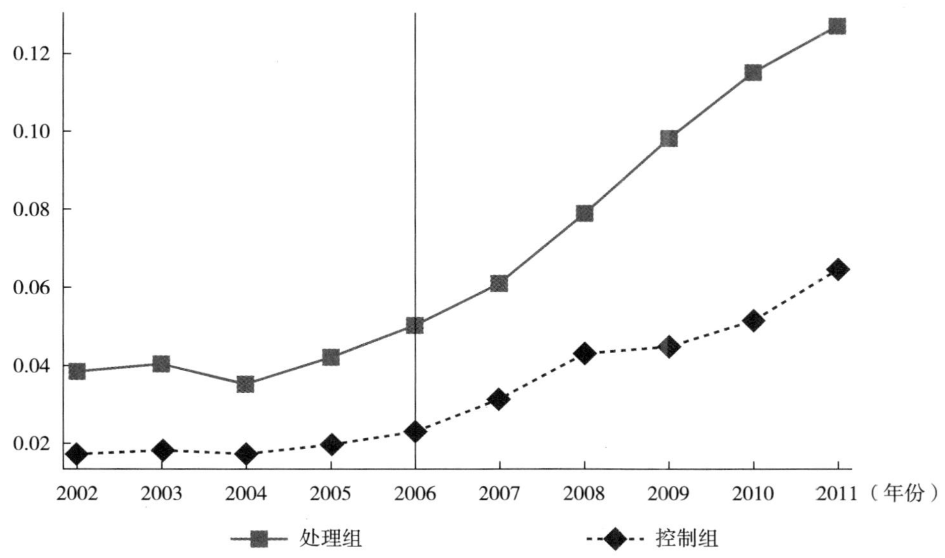

图 7　处理组和控制组专利申请量趋势

表 8　准自然实验回归结果

变量	patent			l. Patent	patent	
	(1)	(2)	(3)	(4)	(5)	(6)
forpost	0.0226*** (2.88)	0.0195** (1.99)	0.0283*** (2.79)	0.0290 (0.68)		
forposta					0.0136 (1.55)	
forpost04						-0.0252 (-1.41)
forpost05						-0.0244 (-1.49)
forpost06						-0.0215 (-1.42)
forpost07						0.0051** (2.41)
forpost08						0.0087*** (2.68)
forpost09						0.0122*** (3.27)
forpost10						0.0081* (1.71)

续表

变量	patent			l. Patent	patent	
	(1)	(2)	(3)	(4)	(5)	(6)
lp	0.0095***	0.0123***	0.0107***	0.0014	0.0095***	0.0096***
	(5.05)	(5.14)	(5.17)	(0.97)	(5.01)	(5.15)
size	-0.0050	-0.0061**	-0.0044	-0.0016	-0.0051	-0.0045
	(-1.47)	(-2.17)	(-1.13)	(-0.75)	(-1.51)	(-1.36)
klratio	0.0044***	0.0013*	0.0046***	0.0018	0.0045***	0.0044***
	(5.04)	(1.71)	(5.28)	(1.35)	(4.87)	(5.10)
SA	0.1790***	0.1581***	0.1985***	0.0789***	0.1786***	0.1786***
	(6.99)	(7.04)	(6.78)	(5.48)	(6.98)	(7.02)
expdum	0.0298***	0.0157***	0.0323***	0.0185***	0.0301***	0.0296***
	(10.68)	(6.76)	(10.71)	(8.99)	(10.62)	(10.59)
soe	-0.0085	-0.0023	-0.0098	-0.0040	-0.0084	-0.0083
	(-1.40)	(-0.37)	(-1.47)	(-0.82)	(-1.40)	(-1.37)
age	-0.0047***	-0.0005	-0.0052***	0.0012	-0.0045***	-0.0042***
	(-3.56)	(-0.41)	(-3.49)	(1.03)	(-3.44)	(-3.12)
hhi	-0.0789***	-0.1033***	-0.0725***	-0.0910***	-0.0792***	-0.0793***
	(-3.08)	(-3.26)	(-2.79)	(-3.91)	(-3.12)	(-3.08)
_cons	0.6856***	0.6418***	0.7502***	0.2925***	0.6866***	0.6851***
	(6.75)	(7.43)	(6.44)	(4.91)	(6.76)	(6.80)
City Controls	Yes	Yes	Yes	Yes	Yes	Yes
City FE	Yes	Yes	Yes	Yes	Yes	Yes
Firm FE	Yes	Yes	Yes	Yes	Yes	Yes
Industry-year FE	Yes	Yes	Yes	Yes	Yes	Yes
Province-year FE	Yes	Yes	Yes	Yes	Yes	Yes
Observations	1852598	1110205	1556115	1390683	1852598	1852598
Within R^2	0.3052	0.3139	0.3066	0.3218	0.3015	0.3353

注：* 表示 $p<0.10$，** 表示 $p<0.05$，*** 表示 $p<0.01$。

五、进一步分析：机制检验与异质性分析

（一）机制检验

（1）上下游关联渠道。本文理论框架部分论述了上游银行业外资开放通过上下游关联渠道降低了下游工业企业的固定成本和可变成本，进而提升了创新水平，本部分检验理论部分的这一机制，表9汇报了对企业层面成本和效率变动情况的检验结果。（1）列、（2）列分别以劳动生产率作为被解释变量检验了外资银行进入虚拟变量和进入程度的影响，核心变量系数显著为正，这说明整体

上企业的生产率水平显著提升，更具备克服创新固定成本的能力。由于劳动生产率可能忽视资本对生产率的影响，(3) 列、(4) 列基于 1998~2007 年数据汇报了对全要素生产率（LP 法和 ACF 法）的回归（Levinsohn and Petrin，2003；Ackerberg et al.，2015）①，结果显示两种方法下测算的企业全要素生产率（tfp_lp 和 tfp_acf）均显著提升。进一步参考孙浦阳等（2018）的方法，以（工资总额+中间品投入）/销售额和固定资产/销售额分别作为企业可变成本（vc）和固定成本（fc）代理变量，(5) 列、(6) 列回归结果表明总体上企业固定成本变动不显著，可变成本显著下降。也就是说，上游银行业外资开放通过显著降低下游工业企业可变成本提升了生产率水平，使更多企业具备克服较高创新固定成本的能力，这组回归证实了命题 1 中关于上下游关联效应的分析。

表 9　上下游关联渠道回归结果

变量	lp (1)	lp (2)	tfp_lp (3)	tfp_acf (4)	vc (5)	fc (6)
fb	0.0450** (1.98)		0.0414** (1.99)			
fbn		0.0209** (2.11)		0.0250* (1.75)	-0.0283** (-1.96)	-0.5242 (-0.63)
size	0.7120*** (25.11)	0.6775*** (14.02)	0.8357*** (16.26)	0.7041*** (12.21)	-0.5064** (-2.09)	-9.1739*** (-2.84)
klratio	0.3103*** (12.04)	0.2993*** (35.18)	-0.1144*** (-39.81)	0.0257*** (14.47)	-0.0135* (-1.79)	-0.0720 (-0.38)
SA	-0.3036*** (-12.65)	-0.1495*** (-6.43)	0.0801*** (3.09)	0.5435*** (32.66)	2.0153* (1.86)	36.0912** (2.33)
expdum	-0.0602*** (-12.10)	-0.0872*** (-15.22)	-0.0251*** (-6.25)	0.0167*** (8.91)	0.0225 (1.19)	0.3201 (1.14)
soe	-0.1282*** (-13.17)	-0.1730*** (-18.06)	-0.0363*** (-5.06)	0.0213*** (6.35)	0.1100 (1.05)	23.6681 (0.94)
age	-0.0629*** (-13.26)	-0.0865*** (-19.46)	-0.0014 (-0.49)	0.0315*** (24.16)	0.1280 (1.61)	0.7814 (0.50)
hhi	0.0735** (2.13)	0.1191*** (3.74)	-0.0278 (-0.85)	-0.0353** (-2.41)	-0.2264 (-1.34)	21.5066 (1.33)
_cons	-3.8689*** (-30.86)	-2.8649*** (-20.60)	-1.3296*** (-11.16)	-0.9226*** (-10.23)	11.2985** (2.00)	23.6855*** (2.62)
City Controls	Yes	Yes	Yes	Yes	Yes	Yes
City FE	Yes	Yes	Yes	Yes	Yes	Yes
Firm FE	Yes	Yes	Yes	Yes	Yes	Yes

① 由于工业企业数据中 2008~2013 年缺少增加值和中间投入等关键指标，因此 LP 法和 ACF 法下生产率的准确测算在 1998~2007 年。

续表

变量	lp (1)	lp (2)	tfp_ lp (3)	tfp_ acf (4)	vc (5)	fc (6)
Industry-year FE	Yes	Yes	Yes	Yes	Yes	Yes
Province-year FE	Yes	Yes	Yes	Yes	Yes	Yes
Observations	1671653	3495876	1611428	1975221	2000349	2632362
Within R^2	0. 5719	0. 5350	0. 4701	0. 8157	0. 2007	0. 3018

注：* 表示 p<0. 10，** 表示 p<0. 05，*** 表示 p<0. 01。

（2）贸易促进渠道。本部分引入中介效应模型，检验贸易促进渠道对下游工业企业创新行为的影响，具体的计量模型设定为式（20）和式（21），通过对渠道变量（channel）回归，可知对核心变量效应的解释程度。理论部分已论述外资银行可能通过国际经营网络优势降低中国企业贸易的固定成本和可变成本，由于外资银行进入具有“客户跟随”动机（Ramasamy and Yeung，2010），因而对本国企业的生产信息和经营情况具有显著的信息搜寻优势，本部分根据中国海关数据获取企业—国别—年份层面进出口信息，其中，出口为总量对数值（export）、进口为中间品总量对数值（import）。首先以解释变量对中介变量回归，表 10 中（1）列、（2）列汇报了对出口的影响，核心变量系数显著为正。而（3）列、（4）列汇报了对进口中间品的影响，回归结果显示整体上外资银行进入后对企业进口中间品影响不显著，基于式（16）的回归只纳入出口。（5）列、（6）列回归中同时纳入核心变量和中介变量，结果显示核心变量系数值和显著性水平均明显下降，通过 Sobel 检验值可判定企业出口量是外资银行进入效应的显著中介变量，进一步检验表明中介变量解释程度约为 25. 27%。中介效应回归表明，除上下游投入产出关联外，外资银行进入通过国际市场网络增加了国内企业的出口，企业通过市场规模效应提升了创新能力。

$$channel_{irjt} = \beta_0 + \beta_1 fb_{rt} + Z'_{ijt} + Z'_{jt} + Z'_{rt} + \{T\} + \varepsilon_{irjt} \tag{20}$$

$$y_{irjt} = \beta_0 + \beta_1 fb_{rt} + channel_{irjt} + Z'_{ijt} + Z'_{jt} + Z'_{rt} + \{T\} + \varepsilon_{irjt} \tag{21}$$

表 10 贸易促进渠道回归结果

变量	export (1)	export (2)	import (3)	import (4)	patent (5)	patent (6)
fb	0. 0437* (1. 95)		-0. 0087 (-1. 50)		0. 0086* (1. 92)	
fbn		0. 1316** (2. 27)		-0. 0148 (-1. 63)		0. 0281** (2. 09)
lp	-0. 2103*** (-9. 89)	-0. 2474*** (-12. 33)	-0. 0109*** (-5. 75)	-0. 0103*** (-5. 76)	0. 0079*** (4. 28)	0. 0075*** (4. 17)
size	0. 5316*** (17. 86)	0. 4225*** (13. 84)	0. 0133*** (5. 88)	0. 0133*** (5. 83)	-0. 0110*** (-3. 48)	-0. 0101*** (-3. 06)
klratio	0. 0391*** (5. 96)	0. 0846*** (7. 18)	0. 0025 (1. 61)	0. 0020 (1. 41)	0. 0104*** (8. 59)	0. 0104*** (8. 39)

续表

变量	export (1)	export (2)	import (3)	import (4)	patent (5)	patent (6)
SA	1.4491*** (14.51)	0.7681*** (9.24)	0.0421*** (2.60)	0.0431*** (2.70)	0.2336*** (10.67)	0.2354*** (10.81)
soe	0.0506 (1.64)	−0.0339 (−1.35)	−0.0101* (−1.67)	−0.0106* (−1.74)	−0.0230*** (−4.47)	−0.0246*** (−4.87)
age	0.1047*** (5.14)	0.1297*** (9.14)	−0.0016 (−1.21)	−0.0017 (−1.28)	−0.0051*** (−3.42)	−0.0052*** (−3.52)
hhi	−0.0782 (−0.66)	−0.1196 (−1.11)	−0.1008*** (−3.88)	−0.0994*** (−3.90)	−0.1250*** (−5.32)	−0.1232*** (−5.19)
expdum			0.0101*** (6.08)	0.0097*** (5.89)		
export					0.0064*** (5.10)	0.0063*** (6.06)
_cons	2.4357*** (8.81)	0.9940*** (2.97)	0.6142*** (11.66)	0.6068*** (11.33)	0.9041*** (10.72)	0.8857*** (10.53)
City Controls	Yes	Yes	Yes	Yes	Yes	Yes
City FE	Yes	Yes	Yes	Yes	Yes	Yes
Firm FE	Yes	Yes	Yes	Yes	Yes	Yes
Industry-year FE	Yes	Yes	Yes	Yes	Yes	Yes
Province-year FE	Yes	Yes	Yes	Yes	Yes	Yes
Observations	1671650	3495873	1653747	1653747	3495873	3495873
Sobel_Z					3.109	2.862
Within R^2	0.793	0.765	0.244	0.244	0.374	0.375

注：* 表示 p<0.10，** 表示 p<0.05，*** 表示 p<0.01。

（3）行业内竞争渠道。表 11 汇报了基于行业内竞争效应的回归，其中，（1）列、（2）列汇报了对 4 位码行业竞争程度（comp=1-hhi）的回归，comp 的经济含义是行业内企业市场份额越分散，市场竞争程度越大（comp 数值越大），结果显示整体上外资银行进入后提升了行业内竞争程度。而（3）列、（4）列同时纳入 comp 和 comp 的平方项（$comp^2$），结果显示 comp 系数显著为正，$comp^2$ 系数显著为负，即行业竞争程度与企业专利申请量和专利质量之间存在倒“U”形关系，当行业竞争程度高于门槛值时边际效应为负，（3）列、（4）列回归对应的门槛值分别为 0.7145（51.08%分位数）和 0.5387（37.72%分位数）。（5）列、（6）列进一步汇报了纳入行业竞争程度变量后基准模型的回归，结果表明外资银行进入后对企业专利申请量和专利质量的系数数值和显著性水平均有下降，通过 Sobel 检验值可判定行业竞争程度是外资银行进入效应的显著中介变量，进一步检验表明中介变量解释程度约为 35.76%。本部分显示整体上外资银行进入引致的行业内竞争效应为负，但是相对技术差距较小的行业中存在“竞争逃避效应”（Aghion et al.，2005），这是形成倒“U”

形曲线关系的可能原因。

表 11　行业内竞争渠道回归结果

变量	comp (1)	comp (2)	patent (3)	cit (4)	patent (5)	cit (6)
fb	0.0182*** (2.91)				0.0093** (2.03)	0.0136* (1.82)
fbn		0.0112* (1.93)				
comp			0.0423*** (3.25)	0.0167** (2.23)	0.0401*** (2.92)	0.0142* (1.95)
$comp^2$			-0.0296*** (-2.85)	-0.0155** (-1.99)	-0.0276** (-2.26)	-0.0134* (-1.92)
Control Variables	Yes	Yes	Yes	Yes	Yes	Yes
City FE	Yes	Yes	Yes	Yes	Yes	Yes
Firm FE	Yes	Yes	Yes	Yes	Yes	Yes
Industry-year FE	Yes	Yes	Yes	Yes	Yes	Yes
Province-year FE	Yes	Yes	Yes	Yes	Yes	Yes
Observations	1671653	3495876	3495876	3495876	19376	19376
Sobel_Z					2.914	2.872
Within R^2	0.623	0.578	0.375	0.381	0.489	0.467

注：* 表示 p<0.10，** 表示 p<0.05，*** 表示 p<0.01。

（二）异质性分析

（1）行业和地区层面异质性的影响。理论部分论证了上游银行业外资开放对中等生产率企业具有显著正向影响，即正向效应具有一定生产率分布异质性，另外，与上游银行业投入产出关联度较大的行业正向效应越大。本部分通过引入企业与前沿技术差距（$distance_{it} = lp_{jt}^{max}/lp_{ijt}$，$lp_{jt}^{max}$ 表示行业层面劳动生产率最大值）、外部融资依赖度（ext_fina）和投入产出关联度（ioratio）分析上述异质性影响。① 表 12 汇报了对行业层面调节效应的回归，其中，（1）列汇报了技术差距的调节作用，同时纳入外资银行进入强度和技术差距交互项（fbnd）、外资银行进入强度和技术差距二次项交互项（fbnd2），系数显示 fbnd 和 fbnd2 分别显著为正和显著为负，即技术差距对外资银行进入的创新效应具有倒“U”形影响，技术差距处于中段的企业正向效应更大。为进一步确定正向效应有效作

① 2 位码行业层面外部融资依赖度参考 Rajan 和 Zingales（1998），计算公式为：外部融资依赖度 =（资本支出-营业现金流）/资本支出，以 1997 年美国 3 位码行业（SIC）作为标准，对照 SIC 和中国行业标准（CIC）加总至 2 位码行业层面。投入产出关联度指标（ioratio）根据国家统计局核算的中国投入产出表（2002 年、2007 年、2012 年），根据投入产出表信息可以和国民经济行业进行匹配，获得 3 位码行业的相关信息。一种处理方式是将 2007 年和 2012 年投入产出表按照 2002 年的细分标准进行归并，统一为 122 个细分部门。利用 2002 年投入产出表计算 1998~2004 年的直接消耗系数，利用 2007 年投入产出表计算 2005~2009 年的直接消耗系数，利用 2012 年投入产出表计算 2010~2013 年的直接消耗系数。以 3 位码工业行业对银行业的直接消耗系数作为投入产出关联度代理变量。

用区间，（2）列纳入外资银行进入强度与企业劳动生产率四分位数虚拟变量交互项，其中，q1、q2、q3 和 q4 分别表示 0%～25%、25%～50%、50%～75%和 75%～100%分位数生产率虚拟变量，回归结果表明 fbnq2 和 fbnq3 系数显著为正，即 25%～75%分位数企业正向效应较大，且 50%～75%分位数企业的正向效应最大，而较高生产率（75%～100%分位数）企业的正向作用不显著。（3）列、（4）列中汇报了基于外部融资依赖度和投入产出关联度的调节效应，交互项系数（fbnext 和 fbnio）均显著为正，证实了外部融资依赖度和投入产出关联度越大，上游银行业外资开放的正向创新效应越大。地区层面变量和企业规模大小也可能对外资银行进入的创新效应产生调节作用，本部分通过引入省份层面市场化水平和企业规模划分对其他层面调节变量进行分析。（5）列汇报了省份市场化水平（market）对外资银行进入的调节效应，其中，市场化指数参考王小鲁等（2019），总体上交互项 fbnmarket 系数显著为正，即省份市场化水平越高，越能促进上下游关联效应发挥。具体而言，市场化指数包含政府与市场关系、非国有经济的发展、产品市场的发育程度、要素市场的发育程度以及市场中介组织的发育和法律制度环境五个方面，省份层面通过完善上述市场化要素对上下游关联效应具有显著正向调节作用。（6）～（8）列汇报了对不同规模企业的分样本回归，企业规模根据国家统计局的分类标准划分为大型、中型和小型工业企业①。结果显示整体上三类规模企业创新效应均显著为正，从效应值来看中小型企业的创新效应相对较大，小型企业的正向效应最大，可能原因是中小型企业中等生产率数量较多，且融资渠道相对单一，对银行业间接融资依赖度较高。这组回归表明银行业外资开放对不同规模企业均具有显著正向影响，特别对中小型企业正向促进作用较大。

表 12　行业和地区层面调节效应回归结果

变量	patent							
	技术差距 （1）	技术差距 （2）	依赖度 （3）	关联度 （4）	市场化 （5）	大型 （6）	中型 （7）	小型 （8）
fbn	0.0319*** （2.88）		−0.0044 （−0.41）	0.0220* （1.93）	0.0291** （2.38）	0.0134* （1.91）	0.0294*** （3.08）	0.0408** （2.16）
fbnd	0.0118*** （2.79）							
fbnd2	−0.0039*** （−2.95）							
fbnq1		0.0169* （1.82）						
fbnq2		0.0288*** （2.66）						
fbnq3		0.0369*** （3.17）						

① 根据《统计上大中小型企业划分办法（暂行）》（国统字〔2003〕17 号），以从业人员数、销售额和资产总额界定大中小型企业，其中，销售额标准分别为 3 亿元、3000 万元及以上和 3000 万元以下。

续表

变量	patent							
	技术差距 (1)	技术差距 (2)	依赖度 (3)	关联度 (4)	市场化 (5)	大型 (6)	中型 (7)	小型 (8)
fbnq4		0.0227 (1.58)						
fbnext			0.0699*** (8.94)					
ext_fina			-0.0286*** (-3.57)					
fbnio				0.2585** (1.99)				
ioratio				-0.4326** (-2.29)				
fbnmarket					0.0025* (1.83)			
market					0.0085** (1.97)			
Control Variables	Yes	Yes	Yes	Yes	Yes	Yes	Yes	Yes
City FE	Yes	Yes	Yes	Yes	Yes	Yes	Yes	Yes
Firm FE	Yes	Yes	Yes	Yes	Yes	Yes	Yes	Yes
Industry-year FE	Yes	Yes	Yes	Yes	Yes	Yes	Yes	Yes
Province-year FE	Yes	Yes	Yes	Yes	Yes	Yes	Yes	Yes
Observations	3495741	3495876	3234441	3234441	3494327	629224	1368704	1325268
Within R^2	0.375	0.375	0.377	0.376	0.375	0.296	0.319	0.418

注：* 表示 $p<0.10$，** 表示 $p<0.05$，*** 表示 $p<0.01$。

（2）外资银行母国文化和制度距离的影响。理论部分分析了上游外资开放对下游工业企业的创新效应的影响，具体而言，更紧密的银企关系对外资银行提升服务下游工业企业质量具有正向作用，且可有效降低外资银行与下游企业的信息不对称，使工业企业固定成本和可变成本下降。由于缺乏全样本银企关联数据，本部分通过外资银行母国文化距离（cdist）和制度距离（idist）对这一调节效应进行分析。其中，文化距离采用 Hofstede 的四维度文化差异指标，制度距离采用美国传统遗产基金会的经济自由度指数。① 据统计 1998~2013 年进入中国的外资银行母国主要来自亚洲、美

① Hofstede 文化维度数据详见：www.hofstede-insights.com，四个文化维度分别为权利距离、不确定性规避、集体和个人主义、男性或女性度；美国传统遗产基金会数据详见：www.heritage.org，8 个指标分别为产权保护指数、商业自由度指数、贸易自由度指数、财政自由度指数、政府对经济干预程度、货币自由度指数、投资自由度指数和金融自由度指数，公式为 $dist_{cc'}=n^{-1}\sum_{m=1}^{n}[(I_{cmt}-I_{c'mt})^2/\varpi_m]$，其中，$Ic'_{mt}$ 和 I_{cmt} 分别表示 c′国和中国在第 m 个指标上的数值（共 n 个指标），ϖ 表示该指标方差。

洲、欧洲、非洲（埃及和摩洛哥）和大洋洲（澳大利亚），其中，亚洲和欧洲经济体相对较多。①表 13 汇报了基于文化和制度距离的回归，（1）~（3）列选择文化距离作为调节变量，结果显示整体上交互项（fbncd）系数显著为负，即文化距离越大，对外资银行进入效应的负向调节效应越强。（4）~（6）列汇报了基于制度距离的回归，结果表明整体上交互项（fbnid）系数显著为负，即制度距离越大越不利于促进上游银行业外资开放的正向创新效应。本组回归从银企关系的角度对上游银行业开放的创新效应进行了检验。银行借贷方式主要有交易型借贷和关系型借贷，交易型借贷更重视抵押物和财务报表等“硬信息”，关系型借贷更看重企业行为、经营模式等“软信息”，因而银企关系的强化有利于改善关系型借贷的有效性，促进下游工业企业创新能力提升。

表 13　文化和制度距离调节效应回归结果

变量	patent (1)	invention (2)	cit (3)	patent (4)	invention (5)	cit (6)
	文化距离			制度距离		
fbn	0.0396** (2.35)	0.0228** (2.23)	0.0528** (2.27)	0.0394** (2.37)	0.0199** (2.28)	0.0519*** (2.58)
fbncd	−0.0021** (−2.40)	−0.0033** (−2.21)	−0.0035** (−2.51)			
cdist	−0.0007 (−1.54)	−0.0005* (−1.91)	−0.0009 (−1.57)			
fbnid				−0.0010** (−2.12)	−0.0041* (−1.91)	−0.0026 (−1.23)
idist				−0.0007 (−1.19)	−0.0006 (−1.58)	−0.0010 (−1.24)
lp	0.0221** (2.47)	0.0084** (1.96)	0.0315*** (2.68)	0.0222** (2.45)	0.0084* (1.92)	0.0316*** (2.66)
size	−0.0013 (−0.06)	−0.0164 (−1.54)	−0.0003 (−0.01)	−0.0015 (−0.08)	−0.0165 (−1.54)	−0.0006 (−0.02)
klratio	0.0273*** (2.81)	0.0125*** (3.44)	0.0371*** (3.07)	0.0273*** (2.85)	0.0125*** (3.53)	0.0372*** (3.11)
SA	0.3162*** (6.68)	0.2290*** (6.34)	0.4303*** (6.50)	0.3173*** (6.79)	0.2294*** (6.36)	0.4317*** (6.57)
soe	−0.0580* (−1.91)	−0.0490** (−2.36)	−0.0906** (−2.09)	−0.0583* (−1.91)	−0.0491** (−2.37)	−0.0909** (−2.09)
age	−0.0102 (−1.51)	−0.0119** (−2.24)	−0.0169* (−1.77)	−0.0101 (−1.49)	−0.0119** (−2.22)	−0.0168* (−1.75)

① 亚洲经济体包含：日本、韩国、中国香港、中国澳门、中国台湾、印度、菲律宾、印度尼西亚、马来西亚、科威特、阿联酋、巴基斯坦、新加坡、泰国；欧洲经济体包含：德国、法国、奥地利、瑞士、英国、荷兰、西班牙、意大利、比利时、瑞典、挪威、俄罗斯、葡萄牙；美洲经济体包含：美国、加拿大和巴西。

续表

变量	patent (1)	invention (2)	cit (3)	patent (4)	invention (5)	cit (6)
	文化距离			制度距离		
hhi	-0.0523 (-0.53)	-0.0408 (-0.85)	-0.0894 (-0.73)	-0.0530 (-0.54)	-0.0412 (-0.86)	-0.0902 (-0.74)
_cons	1.1350*** (3.56)	0.9628*** (5.93)	1.5768*** (3.80)	1.1363*** (3.57)	0.9646*** (5.99)	1.5790*** (3.82)
City Controls	Yes	Yes	Yes	Yes	Yes	Yes
City FE	Yes	Yes	Yes	Yes	Yes	Yes
Firm FE	Yes	Yes	Yes	Yes	Yes	Yes
Industry-year FE	Yes	Yes	Yes	Yes	Yes	Yes
Province-year FE	Yes	Yes	Yes	Yes	Yes	Yes
Observations	439236	439236	439236	439236	439236	439236
Within R^2	0.462	0.441	0.472	0.462	0.441	0.472

注：* 表示 p<0.10，** 表示 p<0.05，*** 表示 p<0.01。

六、结论与政策含义

本文将上下游投入产出关联引入基准的异质性企业模型进行了扩展分析，结合现有文献构建了一个新的分析框架，从上下游关联渠道、贸易促进渠道和行业内竞争渠道揭示了上游银行业外资开放对下游工业企业创新行为的作用机制。在此基础上，基于中国工业企业专利数据实证检验了银行业外资开放对工业企业创新数量和质量的影响方向和程度。

本文的研究结论如下：①外资银行虚拟变量（WTO 政策）对开放城市企业创新总量具有显著的正向作用，经济效应使外资银行地域限制放开后专利申请增长率提升 1.14 个百分点，企业专利申请概率提升约 29.43%。②分样本回归结果显示外资银行开放对发明专利和实用新型专利有显著正向影响，相应申请量增长率分别提升 0.51 个和 0.60 个百分点，对外观设计专利申请量增长效应不显著。③银行业外资开放对发明专利申请比例无显著影响，但显著增加专利被引量，增长率提升了 1.68 个百分点。银行业外资开放对企业专利通用性（generality）和原创性（originality）具有显著正向作用，对中国企业“重数量轻质量”的创新陷阱破解效果明显。④银行业外资开放对下游工业企业创新的影响主要通过上下游关联渠道、贸易促进渠道和行业内竞争渠道。⑤外资银行进入强度对下游工业企业的创新数量和质量均存在显著倒“U”形关系，样本期内仍处于正向效应区间，需要关注银行业外资开放可能对下游工业企业的负向作用。⑥对异质性分析表明，外资银行母国对中国文化和制度距离具有显著负向调节作用；生产率分位数位于 50%~75%的中小企业正向创新作用更大；行业外部融资依赖度和银行业投入产出关联度具有显著正向调节效应；省级层面市场化水平和城市层面研发密度越高，越倾向于放大银行业外资开放的下游创新效应。

本文的政策含义为：①更为全面认识银行业外资开放的创新效应。从实证结果看外资银行进入显著提升了下游工业企业创新数量和创新质量，有利于破解“重数量轻质量”的企业创新陷阱，扩大银行业外资开放是促进“脱虚向实”，推动实体经济高质量发展的重要路径之一。②适度降低外资银行市场准入门槛、扩大经营范围。根据 OECD 的外商直接投资限制性指数发现，当前中国银行业开放水平相对较低，研究证实外资银行由于具有全球经营网络，在贸易融资、创新融资等方面具有一定优势，可有效提升银行业整体服务数量和质量，降低实体经济固定成本和可变成本，因此应当有序减少外资银行管制措施，全面履行现有各项开放政策，支持外资银行参与中小企业融资，推动业务范围由相对集中向多层次、宽领域和广范围转变。③鼓励和支持外资银行向较高外部融资依赖度的行业，如医药、饮料、化学纤维和电子设备制造业等进行创新融资，以扩大银行业外资开放，促进信贷资源向上述行业倾斜，克服“融资难融资贵”问题，实现银行业开放由面上发展向细分领域深耕转变。④深入促进外资银行经营本土化，放宽外资参股中资银行条件和比例，在银行理财、债券承销等方面实现中外合作，避免外资银行因文化和制度距离造成的“水土不服”现象，破除外资银行经营中存在的“玻璃门”和“弹簧门”，鼓励对公业务由主要对外资企业转向兼顾内资和外资企业，优化银行业外资开放服务实体经济效果。

参考文献

［1］方芳，蔡卫星．银行业竞争与企业成长：来自工业企业的经验证据［J］．管理世界，2016（7）：63-75.

［2］郝项超，梁琪，李政．融资融券与企业创新：基于数量与质量视角的分析［J］．经济研究，2018（6）：129-143.

［3］姜付秀，蔡文婧，蔡欣妮，李行天．银行竞争的微观效应：来自融资约束的经验证据［J］．经济研究，2019（6）：72-88.

［4］李苍舒，沈艳．数字经济时代下新金融业态风险的识别、测度及防控［J］．管理世界，2019（12）：53-69.

［5］林毅夫，孙希芳，姜烨．经济发展中的最优金融结构理论初探［J］．经济研究，2009（8）：4-17.

［6］刘啟仁，铁瑛．企业雇佣结构、中间投入与出口产品质量变动之谜［J］．管理世界，2020（3）：1-23.

［7］孙浦阳，侯欣裕，盛斌．服务业开放、管理效率与企业出口［J］．经济研究，2018（7）：136-151.

［8］王国刚．中国银行业 70 年：简要历程、主要特点和历史经验［J］．管理世界，2019（7）：15-25.

［9］王小鲁，樊纲，胡李鹏．中国分省份市场化指数报告（2018）［M］．北京：社会科学文献出版社，2019.

［10］张建华，程文．服务业供给侧结构性改革与跨越中等收入陷阱［J］．中国社会科学，2019（3）：39-61.

［11］张杰，郑文平．创新追赶战略抑制了中国专利质量么？［J］．经济研究，2018（5）：28-41.

［12］张璇，李子健，李春涛．银行业竞争、融资约束与企业创新——中国工业企业的经验证据［J］．金融研究，2019（10）：98-116.

［13］诸竹君，黄先海，王煌．交通基础设施改善促进了企业创新吗？——基于高铁开通的准自然实验［J］．金融研究，2019（11）：153-169.

［14］诸竹君，黄先海，王毅．外资进入与中国式创新双低困境破解［J］．经济研究，2020（5）：99-115.

［15］诸竹君，黄先海，余骁．金融业开放与中国制造业竞争力提升［J］．数量经济技术经济研究，2018（3）：114-131.

[16] Acharya V., Xu Z. Financial Dependence and Innovation: The Case of Public versus Private Firms [J]. Journal of Financial Economics, 2017, 124 (2): 223-243.

[17] Ackerberg D. A., Caves K., Frazer G. Identification Properties of Recent Production Function Estimators [J]. Econometrica, 2015, 83 (6): 2411-2451.

[18] Aghion P., Bergeaud A., Lequien M., et al. The Heterogeneous Impact of Market Size on Innovation: Evidence from French Firm-Level Exports [R]. Working Paper, 2019.

[19] Aghion P., Bloom N., Blundell R., et al. Competition and Innovation: An Inverted-U Relationship [J]. Quarterly Journal of Economics, 2005, 120 (2): 701-728.

[20] Akcigit U., Kerr W. R. Growth through Heterogeneous Innovations [J]. Journal of Political Economy, 2018, 126 (4): 1374-1443.

[21] Alfaro L., Beck T., Calomiris C. W. Foreign Bank Entry and Entrepreneurship [R]. Working Paper, 2015.

[22] Arcand J. L., Berkes E., Panizza U. Too Much Finance? [J]. Journal of Economic Growth, 2015, 20 (2): 105-148.

[23] Ariu A., Breinlich H., Corcos G., et al. The Interconnections between Services and Goods Trade at the Firm-Level [J]. Journal of International Economics, 2019 (116): 173-188.

[24] Ariu A., Mayneris F., Parenti M. One Way to the Top: How Services Boost the Demand for Goods [J]. Journal of International Economics, 2020, 123 (c): 103278.

[25] Autor D., Dorn D., Hanson G., et al. Foreign Competition and Domestic Innovation: Evidence from U.S. Patents [J]. American Economic Review: Insights, 2019, 2 (3): 357-374.

[26] Bai Z., Meng S., Miao Z., et al. Services Liberalization and Export Diversity: Theory and Evidence from Chinese Firms [R]. MPRA Working Paper, 2019.

[27] Bas M. The Effect of Communication and Energy Services Reform on Manufacturing Firms' Innovation [J]. Journal of Comparative Economics, 2020, 48 (2): 339-362.

[28] Bermpei T., Kalyvas A. N., Neri L., et al. Will Strangers Help You Enter? The Effect of Foreign Bank Presence on New Firm Entry [J]. Journal of Financial Services Research, 2019, 56 (1): 1-38.

[29] Beverelli C., Fiorini M., Hoekman B. Services Trade Policy and Manufacturing Productivity: The Role of Institutions [J]. Journal of International Economics, 2017, 104 (c): 166-182.

[30] Bird A., Karolyi S. A., Ruchti T. G. Information Sharing, Holdup, and External Finance: Evidence from Private Firms [J]. Review of Financial Studies, 2019, 32 (8): 3075-3104.

[31] Blanco I., D. Wehrheim. The Bright Side of Financial Derivatives: Options Trading and Firm Innovation [J]. Journal of Financial Economics, 2017, 125 (1): 99-119.

[32] Brandt L., Van Biesebroeck J., Zhang Y. Creative Accounting or Creative Destruction? Firm-level Productivity Growth in Chinese Manufacturing [J]. Journal of Development Economics, 2012, 97 (2): 339-351.

[33] Breinlich H., Soderbery A., Wright G. C. From Selling Goods to Selling Services: Firm Responses to Trade Liberalization [J]. American Economic Journal: Economic Policy, 2018, 10 (4): 79-108.

[34] Caballero J., Candelaria C., Hale G. Bank Linkages and International Trade [J]. Journal of International Economics, 2018, 115 (c): 30-47.

[35] Chong T. T., Lu L., Ongena S. Does Banking Competition Alleviate or Worsen Credit Constraints Faced by Small-and Medium-Sized Enterprises? Evidence from China [J]. Journal of Banking & Finance, 2013, 37 (9): 3412-3424.

[36] Claessens S., Hassib O., Van Horen N. The Role of Foreign Banks in Trade [R]. Working Paper, 2017.

[37] Cornaggia J., Mao Y., Tian X., et al. Does Banking Competition Affect Innovation? [J]. Journal of Financial Economics, 2015, 115 (1): 189-209.

[38] Fungáčová Z., Pessarossi P., Weill L. Is Bank Competition Detrimental to Efficiency? Evidence from China [J]. China Economic Review, 2013, 27 (c): 121-134.

[39] Hadlock C. J., Pierce J. R. New Evidence on Measuring Financial Constraints: Moving Beyond the KZ Index [J]. Review of Financial Studies, 2010, 23 (5): 1909-1940.

[40] Hall B. H., Jaffe A., Trajtenberg M. Market Value and Patent Citations [J]. RAND Journal of Economics, 2005, 36 (1): 16-38.

[41] Howell A., Lin J., Worack S. Going out to Innovate More at Home: Impacts of Outward Direct Investments on Chinese Firms' Domestic Innovation Performance [J]. China Economic Review, 2020, 60 (c): 101-404.

[42] Hu A. G. Z., Zhang P., Zhao L. China as Number One? Evidence from China's Most Recent Patenting Surge [J]. Journal of Development Economics, 2017, 124 (c): 107-119.

[43] Impullitti G., Licandro O. Trade, Firm Selection and Innovation: The Competition Channel [J]. Economic Journal, 2018, 128 (608): 189-229.

[44] Kogan L., Papanikolaou D., Seru A., et al. Technological Innovation, Resource Allocation, and Growth [J]. Quarterly Journal of Economics, 2017, 132 (2): 665-712.

[45] Lai T., Qian Z., Wang L. WTO Accession, Foreign Bank Entry, and the Productivity of Chinese Manufacturing Firms [J]. Journal of Comparative Economics, 2016, 44 (2): 326-342.

[46] Levinsohn J. Petrin A. Estimating Production Functions Using Inputs to Control for Unobservables [J]. Review of Economic Studies, 2003, 70 (2): 317-341.

[47] Luo D., Dong Y., Armitage S., et al. The Impact of Foreign Bank Penetration on the Domestic Banking Sector: New Evidence from China [J]. The European Journal of Finance, 2017, 23 (7-9): 752-780.

[48] Mann W. Creditor Rights and Innovation: Evidence from Patent Collateral [J]. Journal of Financial Economics, 2018, 130 (1): 25-47.

[49] Melitz M. J. The Impact of Trade on Intra-Industry Reallocations and Aggregate Industry Productivity [J]. Econometrica, 2003, 71 (6): 1695-1725.

[50] Niepmann F., Schmidt-Eisenlohr T. No Guarantees, No Trade: How Banks Affect Export Patterns [J]. Journal of International Economics, 2017 (108): 338-350.

[51] Rajan R., Zingales L. Financial Dependence and Growth [J]. American Economic Review, 1998, 88 (3): 559-586.

[52] Ramasamy B., Yeung M. The Determinants of Foreign Direct Investment in Services [J]. World Economy, 2010, 33 (4): 573-596.

[53] Xu Y. Towards A More Accurate Measure of Foreign Bank Entry and Its Impact on Domestic Banking Performance: The Case of China [J]. Journal of Banking & Finance, 2011, 35 (4): 886-901.

[54] Yu M. Processing Trade, Tariff Reductions and Firm Productivity: Evidence from Chinese Firms [J]. Economic Journal, 2015, 125 (585): 943-988.

[55] Zhu X., Asimakopoulos S., Kim J. Financial Development and Innovation-led Growth: Is too Much Finance Better? [J]. Journal of International Money and Finance, 2020 (100): 102083.

制造业高质量发展的综合测度、时空演变与区域差异

余东华　王梅娟

［摘　要］ 在系统分析高质量发展科学内涵的基础上，构建了制造业高质量发展的综合评价指标体系，利用复合熵值法对2007~2017年中国省际制造业高质量发展水平进行了测度分析。然后，基于“格局—过程—机理”理论框架，利用核密度估计、探索性空间数据分析、Dagum基尼系数及分解方法，对中国制造业高质量发展的时空演变、空间关联特征和区域差异性进行了比较分析，并对其差异性进行来源分解，探究了其形成机理。研究发现，近年来中国制造业高质量发展呈稳步上升趋势，但省际差异较大，其空间分布与“胡焕庸线”契合度较高，总体呈现东高西低、南快北慢的格局；中国制造业高质量发展由空间相对均衡向空间非均衡演变，集聚现象突出，且“质心”南移，由东中西三大区域间的梯度差异逐渐演变为以黄河为界的南北分化。省际制造业高质量发展呈现出明显的空间正相关性，热点区发展活跃，以长三角为核心，呈圈层状向外扩散；冷点区发展缓慢，且逐步由南向北移动。制造业高质量发展的东、西部区域间差异最大，中东部、西部地区的区域内差异显著高于东北部和中部，且西部差异有拉大趋势，超变密度对制造业高质量发展总体差异的影响不断增强。东中西和东北地区制造业高质量发展差距的主要驱动因素为融合发展、速度效益、结构优化和营商环境。中国应充分发挥制造业高质量发展区域的空间溢出效应，加大改革和创新力度，制定差异化发展战略，协同推进制造业高质量发展。

［关键词］ 制造业高质量发展；指标体系；时空演变；区域差异

改革开放以来，中国经济一直保持高速增长，经济总量于2010年跃居世界第二位，并不断缩小与美国之间的差距。然而，经济高速增长背后还存在结构失衡、效率低下、环境污染等粗放式发展问题（陈诗一、陈登科，2018）。党的十九大报告指出，新时代中国经济已由高速增长阶段转向高质量发展阶段，在外部环境巨变、经济全球化遇阻、重大疫情冲击的背景下，高质量发展必将成为当前及未来经济建设的主旋律。当前中国仍处于工业化后期阶段，作为工业经济的主体、国民经济的基础和服务经济的支撑，制造业发展关系到经济高质量发展的全局，对我国加快经济转型升级、实现百年强国梦具有十分重要的战略意义（黄群慧，2018；余东华，2020）。近年来，我国一直蝉联世界第一制造业大国的桂冠，但“大而不强、全而不优”的特征明显，仍然存在自主创新力弱、能源消耗大、产业结构不合理、资源空间布局不均衡等突出问题和制约因素。在中央经济工作会议提出的重点工作任务中，“推动制造业高质量发展”放在了首位。那么，在新的时代背景下，如何科学认识并合理推进制造业高质量发展？近十年中国省际制造业高质量发展现状如何，呈现何种时空分布特征，有何动态演进趋势及空间关联特征？如何科学研判各省区市制造业发展存在的缺陷和面临的问题？对以上问题进行研究不仅能够帮助我们更好把握中国省际制造业高质量发展的现

［基金项目］国家自然科学基金项目“高质量发展导向下中国制造业转型升级的适宜性技术选择与动力变革研究”（71973083）和教育部人文社会科学研究规划基金项目“适宜性技术选择、新旧动能转换与制造业转型升级动力机制研究”（19YJA790109）。

［作者简介］余东华，山东大学经济学院教授，首都经济贸易大学工商管理学院特聘教授，博士生导师；王梅娟（通讯作者），山东大学经济学院博士研究生，山东女子学院讲师，邮箱：wangmeijuan900901@foxmail.com。

状和提升潜力，还能对其时空演变、空间关联特征及区域差异进行较为客观的判断与评价，为采取有针对性的区域制造业高质量发展战略、协调提升区域经济高质量发展提供政策建议，对促进区域均衡协调发展，缩小地区差距具有重要的现实意义。

一、文献综述

高质量发展是一个不断变化、缓慢演进的过程，人们对经济发展质量的认识伴随着社会生产力的发展而不断深化（高培勇等，2020）。早期，学术界对发展质量的理解大多基于狭义视角，即从投入与产出的角度将经济增长效率作为发展质量的衡量指标。因此，众多学者将全要素生产率（TFP）作为测度经济增长质量和制造业增长质量的重要指标（Chen，1997；Dowling and Summers，1998；Meleck et al.，2019；Saleem et al.，2019）。随着人们环保意识的增强，部分学者在全要素生产率的基础上，将环境因素考虑进来，构建绿色（环境）全要素生产率指标来测度经济和产业的高质量发展。随着理论研究的深化和发展，对经济发展质量的研究逐步扩大到技术进步、制度创新、社会公平、环境保护等方面。在新时代背景下，高质量发展的内涵更加丰富，单一指标无法全方位多角度对其进行测度，因此现阶段多以综合指标为主，即构建指标体系来对高质量发展进行测度（张连城等，2019）。

国外学术界目前还没有关于高质量发展的直接研究，但在相关领域如经济增长质量、经济发展可持续性、生活质量等方面已开展了较多评价和研究，成果较为丰富。对国外同类典型评价指标体系进行梳理，可以为我国构建具有国际视野的高质量发展指标体系提供借鉴。目前，在经济发展可持续、经济福利测度等方面被学术界广为使用的指数主要有可持续经济福利指数（ISEW）、真实进步指数（GPI）、美好生活指数（BLI）等。自 1958 年“生活质量”一词被提出后，人们的关注点由经济增长逐渐转移到经济发展上来，强调经济发展可持续性、经济的社会福利等，学术界开始尝试修正 GDP 或构建一套可持续发展指标体系（Costanza et al.，2014）。ISEW 是由 Daly 和 Cobb 于 1990 年提出的，它是在个人消费基础上增加资产和非防护性支出，扣除防护支出、环境污染费用和资产折旧以后得到的综合性指标体系。ISEW 将环境可持续、社会公平考虑进来，用以衡量经济发展的可持续性（Daly and Cobb，1990）。该指标在美国、智利（Castañeda，1999）、意大利（Pulselli et al.，2006）、比利时（Bleys，2008）等发达国家得到广泛应用。与此同时，该指标体系及计算方法也在不断修改和完善之中（Beça and Santos，2010），1995 年国际发展重新定义组织修改完善了 ISEW 并将其重新命名为 GPI，用以衡量一个国家或地区的真实经济福利（Lawn，2003）。GPI 是 ISEW 的延伸，两者在方法上是一致的，只是在某些指标的选取和估值上略有不同，一般不做特别区分（Andrade and Garcia，2015）。GPI 包括经济、社会和环境三个账户共 26 个子账号，通过分析子账号的效益和成本，衡量经济发展可持续性（Bagstad and Shammin，2012；Hayashi，2015）。随着人类社会理念的不断演进，从经济增长到经济发展，再到社会发展，人们越来越关注人的全面发展。基于此，2011 年经济合作与发展组织提出 BLI，旨在从“人”的角度出发，去衡量经济发展的社会福利，该指数主要包含工作、教育、收入、生活满意度等 11 项指标（Ostergaard-Klem and Oleson，2014）。

近年来，国内学术界对高质量发展的研究开始增多，主要集中在经济高质量发展方面，测度视角有五大发展理念、三大变革、社会矛盾、增长质量指数等（师博、任保平，2018）。现有研究中专门针对制造业高质量发展水平进行测度评价的成果相对较少，更多的是对制造业国际竞争力、高新化、信息化、新型化等方面的评价研究（李廉水等，2015）。2018 年中国工程院对外发布《2018 中国制造强国发展指数报告》，主要从规模发展、质量效益、结构优化、持续发展四个方面构建制造强国指标体系。作为国内最早测度高质量发展的机构，赛迪智库工业经济研究所于 2018 年率先构建了包括技术创新、结构升级、速度增长、要素效率、品牌建设、融合发展、绿色制造七个方面的制造业高质量发展指标体系。通过借鉴中国工程院、赛迪智库发布的相关成果，学者们也逐渐展开制造业高质量发展测度评价的相关研究。张文会、乔宝华（2018）从理论上构建了涵盖创新驱动、结构优化、速度效益、要素效率、品质品牌、融合发展与绿色发展七个一级指标的制造业高质量发展评价体系。李春梅（2019）从增长度、效率度、对外依存度、创新度、企业质量、产品质量、社会贡献、环境度八个维度，利用变异系数法对2003~2016年中国制造业的发展质量进行了测度，发现中国制造业发展质量总体水平较低，呈现“W”形波动，且贡献因子由“效率度”变为“环境度”，再逐渐演变为现阶段人们所关注的“创新度”。江小国等（2019）从经济效益、技术创新、绿色发展、质量品牌、两化融合和高端发展六个方面选取了12项指标构建了制造业高质量发展的评价体系，利用客观变异系数法对2004~2017年中国31个省份制造业高质量发展的水平及时空特征进行分析，发现制造业高质量发展水平呈上升趋势并于2015年陡然提速，且呈现“东强西弱、东北最弱”的分布格局。纪玉俊、王雪（2019）基于创新、协调、绿色、开放、共享五大发展理念的视角运用改进熵值法对2012~2016年中国制造业高质量发展水平进行了横纵向比较，发现其总体态势良好，但存在明显的省域差异，并提出未来要坚持创新驱动，优化产业结构，积极推进对外开放，以此提高制造业高质量发展水平。

综观以上文献，学术界对制造业高质量发展的研究还存在以下几个方面的不足：第一，测度指标方面，目前学术界对制造业高质量发展内涵还未形成统一共识，评价指标多是沿用经济高质量发展的指标体系，只有部分指标聚焦于制造业领域，且指标体系构建缺乏统一标准，细分指标选取具有随意性，难以有效地衡量我国省际制造业高质量发展水平。如何选取更具科学性、实用性兼具时代特征的指标并进行实证研究是当下及未来亟须关注的问题。第二，研究方法方面，现有评价方法多是基于传统的统计分析方法，此类方法存在一定的局限性，如无法相互印证与检验，且在空间演变方面的表现力较弱，若能将传统的统计分析方法与地理信息系统（Geographic Information Systems，GIS）技术相结合，则可以进一步提高研究成果的精准性、直观性。第三，研究内容方面，目前在省级层面研究制造业高质量发展并进行多尺度分析的文献较少，基于空间视角的动态评价分析（空间演变、空间关联分析）有待进一步加强；高质量发展区域差异测度的研究较少，聚焦于制造业高质量发展的区域差异研究更为少见，且已有研究多停留在简单的描述或概括层面，很少运用相关的衡量指标对制造业高质量发展的区域差异予以量化，更缺少对这一差异予以结构分解的研究。

基于此，本文在准确把握制造业高质量发展科学内涵的基础上，结合现有研究，首先，从八个维度构建制造业高质量发展的测度体系，利用复合熵值法对2007~2017年我国30个省区市的制造业高质量发展水平进行测度。在此基础上，利用核密度分析、探索性空间分析等方法对省际制造业高质量发展的时空演变及空间关联特征进行了细致探讨，并借助ARCGIS10.2软件进行了相关可视化分析，以明晰各省区市发展现状及潜力，探究空间演变的规律。其次，运用Dagum基尼系数测度中国制造业高质量发展的区域差异，并基于两大视角对其差异来源进行分解：一是空间分解视角，利用Dagum基尼系数分解方法将总体差异分解为区域内、区域间及超变密度差异，进而揭示其空间差异来源及其贡献率；二是结构分解视角，运用方差分解方法考察差异的结构来源，探究不同区域发展差异的主要驱动因素，为采取有针对性的区域制造业高质量发展战略、协调区域经济高质量发展提供借鉴，为有关政策制定实施提供现实基础和依据，从而进一步助力制造业高质量发展。与已有文献相比，本文的主要创新与贡献有：第一，从八个维度构建了全面、合理、系统的制造业高质量发展的指标体系，拓展了现有制造业高质量发展研究的内涵。第二，在研究方法上，本文采用了复合熵值法赋权，有效规避了熵值法和反熵值法的缺陷；同时，将传统数学、统计学方法与地理学中的空间统计分析相结合，并借助ARCGIS10.2软件进行了相关可视化分析，进一步提高了研究成果的精准性、直观性。第三，在研究内容上，以经济学、地理学和生态学的交叉视角，基于“格局—过程—机理”理论框架，对制造业高质量发展的时空分布、时空演变、区域差异及来源分解进行了详细而深入的探究，为多学科交叉融合研究提供参考与借鉴。

本文后续篇章结构安排如下：第二部分介绍主要的研究方法；第三部分为制造业高质量发展的测度逻辑及指标体系；第四部分为测度结果分析，主要为制造业高质量发展的时空演变规律及空间关联分析；第五部分为制造业高质量发展的区域差异及来源分析；第六部分概括本文主要结论，并讨论其政策含义。

二、研究方法

（一）制造业高质量发展的测度：复合熵值法

主观赋权法存在主观随意性较高的问题，会使结果与真实值存在无意识的偏差。因此，本文采用客观赋权法以更好地规避主观赋权法的缺陷。客观赋权中应用最广的是熵值法，熵值可以判断一个事件的随机性和无序程度，也可以判断指标的离散程度，较好体现指标信息熵值的效用价值。此外，已有研究发现相较于熵值法，反熵值法可以有效解决熵值法测量过程中对指标变异过于敏感的缺陷（任保平、宋雪纯，2020），然而，反熵值法赋权过度平均，多次实验比较之下，本文选取复合熵值法，即“熵值法+反熵值法”进行加权平均所得的权重作为本文指标体系的最终权重，可信度更高，科学性更强。

（1）数据处理。由于指标体系中存在正向、逆向和适度指标，且各指标单位也不同，为了方便统一测算，我们需要对所有指标进行无量纲化和正向化处理。①关于指标的无量纲化，目前有极差法、标准化法和均值化法三种方法，其中使用最为普遍的是标准化法，但该方法处理后各指标均值为0，方差为1，消除了各指标变异程度的差异，不能准确反映原始数据所包含的信息，而经过均值化处理的指标数据可以很好地保留各指标变异程度的信息（钞小静、任保平，2011）。鉴于此，我们选用均值化方法对原始指标进行无量纲化处理。②对于指标的正向化，在实际应用中许多学者常使用将指标取倒数的方法，但已有研究证明，在综合指标评价中取倒数法完全改变了原指标的分布规律，使得评价结果不准确，本文通过线性变换处理使指标正向化。

（2）权重确定。在熵值法中，首先根据原始数据标准化后的数据计算各个指标的信息熵值，然后再根据熵值计算权重。

$$e_i = -\frac{1}{\ln(n)}\sum_{j=1}^{n} x_{ij}^{*}\ \mathrm{In}(x_{ij}^{*}) \tag{1}$$

其中，$x_{ij}^{*} = \dfrac{x_{ij}'}{\sum_{j=1}^{n} x_{ij}'}$。

$$w_{i_1} = \frac{z_i}{\sum_{i=1}^{m} z_i} \tag{2}$$

其中，$z_i = 1 - e_i$。

式中，x_{ij}'代表第i个指标在第j年经过标准化的值，e_i 表示第i个指标的信息熵值；z_i 表示第i个指标的信息效用值，w_{i_1} 代表各个指标的熵值权重。

在反熵值法中，首先根据原始指标标准化后的数据计算各个指标的反熵，然后再根据反熵计算权重。

$$h_i = \sum_{j=1}^{n} x_{ij}^{*} \ln(1 - x_{ij}^{*}) \tag{3}$$

其中，$x_{ij}^{*} = \dfrac{x_{ij}'}{\sum_{j=1}^{n} x_{ij}'}$。

$$w_{i_2} = \frac{z_i}{\sum_{i=1}^{m} z_i} \tag{4}$$

其中，$z_i = 1 - h_i$。

式中，x_{ij}'表示第 i 个指标在某 j 年经过标准化的值，h_i 表示第 i 个指标的反熵；z_i 表示第 i 个指标的差异系数，w_{i_2} 表示各个指标的反熵权重。

复合熵值法下的最终权重为：

$$W = 0.5 \times (w_{i_1} + w_{i_2}) \tag{5}$$

（3）制造业高质量发展综合指数。通过以上所有公式，以标准化后的数据为基础计算各项指标的权重，并进行线性加权计算可以求得制造业高质量发展综合指数（HQDI-M）。

（二）制造业高质量发展的时空演变：核密度估计与探索性空间数据分析方法

（1）核密度估计方法。核密度估计作为一种非参数估计，是基于研究对象测度值分布特征的一种空间分析方法，对模型的依赖性较弱，但稳健性较强，能够直观反映变量在空间的分散和集聚程度，常用于分析空间不平衡及其动态演进过程。该方法的测度结果主要反映在变量的分布位置、形态与延展性上，以此来说明变量发展的水平高低、区域差异大小及空间关联特征。本文主要借助 Gaussian 核函数对制造业高质量发展的动态分布特征进行分析判断，计算公式如下：

$$f(x) = \frac{1}{Nh} \sum_{i=1}^{N} \left(K\left(\frac{x - x_i}{h}\right) \right) \tag{6}$$

其中，$\int K(x)\,dx = 1$，$K(x) > 0$。

式中，f（x）为概率密度函数；N 为样本数量；h 为带宽；K 为核函数，常用的核函数形式有三角核函数、Epanechnikov 核函数、Gaussian 核函数等，本文选取较为常用的 Gaussian 核函数。

（2）探索性空间数据分析方法。探索性空间数据分析（Exploratory Spatial Data Analysis，ESDA）是运用统计学方法和数据可视化分析对空间数据进行相关分析与研究，通过对事物或现象空间分布格局的描述和可视化分析，探究变量内部的空间关联性和集聚性，分析空间依赖性。本文通过两类探索性空间数据方法分析 2007~2017 年中国省际制造业高质量发展水平的空间关联特征：首先运用全局空间自相关分析识别研究区域在 2007~2017 年的空间相关性，其次运用冷热点分析识别 2007~2017 年中国省际制造业高质量发展水平的热点与冷点区域。

1）全局空间自相关分析。全局空间自相关是衡量属性在区域总体上空间差异与空间关联程度的指标，衡量指标为全局莫兰指数，该指数是由澳大利亚统计学家 Moran 在 1950 年提出，用于检验空间关联性和集聚问题的探索性空间分析指标，反映整个研究区域中各个单元与其邻近单元的相似性，计算公式如下：

$$\text{Moran's I} = \frac{n}{\sum_{i=1}^{n}\sum_{j=1}^{n} W_{ij}} \times \frac{\sum_{i=1}^{n}\sum_{j=1}^{n} W_{ij}(x_i - \bar{x})(x_j - \bar{x})}{\sum_{i=1}^{n}(x_i - \bar{x})^2} \tag{7}$$

式中，Moran's I 表示整个研究区域内空间相关性的整体趋势，其取值范围为［-1，1］。I>0 表示空间正相关，即制造业高质量发展具有空间正相关的集聚效应，越接近 1 表明相似属性聚集在一起程度越高（即高—高、低—低邻接）；I<0 表示空间负相关，即制造业高质量发展具有空间负相关的集聚效应。越接近-1 表明相异属性聚集在一起程度越高（即高—低、低—高邻接）；I=0 表示不相关，即高质量发展在空间上存在随机性，无空间相关性，所有属性随机分布。n 表示研究单元的总数，W_{ij} 表示空间单元相邻权重，$x_{i(j)}$ 表示在 i(j) 处的属性值，$\bar{x}$ 表示算术平均值。

2）冷热点分析（Getis-Ord G_i^*）。相对于全局莫兰指数，Getis-Ord G_i^* 指数能更精确地判断局部的空间关联特征，识别空间的热点区与冷点区，其计算公式为：

$$G_i^*(d)=\sum_{i=1}^{n}W_{ij}(d)X_i/\sum_{i=1}^{n}X_i \tag{8}$$

为了对比分析，对 G_i^*（d）进行标准化处理：

$$Z(G_i^*)=\frac{G_i^*-E(G_i^*)}{\sqrt{var(G_i^*)}} \tag{9}$$

式中，var（G_i^*）和 E（G_i^*）分别为 G_i^* 的方差与数学期望。如果 Z（G_i^*）为正且统计显著，则表明该地区 i 周围的值相对较高，即高值空间集聚分布为热点区；反之，如果 Z（G_i^*）为负且统计显著，则表明该地区 i 周围的值相对低，即低值空间集聚分布为冷点区。X_i 为 i 省（自治区、市）制造业高质量发展综合指数；W_{ij} 为空间权重矩阵，空间不相邻取值为 0，空间相邻取值为 1。

（三）制造业高质量发展区域差异的测算与来源分解

（1）区域差异测算：Dagum 基尼系数。测度区域差异的方法有很多，常见的有变异系数、泰尔指数、Atkinson 指数、基尼系数等（贺灿飞、梁进社，2004）。相较于其他指数，基尼系数的最大优点在于可以将总的区域发展差异分解成不同来源的差异，从而分析不同子样本对总体区域差异的影响程度（Dagum，1997）。本文运用 Dagum 提出的基尼系数方法刻画我国制造业高质量发展的区域差异，Dagum 基尼系数的定义为：

$$G=\sum_{j=1}^{k}\sum_{h=1}^{k}\sum_{i=1}^{n_j}\sum_{r=1}^{n_h}|y_{ji}-y_{hr}|2n^2\bar{y} \tag{10}$$

式中，G 是总体基尼系数，$\bar{y}$ 是全国制造业高质量发展水平的平均值，n 是省份的个数，k 是地区划分的个数，y_{ji}（y_{hr}）是 j(h) 地区内任意省份的制造业高质量发展指数，n_j（n_h）是 j(h) 地区内省份的个数。

（2）区域差异的空间分解：Dagum 基尼系数分解方法。Dagum 基尼系数分解可以将区域差异分解为地区内差异（G_w）、地区间差异（G_{nb}）、超变密度差异（G_t）三个部分，即 $G=G_w+G_{nb}+G_t$。其中，地区内差异（G_w）指的是每一地区内部各省份间制造业高质量发展的差异，而地区间差异（G_{nb}）则指的是将不同地区作为整体看待时这些地区间制造业高质量发展的差异。此外，与传统的地区差异分解方法不同，Dagum 基尼系数还可以识别超变密度差异（G_t）对于总体地区差异的贡献。超变密度来源于不同地区间的交叉重叠现象，例如，并非东部地区的所有省份制造业高质量发展水平都高于中西部地区省份，这就产生了所谓的不同地区间交叉重叠问题。如果忽略了不同子样本的交叉重叠问题，势必无法完整识别出地区间差异对于总体地区差异的贡献。Dagum 基尼系数及其按子群分解方法有效地解决了地区差异的来源问题，以及子样本间的交叉重叠问题。目前，该方法已被广泛应用于多个学科领域。

根据 Dagum 基尼系数的原理，可以计算得到区域差异的空间分解表达式如式（11）至式（15）

所示。式（11）和式（12）分别表示 j 地区的 Dagum 基尼系数 G_{jj} 和地区内差异的贡献 G_w，式（13）和式（14）分别表示 j 和 h 地区的地区间 Dagum 基尼系数 G_{jh} 和地区间差异的贡献 G_{nb}，式（15）表示超变密度的贡献 G_t。

$$G_{jj}=\frac{\sum_{i=1}^{n_j}\sum_{r=1}^{n_j}|y_{ji}-y_{jr}|}{2n_j^2\bar{Y}_j} \tag{11}$$

$$G_w=\sum_{j=1}^{k}G_{jj}p_js_j \tag{12}$$

$$G_{jh}=\frac{\sum_{i=1}^{n_j}\sum_{r=1}^{n_h}|y_{ji}-y_{hr}|}{n_jn_h(\bar{Y}_j+\bar{Y}_h)} \tag{13}$$

$$G_{nb}=\sum_{j=2}^{k}\sum_{h=1}^{j-1}G_{jh}(p_js_h+p_hs_j)D_{jh} \tag{14}$$

$$G_t=\sum_{j=2}^{k}\sum_{h=1}^{j-1}G_{jh}(p_js_h+p_hs_j)(1-D_{jh}) \tag{15}$$

以上表达式中，$p_j=n_j/n$，$s_j=n_j\bar{Y}_j/n\bar{Y}$，j=1，2，…，k；$D_{jh}$ 为 j、h 省份间制造业高质量发展的相对影响，具体如式（16）所示。

$$D_{jh}=\frac{d_{jh}-p_{jh}}{d_{jh}+p_{jh}} \tag{16}$$

$$d_{jh}=\int_0^\infty dF_j(y)\int_0^y(y-x)\,dF_h(x) \tag{17}$$

$$p_{jh}=\int_0^\infty dF_h(y)\int_0^y(y-x)\,dF_j(x) \tag{18}$$

以上表达式中，d_{jh} 表示区域间制造业高质量发展程度的差值，即 j、h 区域中所有 $y_{ji}-y_{hr}>0$ 的样本值之和的数学期望；p_{jh} 定义为超变一阶距，表示 j、h 区域中所有 $y_{ji}-y_{hr}<0$ 的样本值之和的数学期望。F_h、F_j 即 j、h 区域的累积分布函数。

（3）区域差异的结构分解：方差分解方法。本文提出的制造业高质量发展综合指数由创新驱动（CX）、速度效益（SD）、结构优化（JG）、融合发展（RH）、品质品牌（PZ）、绿色制造（LS）、营商环境（YS）、社会保障（SH）八个维度构成，即 HQDI-M=CX+SD+JG+RH+PZ+LS+YS+SH。那么，从结构视角而言，制造业高质量发展差异就来源于这八个基本维度，而方差分解方法能够揭示各维度的差异在多大程度上导致了制造业高质量发展的差异，具体数理推导如下：

$$\begin{aligned}var(HQDI-M)&=cov(HQDI-M,\ CX+SD+JG+RH+PZ+LS+YS+SH)\\&=cov(HQDI-M,\ CX)+cov(HQDI-M,\ SD)+cov(HQDI-M,\ JG)+\\&\quad cov(HQDI-M,\ RH)+cov(HQDI-M,\ PZ)+cov(HQDI-M,\ LS)+\\&\quad cov(HQDI-M,\ YS)+cov(HQDI-M,\ SH)\end{aligned} \tag{19}$$

两边同时除以 var(HQDI-M)，则有：

$$\begin{aligned}1=&\frac{cov(HQDI-M,\ CX)}{var(HQDI-M)}+\frac{cov(HQDI-M,\ SD)}{var(HQDI-M)}+\frac{cov(HQDI-M,\ JG)}{var(HQDI-M)}+\frac{cov(HQDI-M,\ RH)}{var(HQDI-M)}+\\&\frac{cov(HQDI-M,\ PZ)}{var(HQDI-M)}+\frac{cov(HQDI-M,\ LS)}{var(HQDI-M)}+\frac{cov(HQDI-M,\ YS)}{var(HQDI-M)}+\frac{cov(HQDI-M,\ SH)}{var(HQDI-M)}\end{aligned} \tag{20}$$

式中，var 为方差，cov 为协方差。式（19）将制造业高质量发展差异成因分解为八个维度。式（20）衡量这八个维度差异分别对制造业高质量发展差异的贡献份额。某一维度差异的贡献份额越高，由它造成的制造业高质量发展差异越大（刘华军、李超，2018）。

三、制造业高质量发展的测度逻辑与指标体系

（一）测度逻辑

科学认识和把握制造业高质量发展的理论内涵是进行测度评价的前提。一般而言，制造业高质量发展应具有以下特征：要求产品和服务供需结构有效匹配，以尽可能低的资源要素消耗获得最大的经济效益；增长动力从依靠要素驱动转向依靠创新驱动，形成协调发展的城乡区域格局，构建绿色生产方式；培育一批具有全球影响力的企业，引领产业迈向全球价值链中高端；要求产业链上下游配套合作密切、大中小企业融通发展。制造业高质量发展要达到四个方面的要求，即产品质量不断提高、生产过程清洁高效、企业效益保持在较好水平、国际竞争力不断提高（许召元，2018）。可见，制造业高质量发展是一个复杂的动态系统，应综合考虑其发展的方方面面，不仅要重视量的增长，更要重视结构的持续优化；不仅关注经济的增长，更要关注环境保护、社会公平，强调五位一体的全面发展和进步。综合考虑现阶段中国经济建设存在的实际问题，并结合新时代中国制造业高质量发展的指导思想与理念，本文认为制造业高质量发展应是创新驱动不断加强、速度效益显著提升、结构优化持续升级、融合发展水平不断提高、绿色制造加快推进、品质品牌竞争力不断增强、营商环境日趋优化、社会服务能力不断提高的，更具活力、动力、创新力、竞争力的系统性、动态性、可持续的发展。制造业高质量发展的科学内涵至少应该包括以下八个方面的内容：

（1）创新驱动。随着人口红利和资源红利的逐步消失，要素投入驱动经济增长的路径难以为继。新时代下，中国必须将提升创新驱动发展能力作为经济发展方式转变的核心，推进创新动能转换，提高劳动、资本、能源的利用率。本文在借鉴国家统计局发布的《中国创新指数研究报告》基础上，从创新环境、创新投入、创新产出三个方面选取五个指标衡量制造业的创新驱动能力。

（2）速度效益。制造业“稳增长”是当前及未来发展的重要目标，合理且稳定的增速仍是评价高质量发展的基础指标。另外，实现速度和效益的有机统一也是制造业高质量发展的关键。本文选取了制造业增加值率、劳动生产率、代表企业效益的盈利能力和资产负债四个方面的指标来测度制造业高质量发展的速度和效益。

（3）结构优化。优化结构是适应生产要素条件变化、推动制造业高质量发展的关键所在。一方面要促进传统产业持续升级，另一方面要重点培育新兴产业。在提升产业竞争力的同时，积极推进大中小企业融通发展、增加中高端产品供给、增强出口竞争力等，使制造业发展更加平衡和充分。本文基于产业结构、企业结构、产品结构、出口结构四个方面选取了高技术制造业主营业务收入占比、大中型制造企业主营业务收入占规模以上制造企业比重、工业新产品销售收入占比、高技术制造业出口交货值占制造业出口交货值比重四个指标来描述结构优化。

（4）融合发展。“信息化带动工业化，工业化促进信息化”，就我国实际来看，制造业信息化是两化融合的切入点和重点。制造业信息化不仅是以信息技术改造和提升传统产业为目的，制造业信息化还是一个过程，是制造技术、自动化技术、现代管理技术、信息技术的融合，是不断改善企业生产、经营、管理和产品开发的过程。本文参考《中国信息化与工业化融合发展水平评估》中指标的设定，从基础设施（互联网普及率、移动电话普及率、宽带普及率）和应用效益（电子信息产业制造业主营业务收入占比）两个方面来衡量融合发展的水平。

（5）品质品牌。当前，我国制造业存在“大而不强、多而不优”的问题，品质革命任重道远。

当前，我国在产品品质和品牌附加值方面仍较发达国家有很大差距，制造业品牌价值增速不断下滑，制造业品牌的种类、数量、含金量、影响力与我国经济发展规模相比极不相称，"同质不同价"现象严重困扰我国经济发展，亟须加强制造业品质品牌建设。本文参考国家质检总局发布的《中国制造业质量竞争力指数公报》中的指标设定，最终选取了制造业产品质量合格率、制造业产品质量优等品率、中国制造业500强各省区市企业数占比三个指标。

（6）绿色制造。绿色制造是生态文明建设的重要内容，构建高效、清洁、低碳、循环的绿色制造体系，也是制造业转型升级的必由之路。借鉴国家统计局《中国绿色发展指数报告》，从环境质量、环境治理、资源利用三个方面共选取了单位工业产值能耗、一般工业固体废物综合利用率、工业污染源治理投资占比、工业主要污染物排放强度等五个指标。

（7）营商环境。在阻碍振兴中国制造业以及束缚制造业转型升级的诸多因素中，营商环境已经成为最突出、最重要、最基础的影响因素。加快与世界竞争新格局对标的营商环境建设，是现阶段振兴制造业的核心任务。本文借鉴已有研究成果从市场环境、投资环境、法治环境三个方面选取了4项指标，其中市场环境是营商环境的基础，外资投资企业和民营企业中的私营企业数，最能反映一个地区的市场环境公平公正的情况，因此本文选取了外商投资工业企业数、制造业私营及个体从业人数来衡量市场环境。

（8）社会保障。新时代，经济高质量发展更加侧重"人本性"，强调人的主体地位。制造业高质量发展作为经济发展的重中之重，其根本目标在于改善居民的福利水平，主要表现在收入、就业、基本公共服务等方面。制造业就业为居民提供了稳定的收入，保障人民基本需要，积极为人的高层次需要实现创造有利条件，也促进了国家的和谐稳定。基本公共服务是居民福利水平的另一个重要方面，主要由政府投资，而政府投资主要来源于税收。因此，本文从平均收入、就业吸纳、税收贡献三个方面对制造业的社会服务能力进行测度。

（二）指标体系

本文遵循科学性、系统性、可比性和可操作性原则，从以上八个方面选取31个指标构建了一套适用于评价各省（自治区、市）制造业高质量发展的指标体系（见表1）。

表1　制造业高质量发展测度体系

维度	分项指标	基础指标	计量单位	指标属性
创新驱动	创新环境	X_1 科学技术支出占比	%	正向
	创新投入	X_2 工业企业R&D人员投入强度（规模以上）	%	正向
		X_3 工业企业R&D经费投入强度（规模以上）	%	正向
	创新产出	X_4 工业企业单位R&D经费支出有效发明专利（规模以上）	件/亿元	正向
速度效益	增加值率	X_5 制造业产值增速（规模以上）	%	正向
	劳动效率	X_6 制造业全员劳动生产率	万元/人	正向
	盈利能力	X_7 制造业主营业务收入利润率	%	正向
	资产负债	X_8 制造业资产负债率=制造业总负债/制造业总资产	%	适度
结构优化	产业结构	X_9 高技术产业（制造业）主营业务收入占比	%	正向
	企业结构	X_{10} 大中型工业企业主营业务收入占比（规模以上）	%	正向
	产品结构	X_{11} 工业企业新产品销售收入占比（规模以上）	%	正向
	出口结构	X_{12} 高技术产业（制造业）出口交货值占比	%	正向

续表

维度	分项指标	基础指标	计量单位	指标属性
融合发展	基础设施	X_{13} 互联网普及率	%	正向
		X_{14} 移动电话普及率	%	正向
		X_{15} 固定宽带普及率（%）	%	正向
	应用效益	X_{16} 电子信息产业制造业主营业务收入占比	%	正向
品质品牌	品质建设	X_{17} 制造业产品质量合格率	%	正向
		X_{18} 制造业产品优等品率	%	正向
	品牌建设	X_{19} 中国制造业 500 强企业数	个	正向
绿色制造	环境质量	X_{20} 单位增加值工业废水排放量	万吨/亿元	逆向
		X_{21} 单位增加值工业 SO_2 排放量	万吨/亿元	逆向
	资源利用	X_{22} 单位工业产值能耗（规模以上）	万吨标准煤	逆向
		X_{23} 一般工业固体废物综合利用率	%	正向
	环境治理	X_{24} 工业污染源治理投资占比	%	正向
营商环境	市场环境	X_{25} 外商投资工业企业数占比（年底注册登记）	%	正向
		X_{26} 制造业私营企业和个体就业人数占比	%	正向
	投资环境	X_{27} 外商投资企业进出口总额占比	%	正向
	法治环境	X_{28} 私营企业工会会员人数占比	%	正向
社会保障	收入	X_{29} 制造业城镇单位就业人员平均工资	元	正向
	就业吸纳	X_{30} 制造业城镇单位就业人员占比	%	正向
	税收贡献	X_{31} 制造业税收收入占比	%	正向

（三）数据来源

本文的研究区间是2007~2017年，研究对象是全国的30个省（自治区、市），因数据缺失不包括西藏、香港、澳门和台湾。原始数据来源于2007~2017年《中国统计年鉴》《中国工业经济统计年鉴》《中国科技统计年鉴》《中国税务年鉴》《工业企业科技活动统计年鉴》《中国环境统计年鉴》《中国能源统计年鉴》《中国商务统计年鉴》，以及2007~2018年各省（自治区、市）统计年鉴、统计公报。

四、制造业高质量发展的时空演变与空间关联分析

（一）时序变化特征

（1）整体时序变化特征。采用复合熵值法测度了2007~2017年制造业高质量发展综合指数，其走势如图1所示。整体来看，制造业高质量发展水平稳定提升，呈现先上升后下降再上升的波动态势。2007年制造业高质量发展水平的综合指数为0.6994，2017年增长到0.9649，年均增速为3.27%；11年中，增速较大的年份为2012~2013年、2015~2016年。2012~2013年制造业高质量发展综合指数增速为6.05%，究其原因，主要是该时期国家发生了很多与制造业高质量相关的重大事

件。2012 年 2 月，工业和信息化部等四部委联合颁布了《重大技术装备自主创新指导目录》；同年 5 月，工业和信息化部发布了《高端装备制造业"十二五"发展规划》，在一定程度上促进了制造业的加速发展，为下一阶段制造业高质量发展带来了新动力。2015～2016 年制造业高质量发展综合指数增速为 8.87%，远远高于其他年份的增长率。因此，制造业高质量发展水平提升效应明显，但总体上还存在很大的上升空间。

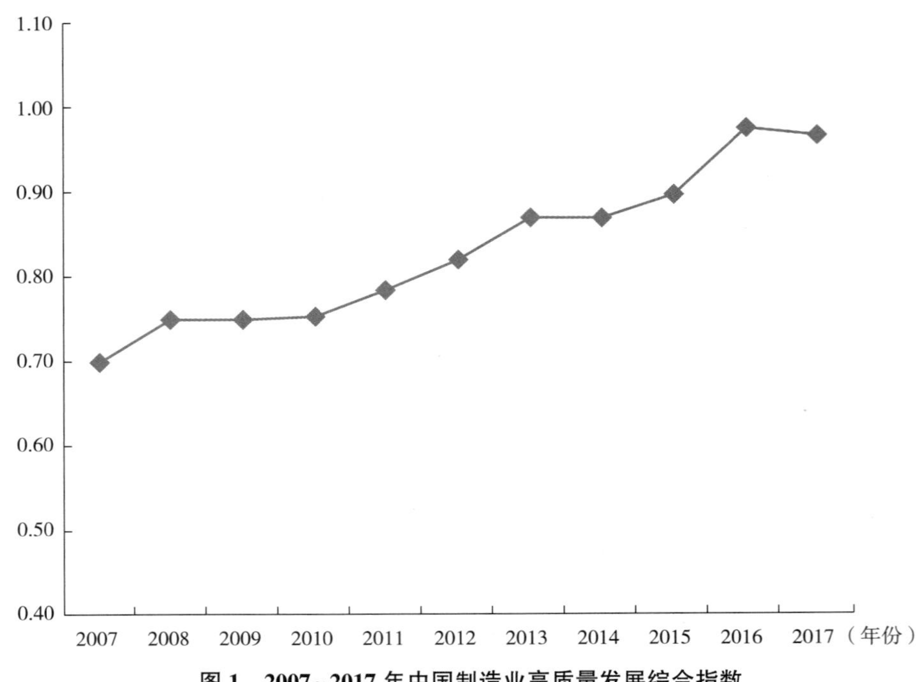

图 1　2007～2017 年中国制造业高质量发展综合指数

（2）子系统时序变化特征。为探究中国制造业高质量发展分维度（子系统）的时序变化特征，本文计算了 2007～2017 年制造业高质量发展分维度（子系统）指数的平均值，选取 2007 年、2010 年、2013 年、2017 年为时间断点绘制了制造业高质量发展分维度指数雷达图（见图 2）。从图 2 可见，2007～2017 年，中国制造业高质量发展子系统指数发展差异较大，总体上可分为三种类型：

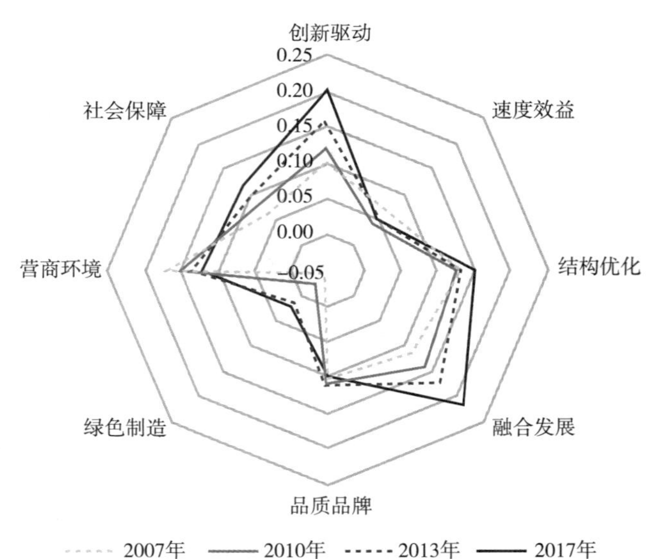

图 2　2007～2017 年中国制造业高质量发展分维度指数的时序变化

1）增长型子系统。该类型子系统指数值在2007~2017年高速提升或稳步增长，增长速度由大到小为：创新驱动>融合发展>绿色制造>社会保障>结构优化。增长型子系统的主要特征为：①创新驱动不断增强。评价值从2007年的0.0989增长到2017年的0.198，制造业创新能力的快速提升对制造业高质量发展起到了较好的推动作用。分指标来看，创新驱动下四个指标均呈现增长趋势，其中创新环境占主导作用但增长相对缓慢，创新产出增速最快，得益于制造业R&D人员和R&D经费的持续投入。值得注意的是，在创新投入方面，制造业R&D人员的投入增速要远高于R&D经费的投入，未来应继续加大对创新经费的投入，特别是基础研究的经费支撑。②融合发展快速提升。评价值从2007年的0.115上升到2017年的0.215，增长速度呈逐年加快态势，这表明制造业两化融合正步入深化应用、变革创新、引领转型的新阶段。具体来看，基础环境建设（互联网、移动电话、宽带等普及率）效果明显，但制造业应用效益水平（电子信息产业制造业主营业务收入占比）稳定中略有降低。③绿色制造稳步上升。评价值从2007年的-0.043上升到2017年的0.0164，表明制造业的发展越来越重视环境保护，追求绿色发展。特别是2012年，党的十八大将生态文明融入经济建设，协调制造业发展与资源环境间的关系，推进制造业高起点绿色发展。分指标来看，绿色发展稳步推进得益于环境质量的持续改善与资源利用水平的提高，但工业环境治理投资近些年有一定程度降低。④社会保障水平进一步提升。评价值从2007年的0.064上升到2017年的0.112，分指标来看，制造业城镇工资水平持续快速增长，相比之下，制造业就业吸纳和税收贡献基本稳定，随着老龄化程度的加深和青年劳动力比重的下降，可能会对制造业就业人数总量产生影响，影响劳动力市场的供需结构、劳动力流动和劳动参与率等，从而拉低制造业的社会保障能力。⑤结构优化水平稳中有升。评价值从2007年的0.133上升到2017年的0.154，具体来看，结构优化升级的主导因素为产品结构，特别是近5年增速明显，相比之下，产业结构和企业结构相对较稳定，出口结构稳定中略有优化。

2）持平型子系统。该类型子系统指数值在2007~2017年基本保持稳定或小幅波动。①速度效益方面，整体变化较小，除劳动生产率有所提升外，其他指标均相对稳定或有下降趋势，与发达国家相比，制造业增加值率的差距进一步拉大，这其中有产业结构和国际产业内部分工的影响。从产业结构的角度来看，我国制造业目前仍以低附加值率的重化工业为主导，增加值率低。从国际分工的角度来看，我国在国际产业内部分工中处于低端，缺乏关键技术、知名品牌等也使得我国制造业增加值率偏低。②品质品牌建设水平相对稳定，评价值从2007年的0.1下降到2017年的0.09，在经济全球化时代，品牌已成为制造业乃至国家核心竞争力的象征，代表着一个国家的信誉和形象。但与国际先进水平相比，我国制造业品牌建设依然相对滞后，存在品牌数量多、市场认可度较低的矛盾，品牌附加值低、竞争力弱等问题依然存在。未来更应坚持以创新驱动发展支撑企业品牌建设，提升中国品牌美誉度，以品牌建设助推制造业高质量发展。

3）衰减型子系统。主要是指营商环境，该评价值从2007年的0.166下降到2017年的0.12，制造业投资环境和法治环境相对稳定，但制造业外商投资工业企业数占比、制造业私营企业和个体就业人数占比出现持续下降，说明市场环境有待进一步优化。营造稳定公平透明、法治化、可预期的制造业营商环境，依然是未来培育引资竞争新优势、加快实现制造业高质量发展的重中之重。

（二）空间分布特征

为探究中国制造业高质量发展的整体空间分布特征，本文计算了2007~2017年制造业高质量发展综合指数的平均值，以ArcGIS10.2软件为技术支撑平台进行空间可视化分析，采用自然断点方法将其分为5个等级。可以发现，制造业高质量发展综合指数与“胡焕庸线”契合度较高，中低质量区、中等质量区、中高质量区、高质量区分布于“胡焕庸线”东侧，低质量区分布于西侧，空间非均衡性显著。具体来看，高质量区、中高质量区共9个省市，其制造业高质量发展水平均高于全国平均水平（0.82967）。中等质量区、中低质量区、低质量区共21个省（区、市），其制造业高质量发展水平均低于全国平均水平，即70%的省（区、市）处于平均水平之下，且多分布于"胡焕庸线"西侧，制造业高质量发展的空间非均衡性显著。

为进一步探究各分区制造业高质量发展在细分维度的表现状况，本文选取2007年、2010年、2013年、2017年为时间断点绘制了各区制造业高质量发展分维度指数雷达图（见图3）。具体来看：

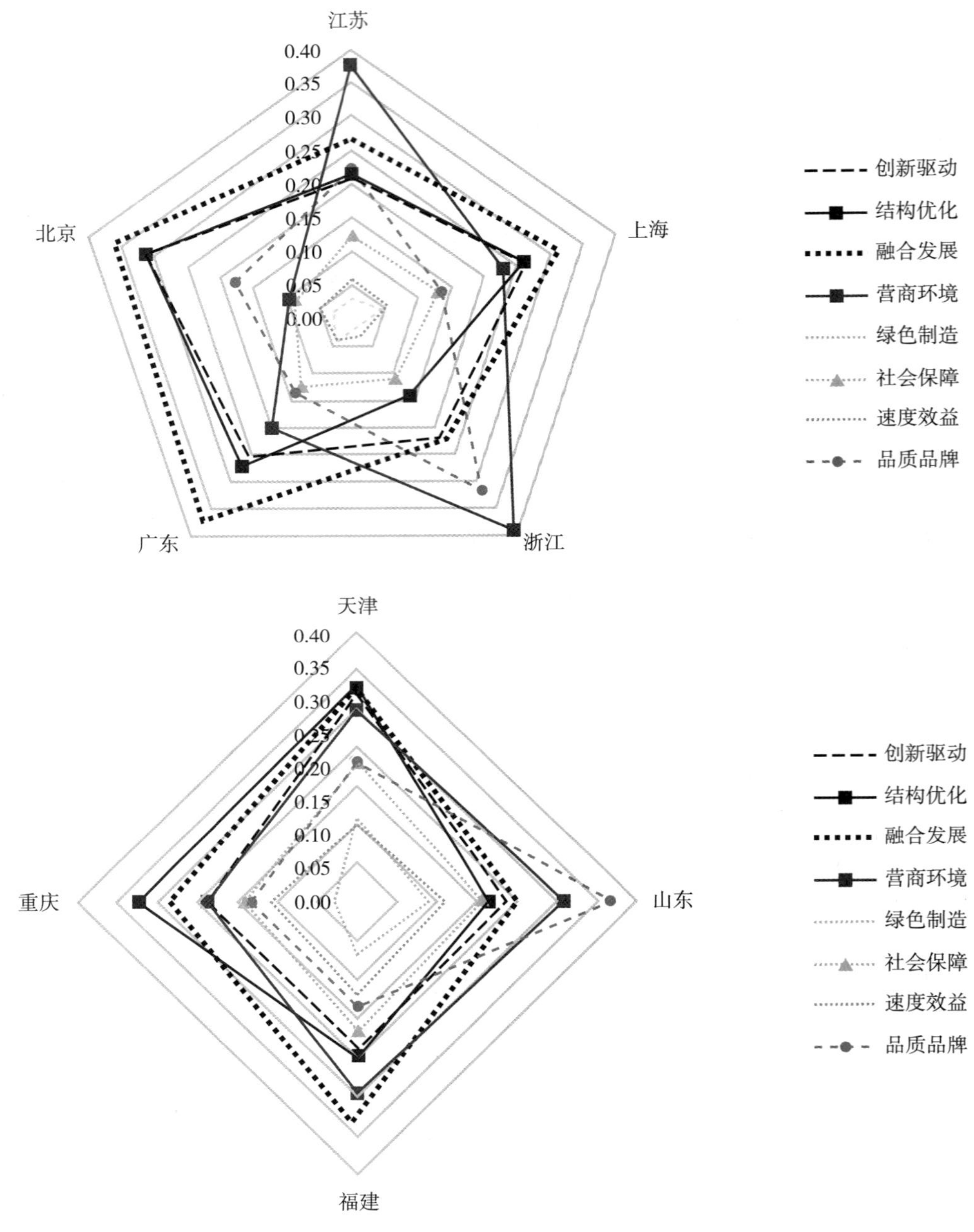

图3 制造业高质量发展细分维度对比

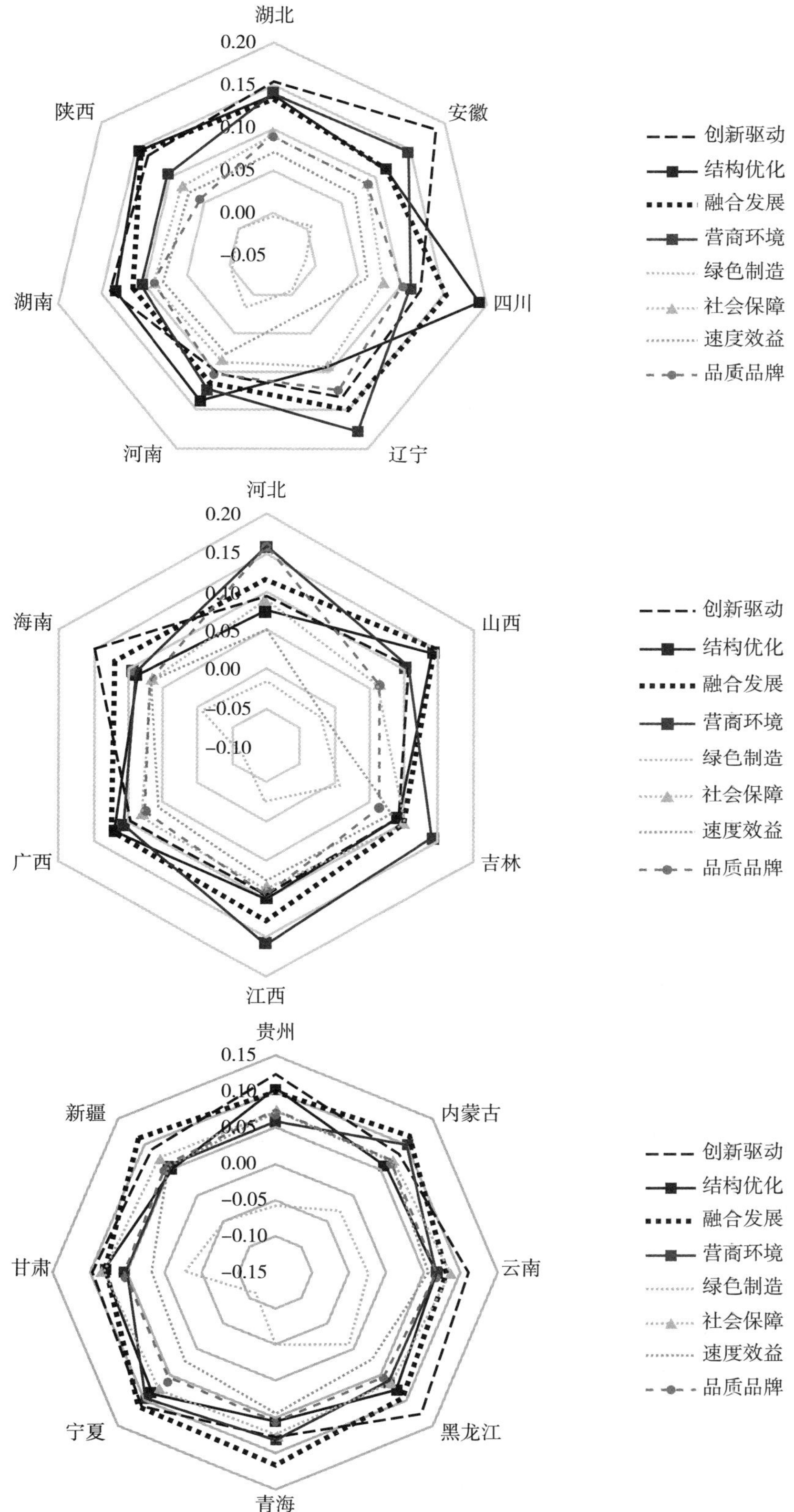

图 3　制造业高质量发展细分维度对比（续）

注：从上至下依次为高质量区、中高质量区、中等质量区、中低质量区、低质量区。

(1) 高质量区包括江苏 (1.50050)、上海 (1.45101)、浙江 (1.45016)、广东 (1.43349)、北京 (1.41999) 五个省市。各省市在制造业高质量发展的优势和短板均不同，在绿色制造、速度效益、社会保障方面，五省市发展相对均衡；营商环境方面，江苏和浙江最优，上海、广东次之，北京由于近年来限制一般制造业的相关政策及较高的综合成本劣势，整体表现欠佳；品质品牌建设方面，浙江居首位，江苏、北京次之，上海和广东待提升空间较大；北京在融合发展、创新驱动、结构优化方面，即高质量发展的基本面表现较好。

(2) 中高质量区包括天津 (1.25390)、山东 (1.09084)、福建 (1.00381)、重庆 (0.88740) 四个省 (市)。天津创新驱动水平较高，结构优化显著，绿色制造、社会保障度水平高。山东品质品牌建设最好，但结构优化、融合发展问题突出；福建融合发展水平、营商环境较好，但品质品牌建设滞后；重庆结构优化、融合发展水平较高，但绿色制造较差，营商环境有待进一步优化。

(3) 中等质量区包括湖北 (0.82264)、安徽 (0.82220)、四川 (0.81549)、辽宁 (0.80384)、河南 (0.75833)、湖南 (0.75158)、陕西 (0.73955) 七个省。湖北各方面发展相对均衡，无明显短板；安徽、四川、辽宁分别是创新驱动、结构优化、营商环境方面的引领者，其中安徽营商环境也在持续优化，四川融合发展水平不断提升，但辽宁速度效益、结构优化问题较为严重；河南绿色制造水平较高，但创新能力需进一步提升；对湖南、陕西两省，需进一步优化其营商环境，特别是陕西还需进一步加强制造业品质品牌的建设。

(4) 中低质量区包括河北 (0.72391)、江西 (0.71087)、吉林 (0.68196)、海南 (0.65600)、广西 (0.59409)、山西 (0.59360) 六个省区。融合发展、社会保障方面，各省区发展相对均衡；河北品质品牌建设较好，但在速度效益、结构优化、绿色制造方面存在短板；山西融合发展、结构优化发展较好，但速度效益水平最低；江西、吉林营商环境较好，但吉林融合发展、结构优化问题突出；广西绿色制造问题突出，绿色发展水平最低；海南创新驱动能力较强，其他发展较为均衡。

(5) 低质量区包括贵州 (0.55103)、内蒙古 (0.52601)、云南 (0.51699)、黑龙江 (0.51409)、青海 (0.46165)、宁夏 (0.45561)、甘肃 (0.45113)、新疆 (0.44855) 八个省区。贵州、黑龙江、云南创新驱动水平较高，但制造业高质量发展的短板各不相同，贵州营商环境欠佳，黑龙江速度效益较低，云南融合发展水平较低；新疆、青海、内蒙古创新驱动、结构优化水平较低，但融合发展水平较高；内蒙古、宁夏营商环境相对较好，但宁夏在速度效益、绿色制造方面表现欠佳；甘肃的速度效益、融合发展水平有待进一步提升。

(三) 空间演化特征

(1) 全国层面。根据 2007~2017 年中国制造业高质量发展的测度结果，选取 2007 年、2010 年、2013 年、2017 年制造业高质量发展的综合指数值，运用 Stata 软件描绘出与之相对应的核密度分布图，以反映中国制造业高质量发展的总体演变特征 (见图 4)。分别从其位置、峰度、形状对核密度曲线表现出的特征进行分析，综合揭示与反映中国制造业高质量发展的变化情况。从位置上看，2007~2017 年中国制造业高质量综合指数的核密度曲线整体向右偏移，核密度曲线所对应的制造业高质量发展水平稳定提升，综合指数低值区减少，高值区增加，说明中国制造业高质量发展水平总体呈稳定提升态势，与前文分析结果相吻合。从峰度上看，2007~2017 年中国制造业高质量综合指数的核密度曲线由窄峰发展成宽峰，峰度持续降低，说明各省 (区、市) 制造业高质量发展的集中程度降低，空间非均衡性增加，分化加重。显现出来的右拖现象表明部分省 (区、市) 制造业高质量发展水平显著提升。从形状上看，2007~2017 年中国制造业高质量综合指数的核密度曲线均呈现“双峰”分布，“主波峰”峰值显著下降，“次波峰”峰值稳定中略有下降。说明制造业高质量发展可能存在空间上的冷热点，即各省 (区、市) 具有空间依赖性，且伴有空间溢出效益。

(2) 省际层面。为进一步探究中国省际制造业高质量发展的动态演变过程，本文依据 30 个省

（区、市）制造业高质量发展的综合测评结果，同样采用自然断点方法以 ArcGIS10.2 为技术支撑平台进行空间可视化分析，时间断面依然选取的是 2007 年、2010 年、2013 年、2017 年。

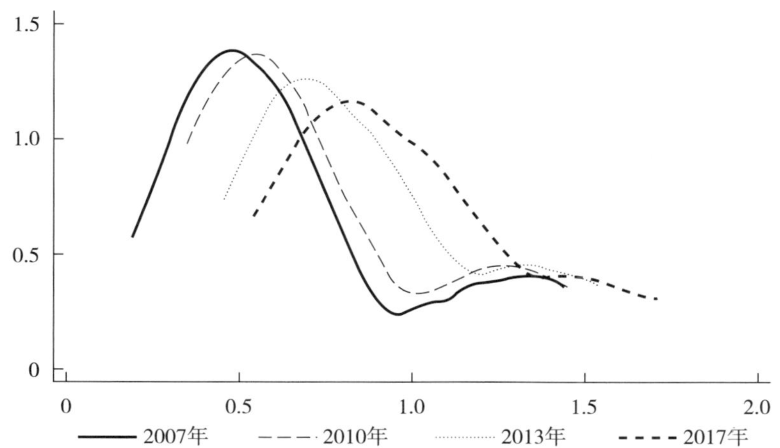

图 4　2007 年、2010 年、2013 年、2017 年制造业高质量综合指数核密度分布

2007 年，制造业高质量发展格局呈现由沿海向内陆梯度递减的特征，高质量区有 6 个，均分布于沿海地区，集中于长三角、珠三角、京津冀三大城市群，高质量发展水平由高到低依次为广东、北京、上海、江苏、天津、浙江；中高质量区共 3 个，高质量发展水平由高到低依次为山东、福建、辽宁；中等质量区与中低质量区共 18 个，占比 60%，主要分布于中西部地区，分布相对均衡，差距较小。

2010 年，高质量区的数量与区域均未发生变化，但排名出现变化，高质量发展水平由高到低依次为上海、江苏、北京、浙江、广东、天津；长三角提升明显，京津冀略有下降；中高质量区减少为 2 个（山东、福建），辽宁退为中等质量区；变化最为明显的为中低质量区和低质量区，其中北部的新疆、甘肃、青海从中低质量区退为低质量区，形成制造业高质量发展的“西部洼地”；相比之下，南部的贵州、广西由低质量区变为中低质量区，实现了一定程度的提升。

2013 年，高质量区的数量减少为 5 个，高质量发展水平由高到低依次为江苏、浙江、广东、上海、北京，天津退为中高质量区，由高质量发展水平可见，长三角发展势头依然强势，广东地位迅猛提升，但北京、天津下降相对明显；中高质量区变为 4 个，高质量发展水平由高到低依次为天津、山东、重庆、福建，特别是“后起之秀”重庆，高质量发展水平提升迅猛；中等质量区、中低质量区和低质量区三区相对稳定，值得注意的是，东北地区的吉林、黑龙江制造业高质量发展水平相对下降，依次退为中低质量区和低质量区。

2017 年，制造业高质量发展水平空间非均衡性增加，出现了“南北分化”的格局特征。高质量区的数量与区域均未发生变化，排名稍有变化，依次为浙江、广东、江苏、上海、北京；“中高质量区”增加为 5 个，高质量发展水平由高到低依次为重庆、天津、山东、安徽、福建，重庆制造业发展质量持续高速提升，一度超越天津和山东，居于首位；安徽大踏步迈进，未来将迎来持续迅猛发展；中低质量区迅速减少，低质量区明显增加，且大都集中于北部，南北分化凸显。

整体来看，中国制造业高质量发展的空间演变有如下几个特征：第一，制造业高质量发展由空间相对均衡向空间非均衡演变，集聚现象越加突出，高质量发展区主要集中于三大城市群及沿海各省（区、市），低质量发展区则主要分布于北部内蒙古、新疆等地，制造业高质量发展的质心逐渐南移，由东中西三大区域间的梯度差异逐渐演变为南北间的分化。第二，江苏、浙江、上海、广东将持续占据制造业高质量发展的“高地”，相比之下，北京、天津发展速度趋缓，特别是天津，近年来人才外流严重，人力资本水平走低，同时其融合发展水平相对较低，未来应积极推动制造业与大数据相结合，实现制造业的信息化，稳步提升制造业高质量发展水平。第三，重庆、安徽作为制造业高质量发展的“后起之秀”，发展势头迅猛；特别是重庆市，11年间高质量发展水平持续提升，由2007年的第19位跃升为2017年的第6位，发展势头之猛、速度之快可见一斑。安徽近些年营商环境持续改善，创新力度持续提升，未来在引领制造业高质量发展中的角色越来越重要。第四，东北地区制造业高质量发展水平持续降低，辽宁、吉林、黑龙江排名分别由2007年的第9位、第16位、第22位下降为2017年的第20位、第21位、第28位。

（四）空间关联特征

“地理学第一定律”指出所有事物都与其他事物相关联，较近的事物比较远的事物关联更紧密，更容易通过人流、物流、信息流的相互往来实现区域间交流。各省区市制造业高质量发展在空间上及演化过程中表现出何种规律？是否存在空间关联与集聚？为探究这些问题，本文引入地理空间统计方法研究其在空间上的依赖性，运用ARCGIS软件进行探索性空间数据分析，并实现空间特征的可视化表征。

（1）全局空间演化特征。全局空间自相关用于分析地理数据在整个空间范围内是否有集聚特性存在。常用的全局空间自相关性统计指标为全局莫兰指数，其取值范围为［-1，1］，数值越接近1，正相关性越强，即具有相同属性的空间单元集聚（“高高”相邻或“低低”相邻）；数值越接近-1，负相关性越强，即具有相异属性的空间单元集聚（高值与低值相邻）；等于0，表明空间单元不相关。计算结果如表2所示。

表2　2007~2017年中国制造业高质量发展莫兰指数

年份	2007	2008	2009	2010	2011	2012	2013	2014	2015	2016	2017
Moran I	0.21375	0.23249	0.21469	0.22526	0.22305	0.18551	0.19842	0.1899	0.20328	0.20441	0.18703
E（I）	-0.0345	-0.0345	-0.0345	-0.0345	-0.0345	-0.0345	-0.0345	-0.0345	-0.0345	-0.0345	-0.0345
Z（I）	3.3003	3.5448	3.3076	3.4431	3.4054	2.9124	3.0829	2.9729	3.1552	3.1689	2.9315
P值	0.00096	0.00039	0.00094	0.00057	0.00066	0.00358	0.00204	0.0029	0.0016	0.00153	0.00337

表2中的全局莫兰指数均为正值且通过1%的显著性水平检验，满足Z值检验要求，说明中国各省（区、市）的制造业高质量发展存在明显的空间正相关性，各省区市的发展水平在空间上不是完全独立的，存在集聚分布或空间溢出现象。具体来说，全局Moran's I指数呈现先下降后回升再下降的趋势。2007~2012年，全局莫兰指数稳定中呈下降趋势，集聚态势有所减缓，近几年相邻区域空间正相关性相比往年有所下降。2012~2016年，全局莫兰指数稳定中呈现上升趋势，说明制造业发展高质量区明显集聚，低质量区也集聚，空间依赖性增加。2017年开始，全局莫兰指数下降，说明制造业发展高质量区向低质量区扩散，空间集聚效应稍有减弱，溢出效应逐步增强。

（2）冷热点格局演变特征。全局空间自相关用于分析地理数据在整个空间范围内是否有集聚特性存在，但其并不能确切指出具体的集聚地区，且会忽略局部状态的不稳定性，因此需要在此基础上，进行具体集聚区域及其变化趋势的探测分析。根据指数的显著性和高低水平，利用自然断点法对局部空间关联进行划分，将不同区域划分为核心冷点区、次核心冷点区、边缘冷点区、边缘热点区、次核心热点区和核心热点区六类，时间断面选择为2007年、2010年、2013年和2017年。

从冷热点整体分布情况看，制造业高质量发展水平在空间上形成两个不同的集聚区：一个是由新疆、青海、甘肃、四川组成的高质量发展“低—低”形冷点区，这些地区地处偏远的西部，幅员辽阔，地广人稀，工业化进程发展相对缓慢，高质量发展创新动力不足；另一个是由浙江、江苏、福建、安徽、湖北组成的高质量发展“高—高”形热点扩散效应区，这部分地区多分布于东南沿海，且以长三角城市群为核心呈圈层向外扩散。

从冷热点数量变化来看，制造业高质量发展水平热点区数量快速增加，由最初5省区市增长为10省（区、市），扩散效应逐步增强，特别是核心热点区，由最初4省（区、市）成长为8省（区、市），说明制造业发展的空间溢出效应逐步增强；冷点区数量稳中减少，由2007年的5省（区、市）变为2017年的3省（区、市），说明制造业高质量发展的冷点区趋于萎缩。热点区的扩散效应从某种程度上削弱了冷点区的聚集，制造业发展整体向好。

从冷热点空间演变来看，制造业高质量发展的热点区由沿海—内陆扩散效应为主变为北—南扩散为主，具体来看，除江苏、浙江、上海外，安徽11年间一直处于核心热点区，制造业高质量发展水平持续提升，除自身创新能力不断增强、速度效益不断提升外，也得益于江浙的辐射效应，2013年湖北演变为核心热点区，“十一五”之后，湖北坚定实施“工业兴省”，全省工业发展步入历史上最好的时期，呈现出质量效益稳步提高、结构不断优化的良好态势；2017年河南、福建、江西逐步演变为核心热点区，未来制造业高质量发展的热点区会持续“南移西进”，空间溢出效应会逐步增强。相比之下，制造业高质量发展的冷点区不断“北上”，云南、重庆相继退出冷点区，特别是重庆，近些年制造业发展突飞猛进，营商环境不断优化，11年间从第19位跃居第6位；此外，四川逐步退出次核心冷点区，变为边缘冷点区，制造业高质量发展稳步提升，产业结构进一步优化、绿色发展持续推进，预测未来会逐步退出冷点区。

总体而言，制造业高质量发展的冷热点集聚特征空间差异明显，空间不平衡现象突出且呈现不断加剧的趋势。整体来看，制造业高质量发展的空间分布自东南向西北递减，表现为阶梯状分布特征。热点区发展较为活跃，面积不断增加，空间溢出效应较强，以长三角为核心，呈圈层向外扩散，且扩散的主方向“由东向西”转为“由北向南”，除江苏、浙江、上海外，安徽、重庆、湖北、河南、福建、江西的溢出效应会逐步增强，形成制造业高质量发展的“新高地”。相比之下，制造业高质量发展的冷点区发展较为缓慢，且逐步由南向北移动，西北地区区位条件差、经济基础薄弱，人才生态脆弱，制造业发展受限较大，在当前及未来的一段时间内，冷点区会持续集聚于此。

五、制造业高质量发展的区域差异测算及分解

（一）典型事实

为比较不同地区的制造业高质量发展状况，本文根据国家统计局公布的《东西中部和东北地区划分方法》，将全国划分为东部、中部、西部和东北四大经济区域。图5反映了2007~2017年全国总体和四大经济区域制造业高质量发展指数均值及其演变态势。从图5可以看出，东部地区制造业高质量发展指数均值始终高于其他三个地区而居于首位，其次分别为中部、东北部及西部。从演进态势看，四大经济区制造业高质量发展指数均呈上升趋势，但年均增长率差异较大，分别为2.086%、5.782%、6.875%、2.551%，中部、西部地区年均增速较快，东北部增速相对迟缓。可见，中国制造业高质量发展并不协调，那么其区域内、区域间有何差异、差异源自于哪里？为了刻画中国制造业高质量发展的总体差异，接下来本文运用Dagum基尼系数及其按子群分解方法，对中国制造业高质量发展的总体差异、区域内差异、区域间差异和超变密度变异进行分析，以揭示中国制造业高质量发展地区差异的主要来源。

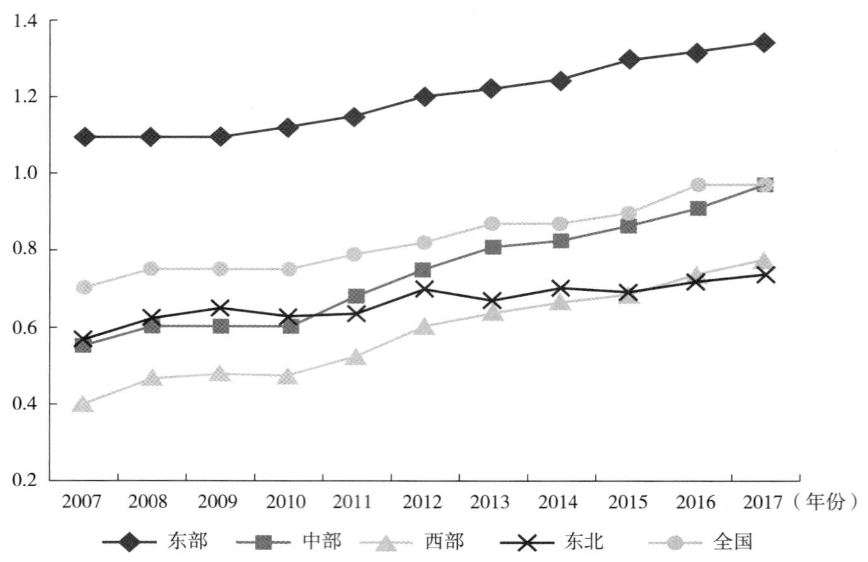

图5　全国及四大区域制造业高质量发展指数演变趋势

（二）区域差异测算及其空间分解

（1）总体差异及区域内差异。表3反映了2007~2017年中国制造业高质量发展水平在全国总体层面的空间分布差异及其演变趋势。从全国层面来看，Dagum基尼系数分布在0.194~0.284，均值为0.227，2012年之前，制造业高质量发展水平整体相对差异高于平均相对差异水平，2012年之后，其又低于平均相对差异水平，同时四大区域制造业高质量发展的内部Dagum基尼系数于2012年均迅速下降，说明该时期区域差异降低，与前文分析结果一致。从区域差异的演变趋势来看，Dagum基尼系数总体上呈波动下降趋势，说明从全国层面看，中国制造业高质量发展的不均衡程度有所缓解，但总体上目前中国制造业高质量发展的区域差异仍然较大。

表3　全国及四大区域的区域内Dagum基尼系数

年份	整体Dagum基尼系数	区域内Dagum基尼系数			
		东部	中部	西部	东北部
2007	0.284	0.165	0.061	0.151	0.123
2008	0.250	0.157	0.065	0.120	0.114
2009	0.245	0.155	0.086	0.117	0.110
2010	0.249	0.143	0.082	0.120	0.110
2011	0.244	0.141	0.077	0.165	0.120
2012	0.207	0.121	0.042	0.131	0.085
2013	0.211	0.131	0.042	0.158	0.102
2014	0.204	0.126	0.051	0.156	0.090
2015	0.211	0.134	0.063	0.167	0.167
2016	0.197	0.132	0.065	0.151	0.073
2017	0.194	0.140	0.047	0.152	0.074

从横向对比来看，四大区域制造业高质量发展水平地区内 Dagum 基尼系数均小于全国整体 Dagum 基尼系数，说明省际制造业高质量发展水平地区内相对差异要低于全国整体相对差异，同时东部、西部地区 Dagum 基尼系数较高（均值分别为 0.14、0.144），东北部次之（0.106），中部最小（0.062），说明东部、西部制造业高质量发展的内部差异较大，中部相对较小。从演进趋势来看，东部、中部和东北部地区 Dagum 基尼系数均呈现波动下降趋势，区域内 Dagum 基尼系数年均递减率约为 1.629%、2.573%和 4.954%，总体上这三个区域的相对差异年均变化以缩小为主，相比之下，西部地区 Dagum 基尼系数呈波动上升态势，年均增长率约为 0.066%，这说明西部地区的区域内差异在波动中表现出扩大趋势。从波动幅度来看，中部和东北地区 Dagum 基尼系数波动幅度相对较大，东部和西部地区 Dagum 基尼系数的演变较为平缓。

（2）区域间差异。表 4 所测算的区域间 Dagum 基尼系数反映了制造业高质量发展水平的区域间差异及其演变趋势。整体来看，东部与其他三个区域的区域间差异始终较高，东—西部地区间 Dagum 基尼系数居首位，且观测期内其地区 Dagum 基尼系数均大于同期全国整体 Dagum 基尼系数，说明东—西部制造业高质量发展水平地区间相对差异最高，东—东北部、东—中部地区间 Dagum 基尼系数均值分别为 0.187、0.183，两者呈交错上涨趋势；其次为西—东北部、中—西部，其地区间 Dagum 基尼系数均值分别为 0.146、0.138，两者大致相当；最后为中—东北部，其地区间 Dagum 基尼系数均值最小，说明中—东北部制造业高质量发展水平地区间相对差异最低。

从演变趋势来看，东—西部、东—中部波动中呈下降趋势，与全国 Dagum 基尼系数走势相一致，其年均增长率分别为-3.749%、-4.084%，说明东—中部区域间 Dagum 基尼系数下降幅度较大。东—东北部区域间差异呈先下降后上升趋势，于 2012 年超越东—中部居第二位，其区域间差异未来有持续上升趋势。中—西和西—东北部大致相当，波动中略有下降，且两者间差异越来越小。中—东北的区域间差异较小，年均增长率为-0.022%，整体变化相对较小。

表 4　四大区域的区域间 Dagum 基尼系数

年份	整体 Dagum 基尼系数	区域间 Dagum 基尼系数					
		东—中	东—西	东—东北	中—西	中—东北	西—东北
2007	0.284	0.2297	0.3168	0.2138	0.1501	0.0891	0.1685
2008	0.250	0.2153	0.2780	0.1984	0.1242	0.0886	0.1400
2009	0.245	0.2138	0.2705	0.1928	0.1268	0.1010	0.1389
2010	0.249	0.2105	0.2744	0.1899	0.1275	0.0964	0.1373
2011	0.244	0.1950	0.2695	0.1912	0.1571	0.0960	0.1644
2012	0.207	0.1654	0.2323	0.1662	0.1241	0.0640	0.1307
2013	0.211	0.1611	0.2341	0.1809	0.1439	0.0763	0.1507
2014	0.204	0.1583	0.2277	0.1737	0.1415	0.0763	0.1468
2015	0.211	0.1624	0.2338	0.1836	0.1504	0.0886	0.1535
2016	0.197	0.1554	0.2170	0.1801	0.1384	0.0908	0.1398
2017	0.194	0.1514	0.2162	0.1865	0.1383	0.0889	0.1405

（3）区域差异的空间分解。由表 5 可知，2007~2017 年，区域间差异贡献所占比重最大，远高于区域内差异和超变密度的贡献，但其总体呈波动下降趋势，从 2007 年的 81.032%下降到 2017 年的 69.418%。其次是区域内差异和超变密度，两者均呈波动上升趋势，其贡献率分别从 2007 年的

15.624%、3.344%上升到2017年的20.152%、10.430%。超变密度主要是用于识别区域之间的交叉重叠现象，如东部地区水平明显高于西部地区，但东部地区制造业高质量发展水平较低的部分省份可能低于西部地区制造业高质量发展水平较高的省份。这说明，中国制造业高质量发展的总体差异主要是来自不同区域间制造业高质量发展水平的巨大差异，区域内的差异并不是导致总体区域差异的主要原因，而不同区域之间的交叉重叠对于总体差异所造成的影响则更小，但区域内差异和超变密度差异的贡献率均呈上升趋势，年均增长率分别为2.5776%、12.047%，因此未来在关注区域间差异的同时，需加强对区域内及超变密度差异，特别是超变密度差异对区域差异的整体影响。

表5 Dagum基尼系数分解结果

年份	整体Dagum基尼系数	贡献			贡献率（%）		
		区域内	区域间	超变密度	区域内	区域间	超变密度
2007	0.284	0.044	0.230	0.009	15.624	81.032	3.344
2008	0.250	0.040	0.196	0.014	16.036	78.511	5.453
2009	0.245	0.040	0.191	0.014	16.398	77.856	5.746
2010	0.249	0.039	0.200	0.011	15.487	80.216	4.297
2011	0.244	0.042	0.184	0.019	17.167	75.209	7.624
2012	0.207	0.034	0.161	0.013	16.370	77.585	6.045
2013	0.211	0.038	0.154	0.018	18.176	73.055	8.769
2014	0.204	0.038	0.149	0.017	18.461	73.078	8.461
2015	0.211	0.040	0.152	0.019	19.179	72.000	8.821
2016	0.197	0.039	0.140	0.018	19.644	71.050	9.306
2017	0.194	0.039	0.135	0.020	20.152	69.418	10.430

（三）区域差异的结构分解

空间来源反映了地理学意义上区域差异的构成，无法体现经济学含义上区域差异的来源。本文中，我们假定制造业高质量发展涵盖创新驱动、速度效益、结构优化、融合发展、绿色制造、品质品牌、营商环境、社会服务等基本范畴，无论是全国层面还是区域层面的发展差异，均来源于这八个维度的发展差异。因此，接下来本文基于结构分解视角，借助方差分解方法得到全国层面和区域层面制造业高质量发展差异的结构分解图（见图6、图7）。

（1）全国层面。从静态角度看，当前阶段融合发展、营商环境、结构优化是制造业高质量发展差异的主要结构性来源，其差异贡献率的均值分别为20.235%、18.595%、16.714%；创新驱动和品质品牌的贡献也较大，其贡献率均值分别为14.930%、14.227%，社会保障、速度效益对区域差异的贡献率相对较低。从动态角度看，绿色制造、融合发展呈显著下降趋势，年均下降7.217%、4.465%，而创新驱动、社会保障的贡献率不断提升，年均增长7.817%、7.639%，2016年创新驱动贡献率超越融合发展排第二位，与营商环境一起成为制造业高质量发展差异的最主要来源。因此，缩小中国制造业高质量发展差异的关键在于提高创新能力，增强科技创新支持力度的地区协调性，同时还应积极营造良好的制造业发展环境，努力提升制造业发展的社会服务能力。

（2）区域层面。四大区域制造业高质量发展差异的结构来源存在地区异质性，如图7所示。东部地区制造业高质量发展差异与全国层面较为相似，贡献较大的依次是融合发展、结构优化、营商环境、创新驱动，其贡献率均值分别为22.632%、20.057%、17.791%、16.786%，社会保障差异的贡献虽然较小，但其增长速度最快，年均增长率为15.492%。其次，营商环境、品质品牌、创新驱动对制造业高质量发展差异的贡献率增速也较快，依次为6.924%、5.864%、3.629%。

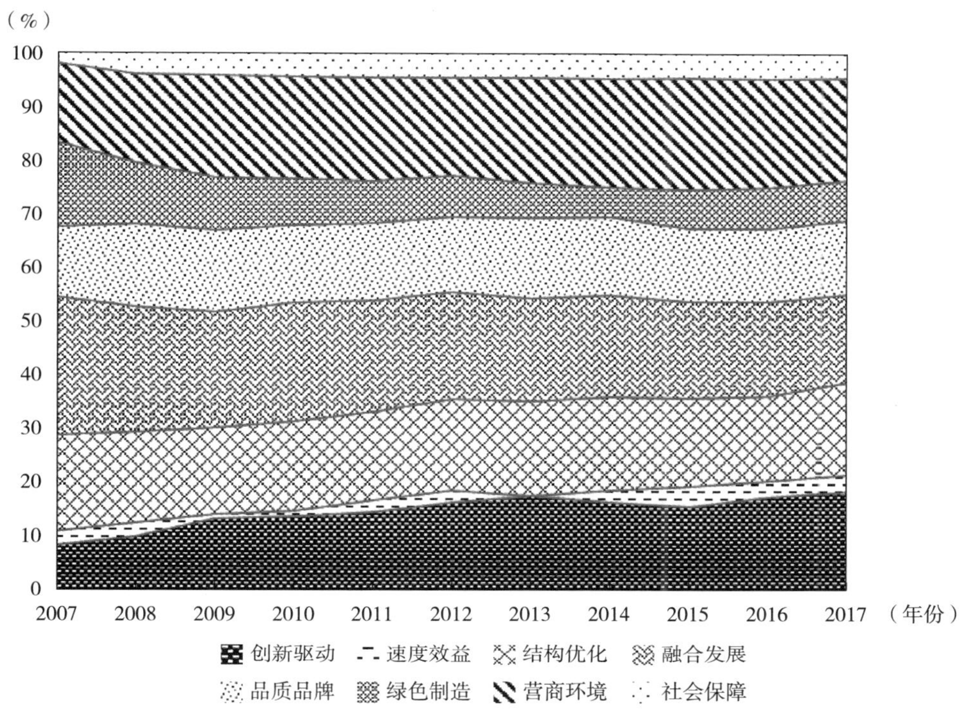

图6　全国层面制造业高质量发展差异的结构来源

与东部地区不同，中部地区制造业高质量发展差异的主要来源为速度效益、创新驱动，其贡献率均值分别为23.803%、20.032%，且两者均呈上升趋势，年均增长率分别为9.210%、7.977%。创新驱动差异于2015年后超越速度效益成为中部地区制造业高质量发展差异的最重要来源。此外，结构优化、营商环境、绿色制造的差异贡献率逐步降低，年均下降分别为9.347%、6.329%、6.133%。

西部地区制造业高质量发展差异主要来源于结构优化，且呈上升趋势，其年均贡献率为29.966%，说明西部地区制造业高质量发展的主要阻力依然在结构优化方面。营商环境、创新驱动差异的增长速度最快，年均增长率分别为25.017%、11.611%。绿色制造、品质品牌的贡献率呈下降趋势，年均分别降低15.954%、5.841%。

与三大区域均不同，东北地区制造业高质量发展差异的最重要来源为营商环境，年均贡献率均值为34.794%，其次为品质品牌、融合发展、社会保障，其年均贡献率均值分别为20.13%、16.042%、10.168%，结构优化、绿色制造贡献率较低，但增长速度较快。

总体来看，东、中、西、东北地区制造业高质量发展差异的主要驱动分别为融合发展、速度效益、结构优化、营商环境。创新驱动差异在中部地区的贡献率最高，并自东、西、东北依次降低。营商环境差异的贡献率在东北地区最高，并沿东到西依次递减。另外，四大区域制造业高质量发展差异的结构来源也存在一定的共性，如融合发展、结构优化、速度效益、营商环境的差异贡献的总和占了绝大部分，社会保障差异的贡献份额在四个地区虽然都较小，但其增长幅度与速度均很高。

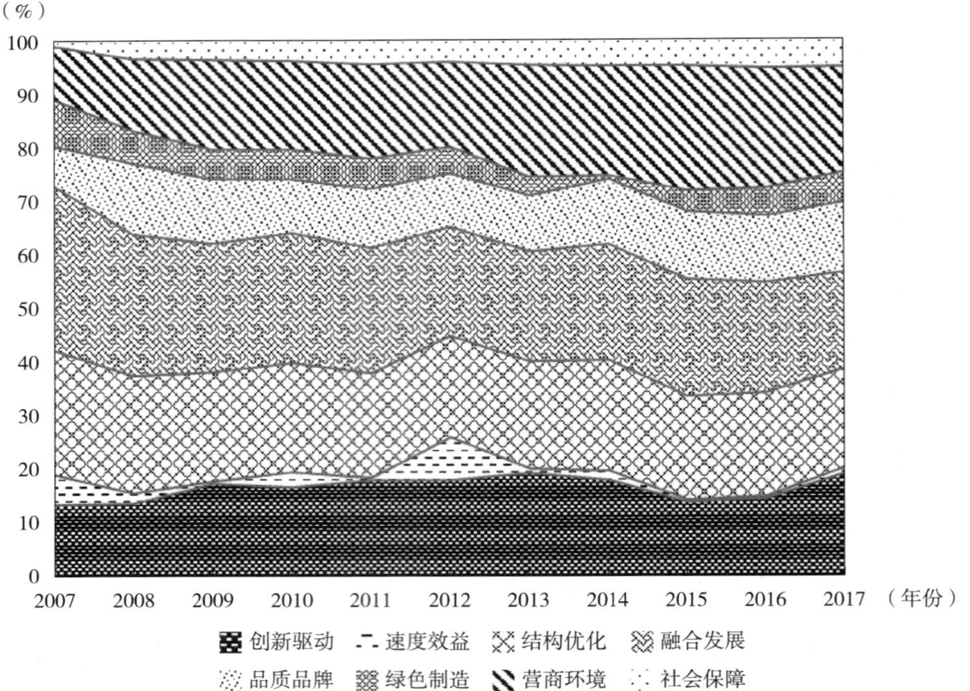

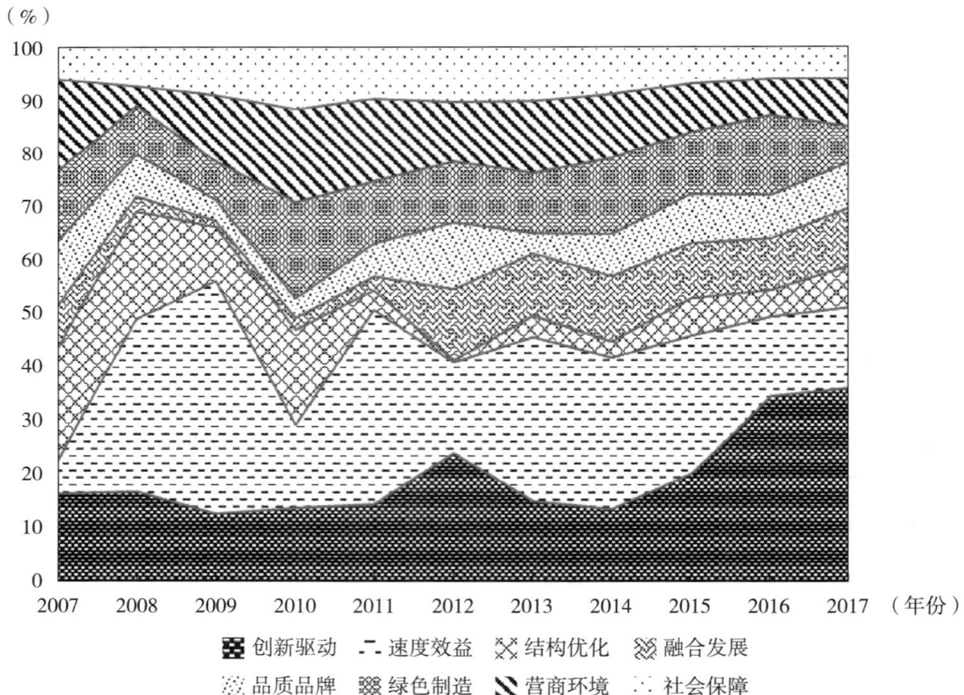

图7 四大地区制造业高质量发展差异的结构来源

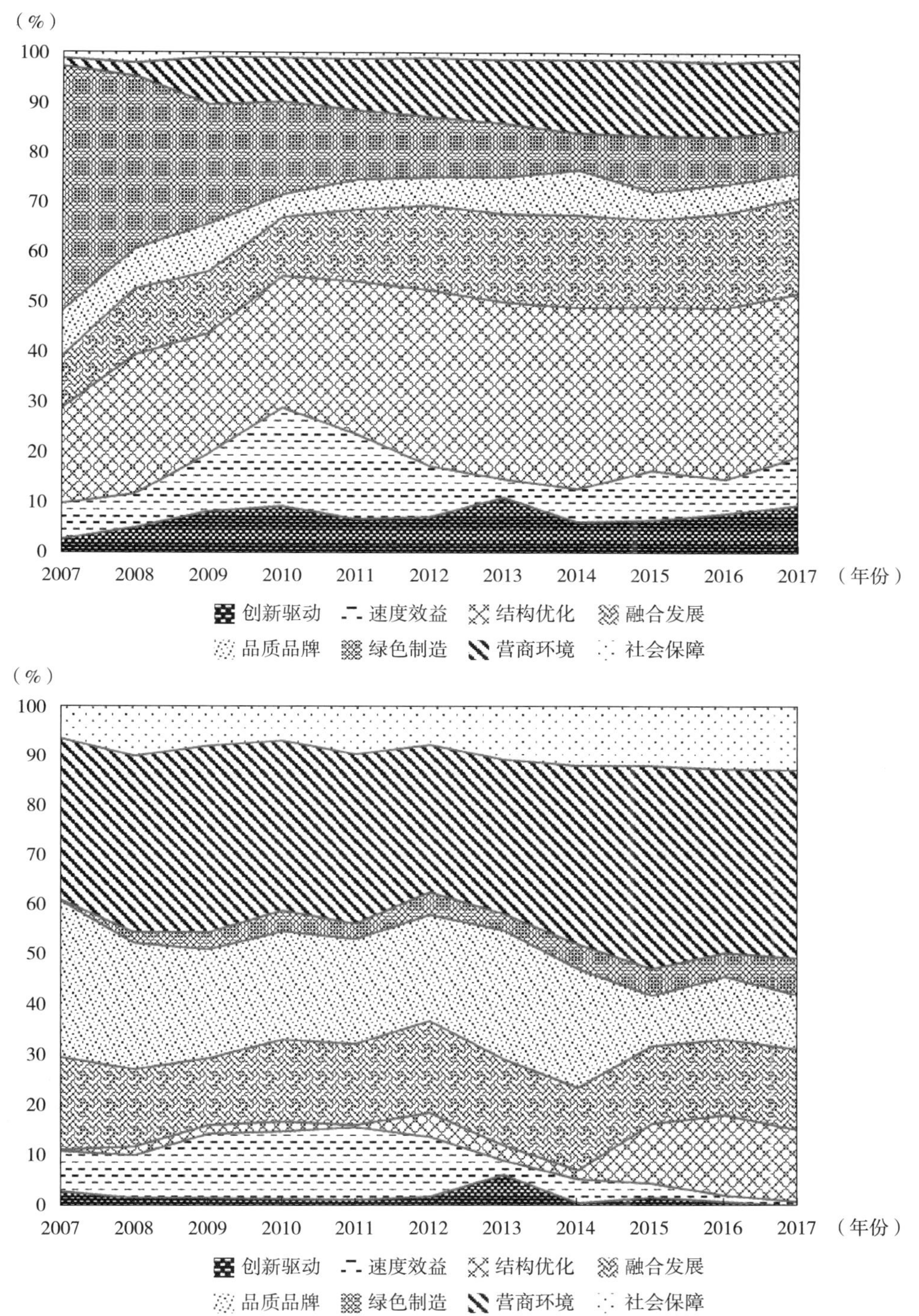

图 7　四大地区制造业高质量发展差异的结构来源（续）

注：从上至下依次为东、中、西、东北部地区。

六、研究结论与政策建议

本文从八大维度构建了一套全面而又系统的制造业高质量发展评价体系，运用复合熵值法对

2007~2017年中国30个省份的制造业高质量发展水平进行了测度，并将传统统计分析与地理信息系统技术相结合，对省际制造业高质量发展时空演变、空间关联特征进行了分析，在此基础上按四大区域划分标准对制造业高质量发展的区域差异及来源分解进行了分析探讨。研究结果表明：①从整体时序变化特征来看，2007~2017年中国制造业高质量发展水平不断提升，总体发展态势良好，2012年、2015年增长速度较快；从子系统变化特征来看，分为增长型（创新驱动、融合发展、绿色制造、社会保障、结构优化）、持平型（速度效益、品质品牌）、衰退型（营商环境）三种类型，未来应进一步优化营商环境，进一步激发市场活力。②从空间分布来看，中国制造业高质量发展的水平与“胡焕庸线”契合度较高，大体呈现从东南向西北梯度递减的分布格局，省域差异较大，其中70%的省区市处于平均水平之下，且多分布于“胡焕庸线”左侧，制造业高质量发展的空间非均衡性显著。具体来看，各省份制造业发展的优势与短板也均不相同。③从空间演变来看，制造业高质量发展由空间相对均衡向空间非均衡演变，其“质心”逐渐南移，由东中西三大区域间的梯度差异逐渐演变为南北间的分化，江苏、浙江、上海、广东将持续占据制造业高质量发展的“高地”，北京、天津带动作用持续减弱，重庆、安徽作为“后起之秀”，发展势头迅猛，东北地区制造业高质量发展水平持续降低。④从空间关联性来看，中国各省（区、市）的制造业高质量发展存在明显的空间正相关性。热点区发展活跃，以长三角为核心，呈圈层向外扩散，除江苏、浙江、上海外，安徽、重庆、湖北、河南、福建的溢出效应逐步增强，形成制造业高质量发展的“新高地”。相比之下，冷点区发展较为缓慢，且逐步由南向北移动。⑤区域间差异是总体差异的主要来源，东部与其他三个区域的区域间差异始终较高，其中东—西部区域间差异的贡献最大；各区域内部发展差异也不容忽视，尤其是东部、西部区域内的差异，且西部差异有拉大趋势；超变密度差异对中国制造业高质量发展总体差异的影响也不断增强。从结构分解视角来看，融合发展、营商环境、结构优化是制造业高质量发展差异的主要构成，创新驱动贡献率不断提升，与营商环境一起成为制造业高质量发展差异的最主要来源。各维度差异的贡献存在地区异质性，东、中、西、东北地区制造业高质量发展差异的主要驱动分别为融合发展、速度效益、结构优化、营商环境。创新驱动差异在中部地区的贡献率最高，并自东、西、东北依次降低。营商环境差异的贡献率在东北地区最高，并沿东到西依次递减。

根据上述研究结论，为积极推进中国制造业高质量发展，不同子系统水平全面提升和不同地区制造业高质量发展水平协同提升，提出以下政策建议。

首先，重视制造业高质量发展的引领作用，告别惯性思维，推进发展理念由追求增速向追求质量有序转变。当前阶段中国制造业高质量发展综合水平依然偏低，要有序提升其发展水平，最为关键的就是转换发展理念和思维。对学者和政策咨询者来讲，则要从理论与方法上与时俱进，从“增速快”的传统经济理论转变到研究“质量优”的新方法、新实践上来，特别应注重该领域多学科交叉融合的研究。

其次，结合不同区域制造业高质量发展的制约因素与发展优势规划制造业发展方向。鉴于制造业高质量发展的差异主要源自于区域间差异，应尽快改善中、西部、东北地区制造业高质量发展状况，缩小其与东部地区的差异，同时应着重增强东—西部、南—北部制造业高质量发展的平衡性，降低分化程度。鉴于不同维度差异对制造业高质量发展差异的贡献和影响各异，应分类施策，有效促进制造业平衡发展。从全国层面来说，创新驱动和营商环境逐渐成为影响制造业高质量发展差异最突出的问题，必须把创新能力的提升摆在更重要的位置，着力实施创新驱动发展战略，充分发挥科技支撑引领作用，同时积极营造良好的营商环境，加强区域间共享。从区域层面来说，中部地区降低制造业高质量发展差异的关键在于，继续加强创新驱动战略的整体性和全局性，缩小地区差异。西部地区的工作重点是继续优化产业布局结构，发挥资源及区位优势，集中力量发展资源型优势产业，同时加强对先进制造业的前瞻性布局，推动西部地区产业结构高级化发展；东北地区应进一步优化制度环境，理顺政府和市场关系，坚持资源配置市场导向，保障公平、有效率的市场秩序，注重人力资本积累，加大科技创新投入，共同促进制造业高质量平衡发展。

最后，实施全域视角下的各省区市制造业高质量发展协同优化策略，通过各省（区、市）交流与合作，提升制造业高质量发展的地理扩散效应，重点关注中国区域发展均衡线——“博台线”。国家层面需要在积极推进各省（区、市）制造业高质量发展的同时，制定区域协调互动政策，通过创新成果空间溢出、资源高效配置方式互动交流、市场机制经验分享等多种方式全面提升各省（区、市）制造业高质量发展水平。此外，各界需重点关注“博台线”，其垂直于“胡焕庸线”，是促进东中西部、南北协调发展、解决地区发展不平衡不充分的重要分界线，对推动国家区域协调均衡发展具有不可替代的重要功能与战略作用。应持续加强各界对“博台线”的关注，充分释放其多重潜在功能，积极探索破解“胡焕庸线”、缩小地区制造业发展差距的新路径。

参考文献

［1］钞小静，任保平．中国经济增长质量的时序变化与地区差异分析［J］．经济研究，2011，46（4）：35-48.

［2］陈诗一，陈登科．雾霾污染、政府治理与经济高质量发展［J］．经济研究，2018，53（2）：16-29.

［3］高培勇，袁富华，胡怀国，等．高质量发展的动力、机制与治理［J］．经济研究，2020（4）：2-16.

［4］贺灿飞，梁进社．中国区域经济差异的时空变化：市场化、全球化与城市化［J］．管理世界，2004（8）：65-83.

［5］黄群慧．改革开放 40 年中国的产业发展与工业化进程［J］．中国工业经济，2018，36（9）：5-24.

［6］纪玉俊，王雪．新时代背景下我国制造业的高质量发展评价研究［J］．青岛科技大学学报（社会科学版），2019，35（2）：21-32.

［7］江小国，何建波，方蕾．制造业高质量发展水平测度、区域差异与提升路径［J］．上海经济研究，2019（7）：36-49.

［8］李春梅．中国制造业发展质量的评价及其影响因素分析——来自制造业行业面板数据的实证［J］．经济问题，2019（8）：22-31.

［9］李廉水，程中华，刘军．中国制造业“新型化”及其评价研究［J］．中国工业经济，2015（2）：25-44.

［10］刘华军，李超．中国绿色全要素生产率的地区差距及其结构分解［J］．上海经济研究，2018（6）：31-45.

［11］任保平，宋雪纯．中国新经济发展的综合评价及其路径选择［J］．中南大学学报（社会科学版），2020（1）：96-113.

［12］师博，任保平．中国省际经济高质量发展的测度与分析［J］．经济问题，2018（4）：75-86.

［13］许召元．高质量现代化经济体系：核心要素与关键环节［J］．区域经济评论，2018（4）：36-49.

［14］余东华．制造业高质量发展的内涵、路径与动力机制［J］．产业经济评论，2020（1）：13-29.

［15］张连城，朗丽华，赵家章，等．城市居民生活质量“总体稳定、稳中有忧”——2019 年中国 35 个城市生活质量报告［J］．经济学动态，2019（9）：61-75.

[16] 张文会，乔宝华．构建我国制造业高质量发展指标体系的几点思考［J］．工业经济论坛，2018，5（4）：42-56.

[17] Andrade D. C.，Garcia J. R. Estimating the Genuine Progress Indicator（GPI）for Brazil from 1970 to 2010［J］. Ecological Economics，2015，118（1）：49-56.

[18] Bagstad K. J.，Shammin M. R. Can the Genuine Progress Indicator Better Inform Sustainable Regional Progress? —A Case Study for Northeast Ohio［J］. Ecological Indicators，2012，18（2）：330-341.

[19] Beça P.，Santos R. Measuring Sustainable Welfare：A New Approach to the ISEW［J］. Ecological Economics，2010，69（4）：810-819.

[20] Bleys B. Proposed Changes to the Index of Sustainable Economic Welfare：An Application to Belgium［J］. Ecological Economics，2008，64（4）：741-751.

[21] Castañeda B. E. An Index of Sustainable Economic Welfare（ISEW）for Chile［J］. Ecological Economics，1999，28（2）：231-244.

[22] Chen E. K. Y. The Total Factor Productivity Debate：Determinants of Economic Growth in East Asia［J］. Asian-Pacific Economic Literature，1997，11（1）：18-38.

[23] Costanza R.，Kubiszewski I.，Giovannini E.，et al. Time to Leave GDP Behind［J］. Nature，2014，505（4）：283-285.

[24] Dagum C. A New Approach to the Decomposition of the Gini Income Inequality Ratio［J］. Ecological Economics，1997（22）：515-531.

[25] Dowling M.，Summers P. M. Total Factor Productivity and Economic Growth-Issues for Asia［J］. Economic Record，1998，74（2）：170-185.

[26] Hayashi T. Measuring Rural-Urban Disparity with the Genuine Progress Indicator：A Case Study in Japan［J］. Ecological Economics，2015，120（2）：260-271.

[27] Lawn P. A. A Theoretical Foundation to Support the Index of Sustainable Economic Welfare（ISEW），Genuine Progress Indicator（GPI），and Other Related Indexes［J］. Ecological Economics，2003，44（1）：105-118.

[28] Meleck L.，Staníčková M.，Hančlová J. Nonparametric Approach to Evaluation of Economic and Social Development in the EU28 Member States by DEA Efficiency［J］. Journal of Risk and Financial Management，2019，12（2）：1-34.

[29] Ostergaard-Klem R.，Oleson K. L. L. Research Article：GPI Island Style：Localizing the Genuine Progress Indicator to Hawaii［J］. Environmental Practice，2014，16（3）：182-193.

[30] Pulselli F. M.，Ciampalini F.，Tiezzi E.，et al. The Index of Sustainable Economic Welfare（ISEW）for a Local Authority：A Case Study in Italy［J］. Ecological Economics，2006，60（1）：271-281.

[31] Saleem M.，Shahzad M.，Khan M. B.，et al. Innovation，Total Factor Productivity and Economic Growth in Pakistan：A Policy Perspective［J］. Journal of Economic Structures，2019，8（1）：1-18.

电改红利是来自效率提升还是再分配?

——电力批发市场改革的社会福利分析

宋　枫　崔　健　蒋志高

[摘　要] 2015年新一轮电力体制改革启动以来，发电侧市场化改革稳步推进。本文旨在量化评估发电侧构建竞争性批发市场带来的社会总体福利改善程度和福利再分配效应，以及从社会福利改善角度评估与比较不同的批发市场模式。研究结果表明，无论采取何种市场模式，在发电侧建立批发市场都可以带来生产效率的提升，由于低成本机组替代高成本机组获得了更多的发电量，从而带来社会总体福利的提升。以广东省为例，仅2018年的社会总福利改善可以达到105.83亿~11.69亿元。同时，改革带来了两种再分配效应：一方面，竞争使得生产者剩余向消费者剩余转移，消费者支付的用电费用潜在下降可达392.26亿~490.09亿元（14.16%~17.70%）；另一方面，不同类型发电机组受到的冲击也不相同，核电与高效率煤电等低成本机组由于获得更多的发电量而受益，高成本火电机组则会承担损失。短期来看，中长期交易模式与全电量现货市场模式的社会总体福利改善程度没有显著差别，但再分配效应差别较大。全电量现货市场模式对发电企业的冲击更大，可能会影响电力供给质量与长期供给的充足性，因此亟须同时配套其他市场机制改革。

[关键词] 电力市场改革；电力批发市场；社会福利；再分配效应

一、引言

电力是关系国计民生的重要基础产业和公用事业，也是国民经济的重要组成部分和能源工业的中心。改革开放40多年来，中国电力工业快速发展，2019年装机总容量达到20.1亿千瓦，人均年电力消费达到5160.9千瓦时，电力普遍服务实现人口全覆盖，不仅有力地支撑了社会经济发展，还是人民生活改善、社会进步的重要推动力。伴随着中国经济发展和社会主要矛盾的演化，中国电力行业的主要矛盾和任务也发生了变化，从改革开放初期的供给不足转变为现阶段的供给过剩，火电发电设备年平均利用小时数由2013年的5020小时下降到2016年的4185小时，新能源“弃风”“弃光”等消纳矛盾突出。同时，资源生产效率低，环境负外部性大，亟须新的发展方式。

电力行业的发展矛盾反映了电力体制机制的深层次矛盾。电力行业作为市场经济的重要组成部分，一直在探索市场化改革的方向。2002年中国进行了第一轮电力市场化改革探索，明确提出“构建政府监督下的政企分开、公平竞争、开放有序、健康发展的电力市场体系”，解决了政企不分、厂网不分等问题，初步形成了电力市场主体多元化的竞争格局。但改革十余年后，电力行业仍然面临发电侧竞争不足、市场化定价机制尚未完全形成，市场配置资源的决定性作用尚未发挥，以及政府科学监管体系不完善与监管能力不足等深层次矛盾。2015年《中共中央　国务院

[基金项目] 中国人民大学科研基金年度面上项目（20XNA035）。

[作者简介] 宋枫（通讯作者），中国人民大学应用经济学院副教授，博士生导师，经济学博士，邮箱：songfeng@ruc.edu.cn；崔健，中国人民大学应用经济学院博士研究生；蒋志高，知能汇融（北京）咨询有限公司CEO。

关于进一步深化电力体制改革的若干意见》（中发〔2015〕9号）拉开了新一轮电力体制改革的大幕。

解决制约电力行业科学发展的突出矛盾和深层次问题，促进电力行业高质量发展，事关中国能源安全和经济社会发展全局，既是全面深化改革、完善社会主义市场经济体制的重要组成部分，也是业界、政策制定者和学术界关心的重大问题。无论是从理论还是从国际经验来看，在发电环节建立有效的竞争性批发市场是电力市场化改革的核心与关键。2015年新一轮电力体制改革启动以来，发电侧的市场化改革稳步推进。国家和地方电力交易中心陆续成立，所有省份均建立了中长期交易机制，8个省份试点现货市场，有序放开发用电计划，市场化交易规模明显扩大，2019年全国市场化交易电量突破2万亿千瓦时，接近全社会用电量的40%①。2014~2018年电网平均销售电价下降7%，工商业用户电价下降20%，用电企业的电费支出下降达到3100亿元。

尽管电改五年多以来改革红利已逐渐显现，但一些重要的政策问题仍缺乏细致量化的分析，无法对科学决策提供有力支持。中国电改的社会福利改善潜力有多大？改革带来的潜在收益与损失是如何在不同市场参与方之间分配的？如何选择适合中国的电力市场模式以及相关的政策配套与建设路径？对这些问题的回答可以为科学的电力市场顶层设计提供支撑，更好地提升社会总体福利水平以及分配，从而最大化凝聚改革共识、减少改革阻碍，对于评估改革措施的成效、指明下一步改革方向都具有重要意义。

本文旨在考察在发电侧构建竞争性批发市场带来的社会总体福利改善程度，以及收益和损失是如何在生产者、消费者以及不同类型发电企业之间进行分配的。具体研究问题包括：建立电力批发市场替代过去的生产计划制度带来社会福利的改善程度有多大？不同批发市场的竞争模式会如何影响福利改善程度，以及如何影响改革收益与损失在不同市场主体之间的分配？为此，本文建立成本—收益分析框架，以消费者剩余和生产者剩余的变化作为社会福利变化的衡量指标，构建改革前的计划模式（即反事实基准情景）以及改革后的中长期交易和全电量现货市场两种市场竞争模式，利用广东省2018年电力供给与需求实际数据，量化模拟不同情景下的社会剩余，评估市场竞争和不同市场模式带来的社会剩余变化以及在市场参与者之间的分配变化。

研究发现，无论采取何种市场模式，在发电侧引入竞争都可以带来社会总体福利的提升，仅广东省2018年的社会总剩余可以增加105.83亿~117.68亿元。同时，改革带来了两种再分配效应：一方面，竞争带来了生产者剩余向消费者剩余转移，消费者支付的用电费用潜在下降幅度可以达到14.16%~17.67%；另一方面，不同类型发电机组受到的冲击也不相同，核电与高效率煤电等低成本机组由于获得更多的发电量而受益，高成本煤电机组则会受损。现货市场模式比中长期模式对发电企业的冲击更大，可能会影响电力供给质量与长期供给的充足性，因此亟须同时配套其他市场机制改革。

在现有文献基础上，本文尝试在以下几个方面做出贡献。①本文建立了一个严谨规范的福利分析框架，使用社会剩余的变化衡量电力市场化改革的福利改善，与以往研究中采用的电力行业利润指标和效率指标相比更加全面和综合，不仅可以用来量化评估电力市场化改革的社会福利改善总效应，还可以评估再分配效应（或称作利益转移或租金转移）。本文有助于回应社会关心的一些问题：电改红利的潜力有多大？谁在市场化改革中受益或者受损？改革一定会降低电价吗？这些是电力市场化改革中顶层设计需要考虑的重大问题，已有文献大多为定性分析，缺乏严谨的量化分析。②结合中国电力市场化改革的现实起点和实际进展界定了适合中国国情的改革情景，并对不同电力批发市场模式的潜在影响进行事前量化模拟分析，为改革的机制设计与路径选择给予有效的科学支撑。发电侧建立批发市场是电力市场化改革的核心与关键，同时市场设计十分复杂，既受到一国电力行

---

① 2019年，全社会用电量72255亿千瓦时，各类交易电量28344亿千瓦时，占39.2%。

业改革时的需求特点、供给结构等影响，也需要考虑不同市场机制与规则之间的配套，中国仍在探索中。本文的社会福利分析为电改顶层设计的探索与争论提供了一个比较的视角，为批发市场建设的配套改革机制设计和过渡路径设计提供了科学参考。③本文使用了广东省2018年5分钟负荷加总到每小时的电力需求数据，这使得本文可以更准确地模拟与比较不同现货市场模式下的福利变化。现货市场交易的时间颗粒度会直接影响市场出清价格以及相关的福利分析，现有研究多使用典型负荷日的电力需求数据，但电力需求主要由经济生产活动决定，其季节与时段的差异性极大，所以使用典型日的数据进行模拟可能带来较大的偏差。

二、文献综述

（一）电力市场化改革的国外文献

电力行业传统上实行发电、输电、配电和售电垂直一体化经营，被视作自然垄断行业，在准入和收益率等方面受到政府监管。20世纪80年代初以来，在自由化与放松管制的思潮下，英国与美国等国家陆续对电力行业进行市场化改革，在纵向上将发、输、配、售四个环节进行分离，在不具有规模经济特征的发电和售电环节引入竞争，在具有自然垄断特性的输、配电环节实行更有效的监管。改革的直接动机是希望通过放松监管和引入竞争来降低成本和提升效率，而改革的理论基础既根植于新古典经济学的竞争均衡与福利最大化理论，又得益于产业组织理论在不对称信息、自然垄断监管和机制设计等领域的创新，以及相关理论在电力行业的应用。以诺贝尔经济学奖获得者 Jean Tirole，美国学者 Paul Joskow、William W. Hogan，英国学者 David Newbery、Michael Pollitt 等为代表的研究者发表的一系列经典文献，为有效的电力市场设计与构建提供了理论基础（Joskow and Schmalensee，1983；Schweppe et al.，1988；Laffont and Tirole，1993；Green and Newbery，1992；Hogan，1992；Joskow and Tirole，2000）。

电力生产消费的实时平衡特性使得电力市场无法自发形成，需要系统科学的顶层设计。一个运行良好且有效的电力市场需要遵循一般性的市场规律，很多综述研究总结了世界各地的电力改革经验并提炼出一些需要遵循的共同原则，包括成立独立的系统运行机构；在发电侧建立批发市场是电力市场改革的核心内容，也是成本下降和效率提升的主要来源（Newbery and Pollitt，1997；Joskow，2006，2008）；对市场势力要进行有效监管（Borenstein et al.，2002；Mansur，2008），以及价格形成机制需要能够灵敏反映供需的时空可变性与灵活性（Green，2008；Newbery et al.，2018）。

虽然各国电力行业市场化改革的目标与遵循的理论基础大体相同，但资源禀赋、电力行业存量和制度条件等各不相同，因此各国在不同约束条件下最终采取的电力市场模式、方案与路径各不相同。Besant-Jones（2006）、Joskow（2008）、Borenstein 和 Bushnell（2015）等总结了英国和美国电力体制改革的经验与教训，其中 Besant-Jones 讨论了发展中国家电力体制改革的经验和教训。

由于电力市场改革的综合性与复杂性，其改革过程同时受到很多外部因素的约束和影响，对电力体制改革效果的评估也具有极大的挑战。本文选取了与本研究直接相关的评估发电侧改革效果的文献进行综述。现有文献对发电侧改革的绩效评估指标大体包括四类：第一类是采用电力企业的盈利能力和金融市场的表现来评估改革的影响（Pombo and Taborda，2006）；第二类研究考察改革可能带来的发电行业的效率提升，如利用双重差分法来比较改革前后的劳动生产率或考全要素生产率的变化（Du et al.，2013）；第三类研究选择电价的变动作为衡量电改绩效的指标，如 Joskow（2006）评估了美国电改10年的效果，认为电价有所下降，但 Borenstein 和 Bushnell（2015）认为美国电改的结果并不令人满意，电价下降更多的是来自租金转移（Rent Transfer）而不是效率的提升；第四类研究使用社会剩余和成本—收益分析框架来衡量电改为全社会带来的福利变化与再分配效应。与前三类研究相比，这类研究评估指标不仅包括发电企业，也包括消费者以及成本收益在不同市场参与者之间的再分配，评估更为全面。代表性研究是 Newbery 和 Pollitt（1997）以及 Barmack 和 Kahn（2007），这两项研究分别构建了处于监管状态下的反事实情景，与改革后情景进行比较，分别对英国和美国新英格兰地区的电力市场化改革的成本收益进行了分析。本文也采用类似的成本—收益框架，但由于各国制度环境、行业存量、改革路径以及面临的改革难点与现实问题具有很大的不同，因此需要在总结中国的改革起点与进展的基础上，针对中国现实中关注的问题构建分析情景，利用中国电力行业的数据与参数对福利变化进行估计。

（二）中国电力市场改革的相关研究

中国电力市场化改革是国家经济体制改革的重要组成部分，无论对电力行业本身还是国民经济发展都具有深远的影响，但学术界从经济学视角对中国电力行业的研究较少。针对 2002 年电改，林伯强（2005）、Xu 和 Chen（2006）、冯永晟（2010，2014）、Wang 和 Chen（2012）等进行了综述，其中一个共识是改革不够彻底，没有建立真正的电力市场。少数文献实证研究了电改是否提升了发电效率（Meng et al.，2016）。随着本轮电力市场化改革的推进，相关研究也逐渐丰富，内容涵盖电力制度改革的总体设计（波利特等，2017；冯永晟，2018）、电力市场模式的选择（刘树杰、杨娟，2016）、输配电价与市场势力监管（郑新业等，2016）以及电力市场范围（王鹏等，2019）等。

在发电侧建立批发电力市场是电力市场化改革最核心的制度安排。针对发电侧改革的研究，刘树杰、杨娟（2016）比较了不同的电力批发市场模式，并设想了中国电力批发市场的理想模式与建设路径。少数研究对发电侧市场化改革的效果进行了量化模拟，如 Wei 等（2018）和 Chen 等（2020）模拟测算了对煤电机组实行经济调度改革的潜在收益，主要来源于高效率火电机组对低效率机组的替代而减少的发电成本及环境外部性。需要指出的是，经济调度并非彻底的市场化改革，仅仅是对发电计划的分配规则进行了改变，本质上仍然是收益率管制。Lin 等（2019）比较了计划模式与市场模式下广东省 2018 年发电成本的变化，发现市场模式能够有效地降低发电成本。目前的研究关注的主要是电力市场化改革带来的发电成本的降低，并以此来衡量竞争带来的社会福利改善。但是改革同时也带来了生产者与消费者之间以及生产者内部的利益调整，这也是改革需要关注的重要问题。与现有研究相比，本文的研究使用社会成本收益框架估计消费者剩余和生产者剩余的变化，可以更好地理解改革带来的福利改善效应以及再分配效应。

虽然发电侧改革稳步推进，但电力批发市场的模式选择仍在探索过程中。① 电力本身无法大规模存储和即时平衡的要求决定了电力市场不同于普通商品市场，无法自发形成，必须要有系统科学的顶层设计。电力批发市场规则的设计会直接影响到改革的福利改善程度以及在市场参与者之间的分配。电力批发市场模式涉及交易双方、市场出清方式、价格形成机制、电能量市场与辅助服务市场等多种市场规则的设计，因此可以根据不同的特点分为不同的类型。2001 年国际能源署（International Energy Agency，IEA）关于电力市场竞争的报告根据交易双方类型将电力市场分为强制电力库型和双边交易型，前者发电企业只能与电网交易，后者发电企业可以与用户直接交易；Green（2008）将电力市场划分为美国标准模式和欧洲模式，两者在市场出清方式与价格形成机制上显著不同。中国 2015 年颁布的《关于推进电力市场建设的实施意见》和 2019 年《关于深化电力现货市

① 电力批发市场主要包括电能量市场与辅助服务市场，电能量市场又可以进一步分为中长期交易市场与现货市场。由于电力行业在国民经济中的重要地位以及电力市场设计的复杂性，为实现发电侧从计划配置到市场配置的平稳过渡，中国逐步放开发用电计划，通过优先购电和优先发电制度保留了部分计划发电，剩余部分逐步由市场来进行配置，市场化交易电量占全部用电量的比重从 2014 年的不到 10%逐步增加到 2019 年的 40%。中国电能量市场配置部分目前主要是通过中长期交易完成，现货市场与辅助服务市场目前仍在试点探索过程中。

场建设试点工作的意见》将市场模式分为分散式与集中式。本文根据中国电力市场建设的实际情况，在实证分析部分对不同模式进行总结和量化比较。

三、研究方法

（一）发电侧市场化改革对社会福利的影响机制分析

改革开放以来中国电力体制也经历了多轮改革。2002 年第一次市场化改革启动，成立了两大电网公司和五大发电集团，完成“厂网分开”改革，发电环节竞争初步形成，但投资与生产决策仍是以计划配置方式为主，市场机制建设缓慢。发电项目投资需要审批，电力生产由各级政府实行计划管理，电价执行标杆上网电价。发电计划管理即政府根据电力需求向发电企业分配生产数量，以同类型机组年平均利用小时数相等为原则，也就是“三公”调度原则。标杆上网电价实际上是将发电企业看作是公共事业部门，实行收益率监管，上网电价体现了不同地区和不同类型机组的发电成本的差异性。传统电力体制的优势是在中国电力需求快速增长的背景下能够保障供给、满足经济社会发展的要求。但资源生产效率低下，一个突出的表现是煤电高效率机组与低效率机组发电小时数倒挂，如图 1 所示，发电煤耗高的一些机组仍然获得较高的发电小时数。

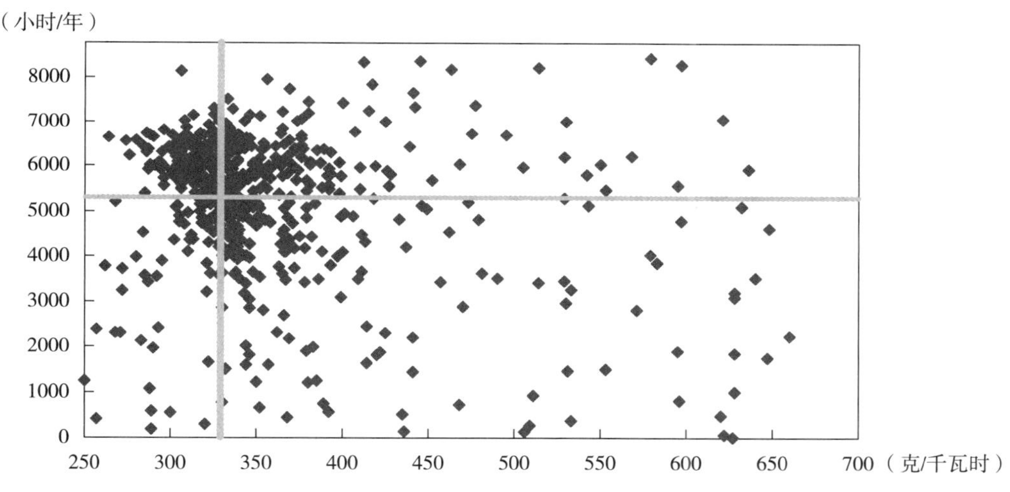

图 1　2011 年 6000 千瓦以上发电机组供电煤耗与发电小时数

资料来源：《2012 年电力工业统计资料汇编》。

电力生产的计划管理造成了生产配置的扭曲与效率损失。给定需求后，发电小时数根据“三公”调度原则在发电企业之间进行分配，这造成了行业供给曲线并不是按照成本最小化原则形成，高效率（低成本）机组与低效率（高成本）机组的利用小时数偏离社会最优的配置数量。如图 2 所示，假设发电企业成本具有异质性，完全竞争市场两个成本不同的企业选择边际成本相等时的产出水平 A 点与 B 点，但在计划体制下“三公”调度要求两个企业都在 C 点生产，总成本高于完全竞争市场下的成本，因此造成效率的损失，图中总需求未超出两个企业的生产能力，实际情况下需求会远远超出企业的生产能力，此时边际成本小的企业会贡献全部的产出。[①]

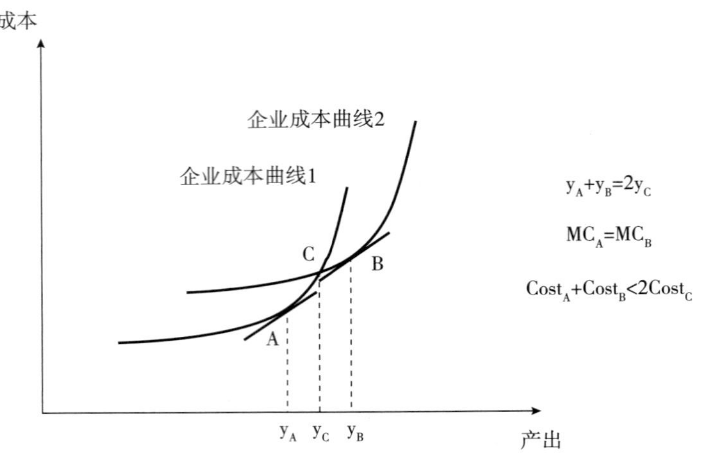

图 2　电力生产的计划管理与生产配置扭曲

在发电侧建立批发市场、引入竞争，通过市场化机制决定对电力生产的配置，促使各发电企业以最小化行业生产成本为原则决定产出数量，可以矫正发电企业之间的资源配置扭曲，因此带来的行业总体生产效率的改善，降低了全社会电力供给成本，进而带来社会总剩余的增加以及消费者剩余与生产者剩余的变化。根据 Green 和 Newbery（1992）与 Hogan（1992）假设，电力批发市场符合以下条件：市场是完全竞争市场，输电线路不存在阻塞，短期需求曲线无弹性。如图 3 所示，生产效率的提升带来了行业短期供给曲线的下移，由于短期需求无弹性，改革前后的电力需求量没有发生变化，均衡价格从 p_1 下降到 p_2。从消费者角度看，均衡价格的下降带来其支付的用电费用下降，因此消费者剩余增加为矩形面积 p_1abp_2。记 Δ 代表变化，CS 和 PS 分别代表消费者和生产者剩余，TR 代表生产者收益，TSC 代表短期生产成本，下角标 1 和 2 分别代表改革前与改革后，电改带来的消费者剩余的变化由式（1）表示：

$$\Delta CS=\Delta TR=TR_1-TR_2=(p_1-p_2)q \tag{1}$$

从生产者角度看，生产者剩余同时发生两个相反方向的变化，一方面是效率提升带来的短期生产成本下降，图 3 中为三角形 p_0ab 的面积；另一方面，由于均衡价格的下降，其获得的生产者收益下降了$(p_2-p_1)q$，这部分也正是消费者剩余增加的部分，也就是价格效应带来的租金转移，由式（2）表示：

$$\begin{aligned}\Delta PS &=(TR_2-TSC_2)-(TR_1-TSC_1)\\ &=(p_2-p_1)q+(TSC_1-TSC_2)\end{aligned} \tag{2}$$

对式（1）和式（2）做简单的变换可以看出，消费者剩余的变化可以分解为两个部分：一部

① 竞争性电力批发市场还可能通过另外两个机制改善生产效率，一是企业内生产效率的提升。引入竞争后会带来企业管理效率的提升，生产效率的改善。二是长期内，竞争性市场可能会带来投资效率的提升，减少不必要的投资，降低备用容量。本文聚焦于对来源于企业间生产再分配带来的效率提升的量化估计，这一选择基于以下三个原因。首先，与英、美等国不同，中国电力体制改革的起点是高度集中的计划经济，而市场替代计划带来的企业间生产效率的提升是效率提升的最主要来源。其次，由于标杆上网电价本质上是收益率监管，在上网电价给定的情况下，企业具有最小化成本以获得更高利润的激励。因此，参与批发市场竞争带来的生产效率提升可能并不明显。事实上，对其他国家的实证研究也表明，引入竞争后带来的生产效率提升效果并不清楚（Abbott，2006；Akkemik and Oğuz，2011）。最后，虽然长期内投资效率的提升是一国电力体制改革潜在红利的重要来源，但是，对其未来10~20 年的量化评估却具有巨大的不确定性。对未来的电力投资路径的模拟推演需要对未来的发电技术、电力需求等因素进行假设，而中国经济转型、储能与可再生能源等技术的发展都使得对这些因素的预测具有较高的不确定性。因此，本文仅量化估计电改带来的短期生产效率的提升。

是生产者剩余向消费者剩余的租金转移（ΔPS），另一部分是配置效率提升带来的社会生产成本下降（也就是 TSC_1-TSC_2）。理论上，两者的相对贡献既受到原有扭曲程度的影响（供给曲线下移的幅度），也受到供给弹性的影响（供给曲线的斜率）。扭曲程度越大，成本下降的贡献越高；供给弹性越大，租金转移的贡献就越高。在实证部分本文将对两者的贡献率进行量化估计，更好地判断电改带来的消费者用电费用支出的下降是更多地来自效率提升还是来自租金转移。

将生产者剩余与消费者剩余相加得到社会总剩余，即式（3），可以看出，社会总福利的增加来源是生产效率提升带来的电力生产成本的降低。

$$\begin{aligned}\Delta w &= \Delta CS+\Delta PS=(p_1-p_2)q+(p_2-p_1)q+(TSC_1-TSC_2)\\ &=(TSC_1-TSC_2)\end{aligned} \tag{3}$$

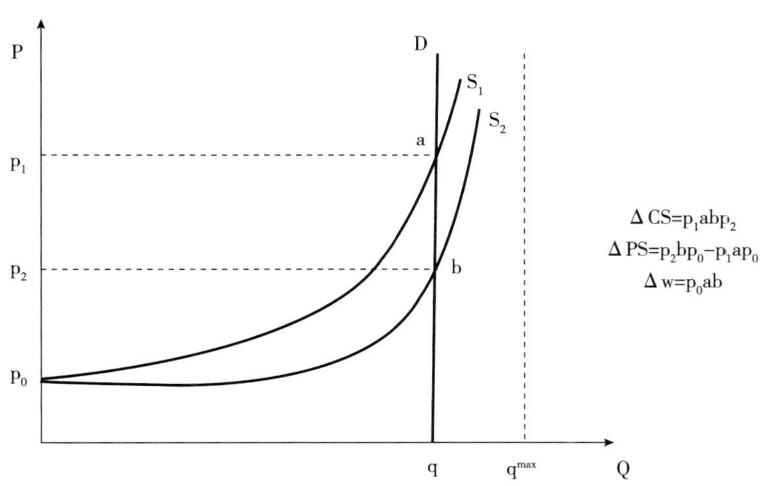

图 3　消费者剩余与生产者剩余的变化

（二）界定不同的改革情景

社会成本收益分析被广泛应用于评估某项社会经济政策的福利影响。Jones 等（1990）最早将成本—收益分析框架应用于评估公共事业部门自由化改革的社会福利效应，基本思路是比较改革前与改革后的不同情景下社会总福利的变化以及在不同市场参与者之间的分配，社会总福利的变化可以用消费者剩余与生产者剩余的变化来衡量。应用这一分析框架，Newbery 和 Pollitt（1997）以及 Barmack 和 Kahn（2007）分别量化估计了英国和美国新英格兰早期的电力市场改革带来的社会福利变化。本文的分析框架也借鉴这两项经典研究，结合中国的发电侧改革的现实情况构建改革前后的不同情景，量化估算不同情景下的社会福利变化，作为电力批发市场改革的福利绩效衡量。

虽然成本收益分析的基本思路非常简单，但在实际应用中却要结合研究的重点、数据可得性以及研究地区的实际情况做出界定与假设，厘清衡量的到底是什么问题，需要明确福利改善的指标选择、研究的范围以及时间维度等。本文进行的是一个完整的福利分析，既包括社会总福利改变，也包括改革带来的受益方和受损方的评估。就研究范围而言，本文的研究限于电力行业本身的局部市场均衡分析，福利变化并不包括电力行业变化带来的上游（如煤炭行业）和下游（如钢铁行业）的福利变化。

基于中国电力市场化改革进展与方向，本文考察三种情景，第一种是改革前的计划电量分配情景，这也是本文的基准情景。通过和基准情景进行比较得到改革带来的福利变化。虽然本轮改革已经进行了五年有余，但对于电力市场模式的选择仍有争议，是采用中长期交易为主、现货交易为辅的市场模式，还是采取全电量进入现货市场交易的模式，各地区仍在设计与实验中，本文将这两种模式理论简化为中长期交易模式与全电量现货市场模式。中长期交易情景下，各类机组在现有的标杆上网电价的基础上通过降价来进行竞争，竞争的均衡结果将根据各类机组的长期平均成本形成供给曲线，以成本最小化进行市场出清，实质上更像是管制下的经济调度。全电量现货市场情景下，各类机组以边际价格形成市场供给曲线，在现货市场上进行竞争，以成本最小化进行市场出清。与前两种模式不同的是，现货市场的特点是市场交易时间颗粒度小，出清频率高，需要满足电力的即时平衡。市场出清价格由最后一单位发电的边际机组的边际成本决定，所有机组都按照这一价格获得收益，因此发电边际成本较低的机组获得的市场价格高于其短期生产成本，可以用于补偿其固定成本。各情景市场特征如表1所示。

表1　各情景市场特征

情景	计划模式	中长期交易模式	现货市场模式
市场化程度	完全计划	部分市场化	完全市场化
市场竞争方式	各类机组按"三公"调度原则分配发电量	各类机组按照长期成本进行竞价	各类机组按照边际成本进行竞价
价格形成机制	标杆上网电价	没有统一出清价格	统一出清价格

需要说明的是，本文的三类情景是理论简化的情景，现实中这三种情景可以并存，例如目前的现状是计划情景与中长期交易并存，而完全改革后的电力市场模式可能是中长期交易市场与现货市场交易并存，但到底是由中长期交易主导还是由现货市场主导是一个实践问题。本文提供的福利变化估计是理论估计，可以看作是实际情景的可能区间。

（三）社会福利变化的量化估计

上述理论分析表明对社会福利变化的量化估计的关键在于对改革前后不同情景下行业供给曲线与市场价格的估计，在此基础上可以估算三类情景下的生产者收益TR（同时等于消费者用电费用）、发电成本以及市场价格。改革前的计划情景可以根据"三公"调度原规则及标杆电价较容易地获得，改革后的市场化情景下，本文依据市场均衡条件与供给成本最小化原则进行规划求解，各情景下的具体估算方法如下：

（1）计划情景。计划情景构成了本文的基准情景，其他情景下的社会福利变化及分配与计划情景进行比较获得。计划模式下的发电量根据"三公"调度原则在生产者之间平均分配，消费者支付的用电费用等于各类发电机组的发电数量乘以其标杆上网电价，同时也是发电企业的生产者收益，短期发电成本（TSC）为边际成本的加总。[①]

$$TR_{计划} = \sum_i FIT_i GEN_i \tag{4}$$

$$TSC_{计划} = \sum_i MC_i GEN_i \tag{5}$$

式（4）、式（5）中，FIT_i 是第i类机组的标杆上网电价，GEN_i 是i类机组的年发电量，由政府根据"三公"调度原则分配给各类机组，MC_i 是i类机组的边际发电成本。

（2）中长期交易情景。参考国家发展改革委和国家能源局发布的《电力中长期交易基本规则》（发改能源规〔2020〕889号），中长期市场以双边协商、集中竞价和挂牌交易为主要方式，交易时

① 本文的消费者用电支出不是最终用电支出，是支出给发电企业的费用，不包括用输配成本与售电费用。

间包括年度和月度，在后面的实证分析中本文假设交易以月度为主。假设市场信息完全与竞争充分，无论采取哪种方式，各类机组将在现有的标杆上网电价的基础上降价来进行竞争，竞争的均衡结果将是各类机组降至长期平均成本，按照平均成本从低到高形成供给曲线，以长期发电成本（TLC）最小化进行优化并市场出清，因此中长期市场均衡由式（6）至式（8）表示：

$$minTLC_{中长期} = \sum_{m=1}^{12} \sum_{i} AC_i GEN_{i,m} \tag{6}$$

$$s.t. \sum_{i} GEN_{i,m} = D_m, \ m = 1, 2, \cdots, 12 \tag{7}$$

$$0 \leqslant GEN_{i,m} \leqslant (1 - loss_{i,m}) CAP_i H_m, \ \forall i, m \tag{8}$$

其中，$GEN_{i,m}$ 是第 m 期第 i 类机组的发电量，是成本最小化过程中的决策变量，AC_i 是 i 类机组的平均发电成本。约束条件即式（7）是每一期的电力供需平衡约束；式（8）为发电容量约束，其中 CAP_i 为第 i 类机组的装机容量，H_m 是第 m 期的总小时数，$loss_{i,m}$ 是第 m 期第 i 类机组的电量损失率，包括线损率、机组设备检修率和厂用电率等，衡量的是从发电到用电的中间过程中电力的损耗情况。求得每一类机组的发电量后，短期发电成本计算与式（5）相同。

本文假设发电机组的生产效率短期内没有发生变化，即平均成本与边际成本均与计划情景中的参数一致，但与计划情景相比，中长期情景各类机组将根据平均成本进行竞争，类似经济调度的配置方式，引导发电量更多地配置给低发电成本的机组。但价格形成机制并不是市场统一出清，而是根据各类发电机组的平均成本支付，每一期形成的发电价格是各类机组平均发电成本的加权平均，即式（9）：

$$P_m = \frac{\sum_{i} AC_i GEN_{i,m}}{D_m} \tag{9}$$

（3）全电量现货市场情景。参考 2018 年国家能源局南方监管局发布的《关于征求南方（以广东起步）电力现货市场系列规则》中的《广东现货电能量市场交易实施细则》，假设信息完全，在一个完全竞争的电力现货市场情景下，发电企业将会按边际成本报价，根据边际成本从低到高形成向上倾斜的供给曲线，按照短期发电成本（TSC）最小化方式市场出清，现货市场的出清方式可以用式（10）至式（12）表示：

$$minTSC_{现货} = \sum_{t=1}^{8760} \sum_{i} MC_i GEN_{i,t} \tag{10}$$

$$s.t. \sum_{i} GEN_{i,t} = D_t, \ t = 1, 2, \cdots, 8760 \tag{11}$$

$$0 \leqslant GEN_{i,t} \leqslant (1 - loss_{i,t}) CAP_i, \ \forall i, t \tag{12}$$

其中，$GEN_{i,t}$ 是第 t 小时第 i 类机组的发电量，是发电成本最小化过程中的决策变量，MC_i 是第 i 类机组的边际发电成本，t 是出清频率，根据不同的市场规则可以为 1 天或 1 小时，本文选取为 1 小时。约束条件式（11）为短期供需平衡约束，保证在第 t 小时内的电力供给与需求相等；式（12）为发电容量约束，与中长期情景中的容量约束类似。现货市场实行统一的价格出清，第 t 小时的市场均衡价格 P_t 等于最后一单位发电的边际机组的边际成本 MC_t^*，即：

$$P_t = MC_t^*, \ t = 1, 2, \cdots, 8760 \tag{13}$$

所有机组都按照这一价格获得收益，发电边际成本较低的机组可以获得的市场价格高于其短期生产成本，可以用于补偿其固定成本。

每一个时间段的消费者用电费用等于该段时间的市场出清价格与用电量的乘积，每一类机组的生产者收益也可以根据各自的发电数量乘以各自获得的市场价格计算得到。在计算出各个情景下的生产者收益（同时也是消费者用电费用）、发电成本后，本文就可以利用式（1）至式（3）计算两种市场模式与计划模式相比较的福利变化。不同类型机组的生产者剩余也可以根据式（2）计算，即各类发电机组的生产者收益减去短期发电成本。

四、数据来源

本文利用广东省2018年发电侧和用电侧数据对各类情景下的福利变化进行量化模拟。广东省是中国电力市场改革的前沿，已逐步建立起较为完善的中长期交易市场，也是八个现货市场试点省份之一。

（一）需求数据

广东省2018年电力需求数据来源于国家能源局南方监管局提供的全省每5分钟的用电侧负荷数据，可以按要求加总为不同时间间隔的用电负荷。2018年广东省全社会用电总量为6323.35亿千瓦时，图4展示了2018年广东省每天的小时用电负荷，可以看出电量需求存在季度、月度乃至日间的差异，标准化处理之后的电量箱线图显示时间颗粒度越小，电量需求波动性越大。现货市场交易的时间颗粒度会直接影响出清价格。在基准情景中，本文假设现货市场交易按照小时出清，也是目前北欧、美国PJM等主要现货市场的交易时间频率。在敏感度分析中，本文将交易频率增加到5分钟来检验研究结果的稳健性。

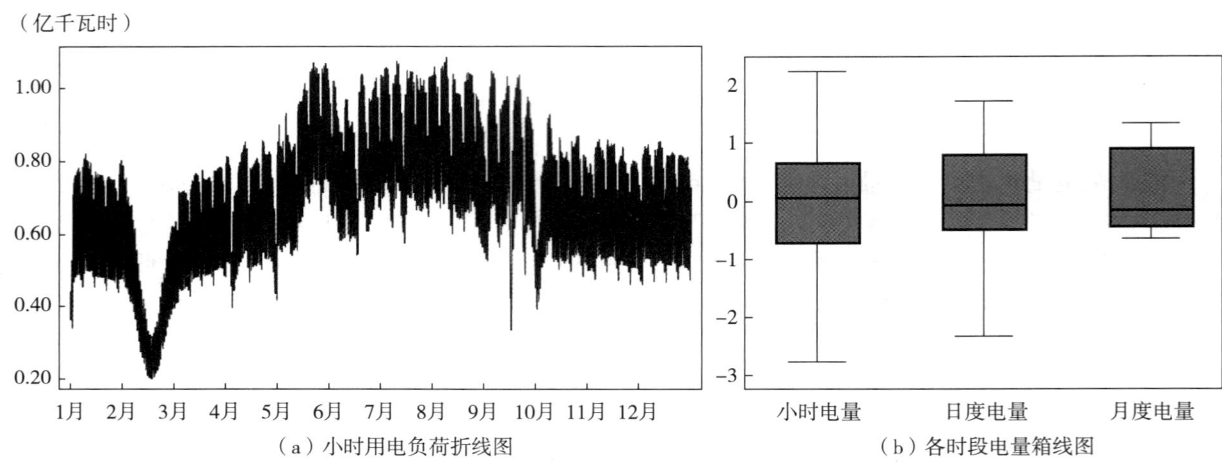

（a）小时用电负荷折线图

（b）各时段电量箱线图

图4 小时用电负荷折线图与各时段电量的箱线图

注：箱线图所用数据为各时段标准化处理之后的电量。

资料来源：国家能源局南方监管局。

（二）发电数据

发电侧各类机组装机量来源于《中国南方电网2018年调度年报》。广东省2018年装机总量共11656.9万千瓦，主要部分为火电，其中燃煤火电机组占总装机的比重为49.55%，其次为燃气火电占18.38%，核电机组占装机容量的11.39%，水电占7.89%，风电和光伏分别占3.10%和2.00%。燃煤机组中100万机组、60万机组、30万机组以及30万以下机组分别占12.99%、19.05%、14.72%和2.79%（见图5）。假设在中长期交易和现货市场情景中各类机组装机容量提供了最大发电能力，并将网损、厂用电和例行检修容量按照2018年实际数据从发电能力中扣除，其中网损等数据来源于《中国南方电网2018年调度年报》，附表1列出了每月的检修量。

此外，有几类发电机组不参与市场竞争。第一类是风电、太阳能、抽蓄水电和地调火电，按照

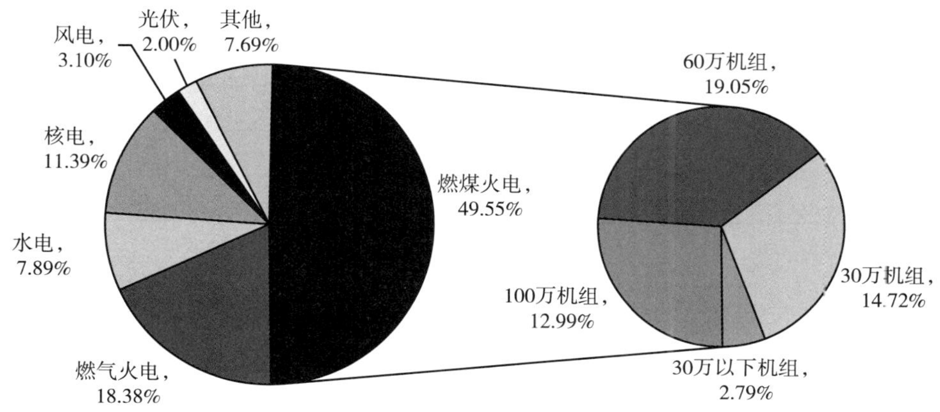

图5　2018年广东省电力装机结构

资料来源：《中国南方电网2018年调度年报》。

保障性收购政策，不参与市场竞争。第二类是西电东送到广东省的外来电，主要为云南省的水电，本文假设这一部分的电量仍按照省间长期协议执行，不参与市场竞争。这些电源在2018年合计发电1984.80亿千瓦时，按照实际发电从市场需求中扣除，因此市场竞争部分的电力需求为4200.57亿千瓦时。

标杆上网电价来源于广东省发展改革委官网以及国家能源局《2018年度全国电力价格情况监管通报》。各类型机组的发电成本数据没有官方来源，本文进行了估算，总体原则为平均成本采用各类机组的长期平准化成本（levelized cost），边际成本使用燃料成本估算。水电机组成本参考国际可再生能源署发布的《可再生电力发电成本2018》，该报告指出2014~2018年中国水电发电的平准化度电成本为0.04美元/千瓦时，水电机组的安装成本为1030美元/千瓦。基于上述数据本文假设水电机组全年利用小时数为3500小时（2018年广东省水电利用小时数为3625小时），且至少发电10年，以此将水电机组的安装成本从平准化度电成本中扣除，按7元人民币/美元的汇率进行折算，得出水电的边际成本为0.074元/千瓦时。

核电边际成本采用中国广核集团有限公司2018年上市公告中公布的度电成本0.172元/千瓦时；平均成本参考国际能源署和国家能源局发布的关于平准化发电成本调查报告①，为0.298元/千瓦时。燃煤与燃气机组的边际成本等于其度电燃料消费量乘以燃料价格，度电煤耗和气耗来自于《中国南方电网2018年调度年报》，广东省电煤价格来自于国家发展改革委官网，气源价格来自于广东省发展改革委官网；平均成本利用燃料成本以及燃料成本在总成本中的占比进行反推，本文假设各类机组平均成本中除燃料成本外的成本占比为22.50%，且各类机组的成本构成相同。表2总结了各类机组的上网电价、平均成本和边际成本。附表2和附表3总结了计算中使用的煤炭价格和发电技术参数。

表2　广东省各类机组的上网电价、平均成本和边际成本　　单位：元/千瓦时

机组类型	上网电价	平均成本	边际成本
水电机组	0.2800	0.2800	0.0740
核电机组	0.4140	0.2980	0.1720
100万燃煤机组	0.4410	0.3600	0.2790
60万燃煤机组	0.4410	0.3910	0.3030

① Projected Costs of Generating Electricity 2015 Edition。

续表

机组类型	上网电价	平均成本	边际成本
30 万燃煤机组	0.4410	0.4040	0.3130
30 万以下煤电机组	0.4410	0.4410	0.3420
燃气机组	0.6340	0.5620	0.4360

五、模拟结果

（一）电力批发市场对行业生产效率与发电成本的影响

与理论预期相符合，发电侧引入竞争会带来生产效率的提升。在电力批发市场中，各类机组将根据平均成本（中长期模式）或者边际成本（全电量现货市场模式）进行竞争，结果将引导发电量更多地配置给低发电成本的机组。与计划模式比较，两种市场模式均带来了高成本机组发电占比的下降和低成本机组发电占比的上升。图 6 显示了三种情景下各类机组的发电量占比。中长期交易模式下，成本较高的气电机组和低于 30 万的煤电机组的发电量分别从计划模式下的 7.43%和 2.59%下降为 0%，30 万机组由 13.68%下降至 7.29%。成本较低的核电由 11.48%上升至 16.24%，100 万煤电机组的发电量占比由 12.08%上升至 17.51%，60 万机组由 17.71%上升至 23.94%。现货市场模式下，各类机组按照边际成本进行竞争，气电机组和低于 30 万的煤电机组的发电量下降为 0.85%和 1.15%，30 万机组下降至 8.90%。核电上升至 16.24%，100 万煤电机组的发电量占比上升至 17.21%，60 万机组上升至 20.62%。由于现货模式实行市场实时出清，在某些时间段用电需求较高的情况下，30 万以下燃煤机组与气电机组也可能成为边际定价机组，因此发电量虽然大幅下降，但没有下降至 0。

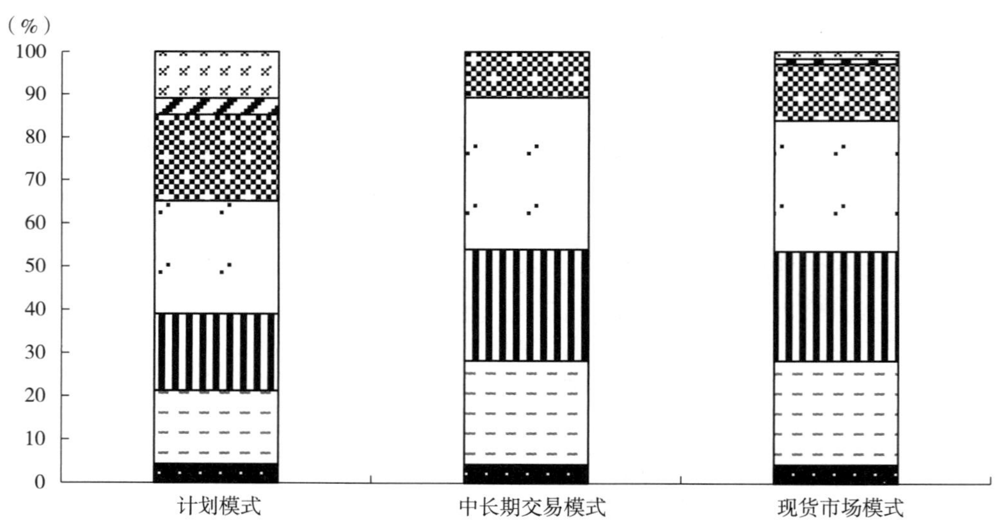

图 6 三种情景下不同机组发电量的占比

注：图中为市场交易电量中各类机组的发电占比，外购电、风电、地调火电和抽蓄发电等非交易电量未包含在内。

发电效率的提升带来了短期社会总发电成本的下降。计划模式下，广东省 2018 年发电成本为 1196.63 亿元，中长期交易模式下发电成本下降至 1078.94 亿元，而现货市场模式下发电成本下降至 1090.80 亿元，相比于计划模式，后两种模式分别减少了 9.84%（117.69 亿元）和 8.84%（105.83 亿元）。

（二）电力批发市场对消费者剩余与生产者剩余的影响

模拟结果显示，发电侧引入竞争带来消费者剩余增加，现货市场模式比中长期模式带来的消费者剩余增加更多，但差距并不显著。图 7 展示了计划模式下消费者共需支付的用电费用为 2769.26 亿元，中长期交易模式下消费者支付的用电费用减少到 2377.00 亿元，现货市场模式下消费者支付的用电费用减少至 2279.17 亿元，相比于计划模式，后两种模式分别下降了 392.26 亿元（14.16%）和 490.09 亿元（17.70%）。消费者剩余的增加中，生产者剩余转移的贡献要远超生产成本改善的部分，中长期模式下生产者转移的贡献率为 69.9%，现货模式下为 78.3%。因此用电成本的下降更多地反映了中国电力供给总体宽松的现状下，竞争较为激烈，电力供给弹性较大。

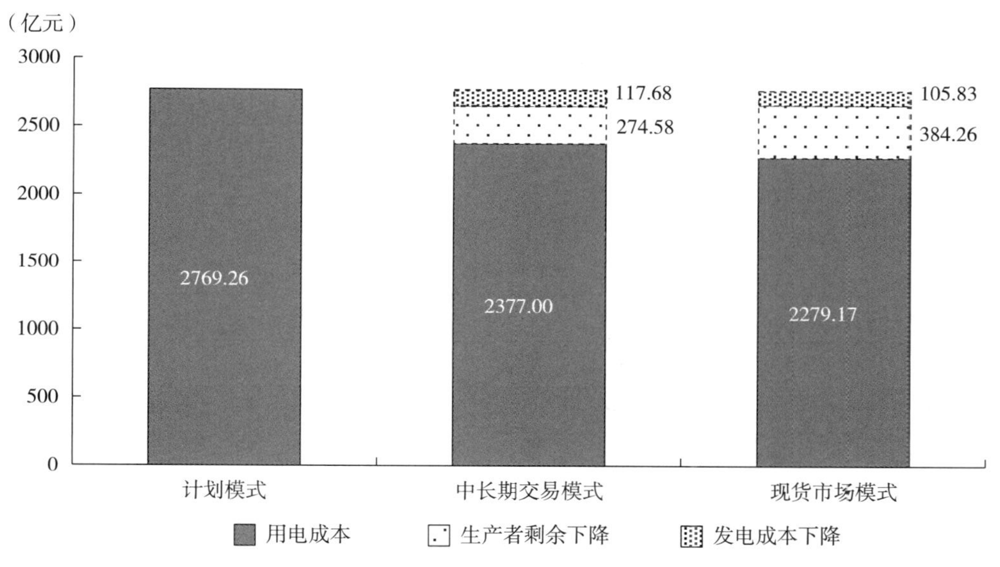

图 7　消费者用电费用下降构成

将生产者剩余的变化与消费者剩余的变化加总可以获得社会总福利的变化，也就是生产效率提升带来的全社会发电成本的降低（见图 8）。与计划模式相比较，中长期交易模式下社会总福利增加 117.68 亿元，现货市场模式增加了 105.83 亿元，也正是发电成本下降带来的福利改善。

（三）电力批发市场对不同类型发电企业的影响

由于竞争带来的电价下降，所有发电企业都承担了生产剩余的下降，但不同类型的发电机组损失程度并不相同，成本较低的发电机组受到的冲击较小，而成本较高的机组受到的冲击较大。表 3 列出了各类发电技术在不同市场模式下的生产者剩余。可以看出，水电与核电没有变化，损失最大的是气电机组与 30 万以下的小煤电机组，其次是 30 万燃煤机组，低成本的核电机组、100 万煤电机组和 60 万煤电机组福利受损程度较低。

特别值得指出的是，中长期模式与现货市场模式对于不同发电机组的影响有较大的不同。由于中长期交易竞争的是长期平均成本，类似双边交易，市场并无统一出清价格，但长期内能够覆盖固定成本。而现货市场模式是市场统一出清，由边际成本较高的机组定价，边际成本较低的机组能够

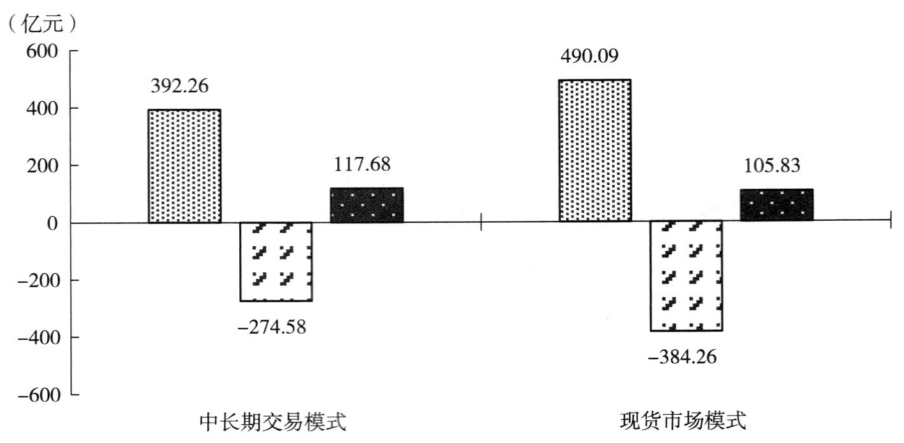

图 8　相比于计划模式各情景的剩余变化

获得较高的市场价格用来补偿固定成本，但边际成本较高的机组长期内可能产生亏损，这就是电力批发市场中的“丢钱问题”。从表 3 可以看出，和中长期交易模式下比较，除核电和水电外，其他机组在现货市场模式下长期内的生产者剩余无法覆盖长期成本，显示了建立激励机制保障容量充裕的重要性。

表 3　各情景下各类机组的生产者剩余　　单位：亿元

机组类型	计划模式	中长期交易模式	现货市场模式
水电	37.4381	37.4381	46.8079
核电	171.9136	126.0684	161.8389
百万机组煤电	120.7476	87.5771	58.3699
60 万机组煤电	150.8674	130.0277	49.5587
30 万机组煤电	108.3628	40.8347	31.0910
30 万以下机组煤电	15.8666	0.0000	4.0942
气电	91.3312	0.0000	0.0000

（四）不同批发市场模式对市场价格波动的影响

从度电成本来看，计划模式下，消费者支付的用电价格①平均为 0.447 元/千瓦时，中长期交易模式和现货市场模式下，这一价格分别降至 0.384 元/千瓦时和 0.369 元/千瓦时。但市场化改革也会带来价格的波动，如图 3 所示，月度电力需求的波动程度远低于日内电力需求的波动程度，因此波动幅度也随着市场出清时间的变短而增加，且不同市场模式下价格波动趋势也可能呈现不同的规律。

从月度间的价格变动来看，中长期交易模式与现货市场的价格总体波动趋势趋同，但在个别月份也呈现了不一致的地方。图 9 展示了中长期交易模式下的月度电价和现货市场下每月的平均小时

① 不包括输、配成本，仅仅是发电价格。

电价及波动区间，其中波动区间由平均小时电价加减3倍标准差计算得出。可以发现，两种市场模式下月度平均价格均呈现相似的季节波动趋势，在用电供需较为紧张的冬季与夏季，两种模式价格差别较小，在供需较为宽松的春秋季节，两者的价格差别较大。1月现货市场模式下价格高于中长期模式下，主要原因是，虽然冬季与夏季均是用电高峰期，但冬季也是水电的枯水期，云南送广东的水电大幅减少，广东省内的气电作为边际机组定价时段最长，达到了347小时，从而拉高现货市场下的平均小时电价，而中长期交易是按月整体出清，气电没有成为边际机组定价，从而导致1月交易价格低于现货市场平均价格。

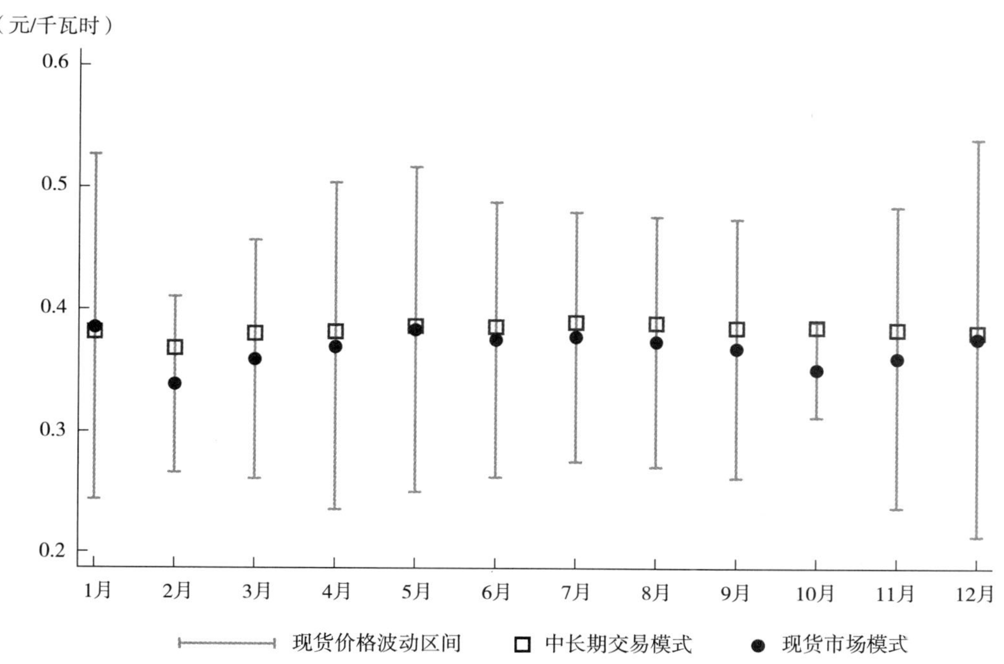

图9　中长期交易模式和现货市场模式下每月的平均出清价格

图10展示了现货市场模式下日内每小时的平均电价和波动情况，其中波动区间由平均小时电价加减3倍标准差计算得出。图中电价曲线存在两个高峰时段，分别是10：00~12：00和14：00~21：00，这也对应了工作日电力需求的高峰期，同时每小时的价格波动性也存在差异，高峰时段往往伴随着较高的价格波动，而电价低谷期（12：00~14：00和1：00~8：00）的价格波动程度远低于高峰时段，说明现货市场下的价格风险不仅存在月间差异，还存在日内差异，意味着在推进市场建设的过程中，还需要针对不同的时间长度设计相关风险对冲机制，以降低现货价格波动给市场参与者带来的风险。

（五）与广东省现实情况以及其他研究的比较

本文的模拟结果与广东省2018年的实际情况较为契合。该省2018年市场化电力交易占到全部用电量的30%，消费者支付的用电费用为2589亿元，比计划模式下降了180亿元，下降幅度为6.5%。① 如果市场化交易量增加到60%，也就是本文的假设水平，做线性推算可得消费者用电费用可以下降13%，较为接近本文估计的14.16%~17.67%。

现有少量研究对中国电改带来的电价与发电成本的影响做了量化分析，但研究范围与研究方法

① 根据广东电力交易中心数据计算而得，不包括输、配、售电费用，仅仅是在发电环节的用电费用支出。

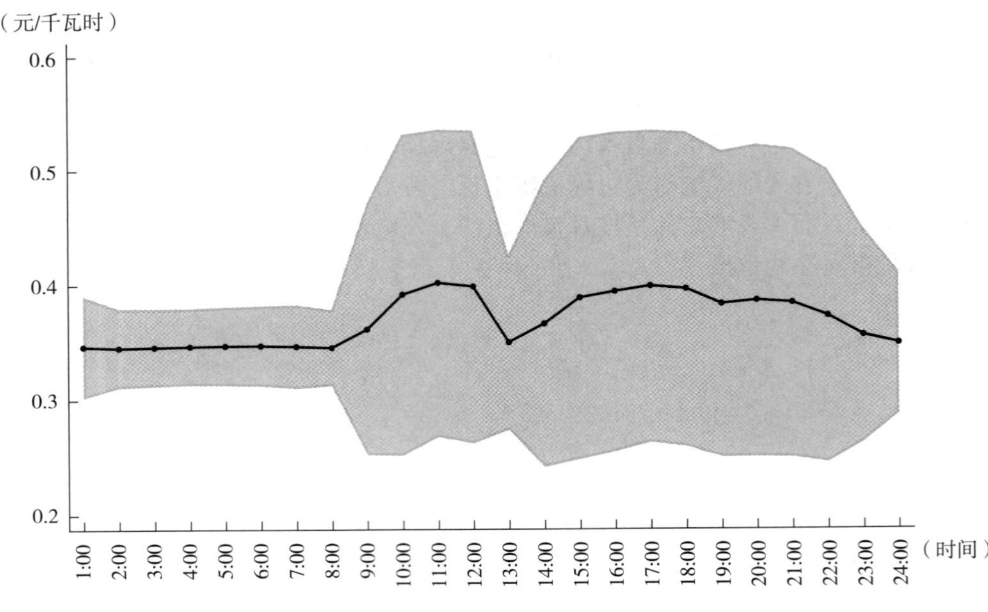

图 10　现货市场模式下日内平均电价曲线和波动情况

差别较大，因此估计结果也有较大的差异性。与本文主要关注发电侧成本的变动不同，Xie 等（2020）研究了电改对工商业用户终端电价的影响，发现广东工商业零售电价水平下降了约 27%，主要源于输、配电价的下降，其次是发电侧成本的下降以及政府税费附加的减少。

Wei 等（2018）发现如果推行调度机制改革，实行经济调度取代现有的“三公”调度，仅煤电机组发电效率的提高能够节省约 5.67%的煤炭消费，使电价下降 1%~2%。这一情景与本文的中长期交易模式情景类似，但仅考虑了消除煤电机组内部的效率扭曲的影响，忽略了不同发电类型之间的效率扭曲，如水电和核电机组等低成本机组对煤电机组的替代，因此低估了电改带来的成本节约潜力。Lin 等（2019）的研究与本文的研究范围与研究方法最为相似，他们发现在广东建立电力现货市场可以使发电成本下降 13%，消费者用电成本下降 27%，均高于本文的现货市场模式估计的 8.8%与 17.7%，一个可能的重要原因在于 Lin 等（2019）使用的是典型日负荷而不是实际负荷。另外，本文的福利分析更为完整，不仅估算了社会总福利的改变，还对租金转移以及各类发电企业受到的福利冲击进行了分析，并进一步对现货市场的价格波动进行了分析，探讨了现货市场下的价格风险。

六、敏感性分析

由于模拟结果受到重要参数取值的影响，本文在这一部分讨论参数取值的变动对结果的影响。

（一）燃料价格变动的敏感度分析

煤炭和天然气的价格受市场影响具有波动性，由于火电边际成本主要由燃料成本决定，燃料成本的上涨（下降）会使短期发电成本增加（减少）。表 4 总结了不同煤炭价格下社会剩余与用电费用的变化。中长期模式下，燃料价格的变化不会改变各类机组的发电结构，燃料价格的上涨（下降）会减少（增加）发电成本的改善，因此会减少（增加）全社会剩余的改善。现货市场模式下，煤炭价格在 900 元/吨及以下不会改变发电结构，在 900 元/吨及以上气电将更具有竞争力，因此发电成本的改善有所增加。

表 4　不同煤价下的福利变化

煤价（元/吨）		500	600（基准）	700	800	900
总剩余（发电成本）的变化（亿元）	中长期交易	124.4345	117.6830	114.2834	109.2079	104.1324
	现货市场模式	107.7515	105.8293	103.3201	101.1044	105.4187
用电费用变化（降价幅度）（亿元）	中长期交易	579.8532（20.94%）	392.2644（14.16%）	297.8053（10.75%）	156.7814（5.66%）	15.7575（0.57%）
	现货市场模式	707.7039（25.56%）	490.0904（17.67%）	379.2104（13.69%）	214.9636（7.76%）	71.7382（2.59%）

从消费者用电费用来看，在计划模式下，消费者支付固定电价，燃料成本的风险全部由企业承担；市场化改革后，燃料成本可以通过涨价转移到消费者一侧，因此电价下降幅度随着燃料成本上升而减少，显著低于社会总剩余的下降幅度。

天然气价格变动直接影响其与百万煤电机组的竞争性，进而影响其成为边际发电机组的可能性以及发电成本曲线的组成，因此比煤炭价格的影响略微复杂。中长期交易模式下，气价的变动与市场化社会总剩余的改善呈现“U”形：当气价为 1.8 元/立方米及以上时，天然气机组发电机组由于成本过高发电量将降为 0，气价的上升不会改变机组发电结构。由于与计划模式相比，天然气机组发电减少，因此气价的上升带来了更多的发电成本的下降，也就是社会总剩余的增加。当气价降至 1.8 元/立方米以下，气电将更有竞争力，将取代部分高成本煤电，也带来社会总剩余的增加。现货市场模式也呈现类似的关系。

从用电费用角度来看，在中长期模式下，当气价为 1.8 元/立方米及以上时，天然气机组发电为 0，因此不影响市场出清价格，也就不会带来用电费用的下降；当气价下降到 1.8 元/立方米及以下时，气电将成为定价机组，因此价格的下降会带来消费者支付用电费用的下降。而在现货市场下，由于气电发电成本不仅决定自身的发电价格，而且还决定了气电为边际机组出清时其他机组的发电价格，所以随着气价上升（下降），现货市场带来的用电费用改善将减少（增加）（见表 5）。

表 5　不同气价下的福利变化

气价（元/立方米）		1.0	1.5	2.0	2.5	2.7（基准）	3.0
总剩余（发电成本）变化（亿元）	中长期交易	170.0127	107.3472	65.7171	102.8356	117.6830	139.9541
	现货市场模式	162.8704	102.1279	62.8603	93.2780	105.8293	124.6562
用电费用变化（降价幅度）（亿元）	中长期交易	524.2647（18.93%）	424.4807（15.33%）	392.2644（14.16%）	392.2644（14.16%）	392.2644（14.16%）	392.2644（14.16%）
	现货市场模式	690.8654（24.95%）	680.6394（24.58%）	623.4780（22.51%）	526.0830（19.00%）	490.0904（17.67%）	436.1014（15.75%）

（二）外来电比例的敏感度分析①

广东省的电力需求中大约1/3是由西电东送的云南水电满足，外来电可以通过替代本省市场的电力生产来影响福利水平，由于水电成本较低，即使加上输配电成本后在广东市场也具有很强的竞争力。因此，中长期交易和现货市场情景下，外来电比例的增加均会提高社会总剩余的改善，这是因为增加外来电会挤出省内的高成本机组，从而降低发电成本。在消费者用电支出方面，外来电比例的提高会逐渐降低中长期交易情景下的降价幅度，原因是外来电的省间协议价格介于30万千瓦以下燃煤机组和气电机组的平均发电成本之间，而中长期交易中燃气机组不参与发电，外来电比例的增加就会抬高用电费用，降低降价幅度。同时外来电比例对现货市场降价幅度的影响呈现倒“U”形关系，当外来电比例从基准情景逐渐提高到37.5%时，由于挤出市场中边际成本最高的气电机组，降价幅度将逐渐增大，但当外来电比例进一步上升至40.0%时，就会挤出低效率的燃煤机组，而此类机组的边际成本低于外来电的省间协议价格，从而减少了用电成本的改善（见表6）。

表6　不同外来电比例下的福利变化

外来电比例（%）		28.2（基准）	30.0	32.5	35.0	37.5	40.0
总剩余（发电成本）变化（亿元）	中长期交易	117.6830	122.5303	128.9250	134.8115	140.5099	146.1507
	现货市场	105.8293	112.7422	121.1490	128.5608	135.1300	140.9727
用电费用变化（降价幅度）（亿元）	中长期交易	392.2644（14.16%）	386.3751（13.96%）	378.2001（13.68%）	369.3700（13.38%）	360.2973（13.07%）	351.1504（12.75%）
	现货市场	490.0904（17.67%）	501.8119（18.14%）	512.7724（18.55%）	519.3502（18.81%）	519.5300（18.84%）	515.6982（18.72%）

（三）现货市场出清频率的敏感度分析

本文还计算了现货市场模拟结果对于市场出清频率的敏感度。随着间歇性可再生能源大规模接入电力系统，一些学者提出需要增加现货市场出清频率以提高价格对需求的反应敏感程度，从而提升行业生产效率。但本文的结果表明，5分钟出清与1小时出清相比，两者对基准情景的影响差异并不大（见表7）。

表7　现货市场不同出清频率下的福利对比　　单位：亿元

福利变化	1小时出清	5分钟出清
消费者剩余变化	490.0904	487.4668
生产者剩余变化	-384.2611	-382.0066
其中各类机组的生产者剩余		

① 本文假设西南新投产的水电仍然按照省间协议计划执行。中国目前电力市场以省份为主体建设，外省电力如何参与省内电力市场竞争仍在探索中。这一问题本质上是电力市场的最优范围问题，区域市场、省间市场还是全国统一市场孰优孰劣，也是电力市场建设模式的一个重要方面，但受限于研究篇幅，本文暂聚焦于省内电力市场竞争带来的改革收益。理论上可以预见的是，更大范围的市场竞争能够为消费者带来更多的福利改善，但也涉及不同省份的生产者之间的利益调整。

续表

福利变化	1 小时出清	5 分钟出清
水电	46.8079	46.8748
核电	161.8389	162.2332
百万机组煤电	58.3699	58.8007
60 万机组煤电	49.5587	50.2036
30 万机组煤电	31.0910	31.5815
30 万以下机组煤电	4.0942	4.1997
气电	0.0000	0.0000
总剩余变化	105.8293	105.4602

七、结论与政策建议

2015 年中国新一轮电力市场化改革启动以来已经取得了积极进展。2020 年《中共中央 国务院关于新时代加快完善社会主义市场经济体制的意见》中进一步要求，“构建有效竞争的电力市场，有序放开发用电计划和竞争性环节电价，提高电力交易市场化程度”。在发电侧建立批发电力市场是电力市场化改革的最核心与关键的制度安排，不仅是电力行业效率提升的重要途径，也带来了利益再调整。本文使用成本收益分析框架量化估计了在发电侧引入竞争带来的社会福利改善与再分配效应，并进一步比较了两种不同的市场模式，即中长期市场模式和全电量现货市场模式，可能带来的潜在全社会福利改善与分配效果。本文的研究主要有以下发现。

（1）无论采取何种市场模式，在发电侧引入竞争可以带来社会总体福利的提升。以广东省 2018 年为例，本文的模拟结果显示，由于发电量更多地配置给了核电和高效率煤电机组等低成本的发电机组，消除企业间产出的效率扭曲会带来总发电成本的下降和全社会总体福利的增加，与计划模式相比，中长期市场模式下广东省 2018 年社会福利改善约为 117.69 亿元，现货市场模式改善约为 105.83 亿元。

（2）市场化改革带来了消费者支付的用电费用的下降（即消费者剩余的上升）。中长期交易模式下和现货市场模式下，消费者支付的用电费用相比于计划模式潜在的下降幅度分别可达到 392.26 亿元（14.16%）和 490.09 亿元（17.70%）。进一步的分解分析表明，生产者剩余向消费者剩余转移的贡献要远超生产成本改善的部分，中长期模式下生产者转移的贡献率为 70.00%，现货模式下为 78.41%。因此用电费用的下降可能反映了中国电力供给总体宽松的现状下竞争较为激烈，电力供给弹性较大。

（3）市场化改革也带来了不同发电机组之间的收益再分配。气电和低效率煤电等高成本机组受到的冲击较大，是改革的直接受损者，而核电和高效率的火电机组成为改革的受益者。短期来看，中长期交易市场模式和现货市场模式对社会总的福利改善影响差别不大，但对于社会福利在不同市场参与者之间的分配影响较大。现货市场模式下，广东省除核电机组外，其他机组的短期收益都无法完全覆盖固定成本支出，长期内会影响电力企业的营利性以及电力供给的充足。

本文的研究对于目前电力市场改革的一些重要的政策问题具有启示意义。在中国工商业电价长期高于欧美等国家以及经济面临下行压力的大背景下，消费者用电费用的下降是社会对于电改红利的主要期待之一，也成为各级政府政策关注的重点。根据国家发展改革委的统计，电改 5 年以来全社会用电费用显著下降，度电成本下降了 7%，但需要特别注意的问题是，要区分电价下降的红利更多的是来自效率的提升还是来自利益的转移。Borenshtain 和 Bushnell（2015）在对美国电力行业重组 20 年历程的回顾与评估中就指出，美国电改的效率改进有限，电改的最大推动力是利益转移，电改倡导者所提出的降价承诺是基于不可持续的利益转移。中国电力市场化改革应该吸取教训，避免以简单的降电价为导向，市场化改革的目标是通过建立市场机制、完善价格信号促进电力行业效率的提升，并以此来促进全社会福利的提升，而不是简单地降电价。电价下降也不应该是衡量电力市场化改革效果评估的主要指标，效率提升才是重点。另外需要强调的是，效率提升是社会用电成本下降的必要非充分条件，发电效率仅仅是影响消费者用电价格的众多因素之一，供需情况、燃料成本等也会影响电价。

本文的研究结果也表明了在发电侧引入竞争的同时配套其他市场机制设计的重要性。完整的批发市场除电能量市场外，还需要建立市场机制为辅助服务和备用容量等定价。从广东省的模拟结果可以看出，全电量现货市场模式下，高成本机组可能获得的发电小时数大幅下降，进而造成发电机组退出，但是这些高成本机组在夏季等用电需求高峰出力对于满足电力系统的安全性又是必需的，退出必然会威胁电力安全。其他国家的经验也表明，电能量市场可能无法提供足够的投资回报来吸引足够的新增投资保障长期供给的安全性，因此需要建立相应的机制为高成本机组提供备用容量以及其他的辅助服务以给予激励。

另外，与中长期市场比较，全电量现货市场会使得电力市场价格波动变大。现货市场是交易时间极短的市场，短期内电力行业的供给弹性与需求弹性非常小，而电力需求在不同时段的变化又较大，因此市场出清价格对于边际机组的成本极为敏感，如果边际机组成本加速上升可能带来短期内市场价格的剧烈波动。因此也应考虑如何设计风险对冲机制来降低市场参与者的不确定性。

本文存在以下不足，也是未来可能的研究方向。市场均衡约束下的成本优化模型充分考虑了需求侧的短期变化，但没有考虑不完全竞争可能带来的市场操控，因此可能高估了市场化改革带来的福利改善。换句话说，本文的研究可以理解为理论上中长期交易和全电量现货市场可能带来的福利改善的上限。对市场势力的监管、保证竞争的充分性是电力市场化改革福利改善的必要条件，所以当前亟须对中国电力市场的市场势力测度与适合中国国情的监管方式的研究。

另外，本文中将西电东送的电力仍按照计划执行，并未进入市场进行竞争。中国目前电力市场以省为主体建设，外省电力如何参与省内电力市场竞争仍在探索中。建立区域性或者全国性的电力市场是否会带来更大的社会福利改善，以及成本收益如何在不同地区、不同市场参与者之间再分配也是电力市场化改革中迫切需要研究的问题。由于中国的电力资源禀赋区域分布不均以及当前发展新能源的战略布局，电力资源在更大的地理范围内进行更有效率配置是共识，但是更大范围的电力市场一定会带来利益在不同省（区、市）和不同市场主体之间的再分配，本文的分析框架可以应用于区域市场建立的福利分析，识别出改革的红利、受益者和受损者的收益与成本，对于区域市场的设计具有重要的意义。

附录

附表 1　2018 年广东电网机组分月检修容量　　单位：兆瓦

月份	统调装机容量	计划最大检修容量	实际最大检修容量	计划平均检修容量	实际平均检修容量	非计划最大检修容量
1	107882	13905	18016	11154	14860	5870
2	107882	9696	15616	7544	11184	6580

续表

月份	统调装机容量	计划最大检修容量	实际最大检修容量	计划平均检修容量	实际平均检修容量	非计划最大检修容量
3	108182	10944	14252	9292	11656	5079
4	108571	8473	13803	6651	9754	5330
5	108657	4854	9586	4017	6307	5190
6	109559	4546	10176	2137	5577	5630
7	111701	390	3270	390	1895	3270
8	110836	510	2970	401	1770	2540
9	111589	2878	7438	1099	3733	4963
10	112259	6968	9934	5761	8307	3930
11	113180	9777	14301	8716	10856	5249
12	118157	9932	13834	8430	10977	4419

资料来源：《中国南方电网 2018 年调度年报》。

附表 2　火电机组参数

机组类型	度电煤（气）耗（吨/兆瓦时，立方米/兆瓦时）	碳排放（克/千瓦时）
100 万燃煤机组	0.4410	1174
60 万燃煤机组	0.4790	1275
30 万燃煤机组	0.4940	1315
30 万以下煤电机组	0.5400	1437
燃气机组	161	637

资料来源：《中国南方电网 2018 年调度年报》。

附表 3　燃煤机组边际成本

月份	煤价（元/吨）	100 万燃煤机组（元/千瓦时）	60 万燃煤机组（元/千瓦时）	30 万燃煤机组（元/千瓦时）	30 万以下燃煤机组（元/千瓦时）
1	651.36	0.2870	0.3120	0.3220	0.3520
2	657.91	0.2900	0.3150	0.3250	0.3550
3	649.06	0.2860	0.3110	0.3210	0.3510
4	634.28	0.2800	0.3040	0.3140	0.3430
5	630.47	0.2780	0.3020	0.3120	0.3410
6	640.65	0.2830	0.3070	0.3170	0.3460
7	639.35	0.2820	0.3060	0.3160	0.3450
8	629.72	0.2780	0.3020	0.3110	0.3400
9	626.41	0.2760	0.3000	0.3100	0.3380
10	616.66	0.2720	0.2950	0.3050	0.3330

续表

月份	煤价（元/吨）	100 万燃煤机组（元/千瓦时）	60 万燃煤机组（元/千瓦时）	30 万燃煤机组（元/千瓦时）	30 万以下燃煤机组（元/千瓦时）
11	607.70	0.2680	0.2910	0.3000	0.3280
12	612.66	0.2700	0.2940	0.3030	0.3310

资料来源：煤价取自国家发展改革委公布的广东省电煤价格数据。

参考文献

［1］冯永晟．电力产业的纵向经济与电力体制改革［J］．财贸经济，2010（6）：127-133+136.

［2］冯永晟．电力体制改革四十年的回顾与思考［N］．中国能源报，2018-04-30（004）．

［3］冯永晟．纵向结构的配置效率与中国电力体制改革［J］．财贸经济，2014（7）：128-137.

［4］林伯强．中国电力工业发展：改革进程与配套改革［J］．管理世界，2005（8）：65-79+171-172.

［5］刘树杰，杨娟．电力市场原理与中国电力市场化之路［J］．价格理论与实践，2016（3）：24-28.

［6］迈克尔·G. 波特，杨宗翰，陈浩．电力改革：国际经验与中国选择［J］．财经智库，2017，2（4）：5-83+140.

［7］王鹏，张朋宇，解力也．中国现代电力市场体系研究［J］．财经智库，2019，4（6）：119-139+144.

［8］郑新业，张阳阳，胡竞秋．市场势力的度量、识别及防范与治理——基于对中国电力改革应用的思考［J］．价格理论与实践，2016（6）：23-27.

［9］Abbott M. The Productivity and Efficiency of the Australian Electricity Supply Industry［J］．Energy Economics，2006，28（4）：444-454.

［10］Akkemik K. A.，Oğuz F. Regulation，Efficiency and Equilibrium：A General Equilibrium Analysis of Liberalization in the Turkish Electricity Market［J］．Energy，2011，36（5）：3282-3292.

［11］Barmack M.，Kahn E.，Tierney S. A Cost-benefit Assessment of Wholesale Electricity Restructuring and Competition in New England［J］．Journal of Regulatory Economics，2007，31（2）：151-184.

［12］Besant-Jones J. E. Reforming Power Markets in Developing Countries：What Have We Learned?［M］．Washington：World Bank，2006.

［13］Borenstein S.，Bushnell J. B.，Wolak F. A. Measuring Market Inefficiencies in California's Restructured Wholesale Electricity Market［J］．American Economic Review，2002，92（5）：1376-1405.

［14］Borenstein S.，Bushnell J. The US Electricity Industry after 20 Years of Restructuring［J］．Annual Review of Economics，2015，7（1）：437-463.

［15］Chen H.，Chyong C. K.，Mi Z.，et al. Reforming the Operation Mechanism of Chinese Electricity System：Benefits，Challenges and Possible Solutions［J］. The Energy Journal，2020，41（2）：219-245.

［16］Du L.，He Y.，Yan J. The Effects of Electricity Reforms on Productivity and Efficiency of China's Fossil-fired Power Plants：An Empirical Analysis［J］. Energy Economics，2013（40）：804-812.

［17］Green R. J. Electricity Wholesale Markets：Designs Now and in a Low-Carbon Future［J］．The Energy Journal，2008，29（2）：95-124.

［18］Green R. J.，Newbery D. M. Competition in the British Electricity Spot Market［J］．Journal of Political Economy, 1992, 100 (5): 929-953.

[19] Hogan W. W. Contract Networks for Electric Power Transmission [J]. Journal of Regulatory Economics, 1992, 4 (3): 211-242.

[20] International Energy Agency. Competition in Electricity Markets [M]. Paris: OECD Publishing, 2001.

[21] Jones L. P., Tandon P., Vogelsang I. Selling Public Enterprises: A Cost-benefit Methodology [M]. Massachusetts: MIT Press, 1990.

[22] Joskow P. L. Capacity Payments in Imperfect Electricity Markets: Need and Design [J]. Utilities Policy, 2008, 16 (3): 159-170.

[23] Joskow P. L. Competitive Electricity Markets and Investment in New Generating Capacity [R]. AEI-Brookings Joint Center Working Paper, 2006.

[24] Joskow P. L., Schmalensee R. Markets for Power: An Analysis of Electric Utility Deregulation [M]. Massachusetts: MIT Press, 1983.

[25] Joskow P. L., Tirole J. Transmission Rights and Market Power on Electric Power Networks [J]. The Rand Journal of Economics, 2000, 31 (3): 450-487.

[26] Laffont J. J., Tirole J. A Theory of Incentives in Regulation and Procurement [J]. Information, Economics and Policy, 1993, 6 (1): 89-93.

[27] Lin J., Kahrl F., Yuan J., et al. Economic and Carbon Emission Impacts of Electricity Market Transition in China: A Case Study of Guangdong Province [J]. Applied Energy, 2019 (238): 1093-1107.

[28] Mansur E. T. Measuring Welfare in Restructured Electricity Markets [J]. The Review of Economics and Statistics, 2008, 90 (2): 369-386.

[29] Meng M., Mander S., Zhao X., et al. Have Market-oriented Reforms Improved the Electricity Generation Efficiency of China's Thermal Power Industry? An Empirical Analysis [J]. Energy, 2016 (114): 734-741.

[30] Newbery D. M., Pollitt M. G. The Restructuring and Privatisation of the CEGB—Was it Worth it? [J]. The Journal of Industrial Economics, 1997, 45 (3): 269-303.

[31] Newbery D., Pollitt M. G., Ritz R. A., et al. Market Design for a High-renewables European Electricity System [J]. Renewable and Sustainable Energy Reviews, 2018 (91): 695-707.

[32] Pombo C., Taborda R. Performance and Efficiency in Colombia's Power Distribution System: Effects of the 1994 Reform [J]. Energy Economics, 2006, 28 (3): 339-369.

[33] Schweppe F. C., Caramanis M. C., Tabors R. D., et al. Spot Pricing of Electricity [M]. New York: Springer, 1988.

[34] Wang Q., Chen X. China's Electricity Market-oriented Reform: from an Absolute to a Relative Monopoly [J]. Energy Policy, 2012 (51): 143-148.

[35] Wei Y. M., Chen H., Chyong C. K., et al. Tang. Economic Dispatch Savings in the Coal-fired Power Sector: An Empirical Study of China [J]. Energy Economics, 2018 (74): 330-342.

[36] Xie B. C., Xu J., Pollitt M. G. What Effect Has the 2015 Power Market Reform Had on Power Prices in China? Evidence from Guangdong and Zhejiang [R]. Faculty of Economics, University of Cambridge, 2020.

[37] Xu S., Chen W. The Reform of Electricity Power Sector in the PR of China [J]. Energy Policy, 2006, 34 (16): 2455-2465.

空间集聚与地区专业化有利于缩小区域经济差异吗？

——来自长江流域三大城市群的经验证据

蒋媛媛

［摘　要］ 近年来，中国城市群迅速崛起，已成为中国区域发展的主要空间形态。城市群的培育和协调发展离不开城市产业的支撑和城市间的产业互动。本文从城市专业化与城市群协同演化的视角，结合城市群发展生命周期的不同阶段集聚和专业化特征，探索城市群范畴下的城市专业化演进规律，分析不同类型专业化产业及专业化模式更迭对城市群空间结构演化和城市群增长的作用，动态考察集聚、专业化与城市群经济增长分化之间的关系。对 Baldwin 和 Martin（2004）的集聚与增长结构模型进行拓展，引入城市专业化，建立包含城市专业化的拓展城市群经典条件 β 收敛模型，运用结构方程同时考察 2003~2015 年长江流域三大城市群增长对城市专业化和集聚的影响，以及城市专业化与集聚互动关系。实证研究表明，城市专业化对长江流域三大城市群的经济增长趋同效应十分显著，存在条件 β 趋同，表明城市专业化有利于缩小区域经济差异，推动城市群实现协调发展；不同专业化模式对长江流域三大城市群经济增长的影响存在差异，部门专业化与城市群增长呈显著的倒“U”形关系，功能专业化与城市群增长则呈显著的“U”形关系；长江流域三大城市群正处于内部空间分工深化的关键阶段，由部门专业化主导向功能专业化主导过渡。

［关键词］ 空间集聚；城市专业化；区域差异；趋同；城市群

一、引言

近年来，随着中国特色城镇化的快速推进，中国城市群迅速崛起，已成为中国区域发展的主要空间形态。世界各国的区域发展实践表明，城市群的培育和协调发展离不开城市产业的支撑和城市间的产业互动，城市群产业的协调互动能够促进城市群空间结构的优化和功能形成。中央城镇化工作会议对此提出明确要求：发展各具特色的城市产业体系，强化城市间专业化分工协作，增强中小城市产业承接能力；促进大中小城市和小城镇合理分工、功能互补、协同发展。在 2019 年 8 月召开的中央财经委员会第五次会议上进一步强调，经济发展的空间结构正在发生深刻变化，新形势下促进区域协调发展，要按照客观经济规律调整完善区域政策体系，发挥各地区比较优势，促进各类要素合理流动和高效集聚，增强创新发展动力，加快构建高质量发展的动力系统，增强中心城市和城市群等经济发展优势区域的经济和人口承载能力。由此可见，城市群专业化分工和一体化的健康发展既关乎我国区域高质量发展，又对我国七大战略之一的区域协调发展战略实施有着至关重要的作用。

然而，中国城市群协调发展的内在机制缺失，区域之间尚未建立起协调的产业关系，对城市群一体化进程的推进极为不利；一些新兴城市群区内产业竞争排挤产业分工协作，阻碍了城市群内部

［基金项目］国家社科基金青年项目“基于城市专业化的城市群产业协调互动与经济增长效应研究”（15CJL055）。

［作者简介］蒋媛媛，上海社会科学院应用经济研究所副研究员，硕士生导师，经济学博士，邮箱：jianguu@ sass. org. cn。

等级体系的形成和空间结构的优化；功能专业化已成为中国大城市发展的重要趋势，而城市群内的中小城市尚不能充分利用其发展带来的积极影响。与此同时，国内外学术界在对集聚、专业化与区域差距之间的关系探讨上还长期存在着争论。基于以上考虑，本文尝试从集聚、专业化①与区域经济差异的视角，厘清城市专业化分工与城市协同增长的理论关系，进而以长江经济带城市群为对象，实证考察城市集聚、专业化演化对城市群整体经济增长的影响，希望能够为中国城市群协调发展提供新思路和新的理论依据。本文内容安排如下，第一部分是引言，讨论本文的理论意义和现实意义。第二部分是文献综述，在梳理相关经典理论脉络的基础上，对国内外相关实证研究进行系统性回顾。第三部分是理论探讨，系统梳理分析集聚、专业化与城市群经济增长动态之间的理论关系。第四部分是理论模型设定和变量说明，对 Baldwin 和 Martin（2004）的集聚与增长结构模型进行拓展，引入地区专业化和空间集聚并提出本研究的基本理论假设，进而以此为基础考察集聚、地区专业化与区域差距之间的关系。第五部分是联立方程估计和参数分析。第六部分是结论和政策建议。

二、文献综述

近年来，城市群增长分化现象引起学术界的关注。关于经济发展过程中地区收入差距的变动，有许多较为成熟的理论。根据库兹涅茨曲线，区域和城市的空间不平等会随着经济发展而趋于扩大，在经济发展达到成熟阶段以后倾向于缩小。Williamson（1965）的研究发现，与低收入国家和高收入国家相比，中等收入国家地区收入不平等程度较高。但是，这些理论并未揭示引起区域收入差距变动的内在机理。越来越多的研究表明，集聚与地区专业化是影响区域收入差距变动的重要因素，故而在推进区域协调发展过程中发挥着重要作用。然而，理论上并未形成一致的观点。

新古典贸易理论认为，地区专业化有利于地区收入差距缩小，这一过程可以经由两条路径来实现：一是在李嘉图模型中，由于资本边际报酬递减规律的存在，落后地区将以更高的增长率赶超发达地区，最终实现所有区域收入收敛；二是在 HO 模型中，要素流动和区际贸易会导致要素价格均等化，最终促进地区人均收入均等化。

新增长理论认为，经济增长表现为某种历史相关性，区域收入差距总是趋于扩大。不同的经济活动是由不同的生产率增长率决定的，一些活动较其他活动具有更大的增长机会。专业化于较高生产率增长率活动的国家和地区将获得较快的增长（Dowrick，1997）。因此，不同地区间专业化部门的生产率增长差异，很大程度上决定着区域收入差距（Dalum et al.，1998）。这意味着地区间专业化部门的技术差异将导致地区经济增长路径的分异，地区专业化模式对地区收入差异的作用至关重要；一国（地区）政府可以通过改变专业化模式来改变增长路径（Grossman and Helpman，1991）。

而在新经济地理学看来，空间不平等（spatial inequality）是向心力（集聚力）和分散力（离心力）相均衡的结果。流动性要素构成初始向心力，如马歇尔外部性（技术溢出、劳动力市场池及非贸易中间投入品接近性）和非货币外部性（前向、后向联系和市场规模）。不可流动要素形成分散力，如各种交通运输成本、通勤成本、土地成本、居住成本，以及拥挤带来的高犯罪率、污染和疾病感染率所导致的成本等（Kim，2008）。受新经济地理（New Economic Geography，NEG）基础理论假设中二元结构特征（如两部门、两种类型劳动力、工业化地区和后发地区等假定中的两分法）的局限，不论何种类型要素流动机制，只要存在初始不对称结构，几乎所有 NEG 模型的均衡都指向雷同的垂直型分工下的“核心—外围”结果：高级要素不断向拥有初始优势地区集聚，发展成为

① 集聚与专业化常被经济学家形象地称为“一枚硬币的两面”（Aiginger and Davies，2004），具有促进城市群分工深化、降低交易成本、增进创新等外部性。

专业化于制造业或研发等高级部门的核心区，而外围地区则专业化于农业或传统制造业部门；集聚与专业化，一方面促进了增长，另一方面也不可避免地扩大了地区间差距（见表1）。

表1 NEG模型中的专业化、增长与地区差异

要素流动性假设	模型	集聚（专业化）、增长与地区差异
劳动力流动	Krugman（1991）	制造业对劳动力的需求导致工资水平上升成为集聚的引子，形成“核心—外围”结构，这一方面提高了核心区实际工资水平，从而使核心区所有劳动力从中获益；另一方面对外围地区的劳动力产生消极影响，由于厂商在核心区布局，提高了外围地区的价格指数，从而降低了那里居民的购买力
资本流动	Martin 和 Ottaviano（1999）	空间集中有利于总体增长，但是，区域经济一体化会导致一个地区工业化，而另一个地区非工业化的灾难性集聚，集聚与专业化将经济体分割为受益地区和受害地区
	Martin（1999）	核心地区的人均资本深化导致人均收入提高，引起核心和外围地区实际工资率相对差距的锁定，核心与外围地区之间出现了永恒的收入差距
资本不流动	Baldwin 等（2001）	在贸易自由化条件下，外围地区虽然可以享受到核心地区经济发展的好处，出现福利水平的大幅上涨，但只要贸易成本不为零，那么实际工资差距就会一直存在

然而，各种形式的“核心—外围”模型虽然解释了优化资源空间配置的空间均衡，却无法解决其自身引起的区域收入差距扩大问题。Crozet 和 Koening（2005）研究发现，1980~2000年欧盟的区域存在促进增长的集聚效应，那些空间分布不均衡程度越高的区域增长越快。而 Bosker's（2007）对欧盟208个城市区域1977~2002年的研究却得到相反的结论，即经济活动集中的区域增长反而慢于其他区域，这意味着存在集聚负效应。Brülhart 和 Sbergami（2002）认为，集聚只在一定程度上促进国家GDP增长，当人均GDP超过1万美元以后，国家增长与区域公平之间的权衡就失去了相关性，这一研究结论支持了威廉姆森的假设（Williamson，1965）。Glaeser 和 Kahn（2004）及 Accetturo（2010）的研究表明，考虑到堵塞成本、通勤成本和其他负的外部性会降低集聚的收益，在发达经济体发生的空间集聚不一定能促进全国增长。

对此，Martin（2008）曾试图进行解释。他认为，区域差异与增长之间复杂的理论关系，建立在模型类型及其所使用的假设基础上的理论模型预测力，以及研究对象的经济发展水平、阶段和周期位置（Cyclical Position），是导致经验研究存在分歧的主要原因，并令实证结果十分多变且难以解释。而只有少量研究涉及对地区专业化与经济增长之间关系的经验识别。Acemoglu 和 Zilibotti（1999）的研究发现，在经济发展早期，地区专业化水平表现出下降趋势。Imbs 和 Wacziarg（2003）认为，地区专业化与经济发展水平呈“U”形关系，即在发展初期，地区专业化水平先趋于下降，经济发展到一定阶段才出现上升。Iara 和 Traistaru（2004）对匈牙利的研究表明，地区制造业专业化与GDP增长率之间存在正相关关系，地区专业化的演变对区域增长具有积极影响。Ezcurra 等（2004）考察了1977~1999年欧盟全部192个NUTS2地区17个NACE-CLIOR17分类制造业的地区生产专业化对人均收入空间分配变动的影响，其研究表明，随着欧盟一体化程度的不断加深，欧盟的地区专业化与地区人均收入差距呈同方向变动，即地区专业化程度的加深进一步扩大了地区收入差异，从而印证了NEG理论的相关推论。

此外，欧洲国家区域差距演化的趋势也迫切要求在理论上弄清集聚、地区专业化与区域差异的理论关系。实际上，在经历了20世纪80年代的空间集中趋势后，欧洲国家内区域差距不断扩大已成为广泛接受的特征事实（Puga，2002）。国际学术界普遍认为，1980年以来，欧盟的地区差异在不断扩大（Magrini，1999）。相当一批研究发现，欧盟西部富裕地区发生真实增长率分异，这种分异进一步降低了这些国家的总体真实增长率，如意大利和法国（Giannetti，2002）。Ottaviano 和 Puga（2003）研究发现，在欧盟经济一体化推进过程中，拥有现代生产部门的核心区实力不断增强，往往是以边缘区局限于本地传统部门的发展为代价的。Sbergami（2002）对欧洲六国的研究表明，区域经济活动的分散促进了国家层面的增长。

相比较之下，国内学术界则偏重于对经济集聚（或地区专业化）与经济增长、区域差距之间关系开展经验研究。第一，有关集聚与本地增长的关系。在国家层面的集聚方面，孙浦阳等（2011）考察全球 85 个国家近 10 年的面板数据发现，研究结果支持“威廉姆森假说”（Williamson Hypothesis），即伴随着国家经济的高速发展，集聚的好处将被削弱，国家在经济增长和区域公平之间的权衡可能会逐渐失去相关性。在省域层面，国内学者研究发现，1995~2008 年省域空间集聚对我国区域经济增长的作用存在“U”形关系（陈得文、苗建军，2010；潘文卿、刘庆，2012）。然而在城市层面，学者们却发现，产业集聚与经济增长之间存在倒“U”形曲线关系，表现为“门槛效应”，即产业集聚初期推动城市经济增长，达到一定程度后，过度集聚引起的负外部性会抑制经济增长（刘修岩等，2012；谢品等，2013；魏玮、马松昌，2013；张云飞，2014；田超、王磊，2015）。

第二，在集聚与区域差距的关系方面，陈得文、苗建军（2010）的研究表明，区域集聚是产生区域差距的重要因素；纪玉俊、周璐（2015）选取 2002~2012 年全国 232 个城市面板数据进行实证检验，研究发现，制造业集聚不仅可以促进本地区经济增长，而且能够通过空间溢出效应带动周边地区经济增长。谢里等（2012）的研究发现，全国整体层面和东部地区的产业集聚水平提高将有利于缩小地区收入差距。程艳、高君杰（2014）在考察工业集聚和市场潜力互动机理基础上，对我国省级区域收入差距成因进行解释，其实证研究结果显示，由于经济发展模式的地区差异存在及其引起的路径依赖，阻碍了市场潜力的发挥，同时导致集聚规模较低和集聚过密并存，使得地区间收入差距难以收敛。

第三，在地区专业化与经济增长、区域差距的研究方面，苗长青（2007）研究发现，1995~2004 年中国制造业专业化与省域经济增长呈正相关的关系，地区专业化指数每增加 1%，GDP 将会增加 1.72%；蒋媛媛（2011）考察了 1990~2007 年中国全域专业化与经济增长的关系，以及省域部门专业化对本地经济增长的影响。而近年来，越来越多的学者开始关注中国城市专业化的演化。对于城市专业化与城市群一体化和城市群分化的关系，国内学术界研究结果不尽相同。一方面，学者们认为，城市群分工与专业化已成为我国区域空间一体化的重要力量，城市群内的新型产业分工能够有效消除和缓解城市间的产业冲突，提升城市间的经济联系，对促进城市群一体化发展大有裨益（魏后凯，2007；王磊等，2016；周韬，2017）；在城市群内部形成的中心城市以生产性服务业为主、周边城市以生产制造业为主的专业化协作模式能显著促进城市群的经济增长，城市体系内部不同类型城市之间产业功能分工与联系已成为城市体系经济效率增进的有效途径，城市功能专业化有利于边缘城市与中心城市生产率分化的改善，最终促进城市群协调发展（尚永珍、陈耀，2019；赵祥，2019；黎文勇、杨上广，2019）。另一方面，部分学者研究发现，城市功能专业化是引起中心城市和外围城市效率分化的重要原因，在推动生产性服务业效率增长的同时，对工业效率表现出显著的抑制效应（柴志贤、何伟财，2016；齐讴歌等，2018）。

产生当前这样研究局面，主要归结于两方面的原因，第一，地区专业化与区域收入差距之间的理论关系未得到学术界足够重视，相关讨论欠成熟，由于缺乏统一的分析框架，不同理论分析切入的角度大相径庭，难以给出较为全面的解释，无法形成较为完整的理论体系，加之实证研究在度量指标、样本选取和统计、计量方法上存在差异，往往得出不一致的结论。第二，大多数理论探讨偏重静态分析，且局限于“制造业中心—传统部门外围”或“制造业和创新中心—传统部门外围”

此类单一专业化模式，忽视了城市专业化的动态演进及其对经济增长和区域收入差距的影响。因此，本文综合城市与区域经济学、演化经济地理和“新”新经济地理分析思路，对 Baldwin 和 Martin（2004）的集聚与增长相互强化的结构模型进行拓展，引入不同类型的城市专业化，建立包含城市专业化的拓展经典条件 β 收敛模型，以长江流域三大城市群地级市数据为样本，通过面板数据联立方程进行实证检验，全面系统地考察城市专业化与城市群经济协调发展之间的关系，重点关注以下几个问题：①城市专业化是否有利于实现城市群增长趋同，从而有利于缩小区域差距，促进城市群经济协调发展？②城市专业化如何促进城市群实现增长趋同？考察不同专业化模式对城市群经济增长的影响及其特点，识别在研究的样本期间，何种专业化模式起主导？城市群发育进展到了哪个阶段？③考察城市专业化与集聚两者之间的关系，可以从侧面反映城市群演化动态和所处阶段，完善我们的研究视角，进一步丰富本文的研究结论。

三、集聚、专业化与城市群经济增长动态之间的理论关系

集聚是空间分工的空间组织，专业化是空间分工的结果，有学者将两者喻为“一枚硬币的两面”。集聚经济是区域经济增长的重要影响因素，专业化决定了区域经济增长路径，影响着区域间的经济联系和区域差异。由于不同的地理空间范围或经济空间，其空间结构、互动作用规律并非仅仅存在大小差异，而是具有自身特性。这种空间异质性的存在意味着，在某一空间范围成立的理论，并非适用于所有空间层面（Combes et al.，2008）。目前，产业集聚与区域差距之间存在倒“U”形二次曲线关系，地区专业化与区域差距之间存在“U”形二次曲线关系，已在多个较大范围地理空间样本上被验证，但仍缺乏城市群范围地理空间的经验支持。城市群的发育演化，伴随着城市规模、空间结构、产业结构、专业化模式的动态变化和协同演化，这就需要突破 NEG 模型中“中心—外围”空间结构与区域差距研究范式中存在的产业局限。多数 NEG 模型考虑的是“制造业—传统产业”的二元结构经济活动，较少将服务业纳入研究分析框架中进行讨论，忽视了第二、第三产业空间分布和不同专业化模式的差别。工业化阶段占主导的“工业中心—农业外围”空间结构，在各国经济发展进入后工业阶段后，逐步被“总部经济和服务业中心—制造业外围”所取代。伴随着制造业发展成熟所衍生和成长起来的服务业，在空间上与制造业协同集聚，产业内分工和价值链分工进一步发展，呈现新的集聚扩散动态演进过程，推动并形成了中心城市以服务业集聚和制造业管理、研发、营销等功能集聚为主，外围城市主要承担制造、加工和装配等功能的多层次集聚和功能专业化格局（Fujita and Tahuchi，1997；Duranton and Puga，2005；江静、刘志彪，2006；张若雪，2009；赵勇、白永秀，2012）。

由此，我们从新经济地理、新增长理论、演化集聚理论、分工理论出发，结合城市群发展生命周期的不同阶段集聚和专业化特征，动态考察集聚、专业化与城市群经济增长分化之间的关系（见表 2）。

表 2　集聚、专业化与城市群协同演化动态

城市群演化生命周期	空间结构	城市专业化主导形式	集聚类型	城市联系	溢出效应的空间范围	区域差异动态
萌芽阶段	分散→初始集聚	部门专业化	要素集聚，产业集聚	垂直联系	局部溢出	分化
成长阶段	中心—外围结构	部门专业化	产业集聚	垂直联系	局部溢出	分化

续表

城市群演化生命周期	空间结构	城市专业化主导形式	集聚类型	城市联系	溢出效应的空间范围	区域差异动态
成熟阶段	中心—外围结构 ↓ 网络结构	部门专业化 功能专业化 产品专业化	产业集聚 功能集聚	垂直联系 水平联系	全局溢出	分化→趋同
衰退/调整阶段	网络结构	部门专业化 功能专业化 产品专业化	产业集聚 功能集聚	垂直联系 水平联系 互补联系	全局溢出	趋同

（一）在城市群萌芽阶段，集聚和专业化促进中心城市形成

经济学家们很早就发现，经济增长具有区域集中性的特征，技术创新和社会变革在空间上趋于集中，而它们在地区间的扩散速度却很缓慢。NEG 理论的“中心—外围”模型为城市群中心城市的形成提供了丰富的解释。“中心—外围”结构是城市群形成的基础，集聚首先发生在要素禀赋条件和（或）区位条件好的城市，产业集聚及其引起的要素集聚，促进了城市规模增长，推动城市间产业分工和专业化发展，中心城市的诞生引领着城市群进入发展阶段。

NEG 理论强调地理因素的重要性，假设地理优势是内生的，认为产业非均衡分布和地区专业化是经济活动集聚的空间结果。在一般均衡框架内，NEG 模型考虑了规模经济、产品异质性、非竞争市场、运输成本（或交易成本）、要素移动和内生要素禀赋对经济主体的影响，经济主体之间相互作用产生的向心力和离心力影响了经济主体的选择区位，从而引发一系列的累积循环过程，发展出“中心—外围”的空间结构。

NEG 理论研究了不同的累积因果循环机制，即劳动力流动，中间产品和投入产出联系，要素积累与跨时联动，以及历史与预期的作用等（Ottaviano and Puga，2003）。在早期的基础模型（Krugman，1991）中，货币外部性影响下的可移动要素（工人）被看作是任何集聚过程的引擎。由于熟练工人迁移，迁入区的要素禀赋得到改善，从而增加了对其他制造活动的区位吸引力，进而使劳动力的不断迁移启动了一个循环累积过程。货币外部性主要包括本地市场效应①和价格指数效应②，构成拉动集聚的向心力，而离心力则来源于不可移动要素稀缺性和拥挤成本所产生的价格竞争效应。后发展的 NEG 模型则假定其他类型的集聚引擎，如将企业迁移取代了工人迁移（Krugman and Venables，1995；Venables，2011；Markusen and Venables，1999）以及要素积累（Martin and Ottaviano，1999，Baldwin and Forslid，2000）。基于企业迁移的 NEG 模型主要考察在劳动力不可移动情况下，由中间产品引起的投入产出联系所产生的货币外部性对集聚的影响，它假定所有制造业产品既是最终产品又是中间产品。因此，产业越集中，越有利于发挥规模经济的效益。在一个集聚较多企业的区域，最终产品部门对中间产品有更大的需求，从而允许上游产业可以充分实现规模经济，吸引中间产品厂商迁入。与此同时，中间产品部门的大规模生产降低了中间产品价格，这又吸引其他地区的最终产品部门的厂商迁入，进而导致中心区制造业专业化水平的进一步提高。然而，无论采取何种累积因果循环机制，NEG 模型达到非对称均衡时最终都得出较为一致的地区专业化模式，即中心城市专业化于高级部门或（和）新兴部门，外围城市则专业化于传统部门。

① 地区制造业份额越高，不受运输成本影响的销售收入越高，每个地区名义要素收入也越高。

② 地区制造业份额越高，消费本地消费品越多，本地价格指数就越低，真实要素收入就越高。

（二）在城市群成长阶段，集聚、专业化与增长相互促进，城市群增长分化

毫无疑问，集聚和专业化促进了城市群中单个城市增长。中心城市出现以后，城市群在空间自组织下继续发展，城市间经济联系日益密切。在"制造业中心—传统部门外围"空间结构下，城市群增长出现分化。一部分源自NEG模型讨论涉及的部门专业化主导的分工模式和专业化部门差异决定了不同规模城市走上不同的增长路径，专业化模式路径依赖导致区域收入差距固化；另一部分源于异质性主体的空间选择加剧了中心—外围城市间的生产率分化；加之专业化部门产业生命周期影响，集聚和专业化的增长效果呈现动态变化，中心城市增长外部性对外围城市影响力较小，中心城市增长所产生的局部溢出难以改变城市群增长分化及由此导致的城市间区域差距长期存在（或扩大），并在一定时期内难以弥合。

以往在理论上，增长和集聚这一对经济发展的时间特征和空间特征是在不同的理论框架下进行探讨的。在新增长理论看来，专业化较高于生产率增长活动的中心城市无疑将获得较快的增长（Dowrick，1997）。在这一时期，城市专业化部门的生产率增长差异，很大程度上决定着区域收入差距（Dalum et al.，1998）。早期的新经济地理学文献关注部门专业化，认为城市间经济活动集聚的规模或密度差异是引起城市间生产率产生差异的主要因素，其主要通过共享机制、匹配机制以及知识溢出等途径发挥作用（Henderson and Thisse，2004）。为了分析经济增长和地理位置的相互影响，新经济地理学家们进行着不懈的努力，试图探索一种规范的理论框架将经济发展的时空属性结合起来，如Waltz（1996）、Baldwin（1999）、Martin和Ottaviano（1999）、Baldwin等（2001）。由于新增长理论和新经济地理都使用了同样的D-S垄断竞争模型框架，从而为这两个领域的结合提供了天然的基础。"新"新经济地理学者们通过D-S范式，实现了NEG模型与内生增长模型的有机结合，不约而同地在两部门结构下引入了R&D部门，探讨了增长和地理集聚相互强化的不同机制。

Martin和Ottaviano（1999）基于要素积累的NEG模型，考察了要素积累产生的技术外部性对经济活动空间分布、地区专业化和增长的影响，假定资本可流动，R&D部门使用差别化产品作为投入品生产新产品种类，这使得接近R&D活动的产业可以获得更快的增长，而接近资本生产部门的其他产业具有学习效应，资本积累越多，集聚速度越快，从而使增长和集聚相互加强。Fujita和Thisse（2002）假定熟练技术工人自由流动，R&D部门使用熟练技术工人为现代化部门创造生产必需的产品专利。熟练技术工人的集聚产生了知识本地化效应和本地市场效应，有利于现代部门节约生产成本和销售成本，从而吸引现代部门集聚到R&D部门周围。在非对称冲击和需求效应作用下的熟练技术工人迁移，同时吸引了现代部门企业的同向迁移①，最终形成"中心—外围"的稳定均衡结构。Baldwin和Forslid（2000）没有考虑企业间纵向联系，假定劳动力在区域间流动，垄断竞争的收益递增部门利用劳动力和投资作为投入，生产具有技术外部性特征，也得出了基本相同的结论。他们发现，产业地理集聚产生的知识溢出具有动态效应，通过降低成本、刺激创新、提高效率、加剧竞争等多种途径，提升整个区域的经济绩效，进而影响区域经济的长期增长。由于存在本地溢出，经济活动的集聚促进了增长。同时，增长所产生的本地化外部性也促进了集聚。Martin和Ottaviano（1999）探讨了要素不流动和报酬递增部门不存在部门内垂直关联条件下，由部门间前后向关联所产生的货币外部性引起的集聚与增长的相互加强过程②，可流动创新成为集聚与增长机制的发生引擎。成本联系和需求联系共同构成了集聚的向心力，而离心力则来自不可移动劳动力市场的压

---

① 熟练技术工人的集聚产生了知识本地化效应和本地市场效应，有利于现代部门节约生产成本和销售成本，从而吸引现代部门集聚到创新部门周围。

② 增长促进集聚主要通过需求联系，即前向关联机制，产生厚市场效应（Thick Market Effect）。当创新部门集中于一地时，较高的增长率引致了差异化产品较高的需求，吸引更多差异品生产企业迁移到创新部门周围。集聚促进增长则主要通过成本联系，即后向关联机制。由于交易成本的存在，经济活动的集中降低了创新成本，于是吸引更多创新者进入，直到创新部门利润为零。

力，即价格竞争和分散需求。

上述颇具代表性的几类集聚和增长相互促进的 NEG 模型，均采用了现代部门、R&D 部门和传统部门的三部门结构设定，虽然使用不同的要素流动性和企业迁移假设，但是均得出了类似的非对称均衡空间结构——所有 R&D 部门和现代部门（或者全部 R&D 部门和大部分现代部门）① 集聚在中心地区，外围地区则专业化于传统部门的生产。非对称均衡时，集聚和增长相互促进，产品种类和数量增长，企业数量增加，且这种增长具有外部性，“全局经济增长取决于创新部门在区域间的空间组织状态”②，中心地区的现代部门和 R&D 部门的专业化同时也惠及外围地区，每个居民的福利水平都得到了改善——中心地区熟练技术工人和非熟练工人的福利同比增长，而外围地区的非熟练工人也因现代部门集聚产生的价格指数效应而受益。

但是，显而易见，由于现代部门、R&D 部门和传统部门生产率异质性的存在，中心—外围从事不同部门专业化的熟练与非熟练劳动力在收入以同等速率增长的同时，只能维持人均收入相对差异稳定，而绝对差异却不可避免地在扩大。空间集中有利于总体增长，然而，从本质上看，区域经济一体化会导致一个地区工业化，而另一个地区非工业化的灾难性集聚，集聚与专业化将经济体分割为受益地区和受害地区。中心城市的人均资本深化导致人均收入提高，引起中心和外围地区实际工资率相对差距的锁定，中心与外围地区之间出现了永恒的收入差距。于是，集聚和增长有限的外部性难以扭转区域间财富或禀赋的初始差异所导致的自我维持的收入差距。因此，集聚和地区专业化在促进增长的同时也扩大了地区间的收入差异。Gardiner 等（2011）对 NEG 模型结果进行总结发现，集聚、专业化与增长、区域不均衡之间相互构成因果关系（见图 1）。他们的研究显示，由于本地溢出效应，国民经济的空间集聚程度与国家的经济增长率之间存在正相关关系，集聚引起的创新增加提高了集聚地区产业平均生产率，并引起本地真实产出的增长；同时集聚引起的竞争效应，即新企业进入市场与在位企业竞争，从而迫使利润率下降，随着集聚区域的垄断竞争性企业数量增多，区域收入差异趋向于缩小，同时，集聚区域将产生拥挤效应和负外部性，进一步缩小了区域收入差距。非对称均衡实现时，较高的集聚水平对应较高的增长率和较高区域差异，追求经济效率以形成区域不平等为代价。在现实中，集聚导致的空间差异，表现为熟练劳动力向有限区域集中的特征事实。在美国，大学毕业生中，有 40%集中在教育水平高的城市，而在教育最不发达城市中仅有 10%（Moretti，2004）。在英国，人力资本逐步向伦敦和英格兰东南部地区集聚，造成区域差距扩大（Duranton and Monastiriotis，2002）。Ezcurra 等（2004）考察了 1977~1999 年欧盟 192 个 NUTS2 地区 17 个制造业③的地区生产专业化对人均收入空间分配变动的影响，研究表明，地区生产结构与欧盟人均收入的空间分布紧密关联，随着欧盟一体化程度的不断加深，欧盟的地区专业化与地区人均收入差距呈同方向变动，即地区专业化程度的加深进一步扩大了地区收入差距。

“新”新经济地理学将企业和劳动力等异质性主体作为额外的分散力引入传统的新经济地理模型，在市场自组织作用机制下，不同类型劳动力和企业的空间分布处于集聚—扩散的动态演变过程，解释了不同规模城市效率分化的微观机理。由于企业之间存在效率差异，非对称均衡时，会产生空间选择效应，效率高的企业更具竞争力，布局在市场规模较大的中心城市并实现规模经济对它们而言更具吸引力；效率低的企业为避免激烈的竞争而退出中心城市，布局在竞争缓和的外围城市（Ottaviano，2011；Combes et al.，2012）。进而，在集聚过程中，劳动力异质性会产生人力资本分类效应，中心城市形成的劳动力厚市场和高效率企业支付的高工资，吸引受教育程度高或具有高技

① 这取决于专利的流动性，在专利不存在跨区域流动障碍的情况下，模型产生的是后一种均衡结构。

② ［日］藤田昌久，［比］雅克-弗朗科斯·蒂斯．集聚经济学［M］．刘峰，张雁，陈海威，译．成都：西南财经大学出版社，2004.

③ NACE-CLIO R17 分类。

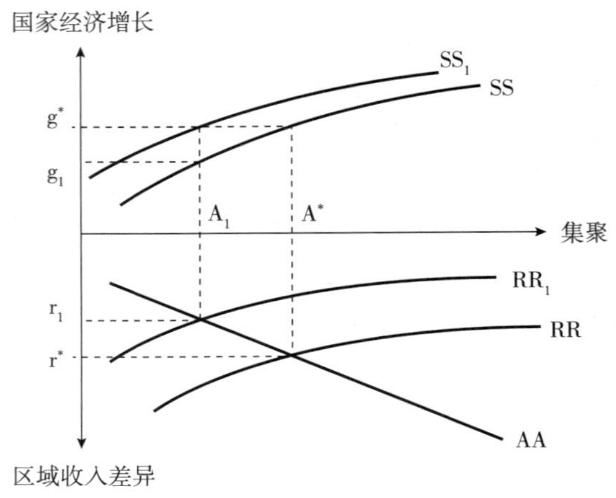

图1 集聚、增长与区域差异关系

注：曲线SS表示由于本地溢出效应，国民经济的空间集聚程度与国家的经济增长率之间存在正相关关系；曲线RR被称为竞争效应，曲线AA表示各类NEG模型中均衡结果下的集聚与区域差异关系，其与集聚—竞争与拥挤关系曲线RR的交叉点为均衡时的集聚程度 A^* 和区域差异程度 r^*，以及全国增长率 g^*。

资料来源：Gardiner等（2011）。

能的高素质劳动力将大城市作为首要迁移目的地，从集聚经济中获益，而随着人力资本逐步累积，中心城市集聚规模会进一步扩大（Bacolod et al.，2019；Glaeser and Resseger，2010；Behrens et al.，2014）。随着集聚引起中心城市社交层次和信息网络的扩大，提高了高素质劳动力和高生产率企业在中心城市劳动力市场的匹配效率，并进一步提高了企业的生产率（Venables，2011）。于是，在选择效应、分类效应和匹配效应的共同作用下，当城市间贸易成本持续下降时，就会出现高效率和低效率企业在中心城市和外围中小城市重新定位的反向迁移，高效率企业、竞争力强的企业和高技能劳动力在中心城市集聚，低效率企业、竞争力弱的企业和低技能劳动力在中小城市集聚，从而存在“质”的差别的“中心—外围”结构，中心城市生产率显著高于外围中小城市，城市效率出现分化（Okuho and Tomiura，2012；Behrens et al.，2014）。

根据演化集聚理论，受到专业化部门产业生命周期影响，部门专业化模式下的集聚和专业化的增长效果呈现动态变化。产业遵循产业生命周期而演化发展（Vernon，1966；Klepper，1996；Agarwal and Gort，2002），可以划分为萌芽阶段、成长阶段、成熟阶段和衰退阶段（Segerstrom et al.，1990；Jovanovic and MacDonald，1994；Klepper，1997；Greenstein and Wade，1998）。许多在单一产业集聚了大量企业的城市和区域的发展路径与该产业生命周期曲线高度相似。扮演向心力角色的集聚经济和作为离心力的分散经济及两者的角力在不同阶段发挥不同作用。起初，随着专业化部门的形成，城市专业化水平不断提高，集聚经济会产生较大经济绩效和报酬递增，在专业化产业生命周期后期，则会伴随经济衰退和报酬递减。由此可见，新专业化部门的兴起，实现专业化部门顺利更迭是城市增长持续保持活力的重要保障。

（三）在城市群成熟阶段，专业化模式更迭，城市群增长由分化走向趋同

随着经济发展，经济活动的空间分布将会发生变化，继而又会对经济增长和地区差距产生影响（Desmet and Henderson，2015）。中心城市出现以后，城市群进一步发展：中心城市成本上升和集聚不经济、拥挤效应等成为分散力，引起企业迁移和企业空间组织分离，促进城市间产业分工深入、产业区位和产业空间在城市间分散。制造业由集聚走向分散，服务业集聚出现。同时，依托部门专

业化发展起来的产品专业化和功能专业化丰富了城市间的专业化模式，弥合了部门专业化在前一阶段后期增长效果的不足，城市间经济联系日趋密切，产业价值链空间分工和空间柔性生产所产生的功能集聚效应、互补效应和竞争效应，弥补和扭转了专业化部门异质性和选择效应所引起的收入差异，最终形成制造业服务业协同集聚，部门专业化弱化，功能专业化和产品专业化主导的多层次集聚和多种专业化模式共存的空间形态，推动城市群增长由分化走向趋同，形成专业化协同合作、有序竞争而稳定的网络一体化发展格局。

Comhes 等（2008）对 NEG 理论研究进行了有效整合，建立了更一般的分析框架，采用线性的垄断竞争模型，更完整地刻画了经济一体化和空间差异之间的动态关系，得到了一系列明确的解析。他们研究发现，伴随贸易成本逐步下降，经济活动空间分布存在门槛效应，呈现“分散—集聚—再分散”的过程。这为城市群发展走向成熟阶段，形成城市间网络化空间和增长趋同提供了有力解释：在区域一体化进程中，集聚力和分散力的相对强度随着贸易成本变化而变动，两者净效应作用下形成不同程度的空间差距。在一体化初期，经济活动对称分布，不存在区域差异。当一体化进入第二阶段，非对称均衡出现，集聚倾向于扩大区际差异①，经济效率的提高以牺牲空间均衡为代价。但经济一体化达到某一临界值时，随着经济一体化的深化，区际差异开始缩小直至消失②，实现区域趋同。在达到临界值以前，“中心—外围”模式下的集聚趋势一直在发挥作用。钟形曲线具有很强的解释力，在劳动力不流动、不完全流动或完全流动等不同流动性假设，以及不同消费最终需求结构和制造业中间产品的需求结构假设下都成立。可流动要素（或企业）的需求增加会加剧区际不对称，不可流动要素（或企业）的需求增长则有利于促进区域均衡发展。贸易成本降低和集聚形成过程中的竞争转移效应和集聚后期城市租值等因素，引起迁移选择效应加剧并强化了这种动态趋势。于是，在一体化初期，高贸易成本导致产业分散，随着一体化推进，贸易成本降低，集聚城市的高成本和高工资率促使产业再分散，并驱动中心地区去工业化和外围地区再工业化过程。

然而，与其他 NEG 模型一样，Combes 模型疏于考虑在产业结构变动情况下，不同类型专业化产业和专业化模式对城市群空间结构演化和增长的作用。一方面，随着制造业的发展，其空间增长模式在不断变化，出现“分散—集聚—再分散”的特征；另一方面，不同产业部门的空间增长模式存在差异，在从工业化到后工业化过程中，服务业兴起，制造业和服务业对城市经济增长的相对重要性发生变化，服务业就业比重和产出比重不断上升，集聚程度不断提高，中心城市产业升级，引发空间结构相应产生变化。于是，在这两方面因素作用下，中心城市专业化部门更迭，产品专业化和功能专业化出现，成为城市群新一轮空间组织变化的主导力量。

为克服成本上升，中心城市专业化于高附加值的高端制造业和生产性服务业，一般加工制造业迁移至外围城市，为功能专业化的发展创造了条件。由于交通和通信产业的技术进步降低了企业总部与制造部门分离的成本，一体化的企业可以将制造部门迁移到能为其提供中间产品并具有相同专业化部门的区位，而将总部迁移到商业服务完善的区位，从而同时实现制造业部门和总部的成本最小化。企业的组织空间分离促使城市从部门层面的专业化转向功能层面的专业化，形成独立的大型

① 边缘区进口导致价格指数上涨和福利水平下降，中心区劳动力则享受高水平的名义工资。随着完全专业化抬高劳动力成本，产品份额非对称性扩大，加之需求和成本的反馈作用，一体化程度加深，区域差距会持续扩大。此时，贸易成本下降和进口产品种类增多引起的中心区和外围区福利水平的提升，往往弥补不了价格上升引起的外围区的福利损失。

② 当一体化程度继续加深达到某一临界值时，贸易成本的下降使得边缘区福利受损情况得到遏制，区域间福利差距趋于消失。一方面，集聚引起劳动力需求产生买方市场，劳动力价格上升抬高厂商成本，出现集聚不经济；另一方面，城市拥挤效应显现，从而在贸易成本足够低的时候，中心区厂商开始迁移至边缘区。此时，外围地区进口数量减少，价格指数下降，中心区劳动力市场竞争趋缓，劳动力名义工资水平下降。两个地区居民继续享受贸易成本下降的好处，最终中心和外围的劳动力成本和价格指数相等，区际差异完全消失，此时的福利水平要明显高于对称均衡时的福利水平。

商务中心和小型的制造型城市（Duranton and Puga，2002）。功能专业化进一步强化了城市群内的城市间经济和产业联系，促进了城市群增长趋同。主要通过四个方面起作用：

一是协同集聚效应。一方面，功能专业化促进城市群的劳动力、资本和技术等生产要素在空间上重新配置，中心城市专业化于管理、研发、营销等功能，外围城市则主要承担制造、加工和装配等功能。同一产业价值链的不同环节在不同空间集聚，在城市群内实现协同分工，既能更好地利用专业化优势，在生产率提高的同时，还有利于产业技术革新和创新在城市群内实现全局溢出①（Ellison and Glaeser，2010；李靖，2015）。Henderson 等（2008）对美国城市体系的经验研究表明，城市功能专业化显著地提高企业生产率。② 黎文勇、杨尚广（2019）考察长三角城市群发现，城市群功能专业化对外围城市的全要素生产率的促进作用显著大于其对中心城市的促进作用，表明功能专业化有助于缩小外围城市与中心城市的生产率差距，进而推动城市群增长趋同。另一方面，中心城市总部经济集聚和"高端制造业—生产性服务业"协同集聚，使得多样化外部性不仅成为推动中心城市增长和创新的重要来源，也惠及外围城市。中心城市的生产性服务业主要是通过产业关联效应、技术外溢效应来带动外围中小城市的发展，中小城市和中心城市的对接还能获得分享规模市场的好处，促进城市产业结构升级，强化中心城市的服务功能、协调组织功能，并推动城市群趋同（宣烨、余永泽，2014；张志彬，2019）。这一观点得到了京津冀、长三角和珠三角城市群的经验验证。此外，宋昌耀等（2018）发现，北京的生产性服务业空间溢出效应明显。

二是互补效应。随着集聚经济相对重要性的下降，城市间在功能上的相互依赖增强，空间分布趋于分散化（甄峰等，2007）。劳动力以及企业间生产的互补性是劳动力和企业在不同城市间流动以及区位分布的决定性因素（Eeckhout et al.，2014）。劳动力迁移是一把双刃剑，在引发新的分散力的同时，引起生产能力和消费需求同步转移，改变了市场规模，成为新的集聚力。Bonavero 和 Conti（1996）研究发现，城市专业化推动了更加分散和互补的城市发展，促进了城市网络的出现。在城市功能专业化发展过程中，根据城市发展空间特征定位，将产业价值链上的不同产业环节分别布局到与之匹配的具有相应比较优势的城市空间，不同产业功能在空间上错位和合理分布，使得城市功能专业化呈现出较强的互补特性，有助于形成城市群集体竞争优势，实现共同发展。Audretsch 等（2011）对德国不同类型城市研究发现，功能专业化为企业家创新创业提供了诸多机会：在中小城市形成的新产业区，存在大量高科技中小企业，成为各个领域的隐性冠军，占领90%的市场份额；中心城市的研发外部性和产业区的知识外部性有利于创业活动的开展；制造型城市和行政总部职能城市对企业家缺乏吸引力，创新活力不足；服务业企业表现出对总部型城市的高度偏好。

三是结构升级效应。功能专业化推动了城市群层面的规模报酬递增，在基于垂直联系的产业演化机理作用下，推动城市群产业部门结构升级（赵勇、白永秀，2008）。随着产业空间结构动态变化，中心城市逐渐形成以高端制造业和生产性服务业为主的产业结构，形成本地化经济和多样化经济共存的局面，外围城市发挥成本优势承接中心城市产业转移和功能转移，专注于一般加工制造环节，充分利用本地化经济，同时享受中心城市的多样化溢出效应，积累竞争优势，从而使城市群结成协同演进、互利合作的有机生产网络，为城市群趋同创造了良好条件。

四是网络效应。功能专业化推动了城市群网络型结构的出现，同一产业价值链分工下的水平联系增进了城市间合作，从而使若干功能类似的专业化城市容易结成协同性网络（Meijers，2005）。由于专业化于相同或相近的功能，城市间乐于通过密切合作，选择生产差异化产品来获取范围经济

① 集聚规模和功能专业化相互促进，对城市生产率的影响存在协同效应（Behrens et al.，2014）。

② 这一结论同样得到了国内研究的支持，苏红键、赵坚（2011）对中国 284 个地级市的研究发现，城市功能专业化通过 MAR 溢出影响经济增长。

（Camagni et al.，1994），形成生产俱乐部。根据著名的“流空间”（Flow of Space）理论，城市群网络化发展可以弱化区域经济发展的“马太效应”，促进区域协调发展。扁平化的网络结构打破了外围城市在城市腹地空间距离上的限制和垂直联系下的产业链低端锁定，所有城市都是网络上一个控制“流”的节点，通过水平联系参与到功能分工网络中，获取中心城市集聚经济产生的流量红利，并建立自己的节点优势和竞争力，实现城市群共赢（Castells，1996；曹清峰、倪鹏飞，2019）。基于城市间互补与协作的城市网络化发展模式，被认为是欧洲城市网络发展的趋势（Kunzmann and Wegener，1991）。而近年来，中国城市体系表现出显著的网络结构特征（甄峰等，2012；邓楚雄等，2018）。

四、模型设定和变量选取

（一）计量模型的设定

根据 Baldwin 和 Martin（2004）的集聚与增长结构模型进行拓展，引入城市专业化，建立包含城市专业化的拓展城市群经典条件 β 收敛模型，同时考察城市群增长对城市专业化和集聚的影响，以及城市专业化与集聚互动关系。基本建模思路如下：

$$\begin{cases} g = g(X_g, AG, SP, FS) \\ SP = SP(X_{SP}, y, AG, FS) \\ AG = AG(X_{AG}, y, SP, FS) \end{cases} \tag{1}$$

其中，g 表示城市经济增长率，y 表示城市经济增长水平，AG 表示集聚，SP 表示部门专业化，FS 表示功能专业化，是本文实证研究的核心变量；X_g、X_{AG}、X_{SP} 分别表示影响增长、集聚和部门专业化的相关因素，是本文实证研究的控制变量。

笔者结合城市群发展不同阶段的专业化演进特征，考察城市专业化与城市经济群增长之间的关系发现：①在城市群萌芽阶段，城市专业化首先发生在要素禀赋条件和（或）区位条件好的城市，引发产业集聚及要素集聚，推动城市间产业分工和专业化发展，促进了城市规模增长和中心城市的诞生，扮演起城市群增长极的重要角色。②中心城市的出现加速了城市群的成长，在城市群成长阶段，集聚、专业化与增长相互促进，城市群增长分化。一方面，部门专业化主导的分工模式和专业化部门差异决定了不同规模城市走上不同的增长路径，专业化模式路径依赖会产生区域收入差距固化。另一方面，异质性主体的空间选择进一步加剧了“中心—外围”城市间的生产率分化。此外，考虑到专业化部门产业生命周期影响，集聚和专业化的增长效果也会呈现动态变化。③在城市群成熟阶段，专业化模式更迭，城市群增长由分化走向趋同。在以集聚不经济为主的分散力作用下，制造业由集聚走向分散，服务业集聚出现。依托部门专业化发展起来的产品专业化和功能专业化丰富了城市间的专业化模式，弥合了部门专业化在前一阶段后期增长效果的不足，城市间经济联系继续加深，产业价值链空间分工和空间柔性生产所产生的协同集聚效应、互补效应、结构升级效应和网络效应，弥补和扭转了专业化部门异质性和空间选择所引起的收入差异，最终形成制造业服务业协同集聚、部门专业化弱化、功能专业化和产品专业化主导的多层次集聚和多种专业化模式共存的空间形态，推动城市群增长由分化走向趋同，形成专业化协同合作、有序竞争而稳定的网络一体化发展格局（见图 2）。

因此提出以下理论假设。

假设一：在城市群演化过程中，城市专业化是影响城市经济增长的重要因素，最终将促进城市群经济实现趋同。

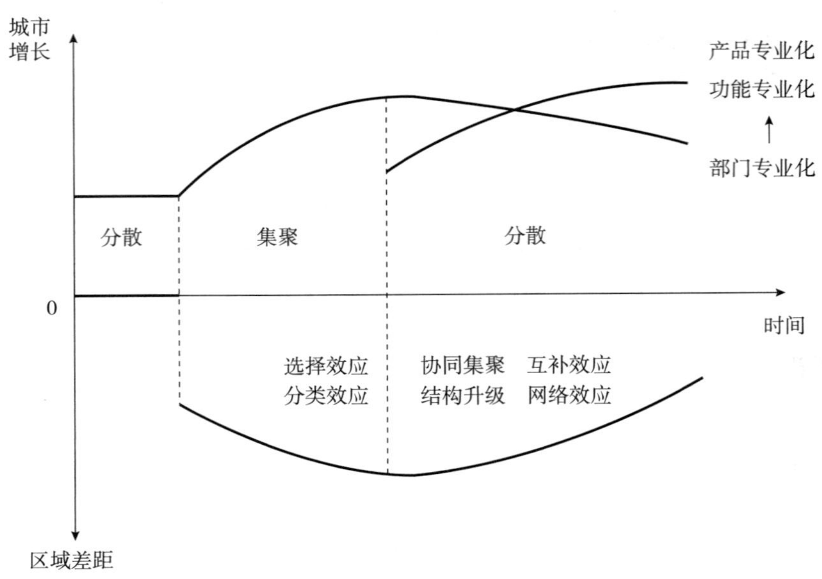

图 2　集聚、专业化与城市群增长动态

假设二：部门专业化与城市经济增长存在倒"U"形关系。专业化部门的发展推动了城市经济整体增长，当城市群内部门专业化模式确立，基于垂直联系的部门间分工，将产生城市经济分化，城市间经济差距有所扩大，同时，受产业生命周期的影响，专业化部门的经济增长效应在产业进入成熟期以后趋于减弱。

假设三：功能专业化与城市经济增长存在"U"形关系。在功能专业化发展初期，城市群受部门专业化主导，功能专业化的经济增长效应尚不显著；当功能专业化进一步发展，开始逐步取代部门专业化发挥经济增长促进作用，成为城市群成熟阶段的主导专业化模式时，城市间在水平产业联系下开展产业分工和互补合作，推动城市群生产网络形成和城市经济增长趋同发展。

考虑到在城市群动态演进过程中，不同阶段受不同专业化模式影响，出现城市间经济增长由分化走向趋同，要素和产业空间分布由分散走向集聚现象，待集聚不经济达到一定程度，再次由功能部门空间调整推动产业分散。国内学者们研究发现，产业集聚与经济增长之间存在倒"U"形曲线关系，表现为"门槛效应"，即产业集聚初期推动城市经济增长，达到一定程度后，过度集聚引起的负外部性会抑制经济增长（刘修岩等，2012；谢品等，2013；魏玮、马松昌，2013；张云飞，2014；田超、王磊，2015）。综合以上考虑，我们进而提出假设四。

假设四：集聚与城市经济增长存在倒"U"形关系。在城市群演化过程中，集聚只在一定程度上促进经济增长，起初，部门专业化模式确立引起的产业集聚有利于促进城市经济增长，当集聚达到一定程度，集聚经济为集聚不经济所抵消时，专业化产业进一步集聚将不利于城市经济增长，对城市经济增长产生负效应。

至此，建立包含城市专业化的拓展经典条件 β 收敛模型，于是有：

$$\log(y_{i,t}/y_{i,t-1}) = \alpha + \beta \log y_{i,t-1} + \gamma X_{i,t} + \mu_{i,t} \tag{2}$$

其中，α 为常数项，表示区域经济的稳态值和时间趋势对于所有区域都是相同的；β 为条件趋同的速度，当 β>0，表示区域经济增长趋异，当 β<0，表示区域经济增长趋同；$X_{i,t}$ 为第 i 地区第 t 年决定经济增长的因素，$\mu_{i,t}$ 为随机误差项。

根据前人的研究，我们可以将影响城市经济增长的因素归纳为三类：一是来自新古典经济增长理论和新增长理论中的生产要素，即资本、劳动力、人力资本和知识；二是影响经济增长的制度因素，如财政转移支付、对外开放、市场化、贸易壁垒、区域市场分割等；三是影响经济增长的其他变量，如空间因素、基础设施建设、工业化、城市化等（蔡昉，2002；覃成林，2010；陈得文、苗建军，2010；Brülhart and Sbergami，2009）。根据研究的需要以及数据的可得性，本文选取劳均固定资产投资（Ivs）、劳均政府财政支出（Gov）、人力资本（Hum）、对外开放水平（Open）、基础设施建设（Inf）、空间集聚（AG）、地区专业化（部门专业化 SP 和功能专业化 FS）作为影响城市群经济增长的主要变量。

根据假设一至假设四，我们设定城市专业化和空间集聚对城市经济增长的影响是以二次函数的形式存在的。于是有如下形式的一般模型：

$$\log(y_{i,t}/y_{i,t-1}) = \alpha + \beta\log y_{i,t-1} + \gamma_1\log Ivs_{i,t} + \gamma_2\log Gov_{i,t} + \gamma_3\log Hum_{i,t} + \gamma_4\log Open_{i,t} + \gamma_5\log Inf_{i,t} + \gamma_6 AG_{i,t} + \gamma_7 SP_{i,t} + \gamma_8 FS_{i,t} + \gamma_9 AG_{i,t\_}sq + \gamma_{10} SP_{i,t\_}sq + \gamma_{11} FS_{i,t\_}sq + \mu_{i,t} \quad (3)$$

考虑到城市专业化、集聚与经济发展水平之间存在紧密的互动关系，专业化与集聚不仅相互影响，专业化、集聚与城市经济增长还存在累积循环因果关系，城市群经济增长反过来会对城市专业化演进和集聚产生影响。因此，我们分别建立城市专业化和集聚决定因素模型。

关于城市专业化的决定因素。根据笔者的前期研究，在综合古典贸易理论、新贸易理论、NEG 理论、工业区位论、制度经济理论和演化经济理论等相关学说的基础上，将地区专业化的决定因素归纳为供给因素、需求因素、区位因素、制度因素和历史因素五类（蒋媛媛，2011）。其中，比较优势（PROD）、内部规模经济（MS）、集聚经济（本地化经济 LE 和城市化经济 UE）是影响地区专业化的主要供给因素；本地市场规模（y）、外部市场规模（Export）是决定地区专业化演化的需求因素；地方保护主义和对外开放（Open）是影响地区专业化格局的制度因素；模型中还引入了功能专业化（FS），它有可能替代部门专业化，成为城市群发展高级阶段主导专业化模式，因此其回归参数可作为城市群发育程度的一个判断①。受数据可得性影响，我们暂不考虑地方保护主义的作用，于是有：

$$\log SP_{i,t} = \alpha_{SP} + \psi\log y_{i,t-1} + \delta_1\log PROD_{i,t} + \delta_2\log MS_{i,t} + \delta_3\log Export_{i,t} + \delta_4\log LE_{i,t} + \delta_5\log UE_{i,t} + \delta_6\log AG_{i,t} + \delta_7\log FS_{i,t} + \varepsilon_{i,t} \quad (4)$$

关于空间集聚的决定因素。空间经济学将集聚的形成归结为由两大类因素决定，第一类称之为第一本质（First Nature），即地理区位、资源禀赋等先天因素，第二类称之为第二本质（Second Nature），即运输成本、各类外部性、制度等后天因素。为了便于比较和简化分析，本研究舍弃第一本质，在引入经济增长的同时，集中关注第二本质对集聚的影响，包括技术外部性（技术溢出 KS）、货币外部性（本地市场效应 MS）、运输成本（交通基础设施发展水平 Inf）、制度（市场化水平 Market，对外开放水平 Open）和城市化（Urban），还加入了历史因素（上一期集聚和专业化）对本期集聚演化的影响。在城市群发展中，城市经济发展主要通过本地市场效应和价格指数效应产生向心力影响空间集聚，于是有：

$$\log AG_{i,t} = \alpha_A + \tau\log y_{i,t} + \theta_1\log MS_{i,t} + \theta_2\log Inf_{i,t} + \theta_3\log Open_{i,t} + \theta_4\log LE_{i,t} + \theta_5\log UE_{i,t} + \theta_6\log SP_{i,t-1} + \theta_7\log FS_{i,t-1} + \varepsilon^*_{i,t} \quad (5)$$

由以上分析可知，城市专业化、集聚与城市增长在本质上是一个互相影响的内生化过程，若采用单方程模型，则难以完整地刻画和表达三者之间的相互关系，而采用联立方程模型，运用 3SLS 方法则可以较好地解决这个问题。Greene（2001）和 Arelllano（2003）指出，对于一些具有双向因果关系的变量，采用联立方程模型能够为估计提供更多的信息，包括变量的信息以及方程的信息；

① 若功能专业化回归参数为正，则表明功能专业化促进了部门专业化的发展，两者是协同演进的关系；若功能专业化回归参数为负，则表明功能专业化发展和深化，正在替代部门专业化。

3SLS 方法充分考虑到系统中各方程的内生性问题以及误差项之间的相关性问题，因而能够比一般模型进行更为有效的估计，也保证了估计结果的一致性。因此，本文采用联立方程来分析这一过程，模型中大多数变量采用对数形式，以消除单位的影响。本文最终的回归模型形式如下：

$$
\begin{cases}
\log(y_{i,t}/y_{i,t-1}) = \alpha + \beta \log y_{i,t-1} + \gamma_1 \log Ivs_{i,t} + \gamma_2 \log Gov_{i,t} + \gamma_3 \log Hum_{i,t} + \\
\qquad \gamma_4 \log Open_{i,t} + \gamma_5 \log Inf_{i,t} + \gamma_6 AG_{i,t} + \gamma_7 SP_{i,t} + \gamma_8 FS_{i,t} + \\
\qquad \gamma_9 AG_{i,t}\_sq + \gamma_{10} SP_{i,t}\_sq + \gamma_{11} FS_{i,t}\_sq + \mu_{i,t} \\
\log SP_{i,t} = \alpha_{SP} + \psi \log y_{i,t-1} + \delta_1 \log PROD_{i,t} + \delta_2 \log MS_{i,t} + \delta_3 \log Export_{i,t} + \\
\qquad \delta_4 \log LE_{i,t} + \delta_5 \log UE_{i,t} + \delta_6 \log AG_{i,t} + \delta_7 \log FS_{i,t} + \varepsilon_{i,t} \\
\log AG_{i,t} = \alpha_A + \tau \log y_{i,t} + \theta_1 \log MS_{i,t} + \theta_2 \log Inf_{i,t} + \theta_3 \log Open_{i,t} + \theta_4 \log LE_{i,t} + \\
\qquad \theta_5 \log UE_{i,t} + \theta_6 \log SP_{i,t-1} + \theta_7 \log FS_{i,t-1} + \varepsilon^*_{i,t}
\end{cases}
\tag{6}
$$

在此处的联立方程模型中，下标 i 表示行业，t 表示年份；α、α_{SP} 和 α_A 分别表示常数项；$\mu_{i,t}$、$\varepsilon_{i,t}$ 和 $\varepsilon^*_{i,t}$ 为随机扰动项。

（二）数据来源与变量说明

本文用于实证模型的数据样本使用的是 2003~2015 年长江流域三大城市群 70 个城市（包括长三角城市群 26 个地级市、长江中游城市群 28 个地级市和成渝城市群 16 个地级市）的数据。在年份的选择上，考虑到中国行政区划改革的影响，为了保持样本的一致性，选择 2003 年作为实证研究的起始年份。本文变量计算所使用的数据主要来自历年的《中国城市统计年鉴》，所涉及城市的历年城市年鉴以及各地级市统计局网站的公开数据。

本实证研究中各个变量构造如下：

变量 $y_{i,t}$ 表示 i 城市第 t 年的人均产出，用第 t 年的 GRP 比当年人口表示。为消除价格波动的影响，笔者以 1990 年为基期，对数据进行了平减处理。

变量 $g_{i,t}$ 表示 i 城市第 t 年的人均 GRP 增长率，用经过平减处理的第 t 年的人均 GRP 对数值减去第 t-1 年的人均 GRP 对数值表示。

变量 $AG_{i,t}$ 表示 i 城市第 t 年的经济集聚程度，用经济密度表示，其计算方法为：经济密度 = 市辖区 GRP/市辖区面积。

变量 $SP_{i,t}$ 和变量 $FS_{i,t}$ 分别表示 i 城市第 t 年的部门专业化程度和功能专业化程度，分别用克鲁格曼专业化指数和功能专业化指数表示（苏红键、赵坚，2011）。

变量 $AG\_sq_{i,t}$、$SP\_sq_{i,t}$ 和 $FS\_sq_{i,t}$ 分别表示变量 $AG_{i,t}$、$SP_{i,t}$ 和 $FS_{i,t}$ 的平方项。

变量 $Ivs_{i,t}$ 表示 i 城市第 t 年的人均固定资产投资。

变量 $Gov_{i,t}$ 表示 i 城市第 t 年的人均政府财政支出，均以 1990 年为基期的 GRP 平减指数进行处理。

变量 $Hum_{i,t}$ 表示 i 城市第 t 年的人力资本，用每万人高等学校在校学生数衡量。

变量 $Open_{i,t}$ 表示 i 城市第 t 年的对外开放程度，用当年的外商直接投资额表示。

变量 $Inf_{i,t}$ 表示 i 城市第 t 年的基础设施建设情况，用各城市的公路里程密度来表示，即每万人所拥有的公路总里程数。

变量 $LE_{i,t}$ 表示本地化经济，用本地专业化部门年总产值比重表示。

变量 $UE_{i,t}$ 表示 i 城市第 t 年的城市化经济，用本地赫芬达尔专业化指数的倒数表示。

（三）主要变量的描述统计

图 3、图 4 和图 5 分别给出了 2005 年、2010 年和 2015 年的人均 GRP 增长率、经济集聚和部门专业化的核密度变化情况。可以看出，人均 GRP 增长率核密度变动较为显著，2010 年前后受国际金融危机影响出现一定幅度的波动，2015 年在国内稳增长、促发展的宏观政策组合拳影响下显著回升；经济集聚在三个年份的核密度变化较为平缓，随着城镇化水平的提高，经济集聚水平虽然微弱下降，但整体而言，城市集聚的趋势越发明显，集聚范围逐步扩大；部门专业化的核密度在三个年份基本保持稳定。图 6 是根据对人均 GRP 增长率、经济集聚和部门专业化之间的两两相关性分析绘制的散点图。从图中可以看出，三者之间都表现出了较强的相关性，其中经济增长与集聚、经济增长与地区专业化之间均表现为倒“U”形二次函数关系，而经济集聚与部门专业化之间表现为显著的负相关关系。

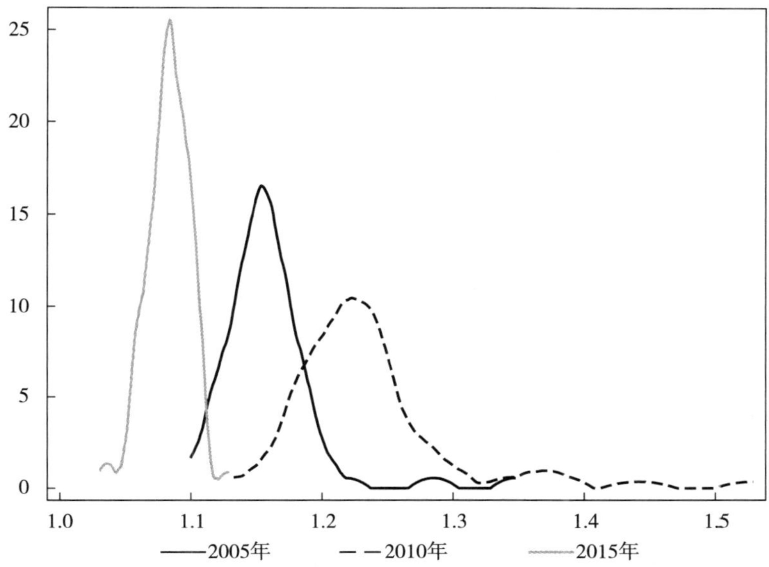

图 3　主要年份人均 GRP 增长率核密度

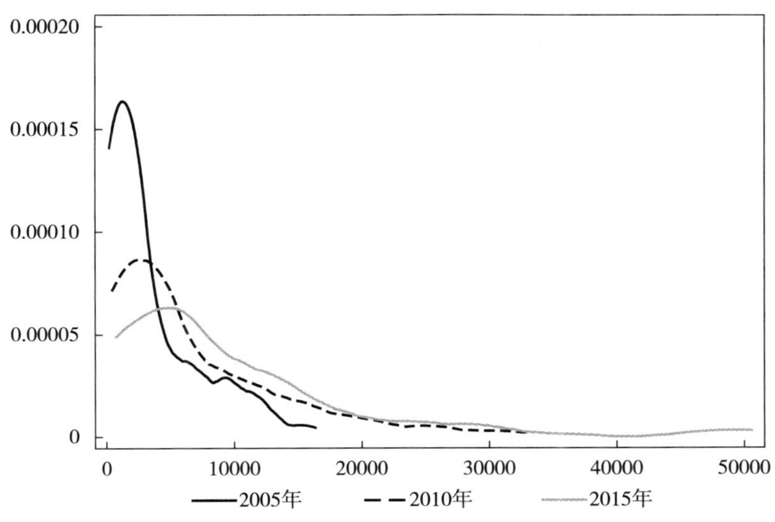

图 4　主要年份经济集聚核密度

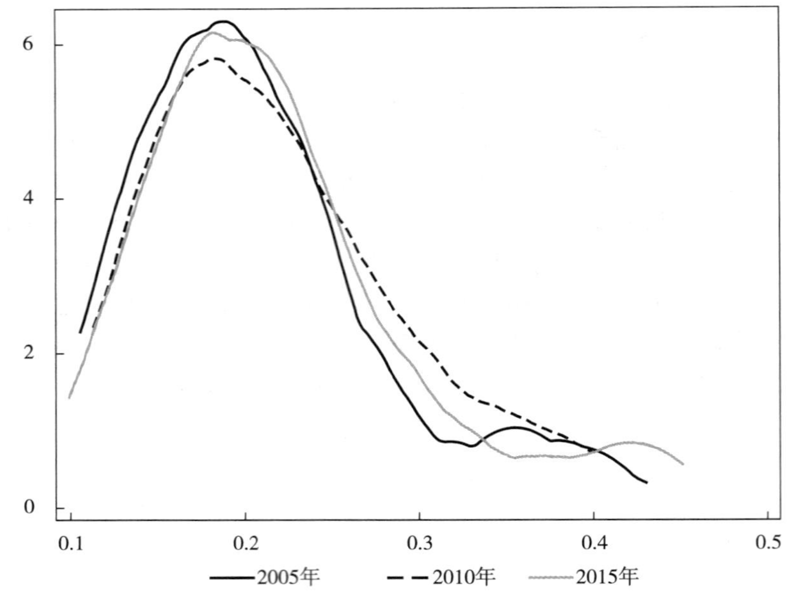

图 5 主要年份部门专业化核密度

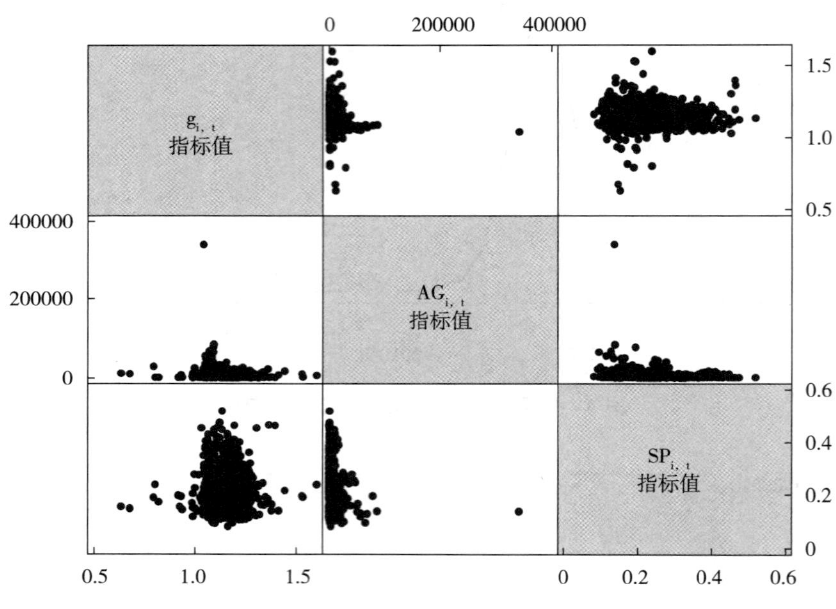

图 6 人均 GRP 增长率、集聚经济与部门专业化散点图

五、模型估计与分析

（一）估计方法

一般地，在由两个或两个以上的方程构成的系统中，系统估计方法一般都比两阶段最小二乘法（2SLS）逐个估计每一个方程更有效。具体到联立方程模型来说，三阶段最小二乘法（3SLS）是最常用的系统估计方法。对于联立方程模型而言，3SLS 是最常用的系统估计方法。3SLS 过程实质上是2SLS过程加上广义最小二乘估计（GLS），大致通过三步可以实现：首先，利用普通最小二乘法（OLS）估计结构模型对应的简化模型，得到各内生变量的拟合值；其次，用第一步得到的拟合值代替结构方程右边的内生变量，继续用OLS估计替代后的方程，得到结构参数的估计值，并计算各方程的残差值，进而利用残差值求得误差项方差以及跨方程协方差的一致估计值；最后，把上一步得到的误差项方差协方差矩阵作为加权阵，运用GLS得到三阶段最小二乘估计值。由是，该方法能很好地解决自变量与误差项相关及残差存在异方差和同期相关问题，得到一致的估计结果。

本文使用的是面板数据联立方程，借鉴Wooldridge（1997，2002）提出的方法，先通过一阶差分和固定效应变换消除方程中观测不到的影响，然后运用3SLS的系统估计方法，解决自变量与误差项相关及残差存在异方差和同期相关问题，以期得到一致的估计结果。本文采用的分析软件是Stata 15.0。

（二）模型的内生性检验

本文采取Hausman内生性检验，来检验联立方程模型的联立性。首先，对整个方程组全部外生变量进行辅助回归，得到各个变量的估计值和残差值；其次，将估计值和残差值分别引入城市专业化方程和集聚经济方程中，通过残差值的显著性与否判断变量的内生性，进而检验方程的联立性。由检验结果可知，在5%的显著性水平上通过检验，即系数显著不为0。由此，可以判断，本联立方程通过Hausman内生性检验，采用联立方程模型可以反映城市专业化、集聚与经济增长趋同的内在关系及相互作用机制。

（三）联立方程的识别

在通过联立方程模型来研究城市专业化、集聚与城市群经济增长趋同之间的相互关系，开展系统估计之前，首先要进行联立方程的识别。识别的秩条件为：联立方程系统中的各个方程从系统中不含该方程外所有变量的系数矩阵中构造出一个非零行列式，若该矩阵的秩等于内生变量数减1，则该联立方程是可以识别的。在本文所建立的包含3个内生变量和15个先决变量的三方程联立模型系统中，各方程从系统中不含该方程外所有变量的系数矩阵中构造出一个2×2阶的非零行列式，可以判定该联立方程组是可以识别的。方程识别的阶条件为：若一个方程是可识别的，那么它不包含的先决变量个数等于它所包含的内生变量个数减1，则该方程是恰好识别；若一个方程是可识别的，那么它不包含的先决变量（含常数项）个数大于它所包含的内生变量个数减1，则该方程是过度识别。由此，可以判定方程（1）属于过度识别的情形（即7>3-1）。同理，可以判定方程（2）和方程（3）均为过度识别。因此，本文可以采用三阶段最小二乘法进行回归分析。本文的实证分析将以表3、表4和表5中采用3SLS法的全样本回归结果为主，2SLS和OLS方法的回归结果主要作为稳健性检验而存在。

（四）估计结果及参数分析

城市群增长趋同方程的回归结果表明（见表3），人均产出的回归系数为-0.324<0，说明存在条件β收敛，长江流域三大城市群经济增长趋同。在所有控制变量中，城市增长受投资驱动的正向影响最为明显，受本地人力资本和基础设施条件的影响次之，最后才是当地政府财政支出。而城市的开放程度对城市群增长的作用不显著。城市专业化与集聚对城市群增长的影响均呈二次函数关系，其中，部门专业化、经济集聚均与城市群增长呈显著的倒“U”形关系，即两者只在达到一定发展阶段才会促进城市群增长，并且这种作用会一直持续到专业化部门发展成熟、集聚不经济的发生，进而趋于减弱。功能专业化与城市群增长则呈显著的“U”形关系，但与部门专业化相比，功能专业化的“U”形结构相对平缓，总体而言，长江流域三大城市群正处于功能专业化发育初期，

部门专业化对城市群经济增长仍占主导作用，功能专业化对城市群增长的作用相对较弱，待功能专业化水平发展到一定阶段，就会替代部门专业化，继续发挥对城市群经济增长的正向促进作用，同时抵消集聚过密的负面影响。

部门专业化方程的回归结果表明（见表4），部门专业化与城市群发展水平关系密切，呈现显著的历史相关性，即前一期的城市群经济发展水平对当期部门专业化的影响发挥正向作用，上一期城市人均产出增长1%，引起本期部门专业化水平提高0.723个百分点。与其他先验研究一致，在本文中，劳动生产率、专业化外部性对部门专业化的发展具有正面影响，而多样化外部性或者说城市化外部性则与部门专业化水平显著负相关。具体而言，劳动生产率每提高1%，相应引起部门专业化水平提高0.044%；专业化外部性水平改善1%，有利于部门专业化水平提高0.215%。同样值得注意的是，本地市场潜力、外部市场规模、集聚经济皆与部门专业化呈负相关关系，且皆在统计上显著，而功能专业化则与部门专业化显著正相关，结合前面的实证结果，恰好说明长江流域三大城市群正处于由部门专业化主导向功能专业化主导转换的过渡时期。一方面，本地经济发展水平提高和城市群间经济联系加深反而不利于部门专业化水平提高，集聚不经济的出现削弱了专业化部门的市场优势，反映出以规模经济见长的部门专业化对市场的支配性在下降；另一方面，以灵活和多样化为特征、注重合作的功能专业化在市场中的地位趋于上升，与部门专业化协同演进，其力量目前尚不足以取代部门专业化的地位。总体而言，正负向影响因素之间相互力量比较之下，负向因素作用较大，从而进一步证实了当前长江流域三大城市群发展正处于内部空间分工深化的关键阶段。

经济集聚方程的回归结果表明（见表5），经济集聚与城市群增长关系密切。第一，在所有影响因素中，城市群经济发展水平对经济集聚的正向作用最强，在2003~2015年的考察期内，长江流域三大城市群人均产出平均增长1%，可以促进城市经济集聚水平提高1.5个百分点；第二，城市化外部性的参数在统计上不显著；第三，对外开放对城市群经济集聚产生正向显著影响，长江流域三大城市群年外商直接投资额平均增长1%，可以带动城市经济集聚水平提高0.046%；第四，本地市场潜力与城市群经济集聚呈显著的负相关关系，但是其负面影响不及城市经济增长对集聚经济的正面影响；第五，专业化外部性和前一期的部门专业化水平对城市经济集聚的影响显著为负，这与前人的先验研究得到的结果基本一致；第六，功能专业化对城市经济集聚影响微弱为正，但在统计上不显著，其对经济集聚的影响有待发挥，再一次表明长江流域三大城市群总体上处于功能专业化发展初期。此外，基础设施对城市集聚经济发展的影响较不显著。

（五）稳健性检验

为了增强本文结论的稳健性，保障面板联立方程检验结果的可靠性，本文对面板数据分别进行单方程OLS和2SLS回归，对联立方程模型进行检验，具体结果如表3、表4和表5所示。结果表明，各个方程内各参数的取值、符号和统计显著性与面板联立方程结果基本接近，个别参数出现不一致的情况可能与联立方程的系统性影响有关。总体而言，本文实证回归结果较为稳健。

表3 城市群趋同方程的回归结果及稳健性检验结果

回归方法 / 回归参数	g_{it}		
	3SLS	2SLS	OLS
C	-0.045*** (-14.54)		1.708*** (13.18)

续表

回归方法 回归参数	g_{it}		
	3SLS	2SLS	OLS
lny_{it-1}	-0.324*** (-19.99)	-0.430*** (-9.89)	-0.129*** (-5.36)
$lnIvs_{it}$	0.131*** (12.62)	0.164*** (-9.08)	0.007*** (3.50)
$lnGov_{it}$	0.020*** (3.11)	0.021** (2.4)	-0.0035 (-0.87)
$lnInf_{it}$	0.043*** (4.78)	0.043*** (3.53)	-0.015 (-1.21)
$lnHum_{it}$	0.046*** (4.74)	0.067*** (-4.16)	0.030*** (6.18)
$lnOpen_{it}$	-0.001 (-0.23)	0.002 (-0.31)	0.008*** (3.26)
AG_{it}	1.34e-06*** (2.83)	0.0000102*** (2.88)	-6.75e-07* (-1.68)
AG_sq_{it}	-3.60e-12** (-2.46)	-2.96e-11*** (-2.90)	1.41e-12* (1.73)
SP_{it}	0.779*** (4.18)	1.887* (1.62)	-0.24 (-0.18)
SP_sq_{it}	-0.965*** (-2.78)	-2.974 (-1.42)	0.167 (0.77)
FS_{it}	-0.091*** (-3.16)	-0.074* (-1.78)	-0.086*** (-4.07)
FS_sq_{it}	0.031*** (2.94)	-2.974 (-1.42)	0.031*** (3.96)
Adj R^2	0.3994	0.0070	0.6422
N	826	821	831
Sargenstatistic (p)		2.484 (0.9283)	
Wald (p)			191.21 (0.000)

注：* 表示 $p<0.10$，** 表示 $p<0.05$，*** 表示 $p<0.01$。

表 4 专业化方程的回归结果及稳健性检验结果

回归参数 \ 回归方法	$lnSP_{it}$		
	3SLS	2SLS	OLS
C	0.004 (0.67)		1.685** (2.46)
lny_{it-1}	0.723*** (6.15)	0.487*** (2.60)	0.106** (2.24)
$lnPROD_{it}$	0.044*** (3.33)	0.047*** (3.25)	0.074*** (2.68)
$lnMS_{it}$	−0.496*** (−4.55)	−0.356*** (−3.02)	−0.101** (−2.31)
$lnExport_{it}$	−0.041*** (−3.16)	−0.039*** (−2.63)	−0.048*** (−2.99)
$lnLE_{it}$	0.215*** (16.39)	0.226*** (10.8)	0.192*** (9.11)
$lnUE_{it}$	−0.753*** (−11.22)	−0.714*** (−9.23)	−0.736*** (−9.17)
$lnAG_{it}$	−0.178*** (−6.66)	−0.096 (−0.77)	−0.64*** (−5.30)
$lnFS_{it}$	0.116*** (3.46)	0.118*** (3.25)	0.101*** (2.95)
Adj R^2	0.3441	0.3853	0.6853
N	826	824	900
Sargenstatistic (p)		4.245 (0.5147)	
Wald (p)			232.28 (0.000)

注：* 表示 p<0.10，** 表示 p<0.05，*** 表示 p<0.01。

表 5 集聚方程的回归结果及稳健性检验结果

回归参数 \ 回归方法	$lnAG_{it}$		
	3SLS	2SLS	OLS
C			−7.123*** (−7.76)

续表

回归参数 \ 回归方法	$lnAG_{it}$		
	3SLS	2SLS	OLS
lny_{it}	1.533*** (6.81)	2.138*** (3.77)	0.884*** (17.34)
$lnMS_{it}$	−0.576*** (−2.67)	−1.146** (−2.17)	0.260*** (5.34)
$lnInf_{it}$	−0.010 (−0.22)	0.083 (1.1)	−0.681*** (−7.22)
$lnOpen_{it}$	0.046* (1.93)	0.045 (1.34)	0.130*** (7.37)
$lnLE_{it}$	−0.127*** (−4.88)	0.093 (0.74)	−0.192** (−4.36)
$lnUE_{it}$	0.127 (1.15)	−0.447 (−1.39)	0.931** (5.28)
$lnSP_{it-1}$	−0.136** (−2.11)	−1.493** (−2.03)	−0.276** (−4.14)
$lnFS_{it-1}$	0.030 (0.53)	0.021 (0.26)	−0.449 (−6.40)
Adj R^2	0.7012	0.472	0.7114
N	826	824	839
Sargenstatistic (p)		2.274 (0.81)	
Wald (p)			4662.70 (0.000)

注：* 表示 $p<0.10$，** 表示 $p<0.05$，*** 表示 $p<0.01$。

六、结论与政策建议

（一）主要结论及有价值的发现

本文在梳理地区专业化与区域差距理论基础上，综合城市与区域经济学、演化经济地理和“新”新经济地理分析思路，对 Baldwin 和 Martin（2004）的集聚与增长相互强化的结构模型进行拓展，引入不同类型的城市专业化，建立包含城市专业化的拓展经典条件 β 收敛模型，以 2003~2015 年长江流域三大城市群地级市数据为样本，通过面板数据联立方程进行实证检验，全面系统地考察城市专业化与城市群经济协调发展之间的关系。实证研究发现：

第一，长江流域三大城市群存在明显的条件收敛，城市专业化有利于促进城市群经济增长，进而有利于促进城市群经济实现趋同，缩小区域经济差异，推动城市群实现协调发展。

第二，不同专业化模式对长江流域三大城市群经济增长的影响存在差异。部门专业化与城市群增长呈显著的倒“U”形关系，功能专业化与城市群增长则呈显著的“U”形关系，但与部门专业化相比，功能专业化的“U”形结构要相对平缓，总体而言，长江流域三大城市群正处于功能专业化发育初期，部门专业化对城市群经济增长仍起主导作用，功能专业化对城市群增长的作用相对较弱，待功能专业化水平发展到一定阶段，就会替代部门专业化，继续发挥对城市群经济增长的正向促进作用，同时抵消集聚过密的负面影响。

第三，部门专业化与集聚决定因素的回归结果表明，长江流域三大城市群发展正处于内部空间分工深化的关键阶段，由部门专业化主导逐步向功能专业化主导过渡。本地经济发展水平提高和城市群间经济联系加深反而不利于部门专业化水平提高，集聚不经济的出现削弱了专业化部门的市场优势，反映出以规模经济见长的部门专业化对市场的支配性在下降；以灵活和多样化为特征、注重合作的功能专业化在市场中的地位趋于上升，与部门专业化协同演进，其力量目前尚不足以取代部门专业化的地位。

第四，关于对外开放正面促进城市经济集聚发展，以及本地市场潜力对城市经济集聚存在负面影响的研究结果，凸显了深入扩大对外开放和推进市场化改革对城市经济集聚以及对城市群经济增长和区域差距缩小的重要性。进一步扩大对外开放，持续推进市场化改革，促进要素有序流动，打破区域壁垒，对缩小城市群差异，提高区域发展质量意义重大。

第五，关于基础设施对城市经济集聚的作用不显著的研究结果，意味着，传统“铁公机”基础设施对城市集聚经济的重要性在下降，未来城市群高质量发展将更多依靠新一代信息通信技术的普及应用以及“云—网—端”（云计算、信息通信网络、各种智能端）等新型基础设施的发展，帮助后发城市和外围城市降低创新门槛，并从参与由功能专业化主导的新型分工中获得更多增长机会，分享中心城市空间溢出的好处，从而促进城市群分工优化、有序集聚并在集体创新的氛围中实现区域趋同的美好图景。

第六，与其他先验研究相一致，在趋同条件中，劳动力平均固定资产投资，劳动力平均政府财政支出，基础设施和人力资本等因素正向促进城市增长；劳动生产率、专业化外部性对部门专业化的发展具有正面影响，而多样化外部性或者说城市化外部性则与部门专业化水平显著负相关。此外，对外开放对城市经济增长直接作用尚未体现，主要通过促进集聚间接促进城市经济增长。

（二）政策建议

新型城市群空间分工形态的发展是一个逐步发展的过程，而非一蹴而就。在分工深化阶段，城市间功能分工发挥主导作用，新技术、新业态层出不穷，推进城市群专业化创新发展，促进空间分工有序开展和形态更新，在市场化进程和政府优化服务条件下，建立新的城市群分工合作秩序，助力区域高质量发展。当前，促进城市群集聚、专业化健康发展可以从以下几个方面入手：

第一，深化市场化改革，发挥市场优势。市场是中国经济发展前进的重要比较优势，中国成为第二大经济体，国内市场规模相应增长，在此背景下推进城市群经济高质量发展：一是需要创新产业合作分工模式，强化城市群一体化制度支撑，搭建城市合作平台，打破区域壁垒，推进各类要素跨区域流动，促进区域规划错位分工和有序竞合。二是重视区域信息化的发展。数据已成为新的生产要素，极大拓展了产业分工和专业化的基础，一方面，数据成为城市经济发展的重要资源，城市的数字化能力，如提取、盘活、分析和挖掘各类数据，将为城市提供新的比较优势，成为城市竞争力的新基石；另一方面，增进城市间数据交换，将大有裨益，后发城市可以抓住数字经济发展机遇，弯道超车，如“大数据贵阳”“数字福建”为我们提供了一个个鲜活的区域样本。

第二，坚持扩大开放。从“一带一路”倡议的提出到中国国际进口博览会成功举办两届，城市群发展的外部环境发生了巨大变化，在国家层面不遗余力深化开放，以积极开放的姿态化解贸易摩擦和消解危机的同时，城市群分工与专业化亦需要融入国家全方位开放的大格局中去。中心城市在加强与国际市场联系的同时，要大胆“走出去”，与国际规则接轨，通过创新提升在全球产业链中的地位；外围城市则打破故步自封，依托城市合作，积极参与“一带一路”建设，有效融入全球分工体系，进一步提高专业化层次和水平。

第三，重视数字经济新基础设施投资，发挥新基础设施在深化城市群分工与专业化方面的作用。在以新一代信息通信技术引领的第四次工业革命影响下，数字经济成为中国经济增长和高质量发展的新引擎。随着数字中国、网络强国、智慧社会的战略推进，在城市群发展层面，数字经济不仅成为未来城市间分工合作的重点领域，互联网、大数据、人工智能技术与实体经济深度融合发展，还为城市间分工合作发展提供了数字平台，城市间频繁的信息交流，衍生出迭代创新的良性闭环，有望打破中心—外围的空间定式，形成扁平化、网络化、紧密合作的关系，增进城市合作的效率和水平。因此，各地应适时出台政策措施，积极布局城市数字经济基础设施，加速普及新一代信息通信技术应用，规划5G网络和相关产业发展，培育数字经济专业人才和综合型人才，支持城市数字经济创新发展。

参考文献

[1] 曹清峰，倪鹏飞．欧洲城市发展格局对构建新时代中国城市体系的启示［J］．西部论坛，2019（4）：109-115.

[2] 陈得文，苗建军．空间集聚与区域经济增长内生性研究——基于1995~2008年中国省域面板数据分析［J］．数量经济技术经济研究，2010（9）：82-93.

[3] 程艳，高君杰．工业集聚、市场潜力与地区收入差距——基于全国省际面板数据的分析［J］．浙江社会科学，2014（12）：44-53.

[4] 邓楚雄，宋雄伟，谢炳庚．基于百度贴吧数据的长江中游城市群城市网络联系分析［J］．地理研究，2018（6）：1181-1192.

[5] 范剑勇．市场一体化、地区专业化与产业集聚趋势——兼谈对地区差距的影响［J］．中国社会科学，2004（6）：39-51.

[6] 贺灿飞，肖晓俊，邹沛思．中国城市正在向功能专业化转型吗？——基于跨国公司区位战略的透视［J］．城市发展研究，2012，19（3）：20-29.

[7] 纪玉俊，周璐．制造业集聚、空间溢出与地区经济增长——基于城市面板数据的实证检验［J］．区域经济评论，2015（4）：52-59.

[8] 蒋媛媛．中国地区专业化促进经济增长的实证研究：1990~2007年［J］．数量经济技术经济研究，2011（10）：3-20.

[9] 刘汉初，卢明华．中国城市专业化发展变化及分析［J］．世界地理研究，2014（4）：85-96.

[10] 刘修岩，邵军，薛玉立．集聚与地区经济增长：基于中国地级城市数据的再检验［J］．南开经济研究，2012（3）：52-64.

[11] 苗长青．中国地区专业化与经济增长关系的实证研究——基于工业两位数数据上的分析［J］．产业经济研究，2007（6）：8-14.

[12] 潘文卿，刘庆．中国制造业产业集聚与地区经济增长——基于中国工业企业数据的研究［J］．清华大学学报（哲学社会科学版），2012（1）：137-147.

[13] 皮亚彬．集聚与扩散并存——我国区域差距演变的新特征［J］．经济与管理评论，2015（1）：147-155.

[14] 苏红键，赵坚．产业专业化、职能专业化与城市经济增长——基于中国地级单位面板数

据的研究［J］. 中国工业经济，2011（4）：25-34.

［15］孙浦阳，武力超，张伯伟．空间集聚是否总能促进经济增长：不同假定条件下的思考［J］. 世界经济，2011（10）：3-20.

［16］田超，王磊．长江中游城市群产业集聚与经济增长的实证研究——基于动态面板 GMM 估计的分析［J］. 区域经济评论，2015（3）：135-141.

［17］魏玮，马松昌．基于动态面板 GMM 分析的产业集聚与经济增长实证研究——以山东半岛城市群为例［J］. 上海经济研究，2013（6）：23-32.

［18］谢里，谌莹，邝湘敏．产业集聚拉大了地区收入差距吗？——来自中国制造业的经验证据［J］. 经济地理，2012，32（2）：20-26.

［19］谢品，李良智，赵立昌．江西省制造业产业集聚、地区专业化与经济增长实证研究［J］. 经济地理，2013，33（6）：103-108.

［20］宣烨，余泳泽．生产性服务业层级分工对制造业效率提升的影响——基于长三角地区 38 城市的经验分析［J］. 产业经济研究，2014（3）：5-14.

［21］张云飞．城市群内产业集聚与经济增长关系的实证研究——基于面板数据的分析［J］. 经济地理，2014，34（1）：108-113.

［22］甄峰，刘晓霞，刘慧．信息技术影响下的区域城市网络：城市研究的新方向［J］. 人文地理，2007，22（2）：71，76-80.

［23］甄峰，王波，陈映雪．基于网络社会空间的中国城市网络特征——以新浪微博为例［J］. 地理学报，2012，67（8）：1031-1043.

［24］Accetturo A. Agglomeration and Growth: The Effects of Commuting Costs［J］. Papers in Regional Science, 2010, 89（1）: 173-190.

［25］Acemoglu D., Zilibotti F. Information Accumulation in Development［J］. Journal of Economic Growth, 1999, 4（1）: 5-38.

［26］Aiginger K., Davies S. W. Industrial Specialisation and Geographic Concentration: Two Sides of the Same Coin? Not for the European Union［J］. Journal of Applied Economics, 2014, 7（2）: 231-248.

［27］Bacolod M., Blum B. S., Strange W. C. Skills in the City［J］. Journal of Urban Economics, 2019, 65（2）: 136-153.

［28］Baldwin R. E., Martin P. Agglomeration and Regional Growth［A］// Henderson J. V., Thisse J. The Handbook of Regional and Urban Economics: Cities and Geography［C］. Amsterdam: Elsevier Press, 2004.

［29］Baldwin R. E., Martin P., Ottaviano G. I. P. Global income Divergence, Trade, and Industrialization: The Geography of Growth Take-offs［J］. Journal of Economic Growth, 2001, 6（1）: 5-37.

［30］Behrens K., Duranton G., Robert-Nicoud F. Productive Cities: Sorting, Selection, and Agglomeration［J］. Journal of Political Economy, 2014, 122（3）: 507-553.

［31］Bonavero P., Conti S. New Technological Paradigm, Urban Identity and Metropolitan Networks in Europe［A］. Edited by Pumain D., Saint-Julien T. Urban Networks in Europe［C］. London, 1996: 47-65.

［32］Bosker M. Growth, Agglomeration and Convergence: A Space-time Analysis for European Regions［J］. Spatial Economic Analysis, 2007, 2（1）: 91-100.

［33］Brülhart M., Sbergami F. Agglomeration and Growth: Cross-country Evidence［J］. Journal of Urban Economics, 2009, 65（1）: 48-63.

[34] Camagni R. , Stabilini S. , Diappi L. City Networks in the Lombardy Region: An Analysis in terms of Communication Flows [J]. Flux, 1994, 10 (15): 37-50.

[35] Castells M. The Rise of the Network Society [M] . Malden: Blackwell Publishers, 1996.

[36] Cerina F. , Mureddu F. Agglomeration and Growth With Endogenous Expenditure Shares [J]. Journal of Regional Science, 2012, 52 (2): 324-360.

[37] Combes P. P. , Duranton G. , Gobillon L. et al. The Productivity Advantages of Large Cities: Distinguishing Agglomeration from Firm Selection [J]. Econometrica, 2012, 80 (6): 2543-2594.

[38] Crozet M. , Koenig P. The Cohesion vs. Growth Tradeoff-Evidence from EU Regions (1980-2000) [A] // ERSA Conference Papers [C]. European Regional Science Association, 2005.

[39] Dalum B. , Laursen K. , Villumsen G. Structural Change in OECD Export Specialisation Patterns: De-specialisation and "Stickiness" [J]. International Review of Applied Economics, 1998, 12 (3): 423-443.

[40] Dowrick S. Innovation and Growth: Implications of the New Theory and Evidence [A] // Fagerberg J. , Lundberg L. , Hansson P. , et al. , Technology and International Trade [C]. Edward Elgar: Chelrenham, 1997.

[41] Duranton G. , Monastiriotis V. Mind the Gaps: The Evolution of Regional Inequalities in the UK, 1982-1997 [J]. Journal of Regional Science, 2002 (42): 219-256.

[42] Eeckhout J. , Pinheiro R. , Schmidheiny K. Spatial Sorting [J]. Journal of Political Economy, 2014, 122 (3): 554-620.

[43] Ezcurra R. , Gil C. , Rapun M. , et al. Regional Productive Specialization and Inequality in the European Union [A/OL]. http: //www. ersa. org, 2004.

[44] Gardiner B. , Martin R. , Tyler P. Does Spatial Agglomeration Increase National Growth? Some Evidence from Europe [J]. Journal of Economic Geography, 2011, 11 (6): 979-1006.

[45] Giannetti M. The Effects of Integration on Regional Disparities: Convergence, Divergence or Both? [J]. European Economic Review, 2002, 46 (3): 539-567.

[46] Glaeser E. L. , Kahn M. E. Sprawl and Urban Growth [A] // Henderson J. V. , Thisse J. F. Handbook of Regional and Urban Economics [C]. Amsterdam: Elservier Press, 2004.

[47] Glaeser E. L. , Resseger M. G. The Complementarity Between Cities and Skills [J]. Journal of Regional Science, 2010, 50 (1): 221-244.

[48] Grossman G. M. , Helpman E. Innovation and Growth in thew Global Economy [J]. Cambridge: The MIT Press, 1991.

[49] Iara A. , Traistaru I. Integration, Regional Specialization and Growth Differentials in EU Acceding Countries: Evidence from Hungary [R]. Centerfor European Integration Studies, University of Bonn, Germany, 2004.

[50] Imbs J. , Wacziarg R. Stages of Diversification [J]. The American Economic Review, 2003, 93 (1): 63-86.

[51] Kim S. Spatial Inequality and Economic Development: Theories, Facts, and Policies [J]. Urbanization and Growth, 2008: 133-166.

[52] Krugman P. Increasing Returns and Economic Geography [J]. Journal of Political Economy, 1991, 99 (3): 483-499.

[53] Kunzmann K. , Wegener M. The Pattern of Urbanization in Western Europe [J]. Ekistics, 1991 (58): 282-291.

[54] Magrini S. The Evolution of Income Disparities Among the Regions of the European Union [J]. Regional Science and Urban Economics, 1999, 29 (98): 257-281.

[55] Marelli E. Specialisation and Convergence of European Regions [J]. European Journal of Comparative Economics, 2007, 4 (2): 149-178.

[56] Martin P., Ottaviano G. I. P. Growing Locations: Industry Location in a Model of Endogenous Growth [J]. European Economic Review, 1999, 43 (2): 281-302.

[57] Martin P. Public Policies, Regional Inequalities and Growth [J]. Journal of Public Economics, 1999, 73 (1): 85-105.

[58] Martin R. National Growth Versus Spatial Equality? A Cautionary Note on the New "Trade-off" Thinking in Regional Policy Discourse [J]. Regional Science Policyand Practice, 2008, 1 (1): 3-13.

[59] Okubo T., Tomiura E. Industrial Relocation Policy, Productivity and Heterogeneous Plants: Evidence from Japan [J]. Regional Science and Urban Economics, 2012, 42 (1): 230-239.

[60] Ottaviano G. I. P., Puga D. Agglomeration in the Global Economy: A Survey of the "New Economic Geography" [J]. World Economy, 2003, 21 (6): 707-731.

[61] Puga D. European Regional Policies in Light of Recent Location Theories [J]. Journal of Economic Geography, 2002, 2 (4): 373-406.

[62] Sbergami F. Agglomeration and Economic Growth: Some Puzzles [R]. HEI Working Paper, 2002.

[63] Venables A. J. Productivity in Cities: Self-selection and Sorting [J]. Economics, 2011, 11 (2): 241-251.

[64] Williamson J. G. Regional Inequality and the Process of National Development: A Description of the Patterns [J]. Economic Development and Cultural Change, 1965: 1-84.

住房财富积累能促进家庭创业吗？

——来自中国家庭金融调查的微观证据

尹志超　蒋佳伶

［摘　要］过去十多年，中国城镇家庭住房财富快速上升，而创业对推动创新、促进就业和拉动经济增长具有重要意义。本文基于2015年和2017年中国家庭金融调查（CHFS）的面板数据，采用固定效应和差分模型，实证研究了住房财富对家庭创业的影响。本文发现，住房财富对家庭创业具有显著正向影响。住房财富增加10%，家庭新增创业的概率上升5.7%。本文还发现，住房财富显著扩大了创业家庭的经营规模，提高了创业家庭的经营绩效，并且显著增加了雇佣劳动数量，降低了家庭成员在创业项目上的劳动供给。同时，住房财富降低了家庭创业失败的概率，提高了家庭未来创业的意愿。异质性分析表明，住房财富在三四五线城市和中西部地区对促进家庭创业作用更显著；住房财富对户主未接受过高等教育、身体健康的家庭创业影响更显著。进一步分析发现，住房财富不仅对促进家庭新增创业有积极作用，还促进了家庭新增主动创业。住房财富对中年家庭的创业决策有积极影响，但是并没有显著促进年轻家庭和老年家庭创业。本文研究了住房财富对家庭创业的影响机制，结果显示，住房财富增加所带来的信贷效应和财富效应，通过提高工商业信贷可得性和缓解家庭面临的流动性约束促进家庭创业。本文的结论表明，住房财富是促进家庭从事创业活动的助推器，相关政策的制定需要充分重视住房对家庭创业行为的潜在影响。

［关键词］住房财富；家庭创业；流动性约束；信贷效应；财富效应

一、引言

创新是引领发展的第一动力，是社会进步的灵魂，是建设现代化经济体系的战略支撑。创业是推进经济社会发展、改善民生的重要途径，创新和创业相连一体、共生共存。自2014年李克强总理在达沃斯论坛上提出“大众创业、万众创新”后，《国务院关于强化实施创新驱动发展战略进一步推进大众创业万众创新深入发展的意见》《国务院关于推动创新创业高质量发展打造“双创”升级版的意见》等相关鼓励措施的出台和实施，为促进全社会的创新、创业，增加经济发展的动力提供了良好的政策和制度环境。除了政策支持以外，各地的双创周、“创响中国”、创新创业大赛和创新创业成果交易会等实践也进一步推进了创新创业活动，增加了双创的活力。根据《全球创业观察2018/2019中国报告》，中国创业环境的综合评价得分为5.0分，在G20经济体中排名第6位。表1描述了2016~2018年全国市场主体发展基本情况。由表1可知，无论是期末实有还是新登记的企业和个体工商户，均呈快速增长态势。创业已成为加快发展新经济、培育发展新动能、打造发展新引擎的重要抓手（张萃，2018）。

［基金项目］国家社会科学基金重点项目“互联网消费金融的发展、风险与监管”（16AZD014）。

［作者简介］尹志超，四川广元人，首都经济贸易大学金融学院教授，博士生导师，经济学博士；蒋佳伶（通讯作者），女，四川资阳人，首都经济贸易大学金融学院博士研究生，邮箱：jiangningchu@126.com。

表 1　2016~2018 年全国市场主体发展基本情况

单位：万户

项目	2016 年		2017 年		2018 年	
	期末实有	新登记	期末实有	新登记	期末实有	新登记
市场主体	8705.4	1651.3	9814.8	1924.9	11020	2149.6
企业	2596.1	552.8	3033.7	607.4	3474.2	670
个体工商户	5930	1068.9	6579.4	1289.8	7328.6	1456.4
农民专业合作社	179.4	29.6	201.7	27.8	217.3	23.1

资料来源：国家市场监督管理总局。

创业是拉动经济增长的重要引擎，是创新和增长的关键。在微观个体层面，创业活动不仅促进了劳动力就业的灵活性，提高了创业者的工作满意度和生活满意度（Blanchflower and Oswald，1998），还对低收入群体的收入增长有积极的促进作用。在宏观层面，创业活动提高了城市就业率，解决了就业问题，推动了产业结构升级和技术创新，促进了城市化水平提升（Glaeser et al.，2015），最终促进了经济增长（Banerjee and Newman，1993；De Mel et al.，2008）。

住房问题是重要的民生问题。住房是家庭投资组合中占比最大，也是最重要的资产（Yao and Zhang，2005）。住房是最重要的家庭资产，是家庭资产负债表的重要组成部分。根据《中国家庭财富调查报告（2018）》，2017 年城镇地区房产净值占家庭财富的 69.70%，房产净值增长了 15.56%，房产净值增长额占到了家庭人均财富增长额的 68.74%。图 1 描述了 2010 年 6 月至 2019 年 11 月全国 100 个城市商品住宅平均销售价格。由图 1 可以看出，随着时间的推移，100 个城市的房价总体呈快速上涨趋势。房价上涨所带来的住房财富增加，使得住房在家庭日常生活和生产活动中扮演着越来越重要的角色。

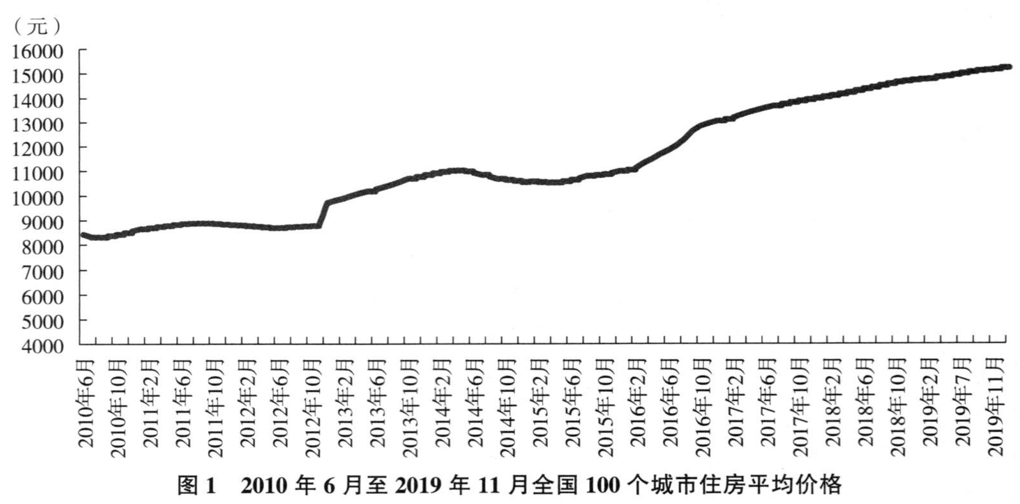

图 1　2010 年 6 月至 2019 年 11 月全国 100 个城市住房平均价格

资料来源：中房指数系统（China Real Estate Index System，CREIS）。

在此背景下，本文探究不断增长的住房财富和家庭创业之间是否有因果关系？自住房制度改革以来，中国家庭的自有住房拥有率一直都很高，伴随着房价的快速增长，家庭的住房财富也迅速增加。与此同时，在“大众创业、万众创新”政策指引下，全社会掀起创业浪潮，创业势头高涨，企业数量日均净增 1 万户以上①。因此，住房财富在家庭创业决策中扮演何等角色、发挥何等作用是

① 数据来源于 2020 年《政府工作报告》。

值得深入研究的话题，这对厘清住房财富和家庭创业的因果关系具有极大的重要性。

关于创业的决定因素，现有文献归纳为以下几个方面：第一，宏观的政治、经济因素。包括政府管制（陈刚，2015）、金融约束（King and Levine，1993；Paulson and Townsend，2004；张龙耀、张海宁，2013）、金融环境和政策支持（朱红根、康兰媛，2013）。第二，个人特征、家庭背景。包括金融知识（尹志超等，2015；孙光林等，2019）、认知能力（李涛等，2017）、个人能力（Lazear，2004）、人格特质（罗明忠、陈明，2014）、公务员家庭（李雪莲等，2015）、父母的创业经历（Lindquist et al.，2015）和家庭结构（杨婵等，2017）。第三，文化和社会规范。包括宗教信仰（阮荣平等，2014）、信任（周广肃等，2015）、社会网络（Birley，1985；Djankov et al.，2006；马光荣、杨恩艳，2011；蒋剑勇、郭红东，2012；杨震宁等，2013；胡金焱、张博，2014；刘刚等，2016）。第四，数字普惠金融。包括移动支付（尹志超等，2019）、数字金融（谢绚丽等，2018；何婧、李庆海，2019）。

关于住房与创业的研究，现有文献没有得出一致的结论。一些文献研究了住房所有权、住房财富与家庭创业之间的关系（De Meza et al.，1996；Fairlie and Krashinsky，2012；Wang，2012；Corradin and Popov，2015；Schmalz et al.，2017；吴晓瑜等，2014；蔡栋梁等，2015；李江一、李涵，2016），他们发现，住房财富通过缓解流动性约束显著促进家庭从事创业活动。一些文献研究了家庭财富与创业之间的关系，Hurst 和 Luarsdi（2004）、Buera（2009）、盖庆恩等（2013）发现两者存在非线性关系，Evans 和 Jovanovic（1989）、Evans 和 Leighton（1989）、Banerjee 和 Newman（1993）则发现家庭财富显著正向影响家庭创业。Black Meza 等（1996）、Li 和 Wu（2014）、Adelino 等（2015）、吴晓瑜等（2014）、普蕈喆、郑风田（2016）考察了房价与创业之间的关系。蔡栋梁等（2015）还研究了房价预期与家庭创业的关系，发现房价预期负向影响家庭创业活动。

本文运用 CHFS 数据，全面考察住房财富对中国家庭创业选择的影响及其作用机制。在现有文献基础上，为了精确识别两者的因果关系，本文将样本限定在城镇有房家庭，从住房增值的视角，实证检验住房财富对家庭创业的影响，以及对家庭经营规模、经营绩效和家庭成员在创业项目上的劳动供给的影响。研究发现，住房财富积累显著促进了家庭创业，并且对家庭经营规模和经营绩效有显著的促进作用。住房财富降低了家庭成员在创业项目上的劳动供给，但增加了雇佣员工的数量。住房财富显著降低了家庭创业失败的概率，也会显著促进家庭未来创业的意愿。

本文对吴晓瑜等（2014）的结论做了重要的拓展。①本文将关注变量由房价拓展到微观家庭的住房财富。住房价值由住房单价和家庭所拥有的房屋面积共同决定，能更加准确地识别每个家庭的住房财富。②本文拓展了研究的时期，以反映中国经济发展的最新变化。吴晓瑜等（2014）的研究基于 2005 年人口抽样调查数据和 2008~2010 年中国家庭追踪调查（Chinese Family Panel Studies，CFPS）数据，2011~2017 年，中国住房市场发生了巨大变化，住房平均价格上升 47.32%。伴随着房价的迅速上涨，家庭的住房财富不断增加。与此同时，随着“大众创业、万众创新”的不断推进，创业活动迅速发展。因此，本文在新的时点研究住房财富和家庭创业的关系具有重要意义。③本文进一步检验发现了住房财富的财富效应和信贷效应。通过将样本限定在城镇有房家庭，发现住房财富主要通过缓解家庭面临的流动性约束和提高工商业信贷可得性促进家庭创业。最后，本文发现房价对无房家庭的创业决策没有抑制作用。吴晓瑜等（2014）用房价收入比这一指标来检验无房家庭的创业决策，发现房价对无房家庭的创业决策具有抑制作用。对于无房家庭而言，上涨的房价不仅意味着未来购房面临更大的压力，也意味着目前高昂的租金成本。本文在他们研究的基础上做了改进，利用无房家庭目前所居住房屋的住房财富来考察对家庭创业的影响，发现并没有显著影响这一部分人的创业决策，进一步证实了自有住房的财富效应在发挥作用。总之，本文基于具有全国代表性的大型微观调查数据，识别了住房财富与家庭创业之间的因果关系，在讨论住房财富对家庭创业决策影响的基础上，进一步探讨了其对创业家庭经营规模、经营绩效和劳动供给的影响，还分析了住房财富对不同类型创业的影响，有助于理解快速增长的住房财富对家庭创业行为的深刻影响。本文是对现有文献的有益补充。

本文余下部分安排如下：第二部分是理论背景和研究假说，第三部分交代本文的实证策略和内生性讨论，第四部分介绍数据和主要变量，第五部分报告实证结果，第六部分是稳健性检验，第七部分是异质性分析，第八部分是进一步分析，第九部分识别影响机制，第十部分总结全文。

二、理论背景和研究假说

中国作为转型经济体，随着国有企业改革和外国竞争的加剧，创业在中国城市尤为重要，城市发展越来越依赖创业活动来推动经济增长（Yueh，2009）。企业经营是一种承担风险的行为（Knight，1921）。处于不同财富水平的个人会有不同的职业选择（Banerjee and Newman，1993），创业作为经济个体的职业选择，相比于受雇佣需要承担更大的风险。除了承担风险以外，创业还需要一定的启动资金（吴晓瑜等，2014）。

金融市场不完善、信息不对称的问题在各国普遍存在。由于逆向选择和道德风险的存在，金融市场为潜在创业者提供的资本并不充裕（Leroy and Singell，1987）。同时，信贷分配制度偏向国有企业，创业者经常面临严重的信贷约束，由此创业者仅能依靠自有资金并承担可能失败的风险（Evans and Jovanovic，1989）。

当家庭自有财富有限，且外部金融市场不能为创业行为提供金融支持时，家庭可能会因为资金约束而无法创业（马光荣、杨恩艳，2011；张龙耀和张海宁，2013；胡金焱和张博，2014）。可见，家庭财富水平是影响家庭创业选择的重要因素（张龙耀、张海宁，2013）。房产作为一种重要的家庭资产，它具有双重属性，一方面是耐用消费品，另一方面是风险性非金融投资品（Cardak and Wilkins，2009）。学者们从不同的角度研究了住房与家庭创业之间的关系。Wang（2012）研究了中国针对国有企业职工实行的住房制度改革对家庭创业的影响，这项改革使租用国有房屋的国企员工有机会以补贴价格购买房屋。研究发现，住房改革通过允许家庭利用房产增值来减少劳动力流动成本并减轻信贷约束，进而提高了家庭创业的概率。周京奎、黄征学（2014）也评估了住房制度改革对家庭"下海"创业的影响，发现了类似的结论。Li 和 Wu（2014）、吴晓瑜等（2014）运用2005年人口抽样调查数据和 CFPS 数据，研究了房价与家庭创业之间的关系。他们研究发现，对于自有房屋者，尽管住房增值对家庭创业有正的财富效应，但按揭收入比对家庭创业有一个负向效应。对于无房家庭，房价收入比越高，家庭创业的概率越低。住房的替代效应大于财富效应和信贷效应之和。Hurst 和 Lusardi（2004）运用美国 PSID（Panel Study of Income Dynamics）数据研究发现，财富与家庭创业之间是非线性关系，仅仅对于处于财富最高水平的那部分家庭而言，两者的正向关系才存在，进一步研究发现，房价对家庭创业没有影响。

Thaler（1990）提出，住房属于家庭心理账户的资产，家庭存在财富幻觉，存在心理账户效应。房价的升高会使得家庭觉得比以前更加富有，对自己的财务状况更加自信（Poterba，2000；Zhu et al.，2019）。也就是说，由于家庭从事自营工商业都有大量的资金需求，资金门槛在很大程度上阻碍了创业活动。房价上涨所带来的住房财富增加，从心理学的角度讲，使家庭觉得更有能力跨过资金门槛，从而提高家庭创业的概率。据此提出假设 1。

假设 1：住房财富的增加，提高了家庭创业的概率，对家庭创业有积极促进作用。

基础设施、法治环境、政府管制、金融发展、城市规模等宏观因素，以及融资约束、社会资本、企业家才能等微观因素在家庭创业活动中均占据举足轻重的地位。住房财富作为一种重要的物质资本，对家庭一系列行为和活动具有重要作用。现有文献发现，住房财富通过改变家庭财富的生命周期和缓解流动性约束，进而影响家庭的消费支出（Case et al.，2005；Hurst and Stafford，2004；

Campbell and Cocco，2007；Carroll et al.，2011；Browning et al.，2013；Mian et al.，2013）和家庭负债（Mian and Sufi，2011）。Engelhardt（1996）、Disney 等（2002）等研究证实，住房收益影响消费和储蓄行为。住房财富对生育决策（Lovenheim and Mumford，2013）、房价对生育率（Dettling and Kearney，2014）、教育决策（Lovenheim，2011；Lovenheim and Reynolds，2013）、长期护理保险的需求（Davidoff，2010）、资产选择（Chetty et al.，2017）以及离婚率（Farnham et al.，2011）均有显著影响。那么，住房财富是如何提高家庭创业概率的呢？如何将资产转化为创业所需的资本呢？

根据传统的5C（Character，Capacity，Collateral，Capital and Conditions）理论，住房能扮演抵押品的角色。在正规金融机构借贷中，住房在违约时被视为止损的手段。具体来说，房屋所有权被视为借款者积累财富和偿还负债能力的标志（Connolly et al.，2015）。虽然在中国不存在如美国一样的按揭再贷款制度，不能够提取住房净财富，进行二次贷款，但是现有文献证实，房产在家庭总资产中具有极端重要性。房价上涨能提升房产的抵押功能（吴晓瑜等，2014）。由于大部分自营工商业的创立是以家庭自有资产作为初始投资，而正规金融又是以借款者的资产和抵押品为基础，因此，一方面，住房能作为抵押品，向银行等正规金融机构贷款，获得创业所需的资金，为家庭创业提供资金支持；另一方面，房价上涨所带来的住房增值，能够向亲朋好友传递信号，有助于获得民间借贷。据此提出假设2。

假设2：住房财富增加所带来的信贷效应，通过提高工商业正规信贷可得性和民间借贷可得性，促进家庭创业。

前文提到，由于金融市场的不完善，家庭创业需要积累资金，流动性约束的存在会显著抑制家庭创业活动（Evans and Jovanovic，1989）。房价上涨提高了住房财富的贴现价值（黄静、屠梅曾，2009），使房产持有者预期未来收益增加，家庭财富增加（吴晓瑜等，2014）。即使住房没有用于抵押来为工商业贷款融资，住房升值也能为创业提供额外的资金（Connolly et al.，2015），从而解决初始资本不足的问题。据此提出假设3。

假设3：住房财富增加所带来的财富效应，通过缓解家庭面临的流动性约束，促进家庭创业。

综上所述，住房财富通过信贷效应和财富效应，充当家庭创业的初始资本，使得家庭跨越创业所需的资金门槛，住房财富在家庭创业过程中扮演“助推器”角色。

三、实证策略和内生性讨论

（一）模型设定

为了考察住房财富对城镇家庭新增创业的影响，本文模型设定如下：

$$Entrepreneurship_{it}=\alpha_1 Housing\_wealth_{it}+X_{it}\beta+c_i+\pi_t+\mu_{it} \quad (1)$$

式中，$\mu_{it}\sim N(0,\sigma^2)$。$Entrepreneurship_{it}$ 代表城镇家庭新增创业的比例，下标 i 代表不同的家庭，t 代表年份，包括2015年和2017年。$Housing\_wealth_{it}$ 代表本文的关注变量住房财富，包括住房价值和住房净财富。X_{it} 代表控制变量，主要包括家庭特征变量、户主特征变量和宏观经济变量。c_i 代表不随时间变化的个体异质性，π_t 代表时间趋势项。本文预测，$\alpha_1>0$，即住房财富增加会提高城镇家庭新增创业的概率。

为了考察住房财富影响家庭创业的作用机制，这里借鉴胡金焱、张博（2014）的做法，以工商业正规信贷为例，模型设定如下：

$$Formal\_lend_{it}=\alpha_2 Housing\_wealth_{it}+X_{it}\beta+c_i+\pi_t+\mu_{it} \quad (2)$$

式中，$\mu_{it} \sim N(0, \sigma^2)$。$Formal\_lend_{it}$ 代表城镇家庭新增工商业正规借贷的比例，下标 i 代表不同的家庭，t 代表年份，包括 2015 年和 2017 年。$Housing\_wealth_{it}$ 代表本文的关注变量住房财富，包括住房价值和住房净财富。X_{it} 代表控制变量，主要包括家庭特征变量、户主特征变量和宏观经济变量。c_i 代表不随时间变化的个体异质性，π_t 代表时间趋势项。本文预测，$\alpha_2>0$，即住房财富增加会提高城镇家庭新增工商业正规借贷的概率。

（二）内生性讨论

本文的关注变量住房财富可能是内生的，首先是逆向因果。家庭创业后，更有能力购买新的住房，从而使住房财富增加。其次是遗漏变量，家庭创业和住房财富可能会同时受到其他因素的影响，比如个人偏好习惯、个人贴现率，而这些变量又是不可观测的。具体来说，性格这一因素会同时影响住房财富和家庭是否创业，比如性格乐观的人，会看好未来的房地产市场，从而增持住房资产，而不同性格的人的创业决策也会有显著差异。最后是测量误差，本文的住房价值是家庭主观估计的，与真实的价值可能存在偏差。Goodman 和 Ittner（1992）发现，自有房屋者会系统性地高估住房价值。因此，本文要处理的一个关键问题是住房财富的内生性。现有关于住房与创业的文献中，Adelino 等（2015）采用住房供给弹性作为住房价格的工具变量，并控制了一系列可以捕获各县之间截面差异的变量。Corradin 和 Popov（2015）也是运用住房供给弹性作为住房净财富的工具变量，并且通过子样本回归、排除相关行业等解决可能存在的内生性问题。Schmalz 等（2017）利用房价变动所导致的抵押品价值变化这一自然冲击，运用双重差分（Difference in Difference，DID）的方法来识别房屋抵押与创业的关系。Li 和 Wu（2014）在研究房价对家庭创业的影响时，为了解决家庭财富所导致的内生性问题，将住房增值作为家庭财富的工具变量，但这一工具变量的外生性条件不满足。Connolly 等（2015）排除了之前就从事生产经营的个体，仅保留了两次连续调查之间转变为企业家身份并且没有被确定为先前拥有企业的样本。李江一、李涵（2016）选用家庭所居住社区（村）居民做饭的主要燃料来源是否为管道天然气作为住房产权的工具变量。考虑到本文采用平衡面板数据，并且考虑到数据可得性，本文运用面板固定效应（FE）方法来解决不随时间变化的不可观测变量所造成的内生性问题。

四、数据和变量

（一）数据说明

本文所用数据来自 CHFS 项目。CHFS 是一项全国性调查，也是中国首个以家庭金融为主题的调查。调查采用三阶段分层、与人口规模成比例的抽样方法，通过科学抽样、现代调查技术和调查管理手段，收集中国家庭金融微观信息，以便为国内外研究者研究中国家庭金融问题提供高质量的微观数据。CHFS 在样本人口年龄结构、城乡人口结构、性别结构等多个方面与人口普查数据相一致，数据具有良好的代表性（甘犁等，2013）。该项目采用了多项措施控制抽样误差和非抽样误差，数据质量高。CHFS 调查目前已进行五轮，每一轮次都包括家庭的资产与负债、收入与支出、保险与保障、家庭人口特征及就业等方面的详细信息。2015 年第三轮 CHFS 覆盖了全国 29 个省（区、市）、349 个县（区、市）、1373 个社区（村），共获得 37289 户家庭的详细信息。2017 年第四轮 CHFS 覆盖了全国 29 个省（区、市）、353 个县（区、市）、1404 个社区（村），共获得 40011 户家庭的详细信息。其中，与住房相关的信息，如产权、房产价值、按揭负债、购房成本，以及工商业生产经营的详细信息，如项目总资产、营业收入、税后收入、家庭成员在项目上的投入时间、雇用员工的数量等在调查中都有收集。在本文的实证部分，采用 2015 年和 2017 年的平衡面板数据，考虑到农村没有商品房，在中国只有城市住房才有比较明确的交易价格，根据研究需要这里用城市有房样本回归。图 2 描述了 2015~2017 年城镇有房家庭创业活动变化情况。由图 2 可知，对于 2015 年没有创业的家庭（11642 户），在 2017 年新增创业 768 户，占比为 5.41%。2015 年和 2017 年均创业的家庭有 1630 户，占比为 11.48%。对于 2015 年创业的家庭（2561 户），在 2017 年创业失败的家庭有 931 户，占比为 6.55%。2015 年和 2017 年均没有创业的家庭有 10874 户，占比为 76.56%。

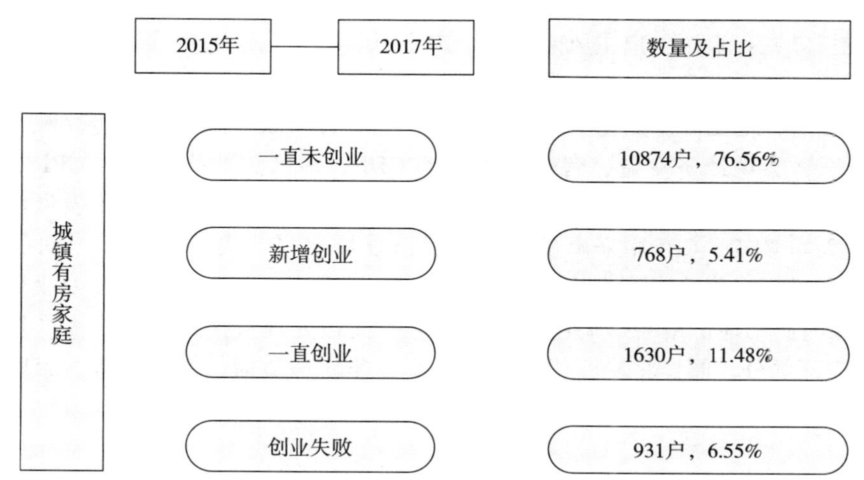

图 2　2015~2017 年城镇有房家庭创业活动变化情况

资料来源：笔者绘制。

（二）变量介绍

（1）城镇家庭创业。为重点考察住房财富对城镇家庭创业的影响，本文严格定义了创业变量。借鉴尹志超等（2015）、尹志超等（2019）的做法，当家庭从事包括个体户、租赁、运输、网店、经营企业等工商业生产经营项目时，即视为家庭创业，本文进一步定义了经营规模和经营绩效，即创业总资产和创业收入。本文还考察了家庭成员在创业项目上的劳动供给，即创业投入天数、投入小时数以及雇佣员工数量。

（2）住房财富。住房财富包括住房价值和住房净财富。本文采用所有房屋的价值作为住房总价值。本文将住房净财富定义为住房资产与住房负债（包括正规和非正规负债）的差额。在实证部分，将住房价值以及住房净财富采用加 1 再取自然对数的方法。Case 等（2005）认为自我报告的住房价值具有优越性，国外被学者广泛使用的 PSID、SCF（Survey of Consumer Finance）、SIPP（Survey of Income and Program Participation）等数据库也是采用自我报告的住房价值①。

（3）流动性约束。现有文献从信贷约束视角、负储蓄视角、流动性资产不足视角等定义流动性约束。借鉴 Hayashi（1985）、Zeldes（1989）的做法并有所拓展，从流动性资产不足视角着手，本文定义了两种流动性约束：流动性约束 1，金融资产②小于家庭 2 个月收入；流动性约束 2，流动资产③小于家庭 2 个月收入。

① 需要说明的是，Engelhardt（1996）认为，住房价值理想的定义是：根据在调查访问这一时点上房屋的交易价格销售房屋，所能获得的价值并去掉通货膨胀的影响。关于自我报告的住房价值的优点和不足，参见 Engelhardt（1996）。

② 金融资产包括家庭的股票、债券、银行理财产品、黄金、期货、期权、非人民币资产等。

③ 流动资产定义为现金和活期存款。

（4）工商业信贷。为了更加全面考察住房财富对工商业信贷的影响，本文分别定义了工商业正规借贷和工商业民间借贷。其中，工商业正规借贷指因工商业生产经营活动目前有尚未还清的银行/信用社贷款；工商业民间借贷指因工商业生产经营活动目前有尚未还清的亲朋好友、民间金融组织等非银行融资渠道的借款。

（5）控制变量。参照以往文献，本文的控制变量主要有：第一，家庭特征变量，包括家庭规模、家庭老人数量、家庭小孩数量、家庭住房负债、家庭非住房负债、家庭收入①、家庭净财富②、家庭拥有自有车辆。第二，户主特征变量，包括户主身体状况好、户主身体状况不好、户主受教育年限、户主已婚、户主有工作、户主风险偏好、户主风险厌恶。外部资产条件和自身素质是影响创业活动的关键因素（李雪莲等，2015），因此，本文控制了家庭负债、收入、净财富、是否有车等反映物质资本的变量，也控制了户主身体健康水平、受教育年限、风险态度等反映人力资本和风险偏好的变量。第三，宏观经济变量，包括地区人均 GDP、地区失业率、地区 CPI（Consumer Price Index）、地区商业用地价格以及地区私营部门平均工资。这些宏观经济变量代表当地的创业环境和创业氛围。地区人均 GDP、CPI 用来衡量各地区经济发展水平。失业率是影响创业活动的重要变量，更高的失业率意味着劳动力更难找到满意的工作，这可能迫使劳动力通过创业来实现就业（陈刚，2015）。地区商业用地价格会影响创业的成本。本文在处理数据过程中，将受教育年限变为非连续变量③。在实证部分，同样将家庭住房负债、家庭非住房负债、家庭收入、家庭净财富采用加 1 再取自然对数的方法。表 2 给出了变量的描述性统计。

表 2　2015 年、2017 年描述性统计

	2015 年		2017 年	
	观测值（户）	均值（元）	观测值（户）	均值（元）
被解释变量				
家庭新增创业			11642	0. 0660
家庭创业总资产	1630	465619. 5	1630	393715. 7
家庭创业收入	1630	270979. 9	1630	349970. 8
家庭成员投入天数	1630	6. 5498	1630	6. 4901
家庭成员投入小时数	1630	10. 4077	1630	9. 9742
雇佣员工数量	1630	2. 2007	1630	2. 8966
渠道变量				
流动性约束 1	11642	0. 3553	11642	0. 3730
流动性约束 2	11642	0. 5368	11642	0. 5449
工商业正规借贷			11642	0. 0060
工商业民间借贷			11642	0. 0067
关注变量				
住房价值	11642	795620. 5	11642	1156594

① 本文所控制的家庭总收入没有包括与创业和住房相关的收入，如创业收入、租金等。

② 参考 Corradin 和 Popov（2015）的做法，本文所控制的家庭净财富没有包括与创业和住房相关的净财富。

③ 没上过学=0，小学=6，初中=9，高中=12，中专=13，大专=15，大学本科=16，硕士研究生=19，博士研究生=22。

续表

	2015 年		2017 年	
	观测值（户）	均值（元）	观测值（户）	均值（元）
住房净财富	11642	766247.2	11642	1114923
家庭特征变量				
家庭规模	11642	3.1780	11642	3.0750
家庭老人数量	11642	0.5515	11642	0.6282
家庭小孩数量	11642	0.4182	11642	0.4051
家庭住房负债	11642	29373.22	11642	41671.24
家庭非住房负债	11642	7314.177	11642	14073.87
家庭收入	11642	74890.09	11642	69145.09
家庭净财富	11642	232595.8	11642	280880.4
家庭拥有自有车辆	11642	0.2278	11642	0.2732
户主特征变量				
户主受教育年限	11642	10.0387	11642	10.1062
户主已婚	11642	0.7823	11642	0.8607
户主身体状况好	11642	0.4467	11642	0.4823
户主身体状况不好	11642	0.1489	11642	0.1628
户主风险偏好	11642	0.0877	11642	0.0906
户主风险厌恶	11642	0.6679	11642	0.6000
户主有工作	11642	0.5353	11642	0.5466
宏观经济变量				
地区失业率	11642	3.2817	11642	3.2362
地区人均 GDP	11642	61612.42	11642	70899.42
地区 CPI	11642	101.4795	11642	101.5617
地区商业用地价格	11642	11135.52	11642	12918
地区私营部门平均工资	11642	38732.01	11642	44796.05

由表 2 可知，对于 2015 年和 2017 年均创业的家庭，创业资产平均值分别为 46.56 万元和 39.37 万元，创业收入平均值分别为 27.10 万元和 35.00 万元，家庭成员在创业项目上的投入天数平均值分别为 6.55 天和 6.49 天，投入小时数平均值分别为 10.41 小时和 9.97 小时，雇佣员工数量平均值分别为 2 人和 3 人。对于 2015 年没有创业的城镇有房家庭，在 2017 年新增创业的概率平均为 6.60%。样本的家庭规模平均为 3 人，分别有 22.78%和 27.32%的家庭拥有自有车辆。家庭的住房负债均值分别为 29373.22 元和 41671.24 元，非住房负债均值分别为 7314.18 元和 14073.87 元。家庭的住房价值均值分别为 79.56 万元和 115.66 万元，住房净财富均值分别为 76.62 万元和 111.49 万元。样本中户主已婚的比例分别为 78.23%和 86.07%，户主的受教育年限平均为 10 年，总体受教育程度偏低，大部分户主均厌恶风险。

五、实证结果

首先，考察住房财富和城镇家庭新增创业之间的关系。表3给出了具体的实证回归结果。由表3可知，住房价值在1%的水平上显著正向影响城镇家庭新增创业的概率，住房净财富在1%的水平上显著正向影响城镇家庭新增创业的概率。住房价值增加10%，家庭新增创业的概率提高5.7%；住房净财富增加10%，家庭新增创业的概率提高5.6%。由于家庭从事自营工商业都有大量的资金需求，资金门槛在很大程度上阻碍了创业活动。住房财富的增加，从心理学角度讲，使家庭觉得更有能力跨过资金门槛。因此，住房财富越多，城镇家庭新增创业的概率越大，这与Corradin和Popov（2015）的发现一致，实证结果证实了假设1①。

表3　住房财富与家庭新增创业

被解释变量	新增创业 (1)	新增创业 (2)
关注变量		
住房价值	0.0057*** (0.0017)	
住房净财富		0.0056*** (0.0015)
家庭特征变量		
家庭规模	0.0218*** (0.0025)	0.0218*** (0.0025)
家庭老人数量	-0.0112** (0.0046)	-0.0112** (0.0046)
家庭小孩数量	-0.0155*** (0.0055)	-0.0155*** (0.0055)
家庭收入	-0.0627*** (0.0018)	-0.0627*** (0.0018)
家庭净财富	0.0172*** (0.0016)	0.0172*** (0.0016)
家庭住房负债	0.0004 (0.0021)	0.0017 (0.0021)
家庭非住房负债	0.0466*** (0.0031)	0.0466*** (0.0031)
家庭拥有自有车辆	0.0035 (0.0061)	0.0033 (0.0061)

① 感谢香樟评论人的建议，实证检验后发现，非线性关系不成立。感兴趣的读者可以发邮件向笔者索要实证结果。

续表

被解释变量	新增创业 （1）	新增创业 （2）
户主特征变量		
户主受教育年限	-0.0013 (0.0008)	-0.0013 (0.0008)
户主已婚	-0.0040 (0.0054)	-0.0040 (0.0054)
户主身体状况好	0.0057 (0.0038)	0.0056 (0.0038)
户主身体状况不好	-0.0063 (0.0054)	-0.0062 (0.0054)
户主有工作	0.0439*** (0.0049)	0.0439*** (0.0049)
户主风险偏好	-0.0010 (0.0063)	-0.0009 (0.0063)
户主风险厌恶	0.0056 (0.0042)	0.0056 (0.0042)
宏观经济变量		
地区人均 GDP	0.0136 (0.0335)	0.0138 (0.0335)
地区失业率	-0.0111 (0.0113)	-0.0113 (0.0113)
地区 CPI	0.0225*** (0.0050)	0.0225*** (0.0050)
地区私营部门平均工资	-0.0457 (0.0809)	-0.0465 (0.0809)
地区商业用地价格	-0.1091*** (0.0357)	-0.1080*** (0.0357)
个体固定效应	Yes	Yes
时间固定效应	Yes	Yes
N	23284	23284
R^2	0.1428	0.1430
F 统计量	118.19***	118.35***

注：①***表示结果在1%的水平上显著，**表示结果在5%的水平上显著，*表示结果在10%的水平上显著。②括号里报告的标准差是稳健标准差。以下各表同。

从家庭特征变量看，家庭老人数量和家庭小孩数量对创业的影响显著为负，家庭规模对创业的影响显著为正，可能的原因是，家庭人口越多，拥有的劳动力和资源就越多，能投入到创业活动中的劳动力和资源就会增加（张龙耀、张海宁，2013；胡金焱、张博，2014；尹志超等，2015；杨婵等，2017；孙光林等，2019），这与周广肃等（2015）的结论一致。家庭净财富对家庭创业具有显著正向影响，家庭收入对家庭创业具有显著负向影响，可能的原因是，收入属于流量，财富属于存量，非住房、非创业收入越多，越能够对创业活动发挥替代效应；非住房、非创业净财富越多，越能够为创业提供物质资本，因而促进创业，这与 Corradin 和 Popov（2015）的结论一致。

从户主特征变量看，户主已婚、户主受教育年限和户主健康状况对家庭创业的概率均无显著影响，这与 Evans 和 Jovanovic（1989）的发现一致。户主有工作显著提高家庭进行创业活动的概率，这与 Blanchflower 和 Oswald（1998）的发现一致。从宏观经济变量看，地区商业用地价格越高，意味着越高的创业成本，因而对创业有显著负向影响。人均 GDP、地区失业率和私营部门平均工资对城镇家庭新增创业没有显著影响，Blanchflower 和 Shadforth（2007）也发现，实际 GDP 对创业没有显著影响。CPI 也是衡量地区经济发展水平的指标之一，CPI 越高，经济发展越好，因而地区 CPI 显著正向影响家庭创业。

其次，考察住房财富和城镇家庭经营规模之间的关系。这里将样本限定在两年均创业的家庭，考察住房财富的变化量与经营规模变化量之间的关系。表 4 给出了具体的实证回归结果。由表 4 可知，住房价值在 1%的水平上显著正向影响城镇家庭的经营规模，住房净财富也在 1%的水平上显著正向影响城镇家庭的经营规模。住房价值增加 1%，经营规模扩大 0. 16%；住房净财富增加 1%，经营规模扩大 0. 13%。说明住房财富增加，不仅能提高家庭新增创业的概率，还能增加已经创业家庭的经营规模。可能的原因是，住房增值带来的巨大溢价使得家庭有更加扎实的创业基础去扩充经营规模，增加经营性资产。Paulson 和 Townsend（2004）也发现，越富裕的家庭在创业活动中投入会更多。Evans 和 Jovanovic（1989）也强调，次优数量的资本导致经营规模更小。

表 4　住房财富与家庭经营规模

被解释变量	经营性资产 （1）	经营性资产 （2）
关注变量		
住房价值	0. 1580*** （0. 0324）	
住房净财富		0. 1348*** （0. 0259）
家庭特征变量	Control	Control
户主特征变量	Control	Control
宏观经济变量	Control	Control
个体固定效应	Yes	Yes
时间固定效应	Yes	Yes
N	3260	3260
R^2	0. 2489	0. 2424
F 统计量	5. 40***	5. 55***

再次，考察住房财富和城镇家庭经营绩效之间的关系。这里将样本限定在两年均创业的家庭，

考察住房财富的变化量与经营绩效变化量之间的关系。表5给出了具体的实证回归结果。由表5可知，住房价值在1%的水平上显著正向影响城镇家庭的经营绩效，住房价值增加1%，经营绩效提高0.12%；住房净财富在1%的水平上显著正向影响城镇家庭的经营绩效，住房净财富增加1%，经营绩效提高0.10%。说明住房财富增加，不仅能提高家庭新增创业的概率，还能增加已经创业家庭的经营绩效。

表5　住房财富与家庭经营绩效

被解释变量	营业收入 (1)	营业收入 (2)
关注变量		
住房价值	0.1198*** (0.0259)	
住房净财富		0.0950*** (0.0208)
家庭特征变量	Control	Control
户主特征变量	Control	Control
宏观经济变量	Control	Control
个体固定效应	Yes	Yes
时间固定效应	Yes	Yes
N	3260	3260
R^2	0.4869	0.4836
F统计量	51.26***	51.23***

已有文献研究发现，住房财富会降低家庭成员的劳动供给（Disney and Gathergood，2018）。本文进一步考察，住房财富的增加是否会降低家庭成员在创业项目上的劳动供给。这里同样将样本限定在两年均创业的家庭，考察住房财富的变化量与家庭成员在创业项目上的劳动供给变化量之间的关系。表6给出了具体的实证回归结果。具体地，分别考察了住房价值、住房净财富对家庭成员在创业项目上的投入天数、投入小时数以及雇佣员工数量的影响。由表6可知，总的来说，住房财富增加，放松预算约束，会使得家庭成员增加闲暇时间，显著减少家庭成员在创业项目上的投入天数和投入小时数，显著增加雇佣员工数量，减少了家庭成员在创业项目上的劳动供给。

表6　住房财富与家庭成员在创业项目上的劳动供给

被解释变量	家庭成员 投入天数 (1)	家庭成员 投入小时数 (2)	雇佣员工数量 (3)	家庭成员 投入天数 (4)	家庭成员 投入小时数 (5)	雇佣员工数量 (6)
关注变量						
住房价值	-0.0137** (0.0068)	-0.0244** (0.0099)	0.0372** (0.0155)			

续表

被解释变量	家庭成员投入天数（1）	家庭成员投入小时数（2）	雇佣员工数量（3）	家庭成员投入天数（4）	家庭成员投入小时数（5）	雇佣员工数量（6）
住房净财富				-0.0107** （0.0054）	-0.0199** （0.0080）	0.0179 （0.0125）
家庭特征变量	Control	Control	Control	Control	Control	Control
户主特征变量	Control	Control	Control	Control	Control	Control
宏观经济变量	Control	Control	Control	Control	Control	Control
个体固定效应	Yes	Yes	Yes	Yes	Yes	Yes
时间固定效应	Yes	Yes	Yes	Yes	Yes	Yes
N	3055	3048	3120	3055	3048	3120
R^2	0.0011	0.0102	0.2467	0.0010	0.0098	0.2394
F统计量	1.00	1.74**	3.36***	0.99	1.74**	3.19***

最后，考察住房财富的增加是否会降低家庭创业失败的概率。本文将创业失败定义为，对于2015年创业的城镇有房家庭，2017年没有创业的概率。表7给出了具体的实证回归结果。由表7可知，住房价值和住房净财富的增加，降低了家庭创业失败的概率。可能的解释是，企业经营是一种承担风险的行为（Knight，2012）。住房财富增加，能够为生产经营活动提供营运资本，在一定程度上缓解了企业破产的风险，从而对家庭创业失败有显著负向影响。

表7　住房财富与家庭创业失败

被解释变量	创业失败（1）	创业失败（2）
关注变量		
住房价值	-0.0188** （0.0077）	
住房净财富		-0.0137** （0.0062）
家庭特征变量	Control	Control
户主特征变量	Control	Control
宏观经济变量	Control	Control
个体固定效应	Yes	Yes
时间固定效应	Yes	Yes
N	5122	5122
R^2	0.2934	0.2939
F统计量	91.23***	91.15***

综合表 3、表 4、表 5、表 6、表 7 可以看出，住房价值和住房净财富等住房财富能够显著提高城镇家庭新增创业的概率。对于已经创业的家庭，住房财富增加，不仅对经营规模有显著正向影响，而且对经营绩效也有显著正向影响，同时，会减少家庭成员在创业项目上的劳动供给，增加雇佣员工数量。此外，住房财富增加还能显著降低家庭创业失败的概率。

六、稳健性检验

本部分将从不同角度进行回归，以进一步检验实证结果的稳健性。这里将控制变量进行差分后保留 2017 年的样本，考察解释变量的变化量对 2017 年创业概率的影响。由表 8 的实证结果可知，虽然边际影响相比表 3 来说有所降低，但依然非常显著，前文结论依然成立。

表 8　住房财富与家庭新增创业

被解释变量	新增创业 (1)	新增创业 (2)
关注变量		
Δ 住房价值	0.0029*** (0.0007)	
Δ 住房净财富		0.0028*** (0.0007)
Δ 家庭特征	Control	Control
Δ 户主特征	Control	Control
Δ 宏观经济变量	Control	Control
省区固定效应	Yes	Yes
N	11642	11642
R^2	0.0974	0.0973
F 统计量	12.25***	12.24***

自我雇佣是创业的最初形态。现有文献在研究创业问题时普遍将个体工商户和自由职业者也视为创业活动（Djankov et al.，2006；Yueh，2009；Wang，2012；Li and Wu，2014；张龙耀、张海宁，2013；陈刚，2015）。因此，为了检验实证结果的稳健性，本文借鉴他们的做法，从个人层面定义了被解释变量。具体地，将经营个体或私营企业、自主创业、开网店以及自由职业视为创业。表 9 给出了具体的实证回归结果。由表 9 可知，住房财富对新增自我雇佣有正向促进作用，尽管住房价值对新增自我雇佣的影响不显著，但是依然为正。

表 9　住房财富与家庭新增自我雇佣

被解释变量	新增自我雇佣 (1)	新增自我雇佣 (2)
关注变量		
住房价值	0.0027 (0.0021)	

续表

被解释变量	新增自我雇佣 (1)	新增自我雇佣 (2)
住房净财富		0.0032* (0.0018)
家庭特征变量	Control	Control
户主特征变量	Control	Control
宏观经济变量	Control	Control
个体固定效应	Yes	Yes
时间固定效应	Yes	Yes
N	23646	23646
R^2	0.1208	0.1210
F 统计量	99.69***	99.77***

前文已经讨论了可能存在的内生性问题，但一些随着时间变化的不可观测变量，如地区经济发展、基础设施建设和环境改善等，会同时影响住房财富和家庭创业，导致严格外生性不满足，也可能会使得估计结果存在偏差。因此，这里选取住房单价①作为住房财富的工具变量，运用 IV+FE 的方法进行实证检验。表 10 给出了具体的实证回归结果。由表 10 可知，住房财富依然显著促进城镇家庭新增创业，证实了估计结果的可靠性。

表 10　住房财富与家庭新增创业

被解释变量	新增创业 (1)	新增创业 (2)
关注变量		
住房价值	0.0055* (0.0032)	
住房净财富		0.0050* (0.0029)
家庭特征变量	Control	Control
户主特征变量	Control	Control
宏观经济变量	Control	Control
个体固定效应	Yes	Yes
时间固定效应	Yes	Yes
N	21785	21785
R^2	0.1371	0.1371
第一阶段 F 值	337.21***	261.84***
工具变量 t 值	82.46***	73.67***

① 需要说明的是，本文用住房价值与住房建筑面积的比值衡量住房单价。其中，2015 年是最多三套房的价值与三套房的面积之比，2017 年是最多六套房的价值与六套房的面积之比。在实证回归中，剔除了建筑面积为 0 的 1499 个样本。

为了全面考察住房财富对家庭创业的影响，这里将样本限定在无自有住房家庭。对于无自有住房家庭，问卷中询问了目前所居住的房屋市价和使用面积，因此，能准确计算出目前居住房屋的住房价值。表 11 报告了具体的实证回归结果。由表 11 可知，对于无自有住房的家庭来说，即使目前所居住房屋增值，依然不会影响家庭创业决策，说明只有自有房屋的住房财富才能发挥作用，也从侧面反映出房屋所有权的重要性。

表 11 住房财富与家庭新增创业：无自有住房家庭

被解释变量	新增创业
关注变量	
住房价值	0. 0122 (0. 0106)
家庭特征变量	Control
户主特征变量	Control
宏观经济变量	Control
个体固定效应	Yes
时间固定效应	Yes
N	1234
R^2	0. 1506
F 统计量	5. 61***

七、异质性分析

在关于创业问题的研究中，有两个异质性现象值得关注：一个是区域差异，另一个是创业者自身特征差异。接下来将从这两个方面考察住房财富对家庭创业决策的异质性影响。关于区域差异，将样本分为东中西地区和一二三四五线城市来分析。第一，住房财富在不同地区的异质性。表 12 报告了具体的分样本回归结果。由表 12 可知，住房价值和住房净财富对东部地区的家庭创业活动没有显著影响，对中西部地区的家庭创业活动有显著正向影响。第二，住房财富在不同规模城市的异质性。表 13 报告了具体的分样本回归结果。由表 13 可知，住房价值和住房净财富对一二线城市的家庭创业活动没有显著影响，对三四五线城市的家庭创业活动有显著正向影响。

表 12 异质性分析：不同地区

被解释变量	新增创业			
	东部地区	东部地区	中西部地区	中西部地区
关注变量				
住房价值	0. 0044** (0. 0022)		0. 0083*** (0. 0028)	
住房净财富		0. 0041** (0. 0020)		0. 0079*** (0. 0023)

续表

被解释变量	新增创业			
	东部地区	东部地区	中西部地区	中西部地区
家庭特征变量	Control	Control	Control	Control
户主特征变量	Control	Control	Control	Control
宏观经济变量	Control	Control	Control	Control
个体固定效应	Yes	Yes	Yes	Yes
时间固定效应	Yes	Yes	Yes	Yes
N	12896	12896	10388	10388
R^2	0.0673	0.0674	0.1420	0.1418
F统计量	67.04***	67.07***	53.96***	54.11***

综合表12、表13可以看出，住房财富对中西部地区和三四五线城市的家庭创业决策有更大的影响，可能的解释是，中西部地区和三四五线城市经济欠发达，创新创业政策普及度低，政策支持力度小，创业难度更大。正如前文所述，由于住房财富的增加提高了信贷可得性，为家庭提供了创业所需的初始资本，因而降低了创业难度，因此，它对中西部地区、三四五线城市的家庭创业的促进作用更显著①。

表13 异质性分析：不同规模城市

被解释变量	新增创业			
	一二线城市	一二线城市	三四五线城市	三四五线城市
关注变量				
住房价值	0.0031 (0.0020)		0.0120*** (0.0031)	
住房净财富		0.0024 (0.0018)		0.0116*** (0.0026)
家庭特征变量	Control	Control	Control	Control
户主特征变量	Control	Control	Control	Control
宏观经济变量	Control	Control	Control	Control
个体固定效应	Yes	Yes	Yes	Yes
时间固定效应	Yes	Yes	Yes	Yes
N	13498	13498	9786	9786
R^2	0.1260	0.1259	0.1570	0.1563
F统计量	65.16***	65.13***	57.69***	57.94***

① 从不同规模城市新增创业的比例来看，一二线城市新增创业的比例为5.45%，低于三四五线城市新增创业的比例(8.17%)。虽然一二线城市房价上涨得更快，但是由于三四五线城市本身新增创业的比例更高，因此在三四五线城市住房财富对创业的影响更大。

人力资本是影响家庭创业决策的关键因素之一。受教育水平和健康水平是两种主要的人力资本形式。关于创业者自身特征差异，将样本分为不同受教育程度和不同身体健康状况来分析。第一，住房财富在不同受教育水平的异质性。表 14 报告了具体的分样本回归结果。由表 14 可知，住房价值和住房净财富对户主受过高等教育的家庭创业活动没有显著影响，对户主未受过高等教育的家庭创业活动有显著正向影响。第二，住房财富在不同健康水平的异质性。表 15 报告了具体的分样本回归结果。由表 15 可知，住房价值和住房净财富对户主身体不好的家庭创业活动没有显著影响，对户主身体健康的家庭创业活动有显著正向影响。

表 14　异质性分析：不同受教育程度

被解释变量	新增创业			
	高等教育	高等教育	未接受高等教育	未接受高等教育
关注变量				
住房价值	0.0044 (0.0052)		0.0059*** (0.0018)	
住房净财富		0.0018 (0.0041)		0.0063*** (0.0016)
家庭特征变量	Control	Control	Control	Control
户主特征变量	Control	Control	Control	Control
宏观经济变量	Control	Control	Control	Control
个体固定效应	Yes	Yes	Yes	Yes
时间固定效应	Yes	Yes	Yes	Yes
N	2492	2492	20792	20792
R^2	0.0814	0.0805	0.1484	0.1487
F 统计量	13.28***	13.24***	106.41***	106.68***

综合表 14、表 15 可以看出，住房财富对户主未接受过高等教育和户主身体健康的家庭创业决策有更大的影响。可能的解释是，户主未接受过高等教育的家庭，由于受教育水平有限，缺乏对创业相关知识和政策的了解，社会网络资源不足，没有外部途径融资，只能依靠自有资本。创业是一项高风险的活动，除了大量的物质资本外，在创业初期，还需要投入大量的时间和精力，身体健康的家庭，面临更低的健康风险，精力更加充沛，因此，它对户主未接受过高等教育和户主身体健康的家庭创业的促进作用更显著。

表 15　异质性分析：不同身体状况

被解释变量	新增创业			
	身体健康	身体健康	身体不好	身体不好
关注变量				
住房价值	0.0056*** (0.0021)		0.0035 (0.0045)	

续表

被解释变量	新增创业			
	身体健康	身体健康	身体不好	身体不好
住房净财富		0.0052*** (0.0018)		0.0048 (0.0041)
家庭特征变量	Control	Control	Control	Control
户主特征变量	Control	Control	Control	Control
宏观经济变量	Control	Control	Control	Control
个体固定效应	Yes	Yes	Yes	Yes
时间固定效应	Yes	Yes	Yes	Yes
N	19655	19655	3629	3629
R^2	0.1449	0.1449	0.0267	0.0272
F 统计量	108.42***	108.48***	4.57***	4.61***

八、进一步分析

熊彼特强调，企业家精神是创新的主动力。中国目前仍处于由生存型创业向机会型创业的过渡阶段（尹志超等，2015）。因此本文进一步考察，住房财富在对家庭新增创业有积极促进作用的同时，是否会提高家庭新增主动创业的概率。借鉴尹志超等（2019）的做法，将 CHFS 问卷中"您家从事工商业的主要原因"这一问题选择"从事工商业能挣得更多""理想爱好/想自己当老板"和"更灵活、自由自在"视为主动创业。现有文献在研究创业动机这一问题时，存在着两方面的局限性。首先，他们仅仅考察了已经创业家庭的创业动机，可能会存在样本选择问题，从而导致估计结果存在偏误。其次，为了考虑家庭创业决策对创业动机的影响，现有文献也采用 Heckman 两阶段选择模型进行修正，其前提条件必须包含一个只影响创业决策而不影响创业动机的变量，但现有文献没有解决这一问题。由于本文运用两年的平衡面板数据，因此能够识别出两年内家庭的新增主动创业。表 16 给出了具体的实证回归结果。由表 16 可知，住房价值和住房净财富均对提高家庭新增主动创业的概率发挥着重要作用。

表 16　住房财富与家庭新增主动创业

被解释变量	主动创业 (1)	主动创业 (2)
关注变量		
Δ 住房价值	0.0025*** (0.0006)	
Δ 住房净财富		0.0023*** (0.0006)
Δ 家庭特征变量	Control	Control

续表

被解释变量	主动创业 （1）	主动创业 （2）
Δ户主特征变量	Control	Control
Δ宏观经济变量	Control	Control
省区固定效应	Yes	Yes
N	11632	11632
R^2	0.0673	0.0671
F统计量	6.83***	6.81***

创业意愿作为家庭创业研究领域中的重要议题之一，是家庭能否最终实施创业行为的前提和基础（朱红根、康兰媛，2013）。具有创业动机的居民，对包括创立企业的程序、项目发展现状和前景、创立企业资金税收方面的要求、当前的技术标准等都很熟悉，却没有选择创业，可能的原因之一就是不具备创业物质实力。住房财富的增加，能够为创业提供充足的物质资本，从而激发家庭创业的意愿。因此，这里进一步研究住房财富对家庭创业意愿的影响。在本文的样本中，2015 年和 2017 年均未创业的家庭有 10874 户。CHFS 问卷中针对没有从事工商业生产经营的家庭，会询问未来是否打算开展工商业生产经营项目。表 17 给出了具体的实证回归结果。由表 17 可知，住房财富的增加，显著提高了家庭未来创业的意愿。

表 17　住房财富与家庭创业意愿

被解释变量	创业意愿 （1）	创业意愿 （2）
关注变量		
Δ住房价值	0.0036*** （0.0009）	
Δ住房净财富		0.0033*** （0.0008）
Δ家庭特征变量	Control	Control
Δ户主特征变量	Control	Control
Δ宏观经济变量	Control	Control
省区固定效应	Yes	Yes
N	10790	10790
R^2	0.0337	0.0334
F统计量	7.19***	7.15***

Ardagna 和 Lusardi（2010）认为，个人从事创业活动有不同的目的，包括实现就业和寻求商业机会等。因此，本文借鉴阮荣平等（2014）和周广肃等（2015）的做法，把创业活动分为自雇型创业和老板型创业两种类型，并分别估计住房财富对这两类创业活动的影响差异。根据 CHFS 问卷

中关于工商业生产经营活动的雇员数量这一问题，将雇员数量为0定义为自雇型创业，将雇员数量大于0定义为老板型创业。表18Panel A给出了具体的实证回归结果。由表18Panel A可知，无论是住房价值还是住房净财富，对自雇型创业均无显著影响，但是对老板型创业有显著正向影响，说明住房财富主要是提高了老板型创业的概率。

表18　住房财富与家庭不同类型创业

Panel A				
被解释变量	自雇型创业 (1)	自雇型创业 (2)	老板型创业 (3)	老板型创业 (4)
关注变量				
Δ住房价值	0.0006 (0.0006)		0.0019*** (0.0004)	
Δ住房净财富		0.0005 (0.0006)		0.0020*** (0.0004)
Δ家庭特征变量	Control	Control	Control	Control
Δ户主特征变量	Control	Control	Control	Control
Δ宏观经济变量	Control	Control	Control	Control
省区固定效应	Yes	Yes	Yes	Yes
N	11608	11608	11608	11608
R^2	0.0429	0.0429	0.0698	0.0698
F统计量	5.87***	5.87***	3.80***	3.79***
Panel B				
被解释变量	互联网创业 (1)	互联网创业 (2)	小微企业 (3)	小微企业 (4)
关注变量				
Δ住房价值	0.0005* (0.0003)		0.0025*** (0.0007)	
Δ住房净财富		0.0005* (0.0003)		0.0024*** (0.0007)
Δ家庭特征变量	Control	Control	Control	Control
Δ户主特征变量	Control	Control	Control	Control
Δ宏观经济变量	Control	Control	Control	Control
省区固定效应	Yes	Yes	Yes	Yes
N	11635	11635	11608	11608
R^2	0.0128	0.0128	0.0933	0.0932
F统计量	1.86***	1.86***	11.46***	11.44***

2014年3月的《政府工作报告》首次提出鼓励互联网金融健康发展，2015年的《政府工作报

告》提出"互联网+"的行动计划，鼓励互联网与传统行业进行深度融合，创造新的发展生态。这一战略为解决中小企业融资，推动创新创业发展提供了新的机遇（谢绚丽等，2018）。因此，在移动支付等互联网金融蓬勃发展的大数据时代，本文想研究住房财富是否对互联网创业有显著影响。CHFS问卷中询问了工商业生产经营项目的经营形式，这里将选择"网络经营"和"两者皆有"的视为互联网创业。表18Panel B（1）列和（2）列报告了主要的实证回归结果。由表18Panel B（1）列和（2）列可知，住房财富增加在10%的水平上显著促进互联网创业，但边际影响很小，可能的原因是，实体创业具有总体投资大、风险高的特点。而互联网创业不需要投入包括门面、员工等固定成本，所需要的初始资本不多，因此住房财富对互联网创业影响微弱。

在大多数发展中国家，小型非正规企业是劳动力就业的主要来源（De Mel et al.，2008）。中小企业是中国经济的中坚，保障了80%以上的城镇劳动就业。党的十七大提出"实施扩大就业的发展战略，促进以创业带动就业"的总体部署，2008年9月出台的《关于促进以创业带动就业工作的指导意见》指出，鼓励和支持个体私营等非公有制经济和中小企业发展，扩大创业领域。因此，这里进一步考察了住房财富对小微企业创业的影响。谢绚丽等（2018）根据工商注册资本将创业企业按照规模分为三类。由于CHFS问卷中没有关于注册资本的问题，根据我国《中小企业划型标准规定》以及借鉴尹志超、马双（2015）的做法，本文选定了雇佣员工数量小于100人的家庭工商生产经营项目作为小型和微型企业的界定。① 表18Panel B（3）列和（4）列报告了主要的回归结果。由表18Panel B（3）列和（4）列可知，住房财富对新创小微企业有显著正向影响，说明住房财富的增加，能够显著促进小微企业的创立和发展。

根据CHFS数据，在有房家庭中，拥有2套及以上住房的家庭2013年、2015年和2017年占比分别为16.5%、17.43%和18.75%。说明近年来，拥有多套房的家庭比例在不断增加。接下来进一步研究房屋数量对城镇家庭新增创业的影响。表19给出了具体的实证回归结果。由表19可知，房屋数量对家庭新增创业的边际效应为0.0138，可见房屋数量越多，能够显著提高城镇家庭新增创业的概率。

表19 房屋数量与家庭新增创业

被解释变量	新增创业
关注变量	
房屋数量	0.0138*** （0.0039）
家庭特征变量	Control
户主特征变量	Control
宏观经济变量	Control
个体固定效应	Yes
时间固定效应	Yes
N	23255
R^2	0.1396
F统计量	117.87***

① 本文也根据国家统计局印发的《统计上大中小微型企业划分办法（2017）》和尹志超等（2019）的做法，将微型企业定义为人员在10人以下的企业，结论依然成立，住房财富显著促进微型企业的创立。

住房具有居住和投资双重属性。首套房一般难以变现，主要表现出居住属性；二套及以上住房则更多表现出投资属性。接下来本文进一步研究，究竟是住房的居住属性还是投资属性对城镇家庭新增创业的作用更大？为了区分住房的居住属性和投资属性，分别估计第一套房增值和多套房增值对城镇家庭新增创业的影响。表 20 给出了具体的实证回归结果。由表 20 可知，住房的居住属性对家庭从事创业活动没有显著影响，住房的投资属性对提高城镇家庭创业的概率有重要作用。

表 20　不同数量住房价值与家庭新增创业

被解释变量	新增创业 （1）	新增创业 （2）
关注变量		
一套房价值	0.0021 （0.0014）	
多套房价值		0.0054*** （0.0012）
家庭特征变量	Control	Control
户主特征变量	Control	Control
宏观经济变量	Control	Control
个体固定效应	Yes	Yes
时间固定效应	Yes	Yes
N	23284	23284
R^2	0.1401	0.1390
F 统计量	117.70***	118.62***

根据生命周期理论，处于不同年龄段家庭的消费、储蓄等经济行为有显著差异。接下来本文考察，对于不同年龄段的家庭，住房增值对家庭创业行为的影响是否也存在显著差异。表 21 报告了具体的实证回归结果。由表 21 可知，住房增值对中年家庭的创业活动有显著影响，但是对青年家庭和老年家庭的创业活动没有显著影响，可能的解释是，创业活动是一项高风险的活动，因而对老年人的激励作用不明显。创业通常存在一个最低的资本门槛（Evans and Jovanovic，1989；尹志超等，2015），年轻家庭由于物质资源不充裕，因而无法成功跨越创业所需最低资金的门槛。

表 21　不同年龄段住房价值与新增创业

被解释变量	新增创业（16~35 岁） （1）	新增创业（35~65 岁） （2）	新增创业（65 岁以上） （3）
关注变量			
住房价值	0.0130 （0.0106）	0.0074*** （0.0026）	0.0026 （0.0021）
家庭特征变量	Control	Control	Control
户主特征变量	Control	Control	Control

续表

被解释变量	新增创业（16~35岁） （1）	新增创业（35~65岁） （2）	新增创业（65岁以上） （3）
宏观经济变量	Control	Control	Control
个体固定效应	Yes	Yes	Yes
时间固定效应	Yes	Yes	Yes
N	1542	15039	6703
R^2	0.1674	0.1573	0.0911
F统计量	11.14***	72.09***	13.41***

九、机制分析

住房财富为什么显著促进家庭新增创业？本部分将探讨背后的作用机制。中国是一个发展中国家，存在着许多与信息有关的障碍，这些障碍可能会阻碍信贷可得性和创业活动（Yueh，2009）。Banerjee和Newman（1993）也强调，在以不完善的信贷市场、供应链和产品市场为特征的发展经济体中，创业是一项具有挑战性的活动。现有文献发现，融资可得性对新创企业的成立有重要影响（朱红根、康兰媛，2013）。根据前文的理论分析，创业是创新、就业和经济发展的重要来源。资金匮乏和融资困难是制约家庭从事创业活动的桎梏。由于信贷配给的存在，金融市场约束可能成为影响家庭创业决策的重要因素。住房财富作为家庭的信贷来源（Beracha et al.，2017），通过信贷效应，增加创业的初始资金、缓解创业的财务约束。一方面，住房具备充当贷款抵押物的属性，能够作为向银行等正规金融机构贷款的抵押品；另一方面，对于受到信贷配给的家庭，住房财富增加也能够作为一种信号传递给亲朋好友，有助于获得非正规借贷。

表22报告了具体的实证回归结果。其中，（1）列和（3）列是对工商业正规借贷的影响，（2）列和（4）列是对工商业民间借贷的影响，由表22可知，住房价值和住房净财富对工商业正规借贷均有显著正向影响，均在1%的水平上显著。住房价值对工商业民间借贷的影响不显著，住房净财富对工商业民间借贷有显著正向影响，且在10%的水平上显著。总体来看，住房主要发挥抵押品的作用，对工商业正规借贷的作用更大且更显著，说明住房财富增加，有助于克服创业所面临的障碍，改善融资条件，提高信贷可得性。实证结果证实了假设2。

表22 住房财富与工商业信贷可得性

被解释变量	正规借贷 （1）	民间借贷 （2）	正规借贷 （3）	民间借贷 （4）
关注变量				
住房价值	0.0016*** （0.0005）	0.0002 （0.0006）		
住房净财富			0.0020*** （0.0005）	0.0008* （0.0005）
家庭特征变量	Control	Control	Control	Control

续表

被解释变量	正规借贷 (1)	民间借贷 (2)	正规借贷 (3)	民间借贷 (4)
户主特征变量	Control	Control	Control	Control
宏观经济变量	Control	Control	Control	Control
个体固定效应	Yes	Yes	Yes	Yes
时间固定效应	Yes	Yes	Yes	Yes
N	23284	23284	23284	23284
R^2	0.0851	0.0584	0.0856	0.0590
F 统计量	65.35***	44.60***	65.77***	44.72***

那么，住房财富除了通过促进家庭工商业信贷可得性这一渠道之外，是否能缓解家庭受到的流动性约束呢？现有文献发现，流动性约束的存在会将没有充足资金的家庭排斥在创业市场之外（Evans and Jovanovic，1989），是阻碍家庭创业的关键。Paulson 和 Townsend（2004）发现，越富裕的家庭在创业活动中面临更少的约束。Holtz-Eakin 等（1994）研究了遗产这一意外收获对家庭创业决策的影响，发现遗产的增加能够提高流动性，从而缓解家庭面临的流动性约束。Blanchflower 和 Shadforth（2007）研究发现，上涨的房价能缓解流动性约束。Connolly 等（2015）发现，即使住房没有充当抵押品，住房净财富的增加也能缓解借款者的资金约束。可见，住房发挥了财富创造功能（Beracha et al.，2017），住房财富的增加，通过财富效应缓解家庭面临的流动性约束。

表 23 给出了具体的实证回归结果。其中，（1）列和（3）列是对流动性约束 1 的影响，（2）列和（4）列是对流动性约束 2 的影响，由表 23 可知，住房价值和住房净财富对流动性约束 1 均有显著负向影响，分别在 10%和 1%的水平上显著。住房净财富对流动性约束 2 也有显著负向影响，且在 10%的水平上显著。总体来看，住房价值和住房净财富对家庭的流动性约束有显著负向影响，实证结果证实了假设 3。

表 23　住房财富与流动性约束

被解释变量	流动性约束 1 (1)	流动性约束 2 (2)	流动性约束 1 (3)	流动性约束 2 (4)
关注变量				
住房价值	-0.0071* (0.0039)	-0.0059 (0.0045)		
住房净财富			-0.0089*** (0.0034)	-0.0071* (0.0040)
家庭特征变量	Control	Control	Control	Control
户主特征变量	Control	Control	Control	Control
宏观经济变量	Control	Control	Control	Control
个体固定效应	Yes	Yes	Yes	Yes
时间固定效应	Yes	Yes	Yes	Yes

续表

被解释变量	流动性约束 1 （1）	流动性约束 2 （2）	流动性约束 1 （3）	流动性约束 2 （4）
N	23284	23284	23284	23284
R^2	0.2648	0.1178	0.2659	0.1177
F 统计量	73.95***	43.97***	74.12***	44.05***

十、结论

中国城镇家庭不断增长的住房财富是否能够促进家庭创业？本文基于 2015 年和 2017 年 CHFS 的微观面板数据，运用固定效应和差分模型，实证分析了住房财富对城镇家庭新增创业的影响。本文的研究结论主要有：

第一，住房财富对家庭创业具有显著正向影响。住房价值对城镇家庭新增创业的边际效应为 0.57%，在 1%的水平上显著；住房净财富对城镇家庭新增创业的边际效应为 0.56%，在 1%的水平上显著。可见，住房财富是家庭创业的助推器，对促进家庭创业具有积极作用。

第二，住房财富对创业家庭的经营活动具有重要影响。住房财富显著扩大了创业家庭的经营规模，提高了创业家庭的经营绩效，并且显著降低了家庭成员在创业项目上的劳动供给，减少了投入天数和投入小时数，增加了雇佣员工数量。

第三，住房财富对创业决策的作用在不同区域和不同人群中存在异质性。研究发现，住房财富在三四五线城市和中西部地区对促进家庭创业发挥更为显著的作用；住房财富对户主未受过高等教育和户主身体健康的家庭创业有更为显著的影响。

第四，住房财富在不同类型创业中发挥不同的作用。本文发现，住房财富不仅对促进家庭创业有积极作用，还促进了家庭主动创业，促进了老板型创业和小微企业创业。住房财富不仅提高了家庭未来创业的意愿，还降低了家庭创业失败的概率。

第五，住房财富影响创业的机制主要是信贷效应和财富效应。住房财富通过提高工商业信贷可得性和缓解家庭面临的流动性约束，充当家庭创业的初始资本，使得家庭跨越创业所需的最低资金门槛，从而促进家庭创业。

从家庭特征变量看，老人数量和小孩数量对创业的影响显著为负，家庭规模对创业的影响显著为正。家庭拥有自有车辆、家庭净财富对家庭创业具有显著正向影响，家庭收入对家庭创业具有显著负向影响。从户主特征变量看，户主已婚、户主受教育年限和户主健康状况对家庭创业的概率均无显著影响，户主有工作显著提高家庭进行创业活动的概率。从宏观经济变量看，地区商业用地价格对创业有显著负向影响，人均 GDP、地区失业率和私营部门平均工资对城镇家庭新增创业没有显著影响，地区 CPI 显著正向影响家庭创业。

在当前“大众创业、万众创新”的大背景下，相关政策的制定和调整需要充分重视住房对家庭创业行为的潜在影响。本文的结论表明，住房财富积累，通过信贷效应和财富效应显著促进家庭创业活动。住房财富在三四五线城市和中西部地区对促进家庭创业发挥更为显著的作用；住房财富对户主未受过高等教育和户主身体健康的家庭创业有更为显著的影响。因此，监管部门和商业银行应充分利用住房这一优质抵押品，优化住房抵押贷款政策，注意贷款政策的差异性和针对性，对不同区域、不同城市和不同贷款人实行差异化贷款产品设计。

参考文献

[1] 蔡栋梁，何翠香，方行明．住房及房价预期对家庭创业的影响［J］．财经科学，2015（6）：108-118.

[2] 陈刚．管制与创业——来自中国的微观证据［J］．管理世界，2015（5）：89-99.

[3] 盖庆恩，朱喜，史清华．财富对创业的异质性影响——基于三省农户的实证分析［J］．财经研究，2013（5）：134-144.

[4] 甘犁，尹志超，贾男，等．中国家庭资产状况及住房需求分析［J］．金融研究，2013（4）：1-14.

[5] 何婧，李庆海．数字金融使用与农户创业行为［J］．中国农村经济，2019（1）：112-126.

[6] 胡金焱，张博．社会网络、民间融资与家庭创业——基于中国城乡差异的实证分析［J］．金融研究，2014（10）：148-163.

[7] 黄静，屠梅曾．房地产财富与消费：来自于家庭微观调查数据的证据［J］．管理世界，2009（7）：35-45.

[8] 蒋剑勇，郭红东．创业氛围，社会网络和农民创业意向［J］．中国农村观察，2012（2）：20-27.

[9] 李江一，李涵．住房对家庭创业的影响：来自 CHFS 的证据［J］．中国经济问题，2016（2）：53-67.

[10] 李涛，朱俊兵，伏霖．聪明人更愿意创业吗？——来自中国的经验发现［J］．经济研究，2017（3）：91-105.

[11] 李雪莲，马双，邓翔．公务员家庭，创业与寻租动机［J］．经济研究，2015（5）：89-103.

[12] 刘刚，王泽宇，程熙镕．“朋友圈”优势、内群体条件与互联网创业——基于整合社会认同与嵌入理论的新视角［J］．中国工业经济，2016（8）：110-126.

[13] 罗明忠，陈明．人格特质、创业学习与农民创业绩效［J］．中国农村经济，2014（10）：62-75.

[14] 马光荣，杨恩艳．社会网络、非正规金融与创业［J］．经济研究，2011（3）：83-94.

[15] 普冀喆，郑风田．高房价与城镇居民创业——基于 CHIP 微观数据的实证分析［J］．经济理论与经济管理，2016（3）：31-44.

[16] 阮荣平，郑风田，刘力．信仰的力量：宗教有利于创业吗？［J］．经济研究，2014（3）：171-184.

[17] 孙光林，李庆海，杨玉梅．金融知识对被动失地农民创业行为的影响——基于 IV-Heckman 模型的实证［J］．中国农村观察，2019（3）：124-144.

[18] 吴晓瑜，王敏，李力行．中国的高房价是否阻碍了创业？［J］．经济研究，2014（9）：121-134.

[19] 谢绚丽，沈艳，张皓星，等．数字金融能促进创业吗？［J］．经济学（季刊），2018（4）：1557-1580.

[20] 杨婵，贺小刚，李征宇．家庭结构与农民创业——基于中国千村调查的数据分析［J］．中国工业经济，2017（12）：170-188.

[21] 杨震宁，李东红，范黎波．身陷“盘丝洞”：社会网络关系嵌入过度影响了创业过程吗？［J］．管理世界，2013（12）：101-116.

[22] 尹志超，公雪，郭沛瑶．移动支付对创业的影响——来自中国家庭金融调查的微观证据［J］．中国工业经济，2019（3）：119-137.

[23] 尹志超，马双．信贷需求、信贷约束和新创小微企业［J］．经济学（季刊），2016（3）：124-146.

[24] 尹志超，宋全云，吴雨，等．金融知识、创业决策和创业动机［J］．管理世界，2015（1）：87-98.

[25] 张萃．什么使城市更有利于创业？［J］．经济研究，2018（4）：151-166.

[26] 张龙耀，张海宁．金融约束与家庭创业——中国的城乡差异［J］．金融研究，2013（9）：123-135.

[27] 周广肃，谢绚丽，李力行．信任对家庭创业决策的影响及机制探讨［J］．管理世界，2015（12）：121-129.

[28] 周京奎，黄征学．住房制度改革、流动性约束与“下海”创业选择——理论与中国的经验研究［J］．经济研究，2014（3）：158-170.

[29] 朱红根，康兰媛．金融环境、政策支持与农民创业意愿［J］．中国农村观察，2013（5）：24-33.

[30] Adelino M., Schoar A., Severino F. House Prices, Collateral and Self-Employment [J]. Journal of Financial Economics, 2015, 117 (2): 288-306.

[31] Ardagna S., Lusardi A. Heterogeneity in the Effect of Regulation on Entrepreneurship and Entry Size [J]. Journal of the European Economic Association, 2010, 8 (2-3): 594-605.

[32] Banerjee A. V., Newman A. F. Occupational Choice and the Process of Development [J]. Journal of Political Economy, 1993, 101 (2): 274-298.

[33] Beracha E., Skiba A., Johnson K. H. Housing Ownership Decision Making in the Framework of Household Portfolio Choice [J]. Journal of Real Estate Research, 2017, 39 (2): 263-288.

[34] Birley S. The Role of Networks in the Entrepreneurial Process [J]. Journal of Business Venturing, 1985, 1 (1): 107-117.

[35] Blanchflower D. G., Oswald A. J. What Makes an Entrepreneur [J]. Journal of Labor Economics, 1998, 16 (1): 26-60.

[36] Blanchflower D. G., Shadforth C. Entrepreneurship in the UK [J]. Foundations and Trends in Entrepreneurship, 2007, 3 (4): 257-364.

[37] Browning M., Gortz M., Lethpetersen S. Housing Wealth and Consumption: A Micro Panel Study [J]. The Economic Journal, 2013, 123 (568): 401-428.

[38] Buera F. J. A Dynamic Model of Entrepreneurship with Borrowing Constraints: Theory and Evidence [J]. Annals of Finance, 2009, 5 (3): 443-464.

[39] Campbell J. Y., Cocco J. F. How Do House Prices Affect Consumption? Evidence from Micro Data [J]. Journal of Monetary Economics, 2007, 54 (3): 591-621.

[40] Cardak B. A., Wilkins R. The Determinants of Household Risky Asset Holdings: Australian Evidence on Background Risk and Other Factors [J]. Journal of Banking and Finance, 2009, 33 (5): 850-860.

[41] Carroll C. D., Otsuka M., Slacalek J. How Large are Housing and Financial Wealth Effects? A New Approach [J]. Journal of Money, Credit and Banking, 2011, 43 (1): 55-79.

[42] Case K. E., Quigley J. M., Shiller R. J. Comparing Wealth Effects: The Stock Market Versus the Housing Market [J]. Advances in Macroeconomics, 2005, 5 (1).

[43] Chetty R., Sándor L., Szeidl A. The Effect of Housing on Portfolio Choice [J]. The Journal of Finance, 2017, 72 (3): 1171-1212.

[44] Connolly E., La Cava G., Read M. Housing Prices and Entrepreneurship: Evidence for the Housing Collateral Channel in Australia [C] // Reserve Bank of Australia. Small Business Conditions and Finance, Proceedings of a Conference, Sydney, 2015: 115-144.

[45] Corradin S., Popov A. A. House Prices, Home Equity Borrowing, and Entrepreneurship [J]. Review of Financial Studies, 2015, 28 (8): 2399-2428.

[46] Davidoff T. Home Equity Commitment and Long-term Care Insurance Demand [J]. Journal of Public Economics, 2010, 94 (1): 44-49.

[47] De Mel S., Mckenzie D. J., Woodruff C. Returns to Capital in Microenterprises: Evidence from a Field Experiment [J]. Quarterly Journal of Economics, 2008, 123 (4): 1329-1372.

[48] De Meza D., Black J., Jeffreys D. House Prices, the Supply of Collateral and the Enterprise Economy [J]. The Economic Journal, 1996, 106 (434): 60-75.

[49] Dettling L. J., Kearney M. S. House Prices and Birth Rates: The Impact of the Real Estate Market on the Decision to Have a Baby [J]. Journal of Public Economics, 2014 (110): 82-100.

[50] Disney R., Gathergood J. House Prices, Wealth Effects and Labor Supply [J]. Economica, 2018, 85 (339): 449-478.

[51] Disney R., Henley A., Stears G. Housing Costs, House Price Shocks and Savings Behavior Among Older Households in Britain [J]. Regional Science and Urban Economics, 2002, 32 (5): 607-625.

[52] Djankov S., Qian Y., Roland G., et al. Who are China's Entrepreneurs? [J]. The American Economic Review, 2006, 96 (2): 348-352.

[53] Engelhardt G. V. House Prices and Home Owner Saving Behavior [J]. Regional Science and Urban Economics, 1996, 26 (3-4): 313-336.

[54] Evans D. S., Jovanovic B. An Estimated Model of Entrepreneurial Choice under Liquidity Constraints [J]. Journal of Political Economy, 1989, 97 (4): 808-827.

[55] Evans D. S., Leighton L. S. Some Empirical Aspects of Entrepreneurship [J]. The American Economic Review, 1989, 79 (3): 79-99.

[56] Fairlie R. W., Krashinsky H. A. Liquidity Constraints, Household Wealth, and Entrepreneurship Revisited [J]. Review of Income and Wealth, 2012, 58 (2): 279-306.

[57] Farnham M., Schmidt L., Sevak P. House Prices and Marital Stability [J]. The American Economic Review, 2011, 101 (3): 615-619.

[58] Glaeser E. L., Kerr S. P., Kerr W. R. Entrepreneurship and Urban Growth: An Empirical Assessment with Historical Mines [J]. The Review of Economics and Statistics, 2015, 97 (2): 498-520.

[59] Goodman J. L., Ittner J. B. The Accuracy of Home Wwners' Estimates of House Value [J]. Journal of Housing Economics, 1992, 2 (4): 339-357.

[60] Hayashi F. The Effect of Liquidity Constraints on Consumption: A Cross-Sectional Analysis [J]. Quarterly Journal of Economics, 1985, 100 (1): 183-206.

[61] Holtz-Eakin D., Joulfaian D., Rosen H. S. Sticking it Out: Entrepreneurial Survival and Liquidity Constraints [J]. Journal of Political Economy, 1994, 102 (1): 53-75.

[62] Hurst E., Lusardi A. Liquidity Constraints, Household Wealth and Entrepreneurship [J]. Journal of Political Economy, 2004, 112 (2): 319-347.

[63] Hurst E., Stafford F. P. Home is Where the Equity is: Mortgage Refinancing and Household Consumption [J]. Journal of Money, Credit and Banking, 2004, 36 (6): 985-1014.

[64] King R. G., Levine R. Finance, Entrepreneurship and Growth [J]. Journal of Monetary Eco-

nomics, 1993, 32 (3): 513-542.

[65] Knight F. H. Risk, Uncertainty and Profit [M]. Cambridge: Cambridge University Press, 2012.

[66] Lazear E. P. Balanced Skills and Entrepreneurship [J]. The American Economic Review, 2004, 94 (2): 208-211.

[67] Leroy S. F., Singell L. D. Knight on Risk and Uncertainty [J]. Journal of Political Economy, 1987, 95 (2): 394-406.

[68] Li L., Wu X. Housing Price and Entrepreneurship in China [J]. Journal of Comparative Economics, 2014, 42 (2): 436-449.

[69] Lindquist M. J., Sol J., Van Praag M. Why Do Entrepreneurial Parents Have Entrepreneurial Children [J]. Journal of Labor Economics, 2015, 33 (2): 269-296.

[70] Lovenheim M. F., Mumford K. J. Do Family Wealth Shocks Affect Fertility Choices? Evidence from the Housing Market [J]. The Review of Economics and Statistics, 2013, 95 (2): 464-475.

[71] Lovenheim M. F., Reynolds C. L. The Effect of Housing Wealth on College Choice: Evidence from the Housing Boom [J]. Journal of Human Resources, 2013, 48 (1): 1-35.

[72] Lovenheim M. F. The Effect of Liquid Housing Wealth on College Enrollment [J]. Journal of Labor Economics, 2011, 29 (4): 741-771.

[73] Mian A. R., Rao K., Sufi A. Household Balance Sheets, Consumption, and the Economic Slump [J]. Quarterly Journal of Economics, 2013, 128 (4): 1687-1726.

[74] Mian A., Sufi A. House Prices, Home Equity-based Borrowing, and the US Household Leverage Crisis [J]. American Economic Review, 2011, 101 (5): 2132-2156.

[75] Paulson A. L., Townsend R. M. Entrepreneurship and Financial Constraints in Thailand [J]. Journal of Corporate Finance, 2004, 10 (2): 229-262.

[76] Poterba J. M. Stock Market Wealth and Consumption [J]. Journal of Economic Perspectives, 2000, 14 (2): 99-118.

[77] Schmalz M. C., Sraer D., Thesmar D. Housing Collateral and Entrepreneurship [J]. Journal of Finance, 2017, 72 (1): 99-132.

[78] Thaler R. H. Anomalies: Saving, Fungibility, and Mental Accounts [J]. Journal of Economic Perspectives, 1990, 4 (1): 193-205.

[79] Wang S. Y. Credit Constraints, Job Mobility, and Entrepreneurship: Evidence from a Property Reform in China [J]. The Review of Economics and Statistics, 2012, 94 (2): 532-551.

[80] Yao R., Zhang H. H. Optimal Consumption and Portfolio Choices with Risky Housing and Borrowing Constraints [J]. Review of Financial Studies, 2005, 18 (1): 197-239.

[81] Yueh L. China's Entrepreneurs [J]. World Development, 2009, 37 (4): 778-786.

[82] Zeldes S. P. Consumption and Liquidity Constraints: An Empirical Investigation [J]. Journal of Political Economy, 1989, 97 (2): 305-346.

[83] Zhu B., Li L., Downs D. H., et al. New Evidence on Housing Wealth and Consumption Channels [J]. Journal of Real Estate Finance and Economics, 2019, 58 (1): 51-79.